当代中国人文大系

傅有德 等著

犹太哲学史

（修订版）

（上卷）

中国人民大学出版社
·北京·

出版说明

改革开放以来,中国社会的变革波澜壮阔,学术研究的发展自成一景。对当代学术成就加以梳理,对已出版的学术著作做一番披沙拣金、择优再版的工作,出版界责无旁贷。很多著作或因出版时日已久,学界无从寻觅;或在今天看来也许在主题、范式或研究方法上略显陈旧,但在学术发展史上不可或缺;或历时既久,在学界赢得口碑,渐显经典之相。它们至今都闪烁着智慧的光芒,有再版的价值。因此,把有价值的学术著作作为一个大的学术系列集中再版,让几代学者凝聚心血的研究成果得以再现,无论对于学术、学者还是学生,都是很有意义的事。

披沙拣金,说起来容易做起来难。俗话说,"文无第一,武无第二"。人文学科的学术著作没有绝对的评价标准,我们只能根据专家推荐意见、引用率等因素综合考量。我们不敢说,入选的著作都堪称经典,未入选的著作就价值不大。因为,不仅书目的推荐者见仁见智,更主要的是,为数不少公认一流的学术著作因无法获得版权而无缘纳入本系列。

"当代中国人文大系"分文学、史学、哲学等子系列。每个系列所选著作不求数量上相等,在体例上则尽可能一致。由于所选著作都是"旧作",为全面呈现作者的研究成果和思想变化，我们一般要求作者提供若干篇后来发表过的相关论文作为附录，或提供一篇概述学术历程的"学术自述"，以便读者比较全面地了解作者的相关研究成果。至于有的作者希望出版修订后的作品，自然为我们所期盼。

"当代中国人文大系"是一套开放性的丛书，殷切期望新出现的或可获得版权的佳作加入。弘扬学术是一项崇高而艰辛的事业。中国人民大学出版社在学术出版园地上辛勤耕耘，收获颇丰，不仅得到读者的认可和褒扬，也得到作者的肯定和信任。我们将坚守自己的文化理念和出版使命，为中国的学术进展和文明传承继续做出贡献。

中国人民大学出版社

目 录

绪　论……1
　　一、犹太哲学的定义……1
　　二、犹太哲学的基本特点……8
　　三、犹太人的散居与犹太哲学……17
　　四、犹太哲学史的主要内容……19
　　五、犹太哲学史对于中国哲学研究的意义……34

第一编　古代犹太哲学

导　言……42

第一章｜希伯来《圣经》中的哲学思想……44
　　一、希伯来《圣经》与哲学……44
　　二、上帝的存在……48
　　三、世界的创造……50
　　四、上帝的属性……53
　　五、人与世界……56
　　六、人的肉体与灵魂……59
　　七、神命与人的自由……62
　　八、神的仁爱、公正与恶……66
　　九、《圣经》的地位和哲学影响……68

第二章｜犹太哲学的开创者斐洛……71
　　一、生平……71
　　二、斐洛学说与希腊哲学的渊源……75
　　三、寓意解经法……80
　　四、上帝、理念和逻各斯……86

五、伦理学说……112
　　六、斐洛的贡献及其在哲学和宗教学史上的地位……118

第三章 | **拉比犹太教中的哲学思想**……122
　　一、拉比犹太教的释经传统……122
　　二、以实玛利拉比的十三条释经规则……130
　　三、拉比犹太教的思维方式……137
　　四、上帝的存在和属性……145
　　五、上帝与世界……150
　　六、人的善恶本性……154
　　七、命定、自由与罪责……158
　　八、善恶报应的神义论……161
　　九、人的生死和来世……164
　　十、进步的历史观——弥赛亚时代……170

第二编　中世纪犹太哲学

导　言……176

第四章 | **犹太凯拉姆**……189
　　一、穆嘉麦斯及其《二十章》……189
　　二、卡拉派哲学思想……205

第五章 | **萨阿底·高恩**……226
　　一、生平与著作……226
　　二、论知识和传统……229
　　三、论世界的创造……234
　　四、论上帝……240
　　五、人的地位、命运和神的公正……244
　　六、论灵魂和报应……250

七、论正当的生活……257

　　八、萨阿底哲学的影响……262

第六章 | **以撒·以色列里与伊本·加比罗尔**……263

　　一、以撒·以色列里……263

　　二、伊本·加比罗尔……276

第七章 | **犹大·哈列维**……287

　　一、生平与著作……287

　　二、希腊哲学与犹太教信仰……290

　　三、对基督教和伊斯兰教的批判……298

　　四、对卡拉派的反驳……300

　　五、上帝……303

　　六、《托拉》……317

　　七、口传法……321

　　八、先知（prophet）或预言（prophecy）……331

　　九、犹太民族……340

　　十、哈列维的诗作以及他在历史上的影响……343

第八章 | **亚伯拉罕·伊本·达吾德**……345

　　一、生平与著作……345

　　二、科学、哲学与宗教……347

　　三、论形式与质料……351

　　四、论运动……353

　　五、关于上帝存在及其属性……354

　　六、论灵魂……360

　　七、论先知和预言……366

　　八、论恶……368

　　九、关于可能性和人的自由……370

　　　　十、论美德……372

　　　　十一、达吾德的历史地位……375

第九章 | **摩西·迈蒙尼德**……377

　　　　一、生平与著作……377

　　　　二、对启示与理性的态度……382

　　　　三、上帝论……392

　　　　四、关于创世论与宇宙永恒论……404

　　　　五、灵魂与理智学说……413

　　　　六、形而上学的范围……424

　　　　七、先知论……430

　　　　八、关于恶的本质和神命……438

　　　　九、论上帝的预知与决定……445

　　　　十、论律法……449

　　　　十一、迈蒙尼德哲学的影响……455

第十章 | **列维·本格森**……460

　　　　一、生平与著作……460

　　　　二、论上帝及其属性……463

　　　　三、关于创造和世界……467

　　　　四、论灵魂不朽……471

　　　　五、关于上帝的预知与人的自由……476

　　　　六、论神命……479

　　　　七、关于先知和预言……482

　　　　八、关于信仰与理性的关系……485

　　　　九、关于善与恶……486

　　　　十、本格森在犹太哲学中的地位及其影响……488

第十一章 | **哈斯戴·本·亚伯拉罕·克莱斯卡**……490

　　　　一、生平、著作与背景……490

二、论上帝存在及其属性……495

三、宇宙论……503

四、关于决定论与自由意志……513

五、关于善恶的本质和根源……516

六、论神命……517

七、论幸福……519

八、克莱斯卡的地位和影响……522

第三编　现代犹太哲学

导　言……526

第十二章｜犹太启蒙运动和宗教改革时期的哲学思想……532

一、摩西·门德尔松……532

二、纳赫曼·科罗赫马尔……542

三、亚伯拉罕·盖革……551

四、萨姆森·拉斐尔·赫尔施……555

五、塞缪尔·大卫·卢扎托……562

第十三章｜赫尔曼·柯恩……568

一、生平与著作……568

二、回归：从新康德主义到犹太哲学……572

三、理性宗教的主要概念……581

四、理性宗教的主要特征……585

五、源于犹太教的理性宗教……601

六、关于一神教若干问题的重新解释……605

第十四章｜弗朗茨·罗森茨维格……614

一、生平与著作……614

二、哲学史的考察：从旧思维到新思维……622

三、上帝、世界、人及其关系……632

　　四、宗教观……671

　　五、《救赎之星》的理论在实践中的应用……683

第十五章 | **马丁·布伯**……688

　　一、生平与著作……688

　　二、从对话哲学到哲学人类学……704

　　三、新哲学神学……730

　　四、历史哲学和政治哲学……753

第十六章 | **利奥·拜克**……766

　　一、生平、著述及思想发展……766

　　二、犹太教的本质和特征……774

　　三、上帝与人：犹太教的基本观念及其相互关系……789

　　四、犹太教的维护……804

第十七章 | **亚伯拉罕·约书亚·海舍尔**……817

　　一、生平与著作……817

　　二、宗教哲学的思想支点：椭圆思维……824

　　三、敞向上帝的意识通道：不可言说者……828

　　四、过程与事件：深度神学的极性观……835

　　五、神觅人：神圣关切……841

　　六、人觅神：人的自由……847

　　七、总结……849

第十八章 | **摩迪凯·开普兰**……853

　　一、生平与著作……853

　　二、20世纪的犹太人需要一种新的文明……854

　　三、犹太文明的主要因素……861

　　　　四、没有超自然主义的宗教……866
　　　　五、价值论：善恶与自由……876
　　　　六、综合评述与反思……879

第十九章 | **埃米尔·法肯海姆**……889
　　　　一、生平与著作……889
　　　　二、大屠杀的独特性与逻辑……895
　　　　三、"划时代"事件与"根本经验"……900
　　　　四、第614条诫命……906
　　　　五、对启示的辩护……913

第二十章 | **伊曼努尔·莱维纳斯**……924
　　　　一、生平与著作……924
　　　　二、从逃避存在到超越存在……936
　　　　三、希腊的与犹太的……959
　　　　四、莱维纳斯与《塔木德》解经传统……968

主要参考文献……981
跋……993
修订版后记……996

绪 论

犹太民族是一个伟大而智慧的民族，她为人类贡献了《圣经》，创立了一神教，先后衍生出两大世界性宗教——基督教和伊斯兰教，对人类文明的贡献可谓大矣！近代以降，西方文化伴随着世界范围内的殖民主义和科学技术的隆盛而成为举世公认的强势文化，犹太宗教作为与希腊哲学并驾齐驱的两大源头之一，在西方文明的产生和发展过程中产生过的巨大的影响，也是世所公认的。

然而，谈到哲学，包括犹太人在内的许多人往往会问：什么是犹太哲学？其特点又是什么？

一、犹太哲学的定义

要弄清什么是犹太哲学，还需从什么是哲学谈起。

众所周知，哲学肇始于古代的希腊。在早期的希腊哲人那里，哲学被规定为"对智慧的爱"。爱就是追求或探索，智慧就是关于宇宙和人生的真理，用以爱智的工具就是人的理性思维。因此，所谓哲学，乃是人类理性对于宇宙和人生之根本问题的反思和求索。理性反思的对象可以有许多，而哲学反思的乃是其中最普遍、最根本性的，例如，宇宙的本原，人生的目的和意义，认识的基础，上帝的存在，人与神的关系，诸如此类。然而，哲学之成为哲学的关键不在于问题本身，甚至也不在于问题的答案，而在于人这个主体用什么样的方式去对待这些问题。如果用的是信仰和想象，那么产生的结果就是宗教。如果用的是情感和想象，产生的可能就是艺术作品。只有运用人的理性思维，哲学的产生才是可能的。理性思维的主要形式是分析、综合以及以此为基础的推理和论证。理性的推理和论证是极其复杂的思维过程，它至少有三个特点：一是必须运用概念或范畴，二是必须符合逻辑规则，三是系统有序。因此说，哲学就是人运用自己的理性对于一些根本问题的逻辑的、系统的思考。

综观西方哲学的历史，我们也可以得出和上述哲学观一致的结论。西方哲学凡2 500年，历经古代、中世纪、近代和现当代几个大的阶段，地跨欧洲和北美，论及的问题有宇宙论的、本体论的、认识论的、逻辑的、伦理的、语言的、社会的、政治的、文化的、科学的，等等，可谓千头万绪、包罗万象；大的流派和分支有世界观上的唯物主义和唯心主义，认识论上的经验主义和理性主义，人生哲学上的享乐主义和禁欲主义、功利主义和唯动机论，等等；还有语言分析哲学、逻辑哲学、历史哲学、政治哲学、科学哲学、宗教哲学，诸如此类。这些大的流派和分支内部又包含众多的学派和子分支，如柏拉图主义、亚里士多德主义、新柏拉图主义、托马斯主义、笛卡儿主义、斯宾诺莎主义、康德主义、黑格尔主义、唯意志主义、存在主义，以及生态伦理学、医学伦理学、物理哲学、数学哲学，等等，真称得上是复杂多样、异彩纷呈。然而，透过这些在不同的时代和地域产生的错综复杂的流派和分支，我们即可发现，虽然西方哲学家们探讨的问题不尽相同，理论观点和思想体系差别甚大，但他们在研究和阐述各自的哲学时，采取的都是理性的、逻辑的思维方式。也就是说，他们是用人的理性能力来思维，用哲学的概念和范畴按照逻辑规则来分析问题和解决问题的。柏拉图的理念论、康德的批判哲学、海德格尔的生存哲学，无不是理性思维和逻辑推论的结果。人们公认的其他西方哲学体系也大都是这样形成的。

或许有人会说，叔本华、尼采、柏格森、弗洛伊德等哲学家是非理性主义者，他们的思维方式不是理性主义的，而是非理性主义的。其实不然，非理性主义哲学家也和理性主义哲学家一样是用理性进行思维的。所谓非理性主义哲学是就其内容而言的，无非是说它在观点上突出和强调了人的非理性因素，如意志、情感、无意识之类，而不是说这类哲学家的思维方式是非理性的。他们的思维方式也是理性主义的。他们在构造自己的体系时所运用的也是哲学史上已有的概念和范畴，也是遵循逻辑规则的。有谁能说叔本华的《作为意志和表象的世界》和弗洛伊德的《梦的解析》是非理性思维的产物呢？因此，非理性主义哲学并没有否认哲学是理性的思维和探求这一根本特征。

用这样的观点看问题，早期的犹太经典中是没有完全意义上的哲学的。犹太人的古代文化是犹太教，其基本的文献是《圣经》以及后来形成的犹太教法典《塔木德》以及《密德拉什》等宗教经典。犹太教的《圣经》是广为人知的《新旧约全书》中的《旧约》，由《律法书》、《先知书》和《圣著》三部分组成。它是古犹太先知、国王、祭司和文人学士在不同历史时期记述的犹太信仰、法律条文、道德训诫、历史传说和文学故事的集萃。《圣经》的作者们，尤其是其中起作用最大的先知们，主要是用发达的想象力或形象思维来阐述信仰、描述事物、叙述事实和预见未来的。例如，《创世记》中对上帝创造世界的描写，《出埃及记》中关于摩西在西奈山接受神启的记述，《先知书》中对于以赛亚和以西结所见之"异象"的叙述，等等，都不是理性思维的结果，而是典型的想象力的产物。至于《列王纪》中的历史记述、《诗篇》中的道德格言，以及爱情诗《雅歌》之类，就更与理性思维相去甚远了。

《塔木德》和《密德拉什》是圣经时代以后犹太教拉比们的作品。"拉比"是老师的意思，指的是接受过正规的犹太传统教育，熟悉犹太教的经典并能够对犹太教做出解释的犹太知识分子。他们也主持犹太教的各种宗教仪式，其功能类似于基督教的牧师，在历史上长期占据犹太人精神领袖的地位。《塔木德》是继《圣经》以后最重要的犹太教经典，包括《密西纳》和《革玛拉》两部分。前者是公元 200 年前后以犹大纳西（Judah Ha-Nasi）为首的早期拉比从民间搜集起来的宗教律法条文，相对于成文的律法书《圣经》而言，是为"口传律法"。后者是对《密西纳》律法的评注和解释。拉比们主要是以《圣经》为根据来论证口传法的权威性，用丰富的想象力来发挥和解释经书中的律法内容。在《塔木德》中，形象的比喻和动听的故事屡见不鲜。作为说教作品，《密德拉什》对《圣经》各篇做了详细的阐述和诠释，更凸显了拉比们的丰富想象力和文学才能。这并不是说《塔木德》和《密德拉什》中没有理性思维和逻辑推论，而是说信仰和想象型思维占主导地位，其中的一些理性思考和推论是零散的、不系统的。

总之，古代犹太教的经典主要是信仰和想象力的产物，而不是理性的产物，因而是宗教作品，而不是哲学作品。换句话说，古代犹太文化的主流不是哲学性的，而是宗教性的。虽然其中不乏个别的哲学观点，但没有系统的哲学。这一结论当是大致不谬的。

公元前 331 年亚历山大大帝对巴勒斯坦的入侵和占领与犹太哲学的产生有直接的关系。这次入侵和占领是有史料记载的第一次犹太人和希腊人以及希伯来文明和希腊文明的冲突和融合。两个世纪过后，第一位犹太哲学家诞生了，他就是亚历山大里亚的斐洛（Philo of Alexandria，约公元前 30—公元 45）。斐洛借用了古希腊哲学，尤其是柏拉图主义和斯多亚派的观点，理性地解释《圣经》及其学说，认为世界是上帝以"理念"为工具规范早已存在的质料的结果。理念是上帝创世前就有的思想。"逻各斯"是最高的理念，是"理念中的理念"。它既是上帝创造世界的工具，又是上帝和人之间的中介。它内在于世界，即为万物的规律，内在于人，构成人的心灵，内在于犹太教的《托拉》，成为神为人确立的律法。[①]

[①] 参见 Robert M. Seltzer, *Jewish People, Jewish Thought: The Jewish Experience in History*, Macmillan Publishing Co. Inc, London and New York, 1980, p. 210。

作为第一个犹太哲学家，斐洛所涉及的范围很广，思想的深度也是空前的。遗憾的是，他的著作是被基督教会保存下来的，在很长的一个历史时期内，犹太人对他一无所知，因而没有对犹太哲学产生实际影响。

然而，犹太人毕竟从斐洛开始踏上了漫长的哲学探索之路。在中世纪，经历了伊斯兰教哲学（也是希腊哲学的衍生物）熏陶的犹太人造就了萨阿底、加比罗尔、哈列维、达吾德、迈蒙尼德、本格森、克莱斯卡等著名哲学家。其中，迈蒙尼德著述最丰富，玄思最深奥，影响最广远，堪称旷古大哲。总的来说，这些哲学家都是用理性思维的方式借助古希腊哲学的概念对本民族原有的宗教传统进行阐释和论证。他们所关心的主要问题是上帝的存在及其属性、上帝创世论、神与人的关系、灵魂与肉体的关系、人生的最大幸福，等等。从他们和希腊哲学的联系看，有些倾向于柏拉图主义，有些则更靠近亚里士多德哲学。然而，无论如何，犹太哲学是用希腊哲学的概念和范畴以及方法反观犹太教传统，并加以理论化和系统化的结果。正是在这个意义上，著名犹太哲学史家古德曼才说："犹太哲学可以描述为用一般哲学的概念和规范对犹太信仰和习俗所做的描述。"①

著名犹太学者阿瑟·海曼（Arthur Hyman）认为，人们公认的犹太哲学家大都具备如下两个最起码的条件。第一，犹太哲学家必须对犹太教有所论述，不管其论述是宗教性的抑或是世俗的；而且他必须对自己所论述的内容在生存态度

---

① Julius Guttmann, *Philosophies of Judaism: The History of Jewish Philosophy from Biblical Times to Franz Rosenzweig*（以下简称 Guttmann），New York, Schocken Books, 1964, p. 4.

上抱有某种程度的认同和信奉。第二，犹太哲学家在论述犹太教时必须运用哲学的概念和论证，而不是运用"阿嘎达"式（故事性叙述）的、神秘的、文学的或其他表述形式。根据第一个条件，那些虽然是犹太人，对犹太教也有所论述但缺乏对它的认同和信奉的哲学家，如斯宾诺莎、马克思、弗洛伊德等，就不能算作犹太哲学家，而只能是一般意义上的哲学家。[①] 把海曼在这里说的犹太哲学家的两个基本条件和古德曼的犹太哲学定义稍加比较，我们就会发现，它们实质上是异曲同工，强调的都是用理性思维的方式对犹太教内容的探索和阐述。

毫无疑问，古德曼和海曼对犹太哲学的界定或描述抓住了犹太哲学的本质，因而是可取的。他们的观点在犹太哲学界有很大的权威性，根源也正在于此。

然而，这里尚有可疑之处。如果一个犹太哲学家除了对犹太教的信仰和习俗进行理性的探讨外，还对一般性的哲学问题做了研究和阐述，这些问题是非犹太教的，而且探讨的方式是理性的，那么这部分内容是否应该属于犹太哲学呢？如果严格按照古德曼和海曼的定义，回答就应是否定性的，因为它不是直接关于犹太教的信仰和习俗的。但是，显而易见，过分地拘泥于这样的定义就可能排除犹太哲学家的一般性哲学思考的权利，使犹太哲学仅仅局限于犹太教的范围内，因而无法上升到哲学的最高普遍性。

我们认为，犹太哲学固然应该运用理性思维研究和探索

[①] 参见 Arthur Hyman, "What is Jewish Philosophy? Teaching Implications", in *Jewish Studies: Forum of the World Union of Jewish Studies*, No. 34, World Union of Jewish Studies, Jerusalem, 1994, p. 10。

犹太教的问题，但是，犹太哲学家对于那些虽然不属于犹太教，但又不违反犹太教的一般哲学问题的探讨，也应该属于犹太哲学的范围。例如，中世纪犹太哲学家迈蒙尼德在《迷途指津》中对于亚里士多德的宇宙永恒论的阐述和评论，现代犹太哲学家马丁·布伯对于我—你关系的分析和论证，虽然和犹太教没有直接的或必然的联系，但由于他们是在肯定犹太教的前提下讨论这些哲学问题的，因而和犹太教的基本信仰有着间接的联系和一致性，所以也应该属于犹太哲学的范围。否则，一个犹太哲学家那里的哲学就不够完整，没有达到应有的普遍性。事实上，多数犹太哲学家除了探索犹太教的信仰和习俗以外，也阐述了当时流行的一般哲学的问题。这两部分内容常常糅合在一起，很难把它们分割开来。

总之，在我们看来，犹太哲学首先是那些对犹太教抱有同情心和认同态度的犹太人创造的，非犹太教徒或无神论者的学说与犹太哲学无缘。其次，犹太哲学是利用一般哲学的概念或范畴对犹太教的信仰和习俗所做的理性考察和探究，单纯的犹太教信仰或纯粹的理性论证都不足以构成犹太哲学。最后，犹太哲学家在考察犹太教的信仰和习俗的同时对一般哲学问题所做的探索和论述，只要是在理论上和犹太教不矛盾，也可以视为犹太哲学的内容。

二、犹太哲学的基本特点

只要对上述犹太哲学的界定做一引申，我们就不难发现，犹太哲学的根本特点是理性和信仰的结合。

这个特点有两层含义。

其一是说犹太哲学是用理性的思维方式研究犹太教传统这个对象,试图借理性之助解决犹太教涉及的上帝的存在、人与神的关系、人的自由之类的问题。这是一种理性的方法和宗教对象的结合。这样一种结合体现在从斐洛开始的所有犹太哲学家那里,整个犹太哲学发展的历史就是用理性思维的方式分析和论证犹太宗教和习俗的历史。可见,这一特点是由犹太哲学的研究对象——犹太教以及理性的思维方式所决定的。

其二是说犹太哲学在内容上既有理性主义的因素,又不排斥或排除信仰的成分。这里说的理性主义是指一种强调人的理性能力和理智知识对于认识上帝、指导人生的重要作用和价值的观点。对于大多数犹太哲学家而言,理性主义和信仰是并驾齐驱的。对于他们来说,否认理性的作用,只承认信仰,就只有犹太教而没有哲学;反过来,如果只强调理性和知识,忽视了信仰的作用和价值,犹太传统就失去了意义,就只能导致古希腊的唯智主义,而不是犹太哲学。

要说明犹太哲学是理性和信仰的结合,迈蒙尼德哲学是一个好例子。他说:如果仅仅在口头上谈论真理或貌似真理的理论,而不真正理解它们,就不能真正信仰它们。"因为只有理解了才能信仰。"[①] 在他看来,信仰而无理解是盲目的,因此,必须对传统的信仰做一番理性的考察,使之成为不违反理性的信仰。通过他的理性的考察,《圣经》中上帝按自己

---

① 迈蒙尼德:《迷途指津》第一篇第五十章,傅有德、郭鹏、张志平译,山东大学出版社,1998,第107页。

的"形象"造人被解释成按上帝的"理智"造人;"看见""看""望"在被用于上帝时,"都是指理智的把握,绝不是指眼睛的看到"①。这样一来,犹太传统中的人格神就被抽掉了神人同形同性的特征而被理性化了。同时,迈蒙尼德又始终把信仰放在不可替代的重要位置上。当亚里士多德派的宇宙永恒论和犹太教关于上帝从虚无中创造世界的学说发生冲突时,迈蒙尼德就毫不犹豫地站到了犹太教信仰一边,认为犹太教的创世论虽然无法得到证明,但相比之下,较亚里士多德派的宇宙永恒论更为可取。还有,在论述先知何以做出预言的时候,迈蒙尼德把上帝和从他而释放出的"流"放在了突出重要的地位,认为神不但是预言的最终源泉,而且在预言的产生过程中发挥着直接的重要作用。与此同时,他又强调理性和信仰是同时共存、互相补充的,只有具备高度发展了的理性能力的人才有可能将潜在的预言现实化。② 迈蒙尼德的目的就是调和理性和信仰,使《圣经》中的"上帝创世论""神车论"犹太教传统中的"先知论",等等,都成为理性或哲学研究的对象,使哲学的内容既是有关宗教的,又是理性主义的。在他那里,犹太教的主要信仰和习俗与希腊哲学的基本概念和原理,在理性主义的分析和论证下结合起来,不论在内容还是在形式上,都给人一种有机统一、和谐一致的感觉。诚然,迈蒙尼德对信仰和理性的调和尚未达到天衣无缝的程度,但在所有的犹太哲学家当中,他在这方面的努力是最出色、最成功的。

---

① 迈蒙尼德:《迷途指津》第一篇第五十章,第29页。
② 参见上书,第二篇第三十六章以下。

古希腊哲学的主流是理性主义的,尽管毕达哥拉斯哲学、新柏拉图主义以及斯多亚派带有浓厚的神秘主义色彩。近现代西方哲学的主流也是理性主义的。只有在中世纪的西方哲学中,信仰才压倒了理性,哲学成了神学的婢女。和西方哲学相比,犹太哲学的特色就在于,它在承认理性作用的同时,始终没有放弃宗教信仰。这一点即使是在理性主义色彩很强的柯恩(又译柯亨)和开普兰的哲学中也是显而易见的。作为新康德主义的马堡学派的创始人,柯恩哲学的基调始终是理性主义的。但是在1912年从大学退休以后,他的哲学却发生了一个从康德主义到犹太教传统的转变。晚年的柯恩认为,康德道德哲学中的上帝不过是为了保证德性和幸福的统一而虚设的实践理性的逻辑前提,它无法保证自然界和人类社会的存在,不能成为人的崇拜对象和追求的目标,无法确保道德律令在个人身上的遵行。因此,必须从伦理学进展到宗教,引入一个可以供人信仰的上帝。他主张理性的宗教。在这样的宗教中,上帝被解释为宇宙的创造者和万物的基础,犹太律法的来源,并且和人之间有一种相互关系。上帝在这里虽然被说成是一种作为逻辑前提的理念,但柯恩认为,这样的理念同时又是独一无二的、最真实的存在。开普兰在《作为一种文明的犹太教》中指出:启蒙运动以来,人们对来世的希冀已经被现世的自我实现所取代,传统的超自然的上帝业已成为"明日黄花"。现代犹太人需要一种新的犹太教文明。新的犹太教是与理性和科学一致的,其中没有超自然的人格神的位置。但是,在这样的宗教中,上帝仍然存在,他就是宇宙中内在的生命力的全体,是导致人的拯救力量,也是人的信仰对象和生活目标。① 柯恩和开普兰的上帝虽然不同于传统犹太教中的人格神,但他们信仰他,而且认为人需要这样的宗教信仰。

和以儒家、道家为主体的中国传统哲学相比(道教和佛教除外),犹太哲学的特点更加彰显。从内容上看,中国哲学中的儒家,尤其是在先秦的孔孟思想中,对终极实在的信仰和追求没有凸显出来。《论语》中确有不少地方谈到天、天命和鬼神,如"祭如在,祭神如神在"(《论语·八佾》),"获罪于天,无所祷也"(《论语·八佾》),"天生德于予,桓魋其如予何"(《论语·述而》),但是,孔子并没有宣称他的伦理主张来自上天,而自称他述的是夏商周三代的先王之道,尤其是周礼。可见,在孔子那里,天命和人伦、信仰和理性是没有被结合起来的。同时,就思维方式而言,儒学中理性思维的特征不够显著,感悟、意会、直观、类比多于理性分析和逻辑论证。道家的形而上学以总天地万物之源的道为根本,并使之为人生鹄的,因而具有很强的超越性。但道家和儒家哲学一样重视感悟、直观或形象的思维,没有突出理性的分析和论证。这与犹太哲学既坚持传统的犹太教信仰,又使之和希腊的理性主义巧妙地糅合在一起的做法相比,显然是大不相同的。

从更深层的意义上说,犹太哲学之结合信仰与理性于一身有着深刻的人性论基础。人就其本性而言是一个综合性动物,既有感性的欲望、情感,又有理性的思维,还有包括信

---

① 参见 Kaplan, *Judaism as a Civilization*, Jewish Publishing Society, 1957,以及傅有德:《开普兰的犹太文明论述评》,载《文史哲》,1999(2)。

仰在内的精神性追求。这些内在的本性因素外化为人的活动和行为，从而构成了丰富多彩的人生。换言之，人不仅是感性的肉体，也不仅是理性的动物，还是富有情感的、有精神追求并趋向于超越自己的生命存在。一般说来，滥觞于古希腊的西方哲学，尽管内容丰富而充实，但因其主要倾向是理性主义的，所以，不免重知识而轻德行，突出功利而淡化情义，理性思维和科学态度有余，而对超越性的精神追求强调不足。这些偏颇之处恰好在犹太哲学那里得到了矫正。尽管犹太哲学家对于理性或信仰的态度不完全相同，有的偏重信仰，有的则突出理性，但他们在很大程度上大都两者兼顾，没有顾此而失彼。在这个意义上，犹太哲学就更全面地反映了人的复杂本性和丰富多彩的实际人生，因为人的生活并非总是符合理性的，也并非总是现实的、功利性的；人必须有精神追求，必须有信仰，人应该超越现实而趋向更高层次的精神境界。

犹太哲学既然是用理性的方法、哲学的概念和范畴对犹太教的信仰和习俗的研究，那么犹太哲学在本质上必然是一种宗教哲学，尽管我们不排除其中的一般哲学内容，而信仰和理性的统一是宗教哲学的基本特征。因此，犹太哲学的根本特征实际上是一般宗教哲学的基本特征的具体表现而已。

如果说理性与信仰的结合是犹太哲学的内在的、根本性的特点，那么纵横交错但横向为主的继承则是犹太哲学的另外一个特点。

纵向的继承和发展，指的是哲学家们在哲学问题和思想、方法方面的前后相继、批评与发展，往往是一个大的哲学家和哲学体系问世后，逐渐形成一个流派，后世的门徒或追随者继承并发展其学说。正是这种前后相继的关系构成了哲学发展的历史。在西方哲学中，这种纵向的前后相继关系是显而易见的。古希腊的苏格拉底、柏拉图、亚里士多德，近代的笛卡儿、斯宾诺莎、莱布尼茨的唯理论哲学以及洛克、贝克莱、休谟的经验论哲学，现代西方的胡塞尔与海德格尔或萨特，都是这种前后相继、批判地继承与发展的范例。无疑，在犹太哲学中，这种前后相继的传承关系也是存在的。这种关系首先体现在《圣经》对后世哲学的巨大影响。虽然《圣经》不是典型的哲学著作，但后来的犹太哲学家无不从中汲取思想元素。再者，在中世纪，达吾德、迈蒙尼德、本格森这三位犹太亚里士多德主义哲学家之间表现出明确的前后继承与发展的关系。在现代哲学家中，柯恩是一代宗师，其后，罗森茨维格和布伯则是其宗教哲学思想的主要继承人和光大者。但是，与西方哲学发展的路径不同，犹太哲学更多、更明显地表现为横向的继承和发展，就是说，犹太哲学产生的根源和发展的动力往往不是犹太哲学家，而是来自非犹太哲学家。换言之，犹太哲学的产生和发展多半是由于外部原因，而不是内部原因。如果说西方哲学的发展主要是因为内部的或同质的文化和哲学的影响，那么犹太哲学的产生和发展则主要得益于异质的非犹太文化和哲学的影响。斐洛是第一个犹太哲学家，他的哲学是在柏拉图、亚里士多德和斯多亚派哲学家的直接作用下诞生的，所以可以说是希腊哲学在犹太文化基础上开出的第一朵哲学之花。在10至12世纪，阿拉伯帝国境内的犹太人才造就出以色列里、加比罗尔、萨阿底、哈列维以及达吾德、迈蒙尼德等哲学家，从而成就了犹太哲学的一个辉煌时期。但是，中世纪的这一批犹太哲学家无不是在阿拉伯哲学的直接影响下，或者说是经过阿拉伯哲学而接受古希腊哲学的影响而成长起来的。其中很多哲学家的著作，例如迈蒙尼德的《迷途指津》，都是用阿拉伯文撰写的。阿伯拉哲学家和古希腊哲学是中世纪犹太哲学的直接原因。如果没有阿拉伯人的伊斯兰教，没有古希腊哲学在阿拉伯的复兴，就没有中世纪的犹太哲学。到了近现代，犹太哲学又与西方的启蒙运动和哲学思潮息息相关。柯恩本身就是新康德主义的哲学家，晚年才回归犹太教传统，并创立了自己的犹太哲学体系。康德主义的烙印在他那里清晰可见。虽然罗森茨维格、布伯从柯恩那里受益良多，但是，在他们那里，黑格尔哲学、存在主义哲学的印记同样也是非常明显的。犹太哲学史家古德曼说："犹太人是因为无法抗拒的压力才开始哲学化的。他们从外部接受哲学。一部犹太哲学史就是犹太人不断吸收外族的理念，然后使之转化和适应具体的犹太教观点的历史。"[①] 这句话实际上道出了犹太哲学之于异族文化与哲学的横向接受和继承的特点。

如果把犹太哲学之产生与发展的纵向原因与横向原因做一比较，我们就会发现，横向原因所起的作用比纵向原因更直接、更重要，甚至可以说是决定性的。这一点还可以通过犹太哲学发展史的间断性进一步得到说明。

犹太教是一个连续不断的传统。公元前586年，犹大国被征服，国民被掠往巴比伦达48年之久，史称"巴比伦之囚"。但是，犹太教并没有因为犹太人身处异国他乡而中断。公元70年，耶路撒冷的第二圣殿被罗马军队付之一炬，犹太

[①] Guttmann, p. 3.

人开始了直到现在仍然没有结束的漫长散居之路。但是，散居不仅没有结束犹太教，而且使犹太教获得了新生和革命性的发展。公元200年至500年，中东地区的犹太人在圣经犹太教的基础上创立了拉比犹太教，《塔木德》成为犹太教的主要经典，口传律法成为世界各地犹太人的精神支柱和生活指南。19世纪初，受过启蒙运动洗礼的犹太人为了回应现代性的挑战，也是为了挽救面临危机四伏的犹太教，发动了改革运动，结果导致了传统犹太教的大分裂，使原来同一的犹太教分化为改革派、保守派、正统派和重建派。但是，不论怎样分化，怎样派别林立，犹太教的基本信仰和精神被保存下来了。犹太教仍然存在，仍然是大多数犹太人的精神依托和生活方式。有人说，犹太教是保存最完好的没有间断过的文明之一。

但是，连续不断的犹太教并没有生发出连续不断的犹太哲学。公元之初，亚历山大里亚的犹太人斐洛用希腊哲学的概念阐述犹太教，从而创立了第一个犹太哲学体系。然而，令人惊奇的是，他的哲学几乎没有在犹太人中间造成任何影响。他死后，其著作被基督教教会保存下来，对2世纪的亚历山大里亚的克莱门（Clement）以及他的学生奥利金（Origen）、拉丁教父安布罗修（Ambrose）产生过重要影响。从斐洛到中世纪第一个犹太哲学家以撒·以色列里（Isaac Ben Solomon Israeli，约855—955），历时800多年，其间没有一个称得上哲学家的犹太人在场。还不止于此。以撒·阿布拉巴内尔（Isaac Abrabanel，1437—1508）被称为中世纪最后一位犹太哲学家。从他的卒年（1508年）到近代第一个犹太哲学家门德尔松（Moses Mendelssohn，1729—1786）的诞生，又是两个多世纪的时间。这期间也是犹太哲学的空白。这也就是说，在从公元初至今的 2 000 年的历史书卷中，有一半篇幅没有犹太哲学的记载。这是一个非同寻常的现象，而造成这一现象的直接原因自然是犹太人与所在文化的横向继承关系的间断。

犹太哲学发展的间断性向我们表明，犹太哲学并非像肇始于古希腊的西方哲学那样具有连续不断的发展史。在历史的展开过程中，只存在间断的犹太哲学史，而不存在连续不断的或者严格意义上的犹太哲学史。

从上述犹太哲学的定义，犹太哲学之结合理性与信仰、横向继承和间断性的特点的分析中，我们可以得到这样的结论：虽然犹太哲学是犹太人在犹太教的基础上建立的，但是，比之希腊哲学和西方哲学的外力推动，犹太教这个内因倒是次要的，对犹太哲学的产生和发展起决定作用的是古代希腊哲学、中世纪的阿拉伯哲学、近现代的西方哲学这些外在的原因。可以说，如果没有古希腊、阿拉伯和近现代西方哲学家的影响，就没有犹太哲学。

三、犹太人的散居与犹太哲学

犹太哲学的产生和上述特点的形成归因于独特的历史和文化背景，归根到底是由犹太人的散居决定的。

散居是国家沦亡的直接后果，因此，对犹太民族来说是痛苦和耻辱的事。然而，正是由于散居，本来闭关锁国并以"上帝的选民"自居的犹太人才有机会接触异国文化，才不得不接受外来文化的影响，因而才产生了犹太哲学。如前所述，犹太哲学就是犹太宗教传统和希腊哲学交汇的结果。如果不是散居，斐洛就无从接受希腊哲学，也就不可能用希腊哲学的概念和方法分析和提炼犹太传统，进而形成犹太哲学。中世纪哲学之父萨阿底出生在埃及，后来是巴比伦苏拉学院的校长。旷古大哲迈蒙尼德出生、成长在西班牙，成年后担任了开罗的宫廷医生。犹太启蒙运动之父门德尔松，现代犹太哲学的主将柯恩、拜克、罗森茨维格、布伯都是散居德国的犹太人。海舍尔受教育在德国，事业成就于美国。开普兰则是完全在美国的文化氛围中成长起来的犹太哲学家。可以毫不夸张地说，没有散居，就没有犹太哲学家和犹太哲学。

犹太哲学的特点也和犹太人的散居有着直接的密不可分的联系。散居的犹太人没有本民族的国家，因而不得不直接面对异族的思想文化，在西方，就是直接面对理性主义的哲学和理性色彩浓重的基督教文化。然而，犹太人又是一个拥有悠久的历史和深厚宗教传统的民族，其不会轻易放弃自己的传统而欣然接受异族文化的同化。这样一来，在散居的犹太人那里，犹太教传统和西方文化，在近代以前主要是古希腊文化，对上帝的信仰和以求知为目的的理性的缜密思维就表现为冲突和矛盾。那些固执的、墨守成规的犹太人对以古希腊哲学为代表的西方文化采取敌视态度，在生活中规避于传统犹太教之内，竭尽全力抗拒西方文化的侵蚀。而另一些犹太人则对西方文化采取了灵活的态度。他们在坚持犹太传统的同时，承认西方理性主义传统的价值，承认理性思维较之于单纯信仰的优越性。因此，他们试图将这两种传统融会为一，用理性理解和阐述犹太教的信仰和习俗，并且在内容上力求使二者相容共存。这些人就是犹太哲学家。经过几代人的努力，终于形成了理性与信仰结合为一、相融互补的犹太哲学的根本特点。实际上，只有在散居的状态下，这些犹太人得以横向地接受希腊传统和西方文化，并将西方的主要概念和理性思维方式引入对自身传统的研究，把犹太教的信仰和外来的理性主义的哲学概念相结合，进而形成了独具特色的哲学形式。也是由于散居和与之伴随的犹太人生活的动荡不安，他们没有长期定居一个地方的条件，以致不能接触外部哲学，无法建立起犹太哲学产生的横向条件，因而形成了犹太哲学的间断性特征。

四、犹太哲学史的主要内容

本书是一部哲学史著作。

众所周知，哲学史研究和一般哲学研究对历史上的哲学和哲学家的态度有所不同。一般哲学研究的目的是创造新思想、新体系，因此，历史上形形色色的哲学体系只是可供利用的材料，至多是获取营养和灵感的源泉。它们可能对新哲学思想的产生有所启发，但其作用只是辅助性的。因此，哲学家们在研究哲学史的时候，可以只注重哲学概念或命题本身，而不重视各个概念或命题之间的联系；可以侧重某个哲学体系，而忽略各体系之间的联系以及产生不同哲学体系的社会和文化背景；在解释历史上的哲学观点和体系时，可以带有一定的主观性，而不必强求理解的客观性。与此不同，哲学史研究的目的是全面、正确地理解和把握历史上各哲学家的观点、原理和体系，澄清并阐明各个观点和命题之间，乃至各个哲学体系之间的关系。因此，它不仅必须面对一个个的哲学体系及其众多的概念、原理和命题，还应该研究相应的社会历史和文化背景。总之，哲学史研究的最大特点是其客观性，即在承认历史上存在着客观的哲学和哲学史的基础上，尽可能客观地反映其本来面目。哲学史研究承认解释的历史性和解释者本人之"前见"的作用和影响，同时也认为存在着文本解释的客观性。尽管达到客观性解释的程度会由于种种原因而有所差别，但哲学史研究的目标始终应该是千方百计地客观地认识和阐述历史上的哲学。

作为一部犹太哲学史的著作，本书所论及的是犹太哲学家的思想和体系。它的目的是力求客观地把握并清楚地阐述历史上犹太哲学家的观点、原理和体系。在写作方法上，它将因循目前国内通行的哲学史写作的方法，即根据流行的世界史分期划分历史阶段，按照时间先后依次介绍和阐述主要的犹太哲学家及其哲学思想。

这是一部犹太哲学通史。通史之区别于断代史，最根本的一点是其全面性，即要求涵盖从古至今的全部历史。本书涵盖了从圣经时代到20世纪末的犹太哲学，可谓纵贯古今，是一部名副其实的犹太哲学通史。但是，如前所述，由于横向性特点所造成的犹太哲学的间断性，使我们不止一次面对长时期的犹太哲学的缺席。这是历史事实。我们无法也无意改变这样的事实。我们所能做的，是在每一编的导言中尽可能地瞻前顾后，扼要清晰地陈述犹太哲学发生发展的背景，使两段历史之间的过渡尽可能自然，避免给人过分突兀的感觉。

由于犹太哲学属于宗教哲学，所以，各个时代的哲学家所关注的问题虽然有其特殊性，但也有明显的共同性。他们共同关注的主要问题有：上帝的存在、上帝与世界和人的关系、上帝的预知和人的自由、先知和预言、神命、恶的存在与上帝的公正，等等。有鉴于此，本书在阐述各个哲学家的思想时，主要是从这些问题切入，并围绕它们展开陈述和评论的。在中世纪，哲学家们关注的问题比较一致，因此，我们的阐述也比较集中，比较有连续性。现代犹太哲学家与现代西方哲学关系密切，他们所关注的问题相对分散，所以，我们的阐述也不像中世纪那样集中，那样有连续性。

本书分为三编，即古代犹太哲学、中世纪犹太哲学和现代犹太哲学。

每一编的开始有一个简短的导言，主要阐述与该编内容相关的历史、文化和哲学背景。导言之后分章节阐述。分章的一般原则是，以一个重要哲学家为一章；地位次要、内容偏少且关系紧密的哲学家，两人或多人合为一章。每一章的内容大致包括哲学家的生平、著作、主要哲学思想、历史贡献和对后世的影响。

本书各部分的内容大致如下：

第一编是古代犹太哲学。它包括三大部分内容：一是希伯来《圣经》中的哲学思想，二是第一个犹太哲学家斐洛，三是拉比犹太教中的哲学思想。

我们注意到，现代圣经学（Biblical Studies）的研究成果表明，《圣经》是不同时代的犹太文人汇集不同形式的文献构成的。其中由于底本的不同、历史的变迁、编纂者的主观成见等各种原因，经文中充满了文义和观点上的前后不一和矛盾现象。尽管如此，我们仍然认为，《圣经》中包含了许多重要的哲学问题和丰富的哲学思想。从宗教哲学的视角看，《圣经》中包含的哲学问题有：上帝的存在和属性、世界的创造、人与世界、身体与灵魂、神命、人的自由、恶与上帝的仁慈和公正，等等。也许如《圣经》批评家所指出的那样，《圣经》的思想存在前后不一的情况，但是，我们无法否认其中丰富的哲学思想，其问题和思想作为精神文化宝藏，成了后世哲学家取之不尽的思想源泉。

斐洛作为第一个犹太哲学家，可谓"横空出世"，前无古人，上千年没有来者。在斐洛身上充分体现了犹太民族对希腊精神文化的汲取。他把希腊纳入希伯来《圣经》视野，把理性主义纳入启示视野，同时又让犹太教的信仰和启示接受理性的考察和分析，从而开启了一种崭新的思想体系——犹太哲学。寓意解经法是斐洛用来沟通神学和哲学、犹太教和希腊哲学、信仰启示和理性的方法，其结果就是在犹太教和希腊哲学这两大思想体系之间架设了一座桥梁，通过这座桥梁，柏拉图、亚里士多德和斯多亚学派都有机地与《圣经》传统结合起来。斐洛改造了柏拉图的理念论，将"逻各斯"一词运用于理念全体，并且将"逻各斯"描述为智性世界的处所，这个智性世界反过来又包括理念。斐洛还用犹太教的神圣美德，即创造的善、尊严、公正和慈悲构筑了永恒形式的王国。作为犹太哲学的开山鼻祖，斐洛在犹太哲学发展史上，占有独特的地位。

拉比犹太教是犹太教发展史上的第二个阶段，其主要经典是《塔木德》。和《圣经》一样，《塔木德》也不是典型的哲学文献。但是，从《塔木德》当中，我们可以发现犹太教拉比的释经原则和思维方式以及丰富的宗教哲学思想。在这一章中，我们介绍了犹太教释经传统的形成和发展，以实玛利（R. Ishmael）提出的十三条释经，总结出了理性思维、具体思维、动态思维、求异思维以及诉诸权威但不盲从等诸种思维方式，还阐述了上帝存在及其属性等犹太哲学的一般问题。值得特别指出的是《塔木德》中关于人是善冲动与恶冲动统一的观点：人既是善的，也是恶的。人因其固有的恶冲动而不可避免地犯过错和罪行，但是，犹太教的《托拉》能够克服恶行而使善举大行其道。

第二编是中世纪犹太哲学。中世纪是犹太哲学的第一个辉煌时期。穆嘉麦斯、萨阿底、以色列里、加比罗尔、哈列维、达吾德、迈蒙尼德、本格森、克莱斯卡，这些耀眼的明星合力打造了中世纪犹太哲学的辉煌。我们将分八章阐述这段犹太哲学的历史。

穆嘉麦斯、卡拉派，尤其是萨阿底开启了中世纪的犹太哲学。作为犹太凯拉姆神学家，穆嘉麦斯在其《二十章》一书提出并探讨了凯拉姆神学的主要问题，同时期的唯圣经主义者——卡拉派则承前启后，成为萨阿底的批判对象。萨阿底因为贡献卓著而被称为"中世纪犹太哲学之父"。这位出生在埃及的天才学子在 36 岁时出任当时犹太教的最高学府——巴比伦苏拉学院（Sura Academy）的校长，成为最权威的学者和犹太教领袖。为了解决他那个时代犹太人面临的两个危机，即来自犹太人内部的唯圣经主义者和来自外部的伊斯兰教神学与希腊哲学的挑战，萨阿底撰写了《论信仰和意见》一书，阐述了万物的创造、上帝的一体性、有关上帝的戒律和禁令、服从、反叛宿命和公正、善恶功过、灵魂的本质、死与来世、弥赛亚时代和犹太人的救赎、来世的赏罚等有关犹太哲学的根本问题。萨阿底哲学的重要意义在于，他在中世纪最早提出并系统阐述了犹太哲学的一系列问题，为后来犹太哲学的发展奠定了基础，并在很大程度上规定了中世纪犹太哲学的框架。

在10至11世纪，生活在伊斯兰世界中的犹太学者首先接触的是新柏拉图主义哲学，而11至14世纪的犹太学者则更多地接受了亚里士多德主义哲学。因此，这个时期的哲学家大致分为新柏拉图主义和亚里士多德主义两个派别。属于前者的是以色列里、加比罗尔、哈列维，属于后者的包括达吾德、迈蒙尼德和本格森。之后，克莱斯卡矫枉过正，在很大程度上又回到了柏拉图主义和犹太教传统的立场。

新柏拉图主义的核心哲学思想是其"流溢说"。以色列里和加比罗尔作为中世纪较早的犹太新柏拉图主义者都认同这一学说。他们分别阐述了自上而下的流溢，即从上帝的意志流溢出第一质料和第一形式，它们的结合产生理智，由理智派生出灵魂，由灵魂流溢出自然和万物，以及灵魂自下而上的净化上升过程：人的灵魂顺着流溢的顺序和级次逐渐上升，最后获得有关最高存在的知识，借以实现人的最高的幸福。

以色列里和加比罗尔分别提出了一个意味颇深的哲学思想，这就是"哲学是人对自己的认识"。以色列里认为，之所以这样说，是因为人除了兼具物质实体和精神实体，即身体和灵魂（理智）外，还具有物质的偶性和精神的偶性；物质偶性如黑、白、黄、红、厚、多变性以及其他物体所具有的物质性的偶性，精神偶性如温和、知识以及其他灵魂所具有的类似的精神性的偶性。如果某人获得了有关自己的真知识，即有关自己的精神性（spirituality）和物质性的知识，加之物质性偶性和精神性偶性的知识,那么他就获得了万物的真知识,因而成为一个真正的哲学家。这是因为,在他看来,人和万物的构成是相同的,因此可以由人而知物,进而知一切存在。以色列里之后的加比罗尔说:人就像一个微观的宇宙,其中包含身体和灵魂与万物的要素。人的灵魂与万物的精神相通,最终和神的意志相通,所以能够知万物,认识上帝的意志。所以说,认识世界,在本质上就是认识自己,认识世界的正确途径就是认识你自己的灵魂。中国古代的孟子曾经说,"万物皆备于我",还说"尽心、知性、知天"。在以色列里和加比罗尔这里,我们不无惊奇地发现了孟子的知音。

如果说以色列里和加比罗尔具有明显的希腊化倾向,那么哈列维则是深深植根于犹太教传统的新柏拉图主义哲学家。比之以色列里和加比罗尔以及后来的迈蒙尼德和本格森,哈列维的一个重要特点是突出了宗教信仰。对一些犹太哲学家来说,理性有权利审视信仰,甚至认为只有经过理性检验的信仰才是真正的信仰。可在哈列维看来,信仰比理性更根本、更重要。信仰没有必要经过理性的检验。经过理性检验的信仰实际上是可以怀疑的,因而不是真正的信仰。《库萨里》是哈列维的哲学代表作,其中讨论了犹太哲学的主要问题,深邃的哲学思想和诗意的表达完美地结合在一起,可谓犹太哲学史上的千古绝唱。

达吾德是中世纪第一个犹太亚里士多德主义哲学家。在他之前,亚里士多德哲学虽然已经在穆斯林哲学家范围内颇为流行,但犹太哲学家们仍然追随新柏拉图主义。作为亚里士多德主义者,他对加比罗尔的新柏拉图主义思想做了严厉的批判。他相信,宗教信仰和哲学是并列的两盏灯,就像人的左手和右手一样。他采用亚里士多德主义的方法证明上帝的存在和属性，论证灵魂的各种形式及其不朽，阐述神命和人的自由、先知和预言的来源与本性。达吾德是迈蒙尼德的先驱，后者那里的很多哲学问题和观点都是由他提出并做了一定程度的阐述的。没有达吾德，就没有迈蒙尼德哲学。

如果说《重述律法书》奠定了迈蒙尼德伟大的犹太教律法学家的地位，那么《迷途指津》则是他的哲学代表作。他运用寓意解经法阐述《圣经》文句，剔除了其中有关神人同形同性的因素。迈蒙尼德不仅接受犹太教的基本信仰，还提出了著名的13信条。但是，在信仰和理性的关系问题上，他认为信仰应该建立在理性的基础之上，使信仰成为可理解的，其立场恰好与哈列维背道而驰。迈蒙尼德作为中世纪犹太哲学的大师，全面系统地阐述了犹太哲学的各个问题，如上帝的存在和他的一体性、他的行为属性和否定性属性、先知和预言理论、创世论、律法的作用以及人生的境界，等等。迈蒙尼德不仅是中世纪犹太哲学的第一人，在整个犹太哲学史上也是屈指可数的几位大哲学家之一。他的名声太大了，以致把他的先驱达吾德掩盖起来，长期无人知晓。

迈蒙尼德之后的列维·本格森还是沿着亚里士多德主义的路线发展其哲学的。在本格森那里，希腊理想主义的特征比在迈蒙尼德哲学中更鲜明。《上主的战争》是本格森的哲学代表作。他在该书的绪论中提出了人的灵魂是否拥有来世等六个方面的问题，然后依次进行了系统阐述。后来，有人把本格森的《上主的战争》与托马斯·阿奎那的《神学大全》相提并论，因为他们都采取了这种先提出问题，然后依次阐述的写作方法。在灵魂不朽问题上，本格森认为，人的不朽是就其能够达到理智的完善而言的。人在一生中不断获取知识，这样的知识超越了肉体的死亡而构成了人的不朽。

物极必反。本格森把亚里士多德主义发展到了极端，其后，克莱斯卡则反其道而行之，回到了新柏拉图主义和传统犹太教的立场。在12世纪，迈蒙尼德提出了著名的犹太教13信条和613条律法。但是，在犹太人内部，迈蒙尼德的学说一直存在着很大争议。在批评迈蒙尼德的这13信条的同时，克莱斯卡把犹太教的信仰和学说分成了四个层次。在这四个层次中，作为基本原理的"根"和基本信仰的"基石"最重要，其上的犹太教信仰次之，最后的哲学观点则是可接受可不接受的。这是一个比迈蒙尼德的13信条更系统完备的信仰体系，是对犹太教神学的重要发展。

第三编是现代犹太哲学。经过200多年的沉寂之后，犹太哲学在近现代迎来了第二个群星璀璨的辉煌时代。犹太启蒙运动和改革时期的哲学家有门德尔松、科罗赫马尔、盖革、赫尔施、卢扎托。之后，出现了柯恩、罗森茨维格、布伯、拜克、海舍尔、开普兰、法肯海姆、莱维纳斯，他们中有好几位是世界级的哲学大家。

现代犹太哲学肇始于犹太启蒙运动的创始人摩西·门德尔松。这位因学识渊博而博得"犹太苏格拉底"称号的启蒙哲学家从安瑟尔谟等西方哲学家那里学到了证明上帝存在的方法：上帝是一个最完满的存在概念，其中必然包含他的实在性。一反当时盛行的自然神论，门德尔松相信凭意志创造世界的人格神。他相信人的灵魂不死和因果报应，认为灵魂在肉体死亡后仍然继续不断地追求善、美、真。在宗教的本质问题上，门德尔松认为宗教是理性的启蒙宗教，它包括人人都可发现的理性真理和道德真理。犹太教不是神启的宗教，而是神启的律法制度；就其为宗教而言，乃是一种理性的宗教。门德尔松的重大作用在于开启了犹太哲学的新时代。

随着启蒙运动的影响日益扩大和犹太人在西欧各国社会地位的逐渐提高，德国的犹太人从19世纪初开始了对犹太教的改革。宗教改革期间涌现出了一大批犹太思想家。他们既是犹太教的拉比，又是宗教改革家或护教者，同时还是思想家或哲学家，因此，他们的哲学和犹太教结合得更加紧密，其哲学思想具有更鲜明的时代特色，更能体现理性和犹太教的冲突或妥协与调和。总的来看，这个时期的犹太哲学呈现出了百花齐放、异彩纷呈的局面。但是，这个时期的主题是犹太人是否应该改变自己的传统宗教以融入西方主流社会，就是说，宗教和与此相关的犹太民族的命运问题占主导地位，这就在一定程度上冲淡了哲学本身的探讨，使人感到此时的哲学不够系统，在深度上也存在明显的不足。

在20世纪，经过启蒙运动和犹太教改革的西方犹太人已经在很大程度上融入了他们所在的社会，从而在更广阔的文化氛围内确定了自己的坐标。与此相适应，犹太哲学也在很大程度上表现出和西方哲学融合的趋势。

以马堡学派领袖著称的新康德主义者赫尔曼·柯恩在退休以后出版了《源于犹太教的理性宗教》等著作，成为"大器晚成"的宗教哲学家。晚年的柯恩在哲学上把研究的重心从原来的新康德主义转向了宗教，主张一种"理性的宗教"。所谓理性的宗教就是在思辨的合法性支配下的宗教，也就是以逻辑思维的合法性为基础的宗教。在这种宗教中，自然界和人是实存（existence），又称作生成（becoming）。尽管生成不是产生于上帝，但后者却是前者的先决条件和理由。上帝在逻辑上是自然和人的基础。他认为上帝是独一无二的，生成是无法与之相提并论的。这样一来，柯恩就排除了斯宾诺莎的泛神论，同时又和基督教的"三位一体"区别开来了。在上帝和世界之间存在着"相互关系"（correlation）：世界不能脱离上帝而存在，上帝离开世界就失去了意义。人和上帝之间也有类似的相互关系。"相互关系"是柯恩哲学中的关键性概念。他以此为基础对创世、神启、救赎和圣灵等宗教概念与诚实、谦虚、正义感、坚信、和平或平静等美德做了自己的解释。他的哲学直接影响了罗森茨维格和马丁·布伯。

1921年，弗朗茨·罗森茨维格完成了《救赎之星》这部不朽的哲学和神学名著。他指出：在他以前的哲学中，上帝、世界和人是三个迥然有别的经验要素，没有人能够把它们统一起来。他自己的理解是，尽管这三者是各自独立的，不能把其中的一项归结为另外的项，但它们又彼此处在一定的关系中，是通过"创造"、"启示"和"救赎"而联系起来的。世界通过创造和上帝相联系，上帝通过启示和人相联系，世界通过救赎和人相联系。三者的关系如果用两个等边三角形构成的六角星来表示，就构成了罗森茨维格所谓的"救赎之星"，即大卫之星。在《救赎之星》中，他对于西方哲学中普遍性和理性的凸显表示不满，认为黑格尔和整个德国唯心主义哲学忽略了个人，忽略了个人的遭际、焦虑、孤独和对死亡的畏惧，使得个人完全淹没在无所不包的"世界精神"的概念中。与此相反，他的题为"新思维"的论文是从个人的遭际、焦虑和渴望开始的。他坚持存在之于思想的优先性，强调个人的首要意义。对于死亡，他指出：哲学曾经宣称消除了人对于死亡的恐惧，但是，死亡依然存在，人的恐惧依然如故。他的哲学则是要告诉人们救赎之道，从而消除人们的不良的存在状态。这种哲学具有明显的存在主义倾向。

马丁·布伯是最杰出的现代犹太哲学家，也是西方存在主义哲学的重要代表人物。他的哲学被称为"对话哲学"。照他的分析，自我既可以表现为个体的存在（individual being），也可表现为人（person）。作为个体的存在，他将所有的包括他人在内的存在都看作是可以把握、占有和驾驭的物（things）；作为人，他视任何实在为与之共存的同伴（partner），并进入到他们或它们的相互关系之中。在前一种情况下，世界成为物，即它（it）；在后一种情况下，一切都成为你（thou）。我可以处在我—它关系中，也可处在我—你关系中，但其意义有着本质的不同。在我—它关系中，我体现的是自我的功用，它肯定自身，发挥着观察、经验、使用和占有的功用。而在我—你关系中，我体现的则是人的品性的全体。我和你的相遇是两个人的整体的相遇，而我和它的关联则是具体的、部分的。在这个意义上，我—你关系中的我比我—它关系中的我具有更多的实在性。在我—它关系中，我外在于它，无法参与其中，它作为客体和我相对立。与此不同，在我—你关系中，我是进入到你中去的，达到了我中有你、你中有我的真正融合和会通。在人与人、人与自然、人与精神存在这三个领域内的我—你关系中，人与人之间的我—你关系是最重要、最有价值的。对于布伯来说，上帝是"绝对"，是"永恒的你"。因此，人与上帝的关系也是我—你关系，而且是一种更纯粹的关系，人与上帝的会合是一种具有终极意义的会合。布伯认为，康德哲学中的上帝，因其不是一个绝对的人格，所以不能充当道德责任的基础，而他的作为永恒的你的上帝则弥补了康德实践哲学的不足。

利奥·拜克对犹太教的本质及其特征做了深入详尽的分析和阐述。作为一个深受柯恩影响的犹太哲学家，拜克当然不会忽视理性之于宗教的作用。但是，拜克在阐述犹太教的本质时强调的是理性与个人体验的结合。他认为，犹太教主要是一种实践活动，而不是思辨的神学体系。从本质上看，犹太教是一种在实际生活中不断追求超越的上帝的伦理一神教。犹太教的基本特征是：不尚教义或信条，注重日常生活的躬行践履；崇尚先知，即承认先知的非凡能力和他接受神启的真实性及其精神领袖地位；犹太教的普世性。拜克对犹太教的伦理化，突出了心灵的纯洁、情感体验、道德修养的宗教意义，力图在个体化的犹太人的日常生活中确立上帝的活生生的真实性。尽管他自己声言不想创造一种哲学，但是，他对犹太教的论述本身就是一种独特的哲学。

亚伯拉罕·约书亚·海舍尔是一个与众不同的犹太存在主义哲学家，他揭示的是人的宗教性存在。在他眼中，宗教不是人的神学，而是上帝的人学。上帝是至高无上的活生生的存在，但是，上帝并不漠视人、回避人，反之，他需要人、寻觅人，与人建立契约，成为人的同伴。他之需要人，是因为只有在人身上，他才能实现其目的，从而成为完满的存在。另一方面，人不仅提出关于人存在的问题，更要追问人的存在本身。人不是无由地被抛入存在的，而是上帝创造的结果。人在实际生活中体验到人的神圣起源，并出于天性而追求超越。人洞察到上帝对自己的需要，人也意识到人只有在对上帝的追求中超越自身，提升自己并彰显自己的意义。所谓人对神的追求就是从自然万物、《圣经》的教诲和神圣的行为中感知上帝的存在、伟大和庄严，就是要服从上帝的诫命、行上帝的道，从而在实际生活中日益趋向神圣。这种上帝寻觅人，人追求上帝，人实现上帝的目的，上帝赋予人以意义的双向互动关系，正是海舍尔宗教哲学的核心和真正用意所在。在这样的关系中，人的地位和价值得到了空前的提高，现代西方某些人的虚无主义和自我中心论的存在主义被扬弃了。

摩迪凯·开普兰是本书介绍的唯一一个在美国接受教育后成长起来的犹太哲学家和神学家。随着犹太教的日益世俗化，开普兰为了挽救犹太教和犹太人的同化而创建了一个新的教派——犹太教重建派。在《作为一种文明的犹太教》中，开普兰系统地阐述了他对一个没有人格的神的信仰。在他那里，上帝是"导向拯救的力"，是"导向仁义的力"，"是力的整体"和"宇宙的过程"或"使生命充盈和得到拯救的宇宙过程"。人是从自然分化而来的，和自然有着不可分割的联系。"人性就是那个更大的自然（本性）世界的一部分。"人的存在表明外在的宇宙中有一种力，正是它构成并保持了存在。同样，也正是这种宇宙的力，促使我们的生命活动不断超越自己，指向拯救的目标。这种内在的力是实在的，就如我们的生命力、性本能是实在的一样。经验告诉人们，我们的身体、精神和道德的成长和发展，根源在于自然界和自身内的过程的作用。这个过程是神性的，它体现在个别的经验中。可见，"宇宙的力"和"宇宙的过程"原本是一个东西，从其稳定的性质说是力，从其活动和发展看就是过程。开普兰把人的道德趋向和自然相联系，并认为上帝是所有生命价值的原动力，从而使宗教成了价值和意义的源泉，同时，上帝也代表了人生追求的最高理想。

发生在第二次世界大战时期的纳粹大屠杀不仅对于犹太人是前所未有的大灾难，而且也是全人类的大悲剧。战后，对大屠杀的反思超越了犹太人，超越了与之有关联的基督教，超越了各个宗教，进而成为世界范围内各界人士、各门学问讨论、研究的一大主题。当然，作为直接的受害者，犹太人的反思也最为深切。其中，法肯海姆对大屠杀的哲学思考特别引人注目。法肯海姆说，大屠杀实际上为后来的犹太人提出了一条新的诫命，这就是："犹太人不要让希特勒在死后还赢得新的胜利。"具体地说，这条诫命包括以下的几条要求。第一，犹太人必须生存下去，以免犹太民族遭到毁灭。第二，犹太人要牢记大屠杀的死难者，以免他们的苦难经历被遗忘。第三，犹太人不该否认上帝或者对上帝绝望，以免犹太教的覆灭。第四，犹太人不该对这个世界绝望，这个世界将成为上帝的王国，以免它变成无意义之所。法肯海姆的与众不同之处在于，他没有从大屠杀的得逞得出"上帝死了"的结论，反之，他坚信上帝的存在，而且认为犹太人不应该让上帝失望和绝望。他对大屠杀的诠释，有助于犹太人走出大屠杀的阴影，坚忍不拔地按照犹太人的生活方式生存下去。

当代法国著名犹太哲学家莱维纳斯以本体论批判为己任。他认为，自古希腊以来的西方哲学一直以本体论为努力的方向，其突出特征是泯灭他者的他性，追求同一性或总体性。在现代，就有谢林式的"同一"、黑格尔式的"绝对"、雅斯贝尔斯的"大全"。但是，西方文化在这种追求总体的本体论传统中出现了危机，导致现代社会面临种种恶果，尤其表现为在现实中以暴力压制"他者"。而莱维纳斯的哲学则是关于

"他者"的哲学。莱维纳斯强调"他者"旨在批判并超越西方本体论传统，以伦理的首要性代替本体论的首要性。在莱维纳斯那里，伦理绝不是哲学的某种分支，某种特殊的视野；伦理是第一哲学的视野，是超自然、超历史、超世界的视野。"道德不是哲学的分支，而是第一哲学。"这是莱维纳斯哲学的一个纲领性的命题。大家知道，在西方哲学的发展历程中，有所谓近代的认识论转向、现代的语言分析转向，等等。也许，从莱维纳斯开始，哲学将开始一个新的转向，即伦理学转向。

五、犹太哲学史对于中国哲学研究的意义

犹太哲学不是纯粹东方的，也不是纯粹西方的；它在吸收西方哲学的概念和理性主义思维方式的同时保留了犹太教的基本信仰，采取的是一种综合的亦此亦彼的思维方式。也可以说，它既是东方的，又是西方的，是介于东方和西方之间的思想之路。犹太哲学家没有故步自封，没有被狭隘的民族主义所蒙蔽，他们对外来文化和哲学采取开放、学习和汲取精华的态度；他们也没有妄自菲薄，犹太教的基本信仰和精神在他们的新哲学中得到了创造性地保持和弘扬。

中国文明与希伯来文明都是最古老的人类文明形式，都有丰富厚重的文化传统——在犹太人那里为犹太教，在中国人这里为儒、释、道宗教和哲学。世界上其他古老的文明，有的由于历史的原因而中断了，如古埃及和古巴比伦的文明；有的虽然没有中断，但是迄今尚未开发出完整的具有世界意

义的哲学系统，如印度哲学——她和西方的相遇几乎与中国同时，目前也和中国一样正处在探索和形成新哲学的时期，还没有成熟到成为范例的程度。而犹太人最早以完整形态的宗教传统和西方哲学相遇，并在相互的冲突和对话中发展出自己的哲学形态，从而成为后来东西方哲学会通的范例。尤其值得指出的是：与犹太哲学发展的背景相似，现代的中国也是在和西方哲学相遇、碰撞和对话的大背景下发展自己的哲学的，而且这样的相遇都曾经有过被迫的性质。犹太人与希腊文明的相遇已有2 000多年的历史，而中国人与西方哲学相遇的时间还不足200年，因此说，犹太哲学是相对成熟的第三条道路。这样的哲学对于正在建设的中国哲学应该有积极的借鉴意义。

首先，犹太哲学的"发现"确认了中国现代哲学发展的走向。中国哲学源远流长，先秦的儒家、道家、墨家和名家都是很有哲学意味的思想体系。两汉的经学，魏晋的玄学，魏晋、隋唐以来的佛教，以及宋明之际的理学和心学都富有博大精深的内容。但是，现代意义的哲学则是在鸦片战争以后尤其是五四运动后，在中国传统哲学与西方哲学相遇的过程中逐渐兴起的。换言之，假如没有伴随鸦片战争而来的大规模的"西学东渐"，假如没有由此而引起的中西哲学的相遇、碰撞和整合，中国哲学很有可能仍然停留在儒、释、道的传统中，而不存在现代意义的中国哲学。关于现代中国哲学的含义，冯友兰先生曾经这样说："现代化的中国哲学，并不是凭空捏造一个新的中国哲学，那是不可能的。新的现代化的中国哲学，只能是用近代逻辑学的成就，分析中国传统哲学中的概念，使那些似乎是含混不清的概念明确起来。"① 他所谓近代逻辑学的成就指的是共相和殊相（一般和个别）的关系，也就是古希腊哲学中"一"和"多"的关系的学说。这也就是说，和犹太哲学相似，现代中国哲学的旨趣也是用西方哲学的概念和方法来阐释古代的哲学传统。因此，中国现代哲学和从公元前业已开始的犹太哲学走的是同一条路。不同之处主要是犹太哲学在先，中国现代哲学于后，前者历史悠久，后者历史短暂罢了。中国现代哲学之始，哲学家们对犹太哲学一无所知，即使是最近的中国哲学家如牟宗三、唐君毅、刘述先、杜维明、成中英等，对犹太哲学也知之甚少，没有受其影响。今天我们"发现"了犹太哲学，始知犹太哲学和中国现代哲学所走的竟是同一条道路，这本身就是对现代中国哲学走向的认同。同时，先行的犹太哲学向世人表明：东方传统与西方理性主义的结合是可行的；同时也向21世纪的中国学人昭示："中西合璧"的现代中国哲学之路是可以走通的。

其次，犹太哲学提供了一个融合东西方文化的范例。② 如果说犹太哲学已经被证明是一条成功的思想之路，那么其成功之处主要表现在两个方面。一是在形式上它成功地运用了希腊哲学和后来西方哲学的概念、方法分析和阐述传统的犹太教信仰，使传统犹太教中观念和问题学理化、系统化。二是在内容上较好地做到了信仰与理性、神秘主义与逻辑推论，即犹太精神与西方理性主义精神的融合，而且越是靠近现代，这种融合的工作就越完善。在中世纪，迈蒙尼德这种综合与

---

① 冯友兰：《中国现代哲学史》，广东人民出版社，1999，第200页。
② 这里是说一类范例，而不是唯一的范例。哲学有许多类型，范例也应该有许多。

融合的工作做得最好；在现当代，柯恩、罗森茨维格、布伯、海舍尔则是整合和融合犹太传统与西方哲学的典范。相比之下，现代中国哲学在后一方面还有明显的欠缺。

以冯友兰和牟宗三的哲学为例。冯友兰著有《贞元六书》，创建了名曰"新理学"的哲学体系。他的新理学就是用共相和殊相以及其他希腊哲学的概念去分析宋明理学中的范畴，如"真际"与"实际"、"理"与"气"、"性"与"心"、"太极"与"无极"、"道体"、"大全"、"精神境界"等，以期使它们明晰并充实起来。他所谓"真际"就是事物的形而上学根据，属于一般或本体界；"实际"则是可以见到的这个或那个事物，属于个别或现象界。由于"理"是一般，是个别事物之所以为个别事物的形而上的根据，类似于柏拉图的理念或形式，所以理是属于"真际"的；"气"被解释成"料"或"质料"，是使事物能够存在的东西。世界上的事物包括无机物、有机物和人都是由"理"和"气"即形式和质料两者构成的，都以"理"和"气"为形而上的根据。他还认为，与人的认识或得到的概念的层次相联系，人生有四种境界，这就是自然境界、功利境界、道德境界和天地境界。自然境界的人对概念无所知，处在功利境界的人只知道一己之"私利"，这两种境界都是低级的。道德境界是当一个人有了道德的概念，如"仁""义""礼""智"后所能达到的，这时他知道应该怎样行为。天地境界是最高的，指的是人在直觉中达到的"浑然与物同体"或"自同于大全"的精神状态，类似于佛教中的"涅槃"和"般若"。[①] 冯友兰自己说，他的《新

---

① 参见冯友兰：《中国现代哲学史》，第200～216页以及第240～243页。

理学》"是'接着'宋明以来底理学讲底,而不是'照着'宋明以来底理学讲底"。而"接着讲"之区别于"照着讲"就在于前者能够用西方近代逻辑学的成就"使那些似乎是含混不清的概念明确起来"①。尽管新理学的"气"不是如在宋明理学中那样是从"理"派生出来的东西,尽管冯友兰关于四种境界的阐述是传统哲学中相关思想的高度概括,但毕竟都是传统哲学中已有的东西。因此说,新理学没有在内容上对"旧理学"做实质性的发展,他的功夫和主要贡献是使宋明理学在形式上学理化和系统化。借用冯友兰自己的说法,这仍然属于"新瓶装旧酒"。

牟宗三是现代新儒学的另一主要代表。他对西方哲学有比较全面的了解,尤其对康德哲学有深入的研究。他与冯友兰"接着讲"宋明理学不同,他更加看中陆象山、王阳明的心学。牟宗三虽然是康德哲学专家,但他不赞成康德所谓"理智不能直观",因而不能认识本体的观点,认为人不仅能够认识现象,而且可以对本体(物如,智性存在体)有"通体透明"的把握,因为人的理智是可以直观的;这种直观或直觉能力是西方哲学中所缺乏的,中国哲学的一大优胜之处就在于有这样的直觉。他一生写了大量的著作,其主要贡献是用西方哲学尤其是康德哲学的理论梳理中国哲学,并着力阐述陆王的心性之学。他了解西方哲学,但并没有吸收多少西方哲学的内容,康德对他影响也只是在形式上为他提供了诠释中国哲学的框架罢了。②

---

① 冯友兰:《中国现代哲学史》,第 200 页。
② 参见郑家栋:《断裂中的传统:信念与理性之间》,中国社会科学出版社,2001,第 510 页。

冯友兰和牟宗三都有很好的西方哲学素养。但是，似乎可以这样说，西方哲学的内容对于他们多半还是异己的，他们对于中西哲学的认识还没有从根本上摆脱"中体西用"的模式，他们的"问题意识"主要是中国的，其精神也仍然是中国的，西方哲学只不过是可以用来阐述中国哲学的工具而已。如前所述，在犹太哲学家那里，尤其是在当代犹太哲学家那里，西方哲学与犹太传统是糅合在一起的、理性主义的阐述，西方哲学的内容与犹太宗教的精神得到了有机的结合。可以说，他们做到了"即体即用""体用无间"。这是现代中国哲学家所欠缺的，同时也是当代中国哲学家在创建新哲学时应该向犹太哲学家学习的地方。中国哲学要在新的世纪有实质性的建树，必须超越"体用"模式，必须超越只利用西方的逻辑形式和范畴阐释中国传统的框架，必须以布伯所谓的"我—你关系"来看待西方哲学，寻求与西方哲学的内在深处的"对话"，使之不仅在形式上，而且在内容上与西方哲学水乳交融。这样才能真正达到精神层面上的"亦东亦西"和"中西合璧"。

最后，犹太哲学提醒中国哲学家关注宗教信仰因素。如前所述，犹太哲学乃是西方理性主义哲学和犹太教信仰的统一体，实质上是一种宗教性的哲学。它在揭示了西方哲学与犹太教会通的可能性的同时，表明了宗教对于哲学发展的价值和意义。宗教和哲学不应该是纯粹的、孤立的文化现象，哲学家在从事哲学研究时应该关注宗教和信仰因素。许多中国学者在看待西方文化时，往往只注意到了西方的科学、民主和哲学，而忽视了宗教。冯友兰于1934年在布拉格世界哲学大会上说："我们把它们（中西文化）看作是人类进步同一趋势的不同实例，人类本性同一原理的不同表现。这样，东方西方就不只是联结起来了，它们合一了。……希望不久以后我们可以看到，欧洲哲学观念得到中国直觉和体验的补充，中国哲学观念得到欧洲逻辑和清晰思想的澄清。"[1] 在他看来，所谓东西方的联合就是用中国的直觉和体验补充西方哲学。他没有宗教意识，其目标是"以哲学代宗教"。牟宗三虽然认识到基督教在西方文化中的地位，对于早期儒学的宗教性也有深刻的体认，但他强调的是"理智的直觉"对于"智性存在体"的把握，在他自己的哲学体系中也没有融入宗教信仰的因素。在我们看来，如果此岸的现象世界之后或之外存在着一个彼岸世界，那么，如康德所解释的，这样彼岸世界就不仅是作为自然界的本体——物自体，而且包括自我的本体——灵魂和整个宇宙的本体——上帝，而后二者正是宗教所由以产生和存在的根据。如果理智的直觉可以把握自然界的本体（牟宗三称之为"物如"），那么，似乎信仰就应该被承认为把握灵魂和上帝的方式。牟宗三、冯友兰等现代中国哲学家认同直觉的哲学意义，而且在理性和直觉的综合统一上做了出色的工作，这对中国哲学的发展是一大贡献。但是，当我们知道犹太哲学是一种融理性与信仰为一体的哲学后，是否应该在今后的哲学研究中充分考虑宗教信仰的因素呢？回答应该是肯定的。[2]

---

[1] 冯友兰：《三松堂全集》，第 11 卷，河南人民出版社，2000，第 271 页。
[2] 本绪论的大部分内容引自傅有德等：《现代犹太哲学》，绪论，人民出版社，1999，以及傅有德：《东方与西方之间：犹太哲学及其对中国哲学的启示》，载《文史哲》，2004（3）。

第一编
古代犹太哲学

导　言

　　古代犹太哲学，指的是希伯来《圣经》中的哲学思想，公元纪年之初的斐洛哲学，以及公元70—500年的拉比犹太文献中的哲学思想。拉比哲学文献，这里主要指《塔木德》和《密德拉什》。这个时期的其他拉比文献如《托赛夫塔》（又译《密释纳补》）以及更早的《死海古卷》，则没有涉及。这一方面是由于作者力所不逮，无力概括和总结那汗牛充栋的文献；另一方面还因为这些文献都是宗教文献，主要包含当时的文士和拉比们关于犹太教信仰和生活习俗的规定，没有系统的哲学思想。

　　如果说"哲学说希腊语"（莱维纳斯语），那么犹太人则天生是一个宗教性的民族。在亚历山大大帝征服以色列（巴勒斯坦）之前，生活在这片神圣的土地上的犹太人不知哲学为何物。但是，他们却拥有自己的《圣经》宝卷。一代代犹太人从《圣经》中汲取着对上帝的虔诚信仰，遵循着其中的神圣律法。耶路撒冷的圣殿是犹太人从事宗教活动的主要圣所，每天不断的献祭是他们宗教活动的主要内容。圣经时代的犹太人心灵有依归，生活有指南，不论在物质还是精神生活方面，都处在自给自足的状态。《圣经》是圣经犹太教留给后人的唯一文献。尽管它是宗教文献，而不是哲学著作，但是，没有人否认其中包含了重要的哲学问题和丰富的哲学思想。本编开篇介绍的就是希伯来《圣经》中的主要哲学问题和思想。

　　犹太哲学家古德曼说："犹太人是因为无法抗拒的压力才

开始哲学化的。他们从外部接受哲学。一部犹太哲学史就是犹太人不断吸收外族的理念，然后使之转化和适应具体的犹太教观点的历史。"[1] 公元前 3 世纪，希腊人征服了巴勒斯坦，昔日"闭关锁国、夜郎自大"的犹太人直接面对一个异样的民族和异样的文化。经过几个世纪的希腊文化的浸淫和洗礼，在亚历山大里亚的犹太社区诞生了一个杰出的犹太领袖和哲学家，他就是斐洛。斐洛接受了希腊哲学的基本理念和方法，并运用于上帝创世等犹太教的问题。从此，犹太人有了自己的哲学家，人类哲学的大家庭中又增添了一个新成员——犹太哲学。从关于斐洛的这一章中，我们除了可以知道斐洛本人的哲学思想外，还能够加深对于犹太哲学的起源和本质的理解。

希腊人走了，罗马人接踵而至。伴随着罗马军队的铁蹄和公元 70 年第二圣殿的焚毁，犹太人开始了空前规模的大流散。与此同时，犹太教也进入了她的第二个时期，即拉比犹太教。拉比犹太教是以犹大纳西与其弟子把口传律法编纂成《密释纳》（200 年）为标志的。《密释纳》和后来犹太圣者对它的评注《革玛拉》合在一起构成了《塔木德》，为散居的犹太人提供了宗教法典。此外，拉比文献尚有《托赛夫塔》《密德拉什》，等等。本编的第三章将扼要介绍拉比犹太教体现出来的与古代希腊和中国不同的思维方式和别具特色的哲学思想。

下面，我们将力所能及地回答这样的问题：《圣经》的作者和拉比们究竟思考过什么哲学问题？是怎样思考的？斐洛是怎样成为犹太哲学的第一人？其哲学宝库中珍藏着什么财富？

---

[1] Guttmann, p. 3.

第一章

希伯来《圣经》中的哲学思想

一、希伯来《圣经》与哲学

《圣经》,这里指希伯来语《圣经》,在内容上相当于《新旧约全书》中的《旧约》。

《圣经》,作为宗教经典,包含了犹太教的基本信仰和律法,是古代以色列人借以安身立命的精神寄托和生活指南,也为后来犹太教的发展提供了取之不尽、用之不竭的精神资源。

据犹太传统,犹太教是神启的宗教,就是说,其来源乃摩西在西奈山接受的神启以及后来诸先知的预言。然而,近代以来的圣经学者发现,《圣经》是不同时代、不同作者的作品的汇集,成书的过程历时近千年。仅《圣经》的前五卷就有不同时代的四个底本,其中最早的约成书于公元前950年,最迟的约在公元前500年。《先知书》部分大约完成于公元前200年,《圣著》部分最晚,约截止于公元1世纪。

犹太教的《圣经》被称为《塔那赫》（Tanach），由《律法书》《先知书》《圣著》三大部分构成。

《律法书》即狭义的《托拉》（Torah），指的是《圣经》的前五卷，由于相传为摩西所作，所以又叫作《摩西五经》。《摩西五经》依次包括《创世记》《出埃及记》《利未记》《民数记》《申命记》。《创世记》讲述了上帝创造天地万物以及人类的始祖亚当和夏娃的神话，挪亚在方舟中躲过洪水的故事，以色列始祖亚伯拉罕放弃偶像崇拜，尊耶和华为唯一的神并与之立约，其子孙以撒、雅各的生平故事，雅各的12个儿子的故事，尤其是幼子约瑟在埃及的奇特经历。《出埃及记》首先描述了摩西带领受奴役的以色列人逃离埃及的过程，然后讲述了摩西在西奈山接受上帝亲授的戒律，重申并强化了和上帝的盟约，进一步确立了犹太人的选民地位。《利未记》主要记述献祭的条例，祭司圣职的受任及其职责，饮食律法，圣日、节日和其他一些律例典章。《民数记》记叙以色列人在出埃及后转战西奈旷野的艰苦历程，以色列的两次人口统计，他们离开西奈准备去往"应许之地"迦南的旅程，以及到摩押平原的经过。《申命记》通过摩西的三次讲道，回顾了以色列人出埃及后的历程，重申了神授的戒律和典章，告诫以色列人要敬拜上帝，服从神命，遵守宗教律法和道德戒条。

近代以前，传统犹太教一直认为《摩西五经》是摩西在西奈山接受神启后记录下来的神赐的律法。17世纪以降，西方理性主义思想家因为发现其中充满重复和矛盾之处，于是开始怀疑摩西作者身份的真实性。随着《圣经》流源考据学（source criticism）的兴起和深入研究，人们在19世纪后半叶达成共识：《摩西五经》是由不同时代的作者将四个不同底本文献汇集起来构成的。这四个底本分别是耶和华本、上帝本、祭司本和申命记本（Jahveh, Elohim, Priest, Deuteronomy, 简写为：J、E、P、D）。前两个底本的主要区别是上帝名称的不同，祭司底本则关注谱系、礼仪、律法和宗教礼节，而申命记底本则表现为长篇宣讲和布道。根据维尔豪森（Julius Wellhausen）的研究，这四个底本在犹太人结束"巴比伦之囚"（公元前538年）后由祭司们最后编订成现在见到的《摩西五经》。① 《摩西五经》是整个《圣经》的基础和核心，是犹太教圣堂礼拜的必读篇目，每年通读一遍。

《先知书》（Nevi'im）21卷。② 因列入圣典的时间上的先后分为"早期先知书"和"晚期先知书"。早期先知书6卷，即《约书亚记》、《士师记》、《撒母耳记》上下卷和《列王纪》上下卷。晚期先知书15卷，它们根据其篇幅长短而分为"大先知书"和"小先知书"。大先知书3卷，指的是《以赛亚书》《耶利米书》《以西结书》；其余12卷小先知书为《何西阿书》《约珥书》《阿摩司书》《俄巴底亚书》《约拿书》《弥迦书》《那鸿书》《哈巴谷书》《西番雅书》《哈该书》《撒迦利亚书》《玛拉基书》。在犹太教中，先知是神在世上的代言人。他们关心社会，伸张正义，抨击时弊，谴责国王或警告以色列人，在古代以色列人的政治、宗教和道德生活中起过重要的作用。

《圣著》（Ketuvim）13卷。③ 其中包括诗歌《诗篇》《哀

---

① Lawrence Boadt, *Reading the Old Testament: An Introduction*, New York, Paulist Press, 1984, pp. 94-95. 值得注意的是，这一流传甚广的"底本说"，由于一直未有考古发现的底本为证，以及对上帝信仰的不利影响等因素，业已受到一些学者和宗教人士的怀疑和拒绝。尽管如此，"底本说"作为一种假说仍然有较大的影响力。

② 按犹太教传统分类，《先知书》分为8卷。

③ 按犹太教传统分类，《圣著》分为11卷。

歌》，爱情诗《雅歌》，智慧书《箴言》、《约伯记》和《传道书》，史书《路得记》、《历代志》上下、《以斯帖记》、《以斯拉记》和《尼希米记》，还有融历史、预言和启示文学为一体的《但以理书》。《圣著》在《圣经》中成书最晚，是犹太诗歌、寓言、格言、谜语、比喻的汇集，具有很高的文学价值，对基督教的《新约》和《启示录》产生过不小的影响。

希伯来《圣经》不是典型的哲学著作，因为它在内容和形式上主要不是哲学的。按照通常对哲学的理解，哲学是理性的、逻辑的思维，其观点和结论不应该是独断的，而应该通过缜密的理性论证得到。从内容上看，《圣经》的内容主要包括律法、诗歌和历史叙事。从形式上看，《圣经》的表述方式主要是叙事和诗歌性描写，而不是逻辑论证。另外，哲学的或逻辑的思维要求思维的一贯性和不矛盾性，而《圣经》中则矛盾丛生。总之，《圣经》的内容不是通过理性的、逻辑的方式表述的，所以说《圣经》不是典型的哲学著作。

说《圣经》不是典型的哲学著作，丝毫不减损其意义和价值。作为宗教经典，《圣经》目的不是教人以哲学，而是教人以信仰和律法，借以让人知道应该做什么样的人，如何做人。它的对象是普通大众，不论男女老少，聪明愚昧。对于大众，至少是在古代社会，宗教的作用比哲学更直接，更关乎人们的实际生活需要。

历史上有不少犹太神学家使用寓意解经法诠释《圣经》，对犹太哲学的发展起了重大的推动作用。这种方法的一个前提是，《圣经》中的文字普遍包含两层含义：一是字面意义，二是隐含意义。由于隐含意义是隐而不显的，所以需要哲学家的努力以揭示出来。这样一来，哲学家就有了用武之地，可以根据自己的理解和推断阐发出各种各样的哲学道理和思想来，就像斐洛和迈蒙尼德分别在《论创世》和《迷途指津》中所做的那样。但是，实际上，广大的犹太教信众并不这样看待《圣经》，他们无心把它看成哲学著作。

说《圣经》不是哲学著作，并非否认《圣经》中包含哲学问题和哲学思想。实际上，《圣经》作为最早的犹太教经典，隐含了深刻的宗教哲学问题，蕴藏着丰富的宗教哲学思想。其中主要的问题和思想是：上帝的存在、宇宙的产生、神的权力和人的自由、神的律令和道德责任、善与恶、神对世界的干预，等等。换言之，《圣经》以非典型的哲学形式提出了丰富的哲学问题和思想，从而成为后来哲学发展的活水源头。

在这里，我们无力囊括《圣经》中所有的哲学问题和思想，只择其要者阐述并做粗略的分析和评论。

二、上帝的存在

《圣经·创世记》开宗明义："起初，神创造天地。"接着叙述上帝在六天内先后创造了昼夜、穹苍、陆地、海洋以及地上的植物、日月星辰、空中的鸟和海里的鱼、各种动物和人（《创世记》1：1-31）。[①] 从这些文字里，我们没有发现关于上帝存在的证明。但是，我们准确无误地知道：上帝存在。

---

① 本书中的希伯来《圣经》引文源自中译和合本《圣经》，但对个别引文，为了字义更准确，表达更通畅，依据 *Jewish Study Bible*（Oxford University Press, 1985）或其他中译本做了适当改动。特此说明。

上帝的存在不是通过证明，而是作为前提默默地包含在文本之中的。对于《圣经》的作者或犹太先民来说，上帝的存在是世界和万物存在的最初也是最终的前提条件，犹如早期希腊人所说的"始基"和中国古代老子那里的"道"。但是，和希腊人的思辨性思考不同，犹太先民的上帝是作为毋庸置疑的信仰出现在《圣经》中的，是无须也无法用理性来证明的。换言之，《圣经》是以上帝存在的信仰作为第一原理的。正如布尔特曼（Rudolf Bultmann）所说："创世说并不是思辨的宇宙进化论（cosmogony），而是信仰的直白，即对于造物主上帝的信仰的直白。……希伯来一神教并不起源于神学思考。它从一开始就包含在以色列人对于上帝的信仰中，是在历史经验的过程中逐渐清晰明朗起来的。"①

有的学者不赞成上述说法，认为上帝的信仰和世界的创造都是理性思考的结果。例如，沙皮罗（David S. Shapiro）就认为，说犹太教起源于神的启示并不能否认它的起源的思辨特征。先知也可以同时是哲学家。"在犹太教中，亚伯拉罕就是一个深刻的思想家，他是通过思考（speculation）而达到宗教真理的。他的理性确定性通过和上帝的交流而得到了证实。"在他看来，"亚伯拉罕用理性思考的能力得到了上帝的知识，这一点从来也没有被传统视为和需要与西奈神启的事实不一致"②。假如亚伯拉罕或者别的先知真实存在过，也许他们事实上是通过理性的思维，从具体、变化的万物抽象出

---

① Rudolf Bultmann, *Primitive Christianity*, New York, Thames & Hudson Ltd, 1956, p. 15.
② David S. Shapiro, *Studies in Jewish Thought*, New York, Yeshiva University Press, 1975, p. 148.

永恒不变的最高上帝的。但是，我们仍然不能因此说《圣经》中包含了这一哲学的证明。这是因为，我们在《圣经》中没有发现这样的推理过程，至少《圣经》没有把这样的思维过程明确地陈述出来。摩西十诫的第一条是："我是耶和华你的神……除了我之外，你不可有别的神。"（《出埃及记》20：1-3）这是《圣经》中最明确宣布上帝存在的地方。即便在这里，也没有关于上帝存在的论证。上帝的存在是一个信仰，它是作为无须证明的前提存在于犹太先民的心目中的。12世纪的迈蒙尼德提出了犹太教的13信条，其中第一条就是"信仰上帝的存在"[①]。当然，正如老子的"道"是道家哲学的起点和归宿，上帝在《圣经》中的地位也是如此。作为最高的存在，其地位和极端重要性是不言自明的。

三、世界的创造

《圣经》告诉我们，世界不是本来就有的，而是上帝创造出来的。《创世记》之第一、二章专门论述宇宙万物的产生。《圣经》的其他地方对上帝创世也有阐述。例如："我造地，又造人在地上；我亲手铺张诸天，天上万象也是我所命定的。"（《以赛亚书》45：12）"我们是他（指耶和华）造的，也是属他的"（《诗篇》100：3）。上帝是造物主，世界上的万物和人都是他的作品。上帝与世界的关系是创造主与被造物

[①] 参见 Menachem Kellner, *Dogma in Medieval Jewish Thought from Maimonides to Abrabanel*, Oxford University Press, 1986, pp. 11-15。

的关系，前者具有能动性，而后者则是被动的。① 这种关系在《圣经》中显而易见，毋庸赘言。

那么，上帝究竟怎样创造了世界？换言之，上帝是从虚无中创造了世界还是从已有的东西中造就了世界？西方语言中有这样一个词组"creation ex nihilo"，意思是"上帝从虚无中创造世界"。主流犹太教、著名犹太哲学家迈蒙尼德，以及众多基督教神学家，莫不坚持此说。但是，《圣经》本身对此并没有明确的陈述。《创世记》这样说："起初，神创造天地。地是空虚混沌；深面黑暗；神的灵运行在水面上。神说：'要有光'，就有了光。"（1：1-4）《诗篇》有如下描述："诸天借耶和华的命而造，万象借他口中的气而成。"（33：6）从这些关于创造世界的言辞中，我们无法得出上帝"从虚无创世"的结论。反之，我们倒是可以从"混沌""水""气""土"等字眼中隐约发现，世界是上帝从已有的东西中造成的。不管人们怎样解释"混沌"、"水"（mayim）、"气"（ruah）、"土"（erez）之类的词，它们总是指某种已有的物质性成分，而不是指"虚无"。所以，撇开哲学家和神学家们的解释不谈，我们似乎有理由说：根据《圣经》的文本，世界是由上帝创造的；但是，与其说是"上帝从虚无创造世界"，不如说是"上帝从已有创造世界"的。但是，我们也知道，《圣经》是古代以色列不同时代的文人学士汇集起来的神话。神话不同于哲学著作，不可能像哲学著作那样清楚明晰。我们倾向于上帝从已有的元素创造世界的解释，并不是说《圣经》如同泰勒斯、阿那克西曼德、阿那克西美尼、恩培多克勒等早期希腊哲学家那样明确宣称世界是由水、火、气、土之类

---

① 参见《圣经·创世记》第一章。

的物质元素构成的。我们旨在表明，所谓"从虚无创世"的说法缺乏足够的文本根据。

按照《圣经·创世记》，上帝创造世界一共用了六天的时间。第一天创造了昼夜，第二天创造了穹苍或天，第三天创造了大地及其上的各类植物，第四天创造了天上的日月星辰，第五天创造了水里的鱼和空中的鸟，第六天创造了兽类、昆虫和人类。① 这里显然包含了两层意思。其一是说，上帝创造世界是在时间中的，即在六天中完成了创造。其二是说，上帝创造世界有一个过程和顺序，大致可以说是从天地、日月到植物、动物和人。关于时间，我们可以问，时间是被产生的，还是原来就有的？如果是被产生的，那么，时间就存在于创世之后。但是，如果时间是在上帝创世之后才存在，我们就很难理解上帝"在时间中"创造世界。如果是在创世之前，时间就是和上帝并列存在。按照亚里士多德主义的经典时间观，时间指的是"物体运动的度量"，那么就不可能存在创造之前的时间，因为那时还不曾有物质的存在，所以不可能有时间。而且，上帝的存在也不需要时间。于是，时间就只能解释为上帝在创造出物质世界的同时创造出来的。换言之，时间的产生和物质世界的创造是同时的，世界的产生是由时间相伴随的。这样解释上帝"在时间中"创造世界，虽大致理通，但仍然显得勉强。如果我们接受哲学上广义的时间，即历史性或历时性，即承认上帝的创世是一个过程，那么就会在逻辑上比较顺畅。因为，从第一天到第六天，从昼夜、天地到植物、动物和人的陆续被创造，表明的是一个过程或顺序。

---

① 参见《圣经·创世记》第一章。

在这个意义上，上帝在时间中创造世界无非是说上帝创造世界是按照一定的顺序和次第的，其中有一个先后发展的过程。① 这是很容易理解的。如果是这样，第一个问题就过渡到了第二个问题。

按照第二个问题，即《圣经》中的创世是有一个过程和顺序的，世界上的事物是从低级到高级逐渐被创造出来的，那么是否可以说，《圣经》描述的宇宙论类似于科学的进化论？回答是否定的。这是因为，进化论的主旨在于自然进化，生物的进化原理是"物竞天择，适者生存"，不存在超自然的原因和作用。虽然《创世记》表明自然界事物的发生是有先后次序的，但是，其中有两点与进化论截然不同。首要的一点是，《圣经》主张超自然的上帝存在，而进化论反对上帝的存在。再者，《圣经》所谓宇宙事物由低到高的演化不是自然而然发生的，而是上帝的创造。如果说世界万物的产生是有过程和次第、秩序的，那么其过程和秩序也是上帝创造的，而不是自然进化的。总之，尽管《圣经》中的创造论和进化论都承认宇宙万物产生的过程和次序，但前者与后者的意义却有着本质的区别，不可混为一谈。

四、上帝的属性

在《圣经》中，上帝是人格神（Personal God），具有神

---

① 中世纪的犹太哲学家迈蒙尼德一方面认为时间是上帝创造的，而时间是物体运动的结果，另一方面又强调上帝在时间中创造世界，颇为费解（见《迷途指津》第二篇第十三章）。

人同形同性的特征。所谓人格神，是说神像人那样具有意志、情感和理智，可以和人进行交流与沟通，因而可以成为信仰者崇拜的对象。在《圣经》中，关于上帝的喜怒哀乐有多处描写。上帝给人以命令，或者和人谈话的描写更是数不胜数。例如，上帝直接对摩西说话，赐他以十诫（《出埃及记》20）；和亚当与夏娃、挪亚、亚伯拉罕、以撒、雅各说话，以及其他先知说话。[①] 人格神是宗教所要求的神。唯其是人格神，他才能够成为教徒信仰和崇拜的对象。这与哲学中的神不同。哲学家为了寻找宇宙万物的最后根据，也承认神的存在。例如，亚里士多德就以最终的"不动的动者"为神，并视之为万物存在的形而上学根据。从宗教的角度看，这样的神是人的理性推理的产物，他可以作为哲学的第一原理，用以解释万物的起源。但是，由于这样的神不具有人格特征，无法与人进行交流与沟通，所以不能成为崇拜的对象。如果说纯粹哲学中的神只能作为事物的形而上学根据，那么《圣经》中的人格神则可以兼有形而上学的根据和崇拜对象两种功能。一部希伯来《圣经》表明，上帝不仅是宇宙的创造者，即解释世界的第一原理，而且是犹太先民信仰和崇拜的对象，他给他们以律法，与他们立约，在他们的生活中发挥着实实在在的指导作用。

上帝的属性，如人格性、全能性、全知性、超越性、非物质性、永恒性、无限性等属性，都在《圣经》中得到了暗示或明确阐述。有经文说："我知道你万事都能做，你的旨意不能拦阻。"（《约伯记》42：2）这里通过约伯的口道出了上

[①] 在《圣经》之《摩西五经》和《先知书》中随处可见。

帝的万能。又说："永在的神耶和华，创造地极的主，并不疲乏，也不困倦。他的智慧无法测度。"（《以赛亚书》40：28）这里既表示上帝的无限力量，也表示他无所不知。经文说："我是自有永有的。"（又译："我是我所是"）（《出埃及记》3：14）表明上帝的本质就是他的存在，在他那里，存在与本质是统一的。还说："耶和华在何烈山从火中对你们说话的那日，你们没有看见什么形象。"（《申命记》4：15）即使是最伟大的先知摩西也不能直接看到上帝的形象，只能看到神降临时的烟火和雷声（参见《出埃及记》19：18-20）。上帝是非物质的，无形无象，所以不为任何人所见。

关于神的属性，最值得我们注意的是对上帝之"独一性"的阐述。摩西十诫的第一条说："我是耶和华你的神……除了我以外，你不可有别的神。"（《出埃及记》20：1-3）这一条说的就是上帝的唯一性或独一性。另外一处则更加明显："以色列啊，你要听！耶和华我们神是独一的主。"（《申命记》6：4）这段经文是犹太教的《听祷文》，为犹太人每天所必诵。（《以赛亚书》45：5）也说："我是耶和华，在我以外并没有别神。除了我以外再没有神。"上帝的独一性在这些句子中得到了最充分、最明确的表述。正是在这个意义上，我们说犹太教属于一神教。由于犹太教的《圣经》明确主张神的唯一性，坚决反对偶像崇拜，所以一直被认为是世界上最典型的一神教。

但是，我们也的确可以在《圣经》中发现一些违反一神教的说法。例如，《圣经》说："我们要照着我们的形象，按着我们的样式造人。"（《创世记》1：26）这里我们是谁？既然神是唯一的，哪来的"我们"？还有："神的儿子们看见人的女子美貌，就随意挑选，娶来为妻。……神的儿子们和人的女子们交合生子，那就是上古英武有名的人。"（《创世记》6：2-4）神的儿子是谁？还有，众所周知的魔鬼撒旦以及众天使属于神还是人？显然不属于人。如果属于神，犹太教就成了多神教。还有："耶和华啊，众神之中有谁像你？有谁像你至圣至荣，可颂可畏，施行奇事？"（《出埃及记》15：11）这里分明是说还有众神（万神）存在，不过耶和华是其中的最伟大者罢了。更有甚者，"神站在有权力者的会中，在诸神之中行审判"，谴责那些审判不公的神祇，并剥夺了他们的神圣地位和不朽性（《诗篇》82）。据此，有人认为，圣经犹太教不是一神教，而是多神教向一神教之间的过渡形式，或可称为主神教或单一神教（Monolatry）。① 然而，我们认为，虽然《圣经》中有个别的言辞说明非一神教的因素存在于《圣经》中，但是，从多数章节和主导精神来看，《圣经》突出和强调的是一神教。《圣经》是由不同的底本在不同的时代编纂而成的典籍，不是哲学教科书，其中不免存在一些前后不一的内容。但是，圣经犹太教的主旨是一神教，当是可为大多数学者和信众所接受的判断。

五、人与世界

如前所述，上帝创造了世界万物，也创造了人。如果上

---

① 有学者认为，《摩西五经》仍然表现为唯一神崇拜，虽允许其他神存在，但是只崇拜一个主神，到后来的《以赛亚书》中彻底的一神教才确定下来。参见罗伯特·M. 塞尔茨：《犹太的思想》，赵立行、冯玮译，上海三联书店，1994，第29～30页。

帝为一方，世界和人为一方，那么双方的关系，简单地说，就是创造与被创造的关系。

除了这样的关系，在《圣经》中，我们还可以发现有关世界和人之间关系的描述。

据《创世记》载："神说：'我们要照着我们的形象，按着我们的样式造人；使他们管理海里的鱼、空中的鸟、地上的牲畜和全地，并地上所爬的一切昆虫。'神就照着自己的形象造人；乃是照着他的形象造男造女。神就赐福给他们，又对他们说：'要生养众多，遍满地面，治理这地；也要管理海里的鱼、空中的鸟，和地上各样行动的活物。'"（1：26-28）还有，神将地上结种子的各样蔬菜和一切果树上有种子的果子都给予人类做食物（1：29）。还说："耶和华神把那人安置在伊甸园，使他修理看守。"（2：15）大洪水之后，上帝不仅重复了让人类繁衍、把万物交付人类管理的话，而且在允许人们食用各种植物的同时，还增加动物为人的食品（9：1-3）。从《圣经》中的这些地方可见，上帝创造了天地和其中的动物、植物，还有人类。由于人是上帝按照自己的形象创造的，因此也是万物中最高的存在。上帝赐给人类比其他存在物更高的地位和权力，让人成为它们的管理者或主人。管理也可以译为统治（rule, govern），人与世界万物之间这种管理与被管理、统治与被统治之间的关系在这里找到了神圣的根据。当然，上帝将管理和统治自然万物的权力交给人类，并没有说让人过度地开发甚至掠夺自然界。做好世界和万物的管理者，而不成为破坏者，是人类天经地义的神圣职责。

现代生态学兴起之前，圣经学者们在解释人与自然界的关系时突出的是人对于自然的宰制，认为人由于按照上帝的形象所造而高于自然界万物,是万物的主宰和统治者(master, ruler, governor)。文艺复兴时期的人文主义者对人的赞美更是无以复加。如莎士比亚说:"人是多么了不起的一件作品!理想是多么高贵,力量是多么无穷!仪表和举止是多么端正,多么出色;论行动,多么像天使,论了解,多么像天神!宇宙的精华,万物的灵长。"(《哈姆雷特》)伴随着世界范围内的现代化,人的无止境的贪欲、无节制的消费、过度的工业开发造成了严重的环境破坏和生态失衡,而生态的危机又反过来给人以无情的惩罚。基于这样的认识,学者们在重新解读《圣经》时便提出了不同的见解。一些学者仍然认可以往对《圣经》的理解:神造自然是为了人并授予了人,人类理所当然地可以主宰自然。但是,对《创世记》的理解和诠释正确并不等于观点正确。根源于《圣经》的人宰制自然界的观点是错误的,因此必须放弃。另有学者认为,《圣经》本身是正确的,只是人们的理解和诠释有误。实际上,《创世记》(1:26-29,2:15)所说的是:上帝赋予人的职事只是世界万物的管家,而不是其拥有者和主人。以往对于《圣经》的理解是错误的,现在应该纠正过来。人要放弃对自然界的主宰、控制和利用的态度,按照上帝的旨意做好管家的工作。显而易见,后一种观点带有明确的护教倾向。根据权威的犹太学者对前面所引《圣经》原文的解释,人是按照上帝的形象和样式(image and likeness)造成的,因而在起源和品性上区别且优于其他造物,拥有受托而统治(rule over)动物王国的权力。但是,人不是自然界的拥有者(owner),而是其管家(steward),是应该向自然界的真正主人——上帝负责的管家。① 根据这样的解释，人一方面有统治和主宰万物的权力，同时又应该尽管家的职分，即在管理的同时做好服务工作，这才是上帝所要求人类的。可见，前述两种解释都有片面之处。人是自然界的主人（master），同时也是万物的管理者和服务员，二者不应该视为矛盾。这样的解释既符合《圣经》的原意，又不违反生态原理，是应该接受的。

六、人的肉体与灵魂

《圣经》说："神用地上的尘土造人，把生气吹在他鼻孔里，他就成了有灵的活人，名叫亚当。"（《创世记》2：7）还说："你收回它们的气，它们就死亡，归于尘土。你发出你的灵，它们便受造。"（《诗篇》104：29-30）《圣经》中的这些话表明：第一，人是由上帝创造的。第二，人的肉体源于尘土，而灵魂来自神的气息。第三，来自上帝的气息或灵魂是人之为有生命的活人的决定性因素。

在希伯来语中，灵或灵魂通常由下面几个词来表示：ruach, nephesh, neshamah, jechidah, chayyah。这几个词在希伯来语中都不是指纯粹的理性灵魂（rational soul）或心灵（mind）。《创世记》开篇所说"神的灵运行在水面上"。其中，"灵"的希伯来语词为 ruach，意思是可以升降的气和风。在《传道书》（3：21）和其他几个地方，ruach 也都是这个意思。

---

① *The Jewish Study Bible*, Jewish Publication Society Tanakh Translation, Oxford University Press, 1999, p. 14.《圣经·利未记》（25：23-24）也说："地不可永远卖掉，因为地是我的。你们在我面前不过是寄居的和客旅。"

《创世记》第二章（2：7）所说的"灵"，其原文是 nephesh，意思是"血"。在古代希伯来语中，血意味着"生命"。如经文说："血就是生命。"（《申命记》12：23）neshamah 的意思是指人的气质（disposition）。chayyah 指人的肢体死亡后而存留的东西。jechidah，原意是唯一者，指与成双成对的肢体不同的单一的灵魂（《密德拉什》之《大创世记》14：9）①。

在《摩西五经》和《先知书》形成的时代，以色列人尚未受到希腊哲学的影响。事实上，以柏拉图和亚里士多德为代表的古希腊系统哲学还处在前胚胎阶段。作为一种曾经受到埃及和巴比伦文化影响的宗教，圣经犹太教没有身心二元论或灵与肉的二元论。在《圣经》中，我们可以看到，在一个活生生的人中，灵不是与肉体分离的存在，而是与之密切结合在一起的。其结合不是外在的或偶然的，而是完美的内在统一体。灵魂无法离开身体而存在，反之，身体也不能离开灵魂而存在。在前面的引文中，用"血"表示"生命的存在"，体现了灵与肉的整体统一性，从而避免了从古希腊哲学开始且在西方长期流行的"身心二元论"。正如圣经学者布鲁齐曼（Walter Brueggemann）在解释《创世记》（2：7）的相关文字时所说：上帝吹气而使泥土造的人成为有灵的活人这个说法避免了二元论。

希伯来语中有 leb 一词，意思是"心"（heart）。这里的"心"（leb）和希腊哲学中的"心"（nous/mind）显著不同。希伯来语的 leb 指人的有血有肉的心。希腊哲学中的心

---

① Quoted from Abraham Cohen, *Everyman's Talmud: The Major Teachings of the Rabbinic Sages*, New York, Schocken Books, 1995, p. 77.

(nous/mind) 是人认识世界的主体，其功能是思想。与此不同，《圣经》中所说的心是情感的主体。畏惧、爱、谦卑、仁慈等等情感，皆从它而产生。《圣经》说："你要全心、全性、全力爱耶和华你的神。"(《申命记》6：5) 这段话要求以色列人对上帝的爱要发自"内心"(leb/heart)，要用真心情去爱上帝，而不是用心智 (nous/mind) 去认识、思想上帝。现代早期意大利犹太哲学家 Luzzatto 在解释 leb 和 nous 的区别时说：犹太教是一种情心的宗教 (religion of heart)，而不是智心的宗教 (religion of mind)。犹太教中所有的律令和道德原则都是情感的产物，它们引导人趋向善良、正义和上帝。他宣称：西方文明是由两种相对的力量构成的。一是雅典主义，即古代希腊或雅典的文化；二是亚伯拉罕主义，这就是犹太人的宗教思想。人类受益于以色列人，因为他们为人类提供了正义、平等、仁爱等来自西奈神启的道德范畴。此外，希腊则给予世界以科学、艺术以及对于和谐和美丽的热爱。[1] 如今，这个说法已经颇为流行，代表了人们对于西方文化之根源的一般认识。[2]

也许有人会说：犹太教中灵与肉的一元论是不彻底的，因为经文上说：人的质料是泥土，灵魂是上帝后来赋予的(《创世记》2：7)，而且死后还要和肉体分离(《创世记》6：4，《诗篇》104：29)。从某些经文看，这样的疑问也不是完全没有道理的。但是，从总体上说，我们仍然可以说，在灵

---

[1] Cf. David Rudavsky, *Modern Jewish Religious Movements: A History of Emancipation and Adjustment*, New York, Behrman House Inc., 1967, pp. 253, 258-259.

[2] 关于犹太教《圣经》中体现出的灵与肉的一元论，参见傅有德：《灵与肉：一个宗教哲学问题的比较研究》，载《哲学研究》，2000 (6)。

与肉的关系问题上，犹太教《圣经》坚持的是一元论。这是因为，作为人之灵魂的是气息、是血，即生命本身，它和身体不是异质的存在，而是完全结合为一的。当然，由于希腊哲学的影响，塔木德时期的犹太教就包含了明显的二元论的成分。但是，那是数百年以后的事了。

七、神命与人的自由

Divine Providence 是一个在翻译上颇为棘手的语词。流行的英汉词典把它解释为神意、神律、神命、神佑。按我们的理解，与其说它指的是神的意志或者律令，不如说指的是上帝对他所创造的世界和人的干预、控制、决定。从《圣经》文本看，上帝并非如自然神论所说的那样，在完成创造后就无所事事，对世界万物不予理睬了。事实上，上帝在创造事物时是有目的的。为了确保其目的的最终实现，上帝在完成创造后仍继续干预、控制、决定着万物。西方的神学家和哲学家将这种理论称为 the Doctrine of Divine Providence，我们称之为"神定论"或"神命论"。

宇宙万物大致可以分为三类。一是无生命的存在，它们遵循的是上帝赋予的齐一性或自然规律，或者说，上帝是利用自然规律来实现对它们的干预和决定的。二是有生命的植物和动物界。为了维系他们的正常存在，上帝对之施以照料（care）。三是人。人不仅有生命，还有理智和自由意志，因而是道德主体。对于人，上帝借助人的理性和自由意志，使之能够做出服从还是违反上帝的法则。但是，人的言行归根到底是由神制约的。这是一般意义上的神定论。

"神定"或"神的干预"是中性词，本身并无褒贬，只是在与人的祸福相关时才被看作是善的或恶的。例如，神的干预（intervention）可以表现为神对世界或人的谴告，如通过地震、洪水等灾害警告世人，也可以表现为对人类或个人的佑助，如使某人发财致富、儿孙满堂。就其与人的祸福荣辱相关而言，可以译之为神命，近乎中国人常说之"命运"。

犹太教的《圣经》没有直接使用 Divine Providence 这个词，但是，其中表现"神定论"的话语和事件却随处可见。《创世记》在描述了上帝创造世界万物以及以色列民族的发生史后，随处表现出上帝是世界的主宰（Lord），他维系和主宰着大地上的一切。例如，在《出埃及记》中，上帝使埃及法老心硬，施行了十大灾害，迫使法老允许以色列人离开埃及。随后，上帝又行奇迹，让红海的海水分开，露出干地，使逃离的以色列人安全通过。此类神迹表示了上帝对事物的直接干预和宰制。上帝与亚伯拉罕立约，与摩西立约，赐给以色列人以律法，使以色列人成为上帝的选民，表达了对以色列民族的特殊关爱和惠顾。这可以说是上帝对犹太民族的护佑。就个体而言，上帝让亚伯拉罕百岁得子，让雅各有十二个儿子并使之演化为以色列人的十二支派，使约瑟脱险而在埃及成为宰相，让摩西从河中得救而成为以色列人的民族领袖和犹太教创始人。诸如此类，无不表明神对以色列人的关爱和护佑。义人约伯先是人财两旺，后来受上帝的试探而家破人亡，身受苦痛，最后上帝又使之家道复兴，人财富足胜于从前。这也是神的干预使然。当然，以色列国的建立、分裂，圣殿的被毁坏，十个支派的消逝，犹太人的"巴比伦之囚"，圣殿的建立和被毁……整个一部古代犹太人的历史也都可以说是神干预的结果。"神定论"虽然没有在《圣经》中形成系统的理论，但是，其中存在的类似思想则随处可见。

上帝有力量控制和主宰自然界和人类。但是，人又是自由的。《圣经》说："我今日呼天唤地向你们作证，我把生与死，福与祸，都摆在你面前了；所以你要拣选生命，使你和你的后裔都得存活。"（《申命记》30：19）可见，上帝是允许人自由选择的。

但是，人的自由又是和人的死亡、罪恶以及责任密切联系在一起的。人有生，也有死。人之生乃由于上帝赋予人以"灵气"，人之死，亦为上帝所为。经文说："神用地上的尘土造人，将生气吹在他鼻孔里，他就成了有灵的活人……"（《创世记》2：7）还说："你收回它们的气，它们就死亡，归于尘土。"（《诗篇》104：29）上帝既然赋予人以生命之气，使之存活，为什么又收回人的灵，使之死亡？因为人违反了上帝的禁令，偷食了智慧之树上的果子，从而和神一样知道了善恶。上帝曾经告诫伊甸园中的亚当："园中各样树上的果子，你可随意吃；只是知善恶树上的果子，你不可吃；因为你吃的日子必定死。"（《创世记》2：16-17）人原本是不死的，可以永远快乐地生活在伊甸园里。然而，人经不住蛇的诱惑，不顾上帝的禁令而食用了智慧之果。其结果是，人知道了善恶，但是也被赶出了伊甸园，从不死到有死。

这个所谓人的"堕落"的故事表明，人有意志自由，因而可以独立做出选择和决断。但是，人也应该为自己的选择负责。在这里，人在自由地选择了知善恶之智慧的同时，也选择了犯罪——违反神的禁令和死亡。然而，归根到底，人的生死都是由上帝最终决定的，因为意志自由或选择的能力也是从上帝那里来的，是上帝在创造人的时候赋予人的。人的自由成为后世犹太教和基督教思想家关注的重要哲学和神学问题。

然而，在《圣经》中，神的干预和决定往往与人的自由是矛盾的。神定论的主旨在于主张神按照自己的目的掌控世界万物、人和历史进程。按照通常对于自由的理解，自由的基本含义在于不受控制。如果人真是自由的，那么他就能够独立做出选择，并因此而为自己的行为负道德责任。如果上帝归根到底决定着人，包括人的自由选择，那么人如何能够做自由的行动并为其行动负责呢？在《圣经》中有自由选择的例子，如夏娃和亚当选择了食用智慧之树上的果子，也为其行为付出了代价，即被赶出了伊甸园。也有没有选择自由的例证，如上帝使埃及法老的心刚硬（《出埃及记》9：12，10：20，11：10），使希实本王西宏的心刚硬（《申命记》2：30），也就是说，上帝剥夺了他们选择的自由，让他们苦待或阻止以色列人，最后又让他们及其人民遭受毁灭之灾。在这里，我们看到的只有上帝的自由，上帝的任意控制和决定，而没有人的自由。如果埃及法老是被上帝控制而变得心硬，那么他就没有责任为苦待以色列人并不允许他们离开埃及而负责。《出埃及记》上演的是上帝自编、自导而让埃及法老和以色列人作为演员参加演出的剧目，它对于埃及人是悲剧，对于以色列人则是喜剧。在神定论的意义上，公元前722年亚述人征服北部的以色列国，使以色列人的十个支派消失得无影无踪，以及公元前586年巴比伦帝国征服南部的犹大国，使犹太人沦为"巴比伦之囚",也都不过是在实施上帝预定的计划而已。

八、神的仁爱、公正与恶

神义论(Theodicy),又称神正论,为18世纪德国哲学家莱布尼茨首创,指的是关于神的仁慈、恶的共存以及人的自由意志诸问题的哲学研究,旨在用理性调和神的慈爱和恶之存在之间的矛盾,使二者能够在理论上和谐共存。然而,神义论的根源仍然在《圣经》之中。

《圣经》说:上帝创造万物,看着他所造的一切都"甚好"。上帝爱人类,在大洪水后与挪亚立约,发誓不再发洪水毁灭大地和人类了(《创世记》9:11)。上帝爱以色列人,赐予其律法,使之成为"特选子民"。上帝爱义人,恨恶人。他不仅是仁慈的,还是公正的,奖善惩恶是他的品性。《诗篇》对神的慈爱描述甚多:"耶和华的眼目看顾义人,他的耳朵听他们的呼求。耶和华向行恶的人变脸,要把他世上除灭他们的名号。……义人多有苦难,但耶和华救他脱离这一切,又保全他一身的骨头,连一根也不折断。恶必恶害死人,恨恶义人的,必被定罪。"(《诗篇》34:15-21)对于上帝的慈爱与公正,还说:"耶和华啊!你的慈爱上及诸天,你的信实达到穹苍。你的公义好像高山,你的判断如同深渊。"(《诗篇》36:5-6)后来,神学家把上帝的最高层次的属性概括为"全知""全能""全善"。其中的全善包含了上帝对世间万物和人的慈爱与公正。

但是，恶的存在也是一个不争的事实。在现实中，好人常常受苦，恶人反倒享福；好人夭寿，恶人长命。古代以色列人也和其他民族一样，很早就发现了这种现象。在《约伯记》中，一向正直、谦卑、敬神却遭家破人亡之灾的约伯发问："恶人为何存活，享大寿数，势力强盛呢？他们眼见儿孙和他们一同坚立。"（21：7-8）"就是恶人在祸患的日子得存留，在发怒的日子得逃脱。"（21：30）约伯自信一直虔诚地敬畏神，而且广施仁义，但是却不断遭难，而看着许多作恶多端的人却活得快乐，子孙满堂，因而对神的公正产生了质疑。但是约伯的朋友以利户坚信："神断不至行恶，全能者断不至作孽。他必按人所做的报应人，使各人照所行的得报。神必不作恶，全能者也不偏离公平。"（34：10-12）"他不保护恶人的性命，却为困苦人申冤。"（36：6）圣经时代的人们普遍认为，人的灾难和痛苦是因为人犯了罪，因为有罪，所以得到上帝的惩罚。所谓善有善报，恶有恶报。神奖善惩恶，是最终的也是最公平的裁判者。在《约伯记》中，约伯和他的三位朋友的对话把上帝的善良、公义和现实中的坏人、恶行之间的矛盾凸显出来了。当然，《约伯记》的最后结局还是喜剧性的，即上帝保佑义人约伯，使他得到了加倍的子孙和财富，从而体现了善恶终将有报的神义论。

如果上帝万能和全善，为什么在他所创造和统治的世界上存在着邪恶和苦难？如果他不能阻止邪恶与苦难，他还是全能的吗？如果他能够但不去阻止邪恶和苦难，他还是全善的吗？这是后来的宗教哲学家们提出的问题。包括《约伯记》在内的希伯来《圣经》没有明确提出这样的问题，也没有提出理论上的论证和明确的答案。但是，它却暗含了这样的问题，并且为后来哲学家们讨论神义论问题提供了无尽的例证，成为神义论的思想源泉。

九、《圣经》的地位和哲学影响

《圣经》是犹太教的第一部也是最重要的经典，其流传之广泛，影响之深远，没有第二部书可以与之相提并论。古代犹太人因为创作了如此一部奇书，故有"圣书之民"（the people of the Book）之称。公元 70 年，耶路撒冷圣殿的毁灭标志着圣经犹太教的结束，拉比犹太教逐渐取代了圣经犹太教的地位，而成为散居犹太人的生活指南。从此，犹太教进入了第二个阶段。但是，拉比犹太教不是一个新宗教，而是原有的圣经犹太教在新的历史条件下的延续。拉比犹太教的经典为《塔木德》（Talmud），该书包括《密释纳》（Mishnah）和《革玛拉》（Gemarah）两部分，其中前者为口传律法书，是对《圣经》的诠释，后者作为前者的评注，可算作是对《圣经》的间接的注释和发挥。其他的文献如《密德拉什》（Midrash）、《密释纳补》（Tosefta）、神秘主义的经典《佐哈》（Zohar），等等，也无一例外地是《圣经》的直接和间接的注解。在中国古代，先秦诸子著书立说，其经典传诸后世。后世学人则大都不创新作，只在注疏原有经典上下功夫，久而久之就形成了一个注经解经的传统。犹太人也大抵如此。圣经时代之后的犹太教经典，主要是不同时代的犹太人根据变化了的生存环境对《圣经》所做的注释和发展罢了。

在哲学上,《圣经》一直是后世哲学家的思想和资料的源泉。《创世记》可以说是犹太教的宇宙发生论(cosmology),与希腊哲学的宇宙发生论并驾齐驱,成为后来哲学家们无法回避的哲学问题,其中的篇章文字也是重要的资料来源。公元纪年之际,亚历山大的犹太人中出现了第一个犹太哲学家斐洛,他的主要哲学著作是《论创世》,即是利用古希腊哲学的概念和原理,如逻各斯,来阐释《圣经》的宇宙发生论的。《塔木德》作为拉比犹太教的主要经典,对于《圣经》所蕴涵的各类哲学问题,尤其是上帝的存在和道德哲学、伦理规范做了全面的继承和发展。被誉为"中世纪犹太哲学之父"的萨阿底·高恩、中世纪犹太哲学家之中的荦荦大者,如迈蒙尼德、本格森、克莱斯卡,一方面接受了亚里士多德或柏拉图哲学的思想,另一方面又接续《圣经》,阐发《圣经》中的宇宙论、神命论、神义论、意志自由等问题和思想。其中,值得特别一提的是迈蒙尼德的主要哲学著作《迷途指津》,其主旨就是用寓意解经法阐述《圣经》中的疑难字句,以及"创世论"和"神灵论"中的神学秘密的。近代以来,犹太哲学的发展更多地受到了同时代西方哲学的影响。然而,《圣经》依然是哲学家们可资利用的重要思想资源。新康德主义的代表人物柯恩晚年醉心于犹太教,著有《源于犹太教的理性宗教》等作品,其中不乏源自《圣经》的恶与苦难等问题讨论。罗森茨维格和马丁·布伯将希伯来《圣经》译成德语,在他们的哲学著作中,《圣经》的东方精神、救赎观等也得到了充分的发挥。在莱维纳斯、海舍尔的著作中,字里行间也充满了《圣经》的字句和宗教精神。诸如此类,不一而足。中国之《周易》有"六经之首,大道之源"的美誉。比之《周易》，犹太教之《圣经》的地位可以说是有过之而无不及。它不仅是群经之首，犹太教大道之源，还是犹太哲学之活水源头，推而广之，更为西方文明之一大来源。《圣经》的宗教价值、文化价值、哲学价值、文学艺术价值，无论怎样估价都无过高之嫌。

第二章

犹太哲学的开创者斐洛

一、生平

斐洛通常被称作犹太人斐洛或亚历山大里亚的斐洛。他大约生活在大希律和阿格里帕统治巴勒斯坦的时代,与他同时代生活的还有一些伟大的犹太拉比如希勒尔和夏迈。斐洛要比希勒尔年轻一些。他还是使徒保罗和拿撒勒(Nazareth)的耶稣的同时代人,但比保罗年长。

要了解生活在公元前后的斐洛的生平并不是一件容易的事。从极其有限的资料中我们得知,大概公元前25年,他出身于亚历山大里亚犹太社区一个富有的家庭。斐洛家族可能是亚历山大里亚最显赫的犹太家族之一。当时是希腊化的时代,希腊文化已经广泛地扩展到东地中海地区,其生活方式覆盖在几乎所有的社群。斐洛受过最高标准的希腊教育,对希腊哲学和文化有着由衷的认同。他经常出现在剧院和体育馆中,而这些地方上演的都是希腊的戏剧和体育运动。斐洛也因此广泛而透彻地了解了希腊的诗歌、历史和哲学，他能够用流畅的希腊语进行写作，所展现的优雅的文体和豪放的文风不比任何一个希腊人逊色。关于斐洛是否保持为一个真正的犹太人有很多争议，有人说他是希腊化的犹太人，有人说他是犹太化的希腊人。斐洛认为自己是一个正宗的犹太人，一个宗教意义上的犹太人，而不单单是种族意义上的犹太人，他把自己描述成摩西的弟子之一。这也就是说，以信仰论，斐洛是一个犹太教徒，尽管斐洛推崇古希腊文化。他生活在耶路撒冷圣殿仍然矗立在耶路撒冷的时代，虽然斐洛居于散居地亚历山大里亚，他在当地的圣堂敬拜，而不是经常性地去往耶路撒冷过一个犹太教徒的生活，然而在斐洛看来，对耶路撒冷圣殿的崇拜是更伟大的精神崇拜的象征，对犹太教一直都是不可缺少的，它是最著名和最显赫的地方，它的梁像太阳光线一样伸展至无处不至，东方和西方都用敬畏的眼光看它。据他的文章《论天命》64节中的记载，斐洛至少去圣殿朝拜过一次，在那里祷告和献祭过。他把献祭解释成祷告的象征，把祷告描述成比动物更好的祭品。斐洛认为他有充分的权利认为自己是一个虔诚的犹太人，他是宗教仪式的严格奉行者，他维护这些仪式，反对放任宗教自由的思想者。

　　斐洛轻视世俗生涯的荣耀，立志献身于对希腊智慧的学习。他早期的作品是一些对于哲学问题的叙述，表明他熟悉希腊文化的主题，通晓古今哲学。他尤其熟悉斯多亚学派、柏拉图学派和毕达哥拉斯学派的学说，也了解亚里士多德的思想。但可惜的这些作品没有思想上的原创性，更糟糕的是它们明显地带有辞藻华丽、叙述拖沓冗长的特征，尽管他本人也嘲笑那种语言华丽空虚无物的文风，然而盛极一时的希腊化文学的弊病还是深深影响了他。

斐洛是一个享受沉思生活的人。在气质上，他是一个从抽象的思想而不是从经验中探索人类本性的哲学家。他承认，只有在灵魂从这个变幻莫测、纷纷扰扰的世界上升到沉思的抽象王国时，他才真正感到无拘无束。于是他说："当我将闲暇付与对哲学及对世界和世界中事物的沉思时，我一直生活在神谕和神圣的学说中间，我收获到了优秀的、令人向往的、神圣的理性情感的果实，我不停地、不满足地食用它，从未接触任何低级的或奴颜婢膝的思想，也从未沉迷于荣耀或财富的追逐中，或者肉体的快乐中，我好像被一种灵魂的启示提升到了高处，并天生在高处，居住在太阳、月亮的领域，和整个天空以及整个世界在一起。那时，从上面，从天空，就好像在一个灯塔上用心灵之眼全神贯注地向下看，我眺望到了许多不能言说的关于尘世的沉思，庆幸自己能够从攻击人们生活的罪恶命运中逃脱了出来。"① 这也是希腊哲学的遗风，柏拉图和亚里士多德都以沉思的生活为最高的生活。

然而外部世界的干扰还是粗鲁地将斐洛从玄想中惊醒。奥古斯都（Augustus）和提别留（Tiberius）政府的平静时代走向终结，犹太人在与埃及与希腊罗马人的对抗中成为被针对的一方。在埃及变成罗马帝国的一部分以后，犹太人、希腊人和埃及人的关系恶化。随着卡利古拉（Caligula）在公元37年继位，反犹敌意发展成为第一次大规模的集体迫害，这场迫害是以罗马的名义进行的。这位狂妄自大的皇帝希望自

---

① *The Works of Philo*：*New Updated Edition*，Complete and Unabridged in One Volume，Hendrickson Publishers，Inc. Translated by C. D. Yonge，forword by David M. Scholers，1993，p. 594. 该书以下简称《斐洛著作全集》。

已被当作神，因而命令把他的塑像放在罗马帝国（当然也包括亚历山大里亚）所有的宗教聚会场所，犹太人坚决抵制这种自我神化的做法。公元 38 年，一场名副其实的内部战争发生了。不久以后，卡利古拉命令将他塑像放置在耶路撒冷圣殿中，一场在罗马帝国内部的所有犹太人的巨变看来是不可避免的了。在这紧要关头，在国王最后的命令到达之前，亚历山大里亚的犹太人决定派一位有名望的使者带领一个犹太使团出使罗马，以便缓和时局。斐洛被任命为使团的领袖，这证明了他在社区所享有的声望，可能也考虑到他的家庭和罗马名流的联系。犹太使团的目的是抗议埃及人对犹太信仰和习俗的攻击，尤其是将皇帝的塑像放入当地犹太圣堂的侮辱，保护他们的权利，使卡利古拉确信不放皇帝的塑像并不意味着任何政治上的不忠。

　　这次出使没有成功，但也算不上失败。斐洛和亚历山大里亚的犹太社区确信上帝不会遗弃他的选民，上帝将会帮助他们免于埃及人的敌意和卡利古拉亵渎上帝的举动。卡利古拉死后，克劳底斯继位后就撤销了在犹太圣堂放置塑像的敕令。在《向盖乌斯请愿的使团》一文中，斐洛讲述了这次并不完全成功的出使，细节详实，语言生动。这篇文章的现实主义基调显示了斐洛不但在危急时刻坚决维护父辈的信仰，而且有着逃避宫廷阴谋和圈套的机智以及面对那个疯狂的君王不退缩的勇气。斐洛在环境"拽他跳进政治忧虑的大海时"已垂垂老矣。这场风暴平息不久，他就退出政治生涯，重新拾起他的注释性工作。他不断注疏，直到公元 50 年与世长辞。

二、斐洛学说与希腊哲学的渊源

斐洛一生著述甚多，而且其著作大都保留至今。斐洛的著作大致可分为三类：一类是对犹太律法的解释，一类是使用寓意解经法的作品，另外一类是哲学著作。斐洛所使用的《圣经》包括了所有约瑟福斯（Josephus）所指的二十二部得到确认的书。值得一提的是斐洛所使用的《圣经》版本不是原来的希伯来语本而是希腊译本。除了这些成文《圣经》，斐洛在写作时还利用了一些未成文传统，与这些未成文传统相似的东西可以在巴勒斯坦传统的作品集中找到，如《密释纳》（Mishnah）、《密德拉什》（Midrash）和《塔木德》（Talmud）。尽管这些作品集在斐洛以后很久才用文字记载下来，但它们的许多材料在斐洛时代一定有了其口传的形式。

与这些明确的《圣经》话题相交织的是当时许多热门的哲学话题：理念的存在、世界的起源及其结构、灵魂和肉体的本质、人类知识的问题、人对上帝存在和上帝本质的认识、人的个人行为和社会行为的问题。斐洛提到到他为止希腊哲学所有时期的哲学家。有些材料他可能是从第二手资料中引用的，但有些很明显是直接从他们的著作中汲取的，即使有些人的著作现在已经佚失了，但很可能在斐洛时代那些原作还保存着。由此，至少可以看出，斐洛是一个不仅好学而且博学的希腊化学者。

斐洛主要是作为希腊哲学的批评者出现的，无论是那些在他那时已经过时的，还是那些依然在流行的哲学，都是他批评的对象。他认为毕达哥拉斯所设想的社会是"最神圣的",赞同他们的平等是公正之母,并在对《圣经》的寓意解释中应用他们的数论。然而,斐洛并不接受老毕达哥拉斯学派的平等观念和数背后的形而上学,以及新毕达哥拉斯学派将数论和柏拉图理念论结合起来的做法。他明确表示不接受智者的观点,因为智者代表了那些不讨人喜欢的"像出售市场上的任何商品一样出售他们的信条和争论的人,那些永不惭愧用哲学对抗哲学的人"①。他公开反对伊壁鸠鲁学派的基本观点。在物理学上,他不接受他们的原子论;在伦理学上,他不接受他们的享乐主义;在神学上,他指责他们相信有以人的形式存在的神,他还指责那些否认神佑和世界是偶然地被统治的学说。② 他也批评怀疑主义,说他们"不关心自然界中最好的事物,无论是用理性还是用心灵感知到的,而是忙于琐屑的小事和无谓的争论"③。他谴责折中主义和新学园派,他说:"学园派的人及其追随者,在他们探究的观点中既不倾向于这个也不倾向于那个,他们竟然承认那些攻击每一个派别的人是哲学家。"④ 但实际上他有时也重复怀疑主义关于我们不知道某些事情的言论,诸如世界的起源和前景、我们的灵魂的本质和力量。然而,斐洛重复此类言论,并不意味着他认可怀疑主义。他只是试图表明,当我们能够对事物有一种真正的知识时,那种知识除了基于理性以外,它还必须基于信仰。

---

① Mos. II, 39; 212.《摩西传》,参见《斐洛著作全集》,第 510 页。
② conf. 23; 114.《论语言的混乱》,参见上书,第 264 页。
③ Gong. 10; 52.《论预备性的学习》,参见上书,第 308 页。
④ Quaet. in. Gen III, 33.《创世记问答》,参见上书,第 852 页。

亚里士多德的哲学也对斐洛有着广泛的影响。亚里士多德式的术语和表达遍布于斐洛的所有著作，但斐洛的亚里士多德痕迹可能主要来自第二手资料，因此，这并不表明他是亚里士多德的弟子，而是因为这些术语和表达在他那个时候已经成为哲学的流行语。像他对四因的分类和他对主动、被动的区分，很明显是从第二手资料引用了亚里士多德的材料。在物理学或伦理学方面，他赞同亚里士多德的观点，但他一直都认为自己是摩西的追随者，所以当亚里士多德的学说和摩西的学说相抵触的时候，他不得不去反对亚里士多德的理论。当他谴责那些不接受理念存在的人时，亚里士多德毫无疑问也在其列。当他谴责某些人不相信世界是有起源的时候，这些人是亚里士多德的追随者。因此当他提名表扬亚里士多德相信世界的不可重构性时，并不是因为亚里士多德的权威对他有影响，而是他发现这与摩西的学说是一致的。

斐洛的著作中也有相当广泛的斯多亚主义因素，它的术语和措辞出现在斐洛涉及的每一哲学话题中。斯多亚派将当时流行的哲学知识加以改造，并广泛传播。斐洛频繁引用斯多亚派的观点仅仅表明他像那个时代的人一样，把斯多亚派的编纂物当作达到哲学知识的捷径。除了他把芝诺和克雷安德包括在"神圣的人"中以外，当我们审察他对斯多亚派资料的使用时会发现他主要是他们的批评者而不是追随者。在对哲学和智慧的定义上他们之间出现了分歧，尽管他假装引用了他们对这两个词的定义。他摒弃了他们的上帝观念，尽管他使用了斯多亚派的表述，认为上帝是宇宙的灵魂或心灵。他尤其指责那些否认理念存在的人，其中毫无疑问包括斯多亚派。他对逻各斯的使用或许在某些方面表现了斯多亚派对他的影响，但仍然与斯多亚派有某些重要的差别。在他的创世理论中，他公开抛弃了斯多亚派的观点。在他对灵魂能力的分类中，他经常接受斯多亚派的图式而不是柏拉图或亚里士多德的。在对理性灵魂的描述中，他用了斯多亚派的术语如"气息"、"精神"、"苍天"和"神圣的碎片"，但他的灵魂概念不同于斯多亚派。因此，他对斯多亚派术语的使用不能按照字义对待。在他对上帝存在的论述中，利用了一些来自斯多亚派的证据，但他对之做了一些修改以反对斯多亚派的上帝观念，证明他自己的上帝观念。

在所有那些与亚里士多德、斯多亚学派相对的观点中，他与柏拉图都有共识，但他所接受的柏拉图观点并非完全按着柏拉图的本意，而是做了转化性的改变。这种根本改变表现在他对理念论、创世论、灵魂的观念、知识理论、上帝存在的证据、上帝的可知性、正义行为的基础和理想国的阐释中。但斐洛对柏拉图的态度与对斯多亚派的态度不同。斐洛是直接批评斯多亚学派的观点，而对于柏拉图，则是解释大过批评。斐洛对柏拉图学说的处理或许可以被看作是对柏拉图的一种新的理解。

因此，斐洛主要是作为斯多亚派的批评者和柏拉图主义的修改者出现的，但很难说斐洛有一个自己的连贯的体系。假若他没有像讲道一般在灵感的火花中发表言论，他会如何介绍那个体系呢？我们能从他自己的著作中重构出那个体系吗？他谈到理念、力量、逻各斯、智慧和智性世界时显得太零碎、太模糊，我们能把所有这些重构成一个连贯的整体吗？他用从柏拉图和斯多亚派那里借用的词汇谈到世界中的逻各斯，我们能使所有这些成为一个体系吗？他真正从别人那里获得了什么，他又变革了什么？这些都是我们所要研究的问题。斐洛的风格就像任何一个作家一样，是所有在他之前写就的东西的产物。它吸收了不同派别的哲学家、流行的希腊宗教以及神话的术语、表达和典故。就斐洛而言，他作品风格的外在语言是普通作者的语言，但思想的内在语言以及潜在的推理过程是哲学家的思维。斐洛作品的外在形式是一种单纯的文学解释的形式，这种文学形式决定了他处理哲学问题的顺序。他由《圣经》的章节导引，时不时以之做一个桩子来悬挂他的哲学沉思。一节或许使他想起理念理论的一个题目，另一节或许会使他想起美德的本质，第三节或许让他想起灵魂的本质。他就这样用片段的形式提出哲学问题，从未有一个问题以完全连贯的结构出现。

斐洛作为哲学家的一般观点在下面这段话中可以得到体现，"哲学家屈尊将自己当作高梯下面的一个台阶，根据他们对更古代的哲学家的想象和了解来标示自己"[1]。就我所知，唯一不同的声音来自16世纪的著名犹太学者罗西（Azariah dei Rossi），他是这样描述斐洛的，"他是一个伟大的哲学家——熟知柏拉图、亚里士多德和其他有智之人的作品——在他之前他们就在异教徒中有了声望。然而他加入了自己的新东西，因此，他有时显得是跟着他们的脚步走，但有时他不再追随他们，因为他的方式和他们的是相反的"[2]。然而无论如何，斐洛都不属于伟大的哲学家之列，但这不影响他的贡献。斐洛的杰出贡献在于，他拓展了希腊哲学的运用，并

---

[1] J. H. A. Hart, "Philo and Catholic Judaism in the First Century," in *The Journal of Theological Studies* II, 1909, p. 27.

[2] *Me'or Enayim*: *Imre Binah*, ch. 4th, edited by Wilna, 1866, p. 97.

且使得犹太信仰具有了普遍的特征。

三、寓意解经法

斐洛时代的亚历山大里亚犹太教和当时盛行于巴勒斯坦的法利赛犹太教都起源于前马加比犹太教（Pre-Maccabean Judaism），尽管移植到新土地后它具有了一些当地的特点，但并未从原来的根源上完全脱离开，也并非全然不受巴勒斯坦犹太教的影响。亚历山大里亚的犹太教用一种原初的口传传统和一种初期的《圣经》解释方法开始了它的新征程，这两种方法都来自巴勒斯坦并和那些在巴勒斯坦的方法保持一致。然而在新环境中一些犹太人拥有了一种从希腊哲学那里得来的新知识体系，从这种新体系中他们开发出一种解释《圣经》的新方法，并名之为寓意解经法。从此，寓意解经法就指哲学的寓意法。

斐洛不是第一个根据希腊哲学解释《圣经》的人，在斐洛综合性地使用解释的寓意法以前它已经存在很久了。"寓意"一词初次出现在公元前3世纪斯多亚学派克雷安德（Cleanthes）的著作中，是指一个陈述好像是说一件事情但实际上却意味着另一件事情，因此能够引出另一个事情或者意义。在斯多亚学派之前，就已经有其他的希腊思想家将解释的寓意法用于解释荷马的诗歌，把荷马的诸神当成道德的和不道德的行为的象征，柏拉图就是其中的一员。应该注意到，在斐洛之前，亚历山大里亚就已存在那种寓意解释的方法。斐洛在《论耕作》52中提到他与"一些人坚持的"论述的争论。他在这里和别处好像指的是一个解释者的群体，而不是他能叫出名字的单独的个人。《论特殊律法》II，147 中提到"那些习惯将平淡的故事变成寓言的人"，告诉我们亚历山大里亚可能有相当数量的寓意解释者，以及他们转向寓意解释的动机是为了避免《圣经》字义的困难和平凡无趣，是为了在其中发现令人兴奋的、道德的和哲学的思想以便"净化灵魂"。

公元前 2 世纪阿里斯托布罗（Aristobulus）写了一些关于摩西律法的评论，他试图证明希腊哲学家和诗人已接触了早期的《圣经》希腊译本（proto-Septuagint）。这种根据希腊哲学家的学说解释《圣经》教义的有意识努力，在随后的希腊的犹太作品集中变得非常清楚——像产生于公元前 150—前 100 年的《阿里斯提亚书信》，代表了大散居时代犹太教内部的类似做法，它们对希伯来《圣经》中明显的神话元素感到不自在。《阿里斯提亚书信》的外在文学形式是历史性的解释，这部作品的残篇表明使用寓意解释方法是为了弱化或去除希伯来《圣经》的神人同形同性论；《所罗门智慧书》是用箴言的形式写成的。斐洛使这种特殊的解释《圣经》的方法和这种特殊的哲学文献的形式得到全面发展，在斐洛以后的哲学史中，寓意解经的传统得到更广泛的流行。从亚历山大里亚学派到卡帕多西亚教父，甚至奥古斯丁，都广泛地使用这种解经方法。

在根据哲学解释《圣经》的尝试中，斐洛认为《圣经》经文有两重含义，即字面含义和潜在含义。他用了好多词来描述这潜在含义，寓意也在其中，因而根据潜在含义解释《圣经》的过程就是寓意化（allegorize）的过程。他认为，经文的潜在含义和寓意解释对许多人是"模糊的"[1]，只对那些能够沉思"赤裸裸的事实"的人是清晰的[2]，只吸引"研究灵魂的特性而不是肉体的形式的少数人"[3]。寓意法还被他描述为"喜欢隐藏它自己"的东西，这个东西必须由"传授"获得。[4] 我们看到，所有这些都意味着只有那些同时具有自然能力、道德品格和基本训练的人才有资格受到寓意法的教导。

至于这两种方法，字义的和寓意的，斐洛毫无保留地使用寓意的解释法。《圣经》中的每一样东西，从名称、日期、数字到历史事件的叙述和人类行为规则的制定，他认为都应该使用寓意解释，同时他只是有保留地使用字义方法。斐洛制定的一个总的规则是不能用字义解释上帝的神人同形同性的表述。犹太教中口传律法的传统意味着对《圣经》经文解释的自由，《圣经》中的每一节，无论是律法、历史事件还是一些神学学说，都能得到这种自由的解释。例如，"在旷野走了三天，找不着水"[5] 中的"水"和"耶和华指示他一棵树"[6] 中的"树"指的都是《托拉》。寓意解释法从根本上意味着根据一种另外的东西解释文本，这种另外的东西或许是书本知识，或许是实践智慧，或许是人的内在意识，所有这些都依赖于外部环境。那个时代的巴勒斯坦拉比不熟悉希腊哲学，因而他们没有根据希腊哲学解释《圣经》。但他们根据他们所知道的别的东西解释，如历代积累的智慧，他们自己

---

[1] Abr. 36：200.《论亚伯拉罕》，参见《斐洛著作全集》，第428页。
[2] Ibid．41：236.《论亚伯拉罕》，参见上书，第431页。
[3] Ibid. 29：147.《论亚伯拉罕》，参见上书，第423页。
[4] Fug. 32：179.《论逃避与发现》，参见上书，第337页。
[5] 《出埃及记》15：22。
[6] 《出埃及记》15：25。

的实践经验和静观的沉思，毫无疑问还有对外来文化的回应。值得一提的是在斐洛时代的当地犹太教中有一个原则已被确立，即一个人没有必要拘泥于《圣经》经文的字面含义。

这种解释方法自然产生了一个新问题。一方面，那些未受哲学影响的人完全满足于传统的解释方法，对这种新的哲学寓意法不感兴趣；另一方面，一些采取了寓意法的人又有些忽视传统方法。斐洛的目的就是将寓意法和传统的字义释经法结合起来。斐洛把只使用字义释经法的人称为拘泥于文字者，这并不是因为他认为他们被《圣经》的文字限制住了，没有进行解释的自由，而只是因为他们反对他所提倡的哲学的寓意释经法。当然斐洛并不是特别反对传统的字义释经法，他自己也经常使用那种方法，他只是坚持哲学寓意法应该被加到传统的方法上。与那些完全拒绝了哲学解释的字义释经者相对照，还有一种人过度地使用寓意解经法，完全放弃了律法的字面含义，虽然如此，极端的寓意解经者从未有意识地与亚历山大里亚的犹太教分离，他们仍然尊重社区的公众意见并忠诚于古代犹太传统，他们仍受犹太历史影响，仍会确信犹太践履是导向沉思生活的唯一途径。幸运的是，亚历山大里亚犹太教释经法的这三种倾向，字义的、寓意的和极端寓意的都没形成派别，它们仅仅代表了观念的冲突。

斐洛解释犹太《圣经》时使用的寓意解释法和拉比们解释同一《圣经》时使用的方法有一种若即若离的关系。斐洛之所以能够纵情地寓意解释《圣经》，仅仅是因为犹太教宽宏大量地允许离开严格的字面含义去解释《圣经》。塔木德文献确实包括了类似斐洛的寓意解释的东西。例如，《出埃及记》15：25中的树被说成是律法的象征。对拉比而言，言语和含义都是《圣经》的，斐洛则经常根据希腊哲学思想加以解释。像斐洛一样，拉比们关注《圣经》中的神人同形同性论，并将它们解释成是上帝允许的，是为了帮助人们更好地理解。但拉比们在处理一些字面含义有困难的段落时使用的方法和斐洛的不同，斐洛坚持应该加以寓意的解释，然而拉比们谦逊地认为只有上帝知道它意味着什么。并不是解释方法的差异使斐洛与巴勒斯坦犹太教分离，根本的分歧在于他们对待神圣的《圣经》的态度上。拉比带着比斐洛更多的敬畏去看待《圣经》文本，而斐洛准备在他的寓意解释法的帮助下提供文本好像缺少的东西。斐洛认为文字性的和象征性的含义一个代表身体，一个代表神启的灵魂。他的文字性解释，总体上限于对道德或律法的解释，它们辞藻华美，对仗工整，解释者的创造力和想象力得到了淋漓尽致的发挥。这些外在的形式为对神圣文本的解释提供了一个安全外表，在这个外表的掩护下新思想悄悄进入了。因此，注释已经成为斐洛个人对宗教体验的表达工具。

  在寓意解经法的使用过程之中，哲学必须对神学让步，所以斐洛有一种哲学附属于《圣经》的观点，这个表述后来的版本是：哲学是神学的婢女。希腊有百科知识和哲学知识之间的区别，在斐洛的时候，百科知识总的是指文科，如语法、文学、几何、音乐和修辞学，与严格意义上的哲学区分开来。哲学被斯多亚派分为逻辑学、物理学和伦理学，逻辑学通常被认为是最低级的。哲学的最高分支是神学和伦理学，对斐洛来说都能在摩西的启示律法中找到。对上帝的崇拜和侍奉构成了智慧，智慧就是包含在《圣经》中的启示律法。正像百科知识是哲学的婢女一样，哲学也是智慧的婢女。因此，当斐洛说哲学是智慧的婢女时，他说的也是哲学是《圣经》的婢女。哲学和百科知识是上帝与他的智慧的"弟子"，是上帝分配给那些没有受到上帝律法恩惠的人的。斐洛之所以认为哲学必须附属于《圣经》，是因为他认为人类知识是有限的，他试图表明我们的感觉和心灵是多么有限和不可靠，认为最好是信仰上帝，而不是根据我们模糊的推理和不可靠的推测，也就是说最好是信仰上帝通过启示给予我们的直接知识，而不是我们理性的结果。

犹太教是在基本的信仰和实践中产生的。环境持续不断的改变磨损和掩饰了意见的差异，那些依然选择留在犹太教里面的人是出于一种团结和忠诚的意识。他们意见的分歧在于对《圣经》的解释——它应是字义的还是寓意的，如果是寓意的，应到什么程度——他们都相信律法的神圣起源和它的完美无缺。亚历山大里亚的犹太作家努力以可理解和可接受的形式向世人介绍犹太教，但他们从不与流行的希腊宗教、神话和密教妥协。他们从未试着把犹太教的上帝当作流行宗教的神来介绍。如果他们偶尔用了流行的希腊描述词来形容上帝，那只是因为这些描述词被《圣经》证明是正当的；如果他们偶尔使用神话典故，那只是一种文学性的表达方式。实际上，他们确实试着把犹太教当作一种哲学来介绍，但当二者有冲突的时候，哲学必须在每一点上对犹太教让步。这是所有斐洛之前的希腊化犹太哲学家的普遍态度，也是斐洛所有哲学化著作的态度。

在斐洛的身上充分体现了犹太民族对希腊精神文化的汲取。他熟悉并经常引用希腊人的古典著作，特别是荷马和欧里庇德斯，并用典雅的古典希腊语进行写作。他经常以崇敬的口吻提到毕达哥拉斯、赫拉克利特、柏拉图和斯多亚派。

他提到过柏拉图的所有对话,尤其是《会饮篇》和《蒂迈欧篇》。但斐洛在汲取希腊文化时没有放弃他的犹太教立场和希伯来文化的本位。他认为,摩西是文化的主要源泉,而那些希腊哲学流派只不过是从摩西那里折射来的光。《圣经》是最有智慧的一本书,是真正的神的启示,摩西是最伟大的导师。《圣经》中的每一个词,特别是摩西的话在他看来都是在圣灵的激励下产生的。但同时他又意识到如果只按字义去理解《圣经》有时会遇到困难,必须去发掘文字背后蕴涵的意义。他对《圣经》的解释虽然包裹在希腊哲学术语之中,但他的根本目的只是利用希腊哲学,而不是从整体上或是在信仰层面上接受希腊哲学。在他看来,在任何情况下,上帝直接或间接都是摩西律法和希腊哲学真理的源泉。

寓意解经法的理论基础是被寓意解释的文本暗含寓意解释所要引出的真理。《摩西五经》对他而言是神启的记录,它的叙述部分暗含着对上帝的信仰,它直接规定着神圣崇拜的方式,国家的制度和其中包括的法律法规都有着神圣的起源,从而是内在真实和完善的。他认为整部《圣经》包含了上帝启示的知识和真理,这是一种比哲学家的知识更清晰和确定的知识。如果它并不显得清晰和确定,那是因为上帝有意用一种不是所有的人都能理解的形式表达自己。这就为寓意解经的正当性做了辩护。

四、上帝、理念和逻各斯

1. 上帝

斐洛说在我们对上帝的寻找中,两个主要问题出现了,一个是上帝是否存在；另一个是在其本质上上帝是什么。这两个问题涉及上帝的存在本身或者说是本身，及上帝如何是。这是比较典型的哲学提问的方法，尤其是亚里士多德式的存在论式的提问方法。显然，从中可以看到希腊哲学对于斐洛的影响是持续并且全面的。

第一个问题是上帝是否存在，斐洛从几个方面做了肯定的回答。一个是从对世界的沉思而来的对上帝存在的证明，他认为就上帝存在而言，用心灵想象它比用语言展示它更容易；一个是从对上帝存在的直接知识或对上帝的"清晰的异象"而来的论证，在希腊译本中有这样一节："求你将你的道指示我，使我可以认识你"[①]，斐洛对之做了如下解释："因为我不愿你通过天或地或水或空气或任何其他的被造物向我展示你，除了你，我将不从任何物的反映中发现通往你的道路，因为被造事物的反映都是会消失的，但那些在非被创造的意志中的反映将继续存在、确定和永恒。"[②] 这种对上帝有清晰异象的天赋对所有的以色列人都敞开，以色列人民被斐洛描述成为那些有运气看见"真实的存在"的人。总的来说，知晓上帝的这两种途径反映了斐洛对两种心灵知识的区分，一种是直接从感觉感知获得的知识，一种是通过启示和预言获得的知识。另外还有一种设计论的观点：自然仁慈的秩序确实暗示着有一神圣的设计者。"当人们进入一个秩序井然的城市，其中，民用生活安排得当，令人艳羡，那么，除了猜想该城由一位优秀的统治者管理外，更有何想？因此，当某个

---

① 《出埃及记》33：13。
② Leg. All. Ⅲ 33：101.《寓意解经法》，参见《斐洛著作全集》，第61页。

人来到真正的大城（Great City），即此世后，看到四季交替而往，日月控制着昼夜，固定或移动的其他天体以及按和谐秩序运转的整个天空，难道他就不会自然或必然地得到创造者、父和统治者这一概念吗？人类的任何艺术作品均不是自为的，最高的艺术和知识呈现于宇宙中，因此，它肯定是由某种卓越的知识和绝对的完美所为。据此，我们已获得上帝存在的概念。"[1] 这一由设计论而来的论点表明，虽然在与所创世界的联系中，上帝是超验的，但他有时内在于自然的秩序中的。在发展这一思想时，斐洛使用了柏拉图的理念学说以及斯多亚派的神圣理性思想，此理性亦即逻各斯。通过这些概念，上帝被表现为高于世界而又渗透于其中的力量，平静而又活跃。

关于第二个问题即上帝的本质问题，斐洛认为上帝具有单一性（unity）、无形体性（incorporeality）、单纯性（simplicity）。斐洛时代，在巴勒斯坦犹太教和希腊化犹太教中，上帝单一性的观念已牢牢树立。当他有一次偶然地从《圣经》中引用了"最高的神"的表达时，因为这个表达在希腊语中暗含多神教的意思，他又赶紧引用了"除了上帝没有别的"。在巴勒斯坦，对上帝单一性的信仰成了一个信条，"以色列啊，你要听，耶和华——我们的上帝是唯一的主"[2]；上帝的无形体性暗含了上帝不与任何存在物相似的意思，律法禁止用"雕刻雕像，仿佛什么男像女像，或地上走兽的像，或空中飞鸟的像，或地上爬物的像，或地底下水中鱼的像"来代

---

[1] Spec. 33—35.《论专门的律法》，转引自罗伯特·M. 塞尔茨：《犹太的思想》，第 209~210 页。
[2] 《申命记》6：4。

表上帝。① 作为一个受过哲学训练的人，斐洛看到上帝与他物无相似性的潜在原因是上帝本质的无形体性，世界和所有在其中的事物都是由元素构成，是由质料和形式构成，根据他从希腊哲学得来的这种新知识，他将《圣经》的上帝与其他存在物无相似性的学说上升到哲学层面的上帝无形体性。对他来说，对上帝与任何其他物的相似性的否认，变成从上帝的本质中排除了任何可以间接暗含形体性的东西，因此他说，上帝不但没有身体或身体上的感觉—感知器官，而且没有人类情感如嫉妒、愤怒、生气。并且，因为无形体性也暗含着单一性和非复合性，于是他相信上帝是一个单一的本质，是非混合的。

此外，斐洛还认为上帝具有不可命名性和不可知性。《圣经》中有一节说："耶和华向他显现，对他说：'我是全能的上帝'"②。在评注这一节时，斐洛主张不要从字面意义上理解这种"显现"。他说："不要以为那是呈现于身体的眼睛前的异象，因为眼睛只能看见感觉的对象，它们是复合的，易于败坏的，而神圣的是非复合的和不败坏的。"③ 他论证说上帝的异象在这里指的是一个精神的异象，因为"一个智性的对象只能被心灵的眼睛理解"。斐洛通过进一步论证认为上帝不能被任何人理解，无论是作为感觉的对象还是作为智性的对象，"因为我们的身体中没有感官能够设想它，在感觉中也没有，因为它不是用感觉感知的，也不是用心灵感知的"④。在

---

① 《申命记》4：16-17，《出埃及记》20：4。
② 《创世记》17：1。
③ Mut 1：3.《论更名》，参见《斐洛著作全集》，第341页。
④ Ibid 2：7. 参见同上。

《圣经》中有两节,"摩西就挨近上帝所在的幽暗中"① 和"你就得见我的背,却不得见我的面"②,他从中推论出上帝"就其本质而言是不能被看见的"③。他以此表明上帝不可被心灵理解,从而确立了上帝的不可理解性,进而得出给上帝命名是不可能的。

对斐洛而言,上帝的本质不能被人理解的逻辑结果就是上帝不能被命名。在讲毕人不能知道他们自己的心灵,不能理解存在之后,他说:"没有合适的名称可以加到上帝上,这是与理性相一致的。"

《圣经》中有一节经文证据是"我从前向亚伯拉罕、以撒和雅各显现为他们全能的上帝;至于我名耶和华,他们未曾知道"④。他论证道,当先知想知道对那些询问关于上帝的名字的人必须回答什么时,上帝对摩西说:"我是自有永有者(I am who I am)"⑤,这相当于"我的本质是存在,不可被言说"⑥。他通过这些论证确立了上帝的不可命名性,从而又得出上帝的不可理解性。他说:"如果上帝是不能命名的,那么他也是不可想象的和不可理解的。"⑦ 我们可以在斐洛的论证中发现一个圆圈,即以不可命名性论证不可理解性,又以不可理解性论证不可命名性,从而我们可以看出上帝的不可命名性和不可理解性是相互逻辑地内含着的,它们的根据都是

---

① 《出埃及记》20:21。
② 《出埃及记》33:23。
③ Mut 2:9.《论更名》,参见《斐洛著作全集》,第341页。
④ 《出埃及记》6:3。
⑤ 《出埃及记》3:14,此处在钦定本《圣经》中的说法是:"我是我所是"(I AM THAT I AM)。
⑥ Mut 2:11.《论更名》,参见《斐洛著作全集》,第342页。
⑦ Mut 3:15.《论更名》,参见同上。

《圣经》文本。

斐洛强调上帝的超验性，上帝不仅是一个存在，而且是纯粹的存在、真实的存在。斐洛有时也提到上帝在《圣经》中的名字 YHWH，来确证他对上帝超验性的信仰。"神的圣名"是指刻在高级祭司金冠上的名字，"只有那些耳朵和舌头被净化的人才能在神圣的地方听到和说起的名字，其他人在其他地方都是不可以的"。那个名字，有四个字母，这四个字母雕刻成的形状表明了神圣存在的名字，意味着不祈求他没有东西能够存在。因此，对斐洛来说，上帝既具有不可命名性，又有一个名字，且只有一个名字。这里我们看到斐洛将犹太虔诚和实体的哲学理解联系起来，将形而上学的本体论和犹太人对上帝的神学敬畏混合起来。他说上帝具有不可命名性也是一种抗议，这种抗议是由在上帝的尊严面前敬畏的犹太情感引起的，他反对太频繁地、不谨慎地或在不适宜的时间滥用上帝之名。

上帝的超验性也包括他的自足性，上帝不需要任何东西，因为他是完满的。上帝是绝对简单的和未混合的，他没有欲望，他不需要什么，他自身是完全自足的。同时上帝还是无处不在的，他用自己充满了整个世界，他不被任何东西包含，但超越了所有的一切，他存在于任何处所，以至于无物不有他的临在。说上帝这个创造者被任何他的创造物包含是荒谬的，然而他又无所不在，他将他的力量延伸遍及土地和水、空气和天空，使世界没有一个部分没有他的存在。上帝既是超验的，又是内在于事物的，是超越性与内在性的统一。

斐洛是一位哲学的神学家（或神学的哲学家），但因为斐洛不仅是一位神学家或哲学家，他还是个热心的信仰者、虔诚的崇拜者和忠诚的解释者，他的上帝学说不是以系统的方式出现的。两个看起来矛盾的关于上帝的概念统治着斐洛的思想：一个是自足的上帝，在本质上不可理解；另一个是人格化的上帝，在每一个转折的时刻临近人类。斐洛的"上帝是完善的"的思想迫使他让上帝不但具有了严格逻辑所要求的绝对抽象，而且具有犹太教虔诚所需要的道德品质。上帝同时作为抽象的和人格的存在出现。斐洛带着一种神秘主义的热忱写作。从下面这几段话中可以见到他个人宗教的看法："幸福的起始和终结是能够看见上帝"。"以色列"的名称意味着"能看见上帝的民族"，"能够看见上帝对我而言是所有的财产，是最珍贵的"。他说："幸福的界限是上帝的临在，他用他的整个无形的和永恒的光充满整个灵魂。""唯一真实的、可靠持久的善是信仰上帝，它是生活的慰藉，所有光明希望的实现，远离不幸，亲近虔诚，承继幸福，灵魂的每一方面的完善都依赖于他，他是所有事物的原因，能够做一切事情且只做最好的。"① 斐洛相信人拥有一种特权，能使自己和其他的生物区分开来。他描述了那些将自己完全奉献给侍奉上帝的人和那些将自己完全奉献给人类的人。"爱上帝"和"爱人"分别只达到美德的一半。只有那些在两个部分都赢得尊重的人才能达到完整。斐洛所信仰的上帝具有一种道德强制，并在这种道德义务中彼此面对面。如果被爱的上帝本身也"爱人类"，那么"爱上帝"就不能逃脱"爱人类"的责任和义务。用比喻说就是"有德行的人的虔诚的、有价值的生活

---

① 《斐洛著作全集》，第433页。

是上帝的食品"。毋庸置疑，上帝的食品，虔诚的有品行的生活是斐洛所向往的。

在斐洛的著作中，有一种犹太神学和希腊哲学的细微混合。在大多数情况下，他成功地用希腊哲学世界的语言来构造对犹太信仰的重述，没有使哲学淹没或取代信仰。然而在一些情况下，确实出现了哲学概念和信条取代正统的犹太神学因素的现象，把从哲学家那里借用的东西抬高到一个不寻常的位置。但斐洛所写的上帝依然是犹太人的上帝，对上帝的犹太信仰的一个方面就是确信上帝是历史的上帝，他参与选民的历史，用他的强大力量拯救他们。斐洛确定上帝所说的不是言语而是行为。斐洛关于以色列人在红海得到救助的话听起来很像一个正统的、有爱国心的犹太人的话。他提到在红海边唱的圣歌是为了那里发生的奇迹，以及"在上帝的命令下，海是如何对一方成为拯救，而对另一方却成了万劫不复的灾难"。接着是对神迹的诗歌一般的描述，说它是一种奇妙的景象和经验，是"超越了所有的描述，超越了所有的想象，超越了所有的希望"①的事件。

斐洛还保留着上帝能够和愿意答复祷告的犹太信仰。他说上帝是一个人格化的存在，他不会对人的祈祷"扭过耳朵"。上帝对摩西说："我有善良的本质，仁慈地对待祈祷者"。上帝是祈祷者的上帝，他接受了祈祷者灵魂的祷告。斐洛自己的祷告之一就是希望善良的人们长寿："我祈祷他们的有生之年能够延至无穷"。他将祈祷定义为"要求好的事情"，并表明了对他来说什么是所要求的最好的东西："我的善良的

---

① 《斐洛著作全集》，第706页。

先生们,最好的祈祷和最终的、最合适的目标是像上帝一样"①。斐洛还提到犹太大祭司为了宇宙的利益也为了人类的利益试图用"祷告和求情"慰藉上帝时扮演的角色,他们是作为罪犯的求情者。在他对摩西生平的叙述中,斐洛说:"上帝听到了摩西的祷告,他赞赏摩西的性情,他是如此献身于好的东西,而又如此憎恶邪恶的东西。"② 摩西祈祷他自己能从上帝那里知道上帝是什么,从而为最高形式的祷告提供了一个范例。

斐洛的上帝当然是世界的创造者,所有的事情对上帝来说都是可能的,他甚至根本不需要时间去创造。斐洛相信世界是生成的,而不是没有起始的、永恒的,他的论文《论创世》整个都是对创世故事的详述。他相信这个故事表明摩西的宇宙起源论和哲学是柏拉图与新毕达哥拉斯学派式的。这个故事断定上帝是出于永恒的,他是一,是他"创造了这个世界,是他使之成为一个世界,像他一样独一无二,他持续不断地照料着他所创造的事物,让它们过幸福的生活,让它们和虔诚的、圣洁的学说在一起"③。斐洛认为上帝和世界的关系是这样的:"冷静的,有秩序的理性把上帝当成是世界的创造者和父亲。"他说上帝从未停止创造,他的性质就是创造。上帝还是"原因"、"最高的原因"或"一切的原因"。现存一切的超验来源是上帝,如果有人将本应给永恒创造者的崇敬给了被造物,那么总会有一天他会被认为是疯狂的,或极大的不虔诚。

---

① 《斐洛著作全集》,第 524 页。
② 同上书,第 463 页。
③ 同上书,第 24 页。

人只能知道上帝的存在，而不知道上帝的本质是什么，那是人的理性不能进入的领域，询问上帝的本质超出了人的能力。斐洛的上帝学说看起来似乎有些矛盾，这仅仅是因为，尽管上帝的本质超出人的理性能力所及的范围，他的存在和行为还是可知的。但正像人"甚至不能看见太阳的光线"一样，人的视力"不能承受从上帝那里发射的光"。"总之，谁能对他的本质、特征、持续性或运动做出任何肯定的断言？不，只有他自己才能断言关于自己的一切，因为只有自己能拥有关于自身本质的最精确的知识，没有任何错误。"① 对人而言，能够知道上帝的本质就意味着他的既有知识和上帝的是一样的。当然即使是关于上帝存在的知识也是明白直觉的结果，而不是用言辞论证显示的结果。

斐洛对于上帝被理解过程的沉思成了他神学最有吸引力的章节。人的心灵只能知道上帝的存在，不能知道他的本质。这不靠感觉，也不靠逻辑推理，而是靠直觉。因为上帝作为绝对的、完善的存在不受任何属性的限制，只有通过神秘的启示才能得到。为了准备最后的启示，人类心灵必须摆脱所有尘世的欲望，不但要超越感觉世界，还要超越围绕在绝对存在周围的最高理念。当它接近上帝的存在时，从上帝深藏的居所发出精神之光，这光代表他的美德照亮这灵魂，使它充满不可名状的美丽，产生了一种"完美的迷狂"，一种"冷静的陶醉"，使它的心灵之眼眩晕，从而使它不能辨认上帝的面容。这种神秘的成就是一种紧张、激动、欣喜、无知的最高状态。斐洛没费什么力气就把这种快乐景象的极致美丽带

---

① 《斐洛著作全集》，第 74 页。

给他的读者。他对此的叙述由一种不断生长的迷狂所激起，迷狂是神圣的精神进入心灵的入口，在人的心灵中为最高的存在让出地方。他用比喻说神圣者（the Divinity）像一束光，我们不能理解它，直到我们的心灵之光熄灭。而当神圣之光照耀时，人类之光熄灭；神圣之光熄灭，人类之光燃起。所有这些描述都是同一主题的变异：对上帝的理解是自然而然地到达心灵的，而不是被迫的。个人得到的仅限于接受神圣光线的准备，这光线的真正出现是神恩的一种行动。因而，在从肉体的净化到哲学沉思的艰难漫长道路的尽头，站立着犹太教的真正的神启观念。

2. 上帝和理念

斐洛哲学的起点是理念论，这一理论对他来说是柏拉图的哲学遗产也是犹太教的遗产。但在他那个时候，理念论出现了问题，一些坦率地反对柏拉图的人——像亚里士多德、斯多亚学派学者和伊壁鸠鲁学派学者——公然全盘反对理念作为真实的无形体存在物存在。另外一些柏拉图的追随者，当公开肯定理念的存在时，把它们解释成为上帝的思想，因而在实践上否认了它们作为真实的无形体存在物的存在。在柏拉图自己的著作中对理念的论述有诸多含糊之处和不一贯之处，这些都需要澄清。另外，柏拉图的许多关于理念的论述看起来好像和斐洛认为是《圣经》宗教的基本原则相矛盾，他感到这些东西必须被去除或与《圣经》相协调。

斐洛以对柏拉图理念论的修正开始他的哲学。他有些困惑，不知道柏拉图的上帝是在理念之外还是理念中的一个。如果是前者，上帝和理念是共同永恒的还是上帝是理念的创造者，柏拉图本人对此语焉不详。有时他把理念中的一个即善的理念说成好像是上帝，有时他把上帝说成是"产生"或"创造"床的理念，有时他把理念总的说成是"非产生和不可毁坏的"。斐洛有着从《圣经》那里继承的信仰，认为上帝出自永恒，因此上帝不是受造的。斐洛不能接受一种观点即认为出自永恒的上帝旁边还有别的非创造的东西。上帝独自出于永恒，而上帝旁边的其他东西都必须是由上帝通过创造的行为形成的。在这个基本信仰的前提下，他开始改造柏拉图的哲学，有时他是解释柏拉图的哲学，有时他又离开了柏拉图的哲学。

柏拉图说善的理念可以等同于上帝的论述，斐洛说上帝"高于美德，高于知识，高于善本身和美本身"①。柏拉图将善比作太阳，他用上帝代替了善。柏拉图将智性领域的善比作心灵及心灵的对象的"太阳"，并且善是知识和真理的原因。斐洛相似的比喻是："上帝是律法的原型：他是太阳的太阳，可感知的太阳的智性的太阳，从不可见的源泉中他给那些被看到的东西提供可见的光线。"② 对斐洛来说不是善像太阳而是上帝像太阳；不是善是知识和真理的原因，而是上帝是知识和真理的原因。斐洛有时也把上帝叫作"善"或"真正的善"，但这不是在上帝是善的理念的意义上说的，而是在上帝的属性的意义上说的。

斐洛有时与上帝联系起来使用"理念"一词。在评注异象向亚伯拉罕"显现"，亚伯拉罕"举目观看，见有三个人在对面站着"时，他说："上帝向心灵显现（presents），有时以

---

① Op. 2：8.《论创世》，参见《斐洛著作全集》，第3页。
② Spec. I，51：279.《论专门的律法》，参见上书，第560页。

一的样子（appearance），有时以三的样子：以一，是当心灵高度净化时，超越了其他数字的多样性，朝向那个未混合的、不复杂的理念，它本身不需要任何别的东西"①。这里，乍一看好像上帝被叫作理念，但仔细一考察就会发现这里的理念不是在柏拉图意义上使用的理念。根据斐洛的观点，上帝不是理念。从对《圣经》文本证据中对词语"显现"和"看"的特别使用，以及斐洛对这些词的再评注，可以看出斐洛是在心灵的观念（conception）的意义上使用"理念"一词的。我们知道斐洛经常在这个意义上使用"理念"一词。因此，斐洛在这段中说的是高度净化的心灵中有一个上帝的理念，即上帝的观念，作为一个"未混合的，不复杂的，本身不需要任何其他东西"的存在物。这与斐洛在别处表达的观点是一致的，他说上帝是绝对单一的和未混合的，说"他没有欲望，他不需要什么，自身是完全自足的"②。根据他的观点，理念不是自足的，因为它们的存在依赖于上帝，它们也没有与上帝同等程度的单一性和不混合性。

他又说："人是最好的生物，通过他的较高的部分即灵魂，最接近所有存在物中最纯洁的天，就像多数人所承认的那样也最接近世界的父亲，与世上的其他物相比对永存的和有福的理念有更清晰的形象和模仿"③。在这一段话中，"永存的和有福的理念"初看起来是指"世界的父亲"，即上帝。但在我们看来，它指的是逻各斯。这段话的含义如下：人通过他的非理性部分最接近"天"，是因为这二者都是由最纯粹的物质即

---

① Abr. 24：122.《论亚伯拉罕》，参见《斐洛著作全集》，第421页。
② Virt. 3：9.《论美德》，参见上书，第641页。
③ Decal. 25：134.《论十诫为律法之首》，参见上书，第529页。

火做成的,通过他的"心灵"他最接近"世界的父亲",因为与世上的其他物相比,它是逻各斯更近的形象和模仿,逻各斯是理念的整体,包括心灵的理念,它自己被称为"理念的理念"。

3. 理念

斐洛认为先于世界的创造的理念,其存在分两个阶段:首先,作为上帝心灵中的思想,它们在永恒中存在;然后,作为上帝的心灵之外的真实的存在物,它们由上帝创造。正是在真实的存在物,从而是被创造之物的意义上,他在其著作中使用"理念"一词,可能是为了抵抗他那个时代哲学的普遍倾向,这种倾向认为柏拉图的理念只是上帝的思想。但根据斐洛的说法,即使在它们被创造之后,理念仍然存在于上帝的思想中,因为上帝不会忽略它们的存在。因而对斐洛而言,理念的存在有两个相继的阶段,一个是在上帝的思想中,另一个是在上帝的思想之外。

因此在作为我们这个世界的模型的意义上,理念还未作为真实的存在物,并且即使只作为上帝的思想,理念也不总是作为世界中事物的模型;上帝只有在决定去创造这个世界的时候才去那样想它们。"我们必须认为,"斐洛说,"当上帝意欲去建造一座伟大的城市,他事先就想象出它各部分的模型,从这个模型中他组成了一个智性世界。"[1] 这段话的含义是很清楚的:理念是我们这个世界中的事物的模型,同样也是由理念组成的作为整体的智性世界,作为世界的模型,它是一个整体,只有当上帝决定创造这个世界时,上帝的心灵才会去想象它们,在此之前,它们没有存在于上帝的心灵中。

---

[1] Op. 4:19.《论创世》,参见《斐洛著作全集》,第4页。

因为上帝的心灵总是活跃的，总是在思考，从不缺乏思考的对象，可以认为在上帝的心灵中存在着理念的无限多样性，这无限多样的理念不是作为现存世界中事物的模型，而是作为可能世界的无限多样事物的模型。

当它们只是作为上帝的思想时，理念不但是随着我们世界的创造因而存在的事物模型，而且是上帝本应创造的所有类型的可能世界的所有类型的可能事物。但当上帝决定创造我们的这个世界时，他首先在思想中构思理念，然后将其作为真实的无形的存在物创造，这些理念将作为我们这个即将被他创造的世界中的事物的模型。斐洛提到各种各样的理念，总的来说，它们都能在柏拉图的各种对话中找到。但与柏拉图不同，他引进了两种新理念，心灵的理念和灵魂的理念。在柏拉图那里既没有心灵的理念，也没有灵魂的理念，对他而言，在创世之前有一个宇宙心灵和一个宇宙灵魂，在世界创造之时这二者被结合成一个理性灵魂，这个理性灵魂被放置到世界中。斐洛不相信在世界上有一个心灵或一个灵魂或二者的结合，也不相信在世界的创造之前有一个宇宙心灵和宇宙灵魂。对他而言，世界中的心灵和灵魂都是个体的心灵和灵魂，它们都随着各种生物的创造而被创造。但根据他的观点，所有可见世界的被创造的存在物都居于与它们相应的理念的创造之后。由此，世界中被创造的个体心灵和灵魂一定居于心灵的理念和灵魂的理念的创造之后。因此我们发现，当柏拉图说心灵的理念和感觉的理念时，感觉在这里被他用作灵魂的同义词，因为他说："创造者用感觉赋予了身体灵魂"[1]。

---

[1] Op. 48；139.《论创世》，参见《斐洛著作全集》，第19页。

总之，在斐洛那个时代共有三种理念：第一，它们从永恒中作为真实的无形的存在物存在；第二，它们只是作为上帝的思想存在；第三，除了在事物中无所不在之外它们根本没有存在。斐洛将这三种理念结合起来，赋予它们存在的三个阶段或三种类型。第一，它们作为上帝的思想存在；第二，在创世之前它们作为真实的无形的存在物被上帝创造；第三，随着世界的创造，它们被上帝注入世界，因而在世界中无处不在。这三个阶段的存在不是相连续的，它们是理念具有的三种类型的存在，对应于三种类型的理念。因此，即使在创世之后，一类理念仍是上帝的思想，另一类理念仍是真实的无形存在物，第三类理念在世界中无处不在。

我们可以说理念在斐洛那里是上帝创造的真实的存在物。但是作为被创造物，它们可能被认为是模型，在这个意义上它们被称为力量。当斐洛把它们仅当作模型时，他把它们叫作理念，把它们描述为在上帝的心灵中被构思，也在他的心灵之外被创造。当他把它们当作原因时，他把它们叫作力量，将它们描述为在创造之前就已在永恒中存在于上帝的心灵中，并且它们在上帝心灵中永恒存在的期间，它们是和上帝本身一样是"无限的""不受限制的"。

4. 智性世界和逻各斯

斐洛有两个词，表达了柏拉图理念论的两个方面——一个方面是仅仅作为事物的模型，另一个方面是作为事物的原因。但有时斐洛把理念和力量当作一个整体，不是作为我们世界中个别事物的模型或原因，而是作为整体的世界的模型或原因。在这种情况下，斐洛给了它们两个新名称，即智性世界（the intelligible world）和逻各斯。

"智性世界"一词来自柏拉图,但为斐洛所使用。他把这个智性世界定义为"不朽的、无形体的理念的联邦（commonwealth）"① 或是"由理念组成的世界"。因为个别的理念是世界中个别事物的模型,因此智性世界是这个可见世界的原型。理念由上帝创造,因而理念组成的智性世界也是上帝创造的。智性世界和组成它的理念一样,是上帝意欲去创造这个世界时上帝所构思的这个世界的模型,在那之前它没有存在。至于理念,斐洛从未说它不是创造的。当作为世界的模型时,智性世界和理念一样即使在上帝的心灵中也没有永恒的存在;它只有在上帝决定去创造世界时才会被上帝构思。

"智性的"一词在"智性世界"的表达中有两种意义。在一种意义上,斐洛好像是在和"无形体""不可见的"相等同的意义上使用的。"智性的"在这个意义上是和"可感知的"相对的,因此它指的是一些只能用人的心灵想象的东西,和能被感觉感知的东西相对。在这种意义上,"智性世界"意味着一个因为其无形体性而只能被人的心灵理解的世界。但斐洛也在另一种意义上使用"智性世界"一词。它不但是仅通过人的心灵才能理解的东西,而且是作为心灵思想的对象存在,不考虑被人类心灵理解的可能性。因为根据斐洛的观点,智性世界的存在不依赖于可以被心灵思考这个事实,对他而言,它在人类心灵被造以前就已经存在了。但即使在人的心灵被造以前,它不但作为一个无形体的世界存在而且作为智性世界即心灵思考的对象存在。那么,在人类心灵被造以前,把智性世界作为思考对象的心灵是什么？这个心灵是什么以

---

① Gig. 13：61.《论巨人》,参见《斐洛著作全集》,第156页。

及它是如何和智性世界相联系的这些问题可以从斐洛对智性世界的创造的描述中得出。

根据斐洛的观点，上帝之所以优于理念在于上帝是它们的创造者。柏拉图在《蒂迈欧篇》中把神描述为永恒的、非产生的和不容许有产生的，因此当他叙述神是如何根据一个理想模型创造了可见世界时，他明确说这个理想的模型不会是被创造的东西，神所必须做的是检查那个理想模型并造出一个和它一模一样的世界。然而，斐洛说当上帝愿意根据一个原型创造可见世界时，他事先就塑造了它的理想模型，他称这个理想模型为智性世界。在这里，斐洛所使用的"事先塑造"一词本身就是充足的证据，以证明智性世界在上帝的心灵之外作为真实的东西被上帝创造。另外还有别的证据，斐洛描述说，智性世界和可见世界相比要古老一些，可见世界要年轻一些。这一描述显然反映了柏拉图的观点，柏拉图认为宇宙灵魂不比世界更年轻，相反却更古老一些，因为根据柏拉图的说法，灵魂也是被创造的，并且是在宇宙之先被造的。我们有理由相信，斐洛分别把智性世界和可见世界描述为古老一些和年轻一些，显然是在比较两种被造物。因而根据斐洛的观点，智性世界包含了像可见世界中包含的"感觉的对象"一样多的"智性的对象"即理念，智性世界不仅仅是形成于上帝的思想，还由上帝创造，在上帝的思想之外被给予了一个它自己的存在。

斐洛认为，当上帝决定去创造世界时，"他事先想出（think out）了"理念，从这些理念中"他组成了智性世界"。因此，智性世界和组成它的理念一样是上帝"想出来的"，这说明它是上帝思想的对象，是上帝思考行为的结果。但我们从亚里士多德那里知道,当有一个"思想的对象"和"思考的行为"时,必须还得有一个心灵在思考。因此,智性世界在被造以前,是上帝思考行为的对象。然而,斐洛没有用心灵这个词,他用的是逻各斯,他叙述说:"理念组成的世界除了使它们有秩序的上帝的逻各斯以外,没有别的处所(place)。"① 在这段话中逻各斯很显然代表心灵,他得出一个结论:逻各斯是智性世界和理念的处所,这个表述基于亚里士多德的一个表述,亚氏说思考着的灵魂,即心灵是"形式的处所"。②

那么,逻各斯是斐洛对努斯(Nous)的代替品。对于这个代替,斐洛有足够的证据。在柏拉图那里,逻各斯是和知识及思想相联系的,它作为智性的一个特征归于上帝,上帝用这个智性创造了太阳、月亮和其他五个天体。动物和植物,生命的创造过程,甚至无生命物质的形成过程利用这个智性继续下去。在亚里士多德那里,逻各斯通常被当作理性能力,因而等同于努斯。在斯多亚派那里和在亚里士多德那里是一致的,当他们说到上帝是世界的努斯或世界的灵魂时,他们也说他是世界的逻各斯。因此斐洛有足够的理由将逻各斯和努斯在同等的意义上使用。在上帝的心灵(它又被命名为逻各斯)中,构思了理念及理念组成的智性世界。因为上帝是绝对单一的,他的心灵、他的思考和他的思想对象都是一个,且与上帝的本质等同。逻各斯作为上帝的心灵,作为从永恒

---

① Op. 5:20.《论创世》,参见《斐洛著作全集》,第4页。
② De Anima Ⅲ, 4, 429a, 27—28, 转引自 Harry Austryn Wolfson, *Foundations of Religious Philosophy in Judaism, Christianity and Islam*, Harvard University Press, 1948, p.230. 该书以下简称《宗教的哲学基础》。

而出的理念的处所，是作为和上帝的本质等同的东西开始其发展的。

然而，我们已经看到，理念不停留在上帝的心灵或逻各斯中，通过创造的行为它们在上帝的心灵之外作为被造物获得了存在。当它们被创造，然后飞向在上帝心灵之外的一个存在时，不允许用一种无序方式松散地飞行，它们被压紧成为一个世界，这个被压紧的理念世界是一个智性世界，即一个继续是心灵的思想对象的世界，但不再是上帝的心灵，不再等同于上帝的本质，而是上帝创造的一个心灵。斐洛把构思理念及智性世界的上帝心灵叫作逻各斯，逻各斯作为上帝的心灵或作为上帝的思想力量开始它的发展，这时它作为上帝创造的一个无形体的心灵，在上帝的本质之外存在，自身内部包含有智性世界和组成智性世界的大量理念。

逻各斯是智性世界及组成智性世界的理念作为其思想对象的那个心灵。但是心灵和它达到的思想对象是等同的，不只是在上帝那种情况，而且在某种程度上，当心灵的知识是现实的时候，情况也是这样。因为，亚里士多德说："现实的知识（actual knowledge）和已知的事物是等同的。"① 因此，心灵或逻各斯要使对已知事物的知识是确实的，就必须等同于智性世界或组成智性世界的理念。正是在这个意义上，斐洛说逻各斯是大量理念多方面的结合。他说上帝将一个形象和理念，即他自己的逻各斯印在整个世界上。这里，逻各斯和理念的全体是在同等的意义上使用的。上帝在人的创造之前就创造了人的理念，这个理念本身是"主要特征的形式"，

---

① De anima. Ⅲ, 7, 431a.《论动物》，转引自《宗教的哲学基础》，第 233 页。

他把这个形式描写为"上帝的言语（逻各斯），所有事物的开端，是最初的属或理念原型，宇宙的第一尺度"①。显然在这种理念全体的意义上，逻各斯也被他称为理念的理念，这类似于亚里士多德把心灵描述为形式的形式。他说"人的心灵"被塑造成形，"与理想的理念，即最伟大的逻各斯相一致"②。正是在这种意义上，他把逻各斯和个别心灵的关系说成前者是后者的原型或模型，后者是前者的模仿。

在上帝之外被造的无形体的逻各斯，不但是一个能够思考的心灵，而且是一个总处在思考的行动中的心灵，它是一种力量，不但在模型的意义上而且在力量的意义上包裹了理念，上帝使逻各斯完全充满了无形体的力量。逻各斯既是理念全体也是力量全体，理念是被造的，逻各斯也是被造的，而且逻各斯是最古老的创造物，是创造物最大的属，斐洛说它比"作为创造的对象的所有事物都古老"③。逻各斯尽管不像人类一样被创造，但也不像上帝一样是非创造的。有一段话暗示了逻各斯是被创造的，斐洛说："从永恒而出的逻各斯，它本身必然也是不能毁坏的。"④ 他有意把"不能毁坏的"和"永恒的"相区别，逻各斯不像上帝一样是永恒的，它只是不可毁坏的。

逻各斯在可感世界创造之前有两个存在阶段，一个是作为上帝的一个属性，另一个是作为上帝创造的无形体的东西。除此以外，斐洛还认为理念或力量或作为它们全体的逻各斯，在作为上帝创造世界的模型之后，还被上帝引入世界作为其

---

① Quaest. in Gen. Ⅰ, 4.《创世记问答》，参见《斐洛著作全集》，第791页。
② Spec. Ⅲ, 36: 207.《论专门的律法》，参见上书，第615页。
③ Mig. Ⅰ, 6.《论亚伯拉罕的移居》，参见上书，第253页。
④ Conf. Ⅱ, 41.《论语言的混乱》，参见上书，第237页。

自然法则。因而，就有了逻各斯存在的第三个阶段，不再是上帝的属性意义上的逻各斯，也不再是被造物总体意义上的逻各斯，而是存在于这个世界中的上帝力量全体意义上的逻各斯。在世界中的这个逻各斯和力量，很像斯多亚派的只在世界中存在的逻各斯和力量。但它与斯多亚派的逻各斯还不一样，斯多亚派的逻各斯是物质的，它在事物中的存在被认为是与物质相混合的，它与斯多亚派称为上帝的存在相等同，在它之上没有更优秀的东西。然而斐洛的无所不在的逻各斯被认为是非物质的，只是先在的无形的逻各斯的延展，它像柏拉图的理性灵魂存在于身体中一样存在于事物中，也有些像亚里士多德的形式存在于物质中，但在它之上还有上帝。为了使自己的逻各斯不与斯多亚派的相混同，斐洛花了很大力气来强调当他谈到无所不在的逻各斯时，它只是无形的逻各斯的存在的另一个阶段，这个逻各斯在世界之外，在它之上还有上帝。

有时斐洛也把"逻各斯"一词作为自然的法则，这或者是因为在《圣经》中，自然的力量被说成是在上帝的言语即逻各斯的命令下起作用的，或者是因为逻各斯是斯多亚派使用的词。但因为斐洛已经把"逻各斯"一词用作对理念或力量的总体的描述，他有必要指出在那个意义上使用的逻各斯和作为自然法则的逻各斯之间的区别。他做出的区分是"逻各斯是双重的，在宇宙中的和在人的本质中的；在宇宙中(1) 逻各斯处理智性世界所由以构成的无形的和原型的理念；(2) 逻各斯处理那些作为理念的复制品和相似物的可见物体，可感世界从这个逻各斯中产生"[①]。这两类逻各斯之间的区别

---

① Mos. Ⅱ, 25: 27.《摩西传》，参见《斐洛著作全集》，第 493 页。

是：第一种意义上的逻各斯是逻各斯存在的第二个阶段，即从上帝产生出的非尘世的逻各斯，通过创造的行为成为有自己存在的无形的存在物。第二种意义上的逻各斯指的是逻各斯存在的第三个阶段，随着世界的创造，当它在世界的身体中具体化时，作为灵魂或心灵它以同样的方式在一个个别的生物体中具体化。在第二个阶段中，逻各斯是创世的工具；在第三个阶段中，它是神圣天佑的工具或保护世界的工具，因为"很久以来上帝不费力地创造了这个广袤的宇宙，现在上帝不费力地将其保持在永久的存在中"①。正是通过这无所不在的逻各斯，世界才被保持在永久的存在中。

无所不在的逻各斯作为"调和者"和相互对立事物的仲裁者而行动，因而产生爱和一致，因为"逻各斯永远是友谊的原因和创造者"，所有的事物都是根据神圣的逻各斯联结在一起的，逻各斯用最娴熟的手段和最完美的和谐来联结它们。他说："所有的土地不会被土地底部的水溶解，火不会被空气熄灭，空气也不会被火点燃，因为神圣逻各斯把自己当作所有这些元素的界限，就像一个元音在辅音中。宇宙发出的音乐是和谐的，用它的权威劝说冲突走向终结。"②

逻各斯作为力量的全体，是相互对立的力量——善和权威的全体。他在评注上帝"在伊甸园的东边安设基路伯和四面转动发火焰的剑"③时，说基路伯和带火的剑分别象征善和权威的力量，逻各斯在这两种力量中间，因为它有结合这两者的功能，通过它上帝既是善的又是统治者。同样，在他评

---

① Sac. 7：40.《论亚伯与该隐的献祭》，参见《斐洛著作全集》，第95页。
② 同上书，第191页。
③ 《创世记》3：24.

注"从约柜施恩座上二基路伯中间,和你说我所要吩咐你传给以色列人的一切事"①的时候,两个基路伯被解释成为象征创造的和君王的力量,"在中间"和"从上面"指的是逻各斯,它是力量的驾驭者,又是创造的和君王的力量将它们自身分开的源泉,这只是用比喻的方式描述作为力量的逻各斯和在它自身内部所包含的两种主要力量之间的关系。

5. 上帝、逻各斯和理念的关系

我们发现,斐洛对上帝、逻各斯和理念的关系的论述显得自相矛盾。有时他认为上帝和逻各斯的关系是创造者和被造物之间的关系,逻各斯和智性世界的关系是一个确实在思考的心灵和它的思想对象的关系,智性世界和理念的关系是整体和组成它的部分的关系。在一些文章中,斐洛讨论了上帝和逻各斯、逻各斯和智性世界,以及智性世界和理念的关系,并试着用一种相互联系的形式来介绍它们。斐洛表示他不赞成一种假设,即认为智性世界存在于处所中。他认为"说或想象由理念组成的世界在某个处所是不合逻辑的"②,从表面看,这个陈述看起来只是对柏拉图的抱怨的一种回应。柏拉图抱怨说因为我们的"梦想的状态"(dreaming state),我们认为所有的存在,包括理念,必须在某个处所存在,并填满某个处所。这个陈述还是对柏拉图关于美的理念的陈述的重新肯定,柏拉图认为美的理念在他物中从不占有处所。然而,斐洛的这段话中是以挑战的方式表示强调,而不是默认。斐洛在这里好像是在向某人挑战,这人相信理念的存在,

---

① 《出埃及记》25:22。
② Op. 4:17.《论创世》,参见《斐洛著作全集》,第4页。

并认为理念存在于某个处所中。

斐洛没有提出自己的观点,他与理念的智性世界"在某个处所中存在"的观点进行争论,只是为了提出相反的观点。我们假设这个"在某个处所中"的表达指的是世界之外的一个虚空。如果我们的这个假设成立的话,那么反对它的争论可以在对那样一个虚空的存在的弃绝中和与之相反争论中找到。实际上在他讨论世界之外的虚空的四处地方,对它的存在的信仰没有一处可归于柏拉图,倒有三处直接或间接地归于斯多亚派。但将对一个虚空的外部世界的信仰归于斯多亚派而不是柏拉图,并不意味着斐洛不理解柏拉图所相信的虚空的存在,也不意味着他不知道毕达哥拉斯学派也持有这样一种观点。这些看似矛盾的论述只是意味着他习惯于遵循斯多亚派的古老观点。在他那个时代,这种观点是与斯多亚派的名称联系在一起的。

但是,与以上的论述相矛盾,斐洛又说:"理念组成的世界除了神圣的逻各斯以外不会有别的处所(place)"①,即逻各斯是智性世界和组成智性世界的理念的处所。因此在对"(亚伯拉罕)就起身往上帝所指示他的处所去了"②和"到了一个处所,因为太阳落了,就在那里住宿"③的评注中,斐洛用寓意解经法,用"处所"一词指逻各斯。逻各斯被称作处所的原因是,逻各斯是"上帝自己完全用无形体的力量填满的"④。斐洛时代还把"处所"当作上帝的一个名称,其起源虽然众

---

① Op. 5:20.《论创世》,参见《斐洛著作全集》,第 4 页。
② 《创世记》22:3。
③ 《创世记》28:11。
④ Somn. I, 62.《论梦》,参见《斐洛著作全集》,第 370 页。

说纷纭，但在巴勒斯坦犹太教中必定有了普遍的使用，就像后来的犹太人资料解释的，它意味着"上帝是世界的处所，但世界不是上帝的处所"，就是说，上帝在有形世界中无处不在，因而能够实施他个别的天佑，但他不是有形世界的部分，也不与这个世界中的任何东西相像。关于这个说法，斐洛有一段话："上帝可以被称为一个处所，理由是：（1）他包容事物，但无物可以包容他；（2）所有事物都逃向他以寻求庇护；（3）因为他是自己的处所，因为他是被自己占据的。"①

又有些时候斐洛认为，上帝和逻各斯的关系是"先于"（prior），即原因和结果的关系；逻各斯是智性世界的"处所"，就像灵魂或心灵被说成是形式的处所一样；智性世界和理念的关系被描述为整体和组成它的部分。② 在斐洛的著作中我们还可以辨出另一种描写上帝和逻各斯以及逻各斯和理念的关系的方法。在一段话中，谈到上帝和逻各斯，他说："最大的属是上帝，次之的是上帝的逻各斯，但所有其他事物只有在言语中才有一个存在，实际上它们也等同于没有存在的东西。"③ 在另一段中，谈到逻各斯和所有其他事物的关系，他说："逻各斯在整个世界之上，是被造物的最古老的、最大的属。"④ 在第三段中，就理念和特殊事物之间的关系，他说："在特殊的可知事物产生之前，创造者产生了可知的事物本身（即理念），使其作为一个属存在。"⑤ 那么在这三段话中，上帝绝对是"最大的属"，逻各斯是"被造物的最大的属"，理

---

① Somn. I, 63.《论梦》，参见《斐洛著作全集》，第370页。
② Op. 4：17-19.《论创世》，参见上书，第4页。
③ Leg. All. Ⅱ, 21：86.《寓意解经法》，参见上书，第47页。
④ Leg. All. Ⅲ, 61：175.《寓意解经法》，参见上书，第70页。
⑤ Leg. All. Ⅰ, 9：23.《寓意解经法》，参见上书，第40页。

念仅仅是"属"。"属"一词的使用表明斐洛想把上帝和逻各斯的关系，逻各斯和理念的关系描述为稍普遍一些和稍不普遍一些的关系。每一个理念只是"属"；逻各斯作为理念的全体是组成它的所有理念的"最大的属"；上帝是绝对的"最大的属"，没有东西比他更一般的了。

五、伦理学说

斐洛尝试了多种划分美德的方法，有时他采用的是：（一）沉思的美德，他用此指：（1）以信仰的形式拥有一些智性美德，（2）以善良情感的形式拥有一些道德美德。（二）实践的美德，他用此指： （3）与智性美德相对应的行动，（4）与道德美德相应的行动。总的来说，他将美德分成三类：智性的、道德的和实践的，有时又用"沉思的"来称呼智性的和道德的美德，用"实践的"称呼对应于智性美德或道德美德的行为。

与所有的哲学家一样，斐洛明确表达伦理学的问题是追求善，将善等同于幸福，将幸福定义为根据智性美德和道德美德的行动。他也同意哲学家们的看法，将智性美德的产生和生长归于教育，道德美德是作为习惯的结果出现的。但至于什么应该组成智性美德的教育对象和什么应该是训练道德美德的法律，斐洛和希腊哲学家有不同的看法。对希腊哲学家来说，可当作教导内容的应是那些哲学家通过理性得到的学说，实践美德是那些哲学家同样用理性得出的并与美德一致的那些法律，哲学家的这些理性和美德的法律是由人制定的，而不是自然律法，自然律法是能够被所有的人通过内在于他们的普遍直觉自然达到的律法，因而它们是普遍的、永恒的和不可改变的。然而对斐洛来说，智性美德和实践美德分别由上帝通过摩西启示的那些学说和律法组成。摩西的这些律法，像哲学家的法律一样，确实是被制定的律法而非自然律法，但它们是作为自然的创造者的上帝制定的，无论是在它们与人类冲动或能力相一致的意义上，还是在它们是普遍的、永恒的和不可改变的意义上。因此，对斐洛而言，幸福的意义由按照美德生活或按照理性生活变成按照律法生活。对他而言，所有这些人的义务由跟随上帝、模仿上帝或与上帝相像变成人必须按照律法行动。

摩西律法包括了一个启示给予的律法体系，也就是哲学家们称之为美德的东西。斐洛认为摩西律法包含了四种美德，简略地说是：(1) 信仰，(2) 美德的情感，(3) 行动象征信仰，(4) 行动象征道德美德。一方面，美德的哲学讨论给斐洛提供了一个训诫分类的框架；另一方面，又因为他将训诫和美德等同，因此将一些革新的想法引入美德理论。首先，在犹太教的影响下，他介绍进了许多新美德，是希腊哲学的德目表原先并不具有的。他将"信仰"加入智性美德，"人性"加入道德美德。"信仰"和"神圣"是智性美德中最重要的，"公正"和"人性"是道德美德中最重要的。在犹太教的影响下，"信仰"一词对他而言具有两个特别的含义：一是信仰上帝的存在、单一性和无形体性以及信仰上帝的神佑；二是他认为，同意《圣经》的真理和同意通过理性发现真理，两者是相互矛盾的。然后，还是在犹太教的影响下，他将祈祷、学习和忏悔的美德也加进实践美德的名单。

斐洛伦理理论的基本观点在于摩西律法是独一无二的律法，和任何其他律法都不相似。斐洛区分了三种已知的律法。它们是：(1) 由对所有人来说正确和错误的律法组成的自然法；(2) 由非科学的立法者为了指导特殊群体的人们制定的律法组成的并不总是基于理性的律法；(3) 由哲学或科学的立法者按照理性、本质和美德制定的理想律法。斐洛认为摩西律法就其起源而言，与这三种律法都不相像，它既不是人类冲动的结果也不是人类理性的结果。然而，就其内容而言，它达到了所有哲学家想通过他们的律法达到的东西。在它之中每一律法都是哲学的美德，都有理性的目的，都是根据人的本质和世界的本质得来的。

摩西十诫自然是斐洛研究的中心内容。摩西律法是理想的、神圣的启示律法，是哲学家们寻求的完美法则，十诫是美德的最高尚类型。斐洛把十诫分为肯定的律令和否定的禁令，将对上帝的责任相关的律法与对人的责任有关的律法区分开来。这是一种犹太观念的表达，即十诫是分别关于人和上帝及人和人之间的关系的。《摩西五经》的特殊律法是与十诫相联系的，十诫是特殊律法的根和源泉。例如，在对与第九诫相联系的特殊律法的讨论中，斐洛解释了《出埃及记》(23：3)中的大量命令以表明怜悯和善，说："在别的行为中，人无法像在展示善中一样与上帝如此相似。"他补充道："没有比模仿上帝更大的善了。"[①] 他力劝富有的人乐善好施，仗义疏财，缓解穷人的不幸命运，生活好的要帮助生活不好的，强者帮助弱者。所有从"智慧之井中汲水"的人都应该

---

① Virt. 73—74.《论美德》，参见《斐洛著作全集》，第647页。

共享他们的智慧，年长的人应该支持那些有资质的年轻人在智力上的发展。

在斐洛时代，哲学家们列出的基本美德包括：审慎、勇敢、公正和节制。斐洛表明自己关于基本美德的观点与哲学家的不同，他提到遍布城市各个角落的圣堂，说它们不但是"审慎、勇敢、节制和公正的学校，还是虔诚、圣洁以及每一个对上帝的美德被辨认和正确践履的处所"[1]。斐洛列了四种智性美德和两种道德美德，这源于斐洛所谓的两个系列的基本美德的观点，智性类型的都包括在智慧之下——虔诚、敬神、圣洁和信仰——都是人与上帝相联系的美德。此外，还有道德类型的基本美德——审慎、勇敢、节制和公正。与柏拉图和亚里士多德认为国家有责任去同时教导智性美德和道德美德不同，斐洛认为智性美德是通过教导在我们中间产生，而道德美德的获得只能付诸日常生活的实践才能获得。

受《圣经》，尤其是《创世记》（15：6）（"亚伯兰信耶和华，耶和华就以此为他的义"）的影响，斐洛认为信仰是人要拥有的一个重要美德。他用不同的方式定义信仰，首先承认上帝是一，超越一切，并为他的世界提供一切。基本的信仰是"只相信上帝是纯洁的不混合的"，它与相信高的职位、名声和其他外在的善是相对的。斐洛经常说，信仰即只相信上帝是困难的，因为我们很容易被诱惑去追求财富、声名、官职、朋友、健康、力量和许多其他的东西。

公正和仁爱也是重要的美德。公正和仁爱与善以及憎恶邪恶列在一起，这两种美德是人际关系领域中的主要美德。

---

[1] Mos. II, 216.《摩西传》，参见《斐洛著作全集》，第 510 页。

仁爱意味着给那些需要帮助的人以帮助，是在本质上最接近虔诚的美德，摩西通过"自然的善的幸福礼物"拥有了仁爱和类似的情感。根据斐洛的伦理学，虔诚的人就是仁爱的人，承认上帝的神圣，和同胞相濡以沫。在仁爱周围的是与它相似的美德：和睦、平等、恩惠和怜悯。作为一个虔诚的犹太人，斐洛还把祷告作为美德，祷告的一个方面是感恩。他说："每种美德都是神圣的，但感恩尤其如此。"斐洛认为感恩不应该用建筑、祭物和献祭的方式表达，而应该用听不见的心灵的"赞扬的圣歌"来表达这种感恩。

斐洛宣称学习和教导律法是有德行的行为，优秀的律法教师一定是一个完美的人，教师努力的结果是桃李满天下，无时无刻不被"正义的景象愉悦"，因为"没有比灵魂不断将自己交与公正，在它的内在原则和学说中磨炼自己，不给不公正留下空地更甜蜜的事情了"[①]。因此，伦理教育和学习，尤其是涉及公正时，本身就是美德。斐洛认为那些只爱身体和激情的人，被剥夺了接受神圣信息的能力。

斐洛很清楚诫命必须不只停留在嘴上，如果那样我们根本就不能接受它们，我们必须在口头遵守之上添加我们生活中表现出的行为。必须遵守神圣的律法，必须接受上帝的诫命——不仅是听到，而且要在生活和行动中表现出来。人们必须在生活中得到一些训练和联系，通过实践美德走向好的生活，因为"实践生活在沉思生活之前"。在《〈创世记〉问答》中，斐洛认为有三种生活方式：沉思的、行动的和愉快的，沉思的生活是伟大的、优秀的；愉快的生活是不重要的；

---

① Mos. Ⅱ.141.《摩西传》，参见《斐洛著作全集》，第503页。

不好不坏的是中间的那一种，它与前后两者都有联系。它是坏的是因为它是愉快最亲近的邻居，它是伟大的是由于它与沉思的亲近关系。

斐洛有时提倡灵魂和肉体的分离，对特拉普特派（therapeutae），一个在埃及献身于沉思生活的苦行学派的深深景仰表明他更崇尚沉思的生活。他说："当我投身到哲学和对世界的沉思中时……当我生活在真理中时。我好像被一种灵魂的启示带到了高处，在那里有太阳、月亮和许多天体。我用心灵的眼睛向下看，我看到了许多尘世的景象，把自己从尘世生活中解脱出来是一种幸福"[1]。他把沉思当作一种生活方式，在对上帝的直觉中体验宗教的迷狂是他所向往的生存状态，这也体现了他学说的神秘主义的一方面。毫无疑问，斐洛赞同并置身于沉思生活之中，但他根深蒂固的犹太性也意味着在他的道德学说中，非常强调宗教和道德的实践方面——在生活中的宗教践履。神圣的逾越节是从激情的生活到道德生活的道路，从此开始了侍奉上帝的旅行。美德践履的一个重要方面是对安息日律法的字义上的遵守，那些有关节日的、圣殿仪式的、割礼的——即使是所有这些律法都能被寓意地解释——律法的字义上的遵守。行动的生活和沉思的生活一样都应该受到赞扬，沉思的生活必须从行动中产生。美德包括理论和实践，幸福源自对美德的践履。斐洛从哲学家那里借用了很多东西，但他对犹太《圣经》的勤奋研读使他从未忘记善是一种沉思的东西，也是一种践履的东西。何况当时

---

[1] *The Essential Philo*, edited by Nahum N. Glatzer, New York, Schocken Books, p. ix.

亚历山大里亚犹太人的生活状况不容乐观，埃及的行政长官发动了大规模的对犹太人的迫害，他只好从沉思中醒过来，参与到现实的政治生活中去。

斐洛是一位敏锐的思想家，他的宗教包括大量复杂的神秘主义因素。斐洛的人生态度是完全犹太式的，非常实践，与信仰紧密结合，他积极地投身到社会生活中去。斐洛问："如果奏琴者不弹奏竖琴，如果工匠不使用手艺会怎样呢？""行动是善的最好状态……如果不与实践相结合，仅通过理论，没有知识是有益的。"① 斐洛不仅仅考虑理论的事情，他认为获得善的最重要的方式是"通过实践而不是通过教导"，因为实践者必须是生活的模仿者。一个人或许会通过学习获得美德，但所有真正的美德只有"通过实践才是完美的"。②

六、斐洛的贡献及其在哲学和宗教学史上的地位

斐洛是希腊化时代与罗马帝国时代之交最有代表性的犹太哲学家，在他身上充分体现了犹太民族对希腊精神文化的汲取。斐洛在宗教哲学史上的地位主要依靠他对希腊文化和犹太教的融合所做的工作。这种工作从宗教的角度看，是把犹太教理性化、希腊化，从而为基督教的发展和教父学的诞生开辟了一个方向；从哲学的角度看，是把当时流行的一些希腊哲学观点神学化，把哲学导入神学。他是调和希腊哲学

---

① Cong. 45-46.《论语言的混乱》，参见《斐洛著作全集》，第238页。
② Ibid. 35.《论语言的混乱》，参见上书，第37页。

和希伯来《圣经》、调和理性主义和启示运动的顶峰。为了这种目的，他挑选了希腊哲学家中最伟大的柏拉图。在这样做的时候，他为后世的神学家树立了典范。斐洛的工作对于早期基督教的神学家具有重要性：对于2世纪的亚历山大里亚的克莱门（Clement）以及他的学生奥利金（Origen）；对于拉丁教父安布罗斯（Ambrose）；以及后来对于伊斯兰教的思想家。他们都面临着使启示的真理和希腊智慧相互联系、结合和一致的任务，斐洛为这个任务指出了道路。

无论希腊思想对斐洛的影响有多大，也无论有多少希腊哲学家影响了斐洛，斐洛从来没有因此而丧失了自己的神学基本立场。希腊哲学是他的工具和思想资料，他在用希腊哲学注释犹太圣书。寓意解经法是斐洛用来沟通神学和哲学、犹太教和希腊哲学、信仰启示和理性的方法，其结果就是在犹太教和希腊哲学这两大思想体系之间架设了一座桥梁，并产生了一种神启宗教和哲学的综合体。斐洛对《圣经》的寓意解释，开创了犹太教、基督教专事研究和注疏《圣经》的学科——"解经学"的漫长历史，而且为后来西方世界用哲学服务于宗教神学的传统奠定了基础。在怎样将希腊化思想与希伯来思想结合方面，他成了伟大的典范。在后来的基督教神学中，二者果然结合在一起了。在罗马世界的其他地方，这种结合都比不上在亚历山大里亚发展的更加充分。

研究斐洛的另一个重要领域是他对逻各斯（言语，Word）、智慧概念和信仰的使用。这些话题遍及斐洛的作品，表明斐洛在对上帝和被造的世界的理解中其希腊化哲学传统使用的深度。斐洛思想对于理解中期柏拉图主义的本质、希腊化犹太教的本质，还有诺斯替教（gnosticism）的前历史的一部分及其对上帝的观点是不可缺少的。斐洛对于逻各斯/智慧的观念对《新约》的研究也是不可缺少的，很可能在对《约翰福音》的解释中具体化了。

　　从历史的角度看，斐洛对柏拉图理念论改造的最重要的特征之一是他将"逻各斯"一词运用到理念全体上去，并且将逻各斯描述为智性世界的处所，这个智性世界反过来又包括理念。在后来的哲学史中，逻各斯与智性世界及理念分开，开始被当作与它们分离的东西对待。这样它就在基督教三位一体的学说中开始了新的发展过程，并以它的神圣属性的正统理论的形式从基督教传到伊斯兰教。因为牵连在神圣性质的问题中，逻各斯因此间接地作为一个问题存在于整个中世纪伊斯兰哲学和犹太哲学中。随着逻各斯和理念的分离以及它自己作为一个新问题出现，理念论也作为与逻各斯问题相区别的问题出现，开始在整个哲学史上开始它的发展，尽管后来它被当作普遍的（universals）问题对待。在理念论后来的历史中，可以感受到斐洛的影响无处不在。

　　斐洛神秘主义的渴望通过与犹太思想的结合获得了具体的形态。众所周知，神秘主义倾向于逃进无条件的神性抽象里。对斐洛来说，这个非人格的概念必须让位给人格上帝的犹太概念。他将"活的上帝"（living God）的《圣经》信仰灌输到形而上学的框架中去。斐洛为1世纪及之后的神秘主义带来的第一个贡献是，位格性的神秘实体的观念。上帝无所不在，通过对个人生活持续不断的监察起作用。上帝行为的这种伦理方面导致斐洛对柏拉图思想进行彻底改造。他用犹太教的神圣美德，即创造的善、尊严、公正和慈悲构筑了永恒形式的王国。斐洛式的神秘主义者试着去理解上帝但看不到他的面庞，神圣的流出物的具体形式，从对上帝的谦卑的尊敬到小孩子对他父亲天真的爱，都成了沉思的对象。斐洛对神秘主义的第二个贡献是，赋予上帝的特性伦理的内容。最高存在作为每一道德属性的体现通过他多方面的本质满足了每一个人的渴望。相应地，斐洛给了柏拉图的形式世界以神圣的形象和人类美德的范例：虔诚、爱人和道德律令的其他标准。这些理念的伦理附加物使得世俗行为的神圣化成为可能，与此同时，对它们的本能直觉成为道德成就的最高境界。斐洛对神秘主义的第三个贡献是，他使得宗教的精神与人世的道德联系在一起，既赋予精神纯粹的内省性，又指出道德责任的承认是实现自我必不可少的部分，在纯粹的内省与具体的道德践履之间建立起一种联结关系。它使斐洛没有在模糊的神秘主义沉思中迷失自己，引导他从尘世的迷狂，并从自我陶醉的享受中回到道德律法的践履中。

第三章

拉比犹太教中的哲学思想

一、拉比犹太教的释经传统

圣经时代之后，犹太教进入其第二个历史阶段——拉比犹太教，即自公元 70 年罗马军队焚毁耶路撒冷的圣殿起到公元 500 年前后《塔木德》成为犹太教法典完成，并在中世纪占主导地位的犹太教。拉比犹太教的精英阶层是拉比。他们是圣经时代先知和祭司的替代者，是一批信仰坚定、学识渊博、能够诠释和宣讲《圣经》及"口传律法"，主持宗教仪式并能够处理世俗事务的精神导师和社区领袖。在拉比时代，虽然《圣经》仍然是最重要的经典，但是包括《密释纳》和《革玛拉》在内的《塔木德》也成为独立且十分重要的犹太教法典。此外，《托赛夫塔》《密德拉什》也是拉比文献的不可或缺的组成部分。这些拉比文献与《圣经》是源与流的关系，是对《圣经》的诠释和疏义，它们构成了拉比犹太教的释经传统和基本内容。由于希腊哲学的影响，拉比犹太教中包含了比《圣经》更为丰富的哲学思想，也在一定程度上弥补了后者存在的一些明显缺憾。

犹太教的释经传统是与异族入侵和文化的碰撞相伴随的。公元前330年，亚历山大大帝征服了以色列，犹太人开始了希腊化时期，这也是有史以来两希文明——希腊理性哲学和希伯来宗教的第一次相遇与互动。后来，七十二位犹太文士把希伯来《圣经》翻译为希腊文，遂有七十士本《圣经》问世。亚历山大里亚的斐洛撰写《论创世》，开启了用希腊哲学解释《圣经》的先河。希伯来文明向希腊文化的开放，不论起初是何等被迫、被动和不情愿，都是向理性哲学的回应和一定程度的吸纳，此后的犹太文明便永久地带上了"雅典主义"的印记。

除希腊外，古罗马对拉比释经传统的形成有更为直接的影响。公元70年，罗马军队焚毁了在耶路撒冷的犹太教圣殿，从此，犹太人开始了漫长的散居时代和宗教意义上的拉比时代。[1] 散居的犹太人，有的留在巴勒斯坦，有的寄居在中东和欧洲诸国，还有的流落到更为遥远的国度。为了适应民族与国家分离的现实以及改变了的生活环境，犹太人中的法利赛人或文士逐渐演化为拉比，取代了圣经时代的先知和祭司阶层而成为犹太教的精神领袖和生活导师。在圣经时代，犹太教的中心在耶路撒冷的圣殿，祭祀曾经是犹太教信徒与上帝联系和沟通的主要方式。及至拉比时代，各地犹太社区

---

[1] 此前，犹太人也曾经经历过散居，例如公元前586年，犹大国陷落，国民多被掠往巴比伦，史称"巴比伦之囚"。48年之后，波斯统治下的巴比伦犹太人被允许回到巴勒斯坦，在耶路撒冷重建了圣殿，恢复了政治自治和犹太教生活。在此后的很长时期内，巴比伦和巴勒斯坦一直是犹太人最集中的地方，也是犹太教的两个中心。公元70年后开始的散居，其人口分布之广泛，历史之久远，都是史无前例的。

的圣堂取代了耶路撒冷的圣殿而成为宗教活动的主要场所；原有的献祭仪式也被各种祈祷活动所替代。为了适应散居犹太人的生活，早期的拉比坦拿①在其领袖犹大纳西的主持下编纂成《密释纳》，称之为"口传律法"（Oral Law），借以区别于作为"成文律法"（Written Law）的《托拉》。② 口传律法之成为犹太教法典，乃是罗马帝国统治下巴勒斯坦的犹太拉比的功绩。它可以说是拉比犹太教诞生的标志，在犹太教发展史上具有特殊的意义。

《密释纳》中有《先贤》（Abot）一篇，开宗明义描述了口传律法《密释纳》的历史渊源："《托拉》，摩西受自西奈，传之于约书亚，约书亚传众长老，众长老传众先知，众先知则传之于大议会众成员。"③ 这段话表明，口传《托拉》也和《圣经》一样是摩西在西奈山接受的神启，上帝是其直接的根源；再者，口传《托拉》的传承方式不是靠书写的文本，而是靠口述代代相传，直到大议会的时代由犹大纳西率众门生编纂成典。从这段话可以得知，《密释纳》作为口传《托拉》，

---

① 坦拿是阿拉姆语 tanna（复数形式是 tannaim）的音译，指的是公元初年到 200 年《密释纳》成书前的犹太教口传律法学者。《密释纳》提及 275 位坦拿的名字，其中希勒尔和夏迈是两派坦拿的首领；对《密释纳》进行评注的拉比被称为阿莫拉（amora，复数为 amoraim），生活于 200 年至 500 年，我们可在《革玛拉》中见到 1250 位阿莫拉的名字。坦拿和阿莫拉是拉比犹太教形成时期的著名拉比，均被称为圣哲（sage）。

② 《托拉》指《圣经》中的律法书《摩西五经》，是成文律法；又指《密释纳》，即口传《托拉》。《密释纳》和《革玛拉》合成的《塔木德》也称为口传《托拉》。成文《托拉》与口传《托拉》合在一起构成完整的《托拉》。又，Mishnah 多译为《密释纳》。以色列特拉维夫大学的张平教授建议译为《秘释经》，意为《圣经》之后犹太教的又一经典，既别于《圣经》，又与之有联系，似可取。但是，这里仍然沿用习惯译法。

③ 《阿伯特——犹太智慧书》，阿丁·施坦泽兹诠释，张平译，中国社会科学出版社，1996，第 13 页。

是与《圣经》并驾齐驱的，都属于得自神启且由摩西接受的律法。既然如此，《密释纳》当然就不是来自《圣经》。故此，有的犹太学者指出：《密释纳》并不是对《圣经》的评注。[①]"《密释纳》是与希伯来《圣经》并驾齐驱的圣书，以往1 900年的犹太教就是在其上构成的。"[②]然而，说《密释纳》与《圣经》并驾齐驱，意指《密释纳》也和《圣经》一样是犹太教的独立经典，而非隶属于《圣经》。但是，这并不意味着《密释纳》与《圣经》在起源和内容上没有联系。事实上，《密释纳》是对《圣经》的诠释和发展，前者提出的问题和其中拉比们的讨论、回答，大都与后者有密切的联系。例如，《密释纳》第一篇《祝福》一开始就提出：晚间什么时刻背诵犹太教的"听祷文"？这个问题就是直接来自《圣经·申命记》第6章第4节至第9节。那段经文在说完"尽心、尽性、尽力爱耶和华你的神"的"训诫"后紧接着说："我今日所吩咐你的话都要记在心上；也要殷勤教训教训你的儿女，无论你坐在家里，行在路上，躺下，起来，都要谈论。"《圣经》没有规定"谈论"的具体时刻和方式，拉比时代则把背诵"听祷文"规定为每日的必修课——早晚各背诵一次，而《密释纳》开篇讨论的正是晚间背诵的时刻，坦拿们的不同意见也多是《圣经》文本的解释与发挥。再如，《圣经》中有一条戒律："要记念安息日，守为圣日。"还说："这一日，你和你的儿女、仆婢、牲畜，并你城里寄居的客旅，无论何工都不可做。"（《出埃及记》20：8-10）但是，《圣经》并没有说怎样

[①] 参见罗伯特·M. 塞尔茨：《犹太的思想》，第267页。
[②] Jacob Neusner, *Introduction to The Mishnah: A New Translation*, Yale University Press, 1988, p. xv.

守安息日，哪些是不允许做的工。《密释纳》则根据《圣经》提出的守安息日的诫命而专辟《安息日》一篇，详细讨论如何过安息日，并列举 39 类、300 多种不允许做的工。要言之，《密释纳》虽然是独立于《圣经》的拉比犹太教的经典，但其根源和内容仍然和《圣经》有密切的联系，是以《圣经》为根据并以与时俱进的精神对《圣经》所做的诠释。

中国古代典籍中属于注疏者甚多。"注"偏重于"用文字解释字句"，"疏"有疏放、疏散的意思，故而偏重于意义的引申性解释。"注疏"合在一起，可解为注解与疏义。我们以为，《密释纳》之于《圣经》，可谓是后者的注解与疏义，且往往疏义的成分居多。但是，即便是纯粹的疏义也属于诠释或解释的范畴。因此，《密释纳》仍然属于《圣经》的诠释或解释。如果我们把对于《圣经》的注解和疏义的传统简称为释经传统，那么《密释纳》就其地位和作用而言，毋宁说是犹太教释经传统形成的标志和这一传统发展过程中的第一个里程碑。

《密释纳》凡 6 卷，63 篇，各篇下面再分章，共 523 章。第一卷《种子》，阐述和农业相关的祭典和律法；第二卷《节期》，论述安息日、逾越节、赎罪日等节日、斋日的律法和条例；第三卷《妇女》，讲述结婚、离婚以及婚姻行为等方面的律法；第四卷《损害》，主要涉及民法、刑法和伦理法则，其中的《法庭》（*Sanhedrin*）集中阐述了犹太教的刑法，而《先贤》则是历代圣贤的道德教诲集萃，二者的地位尤其重要；第五卷《圣物》，讲述祭祀、献祭方面的礼仪；第六卷《洁净》，讲的是饮食律法和其他生活方面的禁忌。所有这些内容都直接或间接地与《圣经》有关，属于释经传统的一部分。

《密释纳》成书后，几代拉比又对之做了大量的注疏或解释，这些注疏被称为《革玛拉》。如果说《密释纳》是《圣经》的解释，那么《革玛拉》则是《密释纳》的解释。当然，《革玛拉》的解释也与《圣经》有明显的联系，或可说是间接的《圣经》解释。《密释纳》与《革玛拉》于公元500年前后合为一部巨著，即现在见到的《塔木德》。在习惯上，拉比们也称《革玛拉》为《塔木德》，是为狭义的《塔木德》。在当时的巴勒斯坦和巴比伦都有经学院，而且两地经学院的圣哲们都对《密释纳》做了独立的注解和疏义，所以，后来就形成了《巴勒斯坦塔木德》和《巴比伦塔木德》。前者在时间上早于后者100多年，但内容较少，只包括《密释纳》前四卷的阐释；后者成书时间较晚（约公元500年），但篇幅和内容比前者庞大数倍，其解释涵盖了《密释纳》第二卷至第六卷的大部分内容。由于《巴比伦塔木德》内容丰富且流行极其广泛，故而对于散居犹太人所起的作用远比《巴勒斯坦塔木德》为大。《密释纳》是用希伯来语写成的，而《革玛拉》使用的则是阿拉姆语。

一般说来，《塔木德》的每一章都以一段《密释纳》开始，接着展开《革玛拉》，即拉比们发表的不同意见——争论或注疏。几页《革玛拉》之后，又引述一段《密释纳》，然后接着给出相关的诠释和发挥。在《塔木德》中，除了关于律法的严肃阐述和论争以外，还充满了数以千计的寓言故事、人物逸事、格言警句。故而我们可以从中领略到古代犹太人生活的方方面面。其中，希勒尔和夏迈分别代表了两个不同的思想派别。夏迈强调律法原则，其做法和态度可谓墨守成规。希勒尔则更现实，态度也较宽容与灵活。《塔木德》记载了他们的 316 次辩论，内容涉及宗教律法、礼仪和道德等诸方面。由于《塔木德》包含了《密释纳》和许多著名拉比对其法规、训诫和释义的大量讨论和疏义，不仅篇幅巨大，而且观点各异，可谓异彩纷呈，蔚为大观。

如果说《密释纳》是犹太教释经传统的第一个里程碑，那么《塔木德》（《巴勒斯坦塔木德》和《巴比伦塔木德》）则为第二个里程碑，它的诞生标志着犹太教的释经传统达到了顶峰，把这一释经传统发展到了极致。

但是，《塔木德》仍然是犹太教释经传统的进一步发展和完善，而不说是这一传统的完成，因为在《密释纳》之后，除了《塔木德》以外，还有《托赛夫塔》和《密德拉什》等其他拉比文献，它们也都属于拉比犹太教的释经传统。

《托赛夫塔》是《密释纳》的补充，可意译为《密释纳补》。该书约成书于公元 300 年，在时间上介于《密释纳》和《塔木德》之间。虽为《密释纳》的补遗，其篇幅却比《密释纳》多出四倍。然而，就结构、主题和论述的逻辑而言，《密释纳补》又算不上独立的文献，而是依附于《密释纳》的。《密释纳补》没有自己的结构，其篇章完全对应于《密释纳》，也由六大卷组成。其基本做法是，先逐字逐句地援引《密释纳》的段落和句子，然后再做注释和评述。由于注解的是《密释纳》里的段落和句子，因此，其中相对独立的释句也必须和《密释纳》中对应的部分参照才能得以理解。当然，在个别情况下，《密释纳补》也发表一些独立于《密释纳》的言论。[1] 总之，

---

[1] 参见 Jacob Neusner, *Introduction to Rabbinic Literature*, New York, Doubleday, 1994, pp. 129–130。

《密释纳补》是《密释纳》之后形成的关于《密释纳》的补充和注释，也属于拉比犹太教的释经传统。

另一类型的拉比文献是在公元 3 至 6 世纪形成的《密德拉什》。"密德拉什"意为"求索"和"追问"，以它命名的著作首先是《圣经》诠释的汇集，同时还收入了历代先贤和著名拉比在各种场合的说教和布道，其内容当然也是和《圣经》相关的。不同时期形成的《密德拉什》包含两大系列。第一系列为《大密德拉什》（Midrash Rabbah），即对《摩西五经》和《圣著》的解释，包括《大创世记》（Genesis Rabbah）、《大出埃及记》（Exodus Rabbah）、《大利未记》（Leviticus Rabbah）、《大民数记》（Number Rabbah）、《大申命记》（Deuteronomy Rabbah），以及《大雅歌》（Song of Songs Rabbah）、《大路得记》（Ruth Rannah）、《大耶利米哀歌》（Lamentations Rabbah）、《大传道书》（Ecclesiastes Rabbah）和《大以斯帖记》（Esther Rabbah）。希伯来语词 Rabbah，字面意思是"大"（great），引申为"诠释"或"解释"，所以有人将上述诸篇译为《创世记释》《出埃及记释》，诸如此类。第二系列是《坦乎玛密德拉什》，因坦乎玛拉比（Rabbi Tanhuma bar Abba）而得名。该系列的《密德拉什》包含了大量关于弥赛亚的思考，突出了圣堂布道的特点。从这些《密德拉什》中得知，拉比们在讲解《圣经》时，运用了大量的比喻、格言、古代传说和民间故事，这种风格使得它比相对严肃的《密释纳》律法书更加引人入胜，更具文学魅力。①

---

① 参见傅有德：《犹太教》，见张志刚主编：《宗教研究指要》，北京大学出版社，2005，第 91 页。

其实，犹太教释经著述远不止上述，这里只是举其要者借以勾勒这一传统的主线罢了。犹太教释经传统的一个突出特点是有开始而无终结。大致说来，它肇始于《密释纳》，登峰造极于《塔木德》，其他著作可以说是这一传统的补充和发展。但是，时至今日，犹太教的这一释经传统仍然没有结束，仍有为数不少的拉比或学者从事诠释《圣经》的工作。犹太教的释经传统是开放的，只有开始和不断地丰富、发展和完善，永无休止之日。

二、以实玛利拉比的十三条释经规则

《塔木德》提及的拉比被称为坦拿和阿莫拉，通称为圣哲。犹太圣哲对于《圣经》的诠释并非随心所欲的主观臆断，而是遵循一定规则的。公元前1世纪，希勒尔在前人的基础上提出了释经七规则。之后，以实玛利发展为十三条规则。再后来，以利泽（R. Eliezer b. Yose ha-Gelili）又提出了三十二条规则。由于以利泽提出的三十二条属于后塔木德时代的产物，而且不完全是阐释律法性文本的，所以本章暂不论列。此外，希勒尔的七条规则虽然在《圣经》诠释中发挥过重要的作用，但它们基本上被吸收到以实玛利的十三条规则之中了。具体说来，以实玛利之十三条规则中的前两条与希勒尔的前两条规则完全相同，以实玛利的第三条相当于希勒尔的第三、四条。以实玛利的第四条至第十一条包含了希勒尔的第五条，以实玛利的第十二条等同于希勒尔的第七条，而以实玛利的第十三条则是全新的。① 下面我们所列举和介绍的是以实玛利的十三条规则，实际上，其中包括了希勒尔的七条规则。

第一条，由轻及重（Kal V'Komer）。如果用公式表述，即是：如果 A 具有 X，那么，比 A 更甚（程度更重或者数量更多）的 B 一定具有 X。例如，有经文说："义人在世上尚且受报应，何况恶人和罪人呢？"（《箴言》11：31）再如，"如果你与徒步的人同跑，尚且觉得疲倦，怎能跟马赛跑呢？你在平安稳妥之地，尚且跌倒，在约旦河边的丛林怎么办呢？"（《耶利米书》12：5）汉语中有"小巫见大巫"的说法，大巫涵盖小巫，故小巫所有者，大巫必然所有。其意思和这条规则颇为接近。

第二条，近似的表述可类比（G'zerah Shavah）。就是说，如果两段经文包含同样的短语、词或词根，那么，这两段文字所讲之律法可比，可相互解释。例如，《士师记》（13：5）和《撒母耳记》（上 1：11）都提及"不用剃刀剃头"，即都表示不剃头的男孩属于上帝。再如，经文说："以色列人要在指定的时间守逾越节，就是本月十四日，黄昏的时候，你们要在指定的时间守这节。"（《民数记》9：2-3）在另外的地方说："你们应献给我的供物，就是献给我作馨香的火祭的食物，要按着日期献给我。"（《民数记》28：2）这两处经文相似，都提到"指定的时间"或"按着日期"，意思是说：不论逾越节献祭的公羊羔，还是每天敬献的火祭，都要按照规定

---

① 参见 H. L. Stack & G. Stemberger, *Introduction to Talmud and Midrash*, Fortress Press, 1992, p. 24。

的日期献上。

第三条，个别结论的普遍适用（Binyan av mi-katuv ehad and binyan av mi-shenei khetuvim）。就是说，把从个别（一个或两个）明确无误的经文为基础得出的推断运用于所有相似的段落和情况。《出埃及记》（24：8）所说的上帝与摩西洒血立约的仪式也适用于《耶利米书》（31：31-34）所述之立约。又，《利未记》（17：13）说："有人打猎得了可以吃的禽兽，总要放尽它的血，用土掩盖。"这是一条个别律法。但是，它可以被普遍运用，即在任何情况下以色列人都要"用手掩盖血"，而不能用别的肢体，例如用脚去掩盖。再如，经文说："你进了你邻居的葡萄园，你可以随意吃饱葡萄，只是不可装在你的器皿里。你进了你邻居的麦田，你可以用手摘麦穗，只是不可在你邻居的麦田里挥动镰刀。"（《申命记》23：24-25）这是一条个别律法。但是，可以使之普遍化：不只是这里提及的"葡萄"或"麦穗"，其他任何"农作物"，都可以随意吃，但不可据为己有。

第四条，一般适用于受限的个别（Kelal u-ferat）。假如一条律法是用一般性术语表述的，接着列举的是个别的事例，那么，这条律法只适用于这些事例，而不能推广到更大范围。有经文说："你要告诉以色列人说：如果你们中间有人把供物献给耶和华，就要从牛群羊群中献家畜为供物。"（《利未记》1：2）尽管"牛群"通常包含非家养的牛，但是，这里所指的能够用做献祭供物的只是家养的牛，而不包含非家养的牛。

第五条，从个别到可扩展的一般（Perat u-khelal）。如果个别事例的列举在先，其后提出一般性范畴，那么，所列事例以外的情况应当包含其中。例如，经文说："任何争讼的案件，无论是为了牛、驴、羊或任何畜类……双方的案件就要带到审判官面前。"(《出埃及记》22：9）在这段经文中，先列举个别的畜类，后使用一般的"畜类"范畴，在此情况下，"畜类"是包含了此前所列以外的畜类的（参见 Sifra, introd. 8）。[1]

第六条，从个别到一般，再到个别（Kelal u-ferat u-khelal i attah dan ella ke-ein ha-perat）。意思是说，你只可以推演出与所列的具体事物相类似的东西。例如，《圣经》说："你可以用这银子随意买牛羊、清酒和烈酒；你心想要的，都可以买。"(《申命记》14：26）这里没有列举到的东西也可以买，但必须是如所列的食物和饮料之类（参见 Sifra, introd. 8）。这里所列举的牛羊、清酒，都是个别的，但是心中所想的食物和饮料属于一般，实际买时则又回到个别的东西。

第七条，一般与个别相辅相成（Kelal she-hu zarikh li-ferat u-ferat she-hu zarikh li-khela）。即依靠一般和个别一起列举实例，二者互相需要。例如，《申命记》(15：19）说："你的牛群羊群中所生，是头生雄性的，你都要把他分别为圣，归给耶和华你的神。"在这段经文中，某个头生雄性的（个别）包含在所有头生雄性的（一般）之中，二者结合，互为需要，相辅相成。再如，"在以色列人中，你要把所有头生的都分别为圣归我；无论是人还是牲畜，凡是头生的都是我的"(《出埃及记》13：2）。个别头生的人或畜与"凡是头生的"

---

[1] Sifra 是对《圣经·利未记》做律法性诠释的著作，属于拉比文献《密德拉什》。由于该作品在《巴勒斯坦塔木德》和《巴比伦塔木德》中经常被圣哲们所引用，所以可以反映《塔木德》中圣哲们的释经方法。

也属于个别与一般相互需要的情况。

第八条，如果一般规则中的个别事例出于特殊原因而被除外，那么，一般原则所包含的所有个别事例也都可以例外（Davar she-hayah bi-khelal ve-yaza min ha-kelal lelammed lo lelammed al azmo yaza ella lelammed al ha-kelal kullo yaza）。例如，"无论男女，是交鬼的或是行法术的，必要把他们处死，要用石头打他们"（《利未记》20：27）。在犹太教中，禁行巫术、算命是一条一般性戒律，包含了所有利用鬼神行巫术和占卜的事例。犯此禁令的刑法是用石头打死，此项惩罚适用于所有违反这条一般性禁令所涵盖的情况。① 关于禁止占卜、算命、用法术和邪术、念咒、行巫、问鬼之类，在《申命记》（18：10—14）有更详细的列举。

第九条，在具体对待一般性法则所包含的某些个别情况时，如果已被描述翔实，则宜宽不宜严（Davar she-hayah bi-khelal ve-yaza liton to'an ehad she-hu khe-inyano yaza lehakel ve-lo lehahmir）。例如，《利未记》（13：18—21）列举了人在皮肉生疮之后病情变化的各种情况，指出什么情况为洁净，什么情况为不洁净，以及《利未记》（13：24—28）关于肌肉发炎引发麻风病的情况，都讲述得十分具体、详细，这些情况都隶属于《利未记》（13：1—17）所述关于皮肤病的一般性范畴。因此，关于"第二周"（患病者被隔离七天，等祭司观察后再隔离七天，见《利未记》13：4—6 以及 13：10）的一般性规则，在这里就不适用了（参见 *Sifra* 1：2）。

第十条，在具体对待一般性法则的个别情况时，如果已

---

① 参见《塔木德》之《法院》（67b）。

被描述翔实但与一般性法则所涵盖的具体事例不同，那么，则可以既宽又严（Davar she-hayah bi-khelal ve-yaza liton to'an aher she-lo khe-inyano yaza lehakel-lehahmir）。例如，关于人的毛发和胡须受到感染的律法，在《利未记》（13∶29-37）得到了详述，但是不同于关于皮肤病的一般性律法所包含的情况，那么，对于一般性律法所提及的白毛患者要宽，即可以宣布为洁净（13∶4）；对于个别事例中提及的黄毛患者要严，即认定为不洁净（13∶30）。前者为宽，后者为严。宽严皆可适用（参见 *Sifra* 1∶3）。

第十一条，在一般性规则所含个别事例被作为特殊情况对待时，除非经文有明确规定，否则，一般性规则所述之细节也适用于此个别事例（Davar she-hayah bi-khelal ve-yaza lidon ba-davar he-hadash i attah yakhol lehahaziro li-khelalo ad she-yahazirennu ha-katuv li-khelalo be-ferush）。例如，《利未记》（14∶14）规定：麻风病人献赎愆祭时要把血涂在右耳垂、右手的大拇指和右脚的大拇指上。这样，关于赎愆祭一般性律法所规定的赎愆祭的"血要泼在祭坛的四周"（《利未记》7∶1-2），就不适用了。

第十二条，根据语境或从同一段经文中包含的推理中推演经文的含义（Davar ha-lamed me-inyano ve-davar ha-lamed mi-sofo）。从语境推断经文意思的例子如下：摩西十诫有"不可偷盗"一条（《出埃及记》20∶15），犯此罪者当受死刑，因为在同一段经文中也规定了"不可杀人，不可奸淫"，犯者皆要被处死（参见《塔木德》之 *Mekh.*，Ba-Hodesh，8，5）。从经文推理再推演出意思的例子是："我让麻风病传染到了赐给你们作产业的迦南地的房屋。"（《利未记》14∶34，译文与

《圣经》略有差异）这里的房屋只指用石头、木头、灰泥建造的房屋，因为这些材料之后的经文（14：45）中提到了（参见 Sifra, introd. 1：6）。

第十三条，两条经文矛盾时，依第三条经文为依据做决断（Shenei khetuvim ha-makhhishim zeh et zeh ad she-yavo ha-katuv ha-shelishi ve-yakhri'a beineihe）。例如：有一处经文说，上帝降临在西奈山顶（《出埃及记》19：20），另外的经文则说从天上听到上帝的声音（《申命记》4：36）。两处经文相左。在此情况下，可取第三处经文即《出埃及记》（20：19）的意思：上帝携诸天降临西奈山说话（参见 Sifra 1：7）。

除了上述以实玛利的十三条释经规则外，著名圣哲阿奇瓦（R. Akiva）的学派还提出了另外的释经方法。例如包含与排除法，其前提是：《圣经》中的每一个词都是有意义的。例如，阿奇瓦拉比认为，《申命记》（10：20）所说"你要敬畏耶和华你的神"这段话可以引申，其中包含着对于学者的敬畏。阿奇瓦还认为，如果某条经文重复地使用动词，就表示有扩充的含义。但是，以实玛利不同意阿奇瓦的方法，认为《圣经》"以人的语言说话，重复使用动词并不具有附加的含义"。① 此外，还有第一位犹太哲学家斐洛和中世纪哲学家迈蒙尼德的寓意释经法，即认为圣经文本具有表面的字义和隐含的本义，可以运用理性的阐释发掘出经文隐含的意义。对于这些烦琐复杂的释经法，这里就不赘述了。

---

① 这里所述以实玛利的十三条释经规则乃根据《犹太百科全书》（*Encyclopedia Judaica*）和《犹太教百科全书》（*The Encyclopedia of Judaism*）之"诠释学"（Hermanutics）条目和 H. L. Stack & G. Stemberger, *Introduction to Talmud and Midrash*，第 19～24 页整理而成。

三、拉比犹太教的思维方式

中国人做学问素有"我注六经"与"六经注我"之别。前者的前提是认为经文本身具有客观的、一成不变的含义，注经的目的是力求把它揭示出来，其态度是作者围绕经文转。后者对于文本采取的"为我所用"的态度，即利用已有的文献为自己的思想寻求佐证，是借助现成的文本为作者的思想服务。大致说来，前者可谓学者对于文本的态度，后者可谓思想家对于文本的态度。但是，实际上，这两种态度有时是很难分开的。同一个作者有时可能以"我注六经"为目的，而在另外的时候则采取"六经注我"的态度。综观拉比文献中犹太圣哲们的态度，可以概括为："六经注我"与"我注六经"并存，有时前者为主，后者辅之，有时则相反。但是，若从整体和本质上看，"六经注我"是主导性的，经文的含义往往取决于圣哲们的解释，成文的《托拉》是服务于口传的《托拉》的。正如著名犹太学者苟登伯格（Robert Goldenburg）所说："除非拉比权威规定什么是律法，就根本不存在真正的律法，也没有什么关于上帝意志的有用陈述。例如，《圣经》命令以色列人遵守安息日，而《塔木德》用了两大章的篇幅，多达 260 个双面对开的页码，详尽地阐释如何在事实上遵守安息日。……圣哲集体，而不是另外别人，决定着《托拉》的意义。《托拉》不再挂在'天上'，即使是天上的赐予者也不再干预对于它的解释、应用和范围的扩展。"① 可以说，拉比的基本态度是释经而不唯经。

如果我们可以从哲学、逻辑学、心理学等不同角度把思维方式区分为形象（想象）、情感、直觉、理性、具体、抽象、分析、综合、归纳、演绎、静态、动态、直线、曲折、求同、求异、非此即彼、亦此亦彼等类型，那么，我们可以把拉比犹太教表现出来的思维方式大致归为理性的、具体的、动态的、求异的、亦此亦彼的。

第一，理性的逻辑思维。拉比犹太教的文献表明，尽管犹太教的基础和前提是对上帝的信仰，但是，犹太圣哲们在诠释《摩西五经》的经文时却采取了理性的逻辑思维。这里所谓的逻辑思维，主要是指符合形式逻辑的思维。从形式逻辑来看，以实玛利之十三条规则的第一条和此后涉及个别与一般关系的第四条至第十一条规则，都明确说明（如第一条）或包含了一般概念或范畴涵盖个别事物的意思，尽管有的规则是为了表明一些特殊情况，例如第九条和第十一条。可见，犹太圣哲们对于概念的外延和内涵是有清楚认识的。其中，有的规则是为了解决经文中出现的矛盾的，例如第十三条。由此可知，圣哲们对于逻辑学的矛盾律也是有所认识的。概言之，尽管犹太人没有发明类似亚里士多德形式逻辑那样的体系，但是，圣哲们在解释《圣经》时却自觉地遵循了逻辑的规则。由此可见，希腊哲学对于犹太拉比及其释经传统是有影响的。

第二，具体的思维。犹太圣哲们运用理性对经文做逻辑

---

① Preface of *The Talmud: Selected Writings*, New York, Paulist Press, 1989, p. 5.

的分析和诠释，其目的不是为了建立一个概念的体系，也不是为了从个别的事例中发现一般性的原理，而是为了解决具体的问题，即为了合理地解释某段具体的经文或引发出指导实际生活的律法或道德训诫。在阐述十三条释经规则的时候，我们都列举了每条规则相应的具体经文。犹太圣哲们的具体思维不仅体现在上述释经规则的目的上，而且贯穿在全部的拉比文献——《塔木德》、《密德拉什》以及《密释纳补》——之中。圣哲们提出的问题是具体的，回答也是具体的，援引的根据也是具体的。例如，《密释纳》第一卷开宗明义提出一个具体问题，即晚间什么时刻背诵"听祷文"；圣哲们对于问题的回答也是具体的，例如以利泽拉比回答说"直到一更天结束"，不止一个拉比说"直到午夜"，拉班迦玛列则说"可以到黎明"。夏迈学派认为，晚上诵读"听祷文"应该"躺着"，早上诵读则是应该"站立"，因为《申命记》（6：7）说："或躺下，或起来的时候"。希勒尔学派则说，每个人都可按照自己的方式背诵，因为经上也说：无论你坐在家里，或行在路上。（《申命记》6：7）犹太圣哲的这种思维方式或可叫作"具体的思维"，它是与"抽象的思维"对立的。这也就是说，犹太教的拉比们是反对抽象的思维的。尽管有人会说，犹太圣哲提出七条或十三条释经规则，本身就表明他们是在进行抽象。虽然这样的反驳不是毫无道理，但是，从他们的释经规则的目的以及《塔木德》文本看来，圣哲们没有从个别事例抽象出一般的概念和原理，然后又离开具体的事例而在概念的范围内做抽象的分析和推论。圣哲们本身不是哲学家，他们的目的是诠释经文，为了解决犹太人社会和家庭实际生活中遇到的具体问题。因此，不尚抽象的思维，提倡具体的思维，也可以看作是犹太圣哲们的思维方式之一。

第三，动态的思维。犹太圣哲们的评注往往先从一个问题开始，在展开讨论的过程中逐渐过渡到相关的另一个问题，然后接着论争，进一步展开思想，使辩论渐趋深入或提升到更高的层面。在《塔木德》中，圣哲们的追问和论争不局限于或停留在某一个问题上，而是从一个问题转移到另外一个问题，往往是问题接着问题，论争一波未平，又起一波，高潮不断。还有，这样的问题和论争的转换不是直线型的，如从正题到反题，再到合题，而是曲折变化的，是蜿蜒起伏的思想之流。例如，《塔木德》开篇提出的问题是晚上声明时刻背诵"听祷文"，在拉比们给出不同回答和争论后接着转入背诵"听祷文"时的姿态——站立或躺着，后来又过渡到背诵"听祷文"之前和之后应该背诵哪几段祷文，这样一直连续下去。著名犹太学者纽斯诺（Jacob Neusner）称之为"辩证的论证"（dialectical argument）①。这种辩证的或动态的思维表明，犹太圣哲们思路开阔、论证细致入微且富有连贯性，有利于问题的探讨拓展。

第四，求异的思维。就是说，圣哲们在提出问题后不拘泥于某一个答案和评论，而总是提出另外不同的意见，其他的圣哲也都各抒己见，而且往往据理力争，互不相让。在《塔木德》中，可以说没有一个问题只有一种回答，一种意见。更有甚者，在《塔木德》中，不仅对于同一个问题有多种不同的答案，而且都可以为真，都具有律法的效力。就圣哲们从不满足已经给出的答案，总是想方设法寻求不同的回

---

① Jacob Neusner, *Introduction to Rabbinic Literature*, pp. 74ff.

答而言，可以说他们实行的是一种求异的思维方式；就其平等论争，承认各种意见的价值而言，是一种多元的思维方式，有人称之为"平行逻辑"。这种求异思维和平行逻辑不仅反映了犹太人勇于探求的精神、多元的思维，而且表现出对于不同意见的包容心态，对于论著对手的平等态度和彼此间的相互尊重。

第五，诉诸权威，但不盲从。《塔木德》以及其他拉比文献乃是对于《圣经》的直接或间接的诠释，所以，圣哲们在诠释的过程中自然离不开《圣经》。圣哲们在提出问题和回答问题时，往往引经据典，试图借助《圣经》的权威佐证和加强自己的观点。在圣经时代之后，诉诸《圣经》，以经文为根据解释《圣经》或者回答现实生活中的问题，可以说已经成为犹太拉比们的思维定式和习惯。拉比们无不谙熟《圣经》文本，所以，在解读《圣经》或回答问题时都可以信手拈来适当的经文，以加强论证的力度和权威性。但是，圣哲们又不盲从《圣经》的权威，他们在坚持犹太教基本信仰的同时，也借助理性对经文进行深入细致的分析，上面列举的十三条释经规则充分表明了这一点。圣哲们不拘泥于一处经文，往往找出意思不同或相反的别的经文，或者第三处经文（见第十三条释经规则），以确定对于经文的正确理解。即便对于同一处经文，他们也可以根据辞源学或语境的分析得出不同的解释。总之，圣哲们在诉诸《圣经》权威的同时，也诉诸理性，用理性解读《圣经》，利用理性为自己的观点辩护或论证。他们诉诸《圣经》的权威，以表明自己的观点"持之有故"，他们借助具体的语境或理性的分析和推论，使自己的观点"言之成理"。他们诉诸《圣经》，使自己的观点不致成为

"无源之水，无本之木"，他们诉诸理性，使他们对经文的解释和问题的回答丰富多彩，各有千秋。可以说，诉诸权威，又不盲目服从权威是犹太教拉比们惯用的思维方式。莱维纳斯说："《塔木德》的学者们表面上寻章摘句，孜孜以求，搞得过于烦琐，然而远远不是经院式的操作。参考经文的目的不是为了借助其权威——如某些急于下结论的才子们所思想的那样——而是求助于能够引起讨论，能意识到所提炼资料的真正价值的上下文。将一种观念移到另一种氛围——其原初的氛围——从中提取出一些新的可能。各种观念不是由一种概念化的方法来确定，概念化会窒息许多在注视现实的目光下跳动的思想火花。我过去在这里已经讲过另一种方法，此种方法在于尊重这些可能，我把这种方法称作范例方法：各种观念与提出观念然而与确定观念的典范是分不开的。"①

下面援引《塔木德》中的一段《密释纳》经文和圣哲们的注解与疏义——《革玛拉》，借以进一步阐释犹太先哲们的思维方式。

《密释纳》之《祝福》（9：5）这样写道：

> 一个人有义务因为善也因为恶而赞美上帝。《圣经》曰："你要全心、全性、全力爱耶和华你的神。"（《申命记》6：5）"全心"指两种冲动，既指善的冲动，也指恶的冲动。"全性"指即便上帝取你的性命（也在所不惜），"全力"指倾你一切资产：不管上帝分配给你什么。

---

① 莱维纳斯：《塔木德四讲》，关宝艳译，商务印书馆，2002，第26～27页。

紧接着是圣哲们的如下诠释：

"一个人有义务因为善也因为恶而赞美上帝"是什么意思？是否意味着：因为善而诵读赞美上帝的祝词，就说："上帝是善者，而且赐人以善"；当由于恶而赞美上帝时，也说："上帝是善者，而且赐人以善"。这两者是一样的吗？我们通过研习而知，一个人因为好消息而赞美上帝时说："上帝是善者而且赐人以善"；但是，当由于坏消息而赞美上帝时，他就会说："公正的法官是当被称颂的"。拉瓦（Rava）说，真正的意思是：无论发生什么事情，人都应该欣然受之。拉比阿巴（Abba）以拉比列维（Levi）的名义说：从哪段经文可以推出这样的意思呢？从下面的经文："我要歌唱慈爱和公正；耶和华啊！我要向你歌颂。"（《诗篇》101：1）不管我是否被赐予了慈爱，我都要歌颂；不管我是否被公平地判决，我都要歌颂。拉比撒姆耳·本·纳玛尼（Samuel B. Nahmani）说，这样的意思是从下面这段经文推出来的："靠着神，我要赞美他的话；靠着耶和华，我要赞美他的话。"（《诗篇》56：11）① 在这里，"靠着神，我要赞美他的话"这句经文指好的神赐；"靠着耶和华，我要赞美他的话"一句指的是苦难的赐予。拉比坦胡（Tanhum）说，我们是从下面的话推出这样的意思的："我要举起拯救的杯，颂扬耶和华的名。遭遇患难和愁苦时，我呼求耶和华的名。"（《诗篇》116：13，3，4；汉语译文有改动）圣哲们是根据下面的经文推出来的："赏赐的是耶和华，收回的

---

① 汉译《圣经》为《诗篇》（56：10）。

也是耶和华；耶和华的名是当永被称颂的。"(《约伯记》1：21，汉语译文有改动)①

《圣经·申命记》(6：5)只说："你要尽心、尽性、尽力爱耶和华你的神。"没有明确爱上帝是否有条件，也没有说明"尽心"、"尽性"和"尽力"是什么意思。上述《密释纳》则明确说，一个人的境遇不论好坏，都必须爱上帝。"尽心"、"尽性"和"尽力"的意思分别指"善恶两种冲动"、"不惜生命"和"不惜所有财产"。《革玛拉》首先提出问题，然后得出一个结论：人应该欣然接受好的处境和不好的处境，在任何条件下都要赞美上帝。接着，文本列出了不同的拉比关于这个解释所由以得出的不同根据。从上述引文可见，犹太圣哲们的问答都是围绕《圣经》经文展开的，其目的是诠释《申命记》(6：5)里的经文，其主要手段也是援引《圣经》的文本，如引用了《诗篇》的多处和《约伯记》的一处。可谓诉诸《圣经》的权威。但是，拉比们又不限于《圣经》，而可以借题发挥，给出超越经文之外的寓意。如说什么"尽心"即是善恶两种冲动，"尽性"指不惜献出生命，"尽力"意味着倾尽所有财产。拉比们各抒己见，意见不一，但并非舍此取彼，而是平行存在，并行不悖，彰显了求异思维和平行逻辑。即便是最权威的拉比，也没有"钦定"大法，搞舆论一律。拉比们的讨论始终围绕具体的经文，不做概念的抽象，可谓具体的思维。总之，从上述《塔木德》片段中，我们可以窥见拉比犹太教所体现的别具一格的思维方式。

尤其值得人们注意的是，《塔木德》中圣哲们的释经方式

---

① *The Talmud: Selected Writings*, Paulist Press, 1971, p. 79.

和思维方式对于犹太人的思维方式产生了极大影响。圣经时代以后,《塔木德》是犹太人的法典和生活指南。以学习和研究《塔木德》为宗旨的经学院大量存在,使《塔木德》的传统得以继承和光大。在家庭,犹太人儿童在父亲的指导下学习《塔木德》;在安息日,犹太成年人和孩子们在圣堂一起学习《塔木德》;不论男女老幼,人们在实际生活中履行《塔木德》的律法。在漫长的岁月里,经过无休止的灌输和潜移默化的浸润,《塔木德》的思维方式逐渐化为全体犹太人的思维方式,而这样的思维方式又表现在他们的学习、工作和日常生活中。常言说:"两个犹太人,三种意见。"他们习惯于提出问题,勇于论争,善于发表不同意见,善于引经据典,鞭辟入里地从事学术和科学探究。如果在学习和生活中没有问题,如果有问题而没有论争,没有不同的答案、观点以及不同的根据,对于犹太人来说简直是不可思议的。自古至今,犹太民族英才辈出,智者如林,以至世人无不称道犹太人卓尔不凡的智慧。从上面的阐述和分析,我们即可发现,犹太人之所以特别有智慧,其根源在于拉比犹太教,尤其在于《塔木德》,在于《塔木德》中形成的独特的思维方式,在于它已经成为全体犹太人的思维方式。

四、上帝的存在和属性

由于希腊哲学或多或少的影响,拉比文献中理性主义的成分较圣经时代明显增强了。如果说《圣经》中没有上帝存在的证明,那么在拉比文献中则若明若暗地包含了这样的证明。拉比文献《密德拉什》的一篇包含了两则有关亚伯拉罕推论出上帝存在的传说。其一是说，亚伯拉罕被父亲带去面见宁录（Nimrod）国王。由于亚伯拉罕不崇拜偶像，国王就让他崇拜火。亚伯拉罕说：他宁愿崇拜那个灭火的水，于是，国王允许他崇拜水。他又说：他宁愿崇拜那个携带水的云，国王就让他崇拜云。亚伯拉罕又说：他宁愿崇拜能吹散云的风，国王又说他可以崇拜风。亚伯拉罕又说：我们宁愿崇拜能携带风的人，即上帝。这样，亚伯拉罕就从个别的事实出发，逐渐上升到最高的造物主。另一个传说如下：亚伯拉罕出生前有人曾预言，有个即将出世的孩子将来要推翻宁录的王朝，并建议国王杀死这个孩子。因此之故，亚伯拉罕出生后在保姆的陪伴下隐藏在一个山洞达三年之久。离开山洞时，亚伯拉罕决心崇拜所有发光体直到能发现哪个是上帝。当他看到群星簇拥的月亮能够照亮黑夜，而且能够从世界的一端移动到另一端时，就认定月亮为上帝，并整夜崇拜月亮。清晨，太阳喷薄而出，月亮变得暗淡无光。于是他说：月光移动来自太阳，宇宙只在阳光中存在。于是，他开始认太阳为上帝，整个白天都崇拜太阳。夜幕降临，太阳落下了地平线，日光渐渐逝去，月亮又赫然在目。这日月交替变化，使亚伯拉罕得出结论：所有这一切必定有一个主宰和上帝。① 如果从概念出发推出上帝存在的证明为先验的证明，而从经验世界的事实出发推出上帝存在为后验的证明，那么，显而易见，《密德拉什》中的这两则故事都属于后者，即从经验事实出发

---

① 参见亚伯拉罕·柯恩：《大众塔木德》，盖逊译，山东大学出版社，1998，第1~2页。

的关于上帝存在的后验证明。犹太拉比不尚抽象概念，当然也不会像安瑟尔谟、笛卡儿那样去先验地证明上帝。按照《密德拉什》所描述的亚伯拉罕的思路，宇宙万物中有一至高无上的存在，他就是上帝，是最终的造物主。不仅如此，上帝的创造不是一劳永逸的，反之，他持续不断地创造。因其持续的创造，世界才得以连续的存在。

在拉比犹太教那里，上帝不仅是造物主，还是世界秩序的赋予者、人类的立法者、人类行为的监督者和审判者。宇宙万物运行有序，根源于上帝。孝敬父母、不杀人、不偷盗、不奸淫、不做假见证、不见财起意等基本的道德法则，是上帝赐予人的。上帝不仅时时处处监督人们的日常行为，而且还是最后的审判者。如《密释纳·先贤》所说："明白在你之上，有眼在看，有耳在听，你的一切行为都记录在案。"[1] 犹太教拉比们反对偶像崇拜者，因为他们视偶像为神灵，而且承认多神的存在。犹太教拉比们更反对无神论，因为无神论者不相信律法的神圣根源，他们眼里"既无裁判，也无最高审判者"，属于"世界上最可恨的人"[2]。

拉比犹太教试图克服《圣经》中存在的多神教痕迹，捍卫和坚持彻底的一神教。针对早期基督徒认为犹太教《圣经》中有"三位一体"的观念，拉比们说："我们来看看历史吧。因为经文上写着，'你且考察在你以前的世代，自神造人在世以来'（《申命记》4：32）。'造'字这一动词在文中不是复数形式，而是单数，所有其主语也就是单数。这一答复也适用

---

[1] 《密释纳》之《先贤》篇，音译为《阿伯特》。此文引自《阿伯特——犹太智慧书》，中国社会科学出版社，1996，第25页。

[2] 亚伯拉罕·柯恩：《大众塔木德》，第4页。

于《创世记》第一章第一节。"意思是说,《圣经》中虽然有的地方提及神时使用了复数形式,如《申命记》(4:32)和《创世记》(1:1),但是,复数用于神时实际上是单数,因为其后的动词是第三人称单数形式。因此,不能以主语的复数形式断言神是复数的。在解释《创世记》(1:26)"我们要照着我们的形象,按着我们的样式造人"一句经文时,拉比希姆莱说:"请往下看,经文上写的不是'神就照着他们的形象造人',而是'神就照着自己的形象造人'。"虽然文中使用了复数的"我们",但是"我们"实际上指上帝"自己",而不包含多神的意思。因此,这里仍然坚持了一神教。另外,《圣经》中有"耶和华,万神之神,耶和华,万神之神,他是知道的"这样的说法。拉比的回答是:虽然经文中有耶和华和万神之神等不同的说法,但是,"上面写的不是'他们是知道的',而是'他是知道的'"。"他"指的是单一的上帝,"耶和华""万神之神"不过是唯一神的不同称谓罢了。① 在犹太教中,上帝具有许多不同的名称,如 YHWH,El,Elohim,Zebaoth,El Shadai,Shechinah,Tetragrammaton,等等,但是,它们不过是人们在不同场合下使用的上帝的名字,所指的不是多个上帝,而仍然是那唯一的上帝。

关于上帝的属性,拉比文献提及了许多。主要有:

(1)非物质性。上帝不是物质性的存在,所以没有形体。从字面上看,《圣经》中有多处关于上帝形体的描述,尤其是上帝被拟人化,带有明显的神人同形同性的特征。但是,拉比时代的犹太教,或许是由于受到希腊理性哲学的影响,开

---

① 参见亚伯拉罕·柯恩:《大众塔木德》,第6~7页。

始否认神的形体性和拟人特征。对于《圣经》中有关的段落，拉比们的解释是："我们从他（上帝）创造的生物身上借用一些名称用在他的身上，目的是为了帮助人们理解。""赋予神以人的品质和特征，使其人格化，从而让人更容易接近上帝。"[①]

（2）无所不在。有限的存在占据有限的空间，上帝没有形体，是无限的，所以不占据空间但无处不在。拉比们引用《圣经》的话语证明这一点：上帝的"荣耀在天地之上"同时存在；"我岂不充满天地吗？"（《诗篇》和《耶利米书》的《密德拉什》）

（3）无所不能。拉比们用各种类比、比喻和陈述的语句表述上帝的万能。"主啊，我们的上帝，宇宙的主宰。你的力量充盈了世界。""一切都在神力之内，除了对神的惧怕之外。"人只能一次做一件事情，而上帝则能够同时做他想做的一切，如同时说出十诫，同时倾听全世界所有人的呼唤。

（4）无所不知。有拉比说："神圣的主在冥冥中感知万物。虽则千人千面，万人万心，但上帝对众人的心了如指掌。"还说："在上帝面前，一切都显现，上帝无所不知。"上帝不仅知道已经发生和正在发生的事情，而且预知未来。"万事均被预知"（《先贤》3：19）。"上帝知晓未来"（《法庭》90b）。

（5）永恒。就是说，上帝的存在没有时间意义。他既是第一，也是最后，世界上的一切都消失的时候，上帝仍然绵延不止。"万物俱腐烂，唯你却不朽"（《大利未记》19：2）。

---

① 亚伯拉罕·柯恩：《大众塔木德》，第 8、9 页。参见 Solomon, Schechter, *Aspects of Rabbinic Theology: Major Concepts of the Talmud*, Hendrickson Publishers Inc., 1998, pp. 36-37。

（6）既公正又仁慈。上帝的审判永远是公正的。《密释纳·先贤》有这样的话："上帝绝不偏心，绝不遗忘，绝不势利，绝不受贿。"同时，拉比们强调，上帝不仅是一个公正的法官，还是仁慈的父亲。"Elohim"译为上帝，指他奖惩分明的审判方面；YHWH，被译为耶和华或主，是就神的仁慈而言的。公正和仁慈是不可偏废的两面："假如我只用仁慈创造世界，邪恶便会无节制地衍生；假如我只用正义创造世界，它又如何能延续？注意，创造这世界我要恩威并施，以期它能够长存！"（《大创世记》12：15）①

关于神的存在和属性，拉比犹太教继承了圣经犹太教的基本观念，上帝是世界和万物产生的最终原因，同时也是可亲、可近、可崇拜的人格神。虽然上帝的以上属性都在《圣经》中有所表述或暗示，但它们在拉比文献中得以凸显，尤其是关于上帝的公正与仁慈属性，《塔木德》强调了两者俱在，显然比《圣经》更全面。

五、上帝与世界

如果说哲学起源于人的好奇心，即追根求源的认知本性，那么，宗教则源于人的信仰，它反对刨根问底的认知理性，而抱定信仰并付诸日常的行为。因此，作为拉比犹太教典籍的《塔木德》和《密德拉什》，并没有像哲学著作那样系统阐

---

① 上述关于上帝属性的阐述主要参考了亚伯拉罕·柯恩：《大众塔木德》，第1~30页。

述上帝和宇宙的关系。尽管如此，我们还是可以看出拉比文献中有关上帝和宇宙的关系的见解。

上帝借助于《托拉》创造了世界。《箴言》说："在耶和华创造的开始，在太初创造一切以先，就有了我（智慧——引者注）。在亘古，在太初，在未有大地之前，我已经被立。"（8：22—23）据此，圣哲们推知，智慧是上帝最先创造的，它先于万物的被造。而智慧就是《托拉》。上帝创造智慧或《托拉》是有目的的，这就是为创造世界提供原型或蓝图。一则《密德拉什》说："《托拉》说，我是神圣上帝的建筑工具。世俗的国王营造宫阙时，他并不是依照自己的想法而是根据建筑师的构思去施工。……同样，上帝借助于《托拉》，并据此创造了宇宙。"（《大创世记》1：1）

上帝从虚无中创造了世界。《圣经·创世记》开篇谈及世界创造时使用了"混沌""水""风"之类的字眼，还说什么"渊面黑暗"。据此，熟悉希腊哲学的人认为，犹太教的上帝是借用这些早已存在的"质料"创造世界的。换言之，在他们看来，有些元素在世界之先存在，世界不是从虚无中创造出来的。圣哲们则引经据典予以反驳：混沌与虚空、光与黑暗、水、风、深渊，等等，都是上帝创造的，有《诗篇》为证：耶和华"一吩咐便都造成"（148：5）。还有，耶和华"造了山，创造了风"（参见《阿摩司书》4：13）。圣哲们不厌其烦地详细描述："第一天，创造了10样东西，即天与地、混沌与空虚、光明与黑暗、风与水、昼与夜"（Chag. 12）。一切存在，包括智慧和元素，都源于上帝的造化。因此，上帝是"从虚无中创世"，而不是从已有中创世。这既是对哲学家意见的反驳，也是对《圣经》之"从虚无创世"理论的进一步明确、强调和补充。

当然，拉比文献不是严谨的哲学著作，圣哲们是用故事或比喻表述其观点的，而且对于这些物质元素的产生顺序、本质、作用等，也是各抒己见，观点不一。例如，关于创造的过程和次序，希勒尔和夏迈两派虽然都承认天、地、水是创世的三元素，其他物种均从它们衍生而来，但是在创造的次序上却各持己见。希勒尔派认为地创生于第一天。它等待了三天——第一天、第二天和第三天——然后生出了三个物种，即树木、牧草和伊甸园。天创生于第二天，并且等待了三天——第二天、第三天和第四天——然后生出了三个物种，即太阳、月亮和星辰。水创生于第三天，并且等待了三天——第三天、第四天和第五天——然后生出了三个物种，即鱼、鸟和海兽。拉比阿扎利亚（Azariah）对此持有异议，并依据下面这句经文进行了争辩，"在耶和华神造天地的日子"（《创世记》2：4），有两件东西是基本元素（即天和地）。它们分别等待了三天，第四天它们的工作便完成了。天是先创造出来的，这与夏迈学派的观点一致。"它等待了三天——第一天、第二天和第三天——然后其工作于第四天完成。它完成的作品是什么呢？太空的天体。地创造于第三天，并产生了其最初的产品。它等待了三天——第三天、第四天和第五天——然后其工作于第六天完成。它完成的作品是什么呢？人。"（《大创世记》12：5）虽然圣哲们观点不一，有一点则是共同的，即都认为三元素和万物不是原本就有的，而是上帝创造的，从而加强了上帝从虚无创世的论证。

上帝与宇宙的关系，除了创造与被造之外，还有超越与内在的关系。说上帝是超越的，是指它超越于宇宙万物之上，超越于人的感觉经验之外。上帝创造万物，但区别于万物，没有什么事物可以与上帝并驾齐驱。关于这一点，某拉比在解释《出埃及记》中的"摩西之歌"时说："兽中之王是狮子，家畜之王是牛，鸟中之王是鹰，人高居于它们之上，而神圣的上帝则凌驾于他们全部乃至宇宙之上。"（Chag. 13b）[1] 包括人在内的世间万物，和他的造物主有着本质的区别。上帝是非物质的，因而不占有空间，无形无相可见，所谓"大象无形"。在这个意义上，上帝是超验的。

上帝虽然至高无上，与万物和人有本质的区别。但是，他又内在于世界和人类之中，是"内在的"。关于上帝的内在性，圣哲们在《塔木德》中有形形色色的表述。有拉比说："神圣的主似乎遥远，但其实却是很近。""无论上帝是多么高远，人只要走进圣堂去，立于柱子的后面，并低声祈祷，神圣的主就会倾听他的祈祷。还能有比这更近的神吗？上帝距万物犹如到耳朵的距离。"[2]

希伯来语中有 shechinah 一词，音译为"舍金纳"，字面意义为"居所"，指的是"临在的上帝"，即存在于日月山川、城市、乡村、学校、圣堂、街道、家庭、人与人之间的上帝。由于上帝内在于世界和人群，和人亲近密切，所以才得以倾听人的祷告和呼求，才能够成为人们敬拜的对象。纯粹超越的上帝，很可能成为宇宙万物的形而上的根据，成为哲学理性思考的对象，而不能成为信徒们对之倾吐心声和顶礼膜拜的上帝。尽管上帝无处不在，但在神圣的场所里，人们更易

---

[1] 亚伯拉罕·柯恩：《大众塔木德》，第48页。
[2] 同上。

于和他接近。例如，在圣经时代的圣殿里，在拉比时代的圣堂里，以及人们读经的地方，上帝就在人们中间。有拉比说："无论正直的人去往何处，舍金纳与他同往。"（《大创世记》86：6）①

六、人的善恶本性

人和人性，是拉比犹太教热衷讨论的话题。虽然《圣经》中也包含了有关善恶本性的端倪，但是，比之拉比犹太教，前者在内容的丰富性和系统性方面可就大为逊色了。

如果我们可以用一句话概括早期犹太拉比的人论，那就是"一半是天使，一半是野兽"。有拉比说："上帝创世之时，他在第二天创造了天使，其天性是行善，绝无犯罪的能力。在后来几天里，他创造了只具有动物欲望的野兽。但是，上帝不喜欢这两个极端。他说：'天使遵从我的意志，仅仅是因为他们没有能力反其道而行之。因此，我将造人，使之成为天使和野兽的结合，或行善，或作恶，皆可能之。'"② 人的恶行将其地位降至野兽之下，而尊贵的向往则使之高过天使。还有圣哲说得更为具体："人类在四个方面像上面的生灵，在四个方面像下面的生灵。与动物一样，人吃、喝、繁衍、解脱并死亡；与侍奉天使一样，人能站立、会语言、有智慧、

---

① 亚伯拉罕·柯恩：《大众塔木德》，第 50~51 页。
② Solomon, Schechter, *Aspects of Rabbinic Theology: Major Concepts of the Talmud*, pp. 81–82.

看得见。"① 要言之，人是介于天使和野兽之间的善恶结合体。他可以像天使一样善良和高贵，也可以像野兽一样低俗和卑贱。

拉比犹太教还从善冲动与恶冲动两个方面诠释人的本性和人之善恶品行的根源。在圣哲们看来，就每一个人的品性而言，没有纯粹的善，也没有纯粹的恶。人人皆是善恶俱在的存在物。圣哲们从《圣经》中找到了语言上的根据："《圣经》上'神用地上的尘土造人'（《创世记》2：7）这一句中的'wajjitzer'（神创造）一词中有两个'j'字母，这是为什么呢？神圣的上帝创造了两种冲动，一种是善的，一种是恶的。"（Ber. 61a）在希伯来语中，jetzer 是"冲动"，因此，两个 j 被认为是指"善冲动"（jetzer tov）和"恶冲动"（jetzer hara）。② 这段话表明，人之初，既非单纯的"性本善"，也非单纯的"性本恶"。就其潜在本性而言，是善恶俱在的。而且，不论是善冲动，还是恶冲动，都来源于上帝的创造，因而属于天性。善冲动决定人的善行，恶冲动决定人的恶行。具体行为的善与恶取决于哪种冲动占据了上风。"善的冲动决定人正直，如《圣经》所说，'我内心受伤'（《诗篇》109：22）。恶的冲动决定人邪恶，如《圣经》所说，'恶人的罪过在他心里说：我眼中不怕神'（《诗篇》36：1）。两种冲动决定人善恶参半。"（Ber. 61b）③ 虽然人在本性上善恶参半，但一个人的行为则时而表现为善，时而表现为恶，这是因为有时善冲动占上风，有时恶冲动占上风。在前者的情况下，善冲动支配人的行为，使之行善，在后者的情况下，恶冲动主

---

① 亚伯拉罕·柯恩：《大众塔木德》，第79页。
② 参见上书，第101页。
③ 同上书，第101～102页。

导人，使之为恶。有的拉比根据善恶冲动的多寡把人分成三类："首先是义人，善的冲动主导他们（且忏悔其罪）。其次是恶人，他们被恶冲动所主宰（且从不忏悔）。第三是中间层次的人，他们时而被这一冲动控制，时而被另一冲动驱使。（他们有时忏悔，有时做不到。）"① 有拉比还提到，那被恶冲动所主宰以致不敬神的人，是最可怕的。"不要害怕官员和统治者，但要害怕那不畏天的人。"②

有的拉比在诠释《传道书》的经文时引申出这样一种观点：恶的本性比善的本性在一个人身上表现得更早。意思是说，恶的冲动是人类与生俱有的，而善的冲动则是人到成年时才表现出来。《密德拉什》中有这么一段话："恶的冲动比善的冲动年长 13 岁。孩子从母体一出生它就存在了；它与人一起长大并陪伴人的一生。它开始亵渎安息日，杀人并且堕落，但是人（体内）却无力抵御它。过了 13 年之后，善的冲动降生了。如果恶再亵渎安息日，善的冲动便警示他，'废物！《圣经》上说，凡干犯这日的，必要把他治死'（《出埃及记》31∶14）。如果他意欲杀人，善的冲动便警示他，'废物！《圣经》上说，凡流人血的也必被人所流'（《创世记》9∶6）。"③ 由此可以看出，善的显现是与人的理性能力和道德意识相伴随的。人到 13 岁以后，即犹太男孩在举行成年礼之后，理性能力基本成熟，开始具有分辨善恶的能力，于是善的冲动才发挥作用，才有能力警示和遏制邪恶欲念和行为。

---

① *The Talmudic Anthology*, ed. by Louis I. Newman in collaboration with Samuel Spitz, New York, Beherman House Inc., 1945, p. 118.
② Ibid., p. 112.
③ 亚伯拉罕·柯恩：《大众塔木德》，第 102～103 页。

《圣经》中有这样一句："神看着一切所造的都甚好。"(《创世记》1：31)"一切所造的"当然既包括善的，也包括恶的。意思是说，善的东西与恶的东西在神的眼里其实都是好（善）的。善的固然是好的，恶的也不是完全恶的，因为恶归根到底也是上帝创造的，也是世界的重要组成部分，其本质也是善的。就人而言，善的冲动叫人行善事，恶的冲动叫人作恶事，例如性冲动和性行为，是典型的恶的东西。但是，它们又不是完全恶的，一方面因为它们源于上帝，另一方面因为是人的存在和繁衍所必需的。《密德拉什》中的下面这段话就表明了上述意思："有人问：'难道邪恶冲动也甚好吗？'其回答是：'倘若没有这种冲动，人便不会建房舍，娶妻室，生儿女，干事业了。'"(《大创世记》9：7)[1] 可见，恶是有功劳的，正是因为它的缘故，人和社会才得以存在和发展。许多世纪后，德国哲学家黑格尔在谈及恶时，说恶是社会发展的动力，这个观点倒像是从犹太教的拉比那里学来的。

恶的事情之所以被看作是恶的，是从与人相关的道德意义上说的。这一点可以从个别拉比所给的定义中看出："什么是善冲动？洁净的、可允许的、适当的即是。什么是恶冲动？那不洁、被禁止的、不道德的即是。"（Zohar，I，27b）[2] 如果抛开人和事物与人的关系，仅仅从事物的存在本身看，善的和恶的都可以是"甚好"的。

恶虽然从某种意义上说不是纯粹的恶，但毕竟区别于善。而且，在每个人那里，恶冲动的力量很强大，经常控制人的

---

[1] 亚伯拉罕·柯恩：《大众塔木德》，第104页，参见 *The Talmudic Anthology*，p. 118。
[2] *The Talmudic Anthology*，p. 116.

言行，而善的力量却贫乏弱小。① 所以，就有一个遏制恶冲动的问题。那么，怎样克服恶的冲动？首先是用善冲动去征服它，使善的力量压倒恶的力量。有人甚至认为善是人之为人的本质，如神秘主义经典《佐哈》中所说的："征服冲动者才是人。"② 其次是依靠学习《托拉》，再就是祷告和反省。说到底，是用理性和意志的力量去克服恶的欲望。有圣哲说："人须时常以善的冲动去抵御恶的冲动，如果人能够征服它，很好；如不能，人应潜心研习《托拉》。如果这样能使他获胜，很好；如不能，应让他诵读晚上的祷告。如果他征服了它，很好；如没有，就让他在死去之日作为反省。"（Ber. 5a）还有，"上帝对以色列人说，孩子们，我创造了邪恶冲动，我也创造了《托拉》去制服它；如果你们潜心研习《托拉》，你们就不会受其所困"（Kid. 30b）。"假如这一可恶的东西遇见你们，要把他拖到《圣经》研习所去。"（同上）"幸运的以色列人！在他们研习《托拉》和从事善举时，他们扼制住了邪恶冲动，而未被邪恶冲动所扼制。"（A. Z. 5b）③ "恶冲动无所畏惧，只怕《托拉》里的话。"（Zohar, v, 268a）④ 克服邪恶的力量源于善的力量，而《托拉》则是善的力量源泉。

七、命定、自由与罪责

与善恶冲动同属本性层面的还有人的自由意志。所谓自

---

① *The Talmudic Anthology*, p. 115.
② Ibid., p. 116.
③ 亚伯拉罕·柯恩：《大众塔木德》，第105~106页。
④ *The Talmudic Anthology*, p. 115.

由意志，指的是人与生俱来的选择能力或力量。《圣经·创世记》第二章谈及上帝创造了亚当和夏娃，让他们居住在"最适合人类居住"的伊甸园里，并告诫他们不得吃知善恶之树和生命之树上的果子。然而，他们却听信蛇言，偷吃了智慧之果，违反了上帝的禁令，结果被逐出了伊甸园。这则故事表明，人有自由意志，具备选择的能力。人的自由意志是与生俱来的能力，因此，归根到底也是上帝赐予的。

《申命记》（11：26）先说"我今日将祝福与诅咒的话都陈明在你们面前"，后面又说"我今日将生与福，死与祸，陈明在你面前"（30：15）。《密德拉什》在诠释这几句话时表示：上帝之所以在前面说过后还重复类似的话，是担心以色列人会借口有自由的选择而可以走自己喜欢的路，所以接着说"你要拣选生命，使你和你的后裔都得存活"（《申命记》30：19）。但是，亚当没有听从上帝的旨意，结果选择了死亡，尽管不是当下的死亡。"无所不在的上帝将两条路摆在他的面前——生路和死路；但他却为自己选择了后者。"（《大创世记》21：5）人的选择是自由的，犹如置身交叉路口，面对不同的道路，何去何从皆由自己抉择。人可以选择行善而成为善人，也可以选择为恶而成为恶人。由于选择是自己做的，所以，其行为或后果也须自我负责。

尽管人有选择的自由，但犹太教圣哲们并没有说上帝对于人不起决定作用，事实上，他们在这一点上基本上秉承了《圣经》的决定论思想，只是在道德方面有所变通。《塔木德》中记载了下面的话："受命负责孕育之事的天使是赖拉（Lailah）。他取了一滴精液放在上帝面前，问上帝说：'宇宙的君主啊，让这一滴精液变成什么呢？是让它成为一个强者呢，还是弱者呢？是成为智者呢，还是愚者呢？是成为富者呢，还是穷者呢？'但是没有提及是成为恶者还是善者。"（Nid. 16b）还说："一切都在上天手中，除了对上天的惧怕之外。"（Ber. 33b）① 人之受孕、出生以及成长为何等样人都是上帝决定的。但是，由于上帝赋予人以自由意志，所以，人在道德行为方面，包括是否敬畏上帝，是有选择自由的。

既然人的本性包含恶的冲动，所以，尽管善的冲动可以克服恶的冲动，但是，人一生中并非总是能够以善制恶，当恶无法被驾驭或控制的时候，人就会犯错误或罪恶。正如有的圣哲引用《传道书》的话所说："时常行善而不犯罪的义人，世上实在没有。"（《传道书》7：20）还有的说："假如上帝对亚伯拉罕、以撒、雅各进行评判的话，他们也经不住上帝的指责。"（Arach. 17a）② 尽管拉比们的意见不完全一致，但是，在人是否犯罪这个问题上，多数人的主张是：人不仅因为固有的恶冲动而有可能犯罪，而且事实上每个人都是犯过罪的。

犹太拉比们认为人人皆有犯罪的可能和现实，但是，他们所说的犯罪不同于基督教的原罪。原罪作为一条主要的基督教教义，是说亚当和夏娃违反神的禁令而偷吃智慧之果，从而堕落或犯了罪，而他们的罪又遗传给了所有的后裔。所以，人类的每个个体都生而有罪。不仅如此，此罪还有一个后果，那就是人类从堕落时起陷入了罪的状态，成为罪的奴隶，而无力凭其自由意志而自我拯救，因此，人必须信靠耶

---

① 参见亚伯拉罕·柯恩：《大众塔木德》，第 107~108 页。
② 同上书，第 110 页。

稣基督，在教会中得到神的救恩。

对于犹太教的拉比们来说，伊甸园中的亚当和夏娃选择了违禁或犯罪，其结果是使原本不死的人成为有死的，这是他们的罪对整个人类直接造成的结果。但是，拉比们不承认基督教所谓由于亚当和夏娃的罪而人人都有罪的说法。对于犹太人，每个人都有选择的自由，因而直接为自己的行为负责。所谓的"原罪"与后来的人毫无关系，所以他们根本不对之负责。如若不然，就意味着人没有意志自由，其行为是被先祖所决定的。换言之，亚当和夏娃犯罪是他们自由选择的结果，也由他们自己负责。他们的罪除了使人类变得可以死亡以外，对后人没有别的影响。他们的后裔也是自由人，有能力为自己的行为负责。

再者，犹太圣哲也不赞成基督教所谓亚当和夏娃的罪使人类堕落且不能自救的学说。按照犹太教的解释，人类并没有因为亚当和夏娃的缘故而堕落。尽管人因恶的冲动而可能犯错误或罪过，但不是一直处在罪的状态中。许多人犯了罪，如果犯的不是崇拜偶像、奸淫、杀人、亵渎神名、诽谤之类的重罪，只要诚心忏悔，便可得到宽恕。另外，人固有的善冲动可以克制其恶冲动，上帝赋予的《托拉》可以克制邪恶的动机和言行。总之，坚信上帝且按照《托拉》行事，人就不会堕落以致成为一直有罪的人，也就无须信靠耶稣基督而得救赎。

八、善恶报应的神义论

上帝不仅是人类的立法者，还是监督者、审判者。上帝的审判和裁决都"恪守公正"。而上帝的公正则靠"因果报应"来体现。按照《塔木德》的基本理论，上帝根据人的善行奖赏善人，根据恶行惩罚恶人。"无罪不受罚"，有罪则难逃法网。由于佛教的影响，中国民间文化中素有"善有善报，恶有恶报，不是不报，时候未到"的说法。其实，这也适合于犹太教。在犹太教中，上帝的裁决都是按照善恶有报的因果报应论做出的。

拉比们不仅相信罪恶招致惩罚，而且认为某些罪行会导致相应的惩罚。《密释纳·先贤》这样说："有七种惩罚会因七种罪过而降临世界。有人交纳什一税，有人不交纳什一税，则干旱之饥荒将到来，有人将挨饿，有人将饱足。……瘟疫来到世间，是因为有那些按《托拉》当处，但未能诉诸法庭的死罪，也是因为有那些对安息年出产物法规的触犯。刀剑之灾来到世间，是因为有那些判决迟误、滥用律法和不把《托拉》当律法来解释。猛兽来到世间，是因为有那些虚假的誓言和对圣名的亵渎。流放之灾来到世间，是因为有那些对偶像的崇拜、乱伦、喋血和对安息年土地休耕法的触犯。"① 当然，相应的罪过和惩罚还有很多。

虽然奖善惩恶是《塔木德》的一条基本理论。但是，拉比们也承认，好人无好报、遭苦难，坏人反倒繁荣幸福、逍遥自在的现象并不少见。于是，就出现了一个问题：如果上帝是公正且全能的，怎么会出现这样的情况？对于这个问题，有的拉比认为它超出了人的智力之外，所以无法解释。例如，拉比雅纳伊说："我们既无从理解恶人的安宁，也无从理解义

---

① 《阿伯特——犹太智慧书》，第72～73页。

人的磨难。"① 上帝按自己的智慧行事，而他的智慧深不可测，人无法知晓。

在这样无法回避又很难回答的问题面前，拉比们为了使善恶报应论自圆其说，就和来世的教义联系起来。他们相信，人有今生和来世，死亡不是生命的终结，而是来世的开端。于是，对于上帝的诚实无欺和公义就有了这样的解释："正直的人在今世所遵奉的每一条微不足道的律戒，'诚实的神'都要来世予以奖赐。同样，邪恶的人在今世所遵奉的每一条微不足道的律戒，神都要在今世予以奖赐。邪恶的人在今世犯下的每一条微不足道的罪恶，'无伪的神'都要在来世对其施以惩罚，正直的人在今世犯下的每一条微不足道的罪恶，神都要在今世施以惩罚。"② 还有，"上帝在今世降灾难于正直的人是为了让他们能获得来世。如《圣经》所说，'你起初虽然微小，终久必甚发达'（《约伯记》8：7）……上帝在今世赐福于邪恶的人是为了放逐他们，并将他们驱赶到（地狱的）最底层；如《圣经》所说，'有一条路人以为正，至终成为死亡之路'（《箴言》14：12）。"③ 不论是义人今世受罪，还是恶人今世享福，都不能说明上帝的不义，都"不是不报"，而是"时候未到"。今生不报，来世必报。把今生和来世加在一起考虑，一定是善有善报，恶有恶报。因此，上帝仍然是公平的。

值得注意的是，在圣经时代，来世学说尚不显然，所以也没有用以解释神义论。在塔木德时代，由于异族文化的影

---

① 《阿伯特——犹太智慧书》，第62页。
② 亚伯拉罕·柯恩：《大众塔木德》，第132页。
③ 同上书，第132～133页。

响，犹太教开始接受来世教义，于是也用之解释神义论，使之变得比较自圆其说。应该说，拉比犹太教所有的与来世相联系的因果报应论是对圣经犹太教的神义论的发展。

报应论给人一种印象，人之行善是为了得到善报，而不是出于绝对和纯粹的"应该"，因而带有功利主义的特征。这无疑是拉比犹太教善恶报应论自身包含的意思。但是，这只是问题的一个方面。另一方面，拉比犹太教又劝诫人们崇拜上帝，遵守律法是出于纯粹的动机，而没有私虑。如《密释纳·先贤》说："不要学那因指望得到赏赐才为主人服务的奴仆，而要学那些不指望得到赏赐就为主人服务的奴仆，愿敬畏上天之情能蒙上你们的心头。"① 对于塔木德时期的拉比而言，善恶有报说的是上帝的裁决，体现的是神的公义。人作为上帝的奴仆，积德行善乃是本分，不应该怀有指望报答的动机。

九、人的生死和来世

人有生也有死。但是，人何以生？何以死？又怎样看待这生和死？这是生死观所要讨论的主要问题，它们构成了哲学和神学的重要组成部分。

根据《创世记》开篇两章的记载，上帝按照自己的形象用泥土造人，并把生命之气赋予人类，使人成为灵魂与肉体的统一体。人为上帝所造，具有上帝的"形象"，在这个意义

---

① 《阿伯特——犹太智慧书》，第15页。

上说与上帝有亲缘关系。因为人具有上帝的形象，而其余的被造物无此"殊荣"，所以，人高于上帝所造的一切事物。《圣经》中这一人乃"万物之灵长"的思想在拉比文献中一再得以体现。

　　人由于有灵魂而有生命。那么，灵魂的本质是什么？在《圣经》中，灵魂被说成是气息和血。这一思想在《密德拉什》中得到了重申和发挥。《大创世记》（14：9）有这样一段话："灵魂有五种称谓：nephesh，ruach，neshamah，jechidah，以及 chayyah。nephesh 是血，如经文所说，'因为血（nephesh）是生命'（《申命记》12：23）。ruach 可以升起和降落，如经文所说，'谁知道人的灵（ruach）是往上升？'（《传道书》3：21）neshamah 是气质。chayyah 之所以有这样的称谓是因为肢体都要死亡而它却生存。jechidah，即唯一，它的意思是人身上的肢体都是成双的，而灵魂却独一无二。"① 虽然这五个希伯来语词都有灵魂的意思，但其中最主要的还是 nephesh 与 ruach，它们最能够表示决定人之生命的本质要素，且身体死而它们不死的东西。在拉比犹太教看来，人乃是因为具有了这样的灵魂才成为"有灵的活人"的。同样，人的死亡也是因为灵魂离开了肉体的缘故。要言之，人是灵与肉的统一体，但灵魂是其决定要素，灵魂在而生命在，灵魂离开则生命将不复存在。

　　人的灵魂来自上帝，其肉体源于尘土，所以，就其本质而言，人部分地具有神性，部分地具有世俗性。有圣哲这样说："凡天上创造的生灵，他们的灵与肉都来自天上，凡地上

---

① 亚伯拉罕·柯恩：《大众塔木德》，第89页。

创造的生灵，他们的灵与肉，都来自地下；而人则例外。他的灵魂来自天上，他的肉体来自地下。因此，如果一个人遵奉《托拉》，并按其天父的意志行事，他便像天上的生灵，如经文所说：'我曾说，你们是神，都是至高者的儿子。'（《诗篇》82：6）但是，倘若他不遵奉《托拉》，不执行其天父的意志，他便像地下的生灵；如经文上所说，'然而你们要死，与世人一样'（《诗篇》82：7）。"（Sifre Deut.）[①] 人虽然有神性的一面，但是，如果不遵行《托拉》，其神性则不显现，结果便如同地上的其他生物。

《圣经·创世记》第二章阐述了人类始祖亚当从原本不死到有死的根源，即是说，死亡是在亚当违反神的禁令，偷吃了智慧之果之后上帝给予人类的惩罚。在塔木德时代，拉比们也是这样解释人之有死的缘由。《密释纳》说："有罪必有死"（《安息日》55a）。当侍奉天使问上帝为什么处死亚当时，上帝回答说："我给他定了一条很轻的律法，但他却违反了。"（《安息日》55b）按照这样的解释，假如当年亚当和夏娃没有违反禁令，人类就会是长生不死的了。因为死亡也是上帝创造的，所以也属于"甚好"的事物之列。

然而，人皆有死，这是一个不得不接受的事实。死亡，对于任何人来说，都是一视同仁的。死亡，在上帝的造物中是最厉害的。山厉害，铁能化；铁厉害，火能熔；火厉害，水能灭；水厉害，云能托；云厉害，风吹散；风厉害，身能带（呼吸）；身厉害，有恐惧；恐惧厉害，酒能驱；酒厉害，

[①] 亚伯拉罕·柯恩：《大众塔木德》，第79页。

睡眠解。"死亡比这一切都厉害。"① 虽然死亡的方式各异，死亡的本质则是灵魂脱离身体，其过程就是上帝令死亡天使取走人的灵魂的过程。

《圣经·传道书》（3：2）说："生有时，死有时"，道出了生死皆有定数的见解。拉比文献《密德拉什》对这段经文的评论是，"从诞生的那一刻起，就存在着死亡的可能性"。但是，这"死有时"却不是人能够知道或决定的。每个人何时死亡，都取决于上帝的决定。

虽然人人都知道死亡的必然性，而且自己对之无能为力，但是人都对死亡充满恐惧。也许是为了祛除人们对死亡的恐惧感，拉比们力求为死亡找出高兴的理由。在诠释《传道书》"死亡的日子胜过诞生的日子"一句时，拉比们突出了死亡的光明一面："人生时，大家欢乐；人死时，举家悲哀。但事情不该这样。恰恰相反，人生时大家不应欢乐，因为谁也不知道他的命运和事业将会如何，他是正直还是邪恶，他是好还是坏。从另一方面看，人死去时如果其名声很好，且又安详地离开了世界，这反是应该欢乐的时刻。就像两条在海上航行的船，一条出航，一条归行。人们只为出航的船欢呼，却不为归航的船欢呼。站在旁边的一位智者对人们说，我的心情跟你们正相反。船出航你们不该高兴，因为谁也不知道它的命运将会如何，它将经历怎样的惊涛骇浪和狂风暴雨；然而当船回到港湾时，大家都应该为其安全返航而高兴。"（《大传道书》）② 死亡乃生命的终结，如同历尽风浪凯旋的航船，

---

① 亚伯拉罕·柯恩：《大众塔木德》，第85页。
② 同上书，第87~88页。

应该为之欢呼，而不该为之悲伤。由此，可见犹太教拉比对死亡的乐观主义态度。这与《圣经·传道书》中的悲观主义生死观形成了鲜明的对照。

如果人死后归于尘土，不再复活，也就无所谓来世。但是，拉比犹太教相信复活和来世的生活。《圣经》中的《摩西五经》没有复活和来世思想，而有的《先知书》则包含了复活和来世的因素。拉比们是在和反对口传《托拉》的撒都该派的争论中，同时也是为了坚持彻底的神义论而发展了明确的来世思想。

对于某些拉比来说，人的今生如同通往来世的门廊，来世则如同大厅，是人希望进入的目的地。但是，并非所有人都能够进入来世。关于进入来世的资格，拉比们意见不一。有的说："凡获得了《托拉》知识的人便获得了来世的生活。"还有人说："以色列人在来世人人有份"，而异教徒则不得分享来世。有的则说，异教徒中的义人也可以进入来世。还有人说，凡是在以色列的土地上行走过的人都可以进入来世。大致说来，通晓《托拉》学问的人，有德行的人，包括犹太人和非犹太人，都是有资格进入来世的。而否认《托拉》的神性来源的人，不承认复活的人，伊壁鸠鲁主义者，以及从事某些特定职业的人，如书吏、巫士、圣堂差役和屠夫等，是不允许进入来世的。①

进入来世必须经过复活和最后审判，如《密释纳·先贤》所说："生者必死，死必复生，复生则必受审判。"② 关于复活

---

① 参见亚伯拉罕·柯恩：《大众塔木德》，第 424～431 页。
② 《阿伯特——犹太智慧书》，第 67 页。

的学说，是拉比们根据《圣经》阐释出来的。有经文说："你必和你列祖同睡，这百姓要起来。"（《申命记》31：16）"我使人死，我使人活。"（《申命记》32：39）"属你的死人要活过来，他们的尸体要起来。"（译文有改动，参见《以赛亚书》26：19）通过拉比们的诠释，这些经文中的"起来""使人活"，都是复活的意思。

关于什么人复活，众拉比意见不一。有的认为包括所有的人，有的则认为只是以色列人；有的认为只是正直的人，有的认为也包括邪恶的人，有的认为只是死于以色列的人，也有的认为包含在以色列之外死亡的人。

让死去的人复活，充分显示了上帝的大能。人死后埋在地下，化为尘土。但是，不论一个人死去多长时间，上帝都能够使之复活；不论一个人死亡时是正常人，还是残疾人，是赤裸的，还是着衣的，上帝都能够使之复活为死前的样子。而且，"神圣的上帝使之复活后将永世不再归为泥土"（Sanh. 92a）[1]。

死人复活后要接受上帝的最后审判。上帝的审判是公正的。"在他面前，没有不公，没有轻忽，没有偏心，也没有受贿……要知道，一切都以善恶簿为依据。"[2] 上帝褒奖了以色列人，因为他们接受了《托拉》并致力于它的学习和奉行。上帝斥责了罗马民族，因为他们创造物质财富是为了享乐；上帝斥责了波斯民族，因为他们发动战争，强迫老百姓为他们劳作；上帝也斥责了其他民族。所有这些民族的一个共同

---

[1] 亚伯拉罕·柯恩：《大众塔木德》，第424页。
[2] 《阿伯特——犹太智慧书》，第67页。

错误就是拒绝接受《托拉》，唯有以色列人接受并致力于《托拉》，所以上帝在审判时褒奖他们，使之出人头地。

拉比犹太教是接受了基督教的影响而采纳了天堂和地狱的教义。这在圣经犹太教中是完全不存在的。《塔木德》这样说："宇宙的主啊！审判，赦免，定罪，为恶人设地狱，为义人建乐园，这一切你都做得很公正。"① "上帝创造了义人和恶人，伊甸园和地狱。如果一个人高尚正直，他便拿到自己以及同胞在伊甸园中的份额。如果他犯罪作恶，他便拿到自己以及同胞在地狱中的份额。"② 拉比文献对于上帝的审判以及乐园和地狱的描述纷纭复杂。但是，其中一以贯之的基本思想是，今生今世行善的义人，来世必然"上升"而进伊甸园享福，那些今生作恶多端的恶人，上帝在审判时必将把他们"下降"到地狱受惩罚。在这个意义上，拉比犹太教的来世学说，实际上是神义论的合乎逻辑的引申，或者说是其中的一个组成部分。

十、进步的历史观——弥赛亚时代

弥赛亚学说可以说是犹太教的历史哲学和政治哲学思想。

"弥赛亚"（Messiah）在希伯来语中是"受膏者"的意思，指的是接受膏油礼的国王或大祭司等。在圣经时代较后期的一些作品中，如《以赛亚书》《何西阿书》《诗篇》等都

---

① 亚伯拉罕·柯恩：《大众塔木德》，第 434 页。
② 同上书，第 436 页。

提及大卫王或他的一位后裔将成为弥赛亚,并描述了弥赛亚时代的美好蓝图。但是,真正使"弥赛亚"成为系统化,使之成为犹太教的重要教义的,还是圣经犹太教以后的拉比们。在拉比文献中,仅《塔木德》提及弥赛亚的地方就达数百处。拉比们对于弥赛亚的大量讨论表现了散居犹太人对于美好未来的期盼,也代表了拉比们的历史观和社会理想。

在解释《何西阿书》(3:5)中"后来以色列人必归回,寻求他们的上帝耶和华和他们的王大卫"的经文时,拉比们认为,大卫王就是弥赛亚。另一段经文却说:"耶和华赐极大的救恩给他所立的王,施慈爱给他的受膏者,就是给大卫和他的后裔,直到永远。"(《诗篇》18:50)有的拉比据此说,弥赛亚应该是大卫王的后裔。弥赛亚还有别的名字,如细罗(Shiloh)、泽马克(Tzemach)、"倒塌者的儿子"。虽然众拉比对于弥赛亚的理解有所不同,但是,有些观点则是一致的。例如,弥赛亚是在世界末日时降临的英明君主,具有大卫王的血统,是接受神的旨意而降生于世并履行拯救犹太人,建立和平、公正的美好社会的国王。弥赛亚是凡人,而不是神。

弥赛亚降临之前的明显征兆是社会动乱,战争频发,道德极度败坏。这样的战乱、颓败局面是"弥赛亚来临前的阵痛",被比作母亲临产时的痛苦。《密释纳》中有一则寓言说:在弥赛亚到来之前的七年中,"第一年经文会被履行,我'降雨在这城,不降雨在那城'。第二年将射出灾荒之箭。第三年灾荒严峻,男人、女人、孩子、虔诚的人和圣人都将消亡,学者们将会忘掉《托拉》。第四年物产既丰厚,又不丰厚。第五年将有好收成;人们有吃,有喝,很快乐,《托拉》将回到学者们手中。第六年将会听到(来自上天的)声音。第七年将有战争，在这七年期结束之际大卫之子将要到来"(Sanh. 97a)。类似的说法还有很多，无非表明弥赛亚来临前非同寻常的境况。

弥赛亚降临之后，全世界的以色列人将结束流散和受压迫的状态，有的拉比甚至认为公元前 721 年失落的 10 个支派将回归以色列，和现在的犹太人汇聚在一起。耶和华将重建耶路撒冷并且永远不致其毁坏。同时，还要在耶路撒冷重建圣殿，使上帝临在其中。弥赛亚到来之后，世界也将发生巨大的变化。大自然的生产能力将得到异乎寻常的提高，各类作物将增产许多倍。日月都不再是日夜的光源，耶和华将照亮全世界。水源充足，树木每月都结果实，不再有荒芜之地，耶路撒冷都是名贵的宝石所造。和平将充满世界，各类野兽和昆虫也都被上帝召集到耶路撒冷和以色列人立约。世界上不再有哭泣和哀号，不再有死亡，不再有叹息、呻吟和痛苦，人人都将幸福。总之，这将是一个永久和平、幸福、美满的理想社会和时代。①

不论是在早期的希腊，还是古代的中国，由于年复一年，四季交替，日出日落等自然现象和朴素的天文学以及农业历法的影响，人们的时间观念不是线性的发展，而是循环往复的，其历史观则是循环论的。而且，人们往往是从已逝的过去寻求未来的理想社会，如儒家所谓的"三代"，希腊所说的"黄金时代"以及"英雄时代"。然而，犹太人的历史观却大相径庭。尽管他们采取的是适合农业文明的太阴历，其许多的节期也是与农时相联系的，他们的时间观则是线性的，其

---

① 参见亚伯拉罕·柯恩：《大众塔木德》。

历史观则是进步性的,即认为时间是过去、现在和未来的连续,历史是发展和进步的,美好的理想社会在未来,不在过去。犹太人不是抚今追昔,从逝去的时代寻求未来的蓝图,而是一心一意向前看,把美好的希望寄托在未来。这种进步的历史观被现代西方的启蒙思想家以及黑格尔、马克思等哲学家继承和发展。虽然几经后现代的学者的解构与打碎,这种进步的历史观仍然在历史和政治哲学领域占据重要的地位。现在我们知道,这种进步的历史观是与犹太教的弥赛亚概念有联系的,是拉比犹太教的一大贡献。

第二编
中世纪犹太哲学

导 言

中世纪犹太哲学，指的是伊斯兰教兴起之后10—15世纪之间伊斯兰教统治的南部欧洲、北部非洲、阿拉伯诸国以及稍后基督教国家兴起的犹太哲学。由于犹太哲学家是经过阿拉伯哲学家接受了希腊文化和哲学的影响后发展起来的，所以，中世纪犹太哲学的背景涉及伊斯兰教、希腊哲学和基督教。

公元8世纪，伊斯兰教由穆罕默德创立，阿拉伯帝国也随之异军突起，其版图很快包括了中亚、南欧和北非的许多国家和地区。现在的西班牙、葡萄牙、法国南部、埃及、摩洛哥以及中东诸国都曾隶属于这个迅速崛起的庞大帝国。阿拉伯人征服异国的武器，除了刀剑之外还有宗教和语言。伊斯兰教是帝国的国教，阿拉伯语则是通行的官方语言。阿拉伯人所到之处，伊斯兰教与阿拉伯语无不留下深刻而久远的印记。

伊斯兰教也和基督教一样，是从希伯来《圣经》发展出来的宗教。伊斯兰教认可犹太人为"圣书之民"，承认阿拉伯人是亚伯拉罕的子孙，承认《圣经》中的人物，相信亚伯拉罕（易卜拉辛）和摩西（穆萨）为古代的先知，承认真主安拉也确实把《圣经》赐给了摩西，因此也承认犹太教是真正的宗教。伊斯兰教不承认耶稣是神性的救世主，认为人的救赎不依靠替人受死的基督，而只靠安拉通过先知启示的律法，即靠"封印先知"穆罕默德启示的《古兰经》。作为彻底的一神教，伊斯兰教和犹太教皆反对基督教把人神化的"道成肉身"和"三位一体"教义。

创教之初，穆罕默德及其门徒一度对犹太人颇为友好。这一方面是因为犹太教与伊斯兰教的亲缘关系和教义上的许多共同点，另一方面也因为穆罕默德希望麦地那的犹太人承认他的先知地位，希望穆斯林在祈祷时面对耶路撒冷，在"赎罪日"实行斋戒。由于遭到了拒绝，所以穆斯林对犹太人的态度有所改变，关系也有恶化的趋势。穆罕默德及其信徒开始认为，虽然犹太教的《圣经》是神赐的，但是，由于犹太人不信它而被真主弃绝。虽然犹太教是一个真正的宗教，但犹太人却是一个冥顽不化的危险民族。尽管如此，总的来看，穆斯林对待犹太人的实际态度还是可以让后者接受的。因此，大批居住在伊斯兰教国家的犹太人较快地适应了新的环境，而成为阿拉伯帝国的臣民。他们虽然受到一定限制，却属于合法的二等公民。由于犹太教、基督教和伊斯兰教同源，所以他们（犹太人和基督徒）作为二等公民也是受保护的。他们在日常生活中使用阿拉伯口语，熟悉《古兰经》，还有一部分犹太人皈依了伊斯兰教。实际上，阿拉伯帝国境内的犹太人[1]，在较长的时期内，除了经济上受限较少外，在政治上也有一定的参与机会，有的犹太人甚至做了国王的顾问和财政大臣。后来，基督教发动十字军东征，基督教世界的反犹事件此起彼伏，愈演愈烈。相比之下，穆斯林统治下的

---

[1] 8世纪中叶，阿拉伯帝国在阿巴斯王朝期间分裂为东西两部分，东阿拉伯帝国的中心是巴格达，是阿巴斯王朝的继续；西阿拉伯帝国是被阿巴斯人推翻了的倭马亚王朝的王室逃亡西方后建立的帝国，中心是现在西班牙的科尔多瓦，版图包括西班牙、西西里岛和非洲西北部的马格里布地区（包括今天的摩洛哥、突尼斯、阿尔及利亚等地）。

国度倒是为散居犹太人提供了一个宽松、自由、充满活力和发展机会的舞台。

散居阿拉伯帝国境内的犹太人在政治和社会事务方面有其侨民首领（exilarch）为政治当权者；在宗教方面，则有巴比伦的苏拉和蓬贝塔的经学院，其高恩（Gaon 校长）是散居犹太人实际的精神领袖。巴比伦的这两个经学院不只是培养拉比的学校，它们实际上是犹太教的研究机构和立法机构。散居各地的犹太人就如何遵行律法提出大量的问题，经学院的高恩和其弟子们经过讨论后做出决定，然后作为法令条文颁布。这些文献被称之为《问答》（Responsa），它们构成了 7 至 11 世纪犹太人生活的指南和宗教法典。著名的高恩有阿姆兰（Amram）、萨阿底（Saadia）等，其中，萨阿底享有"中世纪犹太哲学之父"的美誉。

穆斯林统治的西班牙曾经孕育出一批杰出犹太哲学家。711 年至 715 年，阿拉伯人战胜了原来西班牙的统治者西哥特人，此后 300 年的西班牙成为穆斯林的天下。由于穆斯林对犹太人在经济、政治、宗教各个方面采取了相对宽松、自由的政策，大批的犹太人涌入西班牙。他们有保有土地的权利，可以自由从事商业活动，有人成为宫廷御医，还有人担任税务、外交和财政方面的官员和大臣。那时，西班牙首都科尔多瓦已经取代了巴格达和耶路撒冷而成为犹太文明的中心。那里有著名的犹太教经学院，大批犹太文化精英荟萃于该城。那是历史上散居犹太人的一个"黄金时代"——政治宽松、经济发达、生活富裕、思想自由、文化辉煌的时代。这个时代造就了加比罗尔、哈列维、达吾德、迈蒙尼德、本格森等杰出的犹太哲学家。1146 年，为了抵御基督教的威胁，北非摩洛哥的一支穆斯林军队进驻了西班牙。他们对境内的基督徒和犹太人进行了无情的镇压。有的犹太人皈依了伊斯兰教，有的逃离外邦，更多的人在没有权利、缺少自由、流离失所、恐慌不安和随时遭受劫难的威胁中度日。至此，西班牙犹太人的黄金时代宣告结束。

1212年，基督徒占领了西班牙的大部分地区，接替了穆斯林的统治。当时的西班牙包括卡斯蒂尔、阿拉贡和葡萄牙三个王国（1479年，卡斯蒂尔和阿拉贡合并为西班牙王国，葡萄牙独立）。那时西班牙的犹太人口达20万之多，被称为"萨法迪姆犹太人"。在13世纪和14世纪的大部分时间里，基督教占统治地位的西班牙对犹太人采取了相对温和的政策。犹太人虽然没有从政的权利，但有经济权利和按照自己的宗教和习俗生活的自由。1391年之后，基督徒的反犹事件频频发生，大批犹太人被迫皈依基督教。由于这些新改宗的基督徒仍然秘密奉行犹太教，所以被蔑称为"马里诺"（猪的意思）。1480年建立的宗教裁判所曾经大肆迫害马里诺犹太人，包括没收他们的财产，责令他们忏悔，将拒绝忏悔者送交世俗君主并处以火刑。1492年，西班牙统治者发布文告，明令取消犹太教在西班牙的合法地位。有的犹太人为了继续在西班牙生存而皈依了基督教，而10至15万拒绝皈依的犹太人则被迫出走他国。这就是历史上有名的"1492年大驱逐"。

而在法国北部和德国西部的犹太人则被叫作"阿什肯纳兹犹太人"（the Ashkenazik Jewry）。和萨法迪姆犹太人相比，中世纪的阿什肯纳兹犹太人不论在经济还是文化上都处于相对落后的状态，除了著名的《圣经》注释大师阿什（Ashi）外，该支犹太人在中世纪没有出现大学问家和思想家。当历史的车轮驶入现代之后，阿什肯纳兹犹太人则培养、造就了一大批杰出的学者、思想大师、金融家和科学家，因而成为犹太文化的主要承担者。

从思想渊源看，按照塞尔茨的观点，中世纪犹太哲学的产生和以下四个方面的挑战有关。①

第一是卡拉派（karaism）对拉比犹太教的挑战。从8世纪60年代起，犹太教内部出现了一个派别——卡拉派。该派的创始人是阿南·本·大卫（Anan Ben David）。这个派别有几个显著特点。一是反对拉比犹太教，否认《塔木德》口传律法，主张《圣经》是唯一的权威，所以有"唯圣经主义者"的称谓。二是倡导禁欲主义，严守饮食律法和礼仪，戒除酒肉和其他奢侈食品。卡拉派遭到犹太拉比们的强烈反对和抨击，他们之间的关系曾经长期处于紧张状态，直到11世纪之后才有所缓和。卡拉派虽然是一个犹太教的少数派，但直到今天仍有人顽强地信守。这个派别屡屡引发与主流的拉比犹太教的论争，对《塔木德》和《密德拉什》中的神人同性论提出了批评。中世纪的一些哲学家，例如萨阿底，就是在与卡拉派的论战中发展起自己的哲学的。

第二是伊斯兰教的挑战。不论是圣经犹太教还是拉比犹太教，都认为它们的律法得自上帝的启示。但穆斯林断言，穆罕默德在《古兰经》中的启示已取代了犹太教经典中的启示。于是就产生了问题：究竟是犹太教还是伊斯兰教包含了真正的启示？用什么标准评价一种启示？说一种律法被另一种律法取代合理吗？有的犹太哲学家对于这些问题做了回应。

---

① 参见罗伯特·M. 塞尔茨：《犹太的思想》，379页。

第三是袄教和摩尼教对一神教的批评。它们认为，《圣经》中无所不能、无比正确的上帝观是不合理的，因为它与罪恶的存在相矛盾。为了回应这样的批评，多数犹太哲学家都阐述了恶的存在与上帝的关系问题。

第四是希腊科学和哲学的世界观对宗教提出的挑战。宗教是建立在神的启示基础之上的，而希腊哲学却不相信启示，它坚持依赖人的理性努力去获取真理。那么，理性与启示是什么关系？纯粹的理性是否可能获得真理？这也是犹太哲学家所回答的问题。

无疑，希腊哲学的影响对于犹太哲学的产生是最重要的。因此，这里有必要做更多的阐述。在 9 世纪和 10 世纪，阿拉伯世界掀起了翻译希腊典籍的热潮，从而涌现出一大批杰出的翻译家、思想家、哲学家和科学家。翻译运动的中心主要是巴格达的学宫（house of wisdom），在哈里发玛门（al-Ma'mun, 813—833）统治时期曾盛极一时。肯迪（al-Kindi, 约卒于 866 年）、法拉比（al-Farabi）、伊本·西拿（即阿维森纳）(ibn Sina, Avicenna, 卒于 1037 年)、安萨里（al-Ghazali, 约卒于 1111 年）、伊本·路西德（即阿维洛伊）（ibn Rushd, Averroes）、马沙阿拉（Masha'allah）、阿布·马沙·巴尔黑（Abu Ma'shar al-Balkhi）等等，便是其中的佼佼者。翻译家们把前苏格拉底著作、柏拉图、亚里士多德、欧几里得、托勒密、盖仑、普罗提诺、波菲利（Porphyry）、普罗克鲁斯（Proclus）、亚历山大等人的哲学或科学著作翻译成阿拉伯语，又将阿拉伯语的希腊名著译成拉丁语、法语、西班牙语、希伯来语。后来，希腊文化在欧洲得以复兴和光大，阿拉伯人功不可没，其中，散居于阿拉伯世界的犹太人也发挥了重要作用。

伊斯兰教哲学家（falasifa）是希腊哲学的直接继承人和转化者。他们不仅翻译、评注亚里士多德的逻辑学、物理学、伦理学、新柏拉图主义的形而上学、柏拉图的政治哲学等大批希腊哲学著作，还把希腊哲学家们的思想融合起来，形成了一个个庞杂博大的新柏拉图主义的亚里士多德主义（Neo-platonic Aristotelianism）体系。柏拉图的《理想国》《蒂迈欧篇》《法律篇》有完整的阿拉伯译本，《克里特篇》《斐多篇》《宴会篇》等也有节选译本。柏拉图的《理想国》被当作政治学的基本教科书，法拉比所著《论德性之城的居民》就是以之为范本写成的。

法拉比还著有《〈理想国〉释注》《论幸福之获得》《亚里士多德哲学》等著作。就连典型的亚里士多德主义者阿维洛伊也从《理想国》中得益甚多，他认为应该把穆斯林统治的国度改造成由哲学王之类的英明君主统治的国家，实现渐次改造社会的理想。

新柏拉图主义也是阿拉伯哲学家热衷于研究的希腊哲学派别之一。普罗提诺是新柏拉图主义的主要代表，他的哲学在阿拉伯世界是以《亚里士多德神学》的面目出现的，其中的4至6卷实际上是普罗提诺之《九章集》的转述。普罗提诺被称为"希腊圣哲"（the Greek Sage）。《亚里士多德神学》一书除阿拉伯文本外，还被翻译成希伯来语和拉丁语，可谓影响深远。新柏拉图主要人物普罗克鲁斯的《神学要旨》（*Elements of Theology*）被阿拉伯哲学家用阿拉伯文改写为《论纯粹的善》，而且多认为作者是亚里士多德。新柏拉图主义的"流溢说"被描述为一个起始性的行为：纯粹的善是第一因，是理智以及世界万物的起始者。纯粹的善引发善的事物，使之弥漫于世界，每一事物都潜在地吸收其中的善，只是多少不同罢了。

阿拉伯哲学家还把新柏拉图主义和一神教结合起来，甚至认为前苏格拉底哲学家是一神教的倡导者和拥护者。例如，他们相信，泰勒斯主张上帝从虚无创造世界。太初，只要创造主存在，他的所有属性都包含于自身中："他就是他"。恩培多克勒曾经主张神的存在与其本质一样是永恒的，纯粹的知识、纯粹的意志、大度、力量、公正、善良、真理，都属于上帝的本质。这些思想对于早期伊斯兰穆尔太齐赖神学产生过影响。此外，一些伪科学分支如炼金术、占星术、巫术、法术也假新柏拉图主义之名而盛行起来。

除了柏拉图和新柏拉图主义哲学以外，最为阿拉伯哲学家所推崇的希腊哲学家恐怕要数亚里士多德了。在阿拉伯文献中，亚里士多德成为"哲学家"（the philosopher）的专用名词、有"第一导师"（the first teacher）的美誉，被看作是人类智慧的顶峰。除《政治学》《欧德谟伦理学》和对话部分外，亚里士多德的大部分著作包括《工具论》《物理学》《形而上学》《尼各马可伦理学》《动物篇》都被译成了阿拉伯语。不仅如此，亚里士多德学派的其他哲学家如亚历山大、波菲利、约翰·菲勒普努斯（John Philoponus）、提米修斯（Themistius）等，也是阿拉伯哲学家们研究的对象。这些哲学家的有些希腊原文著作已经失传，但其阿拉伯文译本仍然有存。[①] 这些译著

[①] 上述关于阿拉伯哲学的介绍主要参考了 *The Cambridge Companion to Medieval Jewish Philosophy*, ed. by Daniel Frank and Oliver Leaman, Cambridge University Press, 2003, pp. 38–51。

对于穆斯林和犹太哲学都产生了直接的影响。

中世纪的犹太哲学还与穆斯林神学具有直接的关系。其中，最主要的是穆尔太齐赖派和凯拉姆派。

"穆尔太齐赖"是阿拉伯语 al-mu'tazilah 的音译，意为"分离者"，指的是和早期伊斯兰教教义学分道扬镳而建立起来的伊斯兰教神学派别，其主旨是用理性评判伊斯兰教信仰，试图使伊斯兰教的教义建立在理性理解的基础之上。该派别的创始人是瓦绥勒·伊本·厄托和厄姆尔·伊本·欧贝德。他的追随者和后继者甚众，分化的门派颇多，影响非常深远。① 穆尔太齐赖派反对真主（上帝）具有各种属性，主张真主的统一性（unity，一体性）；强调真主的公正性，即有善必奖，有恶必罚。所以，该派又被称为"统一公正派"。穆尔太齐赖派反对真主决定一切的决定论，主张人有意志自由，因此应该为自己的一切言行负责。该派之所以认为真主自身之外没有诸如知识、能力、意志、生命等属性，是因为在他们看来，一种属性，要么是永恒的，要么是偶然的。如果是永恒的，就成为和本体一样的存在，导致另外的本体，进而导致多神论。如果是偶然的，就一定是可变的，而这又与真主的绝对完善相矛盾。因此，在真主那里，本体和属性是统一的。

从真主与属性统一的基本立场出发，穆尔太齐赖派认为，在真主之内，本体和知识没有区别，而且真主的知识是永恒的。所以，真主是全知的。同时，在真主内，全知与全能也

---

① 参见王家瑛：《伊斯兰宗教哲学史》（上），民族出版社，2003，第145～155页。

是同一的。就是说，真主认知什么，他必然能够创造什么。而且，真主所创造的一切都是善的，包括贫穷、疾病、灾荒、苦难等都是善的。自由的人可以选择自己的行为，并对之负责。真主不对人的行为负责。他善恶分明，奖善惩恶，永远是公正的。穆尔太齐赖派还以希腊哲学为范例，从运动的始因、自然的合目的性等方面证明真主的存在。

如果说穆尔太齐赖派仍然属于伊斯兰神学的话，那么，在它基础之上分化、发展起来的凯拉姆学则是伊斯兰宗教哲学。"凯拉姆"一词是阿拉伯语词 Kalam 的音译，本义为"言论""对话"，引申为"辩论""辩证"，专指伊斯兰教的"辩证派教义学"或"辩证派宗教哲学"。[①] 可以说，"凯拉姆"实质上就是用理性的、辩证的方法探讨伊斯兰教基本教义的学问，是比穆尔太齐赖派更哲学化的、典型的伊斯兰宗教哲学。艾什尔里及其学派是凯拉姆哲学的突出代表。他们不满意新柏拉图主义在宇宙起源上的"流溢说"，也拒绝接受穆尔太齐赖派的因果决定论，认为宇宙及其万物是由神创造出来且依靠连续的创造活动维系的。在理性和信仰的关系问题上，艾什尔里派反对两个极端：理性等于一切，拒斥宗教信仰；或者唯有宗教信仰，认为经文的每一字句皆是真理。艾什尔里派主张理性和信仰各有自己的领域，采取的是"中庸之道"。在理性真理和启示真理、自由意志、善恶的标准、《古兰经》的有恒性、神的公正等宗教哲学的重大问题上，在伊斯兰教教法学的诸多问题上，艾什尔里派都有系统的思想和理论，因此，在伊斯兰教和伊斯兰哲学史上有着突出重要的地位。

---

① 参见王家瑛：《伊斯兰宗教哲学史》（上），第 230 页。

在众多伊斯兰哲学家中,阿维森纳和阿维洛伊影响西方哲学和犹太哲学最甚,所以,这里有必要简介其哲学梗概。

阿维森纳的本名叫伊本·西拿,于980年出生于伊朗境内的布哈拉城附近。他10岁即可全文背诵《古兰经》,16岁时已经成为远近闻名的医生,18岁时已经掌握了当时的各科学问,包括几何学、数学、法律、逻辑、医学、凯拉姆宗教哲学等。在57年的人生旅程中,他写出了276种著作,其学术兴趣之广泛、学识之渊博是罕见的。阿维森纳是著名的亚里士多德诠释学家,是继法拉比之后最著名的亚里士多德主义者。亚里士多德的第一哲学、物理学、道德哲学、政治哲学、逻辑学,等等,无不在他那里得到了全面的阐述和发挥。同时,作为伊斯兰教的信徒,阿维森纳又把对真主的信仰和亚里士多德哲学有机地结合起来。他用可能的存在和必然性的存在概念证明真主的存在,把真主看作是不依赖他物的纯粹自在的必然性存在。同时,他把真主解释为第一因,而从中流溢出来的世界是其结果,但是,原因和结果没有时间意义,真主和世界都是永恒的。关于肉体和灵魂,阿维森纳认为,肉体属于质料,灵魂则是其形式,灵魂决定肉体。灵魂分为三种:植物灵魂、动物灵魂和理性灵魂,它们由低到高,层层递进。人的灵魂与肉体的关系是形式与质料的关系。人的灵魂不是永恒的,它和肉体一起产生,但它并不随着肉体的死亡而消灭。灵魂虽然不灭,但又不参与轮回。在知识论、伦理学、政治哲学诸方面,阿维森纳也有非常系统丰富的理论。阿维森纳是百科全书式的学者,其哲学上承法拉比,下启西方中世纪的唯名论哲学。中世纪的迈蒙尼德、本格森等犹太哲学家也深受其影响。

阿维洛伊的本名是伊本·路西德，是阿维洛伊主义的创始人，阿拉伯哲学的集大成者。阿维洛伊于1126年出生于西阿拉伯世界的文化中心西班牙的科尔多瓦，曾担任过塞维利亚和科尔多瓦的法官、宫廷御医以及科尔多瓦的大法官等要职。和阿维森纳一样，阿维洛伊也是著名的亚里士多德主义者。他一生著述甚多，其中最引人注目的是他对亚里士多德著作的注解与疏义。在哲学上，他把亚里士多德主义与伊斯兰教信仰结合起来，提出了"双重真理论"，从而奠定了阿维洛伊主义的基础。阿维洛伊赞成亚里士多德的宇宙永恒论，认为世界没有开端。万物由质料和形式构成，世界是运动变化的，而运动的最后致动者是真主。真主在他这里是运动的第一因，而不是创造者。这一点与伊斯兰教的传统教义不同。在他看来，宇宙是一个永恒运动的系统，其中的一切都在运动，但没有什么东西被创造出来，也没有什么被毁灭。一切的运动变化无非是元素的分解与结合，从潜能转化为现实罢了。在宇宙中起主导作用的是必然性，就连真主也要按必然性行动。灵魂和肉体的关系是形式和质料的关系在人身上的表现。和阿维森纳不同的是，他拒绝承认灵魂不朽。他认为，灵魂和肉体密不可分，肉体死亡后，灵魂亦随之毁灭。人有理性灵魂，能够从事抽象、综合、判断，所以能够具有动物所不能有的一般性知识。阿维洛伊创立了一个庞大的亚里士多德主义哲学体系，正是通过它，希腊哲学，尤其是亚里士多德哲学在西方得到了复兴。犹太哲学家如本格森、克莱斯卡等，也受到阿维洛伊主义的深刻影响。

总之，在伊斯兰教征服之前，除希腊化时期的斐洛以外，没有真正意义上的犹太哲学家，当然也没有系统的犹太哲学。

随着伊斯兰教的诞生,希腊文化尤其是柏拉图、亚里士多德哲学进入阿拉伯世界,而在伊斯兰教统治下的犹太人又融入阿拉伯文化中,即不再说希伯来语与阿拉姆语而改讲阿拉伯语的时候,犹太人的理智活动实际上已经成为阿拉伯文化的组成部分时,犹太人才产生了系统的犹太教神学和哲学。了解这样的背景,对于学习和把握中世纪犹太哲学是十分必要的。

在中世纪的阿拉伯世界,以科尔多瓦为中心,一大批犹太哲学家先后涌现,他们一起创造了中世纪犹太哲学的辉煌时代。鉴于这些哲学家的重要程度,也由于研究资料的限制和难度,本编没有囊括所有中世纪犹太哲学家。这里涉及的只是最重要的代表人物,他们是犹太凯拉姆,中世纪犹太哲学之父萨阿底,新柏拉图主义者以色列里和加比罗尔、哈列维,亚里士多德主义者达吾德、迈蒙尼德、本格森,以及新柏拉图主义者克莱斯卡。

第四章

犹太凯拉姆

凯拉姆（Kalām），本义为"话语""论辩"，是伊斯兰宗教学术中一门运用逻辑思辨来论证教义信条的学科，由于其在伊斯兰教中的功能地位类似于经院哲学之于基督教，也被译为伊斯兰经院哲学。凯拉姆兴起于8世纪，其早期代表为崇尚理性的穆尔太齐赖派（Mu'tazilite），从10世纪起坚持正统教义的艾什尔里逐渐成为主流。在9—11世纪，生活在阿拉伯-伊斯兰世界的犹太学者借鉴伊斯兰凯拉姆（主要是穆尔太齐赖派）的体系框架，适应犹太宗教的特点和宗教间对话的需要而发展出犹太凯拉姆理论，其主要代表有穆嘉麦斯、卡拉派神学家和萨阿底·高恩（见第五章），构成中世纪犹太哲学的发轫阶段。

一、穆嘉麦斯及其《二十章》

1. 穆嘉麦斯生平及著述

穆嘉麦斯原名大卫·伊本·麦尔万（Dāwud ibn Marwān），"穆嘉麦斯"（al-Muqammas）是他的绰号，可能意指其职业（"礼袍制作者"），也可能指其宗教身份（"［在不同信仰间］跳跃者"）。关于穆嘉麦斯的传记材料留传非常有限，我们仅知他来自叙利亚北部的拉卡（Raqqah），最初是一名犹太教徒，一度改宗基督教，追随雅各比派神学家尼西比斯的诺努斯（Nonnus［阿拉伯语拼作 Nānā］of Nisibis，卒于 862 年之后）学习多年，精通基督教神学和哲学，后又脱离基督教，回归犹太教，并撰写了两部反驳基督教教义的著作。穆嘉麦斯在《二十章》中自述，他还曾在大马士革与穆斯林神学家沙比卜·巴士里（Shabīb al-Basrī）辩论。① 至于他的教派归属，15 世纪后的卡拉派作者多将穆嘉麦斯归为本派前辈权威，中世纪拉比派思想家则往往将他与萨阿底·高恩并列，视其为拉比犹太教的神学先驱。而从穆嘉麦斯本人的著述来看，他并未显示出任何倾向于卡拉派的迹象。②

根据 10 世纪卡拉派神学大师吉尔吉萨尼的记述③，穆嘉麦斯翻译了两部基督教释经著作，分别是对《创世记》和《传道书》的评注，前者被称为《创造之书》（Kitāb al-Khalīqa），有片段存留，后者已佚。他还有两部针对基督教的论战性著作，分别是《驳斥之书》（Kitāb al-Darā'ah）和《对基督教的逻辑反驳》（Al-Radd 'alā al-Nasārā min Tarīq al-Qiyās），后者有片段存留，前者已佚。此外，《二十章》中

---

① Al-Muqammas, 'Ishrūn maqāla / Twenty Chapters (Arabic Edition), edited, translated and annotated by Sarah Stroumsa, Provo, Young Brigham University Press, 2016, 12.28~29（代表第十二章第 28~29 节，以下引用《二十章》章节编号均以 Stroumsa 考订本为准）。

② 关于穆嘉麦斯生平的考证，见 Sarah Strouma, "Introduction," in al-Muqammas, 'Ishrūn maqāla, pp. xv–xxiv.

③ Ya'qūb al-Qirqisānī, Al-Anwār wa-'l-Marāqib, vol. 1, edited by Leon Nemoy and H. A. Hussein, Cairo, General Egyptian Book Organization, 2019, p. 85.

提到穆嘉麦斯的另外两部著作，一部是《反驳佛教徒》（*Al-Radd ʿalā Ashāb al-Budūd*），另一部是《论逻辑学诸范畴》（*ʿArd al-Maqālāt ʿalā al-Mantiq*），两书都没有留传。[①]

穆嘉麦斯唯一相对完整留传至今的著作就是《二十章》（*ʿIshrūn Maqāla*），此书又名《宗教原理之书》（*Kitāb fī Usūl al-Dīn*），我们将在下一节中详述其内容。另外，还有一部仅存开头片段的神学著作《认一论》（*Kitāb al-Tawhīd*），也被归于穆嘉麦斯。

2. 《二十章》主要内容

《二十章》按主题可分为以下五部分：导论（第1—2章），宇宙论（第3—7章），神性论（第7—11章），神义论与先知论（第12—16章），护教论（第17—20章）。下面即按此次序介绍其内容。

（1）导论（范畴和认识论）

前两章构成全书的导论，主要阐明哲学与神学探讨的形而上学和认识论基础。在第一章中，穆嘉麦斯首先提出一切科学探讨所追问的四个基本问题：事物（即该门科学研究的主题）是否存在、其本质是什么、其性质是怎样的、其原因是什么。他进而解释这些基本问题中所包含的诸范畴，即存在、本质、性质和原因。

存在是"不是"（*lais*）的事物的相反者，它是"是"（*ais*），即被肯定性陈述所肯定的和被否定性陈述所否定的东西。存在可分为两类：一类是凭自身存在、独立于他者的，即实体；另一类是并非自身持存的，即偶性。实体和偶性各

[①] 穆嘉麦斯：《二十章》，10.26、3.15、14.2。

自可分为普遍的与个别的。此外，存在又可以根据时间性被区分为无始的与生成的，根据因果性被区分无原因的与被原因引起的。偶性又可以被进一步区分为九类，即亚里士多德十范畴中除实体之外的九种（数量、性质、关系、何时、何地、所处、所有、动作者、承受者）。

本质是对"是什么"这个问题的回答，是定义中将种属与差别及一般偶性区分开来的东西，它的存在使它所界定的事物得以存在，它的虚无使事物归于虚无。本质有两类：一类为单独的本质，可分为种本质和属本质；另一类是复合的本质，即由种与本质性差别复合而成的定义。

性质是对"这是哪个事物"这个问题的回答，是区分那些具有同一本质者的东西。性质分为两类：一类是本质属性，另一类是偶性。本质属性是划分种并建立属的差别。偶性是划分属并建立个体的差别。本质属性和偶性又各自可分为精神性的与物质性的。

原因是对生成事物的本质和性质何以如此的回答，是被他物引起的事物的起源或理由。原因可分为无始的与生成的两类。

第二章的主题是知识和真理。穆嘉麦斯首先按照第一章确立的模式追问知识是否存在、是什么、是怎样、为何存在。他运用归谬法来瓦解怀疑论者对于知识存在的质疑：如果怀疑论者基于知识断言没有知识，那他就承认了他所否定的知识；如果他出于无知提出这一断言，那他的言论根本不值得采信，因为他已承认了自己对所谈论的问题无知。

穆嘉麦斯将知识界定为对感知对象的确定无疑的理解，它用无矛盾的定义和描述来确立所知者。关于知识的性质，知识是一种精神偶性，产生自感觉对可感对象的感知和心灵反复思考这些对象直至理解其本质的活动，心灵由此推论并阐明其他对象。知识的原因就是它被欲求的理由，因为知识是人类模仿其创造者的途径，人凭借知识达到最崇高的幸福境界。

穆嘉麦斯遵循同样的思路确立真理的存在，因为真诚否定真理者已经预设了真理的存在。真理的定义是如实陈述存在的事物存在、不存在的事物不存在的命题。关于真理的性质，真理是灵魂借以达到宁静的命题，灵魂自知其述说的对象是如其所述说的、其描述的对象是如其所描述的；真理同时也是向他者说出的命题，灵魂借此向另一个灵魂告知后者先前不知道或自以为知道的东西；当理智关注、思虑集中、感觉正确发挥功能、可感对象不超出感知范围、口舌服从时，真理就会生成。

穆嘉麦斯认为，真理由于七种原因而被欲求：第一，我们通过真理确证我们自己是生成的而非无始永恒的；第二，我们通过它确证我们的创造者是无始无终的，不是曾经不存在、后来产生的生成者；第三，我们通过它确证造物主在其所降示的经典中叙述的内容，不将他未曾说过、未曾命令过的内容归于他；第四，我们通过它确证善人之善行与恶人之恶行；第五，我们通过它确证自身的善行与恶行；第六，我们通过它确证尘世交往，若没有这些交往，生活将无法维持；第七，如果我们总是讲真话，就会习于真理，不会失言和说谎，免于后者带来的不幸与损害。

（2）宇宙论

在这一部分，穆嘉麦斯首先从我们能够察知自己存在和我们总是在世界之中察知自己存在这两个直观判断出发建立世界的真实存在①，然后将世界界定为实体与偶性，即世界由实体与偶性构成，从逻辑上讲，实体凭自身存在，偶性依赖实体并存在于实体中。②

接下来，穆嘉麦斯着重探讨世界的实体和偶性是无始的还是生成的。他枚举了四种可能的立场：

> 考察世界的实体与偶性有四种可能：世界的实体与偶性都是无始永恒的，都不是生成的，这是错误的；其实体是无始永恒的，而其偶性是生成的，这是错误的；其偶性是无始永恒的，而其实体是生成的，这是错误的；其实体与偶性都是生成的，曾经不存在，都不是无始的，这是真实的。③

穆嘉麦斯试图证实最后一种立场，其论证思路如下：

> 我们说，偶性之所以被称为偶性，就是因为它在其他事物中持存，是依存于其他事物的状态。如果不是这样，它就不会被称为偶性了，这意味着它是生成的。实体由于其所承受者也是生成的，就像健康先前不存在、后来生成于实体之中，疾病和许多其他类似［偶性］也是如此。我们已经确证，实体接受偶性而偶性是生成的，因为实体的接受［这一活动］本身就是偶性的生成，如身体接受疾病、迪纳尔接受印纹，等等。如果世界上的所有实体都接受偶性，那它们必是生成的。这是非常清

---

① 穆嘉麦斯：《二十章》，3.1～5。
② 同上书，3.6～4.10。
③ 同上书，5.2。

楚的，除非我们的对手反对自己的理智，像谚语所说的，自相矛盾。①

这一论证的关键在于建立偶性的生成性。穆嘉麦斯从潜能与现实关系的角度切入这个问题：

> 认为偶性一直处于现实状态、未来也保持现实状态、不可能处于潜能状态的主张，明显站不住脚。因为我们和反对者都承认实体可以接受某种偶性及其相反者，如身体可以接受健康与疾病，物体可以接受运动与静止，诸如此类。但实体不是在同一时间、同一状态下接受相反者，而是在某一时间、某一状态分别接受其中之一，不会同时一起接受二者。因此，在其中一个消灭时另一个生成，一个生成时另一个消灭。既然如此，主张偶性一直处于现实状态、未来也将处于现实状态的观点就被证伪了。②

每一偶性都有相反者，实体在同一时间只能接受相反偶性中的一个，另一个则处于潜能状态，但它不可能永远处于这种状态、总会在某一时刻进入现实，因此，所有偶性都是生成的。现实中的实体必然接受相反偶性之一、无法脱离偶性，既然偶性都是生成的，那么，实体也是生成的。

至于世界性质如何的问题，穆嘉麦斯指出：

> 我们说，世界正如我们所描述的：其实体自我持存，其偶性依存于实体，其天球旋转。它所包含的都是物体，

---

① 穆嘉麦斯：《二十章》，5.7。
② 同上书，5.12。

分为两类：一类是重的物体，如土和水；另一类是轻的物体，如火和气。地是球状的，天是圆形的。地上的动物有的爬，有的走，有的飞。有的动物生活在水中，其中有的有壳、有的无壳。唯独人类是有理性的（nātiq），其他动物则是没有理性的。世界上的植物有很多种，有的是有营养的，如小麦等谷物、葡萄等水果；有的是有药用价值的，如诃子、墨牵牛子、柯罗辛；有的具有其他用处，如杉树和落叶松。这就是我们关于世界如何存在所要说的。①

穆嘉麦斯对世界构造的描述，基本沿用了亚里士多德主义的宇宙论框架：宇宙是一个球体，外层由旋转的诸天球构成，中心是地球，月下世界由火、气、水、土四元素构成，地上生物包括植物和动物，动物中唯有人是有理性的。

至于世界存在的原因，穆嘉麦斯指出："世界是为了有生命、有理性、有教养的人类而存在的，人类被赋予理智和知识以在世界中受到教育、进行思考并从中推论出其创造者，在世界中完成他的命令并获得他的奖赏、乐园和恩典。"②

(3) 神性论

穆嘉麦斯基于世界的本性论证神的存在：

> 我们在上文已经说明世界由实体与偶性构成、实体与偶性都是生成的，而事物不可能自我生成。既然事物不可能自我生成，就确证了有在它之外的创造者。如果

---

① 穆嘉麦斯：《二十章》，6.2～3。
② 同上书，6.4。

有人问事物何以不可能自我生成,我们回答:"如果事物自我生成,那它在生成之时无非两种情况之一:或者它在生成自身时存在,或者它在生成自身时不存在。如果它在生成自身时存在,那么,它在生成自身之前业已存在,这就意味着,书在书写自身前已经写成,建筑在建造自身前已经建成。如果它在生成自身时不存在,不存在者不可能造成存在。所以,事物不可能生成和造就自身,由此确证有在它之外的创造者。"①

穆嘉麦斯并不满足于显示世界的被造性,还要论证神是从无创造世界的:"我们在上文中已经说明世界由实体与偶性构成,实体是生成的,曾经不存在、后来进入存在,偶性也是生成的,曾经不存在、后来进入存在,由此显然可以证明世界的创生者不是从任何事物中创世的。"② 穆嘉麦斯在此具体针对的是萨比教徒③和摩尼教徒主张的质料永恒论(即认为神从无始存在的质料创造世界),但由于质料作为一种实体也是生成的,所以这种主张并不成立。④

穆嘉麦斯进而试图通过否证多神论的可能性建立神的单一性。他对多神教的反驳主要集中于摩尼教,后者主张神是物体且有两个。针对神的形体性信念,他提出如果神是物体,

---

① 穆嘉麦斯:《二十章》,7.1~2。
② 同上书,7.7。
③ "萨比教徒"(al-sābi'a)一词出自《古兰经》(2:62,5:69,22:17)。在中世纪阿拉伯语语境中指亚伯拉罕宗教传统之外具有一定的一神论倾向的异教徒,其特征是相信世界永恒、崇拜天体并从事各种巫术秘仪。相关探讨见 Sarah Stroumsa, *Maimonides in His World: Portrait of a Mediterranean Thinker*, Princeton, Princeton University Press, 2009, pp. 84-105。
④ 穆嘉麦斯:《二十章》,7.6、10。

那就意味着在神之外还有使之生成的原因。① 至于神的二元性，他提供了一系列反驳，这些反驳事实上也适用于信奉多于两个神祇的多神教版本②：

第一，两个神或者完全相同或者有所差异，如果完全相同，那实际上就是同一个神；如果在本质相同的条件下有所差异，那就意味着他们具有偶性，而具有偶性者是被生成的。

第二，两个神或者相互敌对或者和平共处，在敌对的前提下，如果二者势均力敌，那就会相互妨碍，谁也不能创世；如果一方强于另一方，那一方就会消灭另一方，被消灭者不会是神；在和平的前提下，如果双方能力均等，就意味着需要相互合作，那他们就都不是全能的，从而不是真正的神；如果一方能力大于另一方，较弱的就不是神。

第三，世界各部分相互依赖构成一个整体，这种秩序的统一性意味着创造者的单一性。

从一神论原则出发，穆嘉麦斯也反对基督教的道成肉身和三位一体教义。在他看来，如果世界的创造者成为人，那就意味着他同时具有永恒性和生成性，这是自相矛盾的。③ 而三位一体的三个位格或者被解释为三个实体，那就是三神论；或者被解释为三个偶性，那就意味着神是被生成的。④

穆嘉麦斯坚持，一神之"一"（wāhid）既指其单纯性，

---

① 穆嘉麦斯：《二十章》，8.4。
② 同上书，8.6~24、30~32。
③ 同上书，8.27~28。
④ 同上书，8.46~57。

即神是非复合的,其内部不包含任何部分,也指其独一性,即神不像任何他者、不与任何他者同类。① 与这种绝对一神论观念相一致,他在神圣属性论上持一种类似于穆尔太齐赖派的否定神学立场,认为神没有肯定性属性,启示经典中对神的肯定性描述实质上都是对相反属性的否定。② 因此,说神是活着的、有知识的,仅是说神不是死的、不是无知的,而并不意味着神具有在形而上学意义上分离于其本质的生命或知识属性,从而避免了神性内部的任何多样性。

至于原因这一基本问题,其实并不适用于神,因为神不是被原因引起的。但穆嘉麦斯提出了另一重意义上——我们或可称之为宗教现象学意义上——的原因问题,即神为何是我们的神?这个问题涉及的是崇拜者与被崇拜者的关系,它所追问的实质上是神为何是值得崇拜的。穆嘉麦斯给出的回答是:"因为其臣仆的存在,因为他创造了他的臣仆。"③ 也就是说,因为神创造了世间万物尤其是人类,所以他是值得崇拜的对象。这会引起另一个问题,即如果神是由于其造物而成为被崇拜的神,那他在创造世界之前岂非并不值得崇拜?穆嘉麦斯诉诸潜能概念来回应这一质疑:神在创造之前是潜在的被崇拜者,在创造之后成为现实的被崇拜者,因此,他从无始以来一直是值得崇拜的。④

(4)神义论与先知论

穆嘉麦斯认为,神是正义的,他为了人的利益而赋予人

---

① 穆嘉麦斯:《二十章》,8.44、58~60。
② 同上书,9.4、6。
③ 同上书,11.2、6。
④ 同上书,11.7。

自由意志和区分善恶的能力，并将根据人自身的选择及行为来施以赏罚。① 人具有理智、激情、欲望三种官能，当这三种官能处于均衡状态时人就能够自觉地过一种有德性的生活。但由于种种现实条件的限制，人的官能经常会出现失衡的情况，使人坠入道德缺陷，针对这种情况，神又通过先知颁布启示律法，以引导和规范人的德性发展。② 至于赏罚，则同时及于灵魂与身体，兼涉此世和来世：义人会享受德性本身带来的快乐和有序的社会生活，并可预期死后在乐园中的永恒至福；恶人则会被负罪感折磨并生活于其恶行导致的混乱社会，且来世会遭受永罚。③

穆嘉麦斯对先知启示的捍卫主要针对的是婆罗门（al-Barāhima）④ 的观点：

> 有两种一神论者：肯定神派遣先知是必要的一神论者，另一种是否定这种必要性的一神论者。后者是婆罗门。（1）他们提出，关于神所派遣的先知有两种可能：

---

① 穆嘉麦斯：《二十章》，12.18～23。
② 同上书，15.13～24。
③ 同上书，15.26～31、16.2、27。
④ 关于伊斯兰和犹太凯拉姆文献中对婆罗门反先知论的记述及其可能来源的探讨，参见 Paul Kraus, "Beiträge zur islamischen Ketzergeschichte: das Kitāb al-Zumurrud des Ibn al-Rāwandī," *Rivista degli Studi Orientali*, vol. 14, 1934, p. 356; Shlomo Pines, "Shī'ite Terms and Conceptions in Judah Halevi's Kuzari," *Jerusalem Studies in Arabic and Islam*, vol. 2, 1980, pp. 220-223; Binyamin Abrahamov, "The Barāhima's Enigma: A Search for a New Solution," *Die Welt des Orients*, Bd. 18, 1987, pp. 84-89; Norman Calder, "The Barāhima: Literary Construct and Historical Reality," *Bulletin of the School of Oriental and African Studies*, University of London, vol. 57, no. 1, 1994, pp. 49-50. 这种基于理性主义反对启示的"婆罗门"观点实质上更接近于佛教立场，相关探讨见 Sarah Stroumsa, "The Barāhima in early Kalam," *Jerusalem Studies in Arabic and Islam*, vol. 6, 1985, pp. 229-241; 同前，"Introduction [of *Twenty Chapters*]," p. xlii.

或者他值得成为先知，或者不值得。如果他值得成为先知，那或者是通过知识的完善或者是通过行为的完善或者是二者兼而有之……而当人达到这种境界，就不再需要先知了。……（2）他们（婆罗门）争辩道：关于先知只有两种可能：他或者是德性完满的（kāmil al-salāh）或者不是。如果他是德性完满的，将他扣留在这个试炼之世，哪怕只有一刹那，也与至睿者（上帝）的公义不符，因为他应当在报偿之世获得他的奖赏。将他扣留在试炼之世是对于报偿的一种毫无必要的延迟，至睿者不会做这种事情。如果他尚未达到德性完满，那他就像所有其他不完满的人一样，并不比任何他人更值得成为先知。在两种情况之下，对于先知的宣称都会被证伪。①

婆罗门对启示的反驳包含两个论证：论证（1）从人类理智自足推出先知不必要；论证（2）从神义论出发推出先知不可能。由于手抄本中此章内容存在脱漏，穆嘉麦斯对论证（1）的回应没有留存，但根据他在启示问题上的一般立场，他很可能从神对人性弱点的悲悯和教化的视角出发来应对这一质疑。

针对论证（2），穆嘉麦斯提出：

> 我们说，有两种德性，一种是一般的，另一种是特殊的。一般德性适用于先知和非先知，它适用于我们，如行善戒恶的义务以及附属于此的各种品行。特殊德性（al-salāh al-khāss）是一种教化和指引他人的关切，是

---

① 穆嘉麦斯：《二十章》，13.1~3；汉译文中的（1）、（2）序号为笔者所加。

加之于先知、祭司和利未人的义务。①

在他看来，先知具有超出常人的特殊德性，相应地负有教化众人的责任，神也会因为这种额外的功德而对先知施以特殊的报偿。

在论证先知启示的合理性之后，穆嘉麦斯试图建立犹太先知摩西所带来启示的优越性。他提出以下衡量先知启示的标准②：在内容方面，它必须被理智和感觉同时证实；在传承上，它必须通过多种渠道和语言被无争议地代代相传，而且需要以书面经典的形式被记录；同时，它必须被明显的奇迹支持，这些奇迹有大量的见证人且持续一段时间，先知的追随者应当不诉诸武力而取得对敌人的奇迹性胜利。根据这些标准，摩西传统无疑是最完善的先知启示。③

（5）护教论

按照全书的设计，最后四章的主题应为护教论，即对各种异教及异端观点的反驳。穆嘉麦斯在第8章反驳基督教教义时提到："我们将在本书的末尾提到另一些论证，在那几章中我们会完整叙述各种宗教教义并择要反驳之。"④ 这一部分文本已佚，仅余第20章希伯来语译文片段。其内容颇类似于帕斯卡尔的信仰"赌博"：

> 在本书最后一章，我们将论述神圣律法的真实性。因为即使我们反对者的观点是正确的，我们的信仰对我们也丝毫无害。然而，如果我们的观点是正确的，我们

---

① 穆嘉麦斯：《二十章》，13.6。
② 同上书，14.2～11。
③ 同上书，14.12～18。
④ 同上书，8.27。

的反对者就会遭受损害和灭亡。[手抄本中间有阙文]如果否定先知启示者的观点是正确的，这种否定不会给他们带来任何益处，而我们的信仰不会给我们带来任何害处，因为我们旨在行善戒恶。但如果我们的观点是正确的，我们的反对者就是要被惩罚的不信者，而我们则会作为信仰者获得奖赏。①

3. 穆嘉麦斯思想著述的哲学史意义

穆嘉麦斯是迄今所知第一位犹太凯拉姆学家，《二十章》则是现存最早的凯拉姆神学大全式著作。此书从认识论出发，按主题分章，涵盖启示一神教全部重要神学问题，对每一问题做辩证探讨，列举和检视所有逻辑可能或现实存在的意见，运用归谬法排除错误意见，同时设想针对本教立场的各种质疑并逐一回应。这种结构体例被后来的中世纪穆斯林和犹太神学家普遍采用，凯拉姆各派的系统神学著作，如萨阿底·高恩的《信念与意见》（*Al-Amānāt wa'l-I'tiqādāt/Emunot ve-De'ot*)、马图里迪（Māturīdī，卒于944年）的《认一论》（*Kitāb al-Tawhīd*)、阿布杜·贾巴尔（Qādī 'Abd al-Jabbār，卒于1025年）的《五原则阐释》（*Sharh al-Usūl al-Khamsa*）和朱韦尼（al-Juwaynī，卒于1086年）的《指导书》（*Kitāb al-Irshād*)，基本都以这种模式写成。鉴于当时的文化格局以及穆嘉麦斯的教育背景，尤其是《二十章》有限的传播范围，这种体例不太可能是由穆嘉麦斯原创而后传入伊斯兰思想界，

---

① 穆嘉麦斯：《二十章》，20.1～2。关于帕斯卡尔之赌，见帕斯卡尔：《思想录》，何兆武译，上海人民出版社，2007年，第101～104页；关于穆嘉麦斯与帕斯卡尔论证的相似性，参见 Stroumas, "Introduction," p. xlv.

而更可能是源自叙利亚基督教神学和早期穆尔太齐赖派凯拉姆①，穆嘉麦斯通过改宗基督教时期的神学教育或者通过与穆斯林思想家的交流——也可能同时从这两个来源——接触到这种神学探讨的模式，并对其做出适应犹太教需要的调整。由于其"原型"在较早和同时代的叙利亚语与阿拉伯语文献中都尚未被发现，我们现在无法确切指认穆嘉麦斯的思想来源。但无论如何，《二十章》作为唯一留存至今的9世纪阿拉伯语系统神学著作，还是为我们提供了凯拉姆体系形成期的宝贵一手信息，具有无可替代的史料价值。

　　穆嘉麦斯选择用阿拉伯语②写作，甚至在援引《圣经》时都使用阿拉伯语译文，显示出一种积极参与时代思想潮流和宗教对话的坚定意向。从内容上看，穆嘉麦斯对当时的基督教（主要是东方教会）和伊斯兰教神学-哲学所关注的问题及解决进路都有深切的了解，往往能提出切中肯綮的批评。而且，他的对话者不限于亚伯拉罕一神教传统，更包括来自东方（波斯、中亚和印度）的摩尼教徒和"婆罗门"，这显示了

---

　　① 关于《二十章》体例的来源，斯钟萨基于穆嘉麦斯的改宗经历及其著作所体现出的基督教影响，推测他的写作体例应受到基督教范本的启发，而弗罗洛夫则认为穆嘉麦斯是根据穆尔太齐赖派五大原则设计了此书的结构，参见 Stroumsa, "Introduction", pp. xxxi–xxxii; Dmitri Frolov, "Notes on the Composition of David Muqammis's *Twenty Chapter*," in *Alei Asor: Proceedings of the Tenth Conference of the Society for Judaeo-Arabic Studies*, edited by H. Ben-Shmmai and D. Lasker, Beer-Sheva, Ben Gurion University Press, 2008, pp. 5–18. 如果基督教范本说成立，那将在一定程度上支持迈蒙尼德提出的凯拉姆最初源于基督教的观点（迈蒙尼德:《迷途指津》，第166～167页）。但值得注意的是，穆嘉麦斯所接触的9世纪基督教神学已经在与伊斯兰凯拉姆的互动中受到后者影响，参见 Stroumsa, "Introduction", p. xlix, n. 162。

　　② 《二十章》现存手抄本都是用希伯来-阿拉伯语（Judeo-Arabic，即以希伯来语字母拼写的阿拉伯语，系中世纪生活于伊斯兰世界的犹太知识分子通用的标准书面语言）写成，但斯钟萨据抄本中的规律性拼写错误推断原文底本使用的是阿拉伯语字母，参见 Stroumsa, "Introduction", p. xlv, pp. li–lii。

中世纪阿拉伯—伊斯兰世界多元文明交流的空前广度和丰富性，而形成中的凯拉姆恰恰为各种思想的对话交融提供了共通的思辨话语平台。

如果比较穆嘉麦斯与伊斯兰凯拉姆的神学观点，就会发现，他在宇宙论、神圣属性论和神义论上深受穆尔太齐赖派影响，而在逻辑学—认识论上则体现出更多的亚里士多德主义色彩，他几乎全盘吸收了亚里士多德的范畴学说，贯穿《二十章》全书的"四问题"也显然源于逍遥派传统。① 这种综合凯拉姆和希腊哲学-科学方法的理论进路，被萨阿底·高恩继承，成为中世纪拉比犹太教神学的一个根本特色。值得一提的是，穆嘉麦斯和萨阿底都在接受伊斯兰凯拉姆实体—偶性论形而上学框架的同时舍弃了其原子论学说，这很可能是因为后者与亚里士多德主义立场明显冲突。另外，卡拉派神学则进一步强化穆嘉麦斯理论中的穆尔太齐赖派倾向，形成一套完整的原子偶因论体系。因此，穆嘉麦斯实质上开启了犹太凯拉姆传统，这一传统的两个主要派别都能在他的思想中找到源头和逻辑起点。

二、卡拉派哲学思想

1. 卡拉派思想发展历程

犹太教卡拉派形成于 9 世纪中叶，以否定拉比犹太教的塔木德传统著称。该派将 8 世纪巴比伦著名犹太学者阿南·

---

① 亚里士多德：《后分析篇》，89b23~35。

本·大卫（Anan ben David）奉为创始人，因为相传阿南曾宣示两条原则："在《律法书》中仔细查考，不要依赖我的意见。"① 卡拉派的名称（qara'im），原意可能是"（《圣经》）诵读者"或"宣教者"，该派也自称为"《圣经》之民"（Ba'alei ha-Mikra）。

卡拉派否定拉比犹太教所传承的"口传律法"的权威性，主张以《圣经》为唯一法源，也就是要将犹太律法仅仅建立在《摩西五经》、先知书和圣著的基础上。该派在神学上系统接受穆尔太齐赖派凯拉姆理论，坚持绝对一神论和神义论原则，反对神人同形同性论，对《圣经》中的相关描述做寓意解释。在法学上吸取了同时代的伊斯兰教法学（Fiqh）的类比方法（qiyās），运用逻辑推理的手段从经典文本中演绎出律法规定。同时，在从希伯来语法和文献学的角度研究《圣经》方面取得杰出的成就。

早期卡拉派领袖但以理·库密西（Daniel al-Qūmisī，活跃于 900 年前后，生于波斯北部，后迁居耶路撒冷，创立巴勒斯坦卡拉派社区）在一篇布道中，出于为以色列人界定正统信仰的考虑提出一系列神学信条：（1）神从无创世；（2）神是独一的；（3）人区别于其他造物之处在于具有理性、自由选择和语言，而神将据此审判人；（4）人的理性使其能够认识自己的创造者和最终审判者；（5）存在来世的永恒赏罚，这种赏罚同时及于灵魂与身体；（6）神将律法赐予以色列人，只有摩西遵从上帝的指令写下的成文律法才是真实有

---

① Fred Astren,"Karaite Historiography and Historical Consciousness," in *Karaite Judaism*, edited by Meira Polliack, Leiden, Brill, 2003, p. 25.

效的；(7) 奇迹由神直接创造，而非出自天使或人类。①

后来，拜占庭卡拉派思想权威以利亚·巴士亚齐（Elijah Bashyatchi，卒于 1490 年）仿照迈蒙尼德为拉比犹太教总结信条的先例，将卡拉派基本教义概括为以下十条：

> (1) 一切有形事物，即众天球及其上的一切，都是被造的；(2) 一个永恒的、非受造的造物主创造了这一切；(3) 神没有形象且在任何意义上都是独一的；(4) 神派遣了先知摩西；(5) 神通过摩西给与了完美的律法；(6) 每一个信仰者都有义务学习《律法书》的原文及其解释；(7) 神也对摩西之后的其他真先知做出启示；(8) 神将在审判日复活所有人；(9) 神根据每个人的行为及其后果给予赏罚；(10) 神并未离弃流散的民众，他们正在承受神的正义惩罚，应当每日期盼通过大卫后裔弥赛亚之手实现的神圣救赎。②

在 10—11 世纪，卡拉派影响达到极盛，在巴勒斯坦、埃及、巴比伦和波斯等地都有分支，涌现出吉尔吉萨尼（Yaʻqūb al-Qirqisānī，活跃于 10 世纪上半叶，生于叙利亚东部，游历遍及中东）、雅弗·本·以利（Yefet ben ʻElī，活跃于 10 世纪下半叶，生于巴士拉，后迁居耶路撒冷）、约瑟·巴绥尔（Yūsuf

---

① 以上信条的排序与表述系基于本-夏迈的归纳，见 Haggai Ben-Shammai, "Major Trend in Karaite Philosophy and Polemics in the Tenth and Eleven Centuries," in *Karaite Judaism*, pp. 342-343。库密西信条论述的原文及英译，见 Leon Nemoy, "The Pseudo-Qūmisīan Sermon to the Karaites," *Proceedings of the American Academy for Jewish Research*, vol. 43, 1976, pp. 55-60, 88-90。尼莫伊虽质疑此布道的作者归属，但仍认为"这个文本明显属于卡拉派历史的早期阶段"（Nemoy, "The Pseudo-Qūmisīan Sermon," p. 50）。

② *Karaite Anthology*, edited and translated by Leon Nemoy, New Haven, Yale University Press, 1952, p. 250.

al-Basir，卒于 1040 年左右，生于伊拉克，后迁居耶路撒冷）等一批著名神学家和经学家，对拉比派的主导地位形成强烈冲击。中世纪前期拉比犹太教的代表人物如萨阿底·高恩等，多有反驳卡拉派的著作。从 12 世纪起，卡拉派的扩张态势结束，与拉比犹太教的关系趋于缓和，影响逐渐式微但仍有稳定传承。在中世纪后期，卡拉派中心转移至拜占庭和欧洲。进入现代，克里米亚和东欧成为该派的主要聚居地。以色列建国后，卡拉派大部分移居以色列，现在人数大致在 3 万人。

卡拉派神学在哲学史上的主要贡献在于两个方面：其一是完整保存和系统阐发了源自伊斯兰凯拉姆的原子-偶性论，其二是在中世纪犹太教中建立了一种理性化的释经传统。我们在下文中将分别考察这两个方面。

2. 原子论

卡拉派关于原子与偶性的论述最早出现于 10 世纪。当时最具影响力的卡拉派神学家吉尔吉萨尼，在其律法学著作《光与灯塔之书》(*Kitāb al-Anwār wa-'l-Marāqib*) 中指出："所有事物或者是物体，或者是偶性，或者是实体 (*jawhar*)。"[①] 他将物体界定为有长、宽、高且可分的事物，偶性则是寄寓于一个载体或物体的可感事物，如颜色和运动。而这里所说的"实体"实际上是"单独实体" (*jawhar fard* 或 *jawhar wāhid*) 的简称，后者在伊斯兰凯拉姆语境中是指称原子（即构成物体的不可再分的部分）的术语。[②] 此外，在

[①] 转引自 Haggai Ben-Shammai, "Studies in Karaite Atomism," *Jerusalem Studies in Arabic and Islam*, vol. 6, 1985, p. 245。

[②] Maimonides, *Dalālat al-Hā'irīn*, edited by S. Munk and I. Joel, Jerusalem, Junovitch, 1929, pp. 134–135; Shlomo Pines, *Beiträge zur Islamischen Atomenlehre*, Berlin, Friedrich Wilhelms Universität, 1936, pp. 3–4.

其《创世记评注》中，他在解释火的创造时指出空气原子由于被加热而转化为火，在论证大地是球形时提到构成大地的原子的均匀分布作为证据。①

卡拉派经注学集大成者雅弗·本·以利，也运用原子论来解释《圣经》中记述的奇迹。他将《出埃及记》（4：3-4）中摩西手杖变成蛇的奇迹解释为神在一瞬间消灭了组成手杖的原子而代之以组成蛇的原子。② 他又在解释《以赛亚书》（51：6）经文"天必像烟云消散、地必如衣服渐渐旧了"时提出：

> 神相继消灭一个个原子，又在一瞬间生成其替代者。消灭的不是相互连接的部分，而是分离的原子。天球是运动的，而非静止的。尽管当某个原子消灭时它的位置尚未被腾空、[新生原子的]位置也尚未被占据，天球的运动仍是可能的。③

吉尔吉萨尼和雅弗关于原子的生灭、偶性、时间和位置的陈述显然预设了穆尔太齐赖派的形而上学与宇宙论，但它们都只零散出现于释经语境中。对这一理论的系统阐发则见于11世纪卡拉派神学家的著述。

约瑟·巴绥尔系统接受了穆尔太齐赖派巴士拉支派尤其是以阿布杜·贾巴尔为代表的巴赫沙米学派（Bahshamī）理论。④ 巴绥尔在两部著作《大全之书》（*Kitāb al-Muhtawī*）

---

① Ben-Shammai, "Studies in Karaite Atomism," pp. 246-248.
② Ibid., p. 250.
③ Ibid., p. 251.
④ 参见 Wilferd Madelung and Sabine Schmidtke, *Rational Theology in Interfaith Communication: Abu l-Husayn al-Basrī's Mu'tazilī Theology among the Karaites in the Fātimid Age*, Leiden, Brill, 2006, p. 2.

和《鉴别之书》（*Kitāb al-Tamyīz*，又名 *al-Mansūrī*）中详尽阐发了原子论体系。

他在《大全之书》开头列举了凯拉姆形而上学的十八个范畴：

(1) 事物（*shay'/kelūm*）[①]；

(2) 存在者（*mawjūd/metzū'ī*）；

(3) 非存在者（*ma'dūm/āfūs*）；

(4) 无始者（*qadīm/qadmōn*）；

(5) 生成者（*muhdath/hādāsh*）；

(6) 原子（*jawhar, juz'/hatīka*）；

(7) 物体（*jism/gewiyya*）；

(8) 偶性（*'arad/efa'*）；

(9) 聚合（*ijtimā'/hibbūr*）；

(10) 分离（*iftirāq/hafrāda*）；

(11) 运动（*haraka/rehīsha*）；

(12) 静止（*sukūn/shekīna*）；

(13) 复合物（*mujtami'/mehubbār*）；

(14) 分离物（*muftariq/mufrād*）；

(15) 动者（*mutaharrik/rōhēsh*）；

(16) 静者（*sākin/shōkēn*）；

(17) 占据（*shāghil/me'assēq*）；

(18) 寄寓（*yahillu/hōne*）。[②]

巴绥尔将一切生成的事物区分为两类，即原子与偶性。

[①] 斜线前是巴绥尔使用的阿拉伯语术语，其后是相应的中世纪希伯来语译名。

[②] Ben-Shammai, "Studies in Karaite Atomism," pp. 255-256.

原子组成具有长、宽、高的物体，偶性寄寓于实体（即原子和物体）之中。他进而给出原子的定义：

> 所谓原子的定义是不能一分为二的事物，它因微小而不可见。它不能被我们析分，也不能被任何他者析分。［构成］实体的原子不同于偶性，因为偶性不占据位置，而原子只要存在就会占据位置。①

这一定义指出原子的两个特质：其一是不可分性，其二是占据位置。这里所说的不可分性，是指原子既不能被人也不能被神析分。他在下文中明确指出：

> 我们说原子不能被神析分，因为它就不应被析分。我们没有说这是因为缺乏能力，即神无力析分原子。我们这么说，只是因为原子不应被析分。神不会做不合理的事情，他只做正确的事情，其一切作为都是合宜的，但［析分原子］不是合宜的，神不这样做不是因为他的无力或无能。他决定原子应是不可分的，因为［析分原子］是不合宜的，他不会析分它。假如某人试图做不应做的事情，他肯定会为此被全世界谴责。同理，我们证成了"［原子］既不能被我们也不能被神析分"这一论断，因为神不可能做不合宜之事，正如神不意愿任何不应为之事。因此，原子既不能被我们也不能被神析分。②

---

① 巴绥尔：《鉴别之书》，转引自 Ben-Shammai, "Studies in Karaite Atomism," p. 259。

② 转引自 Harry A. Wolfson, *Repercussions of the Kalam in Jewish Philosophy*, Cambridge, MA, Harvard University Press, 1979, pp. 194-195。

巴绥尔诉诸穆尔太齐赖派关于神只做合理之事的神学理性主义原则，来建立原子的绝对不可分性。如果用形而上学的语言来表述这一原理，那就是，原子是在实际上和理论上都不可再分的终极物理实体。

至于原子的另一本质特征占据位置，巴绥尔做出如下说明：

> 当原子存在时，它被描述为占据位置的，即它不会让另一个原子进入它的位置。但另一个原子可以在长度的方向上与它相接，这两个［相接的原子］就被称为"线"。当另外两个原子在宽度的方向上与这条线相接，这些［相接的原子］就被称为"面"。当另外四个原子在高度或深度的方向上与这些［原子］相接，这个整体就被称为"物体"。①

据此，原子是几何点式的存在者，只占据位置，自身没有大小。只有当至少八个原子在三个维度上相接，才组成一个具有量度的物体："这些原子的大小缘于它们彼此相接，它们彼此相接缘于它们占据［位置］，由此它们区别于偶性。"② 需要指出的是，原子在现实中始终处于某种程度的聚合状态，这意味着，一个原子只有在与另外至少一个原子相接的条件下才能进入或保持实存。③

在凯拉姆形而上学中，偶性是与原子相区别，同时又不能脱离原子的一类存在者：

---

① 巴绥尔：《大全之书》，转引自 Ben-Shammai, "Studies in Karaite Atomism," p. 258。

② 巴绥尔：《鉴别之书》，转引自 Ben-Shammai, "Studies in Karaite Atomism," p. 258。

③ Ibid., p. 260.

> 偶性的定义是发生于他物之上的事物。它不像物体那样能[自身]持续。这意味着有两种类型的偶性：可持续的和不可持续的。后者完全不能持续，也就是说，不能寄寓于一个载体超过两个瞬间，就像声音和意愿。可持续的偶性就像黑色之类，但它也不能拥有物体那样的[存在]状态，因为当物体仍持续时它就消失了，比如某个动因想要用黑色的相反者如白色或红色取代它。在物体存续期间，这些相反的偶性相继发生于物体之上，并相互排除。相继发生的偶性有：聚合与分离，运动与静止——这些[偶性]决定了物体作为聚合的或分离的、运动的或静止的存在[状态]。①

巴绥尔的弟子约书亚·本·犹大（Yeshu'ah ben Judah，活跃于1040—1060年）进一步解释这些偶性的存在状态：

> 两个分属于不同瞬间的声音不可能同时存在于同一个载体，因为它们中的每一个都限定于一个特定的瞬间，不能更早或更晚存在。至于黑色，则有另一种状态，因为它不限定于一个瞬间。②

声音等不可持续的偶性只能存在一个瞬间，而颜色等可持续的偶性尽管不限定于一个特定的时刻，也不可能恒久持存，因为其相反者具有同等的存在可能性，必将相继

---

① 巴绥尔：《鉴别之书》，转引自 Ben-Shammai, "Studies in Karaite Atomism," pp. 262-264。
② 约书亚·本·犹大：《创世记评注》（*Bereshit Rabbah*），中世纪希伯来语译文及德语译文见 Martin Schreiner, *Studien über Jeschu 'a ben Jehuda*, Berlin, Achtzehnter Bericht über die Lehranstalt für die Wissenschaft des Judentums in Berlin, 1900, p. 50。

进入存在。如同上一节提到的穆嘉麦斯、巴绥尔和约书亚也从偶性的生成性出发证明世界的生成性。① 但他们特别重视的是动、静、分、合这四种偶性，它们被视为原子的本质偶性，也被称为"是"（*kawn*，复数 *akwān*），因为原子的本质特性是占据位置，结合时间维度来看，它必然是或者在两个连续时刻占据同一位置（即静止），或者占据不同位置（即运动）；从它所占据的位置来看，它必然是或者与另一原子无间相邻（即聚合），或者与其他原子之间有空间距离（即分离）。巴绥尔指出"是"与"存在"间的本质关联：

> 因此我们将神描述为一个不占据位置或载体的"是者"，借此指称他的存在。用"是"来界定"存在"是正确的，因为在阿拉伯语中说"某某是……"与说"某某存在"没有分别。就像前面解释过的，生成意即存在，是被产生的，当一个事物的存在被产生，它的特征就显现出来，它就被说成"是……"。正是在这个意义上，它被描述为存在者，而这两个词（是者与存在者）的意义是相同的。②

由于动、静、分、合这四种原子之"是"的基本状态都是生成的，原子又不可能完全脱离这些状态而存在，所以原子也是生成的。在巴绥尔看来，这一论证的前提（即实体不可能脱离本质偶性而存在，不能脱离生成者的事物本身是生成的）

---

① 关于巴绥尔的论证，见 Ben-Shammai, "Studies in Karaite Atomism," pp. 270–271；关于约书亚的论证，见 Schreiner, *Studien über Jeschu 'a ben Jehuda*, pp. 25–38。

② 巴绥尔：《大全之书》，转引自 Ben-Shammai, "Studies in Karaite Atomism," p. 271。

属于理性自明的必然知识（darūrat）。① 既然一切可观察的实体都是生成的，其存在与非存在具有同等可能，那么，一定有一个非生成的动因发挥作用使其进入存在，这个动因就是神。② 由此，巴绥尔将一神论信条建立在原子偶因论的形而上学基础之上，正如他在《大全之书》第22章结论中所说的：

> 至此我们完成了认一论的五大原理：（1）证成原子与偶性；（2）证成造物主［存在］；（3）证成造物主的属性；（4）拒斥被误归于造物主的他不可能具有的属性；（5）证成他的独一性，即没有另一个神，他的属性都专属于他。

经过巴绥尔和约书亚阐发的原子-偶性理论，被卡拉派学者广泛接受，成为该派教义学体系的一个基本组成部分。12世纪后，随着卡拉派中心逐渐转向拜占庭和东欧，两人的著作被翻译成希伯来语，其后学也开始在希伯来语境中发展原子论学说。

12世纪生活于君士坦丁堡的卡拉派学者犹大·哈达西（Judah Hadassi），在其宗教百科全书《海娜花簇》（Eshkōl ha-Kofer）中沿袭了巴绥尔的原子定义：

> 无法被析分或切割为二的事物称为原子（hatīka）或微粒（hēleq）。它是眼睛不能看见的最细小的事物。设想将最细小的灰尘或面粉不断研磨，直到其性质改变，达

---

① 巴绥尔：《大全之书》，转引自 Ben-Shammai, "Studies in Karaite Atomism", p. 271。卡拉派神学家继承了凯拉姆的知识分类，将知识分为直接知觉、理性自明知识、逻辑推理和可靠传述四种，其中前两种被认为是必然知识，参见 Ben-Shammai, "Major Trend," pp. 346–347.

② Madelung and Schmidtke, *Rational Theology*, pp. 20–21.

到不可再分的细微程度［，我们就得到了原子］。①

他同样将神与原子构成的有形物体对比：

> 神不被任何边界限制，也不被任何位置包含。因为只有限于维度的事物才需要一个停留的位置。任何需要位置的事物都是物体。我们在前面已经解释过何为物体，即它是被长、宽、高三维所限制的事物，由原子构成。②

值得注意的是，哈达西在此书另一场合又提出原子论面对的困难：

> 根据一些哲学家的意见，物体有四种性质，但另一些人又主张物体由原子构成。针对原子论者，以下反对意见可能被提出：第一，根据定义，原子是不可分的事物，不可分的事物没有维度，没有维度的事物不可能相互连接构成物体；第二，原子没有热、冷、干、湿等性质，因此由原子聚合构成的物体也无法具有这四种性质。但物体都具有这些性质，所以物体是由四种自然本性③构成的。④

哈达西没有说明究竟哪一种学说才是他的最终立场。两种相互冲突学说的同时出现，反映了当时亚里士多德主义物理学作为一种替代性思想资源已经进入卡拉派思想家的视野，并对原子论形成冲击。但这一挑战最终并未动摇后者在卡拉派神学中的主流地位。14世纪卡拉派神学权威尼科美底亚的

---

① 转引自 Ben-Shammai, "Studies in Karaite Atomism," p. 276。
② Ibid., p. 278.
③ 即四元素。
④ 转引自 Wolfson, *Repercussions of the Kalam*, p. 171。

亚伦·本·以利亚（Aaron ben Elijah of Nicomedia）在其神学著作《生命之树》（*Es Hayyim*）中征引哈达西提出的上述困难后，指出："他显示了我们的贤哲在这个问题上有分歧，一些人相信物体由四种自然本性构成，而另一些人相信物体由原子构成。"① 亚伦本人明确坚持原子论立场，宣称凯拉姆与圣经教诲完全一致，实质上源于犹太教，而亚里士多德主义则源于异教，与犹太教根本教义相冲突。②

亚伦事实上并没有完全拒斥希腊哲学，而是吸收亚里士多德主义逻辑学的范畴和推理形式来重新表述凯拉姆论证。他总结出原子论的五个前提：（1）感官仅知觉到有物体与偶性；（2）感官知觉到偶性不是物体的本质性部分；（3）一些凯拉姆学家区分属性和偶性，前者对物体而言是本质性的（如占据位置就是这种属性），后者即使不存在、实体仍可持存；（4）物体或者是聚合的，或者是分离的；（5）由于物体可以是聚合的，也可以不是聚合的，聚合就不是本质性属性，而是偶性。从这五个前提可以得出结论："一定存在不承载聚合偶性的载体，这就是原子。"③ 亚伦认为，这构成一个必然的理性推理，其逻辑效力至少不弱于亚里士多德主义哲学家们（*al-Falāsifa*）建立质料与形式的论证。④

3. 理性主义释经进路

由于卡拉派将希伯来《圣经》视为唯一的启示法源，《圣经》解释在其宗教学术中占据了最显要的地位。几乎每一个

---

① Wolfson, *Repercussions of the Kalam*, p. 171.
② Julius Guttmann, *Philosophies of Judaism: The History of Jewish Philosophy from Biblical Times to Franz Rosenzweig*, p. 92.
③ 转引自 Ben-Shammai, "Studies in Karaite Atomism," p. 281。
④ Ibid., pp. 284-285.

卡拉派学者都首先是一位释经家，其神学和哲学思想往往通过《圣经》评注的形式得到表述。而对口传律法的拒斥，一方面解放了卡拉派学者的思想，使其较少受到拉比犹太教中盛行的神话思维和神秘主义倾向的影响；另一方面也使他们缺失了《塔木德》文献中所包含的丰富立法资源，仅仅凭靠《圣经》自身的内容和传统的释经手段不足以获得指导及规范现实生活的信息，他们需要更强有力的解释工具——这就是以哲学和科学为代表的理性思辨。因此，理性主义进路在卡拉派释经中获得更为充分的发展，这也是卡拉派思想家青睐并接受穆尔太齐赖派神学的一个内在缘由。

卡拉派的理性主义释经包含两个层面：首先是表义（peshat）的层面，卡拉派释经家致力于对《圣经》文本做一种语言学和历史语境的探究，运用古典希伯来语文学来还原经典文本正确的字面意义，从《圣经》时代的社会、政治和修辞背景出发去揣摩摩西立法和先知启示的动机及理据；然后是寓意（ta'wīl）的层面，即对《圣经》中看似自相矛盾或与哲学-科学知识相矛盾的陈述（特别是有神人同形同性论色彩的经文）做出合乎理性的解释。①

吉尔吉萨尼在其摩西五经评注《花园之书》（Kitāb al-Riyād wa'l-Hadā'iq）中开宗明义，阐发了卡拉派《圣经》解释学的方法论前提。他首先指出《圣经》与理性本质上并

---

① 关于全盛时期卡拉派表义与寓意释经方法的概览，参见 Meira Polliack, "Major Trend in Karaite Biblical Exegesis in the Tenth and Eleventh Centuries," in *Karaite Judaism*, pp. 363-413；关于卡拉派对涉及神人同形同性论经文的解释，参见 Marzena Zawanowska, "The Bible Read through the Prism of Theology: The Medieval Karaite Tradition of Translating Explicit Anthropomorphisms into Arabic," *Journal of Jewish Thought & Philosophy*, vol. 24, 2016, pp. 163-223。

不存在冲突：

> 让我们开始解释"起初"（《创世记》，1：1），因为这是《律法书》的第一个词，其中包含隐藏的意义和深奥的问题，需要解释者根据理性与哲学来加以探讨和研究。有一些学者试图从事这一工作却并不兼备《圣经》文本与理性思辨两方面的技巧，他们想象《圣经》对创世及其次序的叙述与哲学和理性的原则相冲突。但事实并非如此，对这两门学科确有真知的人了解二者是相互确证的。研究者只要摒除偏见就会发现，《圣经》其实是哲学的根基之一。①

吉尔吉萨尼认为《圣经》支持理性思辨并包含哲学知识，而这种思辨和知识是通达《圣经》奥义的不可或缺的阶梯：

> 在开始这项工作之前，必须从《圣经》的角度证明理性思辨和哲学前提的合法性，我们会提到一些涉及和指向它们的经文段落。我们之所以这样做，是因为我们的一些学者一听到涉及哲学思辨的解释就会骇然惊走，以为这多余且不必要，他们中还有些人认为这是错误的，甚至是应被禁止的。但这只是因为他们不学无术、缺乏知识。假如他们的思想受到启蒙，就会发现这些②是理解《圣经》的工具，是洞察启示真理的阶梯和桥梁，因为《圣经》和宗教的真理只能被理性理解。由于哲学前提也建基于理性演绎而理性演绎建基于人的感官知觉和逻辑

---

① Nemoy, *Karaite Anthology*, p. 54.
② 指理性和知识。

公理，否定理性和哲学也就否定了思维和感觉的一切所与。①

他援引《圣经》中涉及自然知识及智慧的诸多段落来说明采用"推理、源自理性和类比论证的结论以及基于逻辑科学的哲学前提的合法性"，并在此基础上提出解释《圣经》疑难段落的三十七条原则。② 其中最具有神学-哲学意义的是确定表义与寓意解释各自范围的第二条原则：

> 《圣经》总体上应按字面意义进行解释，除非表义解释会导致［理智上］不可取的观点或矛盾。只有在后一种情形或类似情形——如该段上下文要求脱离字面意义否则会导致矛盾——下，才能在字面意义之外解释文本。如果允许在没有正当理由的情况下对一段经文进行出离表义的解释，那就可以对整部《圣经》都这样做，这将导致所有叙述包括全部［神圣］命令、禁令和其他内容都被取消，后果将极为恶劣。由此，我们不得不说，经文"他们看见以色列的神"（《出埃及记》，24：10）不能按照字面理解，不是意指他们用眼睛看到［神］，因为设想造物主可以被人的感官感知是违反理性的，同样的原则适用于类似段落。③

吉尔吉萨尼设定了寓意释经的适用条件，即当经文字面意义与理性相冲突或与其他经文相矛盾时则不再拘泥表义，而是寻求合乎理性的解释。与他同时代的拉比派经学大师萨

---

① Nemoy, *Karaite Anthology*, p. 55.
② Ibid., pp. 59–60.
③ Ibid., p. 60.

阿底·高恩也提出类似的寓意释经规则："《圣经》中的所有陈述都应按字面意义接受，除非有以下四种原因之一使之不可能：（1）它被感觉排斥……（2）它被理智反对……（3）它与意义明确的经文相矛盾，应对它做寓意解释、[引申]出非字面的意义……（4）拉比传述对它设置了限定条件，应对它做出解释以与可靠的传述一致。"[1] 萨阿底对这一原则的表述比吉尔吉萨尼更为具体，但在理性主义的彻底程度上不及后者。萨阿底仍受限于口传律法的权威，而对吉尔吉萨尼来说，只有理性才是判定真理的最终标准。

吉尔吉萨尼在第四条原则中进一步说明对《圣经》中拟人化陈述做寓意解释的深层理据：

> 《圣经》以适应于人类理解力的方式对人说话，取譬于人类经验熟悉的事物，就像拉比派所说的"《律法书》用人的语言说话"（《巴比伦塔木德·祝祷》，31b）。因此，当造物主想要说明没有可见之物能向他隐藏时，将自己描述为有眼睛的，因为人熟悉视觉，通过经验知道支持视觉的身体器官是眼睛，而并不是因为神真的具有身体器官。与此类似，当他想要告诉人们没有声音能对他遮蔽时，将自己描述为有耳朵的，因为对人来说声音是通过听觉感知的。同样的原则适用于所有此类事例。……神以适应于人类心智和理解力的方式对人说话。[2]

---

[1] Saadia, *K. al-Amānāt wa'l-I'tiqādāt*, ed. S. Landauer, Leiden, Brill, 1880, pp. 212–213.

[2] Nemoy, *Karaite Anthology*, pp. 63–64.

《圣经》是神对人类的启示，但大部分人并不能理解无形体的精神主体，于是神迁就大众的理解力、采取他们所熟悉的拟人化的方式来描述自己，使他们能够象征性地理解神圣属性。具体到此处所举的例子，神将自己描述为有眼有耳的，只是希望人们能基于他们所熟悉的眼见、耳闻等功能来间接地理解神的全知能力。[①] 因此，在面对《圣经》中的神人同形同性论陈述时，不能按照字面意义接受，而应对这些形体的功能进行抽象、类比性地推论到精神属性。借由这条原则，吉尔吉萨尼既解释了《圣经》拟人化陈述的理由，又指明了相应的寓意解释的方向。

遵循吉尔吉萨尼提出的释经原则，雅弗·本·以利汇众家之长、积三十年之功（约960—990）完成了对整部希伯来《圣经》的阿拉伯语翻译和详细评注。这一系列"经学大全"式著作树立了中世纪《圣经》研究的典范，其影响不限于卡拉派范围，也被其后的拉比派经学家仿效和参考。

总体来说，雅弗表现出更为强烈的经注学方法论意识。他在其《〈创世记评注〉导论》中指出：

> 因为我们决定翻译这部经文并根据文本的要求阐明其意义，我们不去处理那些偏离目标的问题，以免像另一位评注家那样陷入这些问题。他的评注中充满了各种异端、二元论者、哲学家和智者们的观点，他致力于驳斥他们，他的书就是以这种方式写成，以致偏离了解释

[①] 针对类似情况，雅弗·本·以利指出："我们按字面意义将'神看……'（《创世记》，1：4）译为'世界之主看'，但 [事实上] 这里说的是神关于事物的知识，因为他必然知晓 [一切事物]，既然他是全能的、至高无上的。"（转引自 Zawanowska, "The Bible Read," pp. 185-186.）

文本意义的原初目标。①

雅弗没有指明这位评注家的身份，他所反对的是前辈学者在《圣经》注释中脱离语境地插入神学-哲学论辩的做法，因为它偏离了经注学阐明文本自身意义的原初目标，混淆了经注与神学专题论文两种不同的体裁。但雅弗并未否定对于经文意义的思辨性探讨，他本人在所注释文本的主题范围内也会做适度的神学阐发，例如，在其经注的不同场合尤其是各卷导论中，雅弗对穆尔太齐赖派的五大原则（神的绝对独一、公正、神之许诺与警告必然实现、犯大罪者的中间地位、令善禁恶）都有所论及。②

雅弗经注的另一个方法论特征是对寓意释经原则的坚持："没有理由拒绝神及其先知之话语的文本字面意义，除非这种字面意义是模糊的或不可能的，因为它与理性或一处《圣经》明文相矛盾。"③ 他据此批评萨阿底在寓意解释上的"冒进"：

> 当神学院院长（即萨阿底）偏离主题时，他认为母牛代表迦勒底王国，母山羊代表希腊君主，公绵羊代表波斯和玛代的君主，但他对以东和以实玛利感到困惑。他一时说斑鸠和雏鸽代表以东和以实玛利，一时又说斑鸠代表以东和以实玛利而雏鸽代表以色列。……这都显示了他对这段经文（《创世记》，15：7-21）的困惑。如

---

① 转引自 Daniel Frank, *Search Scripture Well: Karaite Exegetes and the Origins of the Jewish Bible Commentary in the Islamic East*, Leiden: Brill, 2004, p. 251。

② 参见 Michael G. Wechsler, *The Arabic Translation and Commentary of Yefet ben 'Eli the Karaite on the Book of Esther*, Leiden, Brill, 2008, pp. 44–58。

③ 雅弗·本·以利：《但以理书评注》，1：11，转引自 Frank, *Search Scripture Well*, p. 255。

果他像他在许多场合所做的那样遵循经文字面意义、拒绝脱离表义和无限制地进行寓意解释，就不会犯这个严重的错误了。①

雅弗指责萨阿底没有严格坚持自己提出的释经原则从而陷入迷误。在他看来，这段经文既不违背理性也不涉及经内矛盾，没有必要诉诸寓意解释。需要指出的是，尽管对寓意释经的适用持"最小化"的审慎态度，一旦经文表义与思辨神学的根本原则发生冲突，雅弗还是会果断采取这种解释方法。在解释《耶利米书》关于神"充满天地"（23：24）时，他提出一条普遍原则：

> 《圣经》中还有一些类似的经文，[解释时]必须出离其字面意义。因为如果按照表义理解，它们就会与理性思辨冲突。启示之中不可能包含任何违背理性知识的内容。②

这显然是对吉尔吉萨尼寓意释经原则的进一步发展，卡拉派神学理性主义至此获得其最强化的表述版本。

4. 卡拉派思想的哲学史地位

卡拉派神学体系的形成，标志着犹太凯拉姆传统臻于成熟。卡拉派神学家因应伊斯兰教主导下的多元文化处境，主动吸取穆尔太齐赖派思想资源，建立了一套完整的原子偶因

---

① 雅弗·本·以利：《创世记评注》，15：17，转引自 Mordechai Z. Cohen, *The Rule of Peshat: Jewish Constructions of the Plain Sense of Scripture and Their Christian and Muslim Contexts*, 900-1270, Philadelphia, University of Pennsylvania Press, 2020, p. 56.

② 雅弗·本·以利：《耶利米书评注》，转引自 Cohen, *The Rule of Peshat*, p. 54.

论形而上学和宇宙论体系，并将其带入希伯来语境，传播至阿拉伯—伊斯兰世界之外的拜占庭和欧洲。拜占庭卡拉派思想家还试图回应亚里士多德主义哲学的挑战并将其整合进原子论框架，丰富和发展了凯拉姆理论，在犹太亚里士多德主义和卡巴拉神秘主义之外开辟出中世纪晚期犹太思想的第三条道路。同时，卡拉派通过与拉比派的往复神学论战，也对犹太教主流教义的演化产生了推动和形塑的作用。

此外，卡拉派经注家们所建立的以全局性规划、作者独立见解、纲领性导论、系统化阐述和语境化-理性主义视野为特征的经学范式，被以亚伯拉罕·伊本·伊斯拉（Abraham ibn Ezra，约1093—1167）为代表的安达卢西亚学派继承和发展，成为犹太教共同思想遗产的一部分。[1] 而由吉尔吉萨尼倡导、雅弗·本·以利推进至逻辑极致的理性化寓意释经原则，也被后世的犹太哲学大师特别是迈蒙尼德发扬。[2]

---

[1] 关于卡拉派经学范式的特征及其影响，参见 DanielFrank, *Search Scripture Well: Karaite Exegetes and the Origins of the Jewish Bible Commentary in the Islamic East*, 2004, pp. 249-257.

[2] 参见迈蒙尼德：《迷途指津》，第302~303页。

第五章

萨阿底·高恩

一、生平与著作

公元892年，在埃及的一个叫作地拉孜（Dilaz）的村庄里诞生了一个男孩儿，父亲为他取名萨阿底。萨阿底的家庭是贫穷的，但是父亲懂得教育对于孩子成长的重要性，因此不遗余力地供养萨阿底学习。在童年和少年时代，萨阿底接受了全面、良好的教育。他不仅认真研读过犹太教的《圣经》和《塔木德》，而且系统地学习了物理学、数学、音乐、医学等世俗学科，精通希伯来语和作为官方语言的阿拉伯语。他的博学和才智为他博得了好的名声和荣誉，被当地人认为是最有前途的学者和宗教领袖。

萨阿底生活在一个政教合一的阿拉伯帝国里，这个帝国包括现在的中东、北非和欧洲南部的辽阔地域。当然，不论是埃及的，还是西班牙的、巴比伦的犹太人也都在阿拉伯哈里发的统治之下。在犹太教领域里产生了一个被称为卡拉的派别，其宗旨是拒绝《塔木德》，认《圣经》为唯一尊奉的经典，所以又有唯圣经主义者的称谓。在当时，这个派别对于塔木德犹太教，即拉比犹太教是一个不小的威胁。或许是由于与卡拉派的冲突，年轻的萨阿底于 915 年离开了埃及，先后驻留在巴勒斯坦、叙利亚等地。他曾经因为在如何确定犹太年历的问题上代表散居犹太人的利益而与巴勒斯坦的著名拉比发生冲突。920 年以后，萨阿底移居巴比伦。鉴于他的卓越学识和领导才能，萨阿底于 928 年被任命为当时犹太教的最高学府巴比伦犹太学院——苏拉学院的高恩，即校长。这是一个极其重要的职位，因为当时世界犹太教的中心在巴比伦，处在高恩这个位置上的人会影响整个世界的犹太教和犹太人的生活。性格倔强的萨阿底在任职两年后和当地犹太社团的首领发生了激烈的冲突，而且毫不妥协，于是被免去了校长职务。7 年后，萨阿底与该首领和好如初，于是被重新任命为校长。942 年，年仅 50 岁的萨阿底离开了人间，结束了他那才华横溢、富于创造的一生。

萨阿底的一生不算长久，但他的成就却是卓越的，影响是深远的。他是一个多产的学者，其著作涉及希伯来语言学、诗学、犹太教律法与民事律法、历法与编年史和哲学等各个领域。早在 20 岁时他就编过希伯来语词典，写过诗论。萨阿底在历史上第一次把《圣经》翻译成阿拉伯文，使之成为阿拉伯世界通行的标准版本。他不仅翻译了《圣经》原文，而且做了大量的评注，澄清了原文的许多模糊之处，有的地方还提出了独到的见解。正如迈蒙尼德所说："如果不是因为萨阿底，《托拉》很可能已经从以色列人中间消失了，正是他使其中的晦暗之处得以明了，弱处得以加强，使之用之于口头，见诸文字，广为流传。"① 12 世纪有一位西班牙学者亚伯拉罕·伊本·以斯拉（Abraham ibn Ezra）说："在各地的演说家中，萨阿底是最领先、最优秀的（first and foremost）。"② 这里所谓的演说家，不仅仅指能言善辩的人，而且指一般意义上的代言人，还指辩证神学家。以斯拉的意思是，萨阿底在语言学、诗学、哲学、圣经诠释、论辩术和法律等当时所有的知识领域，都是犹太凯拉姆的首席代表。

对于希腊人来说，哲学开始于人的好奇心。然而萨阿底却认为，好奇心仅仅是外表，其内在的根源实际上是人们面临危机时所处的困境和事实。③ 危机产生问题，问题迫使人们去思考并寻求卓然不俗的解答，于是就产生了哲学。萨阿底哲学就是试图解决他那个时代犹太人在面临危机时提出的各种问题的。在萨阿底时代，犹太人面临的危机主要有两个方面：一个来自犹太人内部的卡拉派向拉比犹太教发出的挑战，它关系到犹太教传统是否可以维系，涉及的问题主要是拉比犹太教的合法有效性问题；另一个是来自外部的危机，即伊斯兰教神学和在伊斯兰教范围内兴起的希腊哲学的挑战，它关系到犹太教的形而上学基础，涉及的是上帝与人的关系、人的自由、上帝的绝对意志、人的责任等问题。④

萨阿底的主要哲学著作是《论信仰和意见》（*Emunot ve-Deot*, *The Book of Beliefs and Opinions*）。这是犹太哲学史上全

---

① 转引自 Simon Rawidowicz, *Studies in Jewish Thought*, The Jewish Publication Society of America, 1974, p. 242。
② Daniel Frank and Oliver Leaman, *The Cambridge Companion to Medieval Jewish Philosophy*, Cambridge University Press, 2003, p. 71。
③ Ibid., p. 233.
④ Ibid., p. 234.

面、系统地研究犹太哲学的最早著作之一，是萨阿底在被免除校长职务期间（933 年）于巴格达写成的。该书是按照当时盛行的穆尔太齐赖派的模式写成的。全书分为十部分，分别论述十个方面的问题。第一部分论万物的创造，第二部分论造物主的一体性，第三部分论犹太教中上帝的戒律和禁令，第四部分论服从、反叛、宿命和公正，第五部分论善恶功过，第六部分论灵魂的本质、死与来世，第七部分论今世的复活，第八部分论弥赛亚时代和犹太人的救赎，第九部分论来世的赏罚，第十部分论人生在世的正当行为。[1] 当然，萨阿底的哲学思想并不局限于这一本书，他关于《圣经》诠释的著作也带有丰富的哲学内涵。萨阿底哲学的重要意义在于，他回应了来自内部和外部的挑战，在中世纪最早提出并系统阐述了犹太哲学的一系列问题，为后来犹太哲学的发展奠定了基础，并在很大程度上规定了后来哲学的框架。所以，人们称他为"中世纪犹太哲学之父"[2]。他结束了长期流行的"密德拉什"方式，即文本诠释方式，开启了一个哲学思考的新时代。另外，萨阿底还以其理性主义的哲学在犹太教和穆斯林神学、希腊哲学之间架起了一座桥梁，完成了 1 000 年以前犹太哲学家斐洛的未竟事业。[3]

二、论知识和传统

在许多人心目中，哲学是理性的探求，宗教来源于神的

---

[1] 参见 Saadia Gaon, *The Book of Beliefs and Opinions*, trans. Samuel Rosenblatt, New Haven, Yale University Press, 1948, pp. xiv–xx。

[2] Guttmann, p. 69.

[3] 参见 Simon Rawidowicz, *Studies in Jewish Thought*, pp. 235–236。

启示，二者不仅是分离的，而且是根本对立的。萨阿底接受了穆斯林穆尔太齐赖派的影响，在承认理性作用的同时，认为历代相传的宗教传统也是确定的知识，从而在犹太哲学中实现了理性和启示的兼容互补。

萨阿底是从知识的分类及其确定程度入手来阐述理性和启示的同一关系的。理性可以依靠自己的力量达到神性真理的内容，形而上学和启示的道德原理都是理性可以实现的。

萨阿底在《论信仰和意见》的绪论中指出：基础性的知识有三种。"第一种是由直接的感性观察构成的。第二种是由理智的直觉构成的。第三种是从逻辑的必然性推论而来的知识。"① 观察的知识是通过五官的感觉而来的，理智的直觉知识是人的心灵所特有的概念（notions），而从逻辑推论而来的知识则是在人的理智知觉或感性知觉基础上得出的被认为是正确的结论。人的灵魂具有理性能力，它担负着推理的职能。萨阿底认为，后两种知识是以第一种知识为基础的。如果否认观察的知识，也同时否认了直觉知识和逻辑推理的知识。那些反对第一种知识的人"已经自动地拒绝了第二和第三种知识，因为后二者是基于第一种知识的"②。这三种知识之间有一个由低到高的上升过程，一级比一级深奥，同时，由于抽象的知识比感性的知识更不容易为感官所把握，所以也更容易受到质疑或否定。

在此三种知识之外，萨阿底还提出了第四种知识，这就是传统。他说："我们认为这三种知识都是真实的。然而，我

---

① Saadia Gaon, *The Book of Beliefs and Opinions*, p. 16.
② Ibid., p. 17.

们还要再增加上第四种，它是我们通过前三种知识获得的，对于我们，它已经变成了另一条原理。这就是说，我们相信可靠传统的有效性。"他认为，这种知识巩固了前三种知识的有效性。① 他还说："这后一种知识为我们确认了可靠报道的有效性。下面这段话就是这个意思。'你们听着，我要告诉你们，我要宣布我所见到的，也就是智者们从其父辈那里听来的。他们没有隐藏什么……'"（《约伯记》15：17-19）萨阿底在这里所说的传统知识，就是其地位仅次于《圣经》的犹太教法典《密释纳》。按照拉比犹太教的看法，《密释纳》是摩西在西奈山接受的神启，只是没有像《圣经》那样记录下来。他口传给了约书亚，约书亚又传给了众长老，众长老传之众先知，然后众先知又传给了大议会的成员，最后由犹大纳西整理成书。这些先知和智者的传达应该是准确的，所以萨阿底认为也是一种真正的知识。在萨阿底的《论信仰和意见》一书中，除了就他的论点展开分析和论证，提出理性的证明之外，他还要引经据典，从《圣经》里面寻找根据，以进一步加强他的论证。这表明，他确实是把传统上说的先知的启示作为可靠知识的。

既然前三种知识是可以独立于信仰的，因而可以作为行为的指南，那么，宗教启示的知识还是必要的吗？萨阿底的回答是肯定的。他的理由是，理性的知识本质上是推理的知识，它需要一个逐渐上升的过程，直到最后才能达到认识的目的；另外，并非每一个有理性的人都可以充分地运用自己的理性以认识真理，事实上有很多人不善于运用理性，在他

---

① Saadia Gaon, *The Book of Beliefs and Opinions*, p. 18.

们那里充满了怀疑和迷惑。所以说，传统的宗教真理是必需的。

萨阿底发现，怀疑主义是正确认识的大敌，也是犹太人履行律法的障碍。为了有效地避免和抵制怀疑主义的干扰，他在深入研究后提出了怀疑主义的八个根源：

一是对犹太教律法持消极态度。一旦如此，人就会感觉在生活中遵行律法是艰难的，因而导致行动上不按律法行事。这些人的结局往往是饥寒交迫，流离失所。

二是由于愚钝。这样的人宣称没有上帝，因而在生活中如同动物一样迷失方向。

三是因为邪恶的欲望。由于沉湎于花样繁多的饮食和动物性要求，即使对身体有害也在所不惜，这些人已经远离律法了。

四是脾气暴躁、心胸狭窄、无精神追求。这些性格严重阻碍了人接受、理解和探求各种知识。这样的人即便学习，也是浅尝辄止，因此达不到智者的程度。

五是傲慢与自负。傲慢与自负的人不能谦恭地学习，却自以为是，不懂装懂，好仓促著书立说，结果贻笑大方。

六是以偏见为真理。听到一种意见即坚信不疑，视为不变的真理，终生信奉。这种人不知道还有更多的理论、学说和真理。

七是从个别证明或结论的不可靠，推出所有的理论都不可信的结论。这样的人不懂得真理是不取决于是否有人赞同的。

八是由于仇视和争辩。这种情况往往发生在俗人和严格遵行律法的人之间。由于争辩而产生仇恨，致使他放弃了真理之路。①

在中外哲学史上，不少哲学家企图揭示人们之所以产生错误认识的根源。例如，中国战国时代的荀子作《解蔽篇》，列举种种妨碍正确认识之蔽："欲为蔽，恶为蔽，始为蔽，终为蔽，远为蔽，近为蔽，博为蔽，浅为蔽，古为蔽，今为蔽。凡万物异则莫不相为蔽，此心术之公患也。"人们常常"蔽于一曲，而暗于大理"。西方近代经验主义哲学的始祖弗兰西斯·培根著有《新工具》一书，其中提出"四假象说"：种族假象、洞穴假象、市场假象和剧场假象，认为它们是获得正确的知识的障碍，如欲使人类认识进步，必须根除这些假象。萨阿底在这里揭示怀疑主义的根源，实际上也是揭示人们之所以犯认识错误的根源。从其内容来看，这八大根源涉及对待犹太律法的态度，如第一条；天生的智愚，如第二条；欲望的干扰，如第三条；性格和品德的缺陷，如第四、五条；认识的片面和推理的错误，如第六、七条；仇恨情绪的阻碍，如第八条。他是企图从人的信仰态度、生理条件、心理因素、理智能力诸方面排除怀疑主义的干扰，为正确的认识铺平道路。

从上面的论述中可以看出，萨阿底首先是一个理性主义的哲学家，因为他毫不犹豫地把观察和理性的知识放在最重要的位置上，即便在阐述可靠的传统知识的时候他也强调了传统对于观察和理性的依赖性。当然，作为一个犹太教的领袖，他无疑也给予传统以一定的地位，而传统在人们心目中

---

① 参见 *An Anthology of Medieval Hebrew Literature*, ed. by Abraham E. Millgram, London and New York, 1961, pp. 245-247。

是纯粹的神启。从这个意义上说，萨阿底是巧妙地把理性和启示调和起来了。从整体上说，调和理性真理和启示真理是犹太哲学的一大特点，萨阿底的哲学无疑体现了这一点。但是，从主导方面看，萨阿底主要是一个通过伊斯兰教哲学家而秉承了古希腊理性主义哲学传统的犹太哲学家。作为中世纪哲学之父，萨阿底的理性主义哲学成为后世犹太哲学的重要的活水源头[①]，达吾德、迈蒙尼德、本格森等都是沿着萨阿底的路线走进哲学殿堂的。

三、论世界的创造

世界从何而来、如何产生的问题困扰着一代又一代的思想家，滋生出了形形色色的理论和观点。如柏拉图"以有生有"的宇宙发生论，亚里士多德的宇宙永恒论，犹太教传统的"无中生有"的创造论，诸如此类。对于这么重要的哲学问题，萨阿底当然不会回避。事实上，他在《论信仰和意见》的第一部分用了很大的篇幅专门论述了这个问题。

萨阿底认为，没有人能够经验到——亲眼看到或者能够看到宇宙是怎样产生的。所以，对于这样的知识，我们只能通过理性的逻辑推论获得。具体的做法是，首先提出较别的证明更加有力的证明，其次是反驳与己不同的意见，最后是利用先知在《圣经》里讲的奇迹做进一步的论证。[②]

[①] 直到19世纪，斐洛才为犹太世界所知，在此之前，他没有对犹太哲学产生实际的影响。

[②] 参见 Saadia Gaon, *The Book of Beliefs and Opinions*, p. 40。

首先来看萨阿底自己的论证。在引述了《创世记》（1：1）和《以赛亚书》（44：24）关于上帝创造世界的文本以后，萨阿底提出了四个证明，旨在维护世界是上帝用奇迹的方式从无中创造出来的观点。

第一个证明：从有限性论证宇宙是有始终的。他说："毫无疑问，天和地都是有限的，因为地处在宇宙的中心，天围绕着它运转。因此，天地之内存在的力一定是有限的，因为无限的力不可能存在于有限的物体之中，而人们所知道的一切都不承认这种可能性。既然维系天地存在的力是有限的，那么必然的结论就是：它们一定是有开始和终结的。"[1] 显而易见，这个证明就是从天地之有限和其中力的有限推论出宇宙的有限，即是有始有终的。

萨阿底接着表明，这个证明可以驳倒相反意见的。他说：假如地球的长宽高都是无限的，太阳就无法围绕它旋转，也没有固定的位置供它升起和降落。对于月球和其他星体也是这样的。假如天体是没有边界的，那么，我们怎么设想它们永远围绕着地球运动和旋转呢？再假如有很多的天体和地球，而每一个天体都围绕着自己的地球旋转，因此应该存在着无数的世界。这也是不可能的，因为根据事物的本性，重的东西不可能在轻的东西之上，地（土元素）在火（元素）之上、气在水之下的情况都是不存在的。如果在我们的地球之外还存在别的地球，在我们的海洋之外还有别的海洋，那么它就必须穿过全部气层和火层才能到达我们的地球或海洋，而这是不可思议的。在经过这样的反驳之后，萨阿底自信其第一

---

[1] 参见 Saadia Gaon, *The Book of Beliefs and Opinions*, p. 41.

个证明是"不可动摇的"。①

萨阿底继而从《圣经》里寻找根据。他引述道:"无论是离你近,离你远,从地这边到地那边"(《申命记》13:8②)。"从天这边到天那边。"(《申命记》4:32)"日头出来,日头落下,急归所出之地。"(《传道书》1:5)在萨阿底看来,伟大的先知摩西在《圣经》里说的这些话都是对天地之有限性的佐证。前面曾经提到,萨阿底承认传统是知识的来源之一,这里的引经据典即是承认传统知识的一个例证。

第二个证明:从物体的构成证明创造主的存在。"我注意到,物体是由部分的结合以及相互关联的环节(link)组合而成的。由此向我显示了造物主手工作品的迹象,也就是创造的迹象。"③ 萨阿底这个证明的大意是,像人工制品一样,靠组合而成的世界上的物体是由上帝创造的。

在提出这个证明之后,萨阿底做了进一步的反思:或许这些环节或结合只是微小的物体,如动物和植物才具有的,而地球、天体这样大的物体就不是组合而成的。但是,我们发现,地球也是由部分,即尘土、石头和沙子组合成的,天是由许多层次的发光的、不同形状和大小的星体组合成的。可见,所有这些组合成的物体都是被创造出来的。

萨阿底接着引经据典,借以表明他的证明是以《圣经》为根据的。他说:我进一步发现《圣经》也说过,动物的部分和他们的结合表明是被创造的。有经文为证:"你的手创造我,造就我的四肢百体。"(《约伯记》10:8)"他创造坚定大

---

① 参见 Saadia Gaon, *The Book of Beliefs and Opinions*, pp. 41-42.
② 新标准修订版《圣经》为 13:7。
③ Saadia Gaon, *The Book of Beliefs and Opinions*, p. 42.

地。"(《以赛亚书》45：18)关于天，"我观看你指头所造的天，并你所陈设的月亮和星宿"(《诗篇》8：3)。

第三个证明：任何事物都是有偶性（accidents）的。他写道：我发现，没有物体摆脱了偶性，不论是从物体内部自己生长的东西，还是从外部的根源生长的东西，都是有偶性的。动物成长，其个体不断增大，直到成熟。此后，他们逐渐萎缩，其部分也逐渐解体。

他在这个证明后试图自我反驳。于是自问道："也许地球是免除了偶然性的？"但是，在仔细研究后，他发现地球是不能没有植物和动物的，而它们的身体都是被创造的。因此，他的结论是：凡是被创造的东西都是无法摆脱偶性的。他推而广之："也许天体是没有偶性的？"在认真观察天体之后，他认识到天体也是不能摆脱偶性的。因为偶性中最主要的是连续的运动，而天体都处在或快或慢的运动中。在经过这样的反驳后，萨阿底确信，他所谓万物皆有偶性的证明具有无法驳倒的可靠性。

《圣经》关于第三个证明的佐证是："我造地，又造人在地上；我亲手铺张诸天，天上万象也是我所命定的。"(《以赛亚书》45：12)按照萨阿底的理解，《圣经》中这些话蕴涵着这样的意思：地球和天体的偶性证明它们都是有开端的。

第四个证明：时间也是有限的。他说："时间有三个阶段：过去、现在和未来。尽管当下比任何时间段都短暂，我还是把它看作一个点。这样的点是可以穿越的。让我们假定，一个人希望在时间上达到这个点的上面，但在事实上做不到"，因为时间是无限的，无限的时间是不能在思想上跨越的。也可以用同样的理由说上面的东西不能跨越无限而来到我们这里。但是，如果存在没有抵达我们，我们就不能存在。而事实上我们确实存在，由此可以知道，存在是跨越了整个时间长度而抵达于我们的。如果时间不是有限的，存在就不能穿越它。因此，时间是有限的。

萨阿底说：关于遥远的时间，《圣经》上也有类似的话："他所行的，万人都看见。世人也从远处观看。"（《约伯记》36：25）还说："我要将所知道的从远处引来，将公义归给造我的主。"（《约伯记》36：3）①

通过这四个证明，萨阿底确信世界和万物不是本来就有的，而是被造成的。那么，接着的问题是：是自己造成的，还是被别的存在造成的？显而易见，任何具体的事物都不是自己造成的。在确定任何物体都不是自己造成的以后，萨阿底推出一个结论，世界上的存在都是由在它之外的某个造物主创造的。那么，造物主是从某种已有的东西创造还是从子虚乌有中创造出万物呢？萨阿底明确表示："主张事物是由另外某种东西创造出来，是一个错误，因为那样会产生一个矛盾。所谓'创造它'必然意味着其本质是第一次被产生出来，是从那时开始的。在思考'产生于某物'这个短语时，我们不得不认为其本质是永恒的，不是首次被产生，不是从某个特定的时刻开始的。因此，我们赞成事物是从无中生有的创造概念，它是一个站得住脚的假设。"②

作为一个哲学家，萨阿底没有停留在宣布上帝从无中创造世界这样的结论上，他要用逻辑的方式证明它，实际上是

---

① 第三、四个证明见 Saadia Gaon, *The Book of Beliefs and Opinions*, pp. 43–45.

② Ibid., p. 47.

用反证法给出证明的。

他先是反驳了宇宙永恒论。如果宇宙一直存在,现存的东西是从某物产生出来的,那么,它一定是和上帝一样永恒的。这样,除非我们再给出第三个原因,让它决定哪个是创造者,哪个是产物。然而,提出这样假设无异于说那个东西是不存在的,因为所有事物要么就是创造者,要么就是被造的产物,没有中间状态。可见,宇宙永恒论是不成立的。永恒论之不成立,还因为另一个困难:从理论上说,造物主应该先于他的造物而存在。如果除上帝外还有别的永恒的东西,那么其本质也是永恒的。如果这样,造物主就不能先于它而存在,这样也就不成其为造物主了。总之,"如果有人断言上帝从某物创造事物,那就会使他认为上帝什么也没有创造"①。

他接着正面论述了无中生有的创造论。他说:"除非我们承认事物的存在是从无中产生,任何事物的存在都是不可能的。这就是说,假如我们由于论证的需要而认为一个事物是从另一个事物产生的,那么,这里说的第二个就一定具有第一个事物所具有的特征。它的存在就是以起源于第三个事物为条件的。这第三个事物又具有第二个事物的特征,其存在又是以起源于第四个事物为条件的。这个过程可以无限继续下去,因为无限是不能终结的。这样就必然会得出我们不存在的结论。然而,事实是我们确实存在。如果先于我们存在的事物不是有限的,它们就会没有终结,因而我们也不可能存在。"于是,在引证了《圣经》上的有关词句作为佐证后,

---

① Saadia Gaon, *The Book of Beliefs and Opinions*, p. 49, 另请参见 pp. 48-49。

萨阿底重申了他的三条重要原理："第一，所有的事物都是在时间中创造的；第二，它们的创造主是它们之外的东西；第三，他是从无中创造它们的。"① 而这个造物主不是别的，就是上帝。在经过哲学迷宫里的漫游之后，萨阿底终于回到了犹太教的正统立场上。由此可见，他的哲学最终还是为犹太教服务的。

四、论上帝

上帝是犹太教中最重要的概念，也是萨阿底哲学中的重要概念。

萨阿底没有像基督教神学，像安瑟尔谟、托马斯·阿奎那等基督教神学家那样系统地论证上帝的存在。他说："造物主的存在是根据第一个证明即世界的创造确立的。"② 简言之，在萨阿底看来，在证明了世界及万物都是上帝从虚无中创造出来的同时，也就证明了上帝的存在，因为上帝创造世界本身就包含了上帝的存在。

那么，上帝的根本属性是什么？萨阿底首先以《圣经》为根据列举了上帝的五大属性：第一，上帝是一。经文根据是："以色列啊，你要听，耶和华我们神是独一的主。"(《申命记》6：4)"你们如今要知道，我，唯有我是神，在我以外并无别神。"(《申命记》32：39) 还有："耶和华独自引导他，

---

① Saadia Gaon, *The Book of Beliefs and Opinions*, p. 50.
② Ibid., p. 96.

并无外邦神与他同在。"(《申命记》32∶12)第二，上帝是有生命的。《申命记》(5∶22-24)就提到上帝在山上，从火中、密云中、幽暗里，大声对会众说话，还说耶和华是"永活的神"。在另外的地方说："唯耶和华是真神，是活神，是永远的王。"(《耶利米书》10∶10)第三，上帝无所不能。如经文所说："我知道你万事都能做，你的旨意不能拦阻。"(《约伯记》42∶2)还说："耶和华啊，尊大、能力、荣耀、强胜、威严都是你的。"(《历代志》上29∶11)第四，上帝无所不知。有经文为证："他心里有智慧，且大有能力。"(《约伯记》9∶4)耶和华的"智慧无法测度"(《以赛亚书》40∶28)。第五，没有任何东西与上帝和他的造物相像。如《诗篇》(86∶8)所说："主啊！诸神之中没有可比你的，你的作为也无可比。"

在依据《圣经》列举出这些在他看来是"事实"的属性后，萨阿底又提供了逻辑上的证明。

关于上帝是一，萨阿底指出："因为所有物体的创造者不能与他的造物同类，因为物体在数量上是多，所以，他是一。"[①] 在这个论证之后，萨阿底着力反驳了这个问题上的二元论和多元论。他认为，如果存在两种根源，就可能出现需要彼此借助的情况，而这就意味着力量的缺乏，而上帝不可能缺乏力量。如果两个根源都有无限的力量，那么，在它们支配事物时，就有可能出现一个让人生，一个让人死，而此人同时既生又死的局面，而这是矛盾的，也是不可能的。最后，他又回到《圣经》："唯有耶和华他是神；除他以外，再

---

① Saadia Gaon, *The Book of Beliefs and Opinions*, p. 96.

无别神。"(《申命记》4：35)"天上地下，唯有耶和华他是神，除他以外，再无别神。"(《申命记》4：39)他还从《以赛亚书》(45：22，45：6，45：21)中找出了许多表明神的唯一性的经文。根据这些经文，上帝只有一个，没有别神与之共存。上帝可以有许多的名称，例如 Adonay，Elohim，但是，不同的神名所表示的是同一个上帝，而不是多个上帝。①

关于上帝的生命力、无所不能和无所不知，他的论证是：这三个属性"从他创造了一切事物这一事实看是显而易见的，因为根据理性所揭示给我们的，只有具有力量，他才能够创造；只有具有生命，他才有力量；凡被创造的东西必然是从那个在创造事物之前就知道如何创造的创造者那里流溢出来的"②。就是说，上帝的创造行为已经证明了上帝的这三种属性。他强调，这三种属性是上帝同时俱在，也是我们的理性同时发现的。他说："如前所述，通过上帝所创造的东西，他的生命力、全能和全知被确立起来了。我们的理性不可能在得出这三个属性之前先得出其中的一个。只能一下子一起得到它们。因为我们的理性不可设想任何没有生命的存在能够创造，不可设想没有力量的存在可以创造，也不可设想完满的造化之物会从一个不知道如何实行的存在那里流溢出来。"③实际上，这三个属性是对"创造者"一词的说明，只有同时具有这三个属性的存在才是创造者。我们的心智非常明白，它们三者是统一的，但是由于语言的局限性，我们不能一下子把它们同时表达出来。

---

① 参见 Saadia Gaon，*The Book of Beliefs and Opinions*，pp. 96–100。
② Ibid.，p. 101.
③ Ibid.

在萨阿底那里，上帝的属性（attributes）和他的性质（quality）是两个不同的概念。属性是根本性的，它们构成上帝的本质；而性质是与上帝相关的偶性，是比属性次要的东西。上帝的属性不能运用于人，如我们不能说某人是一，某人同时有生命、全知和全能，但是性质或偶性，例如爱、恨、气恼、快乐等等，则可以同时运用于神和人。萨阿底指出："实际上，鉴于上帝是一切偶性的创造者，我们不能断言偶性可以运用于上帝。因此，当我们发现他在说他爱或恨某个东西时，其意思是他命令我们去做那些在他看来是可爱的事情，因为他使得我们必须爱那个事物。例如，《圣经》说：'因为耶和华喜爱公平'（《诗篇》37：28），耶和华'喜悦在世上施行慈爱、公平和公义'（《耶利米书》9：23）。"① 也就是说，虽然这些语词可以运用于上帝，但是这并不意味着上帝和人一样拥有这样的性质，而是指人的所作所为在上帝看来是可意的还是不可意的。换言之，这些人格性品质只存在于人，而不在本体论意义上属于上帝。萨阿底这样解释的目的是避免上帝的拟人化和走上神人同性论的误区。

值得一提的是，虽然萨阿底没有像在他以前的斐洛和以后的迈蒙尼德那样明确提出"寓意解经法"，但是他明确认识到，《圣经》中许多关于上帝的拟人化的语词不能按字面意义理解，因为它们是在引申或借喻的意义上使用的。他说："我们知道，引申和转义以及运用言语的寓意，实际上是语言的本性和特点。"② 因此，对于相关的字句，必要时应该给予特

---

① Saadia Gaon, *The Book of Beliefs and Opinions*, p. 122.
② Ibid., p. 117.

别解释。这些语词包括"头""眼""耳""嘴""唇""脸""手""心""脚"以及称上帝为"国王"之类。他利用前人的成果,把"上帝的手"(《出埃及记》9:3)解释为"上帝面前的灾害"(plague);将"在他(神)脚下"(《出埃及记》24:10)解释为"在他容光的宝座下";把"根据上帝的嘴"(《出埃及记》7:1)解释为"根据上帝的话";等等。[1] 可见,萨阿底实际上使用了自斐洛开始的寓意解经法,尽管他并没有受到斐洛的影响。萨阿底是一个理性主义的哲学家,对于他来说,在理解上帝的帮助和属性时避免神人同性论是非常必要的,所以,不自觉地使用寓意解经法来解释上帝的属性和性质是不足为奇的。

萨阿底还指出:上帝不是物质性的,因此"没有形体"。上帝不处在和任何事物的"关系"之中,因为他自永恒开始存在,没有什么被造的事物和它相关联。上帝也不在"处所"中,因为处所是物质的东西才占有的,他是非物质的,不论他的存在还是他的创造活动都不需要处所。"时间"范畴也不适合于作为时间的创造者的上帝,因为时间是物质存在之持续性的度量,上帝不是物质性的,所以也没有持续性或时间。同理,通常所说的"具有""位置"等范畴也不适用于上帝。[2]

五、人的地位、命运和神的公正

上帝创造了世界,包括其中的人类。那么,人在世界中

---

[1] Saadia Gaon, *The Book of Beliefs and Opinions*, p. 116, pp. 118–119.
[2] Ibid., pp. 123–127.

占有什么样的地位呢？萨阿底根据他对犹太教《圣经》的理解，同时也基于他所具有的科学知识，对这个问题做了明确的回答。

首先，萨阿底认为，上帝创造世界的目的是为了人。他说：世界上的造物是多种多样的。但是，我们有一个自然的标准，借助它可以确定哪一种造物是创造的目的。"我们运用这一标准做了考察，结果发现这个目的是人。"① 萨阿底所说的自然标准就是这样的见解：习惯和自然把最珍贵的东西放在事物的中央。果仁置于树叶里面，是因为它比树叶更珍贵，因为整个植物的生长和存在依赖于它。蛋黄在鸡蛋的中心，是因为小鸡是从蛋黄里孵化出来的。人的心脏在人胸部的中心，因为那是灵魂的处所和身体的热源。茫茫宇宙，地球处在中心的位置，其他天体围绕它运行。但是我们发现，地球上的土和水是没有生命的，动物是没有理性的，"于是，只剩下了人，这使我们确信：人无疑就是那创造的目的"②。《圣经》上的话也表明了这一点："我造地，又造人在地上"（《以赛亚书》45：12）。萨阿底继续说："事实上，在《托拉》的开始上帝就列出了所有等级的造物。他在完成它们以后说：让我们造人吧（《创世记》1：26）。还说：让人'管理海里的鱼、空中的鸟'（《创世记》1：28）。上帝就像一个建造宫殿的人，在完成建设并把它装饰一新以后才把其主人请进来。"③ 真是绝妙的比喻，传神的表达。

那么，人何以如此珍贵，以至上帝把他作为创造世界的

---

① Saadia Gaon, *The Book of Beliefs and Opinions*, p. 180.
② Ibid., p. 181.
③ Ibid., pp. 182–183.

目的，让地球上的其他造物以之为中心呢？他认为，人之所以区别于并优于其他造物乃是因为被上帝赋予了智慧。他引用《圣经》上的话说：上帝"就是叫人得知识的"（《诗篇》94：10）。因为人有智慧，所以能够保存过去，预见未来；能够驯服动物，使之从事耕作和运输；能够抽水灌溉，建设别致的居所，穿戴华美的服饰，吃到各种美味佳肴；能够统兵作战，建立政权；能够通天文，识地理……因此，再没有比人更尊贵的了。在这里，我们似乎听到了700多年后莎士比亚在《哈姆雷特》中对人的礼赞："人是多么了不起的一件作品！理想是多么高贵，力量是多么无穷！仪表和举止是多么端正，多么出色；论行动，多么像天使，论了解，多么像天神！宇宙的精华，万物的灵长。"

萨阿底认为，人在世界上最有智慧因而也是最尊贵的，所以上帝才赋予他神圣的律法，使之得到应有的奖赏与惩罚，显示其世界之轴心和基础的地位。如《圣经》所言："地的柱子属于耶和华，他将世界立在其上。"（《撒母耳记》上 2：8）还说："义人的根基却是永久。"（《箴言》10：25）① 尽管萨阿底是引用《圣经》来证明人的世界中心地位的，但是从他的论述中，我们很容易发现，他显然从希腊哲学中汲取了营养，并且是以当时亚里士多德—托勒密的地心说为主要科学依据的。毫无疑问，萨阿底思想的科学性以现代人的眼光来看是应该大打折扣的。但是，他的思想体现了人的尊严和价值，在中世纪这个神学主宰一切意识形态的时代，尤其值得充分肯定。

---

① Saadia Gaon，*The Book of Beliefs and Opinions*，pp. 182-183.

其次，萨阿底认为，人是自由的。因此，人对其行为自行负责。按照犹太教，人是上帝的造物，其羸弱的身躯、构成元素、欲望、生死，都是上帝赋予的。同时，更为重要的是，上帝给人以自由意志，使之有能力为自己的行为做出抉择。萨阿底说："人除非在行动时有选择的自由，是不能被看作活动主体的，因为没有人可以为一个不具有选择自由的人的不进行选择的活动负责。"① 在萨阿底看来，上帝并不干涉人的行为，人具有绝对的意志自由，完全可以在做与不做某事之间进行自由的选择。例如，人可以说话，也可以不说话；可以拿起东西，也可以放在那里。在这样选择时，人没有感受到外在压力的驱使。他说："创造主不以任何方式干预人的行为，不施加任何力量让人服从他或不服从他。"② "假如上帝迫使一个人从事某事，他又因此而惩罚他就是不恰当的。"③ 人有自由和能力从事某事，也有自由和能力终止某事，所以他完全应该为自己的行为负责，而不应该由上帝来负责。萨阿底举例论证说：如果人的希望是迫于上帝的压力，那么不论其信仰还是不信仰上帝都应该得到奖赏。例如，如果一个人雇用了两个人，一人在建造，另一人则在拆除，但他必须为两人支付酬金。上帝是不会这样做的。他让人自己决定自己的行为，自己为之负责。萨阿底还从《圣经》中找出许多段落，作为经典的依据。例如，"我今日呼天唤地向你作见证，我将生死、祸福陈明在你面前，所以你要拣选生命"（《申命记》30：19）。上帝指责有罪的人，说："这妄献的事

---

① Saadia Gaon, *The Book of Beliefs and Opinions*, p. 187.
② Ibid., p. 188.
③ Ibid., p. 189.

既由你们经手,他岂能看你们的情面吗?"(《玛拉基书》1:9)还表示,撒谎的人应该自行负责:"我没有打发那些先知,他们竟自奔跑;我没有对他们说话,他们竟自预言"(《耶利米书》23:21)。

  由此,萨阿底进一步引申出人的欲望和理性的关系。上帝赋予人各种欲望,如人人喜爱美食与美色。正所谓"食色,性也"。但是,上帝在赋予人欲望的同时也赋予人以理性,使之成为指导和制约的能力,"让人的自然力量接受理智的指导"①。他说:"我认识到,全知者赋予人(这些欲望),目的是使之在理性能力(也是上帝给予的)的帮助下各得其所。例如,吃饭的目的是为了维持个人的机体,性欲的目的是为了维系人类种族。"② 在他看来,理性是欲望的导师。在合理的范围内,即在理性指导下的欲望是有益的,否则就是有害的。这是一条原则。"服从它(理性)是明智,不服从则是愚蠢。"食欲不应该超过维持身体的需要,否则就是奢侈;性欲应该仅以传宗接代为限,否则就沦为淫乐。这些都是违反上帝的本意的,也是对人有害的。在萨阿底这里,理性不仅是一种推理性的思维能力,而且是一种做出抉择的能力和力量,对于欲望有直接的制约和指导作用。无独有偶,这样的思想也出现在近代犹太哲学家斯宾诺莎的哲学中。他在《伦理学》中,极力阐述了理性对于情感的指导和控制作用。姑且不论理性究竟能否限制和指导欲望,也不论其限制或指导的作用有多大,萨阿底这里的思想充分体现了理性主义哲学的特征。

---

  ① Saadia Gaon, *The Book of Beliefs and Opinions*, p. 188.
  ② Ibid., p. 185,参见 pp. 371–373,在那里,萨阿底专章论述了性欲及其允许的限度。

再次，萨阿底和几乎所有犹太哲学家一样相信上帝无所不知，认为上帝不仅知道现在的事情，而且知道将来要发生的事情。上帝具有关于未来所发生事件的知识，简称上帝的"预知"(foreknowledge)。对于许多人来说，上帝的知识就是他的本质，他知道什么就必然会在现实中产生什么。也就是说，如果上帝有预知，那么，未来的事情包括人的行为就为上帝的预知所决定，因而将必然产生。这样，世界上就不存在偶然性，人的行为就不是自由选择的结果，而成为命定的了。因此，上帝的预知是和人的自由相矛盾，因而是不相容的。但是，在萨阿底看来，上帝的预知并不妨碍人的自由，两者是可以同时共存的。萨阿底援引别人的话说："由于上帝在事情发生之前就知道将要如何，所以，他也一定知道人将以乱犯神。但是，如果是这样，人就不可能不犯神作乱，不然的话，上帝的预知就没有实现。"① 这段话是要说上帝的预知是事件发生的根源，他所预知的事情是必然要发生的。但是，萨阿底尖锐地指出："做出这种断言的人并不能证明造物主对于事物的预知就是事物产生的原因。因此，他的断言不过是一个错误的假定或蓄意的发明罢了。"② 萨阿底的意思是，上帝的预知是一回事，事件的发生又是一回事，二者之间没有必然的联系。就像一个站在高山上的人，他可以看到下面有一些人过去了，有一些人正在经过，而另一些人尚未经过。但是，他的看见并不是人经过的原因。上帝预先具有未来事物的知识，但是他的预知并不是事情发生的原因，人是有自

---

① Saadia Gaon, *The Book of Beliefs and Opinions*, p. 191.
② Ibid., p. 191.

由意志的，人的行为是可以自己决定的。因此，人应该对自己的行为负责。而且，只有在自由意志的前提下，人的行为才有道德意义可言。

另外，萨阿底阐述了恶的本质。有人可能会问：假如上帝真的不希望发生暴乱，怎么会在实际上发生？就是说，怎么可能在上帝的领地里发生他不赞成、不喜欢的事情呢？对于这样的问题，萨阿底认为很容易回答。他说："全知者允许那些不合他的意愿、不让人喜欢的事情在他的领域里发生，这似乎有点奇怪，其实这只是对人而言罢了。人会憎恨某个事物，他之所以这样，是因为那个事物对他有害。然而，我们的上主绝不因为他自己的原因而憎恨任何事物，因为他不可能受到只有凡人才拥有的那些偶性的影响。上帝认为它们是可憎的，乃是为了我们的缘故，是因为它们可能给我们带来的危害。"① 这就是说，看起来是恶的事情，不是对上帝而言的，而是对人而言的。恶的东西之所以为恶，不是由于它本身如此，或者说上帝造就它是恶的，而是说它对人而言是恶的，由于它对人是有危害的。在上帝那里，没有绝对的恶或坏的东西。

六、论灵魂和报应

在萨阿底时代流行着各种各样的灵魂学说，有的说灵魂不是实体，只是偶性；灵魂是由气构成的；灵魂是由火构成

---

① Saadia Gaon，*The Book of Beliefs and Opinions*，p. 190.

的；灵魂有理性和生命力两部分，前者在心脏里，后者在全身；灵魂就是血；诸如此类。对此，萨阿底一一做了批驳。他以《圣经》为根据，认为灵魂是被创造的。《圣经》说：上帝"铺张诸天，建立地基，造人里面之灵。"(《撒迦利亚书》12：1)而且灵魂的创造是和身体的构成同时发生的。灵魂不是偶性，而是实体；灵魂不是由气、火或多种元素组合而成的，反之，它是单纯的、纯粹的，其单纯和纯粹足以和天体媲美。因为其单纯和纯粹，所以它才具有理性能力，而身体则没有。灵魂有三种能力：推理（reasoning）、欲望（appetence）和气恼（anger），因此，在希伯来语中有三个词表达灵魂，即 nephesh, ruach, neshamah。当然，理性认识能力在灵魂中占有最重要的地位。灵魂的居所是心脏，而不像有人所说的那样分散在身体的其他部位。[1]

正如《圣经》(《创世记》2：7)所说，人是身体与灵魂的结合，是一个完美的整体。灵魂是主导的方面；如果没有灵魂，身体就既没有生命，也没有认识。同时，灵魂的活动又必须借助于身体，它以身体为工具实现其认识功能并指挥人的其他活动。如果让灵魂离开身体，它就无法发挥任何功能，因而也就无法实现上帝造人，为了人的福祉的目的了。从另一方面看，人的身体也不是像有些人所说的那样是污浊不洁的，所以，灵魂与身体的结合对自己没有任何害处。灵魂与身体是作为人的一个整体而发挥作用的，所以，上帝的奖赏或惩罚是对于人的整体，而不是仅仅对于灵魂的。但是，造物主又没有使灵魂与身体永远结合在一起，而是让它们在

---

[1] 参见 Saadia Gaon, *The Book of Beliefs and Opinions*, pp. 235-245。

结合一定的时间后彼此分离。当然，这并不是说上帝直接决定它们结合的时间长短。实际上，灵魂与身体何时分离是取决于身体的，一旦身体的生命力损耗殆尽，灵魂便悄然离开。萨阿底不赞成柏拉图主义所谓人体本性污浊，灵魂进入其中而受到玷污的观点和其中包含的二元论、禁欲主义倾向。在他看来，身体也是人的重要组成部分，适当的肉体欲望，如食欲和性欲，也有其合理性。总之，在灵魂与身体的关系问题上，萨阿底虽然认为灵魂是主导性的，但他同时强调了人的整体性和灵与肉的共同作用。

那么，人的灵魂在身体死后到哪里去了？萨阿底批驳了形形色色的关于灵魂转世的说法，认为人的灵魂不能转世到动物身上，动物的灵魂也不可以转到人身上来。他相信人死后灵魂不灭，在世界末日到来时再复活为现实的人。他说，身体死亡后，"灵魂被储藏起来，直到最后审判的时候，如《圣经》所说：'它保存你的灵魂，难道他不认识它吗？难道他不按照每个人的所作所为而赏罚他们吗？'"（译文有改动。《箴言》24：12）。他还指出：有的灵魂上升而被储藏在上界，有的灵魂下降而被储藏在下界。"义人的灵魂被储藏在上帝容光的宝座之下，而恶人的灵魂被分散在世界上。"（Sab. 152b）萨阿底认为，当这个世界结束的时候，当所有的灵魂都聚集在一起的时候，上帝将使之与肉体再度结合，使人复活，并根据其功过进行审判和赏罚。① 许多人反对灵魂可以与原来的身体结合而再度复活为同一个人，因为人的身体死亡后就消散了，然后被别人吸收而构成了另外一个人的身体，因此不

---

① 参见 Saadia Gaon, *The Book of Beliefs and Opinions*, pp. 253-258。

可能在将来复活成为两个人的身体。萨阿底反驳说，每一个人的身体都是由独特的质料构成的，因此不会和别人的躯体结合而成为另外躯体的部分。实际上，人死后身体逐渐分解，又回到了自然中原来的地方，在那里等待着末日复活的到来。①

如前所说，在萨阿底看来，人是世界万物中最宝贵的，上帝创造世界是为了人的完善和幸福。那么，上帝是通过什么让人获得其幸福呢？萨阿底的回答是依靠他通过先知向人颁布的律法，即戒律和禁令（commandments and prohibitions）。律法分为两大部分：一是理性的，二是传统的。前者指的是我们的理性能够鉴别正确与错误、善与恶的那些行为。萨阿底认为，上帝使我们的心灵有一种同意或不同意的情感，通过它我们就能够识别真假善恶。人的理性要求因为做善事而得到报答或者感谢，上帝是不会忽视这一点的。那些让我们服侍他、不得罪他、不亵渎他的戒律以及防止人们之间相互反对的律法，如不杀人、不偷盗、不乱伦等戒律也属于此类。传统的律法则是强加于人的，因为执行这样的律法要得到奖赏。例如，过安息日和其他圣日的律法就属于此类。上帝是公平的，他的赏罚是根据人的行为好坏，也就是根据人遵行律法的情况来施行的。因此，遵行律法是人类获得幸福的必由之路。

萨阿底认为，上帝对于人的善恶报应主要是在来生，而不是现世。萨阿底从《圣经》中引述了许多的事例证明这一

---

① 参见 Isaac Husik，*A History of Medieval Jewish Philosophy*，The Jewish Publication Society，1946，p. 45。

点。例如，以撒、哈那尼亚、但以理等义人。在他看来，如果不存在来世的报应，这些真正的善人在今世所受的苦难就无法得到补偿了，恶人的恶行也无法得到应有的惩罚。诚然，《圣经》中没有明确地表述这一点。其原因有二：其一是说，来世报应只能用理性证明，而《托拉》的语言非常简明，主要表达律令，不表述推论的观念。其二是说，先知的特点就是优先讲述当前紧急的事情，而对于遥远的事情则轻描淡写。但是"逻辑的必然性要求存在一个死后的状态，在那里，生前遭受痛苦的人可以得到补偿"①。在表明《圣经》也有段落暗示了来世的存在以后，萨阿底以《密释纳》为根据阐述了拉比犹太教的来世观念。他相信，现世只是通往来世的门廊，在来世，人们不用吃喝，结婚无须生孩子，无须做买卖，义人头戴王冠，沐浴在上帝（舍金纳）的光辉之中。

人得奖赏或受惩罚是根据其行为。但是，为什么许多好人不得好报，恶人不得恶报呢？萨阿底的回答是，义人因少过而被惩罚于今世，因其多多的善行而在来世得福。恶人因其少功而得福于今世，在来世则因其大过而受到严厉的惩罚。还有，有的人没有什么过错也经受着痛苦，例如无辜孩子受苦的情况。萨阿底认为，上帝这样做是为了他在来世得到更多的奖赏。还有这样的情况，一个坏人能够长寿平安，这是因为上帝要给他悔过的时间；或者是上帝要利用他来惩罚更坏的人，或者是为了将来更严厉的惩罚，其严厉程度可高于

---

① Saadia Gaon, *The Book of Beliefs and Opinions*, p. 330.

正常惩罚的十倍。①

　　萨阿底相信，在弥赛亚时代，犹太人将会得到救赎。萨阿底认为，以色列人流散于世界各地，可以看作是由于对上帝的不服从而招致的惩罚，还可以看作是上帝对犹太人的考验。但是，这样的流散状态随着弥赛亚的到来而彻底结束。他说："上帝将从现在的状态中把我们解救出来，把我们的碎片从地球的东方和西方聚集起来，把我们带往他的神圣之地，让我们居住在那里，我们将成为他的选择和特殊的财产。《圣经》这样说：'万军之耶和华如此说：我要从东方、从西方救回我的民。我要领他们来，使他们住在耶路撒冷中。他们要做我的子民，我要做他们的神，都凭诚实和公义。'（《撒迦利亚书》8：7—8）"在他看来，被先知们大力发挥的弥赛亚时代犹太人得救赎的信仰，其实早在摩西那里就已经存在了。因为有经文就说过："那时，耶和华你的神必怜恤你，救回你这被掳的子民。"（《申命记》30：3）他认为，以色列人应该接受救赎论，因为：第一，摩西和别的先知都说过弥赛亚时代必将到来（《以赛亚书》44：26）。第二，上帝是公正的，他使以色列民族长期遭受苦难，这既是惩罚也是考验，但这种状态总有结束的时日。第三，上帝的诺言是可信的。经文说："草必枯干，花必凋谢，惟有我们神的话必永远立定。"（《以赛亚书》40：8）第四，上帝曾经允诺救赎我们出埃及，而且得以实现，将来也一定有第二次救赎。②萨阿底不仅相信弥赛亚的存在，而且推算出他降临的日期为 1335 年以后。他说，

---

① 参见 Isaac Husik, *A History of Medieval Jewish Philosophy*, pp. 43—44。
② 参见 Saadia Gaon, *The Book of Beliefs and Opinions*, pp. 290—292。

有两个弥赛亚存在，一个是约瑟的后代，另一个则是大卫的后裔。约瑟后代的弥赛亚首先作为大卫后裔的弥赛亚的先驱而降临，然后是大卫后裔的弥赛亚降临。弥赛亚将召集以色列民族以及其他民族，发动人民，准备战争（《约珥书》4：2，4：9-14）。通过战争打败敌国，建立一个和平美好的社会。那时，将有四大灾难降落在敌人的头上：有些人死于天降的大火、硫黄和石头（《以西结书》38：22），有些人死于人们相互厮杀的刀剑（《以西结书》38：21），有些人将死于灾害；而且带着受打击的痕迹，有的被挖了眼睛，有的被割去了鼻子和手指（《撒迦利亚书》14：12-13）。① 被打败的敌人分成四个等级：在以色列人家中做奴仆（《以赛亚书》49：23），这是最高级的；在城市和乡村做奴仆（《以赛亚书》14：2）；在农田里干活（《以赛亚书》61：5）；回到自己的国家纳贡称臣（《撒迦利亚书》14：16）。

那时，人们将不像现在这样使用各种语言，以致很难交流和沟通，而是使用一种纯粹的语言。"那时，我必使万民用清洁的言语，好求告我耶和华的名。"（《西番雅书》3：9）所有以色列人都回到圣地。耶路撒冷的犹太教圣殿得以重建，舍金纳的光辉将照耀其上。而且，不论男女老幼，所有的以色列人都将成为先知。所有自然灾害、饥荒痛苦、悲伤和不好的东西都将消亡。充满欢乐，服从和服侍上帝，都得到了奖赏，都很富足（《诗篇》144：12-14）。

萨阿底关于灵魂不朽、来世的奖赏与惩罚、弥赛亚时代的论述都有明显的教条化的倾向。从哲学上看，他的最大贡

---

① 参见 Saadia Gaon, *The Book of Beliefs and Opinions*, pp. 306-307.

献是关于创世和上帝的属性的论述。

七、论正当的生活

萨阿底认为，每个人或每个人群的生活态度是不同的。但是，有一些生活态度和生活方式是不可取的，必须向人们指明其所以错误，以及如何纠正它们而使人走上正道。他列举了13种错误的生活态度，并逐一提出了纠正之方法和正确之路。

（1）消极遁世。有人认为，现实世界空虚无聊、倏忽不定。今天悠闲自得，其乐融融，富贵荣华，明天这一切将灰飞烟灭。现实世界上到处充满谎言、骗局、压迫和极端行为。因此，对于这样一个世界，只能抱以鄙视的态度。人生在世，无须建居室、种庄稼，也不必结婚生子。隐居山林，草木为食，自然终了即是正当的人生之路。萨阿底认为，这样人生态度虽然不是毫无道理，但已经偏离正道。假如居无定所、不结婚、不生育是人生当为，那么，为什么上帝没有命令人们这样做？如果人们真的这样做了，人类将不复存在，世界将成为一片荒野，人的本能将取代理智，那时，人们将没有可口的美味，伴随他们的只有悲伤和痛苦。萨阿底主张"中庸之道"。他说：对于这个世界，该鄙视时则鄙视。例如，如果教规不许的美味在面前，就应该记起律法的教导，视美味污浊可厌，避而远之。当男人遇到美女，而女子不容许接近，则应该退避三舍。对于金钱，也应该持同样态度。总之，不论在何时何地，人的眼中应该有上帝，敬畏上帝。如《圣经》

所说:"在你一切所行的事上,都要认定他,他必指引你的路。"(《箴言》3:6)这里列举的生活态度类似于中国道家和佛教的人生观,消极避世,随遇而安。萨阿底的批评也是合理的。假如人人都那样生活,世界和人类将难以为继,至少与现在的样子全然不同。虽然他的批评是以上帝没有颁布这样的律令为根据,缺乏理性的分析和逻辑的论证,但其观点还是符合中庸之道的。

(2)吃喝玩乐。很多人沉迷于这样的生活,认为是正当的,相信这样生活得快乐,既有益于身体,也有益于心灵和精神。但是,萨阿底指出:这些人只看到了吃喝玩乐的好处,没有见到其害处。事实上,如果吃喝过度,就会引起血液增加,疾病也随之而来,人的机体也开始弱化。再者,如果那样,人与动物也就没有多少区别了。解决问题仍然靠中庸之道,即饮食适度,数量以维持生命为限。如《圣经》所说:"你得了蜜了吗?只可吃够而已,恐怕你过饱就呕吐出来。"(《箴言》25:16)

(3)好色贪杯。许多人认为这是正当的,因为可以从中得到莫大的愉悦,使人享受生活,还能够祛除愚钝,让人变得聪慧。但是,萨阿底发现这个说法是错的,因为肉体的愉悦使人视觉迟钝、肾脏颤抖,妨碍人的雄心,有害人的身体。所以,所罗门警告说:"不要把你的精力给妇女。"(《箴言》31:3)沉湎于酒色会使人心激动而智力下降,学识减弱,行为可憎,名声扫地。解决这个问题的中庸之道是节制有度,在律法允许的情况下和自己的妻子过性生活,以传宗接代为目的。

(4)爱有差等。许多人把情爱看得至高无上,但只把它给予同类(fellow creatures),认为这样可以提升灵魂,愉悦心情，有益容貌。但是，实际上这是错误和愚蠢的。我们应该把爱和亲情给予所有进入我们生活并与我们休戚相关的伙伴。这个思想可以概括为"泛爱"，而且爱的对象已经超出了人类，表现出天地人共生，人与自然和谐共存的旨趣。这在他那个时代是难能可贵的。

（5）重金敛财。常言说："有钱能使鬼推磨"，"富人的朋友遍天下"。有了金钱，名誉、地位也随之而来。所以，许多人不择手段聚敛财富。但是，仔细考察这些说法就会发现它们并非至理名言。正如《圣经》所说："贪爱银子的，不因得银子知足。"（《传道书》5：10）有钱人往往心中忐忑，害怕有朝一日钱财丧失，生活中充满了惊恐和痛苦。事实上，财富经常毁坏人的正常生活。中庸之道告诉人们要聚财适度，即以满足家庭生活为限度。人们应该明白，是上帝让其发财致富，因此应该知足常乐。

（6）多子多福。很多人希望儿女多多，认为儿女可以使人享受天伦之乐，可以滋生慈爱和怜悯之心，可以使自己的名字代代相传，可以老有所养。但是，从另一方面看，孩子也可能成为父母担惊受怕和耻辱的源泉。所以，也许没有孩子更好。犹太人"多子多福"的观念与儒家如出一辙。直到今天，多数犹太人的家庭仍然是有数个孩子的大家庭。萨阿底在中世纪就提出这样的思想，虽然有离经叛道之嫌，但却是颇为超前、富有远见的。

（7）耕耘建舍。不少人乐于耕作土地，建设房屋，种植葡萄，开垦荒原。但是，一经考察，便可以发现这样做是空虚无益的。劳作一生，孩子也许并不继承父业，其产业可能被不劳者轻易获得。中庸之道是耕作以满足家庭维持生计为度，建房也以满足家庭需要为度。

(8) 长命百岁。很多人相信"人死之后一切将化为乌有"，所以竭力延年益寿。方法就是一味吃喝，满足欲望，规避惊怕和危险。但是，事实告诉我们，没有良方妙药真正延长人的寿命。国王们终日欢乐，也不见得长寿。那些期望长寿的人反倒徒增了焦虑不安和罪感。中庸之道是热爱现世生活，行善积德，期待来世过更好的生活。

(9) 权欲熏心。许多人渴望权力和名声，以此提高自己的地位。这种做法实际上很愚蠢。先贤有言在先："人当尚劳动，憎权欲。""擅权者必受权害。"中庸之道是掌权当以公正的判决为目的，当救济贫穷，解放受压迫者，驱除掠夺者。如《圣经》所说："看哪，必有一王凭公义行政。"（《以赛亚书》32∶1）当官掌权不是坏事，但是掌权者须时刻牢记权为民所用，要办事公道。

(10) 报仇雪恨。不少人心怀旧恨，不时寻找机会报仇雪恨，并因报了仇而感到快乐和荣耀。萨阿底认为，这实际上颇不明智，因为报仇者最终会后悔的。中庸之道是捐弃前嫌，一笑泯千仇。"你报仇，他遭难；你赦免，他欣喜。"如果非报仇不可，那么向那些在上帝面前行不义之事的人报仇，不要因为人们之间的仇恨而冤冤相报。

(11) 学习至上。犹太先哲教导人们勿忘学习，刻苦学习，不懈地追求知识。这固然是好事。但是，人们不应该走极端，以致只顾学习而忽略其他事业。人生在世，总要吃穿住行，所以人人都应该有维持生计的本领。有位拉比说得好："研习律法，加之世俗追求，方为善。"如果人人只顾学习，不劳作，人类亦无法维系，世界将变成一片荒野。中庸之道是有职业可以维生，然后尽力学习《托拉》。吃喝要有节制，以满足身心需要为限,不过度放纵自己。

(12)敬奉上帝。人们常说:世界上最好的事情莫过于信靠上帝,日夜服侍上帝,一心一意侍奉造物主。因此,上帝反过来也会给他一切所需,使他永不匮乏。但是,这是很不现实的。一个人不从事谋生性的劳动,必然对健康不利,结果是侍奉上帝的事情也不可能做好。还有,如果他专门侍奉上帝,离群索居,脱离同胞,那么,他也不能很好地落实《圣经》上所说的"保证公平""与邻居买卖公平"的教诲以及洁净法、什一税,等等。中庸之道是既侍奉上帝,又从事某种维持生计的职业。当然,有些人的主要精力将用于读经、服务于上帝。但是,要兼顾世俗的事物。

(13)好逸恶劳。不少人认为悠闲是最好的,因为它既有益于身体健康,也有利于积蓄精神。人生的目的也是为了晚年过闲适的生活。这些说法看似有理,实际不然,因为他们不懂得什么是真正的悠闲。悠闲与劳作相对,指的是劳作之余的休息。没有劳作,岂有休闲?没有劳作的悠闲实际上是好逸恶劳。对此,《圣经》早就批评说:"懒惰人的愿望将他杀害。"(《箴言》21:25)实际上,人们在劳动之余从事敬神、学习《托拉》、祷告等,已经从中得到了休息。况且,休闲过多对肠胃、四肢的健康都有害处。中庸之道是在自己的职业上尽职尽责地努力劳动,然后适当地休息,并把休息视为惬意的奖赏。不劳作而休息是无意义的。最值得追求的闲适是在来世,在那里才有不间断的轻松和悠闲。①

---

① 以上13种生活态度以及萨阿底的评论皆参考了 Saadia Gaon, *The Book of Beliefs and Opinions*, pp. 247-252。

八、萨阿底哲学的影响

　　如果把萨阿底和之前的斐洛以及其后的中世纪犹太哲学家做一对照，我们即可看出，萨阿底那里的希腊哲学色彩不甚浓厚。如果说斐洛哲学是在柏拉图、亚里士多德和斯多亚派哲学的直接影响下产生的，同时，萨阿底之后的中世纪犹太哲学家分别属于新柏拉图主义和亚里士多德主义两个阵营，那么，萨阿底则是比较特立独行的犹太哲学家，就是说，他不明确属于哪一个希腊哲学派别。当然，这并不是说，萨阿底没有受到希腊哲学的影响，而是说，在他那里，希腊哲学的痕迹远远不如在他之前和之后的哲学家那里明显。实际上，萨阿底生活在伊斯兰教世界里，他所直接接触的除了犹太教以外，首先是伊斯兰教的穆尔太齐赖派的神学和凯拉姆辩证教义学。他的哲学问题是伊斯兰教神学家热衷讨论的，他的方法是凯拉姆式的。他受希腊哲学的影响是间接的。总的来看，萨阿底是直接受伊斯兰教和犹太教影响的犹太凯拉姆哲学家。萨阿底的伟大贡献在于在中世纪第一次系统全面地提出了犹太哲学的重要问题，从而为后来的哲学奠定了基础，并预示了后来哲学发展的方向。其后，多数中世纪的犹太哲学家都从他那里受益良多。作为中世纪犹太哲学之父，萨阿底是当之无愧的。

第六章

以撒·以色列里与伊本·加比罗尔

一、以撒·以色列里

虽然萨阿底有"中世纪犹太哲学之父"之称，但是，从出生年代看，以撒·以色列里（Isaac Ben Solomon Israeli，约855—955）则更早。当然，就哲学上的贡献和对后世的影响而言，以色列里和萨阿底相比就是小巫见大巫了。

以撒·以色列里约855年生于埃及。[1] 曾以眼科医生为业。约50岁时，移居突尼斯（Tunisia），师从穆斯林名医进一步学习医术，后来成为北非法提米德王朝宫廷医生。约卒于955年。以色列里终身未婚，这在犹太人中是不多见的，正如其长命百岁之不多见。以色列里著述甚丰，其中多为医

---

[1] 关于以色列里的生卒时间，说法不尽相同。有著作说他出生于850年，卒于932年以前（见 Colette Sirat, *A History of Jewish Philosophy in the Middle Ages*, Cambridge University Press, 1985, p.57），另有著作说他约生于855年，卒于955年（见 *Routledge History of World Philosophy*, Vol.2, *History of Jewish Philosophy*, ed. by Daniel Frank and Oliver Leaman, London and New York, Routledge, 1997, p.151）。这里从后者。

学著作。在哲学上，以色列里主要是通过 9 世纪的阿拉伯新柏拉图主义者肯迪和伊本·哈西戴（ibn Chasdai）接受希腊哲学的。在他流传下来的哲学著作中，以《论定义》(The Book of Definition) 和《论实体》(The Book of Substances) 最富哲学意义。《论定义》主要阐述哲学、逻辑学和相关学科的概念和术语。现存阿拉伯文的《论实体》残篇表明，该书是一部针对大众撰写的一般哲学著作，而非犹太教专著。他的另一部著作《论精神与灵魂》(The Book of Spirit and Soul) 是针对犹太人读者而写的研究《圣经》的专著。《论元素》(The Book of Elements) 主要阐述亚里士多德的元素论，是以色列里流传下来的篇幅最长的哲学著作。可以见到的以色列里的著作还有他的《论元素》的部分手稿。①

以色列里首先是个著名医生，然后才是哲学家。其著作皆用阿拉伯文写成，后来大都译成希伯来文和拉丁文，传播至欧洲和非洲。他的哲学在犹太世界反响不大，但是对中世纪的西方哲学产生过一定影响，其《论定义》和《论元素》的拉丁文译本，受到基督教学者的重视。

1. 论哲学

以色列里的一个重要特点是较同时代的其他哲学家更多地探讨了一般哲学问题。

关于什么是哲学，以色列里从不同的角度做了定义。按照他的推理，希腊语中"哲学"（philosophy）一词既然是由"爱"（philia）和"智慧"（sophia）构成的，那么，哲学家也

---

① 参见 Routledge History of World Philosophy, Vol. 2, History of Jewish Philosophy, pp. 151-155；以及 Colette Sirat, A History of Jewish Philosophy in the Middle Ages, pp. 58-59。

一定是"爱智者"（lover of wisdom）；如果哲学家是爱智者，那么，哲学一定是"对智慧的爱"。显然，这是流行的老生常谈，理论上没有什么新意，只是在表述上显得符合逻辑罢了。他还把哲学表述为人根据自己的能力与创造主之作品的同化，这表现出人与自然万物相同一的思想倾向。[1]

以色列里的另一个哲学定义最富有哲学意味。他在《论定义》中写道："哲学是人对自己的认识。这种认识也是人对于高深的道理和崇高的智性（intelligence）的描述。这样做的理由如下：如果某人获得了有关自己的真知识，即有关自己的精神性（spirituality）和物质性的知识，那么，此人就构成了所有事物即精神实体和物质实体的真知识，这是因为在人身上结合了实体和偶性。实体有两种，即精神的实体和物质的实体。精神实体可以拿灵魂和理智为例，物质实体则指具有长宽高的物体（body）。偶性也有两种，即精神的偶性和物质的偶性。精神的偶性如温和、知识以及其他灵魂所具有的类似的精神性偶性；物质的偶性如黑、白、黄、红、厚、多变性以及其他物体所具有的物质性偶性。之所以这样说，乃因为非常显然，假如一个人既在精神上也在物质上认识了自己，他也就构成了所有事物的知识，认识了精神实体和物质实体，而且还认识了第一实体、第一化生性偶性和关系，以及其余的六种复合偶性。第一实体是创造主不假中介直接创造出的实体，适合做多样性的基质（substratum），第一化生性偶性可以再分为量、质和关系，另外六种复合偶性则是指

---

[1] 参见 *Routledge History of World Philosophy*, Vol. 2, *History of Jewish Philosophy*, p. 155。

实体与三种偶性组合而成的。如果某人获得了这一切，那么，他就获得了所有事物的知识，因而成为名副其实的哲学家。"①在以色列里心目中，哲学家就是无所不知的学问家，而其知识之得来并不假外求，完全可以从对自身的认识中求得。简言之，哲学即是人对自己的认识，哲学家就是通过对于自己的认识而认识到万物的人。从上面的引文中可以看到，人之所以能够通过认识自己而认识万物，乃因为人自身中包含了精神实体和物质实体、精神偶性和物质偶性以及实体和偶性的复合偶性，等等。中国战国时期的大儒孟子曾经说："万物皆备于我"，还说，"尽心，知性，知天"。用孟子的这几句话来解读以色列里前面的思想似乎颇为可取。由于"万物皆备于我"，所以从自我的认识中即可认识万物，可以成为无所不知的哲学家。这又与"尽心，知性，知天"的思路如出一辙，从认识自己入手，逐渐认识自然乃至上帝。从以色列里关于哲学和哲学家的定义中，我们似乎发现了中国传统哲学中的"天人合一"思想。

　　虽然以色列里属于新柏拉图主义一派，但是，在探讨纯哲学时，亚里士多德哲学的影响也是显而易见的。他说："许多人读了古人的书，看到前人在对事物下定义时有差别，于是就认为这些差别是由于他们的不同意见造成的。其实并非如此。当他们竭力研究事物的定义时，就会发现有四个重要的问题，舍此问题则不能对定义有所认识。这四个问题是：第一是存在（existence）：追问是否存有；第二是本质（quid-

---

① 转引自 Colette Sirat, *A History of Jewish Philosophy in the Middle Ages*, p. 60。

dity)：探询是什么；第三是性质（quality）：问的是何以如此；第四是原因：探求为什么如此。"他进一步解释说：第一个问题问的是事物是否存在，如果某人认为存在，对它的回答一定是"是"，如果他否认其存在，回答则为"否"。关于事物的本性和本质（nature and essence）问题，对它的回答当根据定义，因为定义揭示事物的本性或实质。性质指的是与事物之存在不可分离的属性（property），而一个事物具有多种属性。原因指的是事物的最后原因（final cause），是造成该事物之产生或存在的必然原因。[1] 存在、本质、性质、原因等范畴是古希腊哲学中常用的范畴，尤其是亚里士多德及其学派的传人在他们的著作中论述颇多。以色列里在这里对这些范畴条分缕析，不是简单重复亚里士多德等哲学家的观点，而旨在表明，前人给予的各种定义是从不同的方面对于自己、世界和上帝的描述，它们中有些看似矛盾，实则不然。

2. 论上帝与宇宙

作为新柏拉图主义的哲学家，以色列里是在阐述世界的产生和秩序时表明其上帝观的。在他看来，上帝是永远能动地创造世界的创造者。上帝创造世界不是从已有的存在塑造万物，如有的神学家和哲学家所主张的那样，而完全是从虚无中创造世界。在世界产生之前，除上帝之外，没有任何别的存在。他是独一的。他的创造不需要任何中介，而完全出于自己的意志和力量。在以色列里这里，上帝的力量、意志和他的本质、存在都是同一的。可见，以色列里的上帝观就

---

[1] 转引自 Colette Sirat，*A History of Jewish Philosophy in the Middle Ages*，p. 59。

是主流犹太教中的上帝观。

和别的新柏拉图主义者一样,以色列里也阐述了从上帝到世界及其万物产生的下降过程和人的境界的上升过程。

上帝从自身首先产生出第一质料和第一形式(first matter and first form)。其他新柏拉图主义者都认为第一质料和第一形式是从上帝那里流溢出来的,上帝产生它们不需要意志,不在时间中。作为犹太哲学家,以色列里的不同之处在于,他主张第一质料和第一形式都是从无到有的创新,是上帝从虚无中而且是在时间中把它们新造出来的。他说:"希腊哲学家和智慧大师亚里士多德说过:所有根基(roots)皆始于两种单纯的实体。其一是第一质料,它接受形式,被哲学家们视为根本之根本(root of roots)。这是第一实体,它自身存在且为多样性之基质。其二是随时准备与质料结合的第一形式(substantial form)。第一形式是完美的智慧、纯粹的光辉(radiance)、清澈的光亮(splendor),借助于它与第一质料的结合,理智的形式才进入存在……"①

第一质料和第一形式构成理智(intellect),换言之,理智是从第一质料和第一形式的结合中流溢出来的。由于理智是第一质料和第一形式构成的,所以也可以说,第一质料和第一形式是理智的本性。在以色列里看来,除了上帝以及第一质料和第一形式外,理智是所有存在中最完善、最高级、最接近于创始,最靠近上帝的力量和意志的存在,它是完美的智慧,纯粹的知识。在《论精神与灵魂》中,以色列里在阐

---

① 转引自 Colette Sirat,*A History of Jewish Philosophy in the Middle Ages*, p. 60。

述理智时也用"创造"一词，表示它和上帝的密切关系。他说：理智和灵魂是一回事，都可喻为光亮。上帝把理智创造为光亮，使它放射出光辉，犹如当阳光照射在玻璃球上，玻璃球反射出光辉一样。

如果说第一质料和第一形式以及它们结合而成的理智是上帝创造的，那么理智以下的事物则都是从理智流溢（emanate）或衍化出来的。下面是从理智逐渐流溢出世界万物的次第和过程。

以色列里写道：由理智衍生出理性灵魂（rational soul）的本性。理性灵魂的光亮较前者微弱，因为它已经经历了灵魂和创造主之间的中介。还有，"当理性灵魂的本性确立起来，其阴影（shade）处发射出光辉，随后产生出动物灵魂（animal soul）的本性。动物灵魂是估计能力和想象力的根源，它不是独立自在的。在动物灵魂和理性灵魂之间存在着不同程度的理智。同样，动物灵魂也发射出光辉，植物灵魂随之而生。植物灵魂的光亮更加暗淡，其运动也仅限于生长运动，由于理智程度的减弱和远离了光亮，所以连位移运动也被剥夺了。同样，植物灵魂也发射出光辉，星球的本质和本性随之形成。它是粗糙的，人的视觉即可见到。星球的本性就是运动，所以各部分之间相互碰撞，火也从其运动中产生，从火产生气，由气产生水，由水再产生土。动物和植物就是从这些元素而来的"[①]。

从前面的描述中，我们看到了一个自上而下的等级链条

[①] 转引自 Colette Sirat, *A History of Jewish Philosophy in the Middle Ages*, p. 61。

和过程：上帝是至高无上的创造主，他创造出第一质料和第一形式，而后由它们构成理智，由理智派生出理性灵魂，再由理性灵魂衍生出动物灵魂，由动物灵魂产生植物灵魂，然后渐次产生火、气、水、土四种元素，进而产生动物、植物及世界上的万物。从这个过程我们可以发现，在以色列里那里，万物从最初的根源上看都是上帝创造的，但是，上帝只是事物的最终原因，而不是直接原因，事物产生的直接原因是更高一级的存在。此外，事物的存在是有等级差别的。由于世界产生的过程遵循的是从高到低的下降顺序，所以越靠近上帝的事物等级就越高，反之就越低。宇宙事物林林总总，气象万千，但都处在一个高低不同、次第分明的等级序列之中。同时，我们还可以看到，宇宙事物次第区别的根源在于灵魂等级的不同。按照以色列里的描述，宇宙万物莫不具有灵魂。灵魂是精神之流（spiritual flow），是不同等级的智力，是从理智发射出来的光，它穿透各个等级的生命存在而止于矿物界。这样的光越远离其根源，就越微弱或暗淡，但是不会完全消失。整个世界，不论是诸天体，还是地球上的事物，都或多或少地蕴涵着这来自理智的光辉或灵魂。

在诸灵魂中，最高贵、最高级的灵魂是理性灵魂，它处在理智的世界和阴影的地位。一般来说，主导人的是理性灵魂，所以人能够区分事物的善恶与贵贱，因而能够向善去恶。也正因为人知道应当与不应当的行为，因此，人也须接受奖赏或惩罚。

动物灵魂来自理性灵魂的阴影，离理智更远，所以低于理性灵魂。在动物灵魂中占主导地位的是想象力，它能够得到的是从感官知觉而来的外在的知识，其显著特点是活动和位置移动。在动物中，动物灵魂占主导地位。因为动物不具有自己行为的知识，所以它们也不因为自己的行为而受到奖赏或惩罚。

植物灵魂由于源于动物灵魂，离理智更遥远，所以也更低级。它本身晦暗不明，缺乏感知能力和运动能力。然而植物能够欲求、生殖、养育、成长、枯萎，能够适应不同的区域和气候而开花结果。

以色列里认识到，以上三种灵魂的分别并不是绝对的。有的动物天分极高，甚至可以具有类似于人的认识能力和慎重择行的能力。例如狗、鸽子和某些野兽；有的植物则有特殊的香气，例如琥珀、麝香科植物。之所以出现这种情况，是因为各种灵魂有时会有倾向性的变化，如理性灵魂有时会倾向于动物灵魂，此时，人就可能有较多的动物性欲求；有时动物灵魂带有较强的理性灵魂倾向，这时的动物则接近于人。植物和动物之间也有类似的情况。这样，以色列里就既坚持了事物之间的质的区别，又巧妙地解释了事物之间的接近与相似性。

从上帝到宇宙的产生是一个下降过程。但是，这个下降的链条也同时是由低到高渐次上升过程的链条。所谓上升的过程，就是说低级灵魂总是向往高级的灵魂，低级的事物总是希冀高一级的事物。对人而言，就是逐渐摆脱低级的欲望而趋向上帝的升华进程。以色列里把这个过程分为"净化"（purification）、"澄明"（illumination）和"合一"（union）三个阶段。在第一阶段，人要尽可能地纯化自己的灵魂，使之脱离低级灵魂具有的激情，摆脱晦暗和杂质。此时，人的境界已经得以提高。在第二阶段，人的灵魂得以豁然开朗，因而获得智慧，即获得了外部世界的真知识。在第三阶段，人的理性灵魂上升到了理智的水平，于是，灵魂就变为精神性的和理智性的，进而实现了与智慧的合一。这时，人达到了理智层面，接近于上帝，但不是与上帝合一。[1] 以色列里说："如果一个人的理性灵魂脱离了低级的灵魂，理智将会把自己的光（light）和光亮流溢给他，使他变为精神性的，如神灵一般（god-like），此时，他会在人力允许的范围内，极度渴望成为天使的样子。"[2] 人往高处提升，以至于近乎天使，这就是人可能成就的最高境界。以色列里同时指出，邪恶的灵魂是下坠的，无法达到星球以上，所以不可能上升到高尚的境界。

3. 论先知

先知是犹太教的重要现象，也是犹太哲学家们热衷研讨的重要问题。以色列里也对先知做了哲学的阐释。

实际上，前面提及的三种灵魂是同时存在于人的，只不过在不同的人身上比例不同罢了。这样，人就可以根据这三种灵魂的多寡分为三类：理性为主的人、动物性为主的人和植物性为主的人。人向往上帝，努力提升自己以接近上帝，但并非所有人都能够实现这种愿望。只有理性人中的很少部分能够接近理智之光，进而知晓上帝的意志。这部分人就是先知。以色列里这样说："上帝从虚无中创造出世界，是出于他的善和爱，为了体现他伟大的爱和智慧，上帝欲使其造物

---

[1] 参见 *Routledge History of World Philosophy*, Vol. 2, *History of Jewish Philosophy*, p. 154。

[2] 转引自 Colette Sirat, *A History of Jewish Philosophy in the Middle Ages*, p. 63。

和仆人受益。但上帝认为，一个人除非知道上帝的意志而行上帝让他去做的事，成为应受奖赏的人，他是不可能得到益处的。但是，除非通过天使（messenger），他又是不可能知道上帝的意志的。"① 就是说，知道上帝的意志需要天使从中传递消息，而天使不是常人可以与之接触的，只有先知才有这样的特权。可以说，先知是极少数知道上帝意志的人，是造物主和除他之外的被造物之间的中介。

上帝是借助异象（vision）启示自己的，而异象不是外部事物的形象，而属于精神性的形象（spiritual image）。但是，以色列里认为，异象来自物质的形式（form），是源于想象力的物质形式的表象（representation），因此它介于物质形式和精神形式之间。但是，异象比物质的形式更精微、更富有精神性、光亮更强，所以古人把它看作是上界的形式。先知的启示就是借助异象得到的。

以色列里还认为，先知接受启示进而做出预言是和做梦联系在一起的。他在《论元素》中说：所有著作的作者以及所有相信先知语言的人无不同意，梦是预言的一部分。在睡眠中，感官看到了介于物质性和精神性之间的形式（forms），即异象，但是只知道其物质的方面，因为这些形象接近于物质感官——视觉。但是，一旦异象的物质方面被知晓，人的感官就会将它们传达到想象力，而想象力将以更精微的方式接受它们。然后，想象力再把它们传达到记忆并储存其中。当人觉醒后，他即可以从记忆中提取那些栩栩如生的形象。

---

① 转引自 Colette Sirat，*A History of Jewish Philosophy in the Middle Ages*，pp. 63-64。

在一个人记住这些形象后,他就会力求通过自己的认知能力去理解其精神意义。人的认知器官具有审查、鉴别、组合的能力,能够区分和鉴别事物的外表与核心。在鉴别并净化后,那些形象又被送回记忆力,在记忆力中被接受并被储存起来,一旦需要,即可浮现出来。这就是预言形成的过程。[①] 可以看出,以色列里所谓的梦境是包含了《圣经》中所描述的异象的。先知的梦和任何别的梦在心理机制上没有区别,区别只在于,先知的梦起源于上帝与其造物交流的愿望。以色列里关于预言形成过程的阐释除了涉及异象,即梦见的形象外,还涉及人的外部感官、想象力、记忆、认知能力。其中,想象力的作用最为重要。可见,在他那里,预言的形成是一个复杂的心理过程。

梦需要解释。但是,普通人无能为力。唯有具有高度的理性灵魂的人才能够释梦。他说:上帝的造物在理智、领悟、思维和决断诸方面各不相同,所以有人愚钝、有人聪慧。上帝的意志是通过精神性的晦暗不清的言辞和术语传达的,因此不为常人所理解,只有那些富有高度的理智和理解力的人才能洞悉其意。这些人可以理解梦境中的信息,因此能够成为做出预言的先知。

以色列里的弟子塔米姆(Dunash ibn Tamim)在其《创造论释注》中用三个语词概括、补充了老师的先知论。这三个语词是:声音(kol)、灵魂(ruah)和话语(dibbur)。关于声音,他说:"这是一种声音,上帝在空气中创生,并把它

[①] 转引自 Colette Sirat, *A History of Jewish Philosophy in the Middle Ages*, p. 64。

引入那配听到它的人的耳朵。正是在这个意义上,《圣经》说:'摩西进会幕要与耶和华说话的时候……有与他说话的声音,就是耶和华与他说话。'(《民数记》7:89,《利未记》1:1)"他所说的灵魂,其实包括梦境和其中的异象。他说:"多数先知是借助灵魂做预言的……所有这些和类似的话都表现梦中的预言。"就是说,超自然的异象是在梦境中出现,因而与灵魂相关联的。关于话语,他说:"借此,摩西显示出与众不同,如经文说:'耶和华与他面对面地说话。'"其他先知可以听到声音、看见异象,因而做出预言,而摩西是唯一可以与上帝对话,直接听到上帝的话语的人,因为摩西具有杰出的理性灵魂或理智能力。[①] 以色列里在这里实际上列举了先知借以做出预言的三种形式,多数先知就是借助声音和梦境中的异象做预言的,唯有摩西能够直接听到上帝的话语,因此是最伟大的先知。在这一点上,后来迈蒙尼德的观点与以色列里的几乎相同。

可以看出,在以色列里这里,先知与哲学家有不少相同之处:他们都具有异乎寻常的理性灵魂,因而有能力把握最高的知识。同时,他们的使命也是一样的,即依靠其卓越的见识提升人的境界,使人的灵魂从低劣的物质中解脱出来,趋向与超越的理智的神秘合一。但是,我们也可以看到,哲学家与先知是有区别的。前者通过对自身的认识而理解万物,而成为知识渊博的学问家,后者则是通过声音、异象以及话语而接受来自上帝的信息的。同时,和哲学家知晓万物不同,

---

[①] 转引自 Colette Sirat, *A History of Jewish Philosophy in the Middle Ages*, p. 66.

先知的知识只是来自上帝的启示。

以色列里是中世纪犹太新柏拉图主义哲学之父,对其后的新柏拉图主义哲学家,如加比罗尔、查迪克等产生过影响,后世的神秘主义犹太教也从他的著作中得到过不少的教益。

二、伊本·加比罗尔

1. 生平与著作

所罗门·本·犹大·伊本·加比罗尔(Solomon Ben Judah ibn Gabirol,1021—1058)是中世纪著名的犹太诗人、哲学家。[①] 由于没有可靠的传记参考,学者们只能从其著述和后人的记述中大概了解这位天才人物的生平。加比罗尔约于1021年出生在西班牙的马拉哥(Malaga),不久即迁往撒拉格萨(Saragossa),在那里接受教育并度过了青少年时代。加比罗尔很小就失去了父亲,母亲也在他24岁时撒手人间。幼年丧父、青年丧母,孤苦伶仃,缺乏父母之爱和家庭温暖。加比罗尔的才气与相貌有天壤之别。他身材矮小、羸弱,相貌丑陋,而且常常抱病在身。其生活可谓不幸。也许正是这样不幸、悲惨的条件和状况成为他的诗歌和思想的无尽源泉,成就了这位"第一个西班牙犹太诗人和哲学家"。加比罗尔很小就开始写诗,在一首16岁完成的诗歌中,他说自己是"16岁的年龄80岁的心"。天资卓越的加比罗尔痴心于诗歌和哲

---

① 加比罗尔的生卒年代不可详考,各书记载不一,这里是一家之言。

学，在生活上则依赖于富有保护人的资助。然而，自尊、傲慢的性格又使他很难与保护人相处，所以，其保护人经常变换。1058（又说 1057）年，加比罗尔逝世于瓦伦西亚（Valencia），年仅 37 岁。

在短暂的一生中，加比罗尔用阿拉伯语创作了大量诗歌和哲学著作。在 19 岁时，他写出了有名的说教诗篇 *Anak*，次年又完成了两首诗，其中一首哀悼亡友易库提尔（Bi-Ymei Yekuthiel）的诗歌被誉为中世纪最伟大的犹太世俗诗。加比罗尔的诗属于智慧诗（wisdom poetry），反映了他对知识的渴望与探求，及其智慧的升华与发现，也大致表现出他的人生态度：尘世生活短暂，肉体的存在毫无意义，只有追求知识才能超越这虚空的人生。据 2003 年版的《犹太百科全书》的介绍，20 世纪 70 年代出版的《加比罗尔诗集》（两卷本）中就包括 244 首宗教性诗歌。他自己所写的著作有 20 部之多，但是，实际流传下来的哲学著作只有两部。一部是《生命之泉》（*Mekor Hayyim*）。该书是以师生对话的形式写成的，学生提问，老师回答，这显然是受了柏拉图对话录的影响。这种文体在当时的伊斯兰世界也颇为流行。该书分为五部分：第一部分是全书的基础，旨在澄清普遍的质料和形式的概念；第二部分论存在于物质形式之下的精神实体；第三部分论单纯实体的存在；第四部分是关于单纯实体中的质料和形式的知识的；第五部分论普遍的质料和形式。这是一部纯粹的哲学著作，其中很少引用《圣经》，也没有说教。由于这部著作没有明显的犹太教烙印，所以曾长期被视为基督徒的作品。另一部是《论道德质量的改善》（*Tikkun Middot ha-Nefrsh*），属于专述实践道德的伦理学著作，其中引述《圣经》甚多，也提及希腊哲学家柏拉图，可见犹太教《圣经》和希腊哲学的双重影响。这两部著作都有拉丁文、希伯来文和英文译本。值得一提的是，加比罗尔还写过长篇哲学诗歌，其中《王冠》（*Keter Malkhut*）的第一部分进一步阐述了《生命之泉》中的哲学思想。加比罗尔在诗歌和哲学上的成就得到后世学者的高度评价。哈里茨（Judah Ai-Harizi）甚至这样说："和他相比，那个时代的所有诗人都没有什么价值，都是虚假的……只有他一个人达到了诗的巅峰，他是在智慧的裹挟中从优美的语言中降生的……前无古人，后无来者。所有的后来人不过是从他那里学习和吸收诗的应用罢了。"① 在哲学上，其后的中世纪犹太哲学家哈列维、近代的卢扎托和犹太神秘主义者都从他那里受益良多。

2. 论上帝、智慧与世界

伊本·加比罗尔的哲学代表作是《生命之泉》。那么，在他那里，生命之泉究竟是什么？他在哲理诗《王冠》中明确宣称：是上帝和他的智慧。他是如此赞美上帝的智慧的："您是智慧的。智慧是生命之泉，它从您那里流溢而来。凡人皆俗不可耐，无从知晓您的智慧。您是智慧（wise）的，存在于一切前存在之前，智慧（wisdom）是养子，与您同在。您是智慧的，您的智慧源于自身，不来自他处。您是智慧的，您从智慧中派生出预定的意志（will），使之为工匠和艺人。您的意志从虚无引出存在之流（stream of being），如同光源于眼睛。……那意志呼向虚无，虚无即开裂破碎，呼向存在，

---

① *Encyclopedia of Judaica*, *Solomon Ben Judah ibn Gabirol*, CD-ROM, 2003.

存在便确立；呼向宇宙，宇宙就流溢而出。"① 这里的虚无被解释为没有形式的质料，存在则是光，是形式。形式和质料的结合产生所有的存在。换言之，上帝是最原初、最高级的存在，智慧从他而出，并与之同在。上帝的智慧派生其意志，使之不用任何中介和工具而从虚无中呼唤出宇宙及其万物。上帝和他的智慧，人们只知其存在，不知其究竟，人们所能够知道的只是上帝的意志以及由它流溢而出的宇宙万物。对于世界的产生，加比罗尔没有停留在诗意的描述上面。在《生命之泉》中，他用逻辑的平实语言勾勒了世界万物如何从造物主流溢而成的过程：上帝是造物主，从他的意志流溢出第一质料和第一形式，它们的结合产生理智，由理智派生出灵魂，由灵魂流溢出自然。自然是最简单的实体，物质的实体就是从自然实体流溢出来的。加比罗尔对于宇宙产生的过程在不同的地方表述略有差别。他也说：第一质料来自上帝的本质，而形式则源于神的意志。但是，无论如何，从上帝到质料与形式，到理智、灵魂、万物，这个自上而下的过程在加比罗尔的著作中是明确的。

对于上帝，诗人哲学家加比罗尔充满了无限赞叹和敬畏。他在《王冠》的诗中说："我的灵魂明白，您的作品是多么神秘。您，我们的主，是那么尊贵、壮丽和有力。……您是力量之秘源、秘密和基础。您是那秘而不显的名，即便智者也无从知晓；您是那力量（strength），维系着有序的世界，您是那能力（power），将所有隐秘之物暴露于光天化日。您是

---

① 加比罗尔:《王冠》，转引自 Colette Sirat, *A History of Jewish Philosophy in the Middle Ages*, pp. 70-71.

那仁慈，统治您的造物，给您的敬畏者以善果（goodness）。"① 在这短短的几行诗句里，上帝的创造、仁慈、力量、慈爱、神秘、可畏、不可知，无不跃然纸上。在同一首诗中，他还把上帝说成是只有纯粹灵魂的眼睛可见的"至高的光"，也阐述和歌颂了上帝的存在、伟大、一体性、永恒性等属性。

3. 论存在及人的品性

加比罗尔说：所谓人的认识，即对存在的认识，而存在包括质料、形式、上帝及其意志。他在《生命之泉》中写道："只存在三种东西：质料与形式、第一实体（上帝）以及介于两端之间的神的意志。之所以说只有这三种存在，是因为没有原因就没有结果，而且两者之间必有中介。原因是第一实体，结果是质料及其形式，居间者是意志。质料和形式犹如人的身体与其外貌，是诸成分的复合体。"② 在他这里，上帝成为第一实体，是自因的存在，又是质料和形式的原因，神的意志则是两者之间的中介。这是加比罗尔对存在的一般性描述。

加比罗尔认为，形式和质料有多样性。有一般性质料，有具体的质料，而且分为不同的等级。决定事物之不同的，不是形式，而是质料。由于质料之精粗优劣不同，所以它们构成的事物也存在等级的差别。"所有精神性的形式都是一个，它们之间并无区别，因为它们都是精神性的。其差别仅仅产生于支撑它们的物质基础。"③ 如同阳光（形式），穿过清新的空气（质料）与透过浑浊的气体（质料）时看上去大不

---

① 加比罗尔：《王冠》，转引自 Colette Sirat, *A History of Jewish Philosophy in the Middle Ages*, p. 70。
② 加比罗尔：《生命之泉》，转引自上书，第 73 页。
③ 加比罗尔：《生命之泉》，转引自上书，第 74 页。

相同那样。

关于形式和质料的关系,加比罗尔认为,它们彼此互为依存,不能单独存在。"质料不能须臾离开形式,形式也不能离开质料。各自的存在之成为必然的存在仅仅因为对方的必然存在。"① 不论具体的质料或一般性质料和它们的形式关系,都是如此。世界上的所有事物,都是由这样的质料和形式的结合构成的。

地球和其上的事物是由水、火、气、土四种元素构成的。这些因素的分布与在人身上的多寡和人的品性与道德有一定联系。根据这个基本道理,加比罗尔在《论道德质量的改善》中提出:和人的五官相对应的有 20 种人的品性。和视觉相对应的是骄傲、温顺、谦恭、轻率;和听觉相对应的是慈爱、同情、愤恨、残忍;和嗅觉相对应的是气愤、善意、妒忌、勤奋;和味觉相对应的是喜悦、焦虑、满足、后悔;慷慨、吝啬、勇敢、懦弱则属于触觉。他还认为,冷、热、干、湿四种性质和人的德行有关。这些思想可能受到了柏拉图关于人的构成质料如金银铜铁与人的德性有关这一思想的影响。

4. 认识自己与认识万物

加比罗尔认为,人生的最高目的和存在理由是获得知识,即获得灵魂、世界和上帝的知识。然而,和以色列里一样,加比罗尔也认为获得知识的途径是反求诸己,不假外求,因为人自身中包含了一切欲知的东西。他说:"人所必须努力寻求的是认知自己,这样才能达到其他事物的知识,即不是关

---

① 加比罗尔:《生命之泉》,转引自 Colette Sirat,*A History of Jewish Philosophy in the Middle Ages*,p. 74。

于自己的知识，因为人的本质包含所有事物，而且内在其中，所有事物都顺从人的力量。此外，他必须努力去认识他自己所以被创造的最后原因，以期获得最高的幸福。人的存在有最终原因，他就是因为它而被创造的，任何事物都服从于那一个上帝（one God）的意志。"①

在他看来，认识自己，就是认识自己的灵魂。灵魂是人的本质，是一切学问的根本，其中包含了需要认识的一切。他说："人需要首先研究的而且也是最有用的是灵魂的本质、它的能力和它的偶性，以及内含于灵魂中并与之结合在一起的东西，因为灵魂是一切学问的基质，它以其官能感受万物，透视万物。如果你研究关于灵魂的学问，你就会发现灵魂之优质、永久和捕捉事物的精细程度，你就会至少以某种方式惊奇地发现，灵魂实体包含一切事物。你将意识到，你自身包含了所有你要认识的存在物，你所认识的现存事物，都以某种方式存在于你自身中。在观察自己进而理解（透视）你所认知的事物时，你就会发现你自己包含了整个宇宙，眨眼间就理解了这个宇宙。假如灵魂不是精微且坚强的实体，不能穿透所有的事物，而且是所有事物的居所，就无法做到这样。"② 他还说："如果说人的身体是宇宙的反映（reflection），那么其灵魂则是神的意志的反映。"③ 人就是一个微观的宇宙，其中包含身体和灵魂与万物的要素。人的灵魂与万物的精神相通，最终和神的意志相通，所以能够知万物，认识上帝的

---

① 加比罗尔：《生命之泉》，转引自 Colette Sirat, *A History of Jewish Philosophy in the Middle Ages*, p. 71.
② Ibid.
③ 加比罗尔：《论道德质量的改善》，转引自上书，第 72 页。

意志。所以说，认识世界，在本质上就是认识自己，认识世界的正确途径就是认识你自己的灵魂。正所谓"万物皆备于我"，所以尽心可以知性，知性而后能知天。中国古代儒家之思孟学派的这个思想在犹太哲学家以色列里之后，再次通过加比罗尔表现出来了。人类思想和精神在不同的国度和时代发生，而又如此相通与吻合，实属少见。

显然是由于亚里士多德主义的影响，加比罗尔把灵魂分为三种：理性灵魂、动物灵魂和植物灵魂。它们都是从理智流溢而来。此三种灵魂存在于宇宙之中，同时也作为组成部分存在于人，只是在不同的人那里，占主导地位的灵魂有所不同罢了。

人以认识上帝为最高目的，但是实际上，人的认识能力有限，不能真正认识作为上帝的本质，只能认识从他而出的行为（acts）。上帝的本质是无限的，超越于万物之上，超出了人的认识范围。他说："除了从实体流溢出的行为以外，人不可能认识实体的真正本性。但是，人可能通过从实体而来的行为而认识上帝实体的存在，一如其行为所揭示的那样。对于实体本性的认识之不可能在于它超越万物而且是无限的。"[①] 在加比罗尔看来，认识一个事物就是完全理解它。这适用于有限的事物，但绝不适用于最高的上帝。超越的上帝靠其行为表现自己，人所能够认识的上帝也只能是其行为所显示的那样。一句话，人渴望认识上帝，但实际结果是，人只能知道上帝的行为，并通过其行为知道上帝是必然存在的。

人的认识的过程实际上是人的灵魂由低到高的净化和提

---

① 加比罗尔：《生命之泉》，转引自 Colette Sirat，*A History of Jewish Philosophy in the Middle Ages*，p. 73。

升的过程。人的灵魂通过对自身的认识而认识周围的事物，获得关于可感世界的知识。关于世界的知识，还不是真正的知识，而只是通向更高知识即关于神的意志的知识的途径。人关于世界的知识则是人的灵魂净化和提高的开始。加比罗尔指出：灵魂与从与感性的事物的关联中得到的神益是变得清明和净化，曾经隐匿其中的东西显现出来了，使灵魂达到了第二级的实体与偶性的知识。科学是有关这个世界的单纯实体的知识，它携带着上帝的意志的痕迹。这样逐次上升，灵魂最终达到其根源，即理智的世界。在理智的世界，人认识到神的意志。这种最高的知识也是对于人的最高奖赏。这就是从人到神的上升路线，即精神境界不断提高，以求与上帝合一的路线。对此，希拉特（Colette Sirat）在其著作中总结道："人首先远离感性的事物，只关注可理解的（intelligible）事物，一心趋向上帝。于是，上帝就会降之以助力。向善的欲望一定来自于人，只有人自己才能努力和物质的东西分开，而且只有在那时，即人接近上帝时，上帝才帮人达到接近自己，进而获得永生的目的地。"[1] 上帝至高无上，他有一种引人向上的力量。认识世界，进而认识上帝就是人的使命。人的知识越多，就越接近上帝，越接近人生的目的，因此也越感到幸福。可见，在犹太神秘主义哲学家那里，理智的知识和神秘的体验是密切联系在一起的。

5. 思想渊源和对后世的影响

从整体上看，加比罗尔哲学属于新柏拉图主义，这一点从他关于从上帝的意志流溢出形式和质料、理智、灵魂乃至

---

[1] Colette Sirat, *A History of Jewish Philosophy in the Middle Ages*, p. 79.

不同等级的存在的下降路线，以及人的灵魂从低级事物的认识开始逐渐上升至神的意志，从而趋向于和上帝合一的上升路线，即可以看出。但是，他的观点和当时的其他穆斯林新柏拉图主义者在形式和质料、意志的理解上有区别。

　　加比罗尔的质料范畴存在理论上的不一贯性。大致说来，他一方面接受了亚里士多德主义的影响，例如他关于第一质料、质料与形式相互依赖等论述；另一方面，他的主张又反映出斯多亚派的影响，因为他有时把质料等同于本质。加比罗尔提到精神质料，这一概念大概源自希腊新柏拉图主义的主要代表普罗提诺，但是，后者的主要著作《九章集》当时很可能尚无阿拉伯文译本。也许另一位希腊新柏拉图主义者普罗克鲁斯的《神学要旨》影响了加比罗尔的质料概念，因为该书当时已有阿拉伯文译本。不管怎么说，在把质料看作物理世界和精神世界之万物的构成基础这一点上，加比罗尔与普罗提诺、普罗克鲁斯是基本一致的。当时，伪称恩培多克勒的著作也在流行，所以，加比罗尔所谓质料和形式是最先被创造的，其存在先于理智的思想很可能受过他的影响。比加比罗尔略早的 10 世纪的犹太哲学家以撒·以色列里更有可能直接是加比罗尔哲学思想的来源。

　　加比罗尔哲学中较少犹太教色彩。在他的哲学代表作《生命之泉》中没有引用《圣经》《塔木德》《密德拉什》等犹太教经典，甚至没有提及其中的人物和事件。可以说，这是加比罗尔哲学的典型特征。后来的犹太哲学家摩西·伊本·以斯拉（Moses ibn Ezra）、亚伯拉罕·伊本·以斯拉以及约瑟·伊本·查迪克（Joseph ibn Zaddik）都明显受益于加比罗尔的《生命之泉》。他的哲学思想还在一定程度上影响了卡巴拉（Kabbalah）派的犹太神秘主义。当然，他的哲学也遭到某些哲学家的批评，例如后世的亚里士多德派犹太哲学家亚伯拉罕·伊本·达吾德（Abraham ibn Daud）就曾强烈抨击过他的《生命之泉》中的思想。在 12 世纪，他的著作被翻译成拉丁文，开始流行于基督教世界。但是，误解也随之产生。他的名字先是被称为阿威斯布朗（Avicebron），并被误认为是个穆斯林哲学家，也有人认为他是基督教学者。在基督教哲学家中，倾向于柏拉图主义和奥古斯丁的哲学家对他持欢迎和肯定的态度，而亚里士多德派的哲学家，如托马斯·阿奎那，则对他的观点提出了尖锐的批评。在中世纪犹太教思想家中，以撒·阿布拉巴内尔及其儿子犹大·阿布拉巴内尔（Judah Abrabanel）熟悉加比罗尔的著作，接受过他的思想。在 19 世纪，法国学者穆恩克（Solomon Munk）才发现一直被称为阿威斯布朗的人原来是犹太哲学家加比罗尔。现代德国哲学家叔本华曾经注意到自己的思想与加比罗尔哲学有相似之处。

第七章

犹大·哈列维

一、生平与著作

犹大·哈列维（Rabbenu Yehuda Halevi 或 Judah Halevi，1075—1140）是中世纪犹太哲学史上的重要人物，他的思想上承萨阿底、加比罗尔，下启亚伯拉罕·以斯拉、迈蒙尼德等，是犹太哲学发展壮大过程中的重要一环。而他的另一重更为人所知的身份——著名的诗人，则导致了他对理性、科学所表现出的近乎存在主义的风范，这些对现代的读者比对他的同时代人更具吸引力。①

哈列维于 1075 年左右生于托利多（Toledo）②（属西班牙）的一个富裕的犹太家庭，其家族历史颇为悠久，甚至可以上溯到古罗马时期。当时的托利多处在伊斯兰教和基督教

---

① 参见 *Paradigms in Jewish Philosophy*，edited by Raphael Jospe，Associated University Press，p.112。
② 一说生于图德拉（Tudela）。有关其出生地的简略考察参见 Dan Cohn-Sherbok，*Medieval Jewish Philosophy*，Lightning Source Inc，1996，p.221。

国家对峙的前沿,但是,在阿拉伯征服者(也包括某些时期的基督徒统治者)较为开明的统治下,包括犹太文明在内的诸多文明都得到了长足的发展:犹太哲学史上的诸多哲学家,如萨阿底、加比罗尔等人的著作被翻译成阿拉伯文,古希腊的哲学、医学、数学、天文学等著作的阿拉伯文译本也广为流传,阿拉伯人的诗歌更是煊赫一时。所有这一切都在哈列维身上留下了深刻的烙印:民族、家族的源远流长的历史使他对自己父辈们的信仰甚至繁衍生息过的地方都充满了向往,而诸文明之间的直接的碰撞与交流则造就了他宽广的视野和不拘一格的表达方式。① 大约在 1090 年以后,随着阿莫拉韦德人(Almoravides)对安达卢西亚(Andalusia)的征服②,哈列维开始了自己长达 20 年之久的流浪生涯,足迹几乎遍布整个基督教统治下的西班牙。在此期间,哈列维结识了许多著名的学者、诗人和贵族,其中特别值得一提的是比哈列维更为年轻的,但在犹太哲学史上同样著名的亚伯拉罕·伊本·以斯拉,双方过从甚密,亚伯拉罕·伊本·以斯拉在评论《圣经》时更是曾多次援引哈列维的思想。③ 作为一位优秀的诗人和医生,哈列维对无论何种信仰的统治者都是"有用的",因此他所到之处都颇受欢迎,但多年的颠沛流离使哈列维充分意识到了寄人篱下的屈辱和艰辛,在他的诗句中,他沉痛地反省道:"当锡安还在基督教的锁链下,当我还在伊斯

---

① 哈列维多次将阿拉伯式的传统诗歌改造成了对耶路撒冷圣殿的哀悼和赞美,并因此赢得了当时的和远远超出他的时代的赞誉。参见 *Medieval Jewish Philosophy*, pp. 188-190。

② 来自撒哈拉沙漠的游牧民族,在 11 世纪建立了包括北非和西班牙南部的部分土地在内(如文中提到的安达卢西亚)的王国。

③ 参见 *Medieval Jewish Philosophy*, p. 191。

兰教的桎梏中时……我如何能够享受美食，如何能够甘之如饴呢？"① 正是这一深思熟虑后的沉痛反省使哈列维坚定不移地要回到圣地、回到圣殿，去倾听以色列的先知们失落已久的呼声。终于，在1140年，哈列维以花甲之年不辞辛苦地从亚历山大里亚出发，乘船前往他渴望已久的圣地。然而遗憾的是，不久之后他逝世的噩耗传来，人们甚至无法确定他是否曾经踏上过耶路撒冷的土地。②

哈列维生前写作了大量的诗歌，有许多篇章，尤其是歌颂圣地的篇章被誉为是自《雅歌》以来最优秀的希伯来语文学作品。但他在犹太哲学方面的代表作公认的只有一部，即《库萨里》（The Kuzari）。这部书最初是用阿拉伯文写成的，全称是《证明与反驳：为被轻视的信仰辩护》（The Book of Refutation and Proof in Defence of the Despised Faith），1176年，犹大·伊本·提本（Judah ibn Tibbon）将其翻译成希伯来文，从此该书成了犹太哲学的经典著作之一，而由于它的对话体的形式，更有学者将它与柏拉图的著作相提并论。

正像其他许多更富于诗人气质而不是学院风格的哲学家一样，哈列维思想中的闪光点多半是不规则地镶嵌在他的著作中的。但是大致上可以说，哈列维具备多数犹太哲学家的特点，即一方面，在理性与信仰的关系中强调信仰的终极性地位；另一方面，以比纯粹的宗教家更为灵活的态度阐释信仰。

---

① 参见 Medieval Jewish Philosophy，p. 191。
② 许多后人，包括德国大诗人海涅都为哈列维的死编织了更为浪漫的故事，但实际情况确实无人知晓。有关哈列维的生平，据《大不列颠百科全书》的说法，较为可信的是希尔曼（J. H. Schirmann）的研究。

二、希腊哲学与犹太教信仰

考察哈列维所处时代的精神状况，就会发现，当时的理性与信仰的关系基本上等同于哲学与宗教的关系，或者更确切地说，等同于希腊哲学与各种宗教的关系。我们知道，自亚里士多德逝世以后，希腊哲学就在精神上告别了自己最辉煌的时代，随着罗马帝国的建立和希腊城邦的逐渐消亡，希腊哲学在物质上也失去了自己赖以生存的土壤。如果说柏拉图的思想虽然经过了改头换面的调整还能出现在圣奥古斯丁的著作中的话，那么到了黑暗时代的欧洲，希腊的智慧几乎消失得无影无踪。值得庆幸的是，希腊哲学的生命力一直很顽强。即便是务实的罗马人关闭了所有的哲学学校，它仍然随着流亡东方的学者们继续着自己的旅程。在此期间，阿拉伯人相对宽容的政策使得大量的希腊哲学著作得以保全，并以阿拉伯译文的形式广泛传播。在这些著作中尤以亚里士多德的著作受到更为广泛的重视，不仅著作的大部分被译成了阿拉伯文，而且在翻译和注释的过程中产生了如阿维森纳、阿维洛伊等著名学者，以后者的名字命名的流派更是构成了中世纪颇为显赫的阿拉伯亚里士多德主义的主干。[①] 哈列维正是生逢这一时代。在他接受的教育中，除了正统的《塔木德》和拉比犹太教教义之外，哲学也占据了相当的地位[②]，在他生

---

① 这一文明传播和交流史上的佳话在各种哲学史著作中均有论述。
② 参见 The Jewish Philosophical Tradition，p. 718。

活和游历过的大部分地区也深受亚里士多德主义的影响，这些使他对亚里士多德主义的教条知之甚详。而且事实上，在《库萨里》中以哲学家的名义表述的大多数观点都可以在与哈列维同时代的阿拉伯亚里士多德主义者如伊本·巴加（ibn Bajja）的著作中找到相应的原型。因此，在下面的具体分析中出现大量的亚里士多德式的名词术语也就顺理成章了。

在哈列维看来，哲学（家）对信仰的看法主要有以下几点：

第一，关于上帝。哲学家的观点是：上帝是完满的，他超越于所有的欲望和感情之上，不具备任何的人格。也就是说，他既不会要求什么，也不会喜欢或不喜欢什么。哲学家的理由是，欲望的原因在于缺乏。[1] 任何欲望都必须有可欲的对象，我们不会对已经拥有的东西感兴趣，值得我们追求的必然是我们尚不具备的。如果上帝也要有所欲求，那么就意味着上帝有所缺乏，这是不合上帝本性的。因此，合乎逻辑的结论将是：上帝不需要这个世界上的任何东西，包括这个世界本身在内。除此以外的另一个重要的结论是：上帝并不了解或知晓这个世界上的任何事情。这并不是说上帝缺乏用以感知世界万物的器官。真正的原因在于，既然上文已经说过，世界万物由于缺乏而运动、变化，因而关于它们的知识必然也是不断变化着的。如果上帝有关于世界万物的知识，那么也就意味着上帝所拥有的知识也是变化着的，而这显然同样不符合上帝的本性，因此，上帝必然不知晓我们这个世

---

[1] 参见 *The Kuzari*，Kalman Steinberg Press，2000，译自拉比英尔德查伊·格尼齐（Mordechai Genizi）根据阿拉伯文原著翻译的现代希伯来文版 *Hakuzari Hameforash*，第 1 页，中文书名暂音译为《库萨里》。

界的事情。

毫无疑问,上述关于上帝的看法正是希腊哲学的典型。我们知道,希腊哲学具有强烈的反神人同形同性论的特征,如果可能的话,哲学家们都不愿让神来干涉属于"自然"的世界,神和这个世界几乎毫无瓜葛。对哈列维说来,这样的看法显然是很成问题的。跟这个世界尤其是这个世界上的犹太人毫无瓜葛的上帝肯定不是犹太人的上帝。

关于上帝的种种属性及其与人的关系下文将有详细的论述。这里先谈一个并非无关紧要的问题:当哈列维否定了希腊哲学的上帝观之后,是否会倒退到希腊神话中去,给犹太人的上帝一个人的形象。对此,哈列维相当坚决地否定了上帝的物质性或有形体性。① 这一论断的根据来自十诫的前两条。我们知道,这两条戒律中的第一条规定了上帝的存在的唯一性,第二条紧接着规定了不可以有任何形式的偶像崇拜(idolatry)。按照哈列维的解释,上帝的唯一性和不可有偶像崇拜意味着世间的万事万物都不可能"像"上帝,不可能跟上帝有一丝一毫的相似性,所以,"支撑这一戒律的原则即是我们不能把全能的上帝看做是有形体的(corporeal)"②。

哈列维本人,其实也是所有其他主张上帝的无形体性的宗教哲学家都面临的一个共同的问题:怎样解释《圣经》中大量出现的关于上帝的形象的描述。对此,哈列维的回答包含了同一问题的两个方面。一方面,从上帝的角度来说,全能的上帝只要愿意,当然有能力以物理的方式对人类"说出"

---

① 《库萨里》,第 30 页。
② 同上。

他的要求，给人类"写下"他的戒律。对此，我们可能无法理解，但上帝如何把整个世界从无中创造出来同样也不能为我们所理解，所以我们是否理解无关紧要。① 另一方面，从人类的角度来说，对（在异象②中）看到"上帝的样子"、看到"神车"等事件是不可否认的。其原因在于，人们不可能像哲学家们那样仅凭词句、推理、思辨等方式达到事物。正像哈列维所说的那样，一个美丽的形象只有出现在人们面前时才能变成人们爱慕的对象。③ 上帝也是一样，关于他的连篇累牍的论述并不能让一个人真正地信仰他，反而使人心中因缺乏确切的知识而充满了疑惑。因此，有关上帝的种种"异象"就不仅不是对上帝的否定，反而成了坚定对他的信仰的非常有力的途径。哈列维指出：这些异象的"目的在于在人心中植入对上帝的敬畏，正所谓'……因此叫你们敬畏他，因此你们就不会犯罪'（《出埃及记》20：17）"④。

第二，关于创造。哲学家的观点是：如果哲学家曾经做出过上帝造人的判断的话，那么这只不过是一种比喻的说法。⑤ 上帝不会直接干预他的造物的生活，在他和他的造物之间并未发生过"创造"的事件。说上帝是造物主，无非是说他是创造的理由，是我们能够追溯到的原因的原因或第一原因（prime cause）。非常清楚，这是亚里士多德主义的典型说法：上帝是整个因果链条中的第一环。

---

① 参见《库萨里》，第 30~31 页。
② 有关异象的详细论述参见下文有关先知部分。
③ 参见《库萨里》，第 191 页。
④ 同上。原文如此，中英文和合本新标准修订版《圣经》的相应引文则为《出埃及记》20：20。
⑤ 参见《库萨里》，第 2 页。

哲学家既然在一开始就排除了上帝的有意识的创造活动，那么接下来的两个结论就顺理成章了。第一个结论是，世界不是在某个特定的时刻由特定的活动创造出来的，它是无始无终的。"造物主并不是以一种有意识的行为创造了世界万物，后者是从前者中'流溢'出来的……最初的原因由其自身引起了第二个原因，然后第二个……第三个、第四个如此等等。原因和结果的结合即是发展（development），后者在自然现象中向我们展示出来。既然最初的原因不可能再有原因，（因而必定）是永恒存在的，那么遵循自然发生规律的因果关系的发展也不会有开端。"[①] 第二个结论是，人类也不存在作为其始祖的亚当和夏娃，其繁衍生息也是无始无终的。人的本性（nature）、精神力量（spiritual powers）、个性（characters）和属性等等都与上帝无关，纯粹依赖于自然的因素，如遗传、住所、气候、营养等。

哲学家既然排除了从上帝到人的直接的联系，那么反过来说也就是切断了从人通往上帝的道路。作为初始因的上帝与人之间存在着无数的中间环节，人的理智可以沿着因果链条追溯到一个无法再追溯的开端，但任何人都无法跨越中间的数不清的环节。当然，这并非意味着人只能局限于自己的卑贱的地位，他多少还是能有所作为的。具体而言，这一作为就是努力使自己同能动的理智（active intellect）合而为一。在哲学家看来，既然人的资质是由纯粹的自然因素决定的，那么不同的自然因素会导致人的不同的资质。一部分人由于拥有充分的自然资源，因而可以充分发挥自己的潜能，达到

---

① 《库萨里》，第 2 页。

自身的完善，但另一部分人可能天生缺乏某种促成其潜能实现的自然因素，因而无法使自身完善起来。① 当然，这两部分人都是有其具体的所指的：前者自然指的是哲学家，后者则是以库什人②为代表。前者可以获得包括伦理、科学和实践方面的完善，而后者则只限于最低级的人类的水平。

能动的理智不过是在人跟上帝之间的诸多环节中最接近人的一个，却已是人类之中的最聪明的人，即哲学家们所能达到的最高的目标了。能动的理智模仿上帝，既无形体，同样也不会有人格。人要达到能动的理智，与其融合的话，就必须超越肉体和人本身的羁绊。与之相适应的是，有关上帝的知识，即所谓的"神的知识"（divine knowledge）必定是与包括人类在内的整个物质世界毫无关系的知识。这个看上去颇有点柏拉图意味的结论构成了对犹太人的信仰的又一次沉重打击，因为为犹太人的信仰奠定基础的正是犹太人引以为豪的无数次的眼见为实的经历。正是因为亲眼看见、亲身经历了许多不可思议的奇迹，犹太人才坚定了对上帝的信仰。而如果按照哲学家的意见，用肉体的眼睛看到的恰恰不是真实的话，那么犹太人的经历也就无关紧要了。

第三，关于不同的宗教。首先，需要表明的一个根本问题是，被几乎所有宗教派别所强调的宗教仪式在哲学家的上帝面前统统都是无效的。哲学家的意见是，或许我们能够以比喻的方式谈论"上帝的意志"（will of God）③，但遵循这一

---

① 参见《库萨里》，第 2～3 页。
② 被希伯来人称作库什人的种族大致相当于希腊和罗马人心目中的埃塞俄比亚人，是来自尼罗河流域的黑人部落，在这里被用来指称未开化的人。
③ 《库萨里》，第 4 页。

"意志"的做法却绝不存在于任何形式的宗教仪式之中。事实上，达到了或想要达到与能动的理智合一的人必须抛开所有的宗教仪式，而把自己的目光专注于净化自己的灵魂和掌握事物的真理上面①，这样或许能够为上帝所"喜悦"。总之，哲学家的见解集中在上帝与人（是否崇拜）无关上。其次，哲学无意根除宗教，它容许某种意义或某种程度上的宗教存在。当然，这是有前提的，就是说，如果那些能够达到能动的理智的人们愿意的话，他们可以选择某种宗教，用以规范他自己并且在可能的范围内指导他的亲朋和同胞。而且，这一宗教的作用仅限于此，至于它本身将采取什么样的方式、使用何种语言将是无关紧要的。② 对于没有能力达到能动的理智的普通人来说，他们只需听从哲学家的吩咐，按照哲学家们灌输给他们的宗教行事即可。③ 总而言之，哲学家把信仰置于理智之下，信仰要么接受理智的指导，要么干脆放弃自己的生存权利。

在这一原则性问题上，哈列维持相反的观点。他认为：

首先，单纯的信仰远比经过理性的分析之后得来的信仰优越得多。哈列维指出：不加怀疑地接受上帝的教诲自然要比经过一番审视之后再接受来得直接和真切。后者层次较低，可能导致的后果也有两种：一方面，因为后者的信仰是建立在某种深思熟虑之后的，因此可以避免错误的观点和怀疑主义的影响④，从而达到坚定信仰的效果；另一方面，因为后者

---

① 参见《库萨里》，第 4~5 页。
② 参见上书，第 4 页。
③ 参见上书，第 5 页。
④ 参见上书，第 81 页。

习惯于对信仰的审视，那么也有可能因经不住检验而放弃其信仰。①

哈列维相信，信仰优于理性的分析的最集中的表现在于：单纯的信仰不会受到理智的困扰，而理智经过千辛万苦的努力排除了困扰之后达到的却不过是单纯的信仰一开始就达到的境界。为此，哈列维通过对元素派的世界观的批判论证了自己的观点。所谓元素派的世界观是指世界万物由火、气、水、土四元素组成的观点。这一来自早期希腊哲学的观点被当时的人们当作经由理性思辨而得来的世界图式的典范而被接受。② 哈列维针对这一学说提出了一系列的疑问：如果世界是由此四元素组成的，那么为什么我们无法在事物中观察到四元素？同样地，事物消亡后为什么未见其转化为四元素？而且，四元素构成世界的说法还会导致与上文中曾提到的世界永恒存在论的直接矛盾，等等。③ 相反，如果一个人相信上帝从虚无中创造了世界，那么他就不会被诸如物质从何而来、灵魂如何同躯体合一等问题所困扰。④ 因此，哈列维从某种意义上的思维经济的原则出发，坚持信仰比理性思辨显然更可取。

其次，犹太教的基础不是随时有可能被反驳的哲学论证，而是在历史上确有其事的事实。哈列维指出：哲学家们所推崇的宗教是一种教条化和程式化的宗教，这种宗教仅凭推理的力量即可理解，但正因为如此，它也可能被单纯的理性所

---

① 参见《库萨里》，第215页。
② 参见上书，第236页。
③ 参见上书，第236~237页。
④ 参见上书，第238页。

反驳，至少也会引起无止境的争论①，对此，单单举出哲学家们从未在其基本概念上达成过一致这一点就够了。因此，哲学家们所推崇的宗教就像他们的哲学一样充满了争论。而犹太教则不同，促成它的信仰的是被无数人所亲眼看见、亲身经历的事实，哈列维为此举出以色列人之出埃及和上帝惩罚埃及人的十种灾难为例，表明这些事实并非以色列人一厢情愿的杜撰，作为以色列人对手的埃及人也目击了这些事实。而事实的存在不以人的理性为转移，不需要人的理性来证明，人的理性也无法否证它。② 简单地说，哈列维的目的表面上是区分哲学家的宗教和犹太的信仰，但实际上却是给犹太的信仰一个无可置疑的基础，而这个基础，至少在他看来，是不能通过纯粹的理性来建立的。

三、对基督教和伊斯兰教的批判

哈列维的时代是诸种文明、文化交流和碰撞日益频繁的时代，处在夹缝中的犹太人和犹太教面临着来自方方面面的挑战。如果说希腊哲学对于犹太教是来自信仰外部的威胁的话，那么基督教和伊斯兰教就是来自信仰内部的威胁。

首先，哈列维针对两者的特点进行了批判。由于基督教和伊斯兰教都以犹太教为其源头，所以两者都不否认《托拉》的有效性③，但两者各自强调了自己的独特之处：基督教所信

---

① 参见《库萨里》，第 10～11 页。
② 参见上书，第 11 页。
③ 参见上书，第 7 页。

奉的弥赛亚耶稣基督，伊斯兰教所信奉的先知穆罕默德。① 作为晚出的宗教，强调自己不同于以往宗教的特点或多或少都有暗示自己更为高明的意味，而在宗教战争盛行的时代这往往又意味着你死我活的斗争。哈列维针对上述两者的特点，指出这正是两者背叛了它们的来源之所在。因为上帝的意旨明确指出"除了我，你不可信奉他神"。而无论是耶稣基督和他的十字架还是穆罕默德和他的圣石，都可以归结为某种形式的偶像崇拜，甚至是比犹太人对金牛犊的崇拜更为恶劣的行为。②

其次，哈列维认为，犹太教不像基督教和伊斯兰教一样经历了一个发展的过程，它从在西奈山的日子开始就获得了其完整的形式。在《库萨里》一书中，哈列维借库萨里王之口提出了一般宗教的发展历程③：开始的时候人数很少，他们致力于建立某种教规，并按上帝的意志将其传播开来；一段时间以后一些人会加入进来，人数逐步增加；在这一过程中往往还会有某个国王帮助他们，使其教义传播到更为广大的人群中去。哈列维同意这是一般宗教的发展历程，但他认为这只适用于那些起源于人类心灵的宗教，这类宗教是由人创立的，只是在它被广泛地接受之后才被认为好像也获得了上帝的帮助。显而易见，哈列维虽然没有明确提到基督教和伊斯兰教，但上述说法却毫无疑问适用于二者。与此相反，犹太教却是直接起源于上帝的宗教，这意味着，一方面，来自上帝的东西不可更改，犹太教自然也不会有什么变更，它从

---

① 参见《库萨里》，第6~8页。
② 参见上书，第194页。
③ 参见上书，第25页。

出生起就已经成熟了；另一方面，犹太教的出现是从无到有的突然的事件，就像创世一样。①

哈列维的这一结论是颇为惊人的，因为这好像是否认了犹太教的任何形式的发展。但是，联系上文，我们应该看到，哈列维的真正用意并非要使犹太教故步自封、裹足不前，而是为了捍卫犹太教基本的生存权利。因为在当时的时代背景下，无论是基督教还是伊斯兰教都把犹太教视为过时的宗教，而自称自己才是上帝的意志的更为忠诚的继承者和发扬者。哈列维把犹太教规定为直接来自上帝的具备完全的形式的宗教，就等于说基督教和伊斯兰教最多是继承了犹太教，而不可能发展、更不可能超越犹太教，从而保证了犹太教的独立性和基本教义的权威。

四、对卡拉派的反驳

如果说基督教和伊斯兰教是来自信仰内部的威胁的话，那么卡拉派更是来自更深入的、更根本的犹太教内部的威胁。

我们知道，卡拉派是不加分析地恪守《圣经》的极端典范，它代表了犹太人中间的这样一种倾向，即犹太教是固定的、不变的，最终只能体现在特定的律法大全中。这一派别的理论源远流长，至少可以上溯到第二圣殿时期的撒都该派。② 而其对立的派别则获得了拉比派（Rabbanites）的称号，

---

① 参见《库萨里》，第 25 页。
② 参见 S. 罗斯：《简明犹太民族史》，黄福武、王丽丽译，山东大学出版社，1998，第 180 页。

后者代表的是认为犹太教是一种生动的、有机的传统，本质不变，但却在随着时代的发展而不断成长，其具体的代表是每一时代的拉比们。① 卡拉派和拉比派的分立和斗争在哈列维诞生前几个世纪就已经开始进行。在经历了一段时期的发展之后，卡拉派的迅速发展和普及不仅威胁到了拉比派的生存，甚至被认为"比耶路撒冷的陷落更大地威胁着犹太传统的生存"②。因此，卡拉派受到了犹太人中的有识之士——其中最著名的是萨阿底——的批判，哈列维正是沿着他的伟大的先辈们的道路继续前进的。

首先，哈列维通过对卡拉派信条的分析指出其问题。在《库萨里》一书中，他提到了卡拉派的重要特征：既然有了成文的《托拉》，我们就不需要任何口传法。③ 卡拉派的这一信条意味着对《圣经》的字面意义的绝对遵从，强调人能撇开注解，有直面《圣经》的能力。对此，哈列维明确指出：阅读和理解摩西留下的《托拉》的能力包含着许多传承（transmitting）的过程，包括元音（vowel）的传承、单音（cantilation）的传承、句读的划分和字母的读音等等。④ 没有这种口口相传的传统，人们将无法阅读这些经典。

除了这些纯粹文字上的问题之外，对这些文字的理解更需要传统的帮助。例如《圣经》上说："你们要以这个月为正月，为诸月之首。"（《出埃及记》12：2)⑤ 以色列人当然知道这个月指的是以色列人的正月，但如果仅仅局限于此的话，

---

① 参见 S. 罗斯：《简明犹太民族史》，第 180~181 页。
② 同上书，第 182 页。
③ 参见《库萨里》，第 140 页。
④ 同上。
⑤ 参见上书，第 140~141 页。

以色列人将无法同别人沟通，因为当时的埃及人及其他民族的纪年方式与此不同。显然，如果没有某种翻译的过程，包括更为宽泛的民族、国家、文明之间的交流的过程的话，不仅无法同其他人沟通，连犹太人本身的生存都成了问题，尤其是那些缺乏传统教育的犹太人更是如此。因此，我们很清楚，与成文法不同，口传法的精神实质正是犹太人根据具体的历史、地理环境所制定的以不影响传统为前提的变通的办法。

其次，哈列维还提到了许多如果基于卡拉派的信条就无法解决的问题，例如，对"以眼还眼"（an eye for an eye）的理解。我们不妨设想：一个独眼的人打瞎了一个双目健全的人的一只眼睛，如果机械地理解"以眼还眼"，那么结局将是双目健全的人变成了独眼，而独眼的人变成了盲人。① 这显然违背了该格言中蕴涵的公平的意义。因此，哈列维认为，仅从字面的意义去理解这句话只能得到背离常识的恶果。相信无须一一列举也很清楚，以牺牲健全的常识为代价的对信条的坚持显然是不可取的。

再次，哈列维还通过对比拉比派和卡拉派的历史与现实的实践论证了前者之优于后者。在历史层面上，上文已经提到过，卡拉派的历史至少可以追溯到第二圣殿时期的撒都该派，应该说，就历史而言，这不能算太晚近的时代（哈列维甚至认为这一时期可以作为实体性教派的形成期）。② 但就整个的犹太民族史而言，它就不能算悠久了。所以，哈列维才信心十足地说卡拉派所依赖的传统（无论是来自阿南、便雅

---

① 参见《库萨里》，第 151 页。
② 具体经过参见上书，第 164～165 页。

悯还是扫罗）早就被拉比派的圣哲们预见到了，而后者又是犹太先知们的继承人，他们有着协调一致的观点，不消说，这些都是卡拉派所不具备的。① 在现实的层面上，哈列维用一个生动的比喻说明了拉比派要优于卡拉派。前者就像一个在出发时已经准备充分、装备齐全的旅行者，而后者则在不停地寻求保护。原因在于，前者拥有拉比们所教导的来自上帝的正确的知识，而后者却没有足够的可以信任的知识来源。② 我们认为，在这里哈列维强调的是：卡拉派将对《圣经》的解释诉诸个人的理性并不合适。因为，一是《圣经》的秘密属于创造它的上帝和能理解它的先知们，普通人不经先知和拉比们的教导将无法理解；二是即便有人做出了某种解释，也无法保证不跟其他的解释相冲突。③

五、上帝

毫无疑问，上帝是所有宗教和哲学都予以关注的核心问题之一。对此，哈列维的看法主要有以下几点：

1. 关于创造

犹太教关于创造的基本信条是"无中生有"，哈列维对此深信不疑，他正是站在这一立场上反驳哲学的世界观的。

首先，在他看来，哲学家之所以认为世界自古以来就是

---

① 参见《库萨里》，第 144 页。
② 参见上书，第 143 页。
③ 参见上书，第 153～154 页。

存在的，主要原因在于他们没有一个可靠的和深厚的历史传统。① 缺乏传统的哲学家没有可以信赖的人，所有的结论都要靠自己来下，他发现说世界是最近刚刚创造的是不太可能的，但是把世界的存在追溯到他的想象力无法追溯的从前似乎同样的不可能，两害相权，后者似乎更加合理一些，所以他选择了世界是无始无终的说法。②

其次，上帝给了犹太人《托拉》，那么就不可能再给出与《托拉》矛盾的说法。犹太人关于创造的说法历史悠久，主要内容都可以在《托拉》中找到：创世的序列和人类繁衍的序列③，前者可以被视作宇宙的编年史，后者相应于人类的编年史。因此，哈列维指出，如果真的存在着有关世界的无限性的论证的话，那么它必定是跟《托拉》中有关创世的教诲背道而驰的。这就意味着上帝在给了犹太人《托拉》之后又给出了某些明确的推翻《托拉》的证据，而这无异于说上帝会自相矛盾，这显然是不可能的。所以，有了《托拉》，就不可能有真正的关于世界的无限性的论证。④

2. 关于上帝的十个论证

哈列维通过诉诸传统反驳了哲学家的论证，但颇为有趣的是，他同时给出了关于上帝创世和他的若干特征的一个长长的哲学论证。

这一论证的第一步是否定性的，即是说，否认世界的无限性。证明如下：

---

① 参见《库萨里》，第 20 页。
② 同上。
③ 参见上书，第 15~16 页。
④ 参见上书，第 20 页。

如果世界永恒存在、没有任何时间限制的话，那么在（无限的）时间中存在于这个世界上的个体的数目必定也是无限的。而这显然是荒谬的，因为无限的数目只存在于理论（theoretical）中，而不存在于实际（reality）中。一个人有能力在想象中以百万为单位无限次地相乘，但这只不过是一种纯粹的抽象（abstract）的能力而已，相反，实际上可数的东西只能是有限的。这证明了世界有一个开端。①

哈列维进一步指出：天体（celestial bodies）旋转（revolutions）的数目也是有限的。因为如果这个数目是无限的话，那么我们将无法谈论这个数目的一倍、一半等等。然而在实际上，我们却发现诸天体旋转的数目间存在着固定的比率：比如，太阳旋转的数目只有月亮旋转数目的十二分之一。反过来说，如果这一数目是无限的话，那么就意味着太阳完成了某个无限的旋转而月亮则完成了十二倍于此种无限的旋转，这显然是荒谬的。天体如此，人类也是这样。现存人类的数目是有限的，那么人类必定有一开端。如果不是如此的话，那么当今世界上的每一个人都得耐心等待着一个无限的人类序列在他出生之前先存在完毕了，他才拥有存在的权利。显而易见的是，一个无限的序列是不可能有结尾的，那么，任何个体岂不是都不能存在了？②

这一论证的第二步指出：世界之所以从无中被创造出来，是因为它本身是一个物理客体（physical object）：

---

① 《库萨里》，第242页。
② 参见上书，第243页。

……这样的物理客体只能有两种存在状态（states），即运动（in motion）或静止（at rest）。这两种状态彼此相继。根据"相继"的定义，某物要能够成为另一物的相继者，就必定要在某个时间点上获得其存在；某物如果能被他物相继，那么它本身也要在某个时刻获得其存在，因为，如果它是永恒的，那么就不可能被他物相继；那些只有在其存在状态被更新时才能获得其存在的事物，其本身必定曾经在某个时刻存在过。假定在运动和静止的状态存在之前，世界就已经臣服于其他形式的前后相继的状态，并且在此之前还有其他状态是不可能的（因为这假定了某种无限的状态，而这是不可能的）。所有这些都证明了这一物理对象，即世界，是从虚无中被创造出来的。①

论证之三：

尽管主体（subject）被创造出来的时刻可能早些，也可能晚些，但既然创造的行动是在某个特定的时间准时发生的，那么一个客体必然具备某种使其产生的原因。这就迫使我们推论出有某种因素（factor）造就（induced）了它。②

论证之四：上帝是永恒的，他从未失去过也永远不会丧失其存在。

如果他（上帝）是在时间中被创造出来的话，那么

---

① 《库萨里》，第 243 页。考虑到词句的通顺，译文略有改动。
② 同上书，第 243~244 页。

必定是某种力量创造了他。同样地，这种力量之前还会有某种创造性的力量，依此类推，以至无穷。除非我们回溯到那个最初的力量，否则我们将无法搞清楚他存在（His being）的本质（essence）。①

论证之五：因为最初的力量不可能不存在，所以上帝的存在是永恒的。

这是因为，正像创造某个不存在的事物需要原因一样，已被创造出来的事物的消失同样需要原因。这是因为除非有某种相反对的力量，某种存在物（entity）不可能自行丧失其存在。仅靠其本身（ipso facto）就能存在的事物不可能有相当的（equal to）或相对的（opposite）存在物。这是因为跟它同一的东西只能是它自身，而不能被视为是两种不同的质，其质必为一。也不可能有反对它、抹杀它的对立物，因为后者必定（要么是原初的，要么是被创造的）。它不可能是原初的，因为已经证明了只有造物主才是原初的。同样的，它也不可能是被造的，因为所有被造物的产生和行动都是由第一因（the prime cause）所决定的，其行动被决定了的事物不可能反过来使造就它的那个原因丧失存在。②

论证之六：上帝是无形体的。

这是因为凡是有形体的东西都是可以被限定的，注定被限定的东西是被创造出来的。上帝不可能受偶性的

---

① 《库萨里》，第 244 页。
② 同上。

局限，因为偶性是附着在存在物上的，一个有形存在物的偶性是偶然通过因果关系的途径偶然地变成该实体的一部分的。但上帝却不可能受到限制，他的存在不可能被限于一处，因为后者是有形物体的特征。

论证之七：上帝是全知的，事无巨细，都不在他的知识范围之外。

这可以从上文推论出来，因为他创造了万物、管理和组织万物，正像《圣经·诗篇》中所说的："是他造出了耳朵，他怎能听不到？是他造出了眼睛，他怎能看不见？"（94：9①）还有像"即使是黑暗也无法蒙蔽你……因为是你创造了我的内心"（139：12-13②）。③

论证之八：上帝是有生命的（God lives）。

他的智慧和力量已经被确证了，同时他的存在必定（per force）也得到了确证。但他的生命与我们不同，我们有感觉和运动，但他的生命是纯粹的理性（reason）；他的生命就是他本身，他本身就是他的生命。④

论证之九：上帝是有意志的（God has will）。

凡是上帝的创造物都有可能在不同的时间、以不同的形式，甚至是以跟现在的形式完全相反的形式创造出来；或者，干脆就没有被创造出来。因而，既然他有（实现这些选择的）完全相同的力量，那么就不可能不把

---

① 希伯来文原文为 *Tehillim*，即《圣经·诗篇》，中译文略有改动。
② 中译文略有改动。
③ 《库萨里》，第 244~245 页。
④ 同上书，第 245 页。

意志的力量归之于他，因为他选择了以此种而非其他的方式实现了他的力量。事实上，同样可以断定，(他甚至不需要表现出他的意志,) 因为仅仅他的全知（omniscience）就足以使事物的本质在某个时刻得以实现，而且，他的全知是所有现存的被造物是其所是的唯一的原因。这一点同哲学家的观点一致。①

论证之十：上帝的意志和他的全知永远一致。

他本身不再会有新东西产生，也不会有任何变化。他的生命是内在的（intrinsic）而不是获得的（acquired）。他的能力（ability）来自他自身，他的意志也是如此。他的力量不能从通常的意义来理解，后者会给好事与坏事或者出自同一源头的两种相反的做法留下空间，正因为后者会给他造成某种缺陷，所以是不可想象的。②

哈列维的这十个论证涉及了上帝的方方面面，既是理性的推理，又具有强烈的教条的色彩，是哈列维借助哲学思辨，尤其是大量的亚里士多德式的哲学术语论证其信仰的典范。

3. 关于上帝的称呼（names）

首先，哈列维认为，所有有关上帝的名字，除了四字的神名（Tetragrammaton③）之外，都是我们根据他颁布于被造物的律令和施于其上的行动而赋予他名字（titles）和属性的。④ 例如，当我们看到某人穷困潦倒时，就会怜悯他，想帮

---

① 《库萨里》，第 245 页。
② 同上。
③ 《圣经》中由四个字母组成的表示神的正式名称的希伯来词，通常为 YHWH 或 JHVH（Yahweh 或 Jehavah）。
④ 参见《库萨里》，第 51 页。

助他；因此，当上帝的某些行动有似于人类的怜悯时，我们就把怜悯的属性加给他。哈列维同时提醒我们，这只不过是我们赋予上帝属性的方式，类比毕竟只是类比，上帝与人不能等量齐观。在上述事例中，我们表现出来的是我们精神中的某种弱点，而来自上帝的怜悯则是一种公正的判决（Just Judge）。①

其次，具体而言，按照哈列维的说法，上帝的属性分为三种：

行为的属性（attributes of action），其名称来自上帝通过自然的方式（natural means）所采取的行动。如"枯竭的"（impoverishes）或"丰富的"（enriches），"卑下的"（humbles）或"高贵的"（exalts），"富于同情心的"（compassionate）或"亲切的"（gracious），"嫉妒的"（jealous）或"报复的"（revengeful），"伟大的"（mighty），"仁慈的"（benevolent）等等。②

表示人类的崇敬（adoration）的属性，人类以此类名称来崇拜他。出于此种目的的名称包括："庇佑的"（blessed），"被赞颂的"（praised），"荣耀的"（glorified），"神圣的"（holy），"高贵的"（exalted），"值得赞美的"（extolled），等等。当然，这些名称既不暗示着某种复多性（plurality），也不意味着上帝是非单一（non-unity）的。

否定的属性（negating attributes）：这种属性的本质

---

① 参见《库萨里》，第51页。
② 同上书，第52页。

与其说是正面的定义，不如说是反面的否定。这些名称包括："有生命的"（living）、"唯一的"（only）、"最初的和最后的"（first and last）等等。之所以如此称呼，不过是为了否定与之相反的一面。例如，"有生命的"这一称呼并不是给我们描述我们所理解的生命：因为没有运动和感觉，我们将无法理解生命。但相形之下，上帝则优越得多；所以，"有生命的"一词的全部意义不过是对"死的"这一概念的否定。①

4. **上帝之名**（the Name）

在哈列维看来，上帝之名不同于上帝的称呼。

《托拉》中最早提到的上帝之名是 Elohim，这是在创世之初时使用的词汇。之后，当亚当（人）被创造出来，也就是说，当到了创世的工作完成之时，《托拉》再提到上帝时使用的则是 Hashem Elohim。②哈列维认为，这两个词汇虽然指称相同，但含义却有很大区别。在他看来，Elohus（Elohim 的单数形式）的主要含义是主宰者，它能通过单纯的思辨的形式加以把握，在这方面哲学家是其中的佼佼者，他们给出了若干相当有力的论证。③而 Hashem 则不同，这一名字意味着上帝赠与（bestowal）的智慧、知识和判断力（discernment）④，正如经文所说："因为上帝（Hashem）给人以智慧，

---

① 《库萨里》，第 52~53 页。
② 参见上书，第 199 页。这一点在汉文《圣经》中无从体现，但在英文《圣经》中尚能看到若干端倪：在创世之初提及上帝时使用的是 God，而在造人时使用的是 Lord God。
③ 参见上书，第 201 页。
④ 参见上书，第 199 页。

知识和判断力都从他的口中说出……"①

不难看出，承认 Elohim 比承认 Hashem 要容易得多。因为人们既然很容易接受地上的君王，那么接受一个天上的君王并不困难。所以，几乎所有的非难都集中在 Hashem 一词上。哈列维认为，这一词的要点在于"交融"（communion）：上帝给予他所拣选出来的人（即先知）以礼物。② 正是在这个意义上，哈列维也将其称为"上帝之光"，但这一点对于无论是个别人还是多数人都难理解。例如，埃及法老知道 Elohim，因为他曾对约瑟说："既然上帝（Elohim）告诉了你所有这些……"③ 但摩西所面对的另一位法老却说："我不知道上帝（Hashem）。"④ 哈列维认为，后者显然不能理解上帝（Hashem）一词的下述含义：上帝之光充满这些人，照亮了他们的存在。⑤ 也就是说，法老之所以说不知道上帝，是因为他是从理性的知识出发的。而从上文中不难看出，Hashem 一词绝不能单纯由个人的推理得来，它必须放到人（先知）跟上帝的关系中去理解。

总而言之，Elohim 同 Hashem 的区别就像亚伯拉罕的上帝同亚里士多德的上帝之间的区别一样，前者是灵魂渴求的目标而后者是理性认识的对象。

5. 预定论与自由意志

关于预定论与自由意志之间的关系这一在宗教哲学乃至

---

① 参见中英文和合本《圣经·箴言》2：6。
② 参见《库萨里》，第 199 页。此处已经涉及了先知和预言的内容，详见下文。
③ 同上书，第 200 页。引文标注为《圣经·创世记》41：33，中英文和合本《圣经》为《创世记》41：38。
④ 同上书，第 199 页。参见中英文和合本《圣经·出埃及记》5：2，该处上帝的英文词均为 Lord。
⑤ 参见上书，第 200 页。

哲学中都相当重要的问题，哈列维认为是可以解决的。他的看法是，那些相信一切都是由上帝决定的人同那些相信自由意志才是决定一切的原因的人是同样正确的，两者的区别在于：他们强调了问题的不同的方面。① 前者之所以是正确的，因为任何事物都可以通过因果链条最终回溯到第一因——上帝那里；而后者的正确性在于，因果链条的较低的部分来自 (come from) 人类的自由意志。②

不难看出，对哈列维来说，前提是一定的，即所有的事物（包括事件）最终都可以追溯到上帝。但他同时指出，上帝的作用分为直接的和间接的两种③：当人们注意到动物、植物、天体中所体现出来的精确而完美的秩序时，他们自然会惊叹，这定非人力所为，而只能是出自上帝的安排；而当木条被火点燃，最后只剩下灰烬的时候，人们会说，这是基于它们的自然本性，即火是主动的，木条是被动的，主动的事物之所以主动就在于它对被动的事物的影响，反之亦然，寻求诸如此类事情的根据注定是要失败的。④ 在此基础上，哈列维把这个世界上可能发生的事件进一步分成了四类：第一，神工 (the Divine acts)。此类事件的特征是只能由神来引起，其他的任何原因都不足以解释。第二，自然现象 (natural phenomenon)。此类事件是由自然的原因所引起的，其完成需借助许多的中间环节，而且要满足下列条件：不能违反上帝的意志、未遭遇偶然事件、未成为人类自由意志作用的对象。

---

① 参见《库萨里》，第 247 页。
② 同上。
③ 参见上书，第 246 页。
④ 参见上书，第 247 页。

例如：一粒种子按其自然本性要成长为一棵大树，但这取决于上帝未降枯萎病（blight）于它，它未被（无意中偶然地）践踏，也未被樵夫（有意地）砍伐。第三，偶然事件（incidental actions）。此类事件既不是事先设计好的，也不属于自然法则的一部分，其本身既缺乏内在的秩序，也没有最终的完成形态。当然，偶然并非无原因，它也要服从因果律，而且就其实现条件来说，至少要：不被神力所禁止，不被自然律禁止，不被自由意志禁止。第四，基于自由意志的事件。对哈列维来说，人的自由意志是某种介质，它处于发端于上帝的因果链条的中间。它之所以是自由的是因为它不具备强制性，其表现为，首先，就事实的层面而言，至少存在着两种可能；其次，就人类意志的层面而言，至少存在着两种选择；最后，就其后果而言，人类必须为自己的选择负责，任何把责任推到上帝、自然或偶然因素的企图都只是借口而不是理由。哈列维甚至步亚里士多德的后尘专门探讨了有意识和无意识的问题，后者，正如他在熟睡中的人因跌下床来而造成了伤害的例子中所指出的那样，是不属于自由意志的，尽管当事人应该而且可能在事前就意识到潜在的危险。①

在对所有可能的事件做出了上述区分之后，哈列维还充分考虑到了自由意志的重要性，用相当长的篇幅驳斥了形形色色的否定自由意志的观点。

对那种把所有事件都归之于上帝的直接干预的观点，哈列维指出：第一，如果那样的话，那么上帝将忙得不可开交，因为他不得不不厌其烦地、无时无刻地操劳于创造和更新世

---

① 参见《库萨里》，第 247～248 页。

界的工作。第二，如果那样的话，奇迹将不成其为奇迹，如果它无从区别于日常的事件的话，那么它将无法成为我们信仰上帝的理由。第三，如果那样的话，上帝的信仰者跟异教徒或无神论者将不会有区别，我们将无法证明信仰的正确和高明之处。①

对那种认为人类的自由意志同上帝的全知相抵触的观点，哈列维指出，根据论辩家们（polemists）对这一问题所做的详细的探讨，结论只能是上帝的全知是偶然的或非主要的（incidental），而不带有因果关系（causal）那样的强制性。② 简单地说，上帝的全知只意味着上帝能知晓所有的事情，但只有这一点并不足以使任何事情事实上发生。③ 哈列维进一步指出，如果上帝的全知同时具有现实的约束力的话，那么那些注定要进天堂的人就无须履行其对上帝的义务，而那些注定要下地狱的人则可能根本未曾做过任何的坏事。总而言之，这意味着人类所有的自觉的努力都成了一纸空文。④

综上所述，哈列维引申出了在处理预定论与自由意志关系方面的几条原则：

第一，遵从下述观点：在身处困境时，得救的方式是可选的；赞同初始因的存在；上帝是明智的造物主，在他的工作中没有哪些东西是无用的。

---

① 参见《库萨里》，第 249 页。
② 同上。
③ 这一点同上文中有关上帝的全知的论证并不矛盾。因为，简单地说，上帝的全知必然会使事物的本质得以呈现，用亚里士多德的术语来说，就是上帝知晓的是事物的纯形式，并不包括事物的质料。既然现实的事物都是由质料和形式两部分构成的，那么这种知晓并不意味着事物实际上的产生。
④ 参见《库萨里》，第 250 页。

第二，承认中间因素（intermediate causes）的存在。虽然中间因素并不能成为自身的原因，但却是不可或缺的，是它造成了大部分的物理性的存在。

第三，上帝给予了每个物质实体以可能的最好的和最完美的精神形象。上帝是仁慈的，他向每一种造物敞开，只是因为后者本身的质料（material）不同，才造成了理解上的差异。

第四，所有的造物依其不同的本质被分成不同的种类，这些种类构成了由低到高的严格的秩序：无机物低于有机物，动物高于植物，人高于动物。判断等级的标准是靠近上帝，即纯粹的理智（pure intellect）的程度。据此，哈列维甚至引申出了一个颇为惊人的结论：以色列的子孙，哪怕是一个有罪之人，也要高于一个哪怕是最高贵的非犹太人。原因在于，以色列的先知是人类中最接近上帝的，因而是最高贵的[①]，而一个非犹太人，无论他怎样努力地研习《托拉》，都无法达到先知的高度，因为《托拉》是上帝直接给予以色列人的，它渗透到了以色列人的血脉中，而这种先天的素质是无法通过后天的学习来获得的。

第五，如果警告（admonition）是可以接受的话，那么听从了劝告（reproof）的人们将会受到其影响。真正的警告总是有益的，即便它并不能真正地阻止犯罪，至少也能让人们有了犯罪的意识，后者应该可以看作是一个良好的开端。

第六，人类可以在自身中发现作恶或行善的能力。人类有行动的自由，如果他们想做而未做某些事情的话，那并不

---

① 对此的详细论述参见下文有关先知的部分。

是上帝阻止了他，而是因为他缺乏相应的作为中间因素的条件。①

六、《托拉》

毫无疑问，任何关于《托拉》的话题都可能极为复杂和漫长，这说明了《托拉》在犹太人的生命中——当然也是在哈列维思想中——的不可动摇的地位。

首先，涉及的是《托拉》的来源。哈列维和大多数犹太哲学家一样认为，《托拉》是来自上帝的，是上帝启示给以色列人的。《托拉》的启示性质表明：第一，它不可能是人的产物②；第二，人的理性无助于理解上帝的启示。③ 我们认为，哈列维对《托拉》的启示性质的强调同他对犹太人的特质的强调是出于同样的目的，即是说，理性不足以说明信仰，信仰反而有可能成为理性的基础。哈列维对此的论证看起来有点牵强，但却不无道理。针对哲学家和无神论者的指责，哈列维的回答类似一个反问：既然所有有理性的人都能够认识上帝，为什么上帝偏偏要选择在以色列人面前显示自身？哈列维的意思是说，上帝挑选了以色列人，恰好说明了：积极的方面，是要以后者的无可怀疑的实践去印证信仰；消极的方面，是为了指出理性不足以给信仰以确定的基础。

其次，与上一点相联系，《托拉》是上帝给予的，但却只

---

① 以上 6 点详见《库萨里》，第 254～257 页。引文做了必要的删减。
② 参见《库萨里》，第 95 页。
③ 参见上书，第 135 页。

给了犹太人。哈列维指出：摩西并未号召世界上所有的民族都来遵守《托拉》的条文，他面对的只是跟他自己操同一语言的同胞，只有他们才是上帝曾许下诺言的那一群人。因此，《托拉》从根本上说是犹太人的。这一论断无疑是一把双刃剑，不仅因为它在加强了犹太人的民族自豪感的同时也加大了犹太人与非犹太人之间的距离，而且因为，既然只有犹太人才有资格接受《托拉》，那么，合理的推论是，也只有犹太人才有义务遵循《托拉》。当然，哈列维同时指出：如果从我们都是上帝的造物的角度看来，所有的人类都有义务遵守他的命令。[1]

再次，从《托拉》的要求来看，实践（action）是最基本的。这一点稍微有些复杂。其一，哈列维强调的是实践的目的是为了更好地理解《托拉》[2]，联系上文，不难看出，既然人的理性无助于理解上帝的启示，那么我们能做的只是遵循《托拉》的指示而已，这才是理解《托拉》的根本。其二，《托拉》对实践的强调指向的不是人而是上帝。我们知道，犹太人的律法不可谓不具体和详细，这从其源头，摩西所受的十诫中那些相当具体的条文中已经能看得出来。随着时代的发展，律法的体系越来越庞大，这一方面使得犹太人的生活的方方面面都"有法可依"，另一方面也极容易使人们迷失在律法条文的迷宫中而忘记了律法的精神实质。所以，哈列维才强调律法的神圣的属性。来自上帝的律法要求行动，反过来，行动的目的是指向上帝的。其三，哈列维所谓的实践包

---

[1] 参见《库萨里》，第13页。
[2] 参见上书，第23页。

括的内容相当广泛，一方面它涉及了日常生活中方方面面。按照哈列维的说法，《托拉》绝不是禁欲主义者的《圣经》，相反地，它坚持一条中间路线（middle road）：人类的每一种能力都是有益的，都应该得到平等对待和均衡的培养，任何以损害另一方为代价的做法都是不适当的，因此，《托拉》教导我们必须在我们的身体与灵魂、欲望与理智之间取得最为微妙的平衡。① 另一方面哈列维认为，从总体上看，指向适当的实践应当包括属于个人心理范围内的许多东西：如畏惧（fear）、爱（love）和喜悦（joy）②，人类可以借助三者之中的任何一种来接近上帝，例如，在斋戒日折磨自己的肉体和在安息日使自己愉悦都是合适的做法。当然，这样做是否取得预期的效果完全取决于该行为的主体是否遵循了上帝的意旨以及是否是全心全意、无任何杂念地去做。

最后，从《托拉》的目标来看，实际上，它要建立的是人间的天堂。哈列维特别强调这一点是为了使犹太教区别于以基督教为代表的其他宗教。按照他的看法，其他宗教所承诺的都是将来式，它们的理论在实践中可能会使人们把生命当作负担而最终可能导致可怕的后果。但《托拉》则不同，它强调：信奉上帝与禁欲或远离世俗生活无关，相反，它倒是把生命当作是上帝的慷慨的礼物，正如《圣经》中所说："你将长寿"（《申命记》22：7）。

哈列维用一个比喻进一步说明这一点：一群人在沙漠中迷了路，其中一人历尽艰辛走出了沙漠到达了印度，因为他

---

① 参见《库萨里》，第88~89页。
② 参见上书，第89页。

的祖先曾是印度王的盟友，所以得到了很多的奖赏，并同印度王定下了服从其命令的契约。然后，他同印度王的使者一同解救了仍被困在沙漠中的同胞。对于他们来说，为什么要服从印度王的统治这一点从来没有成为问题，原因再明显不过，做印度王的仆从立刻会得到无数的好处。①

哈列维的意思是说，这正是发生在以色列人身上的事。沙漠中迷途的旅人代表了以色列人，第一个脱困的人代表着摩西，其他脱困的人代表着先知们，印度王的奖赏代表着上帝给予摩西的刻有十诫的石板，等等。而这个比喻整体上来看指的是以色列人尤其是其中最优秀的部分亲眼看见、亲身经历了上帝的启示和帮助，而其他的宗教则无此殊荣。②

因此，结论是明显的。以色列人在今生就可以享有上帝的赐福而不必像其他宗教（特指基督教和伊斯兰教）那样，只是许诺了来生。现实性（或现世性）作为犹太教的根本特征之一，是相当重要的一点，它使犹太教同世界上其他许多大的宗教区别开来。哈列维正是以此指责其他宗教：没有任何迹象表明它们对来世的许诺真正得到了实现。③ 至少普通人是看不到来世的任何事物的。因此，哈列维借库萨里王之口以调侃的口吻评论说，那些只许诺了来世的宗教的信徒们没有一个想尽快实现有关来世的诺言（或许那样的话会更糟？如果这意味着要以今生的生命为代价的话），相反，只要有可能，他倒是宁肯在今生受尽苦难，哪怕苦难要持续千年（或

---

① 参见《库萨里》，第 42~43 页。
② 参见上书，第 43 页。
③ 同上。

许这样更好？如果这意味着能活上一千年的话）。①

当然，哈列维并不是说我们可以在今天的世界上建立起一个实实在在的伊甸园。所谓对今生的许诺指的是上帝所赐予犹太人的特殊的礼物——预言和启示，此外，上帝还直接在以色列人面前展示奇迹、赐福以色列人。② 正如《托拉》中所说："你们是我的人民，我是你们的上帝。"③ 对于哈列维来说，尤其重要的是预言的力量，秉承这一力量的正是以色列人中一代又一代的先知们。④

综上所述，不难看出，现实的实践对犹太人来说有多么重要的结论。我们认为，哈列维之重视现实的实践并非要犹太人在恶劣的环境下逆来顺受，而是要他们不要因现实的苦难而寄希望于来生，甚至放弃自己的信仰，真正的犹太人需要的是从当下做起的勇气。正如哈列维所指出的：

> 实际上，上帝的仆人爱这个世界，也喜欢长寿，因为现实的生命给了我们获得来世的生命的机会。（在今生）越是遵循律法，多行善事，就能在来生获得更大的光荣。⑤

七、口传法

我们知道，拉比派的重要特征之一就是对口传法（the O-

---

① 参见《库萨里》，第 43 页。
② 同上。
③ 同上。
④ 参见上书，第 44 页。
⑤ 同上书，第 107 页。

ral Torah）的高度重视，作为其中之一员，哈列维自不例外，他从各个方面论述了口传法的重要性。

1. 关于口传法的来源

实际上，口传法的来源的问题是在卡拉派的兴起之后才变得日益重要的。后者的信条是有了成文法就不需要口传法，这对拉比派的信念所构成的威胁和挑战是根本性的，因为它甚至威胁到了口传法生存的合法性。因此，从来源上确认口传法的合法地位和权威性对拉比犹太教来说具有不言而喻的重要性。

哈列维认为，口传法在根本上是来自《托拉》本身的，两者在根本上是一致的，因而，《托拉》既是口传法的来源，又是其权威性的最根本的保证。

口传法不同于《圣经》，后者有一个"闭合"的问题：一旦成型，即不可增删、更改。这种不可变更性在某种程度上构成了《圣经》的权威性。口传法因缺乏这种不变性而显得散乱、任意。但是这里的问题在于，最初的《托拉》既没有元音，也没有句读（cantillations symbols）。[1] 这样的《托拉》既不能读，更不能理解，这显然同上帝颁布《托拉》的初衷背道而驰。所以，哈列维才指出：毫无疑问，元音和句读虽不见之于最初的《托拉》文本，但必定是以某种方式保存在一代又一代的人们的记忆中的。[2] 如此一来，口传法既因其来源而保证了权威性，又因其必要而保证了其合法的生存权利。

除此以外，哈列维还借助口传法的保存者的权威性来论

---

[1] 参见《库萨里》，第138页。
[2] 参见上书，第139页。

证其合法性。按照他的看法，保证口传法的合法性必须满足两个条件：第一，继承并传播口传法的人（们）必须属于一个大的和可信度高的团体；第二，口传法本身必须同圣哲们的记忆协调一致。①

第一点有点像"少数服从多数"的原则，哈列维认为，这一点尤其适用于当《托拉》的不同抄本出现了差异的时候，我们应该采用大多数抄本的说法，剔除少数派，因为大多数人的记忆来源于上一代的大多数人，这个传统的链条一直可以上溯到摩西，因此，他们不可能接受谬误（untruth）。②

第二点稍显复杂，因为它牵涉了两方面的问题：一是，圣哲们究竟指的是谁；二是，他们是如何工作的。

哈列维有关圣哲的说法有两种，一种说法是仅指摩西和犹太议会的成员，因为两者都来自上帝的拣选。③ 另一种说法包括以下三类：祭司们（priests）：因为他们必须懂得祭祀的规则并把它们教给人们；列王（kings）：因为他们必须使《托拉》的命令得以有效地实现；法官们（judges）：因为法律正是从《托拉》来的。他们的记忆是校正有关《托拉》的不同看法的准绳，具有（在人间的）最高的权威。除此之外，哈列维还列举了若干必须精通《托拉》的人们：法官们（sanhedrin）：因为他们的职责是解决任何有关《托拉》的疑难问题；虔诚的（pious）人们：因为他们想获得报偿（reward）；甚至伪君子（hypocrites）：因为他们想获得荣耀。④

---

① 参见《库萨里》，第 137 页。
② 参见上书，第 138 页。
③ 参见上书，第 145 页。
④ 参见上书，第 139 页。

简单地说，圣哲们的工作包含了两个部分：给《托拉》断句，并使之可读。这当然是个非常复杂的工作，但哈列维强调的却是这一工作的神圣性以及同传统的密切联系。这一工作之所以是神圣的是因为我们能从元音和句读的井然有序中体会到这肯定是一种超出了我们的知识的范围而只能来自上帝的启示的科学。因此，这一工作必须由蒙受了神恩的人（们），即圣哲们来完成。而且，也只有如此，才能保证《托拉》不会被任意地解释。

2. 口传法与传统

哈列维高度重视犹太教的传统。在他看来，口传法和对《托拉》的命令的遵守，都是跟传统分不开的。

首先，口传法的种种条文并非圣哲们理性推理的结果，也不是他们一己之见的独断的结论，相反，它们是一代代的智慧的累积。① 联系前文，这一结论是很容易理解的。因为单凭人的理性是无法理解《托拉》的，所以人类必须依靠上帝的启示，而今天的人们已经无法或者很少能聆听上帝的教诲了，那么唯一的办法就是依靠从摩西而来的传统，为此，哈列维还特意历数了在保持传统方面的杰出的人物。② 就这一点而言，哈列维所谓的传统更多指的是由杰出人物保持并代代相传的某种特质。

其次，必须借助传统，才能够给予《托拉》以充分的解释。这是因为《托拉》的原文是有限的，它不可能事无巨细一一记载，它记录下来的只是那些必要的、著名的事件，但

---

① 参见《库萨里》，第 155 页。
② 参见上书，第 163~164 页。

对于这些事件的背景、原因等等却并未加以解释。① 例如，关于约书亚的事迹，我们只知道截断约旦河水（《约书亚记》3：16）、太阳停止运行（《约书亚记》10：13）以及第二次割礼（《约书亚记》5：2）。哈列维指出，这些毫无疑问都是普通百姓所耳熟能详的事件，但约书亚从上帝和摩西那里得到的智慧却只字未提。② 对此，唯一可能的解释是上帝把"是什么"交给了《托拉》，而把"为什么"交给了口传法。

再次，必须借助传统，才能深入到《托拉》的精神实质中去。③ 这一点同样可以视为是对卡拉派的反驳，后者对字面意思的执着很容易导致对《托拉》的不理解、误解甚至曲解。如果《托拉》要表达更多的东西，那就必须超出字面的限制。

比如上文中曾出现过的例子：摩西对以色列人说"你们要以这个月为正月，为诸月之首"（《出埃及记》12：2）。④ 这个诸月之首究竟指的是哪个月呢？如果只拘泥于字面意思而不借助传统的话，这句话的所指就会难以确定，或者，更糟糕的是会变成不顾现实情况的强制性的统一。但既然现实的情况并未因此而改变就足以说明以色列人根据自己的传统自行进行了调整。因此，无论是住在埃及的以色列人所沿用的埃及历法，还是作为亚伯拉罕邻居的迦勒底人的历法，抑或是阳历、阴历，还是今天的犹太人所采用的根据阳历校正过了的阴历，无论采取何种历法的以色列人都非常清楚摩西的

---

① 参见《库萨里》，第162页。
② 同上。
③ 参见上书，第156页。
④ 参见上书，第140页。原文如此，中英文和合本《出埃及记》12：2则为上帝晓谕摩西、亚伦。

所指①，显然，这绝不是拘泥于字句的人能办到的。

因此，哈列维认为，借助传统的口传法才是《托拉》的精神实质的再现。当然，这并非意味着哈列维不重视成文的《托拉》，正确的做法是：既尊重《托拉》的字面意义，又尊重《托拉》的精神实质。他指出：从字面意义上遵从律法会使许多人借助数不胜数的伎俩来发明出一些不严格的判决（lenient rulings），虽然后者仍在字面意义上的律法的框架之内，但这样做的人却被当作是一些由哈拉哈所支持的无赖（halachically sanctioned scoundrels）。相反，如果抛弃了律法的字面意义，一味迁就对其精神实质和对道德（ethics）、同情（piety）偏好，就会导致对教义的偏离、争论，甚至抛弃整个的《托拉》。②

3. 口传法与科学

哈列维认为，《托拉》之不同于其他宗教的经典的重要特征之一，是它包含了大量的科学知识。③ 他甚至断定在许多方面（如医学），犹太科学家们的成就都远远超过了在当时被奉为科学的楷模的亚里士多德。④ 这是因为，哈列维相信，所有的智慧与科学最先都植根于犹太人之中，此后，巴比伦人抄袭了犹太人的知识，并把它传给了波斯人和米底亚人，后者又传给了希腊人和罗马人，只是由于年代久远和多次辗转，后来的人们已经无从知晓这些知识最初是从哪里来的，因而把它错误地归诸希腊人和罗马人了。

---

① 参见《库萨里》，第 140～141 页。
② 参见上书，第 156 页。
③ 参见上书，第 98 页。
④ 参见上书，第 99 页。

因此，与之相适应的是，继承和传播口传法的人们也必须通晓各门科学，例如，犹太议会的成员就必须接受包括医学、数学、占星术、天文学、炼金术、语言、诗歌、音乐甚至魔法（magic）等在内的专门训练。①

对此，哈列维给出的解释是：第一，既然进入犹太议会需要如此严格的训练，那么可以顺理成章地推出在此之前必定有人已经精通所有这些学问，否则，训练之事将无从谈起。第二，解释、发挥《托拉》的微言大义需要各方面的知识。哈列维花了很大篇幅介绍犹太人所通晓的科学知识，比如确定节日的具体日期需要天文学的知识，判定祭祀物的合法性需要动物学的知识等。

那么，既然犹太人拥有如此丰富的科学知识，为什么在今天却只剩下了一鳞半爪的记载了呢？哈列维当然不会无视如此明显的反驳。他指出，犹太人的智慧和科学，正如同《托拉》一样，只能是来自神秘的天启②，而能接受天启的人毕竟是少数，此其一；并非所有的天启的内容都是能为一般人所理解的，所以在本来就有限的天启的内容中更有部分机密的内容被秘而不宣（如占星术）③，此其二；犹太科学家们撰写了许多许多书籍，但遗憾的是这些书籍只是为那些"专业人士"如星相家、医生等所知晓，普通人对此一无所知，因此，随着犹太人被迫散居各地，这些"专业人士"也逐渐风流云散，相应的科学知识也就更不为人知了④，此其三。由

---

① 参见《库萨里》，第 99 页。
② 参见上书，第 170 页。
③ 参见上书，第 193 页。
④ 参见上书，第 210 页。

于以上这些原因，今天的犹太人只能从残留在《托拉》中的只言片语中寻找他们的祖先曾经的辉煌了。

到此为止，哈列维还只是证明了犹太人有，至少是曾经有过科学，但是，即便是人们对这一证明不加怀疑的话，在口传法中仍然存在着一个很重要的问题，即圣哲们对《托拉》的解释往往不合乎（现行的）科学、违反逻辑。

在这一点上，哈列维告诫我们：我们必须信任圣哲们。① 哈列维认为，这是我们首先应该牢记的信条。原因在上文中已经涉及：圣哲的序列始自摩西，也就是说始自天启；他们都是熟悉各种科学和智慧的聪颖之士；作为精英人士的团体，他们不可能全部认可某种错误的信念。其次，哈列维相信，原则一旦树立起来，细节可以不予考虑。② 这是因为细节之为细节，就在于它相对于原则来说太过琐屑，它的数量如此之多，以至于当我们试图去确定它们时会很容易被它们迷惑、误导，很容易犯错误，这就是为什么普通人所说的那些不合科学、违反逻辑的真正原因。哈列维举例说：如果一个人明白了上帝以绝对的正义、无限的智慧统治着这个世界的原理之后，他就不会给予实际上存在的、似乎同上帝的全能、全善相对立的恶以过多的注意，正如《圣经》上所说的："你若在一国之中见到穷人被欺压、公平和公正被剥夺，你不要感到困惑……"（《传道书》5：7）③ 再比如，如果一个人真的确信灵魂像天使一样，是一种精神实体，在身体毁灭之后仍然继续存在的话，那么他就不会为诸如人在熟睡时或因病而丧

---

① 参见《库萨里》，第148页。
② 参见上书，第150页。
③ 同上。原文如此，中英文和合本《圣经》为《传道书》5：8。

失意识时灵魂是否还在活动、为什么灵魂会伴随着肉体的变化而变化等问题而烦恼。①

当然，虽然他多次强调了原则的重要性，但哈列维清楚地知道，并非所有人都能上升到原则的高度。而如果能理清所有的细节、清除表面上的疑惑和矛盾的话，无疑对确定原则、证明口传法同科学的协调一致有着极其重要的帮助，因此，他还是详细探讨了一个细节，即以眼还眼的问题。具体地说，就是按照《圣经》上的说法，如果一个人伤害了另一个人的话，那么伤人者也应受到同等程度的伤害。② 但口传法却给这一说法以完全不同的解释：对造成的伤害可以视其轻重程度给予相应的财物上的补偿。③ 对此，哈列维解释说：以眼还眼的原则绝不可以机械地执行。杀人者当然要偿命，但这毕竟是极端的情况。在大多数情况下，比如，一个人杀了别人的牲畜，《托拉》绝不至于荒唐到命令也杀死此人的牲畜来作为补偿，而是应该给被害人以财物的补偿，这也是见之于《托拉》的明文规定的。④ 同样的道理也适用于伤人的情况，伤害伤人者的身体显然于事无补，只能是两败俱伤，所以给予财物赔偿是合情合理的。⑤

但是，如果口传法和科学、逻辑直接发生了我们确实无法解决的矛盾呢？哈列维给出的最终的解释是：要么我们相信口传法的解释是来自已经不为我们所知的神秘的或者已失

---

① 参见《库萨里》，第 150 页。原文如此，中英文和合本《圣经》为《传道书》5：8。
② 参见《圣经·出埃及记》21：24。
③ 参见《库萨里》，第 150 页。
④ 《圣经·出埃及记》第 21 章，参见《库萨里》，150 页。
⑤ 参见《库萨里》，第 151 页。

传的某种传统或科学知识，要么我们把口传法的说法当成是古老相传的为了更容易记住律法而设置的方便法门。① 例如对《圣经》中的这一记载："全能的上帝命令亚当说：'（伊甸）园中所有树（上的果实）你都可以吃，只是……'"② 圣哲们把这句话当作对上帝同挪亚所立下的七条戒律的暗示。他们的解释是这样的："命令"（commanded）指的是有关财物的律法，"上帝"（God）指的是人对上帝的亵渎（blasphemy），"全能"（almighty）指的是偶像崇拜，"亚当"（Adam）指的是杀人（murder），"说"（saying）指的是不贞的行为（adultery），"园中所有树"（from all the trees of the garden）指的是偷窃的行为（thievery），"可以吃"（you may eat）指的是吃活物的肉。③ 显而易见，上文所引的那句话同上述律法几乎没有联系。但是，从圣哲们的观点看来，对经文的这种解释虽然不近情理，但它能有效地使人们牢记上帝与挪亚所立的约，这才是真正重要的。所以，表面上的不合理并不意味着实际上的不合理。

最后，哈列维告诫我们，无论口传法看起来多么违反科学、不合逻辑，我们也应该相信它。因为有无数的例子可以证明圣哲们拥有我们无法企及甚至无法想象的智慧、仁慈和追求真理的勇气，这样一群精英人士都认可的信条是不容置疑的，如果要怀疑的话，我们只能怀疑自己的知识不全、能力不够，不足以认识那些信条的深奥之处。④

---

① 参见《库萨里》，第170页。
② 同上书，第171页。参见《圣经·创世记》2：16，译文略有改动。
③ 同上。
④ 同上。

八、先知（prophet）或预言（prophecy）[①]

许多研究者认为有关先知的思想在哈列维的思想中占据了相当重要的地位。从《库萨里》一书来看，哈列维的确将先知放在了一个相当特殊的地位上。

在哈列维看来，先知具有相当大的特殊性，他们相对于普通人的地位甚至用高于（higher than）都不足以形容，而只能用"超越于"（superior）一词。[②] 这意味着正像人之不同于动物一样，先知之不同于人也是某种质的不同。在上文中我们也已经提到，哲学家认为人能够达到上帝的唯一的途径就在于跟能动的理智的合一，而后者是整个的秩序森严的宇宙等级体系中仅高于人的环节。哈列维当然不会无原则地赞同这种看法，但他确实也认为存在着某种等级体系[③]，先知恰好处在某个高于普通人类的环节上。但是这一超乎人类之上的特殊的质并不使先知们变得神秘莫测，相反，正是这一特质使他们能够在上帝与普通人类之间架起一座沟通的桥梁。在哈列维看来，这一特殊的质的内在的层面是一种接受上帝的启示的能力，其外在的表现形式是先知所见到的种种异象，通过接受并解释这些异象，先知们因而具备了预言的能力，后者又使他们有能力指导普通人的宗教和生活实践。如此一

[①] 从字面上看，所谓先知即是做出预言的人，所以，这里的论述把两者合并在一起。
[②] 参见《库萨里》，第14页。
[③] 参见上书，第13页以下。

来，普通人虽然无法直接面对上帝，但先知们的教诲也足以使他们的信仰不至于偏离正确的轨道。这是上帝（在某种意义上，我们可以说这是哈列维）赋予先知们特殊地位的根本原因。因此，我们相信，即便是承认先知们的能力是超乎于我们的想象，但这一能力的落脚点仍然是可理解、可执行的具体的实践活动。此外，如果同上文联系起来看，我们认为这一结论是合乎逻辑的：一方面，哈列维用（上帝对于先知的）启示表明了犹太人的信仰之不同于希腊人的思辨；另一方面，先知们对犹太人信仰和生活实践的具体指导则保证了犹太人不至于陷入盛行于中世纪的阿拉伯世界和欧洲大陆的对神秘巫术的狂热追求之中。

1. 先知的特征

首先，先知必须是一个完满的（perfect）人。[①]

从哈列维所列举的完人们的名单上来看，亚当是第一个完满的人，也是完满的人的典型。这一点很容易理解，因为所有的人类中唯有亚当是上帝亲手创造的，在他身上既有上帝的无限的智慧和仁慈的闪光，又从未受到过人类的遗传基因的污染，更不曾被诸如气候、地理、饮食等因素所影响，总而言之，上帝是照着自己的形象创造了亚当，他是完满的人的典型，只有他才能称得上是"上帝之子"（the son of God），而他的后人只能称为"上帝的苗裔"（the children of God）。[②] 当然，哈列维很清楚以亚当为例未免太过特殊，所以他强调，虽然亚当在各个方面都是完满的，但真正使他接

[①] 参见《库萨里》，第199页。
[②] 参见上书，第32~33页。

近上帝和天使的是他的完整而纯洁的灵魂和他完美的智力①，作为第一个先知，他的预言能力是天生的、不学而能的。②

哈列维强调，能作为先知的，都是亚当的子孙③，这一颇具遗传学色彩的说法把先知的血统限制在了很小的范围内。但无论如何，亚当的子孙都不可能如他本人一样完满，所以，所谓完满的实际上的重要之处在于亚当的子孙同其他的人有着相当大的区别。哈列维用一个比喻来说明了这一点：

> 太阳只有一个，但能够接受阳光的事物却是多种多样的。（其中）以最完满的方式吸收阳光的物质是，例如，珍珠、玛瑙、洁净的空气和水。那种从一端射入，穿过整个物质，从另一端射出的光线被称为"穿透性的光"（penetrant light）。那种被光滑的宝石表面所反射的光被称为"亮光"（luminous light）。那种照在树木、土地或其他物质上，使后者的轮廓清晰可见的光被称为"可见光"（visible light）。当我们指称通常意义的太阳的辐射时只是简单地称之为"光"，并没有特指。
>
> 同样地，神性之光（the Divine Light）也根据其接受物的不同而变化。Elohim 作为上帝之名是没有特指的光，在这里可以看作是使世界得以存在的通常意义上的神性力量（the plain Divine Power）。"穿透性"的光是上帝之名，它只为少数人知晓，指的是上帝与先知之间的关联。他们（指先知）是这个世界上最完满的人，他们的灵魂已经高度净化（sufficiently refined），因而能够接受上帝

---

① 参见《库萨里》，第32页。
② 参见上书，第33页。
③ 参见上书，第199页。英文为"from the seeds of Adam"。

之光。上帝之光穿过他们，就像阳光穿过珍珠和玛瑙一样。①

由此看来，先知是那些能够以最完满的方式接受上帝之光的人，他们拥有把握最核心的本体的能力，而其他的人懵懂无知，同草木树石一样。②

其次，先知还必须是能使自己完全敞开，随时准备接受上帝之光的人。这跟上面一点是紧密联系在一起的，但侧重点有所不同。哈列维用其惯常的比喻的方式来说明这一点：

> 有一个人非常熟悉太阳升起的位置和它运行的轨迹，而其他人都待在阴影中。这个人家中的窗户都安装得易于采光，而他洒下的种子和种下的树也因此而硕果累累。他告诉我们这些都是因为他熟悉太阳运行轨迹的缘故。如果我们不了解他的话，我们会反驳说："究竟是什么让你如此骄傲？我们都知道阳光之对于这个世界是非常有用的，但它的照射却是随机的，没有人能把阳光吸引到自己身上来。"这个人回答说："确实如此；一个人不可能吸引阳光，但我却能在需要的时候就得到阳光，这是因为我熟知太阳的运行轨迹。正如你们所看到的，当我给房子安装窗户以利采光、在阳光照射之前撒下种子、在特定的时间耕作土地的时候，我获得了阳光可能带来的所有益处。"③

哈列维用引文中熟悉太阳运行的人来指称犹太人的先祖

---

① 《库萨里》，第198~199页。
② 参见上书，第199页。
③ 同上书，第200页。

们（Patriarchs）。他们信仰上帝，明白上帝要他们做什么，他们打开了灵魂之窗以接受上帝的照耀。①

当然，哈列维同时也强调，并非所有准备向上帝敞开自身的人都能够接受上帝之光，这里还有一个民族的问题。有些民族通过禁欲、远离世俗生活的方式净化自己，以期获得神的启示，但最终却一无所获；他们建立了许多庙宇，但却没有神光顾；他们因此而恼怒，抛弃了他们的神，却没有任何灾祸降临到他们身上。总之，他们的民族的兴衰同神无关，而是受自然支配的。② 由此，哈列维得出了一个相当重要的结论：其他民族可以改宗上帝，可以皈依犹太教，但无论他们如何努力，最多也只能达到普通的犹太人的地位，永远也没有可能达到先知的高度。③

再次，就外在的特征来看，先知是跟某种奇迹联系在一起的。以摩西为例，他从火上走过却未被烧伤，不饮不食却不感到饥渴，脸上发出的光芒使人无法直视，即便是到了晚年也不见衰弱，连大限之日都是按照他自己的意愿选定的。④ 无疑地，这诸多奇迹表明以摩西为代表的先知们是超乎于常人之上的。对此，哈列维给出了一个解释，即，当他们作为先知的时候（即他们接受上帝的启示的时候），他们进入了这样一种状态：此时他只是部分地同他作为人的形体相联系，在更大程度上他变得更像天使，在他之外的某种灵体（spirit）占据了他。⑤ 正如《圣经》所云："你将变成一个完全不同的

---

① 参见《库萨里》，第 200 页。
② 参见上书，第 82 页。
③ 同上。这里已经牵涉到了犹太民族的特殊性问题，详见下文。
④ 参见上书，第 14 页。
⑤ 同上。

人"(《撒母耳记》上10∶6),"上帝给了他一个完全不同的心灵"(《撒母耳记》上10∶9),"有某种灵体降临"(《历代志》上12∶18)。①

2. 预言的特征

首先,预言总是跟异象联系在一起的,哈列维称之为预言的异象(prophetic visions)。

异象是一个颇为复杂的概念。它的内容首先是有关上帝的。哈列维指出,获得对上帝的爱和敬畏的重要方式是通过异象。在异象中,先知们看到了诸如

> 那高举的手和出鞘的剑(《约书亚记》5∶13)②,在西奈山立约时听命于上帝的火、风、闪电和雷霆,上帝之言在它们中间传出,道出了过去和未来。上帝伸出手去召唤并接受所有皈依他的人们,正如《圣经》所云:"谁知道呢?让人们忏悔吧,上帝会(变得)仁慈的!"(《约拿书》3∶9)③

所有这些以及其他的异象都是先知在瞬间看到的④,普通人当然没有这种能力——哈列维才用眼睛半开半闭来形容他们⑤,看到异象只能借助先知,而即便是先知,虽然他们因一次的异象而保持了对上帝的终生的爱与敬畏,但就异象而言,仍然是可遇而不可求的,他们的灵魂渴望着再次获得那些异象⑥,哈列维特意列举出《圣经》中强调的上帝的再次降临于

---

① 参见中英文和合本《圣经》相应章节,译文略有改动。
② 中英文和合本《圣经》此处语焉不详。
③ 译文根据中英文和合本《圣经》相应章节略做改动。
④ 参见《库萨里》,第192页。
⑤ 参见上书,第193页。
⑥ 参见上书,第192页。

所罗门作为证明这一事件的重要性的证据。①

异象之为"异"的另一个特征是它具有强烈的指示作用：透过现象直指本质。应该说，人类的理性在很大程度上也能够透过现象达到本质。但哈列维认为异象对本质的指示是直接的，而理性则必须借助一系列的中间环节。② 这些中间环节指的是人类的感觉能力。按照哈列维的说法，上帝创造了感觉能力，使人类能够感知物质的世界。虽然感觉经常告诉我们一些不真实的东西，如太阳看起来是扁的，只有盘子那么大，但这并未成为人类认识的障碍，恰恰相反，它是人类认识必不可少的一个环节。理性正是借助这个环节达到了事物的本质的，它跟感性共同构成了一个完整的认识过程。对于异象来说则不存在这样的由表及里的过程，它是上帝的直接的给予，是事物本质的直接的呈现。

异象虽然是直接的，但在某些情况下却不一定是单纯的，例如，哈列维在《梦境》（*Dream Vision*）③ 一诗中写道："（在梦境中——笔者补）我回到了他的（His）家，全部的理智、心灵和感觉都融为了一体。"显然，在这里，异象已经超出了单纯的"象"的范围。

综上所述，所谓预言的最基本的含义就是通过异象而达到的对于过去、未来的事物、事件的深入的认识和说明。

其次，做出预言（或者预言能力的获得）需要远离世俗

---

① 参见中英文和合本《圣经》中《列王纪》上 11：9。
② 参见《库萨里》，第 185 页。
③ 参见 Barbara Ellen Galli, *Franz Rosenzweig and Jehuda Halevi*, McGill-Queen's University Press, 1995, p. 126。

的尘嚣。① 哈列维指出：

> 一个达到了……先知……的境界的人渴望独处，远离人类社会，从而使自己能够同天使交流。一旦达到这种境界，他就不会因离群索居而感到孤独，因为他有天使为伴。这种人在身处人群之中是会备感厌倦和孤独，因为人群剥夺了他灵魂的宁静，而只有后者才能使他达到神圣的事物。这种人没有对于饮食一类的物质生活的欲望，他们适合于完全的离群索居。甚至，这种人会渴望死亡，因为他们曾经到达的境界是如此之高以至于他们不指望有更上层楼的可能。②

哈列维同时指出，这种与世俗的疏离并不是绝对的。因为，他们更多时候是同那些跟他们有着相同的状态的人比邻而居，他们一起实践《托拉》的智慧，遵行它的命令，以期达到自身神圣和纯洁，从而最终进入先知的状态，他们因此被称作是"先知之子"③。

此外，这种疏离之所以并不是绝对的，还因为它只能发生在某些特定的时间和地点。在今天，如果一个人仍然想这样做的话，那么他得到的只能是痛苦和脆弱。这是因为，在这个不仅是先知的智慧，甚至连哲学的知识都相当贫乏的时代，我们既找不到适合先知的土壤，也找不到能跟先知比肩的人。④ 因此，这并不是一个适合离群索居的时代。

---

① 参见《库萨里》，第107页。这一点似乎跟犹太教的现实性有点矛盾，可能的解释是，哈列维的先知们同柏拉图的哲学王一样，并不是因为厌倦了世俗的生活而去追求更高的境界，而是相反，是因为窥见了更高的境界而厌倦了世俗的生活。
② 同上。
③ 同上书，第108页。
④ 同上。

再次，预言是跟圣地（Holy Land）和圣殿（Holy Temple）紧密联系在一起的。

哈列维在上文中已经得出了先知只能是犹太人的结论，接下来的另一个限制是先知或预言如果不是发生在圣地或圣殿的话，至少也是同后者相关。

哈列维认为这一点并不难理解。首先，常识告诉我们，一个地方比另一个地方优越并不是什么惊人的事情①，风土不同，人物自然也就不同，既然人类灵魂的完满与否取决于构成他本人的各种成分②，那么就有理由相信一个地方的人可能比另一个地方的人拥有更完满的灵魂，圣地和圣殿恰恰正是最适合以色列人净化其灵魂以接受预言的地方。③ 其次，就实际上的情况而言，先知和预言都是围绕着圣地或圣殿展开的：上帝自然是在圣地创造的亚当④；亚伯拉罕接受了上帝的命令前往并周游了圣地，在那里他变得完美，有了预言的能力；同样地，亚伯拉罕的子孙居住在圣地期间一直保持着预言的能力，而且，由于圣殿的建立，他们的预言能力得到了进一步的增强⑤；至于那些在圣地之外发生的预言事件，如以西结之预言以色列人回归圣地、但以理预言圣殿的被毁和流放的以色列人的重新集合，哈列维给出的解释是一方面他们的预言都同圣地相关，另一方面他们都曾经生活在第一圣殿还存在的时代，在当时他们就获得了预言的能力，而这种能力可

---

① 参见《库萨里》，第58页。
② 参见上书，第5章第12节。
③ 参见上书，第59页。
④ 同上。
⑤ 参见上书，第62页。

以保持终生，无论他们以后会生活在何方。①

九、犹太民族

1. 犹太民族的优越性

哈列维相信，相对于其他民族而言，犹太人是世界上独一无二的民族，具有许多无可比拟的优越性。② 这是因为：

首先，整个的创世的意义只是在于：上帝同人类中最优秀（elite）的部分——犹太人建立起直接的关联，而创造选民的目的则是为了其中的那些精英中的精英（elite of the elite），即先知们。③ 上文中已经提到过，在造人之前，从未有启示的事件发生。因此，简单地说，创世的上帝是一个主宰者，而造人的上帝则是一个意义的赋予者。④ 其次，作为人类始祖的亚当具有最高度的完美性，而作为他的子孙的犹太人则或多或少地继承了这一完美性。⑤ 再次，犹太人作为上帝的"选民"（chose people）和"上帝之民"（God's people）这一点本身就足以说明他们的优越性。

哈列维虽然强调犹太民族的优越性，但他同时指出，并非因为犹太人有诸多的优点上帝才挑选了他们，恰恰相反，他挑选他们纯粹出于他自身的意志。⑥

---

① 参见《库萨里》，第 59 页。
② 参见上书，第 13 页。
③ 参见上书，第 32 页。
④ 参见上文关于上帝之名的论述。
⑤ 参见《库萨里》，第 32 页。
⑥ 参见上书，第 91 页。

2. 犹太人的苦难

在哈列维的时代，犹太人还过着寄人篱下的生活，所以，无论哈列维怎样强调犹太人的优越性，他都无法回避这一悲惨的现实。他或许无法解决这一问题，但至少他努力给出了自己的解释，这也是他写作《库萨里》的一个根本原因。

哈列维首先强调的是，犹太人如今的卑微的地位并不意味着上帝抛弃了他们，恰恰相反，如果这是上帝对犹太人的惩罚，那么这恰好从反面证明了犹太人是同上帝紧密联系在一起的。历史早就证明了：一时的（或许更长时间的）困难并不说明什么，其他的宗教都有类似的经历。比如基督教就经历了数百年的残酷无情的奴役和迫害，但基督徒从不以之为耻，反而因其苦难而备感骄傲。他们的信条，如"别人打你的右脸，你应把左脸也给他打""有人拿走了你的外套，你应把衬衫也给他"等等表现的正是这种骄傲。如此看来，犹太人更有理由像其他宗教一样，"以我们在这个世界上的苦难程度而不是我们曾有的成就来衡量我们与上帝的亲疏"①。

其次，哈列维强调犹太人今天的处境并非完全是犹太人自己一手造成的，他们承受了全人类的罪责。

哈列维把犹太人与其他民族的关系比作心脏与身体中的其他器官的关系。从消极的方面看，由于心脏的位置特殊，许多疾病只能通过其他的器官才能影响到它，相应地，犹太人的许多罪责也是受外民族的影响而来的。② 但上帝并不因此而去惩罚外族人，因为上帝是以色列人的上帝，如果犹太人

---

① 《库萨里》，第47页。
② 同上书，第85页。

有罪的话，无论这罪过是从哪里来的，上帝只会惩罚犹太人。正如《圣经》所云：在地上的万民中我只认识你们，所以我必追讨你们的一切罪孽（《阿摩司书》3：2）。

再次，哈列维认为犹太人没有必要为自己目前的处境而感到羞愧，更不应该为今天的苦难而灰心、绝望。因为，事情也有积极的一面，虽然上帝只会惩罚犹太人，但上帝的拯救也只是针对犹太人的。正如犹太的圣人们所说的："上帝一个接一个地铲除了（他的民族中的）罪人，以此来宽恕他的民族的罪责。"① 这意味着，一方面，上帝不会坐视犹太人的罪孽愈演愈烈到灭种亡族的地步，而外族人罪孽深重，甚至因此而自取灭亡的话都与上帝无关；另一方面，如果有人不甘于受人歧视和迫害而叛教改宗的话，那么恰好使犹太教的队伍更加纯洁。

当然，哈列维强调上帝并未抛弃犹太人，并非无原则地为犹太人开脱罪责，他的意思是说，犹太人有罪，但并非不可饶恕。正是在这层意义上，哈列维把犹太人比作是一个虽然没有了头颅和心脏，但却并未死去的躯体②，或者像一个肉体损坏到了医生都放弃了治疗的努力，但他自己却对来自奇迹或超自然的力量的拯救充满了信心的人。③ 因此，一个坚定的信徒面对苦难的正确的态度应该是：把这些苦难，无论是个人的还是整个民族的，当作是减轻其罪孽的必要的手段，是把他（或者整个民族）同上帝联系起来的一种方式，是他

---

① 《库萨里》，第 85 页。
② 参见上书，第 83 页。
③ 参见上书，第 83~84 页。

（或者整个民族）获得来世的拯救的某种保证。①

也正因为如此，哈列维才坚定地相信，犹太人目前的处境，就像被剥夺了财产、子女和健康的约伯一样，但是只要他的人还在，哪怕整个民族只剩下一个人，上帝也会恢复他（们）过去的荣光。②

十、哈列维的诗作以及他在历史上的影响

作为诗人的哈列维恐怕比作为哲学家的哈列维更为当时和现代的人们所熟悉。他的诗作大体上可以分为与世俗有关的诗作以及宗教诗，后者的主要内容包括对上帝的经验以及对锡安的向往。哈列维的诗和他的哲学是息息相通的，虽然诗歌不同于论文，哈列维不可能在诗歌中长篇大论地讲道理，但诗歌却能够以更为贴切、更为具体、更为形象的方式表述在《库萨里》中所表述的内容。例如，对于上帝，在《库萨里》中哈列维的描述是学术上的抽象论述，而在其诗作如上文提到过的《梦境》以及《在暗夜中》等等，描述了对上帝的经验的具体感受。这种做法，毫无疑问，既是哈列维的诗人气质使然，同时，更为重要的是，也是他的一贯的哲学观点的贯彻。正如上文中我们已经提到过的，在哈列维看来，对于上帝的存在、对于《托拉》的正确性如果有什么疑问，诉诸以希腊哲学为代表的理性思辨传统是枉然的，真正

---

① 参见《库萨里》，第122页。
② 参见上书，第123页。

对上述这些疑问以及与之相关的许多问题给出答案的，只能是历史经验。因此，个体的经验在这里占据了主导的位置，这一点也是哈列维被后世的哲学家们视为存在主义的先驱的一个重要的理由。当然，这里的所谓个体经验并不是独白式的经验，按照罗森茨维格的说法，这种经验是对话式的，而且具有高度的普遍性。也就是说，哈列维的诗作，例如，那些涉及对上帝的经验的诗作，一方面是哈列维本人的经验，同时，对于吟诵着哈列维诗作的人们来说，他们同样会由此而引发出属于自己的经验，最终形成罗森茨维格所描绘的"合唱"式的效果。在这种效果中每个人都保持着自我，每个个体都不会被淹没在其中，但同时，又确有某种超乎个体之上的东西存在着，它引导着人们去超越当下，达到永恒。

哈列维的思想在后世的影响是广泛而深远的，他对哲学家们的上帝和亚伯拉罕的上帝的区分至今仍然是宗教哲学中的主题，他对以色列人的特殊地位的强调直接影响到了后世的犹太神秘主义，部分词句甚至直接出现在了作为后者的经典的《佐哈》中，而他对历史经验、个体经验的强调则确定无疑地影响到了罗森茨维格、布伯、利奥·施特劳斯（Leo Strauss）等现代犹太哲学家，被视为存在主义的先驱，而他对圣地的向往则被认为是犹太复国主义的先声。总而言之，哈列维因其思想的丰富性和启发性在犹太哲学史乃至一般的哲学史上占据着独特的地位。

第八章

亚伯拉罕·伊本·达吾德

一、生平与著作

亚伯拉罕·伊本·达吾德（Abraham ibn Daud，约1110—1180），出生于西班牙的科尔多瓦①，是著名的哲学家、历史学家、医生和天文学家。童年时期曾长期居住在外祖母家中，以舅父为师，在拉比文献、《圣经》、希伯来诗歌、希腊与犹太哲学诸方面均受到良好教育。来自北非的阿拉伯人阿摩哈德（Almohades）征服西班牙后，达吾德逃往并长期生活在特莱多，约于1180年殉道而死。

就我们所知，达吾德留传下来的著作有两部，一是《论传统》（Sefer ha-Kabbalah），二是《崇高的信仰》（Al'Aqida al-Rafi'a）。据说，他晚年曾经写过天文学方面的书，可惜因逸失而不为世人所知。《论传统》是一部阐述犹太教历史的著作，旨在通过历史为犹太教辩护。这部论战性的著作矛

---

① 又说其出生地为特莱多（Toledo）。

头指向当时流行的卡拉派。针对卡拉派别只接受《圣经》，反对《塔木德》和其他拉比文献的做法，达吾德指出，只有通过拉比的口传律法，《圣经》才得以完整。《崇高的信仰》分为两部分，第一部分是哲学，实际上是物理学，其中包含了关于上帝存在的证明。第二部分论启示的宗教。达吾德自己认为，这两部分内容又是同一的，因为第二部分也包含了科学的真理，第一部分也表明哲学的论证也包含在《圣经》的文本之中。在哲学上，达吾德公开反对加比罗尔的新柏拉图主义哲学，也不赞成哈列维的哲学立场。犹太哲学史家胡赛克（Isaac Husik）这样说："对哈列维是毒药，对达吾德则是香肉"[1]。如果说哈列维对犹太教传统给予了充分的肯定和认同，那么，达吾德则试图把犹太教与哲学调和起来；如果说哈列维在哲学上倾向于柏拉图主义，那么，达吾德的基本哲学立场则是亚里士多德主义的。作为第一个熟悉亚里士多德著作的犹太哲学家，达吾德开启了犹太哲学的一个新方向，即犹太亚里士多德主义哲学。当然，和同时代的许多人一样，他是通过法拉比、阿维森纳等阿拉伯哲学家间接地了解亚里士多德哲学的。达吾德孜孜以求的是使亚里士多德主义与犹太教和谐一致，而这恰好是后来迈蒙尼德倾其毕生精力而为之的。可以说，达吾德是迈蒙尼德的直接先驱，迈蒙尼德是沿着达吾德开启的道路而达到中世纪犹太哲学的顶峰的。"如果不是因为达吾德，就没有迈蒙尼德。"[2]

---

[1] Isaac Husik, *A History of Medieval Jewish Philosophy*, p. 197.
[2] Ibid., p. 199.

二、科学、哲学与宗教

在12世纪的西班牙，迅猛发展的科学和广为传播的哲学使人们感到了它们与宗教传统的矛盾。于是，科学、哲学与宗教究竟是什么关系就成为一个亟待回答的问题。

达吾德之所以讨论哲学与宗教的关系，和自由意志与决定论的问题直接相关。如果人的行为是被上帝所决定的，为什么他还惩罚人？警告人？还在世间选派先知？另一方面，如果人是自由的，就意味着世界上某些事情不受上帝的控制。他发现，在《圣经》中，有关的说法往往前后不一，有的地方倾向于人的自由，有的地方则强调上帝的决定。达吾德说，当人们"试图描述神的属性时，《托拉》便与哲学处于显而易见的矛盾中。对于哲学家，无形体的上帝是不可能发生变化的。与此相反，《托拉》却讲述了上帝的运动、情感……如果哲学与《托拉》在这个问题上相互对立，我们就会处于'一仆二主'的窘境之中，其中的一个是伟大的，而另一个也不渺小。这个仆人除非反对第二个主人的意见，则无法取悦于第一个主人"①。这些对立和矛盾的存在使问题复杂化，让人在实际生活中进退两难。

为什么会出现这样的矛盾？达吾德解释说，《圣经》的文字多半是为平民百姓阅读的，没有考虑到高智力的哲学家的需要。那些关于决定论与自由意志的文字，从字面上看来前

---

① Colette Sirat, *A History of Jewish Philosophy in the Middle Ages*, p. 143.

后不一，实际上经过恰当的诠释后即可达到协调一致。而要做到这一点，就需要认真研究犹太教的原理，使之与真正的哲学和谐一致。同时，哲学是以科学即物理学为基础的，所以，要把哲学与宗教解释得和谐一致，还需要掌握科学知识。就决定与自由的问题而言，如果没有关于神的属性和与之相关联的知识，我们就无法做出判断；而要理解神的属性之类，我们还须具备物理学和形而上学的知识。① 在《崇高的信仰》中，达吾德写道：

> 我发现，在这个时代，这个问题（自由意志与决定）上的混乱以及类似的情况，之所以存在于学者之间，乃因为他们放弃了对以色列人信仰原则的探求，也放弃了对以色列信仰与真正的哲学之间的和谐一致性的追寻……因此之故，他们放弃了科学研究，而这不是我们民族的先哲们的习惯。……在我们这个时代，有时会发生这样的情况，即哪怕对科学稍有研究的人，往往都缺乏用两只手抓住两盏灯的能力：用右手抓住宗教这盏灯，用其左手抓住科学这盏灯。当他点燃科学之灯时，宗教之灯就熄灭了。……当某人刚刚涉足科学之时，从传统知识的角度看，他就会对所学到的东西迷惑不解，这是因为他还没有在科学上达到能够就不明了的问题讲出其真理的程度。因此，本书将对他颇有助益，因为它会使他掌握许多科学观点，而它们是建立在宗教原理之上的。②

---

① 参见 Isaac Husik, *A History of Medieval Jewish Philosophy*, p. 202。
② Colette Sirat, *A History of Jewish Philosophy in the Middle Ages*, p. 143.

达吾德的一个基本观点是，科学（哲学）和宗教是不矛盾的，它们是人类社会和生活所需要的"两盏灯"，不仅可以同时并存，而且互为补充，相得益彰。因此，人们没有必要在它们之间做非此即彼的选择。他指出：《崇高的信仰》一书的目的，就是为了消除那些认为科学、哲学与宗教相互对立的人的迷惑。

达吾德进一步认为，宗教和哲学不仅不矛盾，而且可以说哲学原理和宗教原理在本质上是同一个东西。《圣经·申命记》（4：6）说："所以你们要谨守遵行，因为在万民的眼中看来，这就是你们的智慧和聪明；他们一听见这一切律例，就必定说：'这大国的人真是有智慧，有聪明啊。'"这段话中所说的律例，不是可有可无的象征性的律令，也不是指政治和道德上的规则，而是指"传统"的戒律，而它们就是犹太教的基本原则。外族人之所以会羡慕并惊奇，是因为他们发现，他们花费上千年的辛苦劳作而得到的哲学原则原来和犹太教的基本原则是一个东西，而犹太人则不费吹灰之力，唾手可得于传统之中。① 事实上，确如达吾德所说，有不少哲学和宗教的原则是相同或近似的，只是人们得到它们的方法不同。作为一个信奉犹太教的思想家，达吾德看重的是原则的相同，而哲学家所看重的很可能是得到这些原则的不同方法，尽管普通人也可能如达吾德一样注重原则的同，而不注重方法的异。或许达吾德忽视了这样一点：宗教是信仰的产物，可以依靠传统代代相传；哲学则是理性思维的结果，它是依靠理性的思维使思想不断推进和深化的。这是哲学和宗教的

---

① 参见 Isaac Husik, *A History of Medieval Jewish Philosophy*, p. 203。

本质差别。

达吾德还认为，哲学与宗教之不矛盾，还在于它们目的相同。他指出：哲学的目的在于指导人的行为，而这恰好也是犹太教的目的所在。在他的心目中，犹太教是一个实践的宗教。在犹太教中，行为比信仰更重要。一些哲学家企图通过不懈的努力把犹太教变成思辨的神学，这种做法违背了犹太教的本质，也是徒劳无功的。但是，达吾德没有把这一思想贯彻到底。在谈到人生的目的时，他就表现出明显的唯智主义倾向。他认为，人的目的是追求智慧和科学。这是因为，人之区别并高于动物，在于人有理性灵魂。理性灵魂的功能是从事两种活动：其一是向上的活动，旨在从天使那里获得智慧——理论性的知识；其二是向下的活动，即对于别的物质力量做出判断，也就是用实践理性判断人的行为。既然人的目的在于追求知识，而最高的知识莫过于关于上帝的知识，所以，人的最高目标是认识上帝。[①]

达吾德认为，人的一生有如去圣地朝圣的旅行，整个途程分为三个阶段：第一阶段是为旅行做准备；第二阶段是踏上征途，且经过许多驿站；第三阶段是进入目的地。一个信教的人，在准备阶段首先要学会怎样证明上帝的存在，知晓预言的含义，明了奖善惩恶以及来世的本质，并学会在非信徒面前如何为这些学说做辩护。如果还有剩余时间，他应该研习法律。法律虽无大用，但还是有益而无害的。医学和法律一样，都不是人生的目的，但也有益于人生。至于语法和语言，比之医学和法律，对人生意义更小，而数学研究的是

---

① 参见 Isaac Husik, *A History of Medieval Jewish Philosophy*, p. 203。

一些永远也不会发生的奇怪的问题,其用途仅在于天文学。总之,在达吾德看来,人生之旅需要知识的储备,其中宗教知识最重要,其他学科的知识虽然重要性各不相同,但也是必要的。第二阶段是反躬自省(self-examination),目的是净化、提升自己,使自己远离大小邪恶。这相当于旅行的开始和中间过程。第三阶段是进入神圣之城,得到有关上帝的圆满的知识。[1] 这是人的理性灵魂所能够达到的最高层次,也是人生的目的所在。

由上述可见,虽然达吾德作为犹太教的忠实信徒而注重宗教和人的行为,但他同时也是一个哲学家,一个深受亚里士多德学派影响的哲学家。作为这样的哲学家,他不能不把对于知识的追求看作是人生的第一要义。就此,也许我们可以得出结论,达吾德企图调和科学、哲学与宗教,使之完全和谐一致的努力并不是十分成功的。

三、论形式与质料

步亚里士多德的后尘,达吾德也列举并阐述了主要的哲学范畴。它们是:实体与偶性。实体被界定为无须基质和偶性即可存在的东西,而偶性则是存在于基质之上的东西。偶性又可分为以下九种:量、质、关系、处所、时间、位置、拥有、活动和激情。这九种偶性再加上实体构成了亚里士多德哲学,也是达吾德哲学的十大范畴。

---

[1] 参见 Isaac Husik, *A History of Medieval Jewish Philosophy*, p. 204。

达吾德用形式和质料两个范畴对实体做了进一步阐释。在我们这个世界上，所有事物，不管是天然的还是人工的，无不是由形式和质料（form and matter）构成的。所谓质料，即构成事物的元素，例如火、气、水、土，它们是构成事物的基本元素。这四种元素是可以相互转化的。我们常常看到水被烧开后而丧失其"水"的形式而变成"气"，"气"还可以变成"火"。由此可以推出，这些元素必有一共同的质料作为支撑的基质。这个质料就是上帝首先创造的第一质料（prime matter），它是整个被造世界的基质和基础，是纯粹的潜能。第一质料只有和有形体的形式（corporeal form）相结合才能存在。有形体的形式赋予它以空间维度，即长、宽、高。这时，拥有三维的第一质料才能够接受火、气、水、土四种元素，进而形成其复合物。这些复合物越精纯，就越能接受高级的形式，构成等级不同的事物，如金属、植物、动物和人。这样，实体就被定义为存在于某个元素组合物中的那个形式，而质料是不能离开形式而存在的。

实体与质料问题是和中世纪经院哲学热衷讨论的一般与个别的关系问题相联系的。一些哲学家认为，"狗""马"的形式是可以与质料分离而存在的，甚至可以说，即便世界上不存在个别的狗和马，其纯粹的形式——"狗""马"也可以独立存在。也有的说，这些形式是理念，是人借助理智构成的；还有的说，它们是从世界中存在的个别事物的整体上升而来的。达吾德明确指出：在我们这个世界上，形式只存在于质料之中，不能独立存在。然而，有的形式是永恒的，有的则可以产生或毁灭,如植物和动物的形式就属于后者。①

四、论运动

运动有四种:一是有意志的运动;二是元素的自然运动;三是植物的运动;四是有意志且变化的运动。

关于元素的自然运动。达吾德认为,自然界的元素天然具有趋向于它们的自然位置的运动。以水为例。水朝着土做下降运动而且止于土。水变成云,升腾于空气之中,并非出于自然的运动,而是因为太阳的热量或者人的行为强迫使然。从本性上说,元素的自然运动是无意志运动,不自己发生改变。达吾德还指出,元素的自然安排(运动)是一个圆圈。土位于中央,然后是水、气和火。在一个元素复合物中,四种元素各发挥其独特的功能。土的功用是干和冷,水的功用是潮湿和冷,气的功用是潮湿和热,火的功用是干和热。由于复合物中每一个元素都趋向于回归其原初的自然状态,所以,每一个复合物或迟或早,都要朽坏、解体,变回到四种元素。元素的复合而构成事物,解体则毁坏事物,而这都属于运动,在本质上与物体的位移运动是一样的。事实上,这样的运动不仅是空间上的改变,而且还包括从潜能变为现实的渐次变化。例如,一个黑色的物体逐渐变为深灰色、灰白,最后完全成为白色。这类运动属于没有意志支配的变化。

---

① 参见 Colette Sirat, *A History of Jewish Philosophy in the Middle Ages*, pp. 143-144。

关于植物的运动，是指变化而又不是有意志支配的变化。

关于动物和人的运动，达吾德说，它是有意志的运动，且会发生改变。

达吾德还从另外的角度对运动做了分类。一是直线运动。这类运动要么是偶然的，要么是由力产生的，如一块石头被手的力量推动，再如元素回归本位的自然运动。二是圆周运动。这种运动是完美的，也是自然的，如星球各安其位运动。三是有意志的运动。它既可以是直线的，也可以是圆周的。例如，动物看到食物而接近于它，这样的运动是源于意志的运动，即在灵魂的驱使下运动的。但是，动物的意志不是自由的，因此，其运动也不是自由的，而是求生存的必然性强加给它的。只有人有自由意志，也只有人的运动是自由的。①

五、关于上帝存在及其属性

作为犹太教哲学家，达吾德也企图证明上帝的存在，而他对于上帝存在的论证是从亚里士多德那里学来的，其论证的思路和方式都是亚里士多德主义的。唯一的差别是，在亚里士多德那里，上帝是引起运动的第一因，而在达吾德这里，上帝不仅是引起运动的第一因，同时也是造成事物存在的原因。

达吾德开始论证的一个预设前提是，所有的运动都不是

---

① 参见 Colette Sirat, *A History of Jewish Philosophy in the Middle Ages*, pp. 145-146。

一个事物自己产生，而是靠外力推动的。运动不仅是场所的变更，还是状态的改变，即是场所、位置、量和质的变化。场所的变化可以拿石头的运动为例。某人用手扔石头，石头的位置在手的力量作用下发生了变化。状态的变化如水在火的作用下变热。在这样的运动中，使动者和被运动者不可能是同一个存在物。假如是同一个存在物，两种相反的力就应该存在于同一个时间和同一个地点，就会出现石头在同一个时间和地点既有使动的力，也有被动的力；水在同一个时间和地点，既是潜在的热，也是现实的热。这是矛盾的，因而在现实中不可能存在。所以，一个事物的运动必须依靠外力的推动。这些能够推动运动的外力有时是可见的，例如手把石头扔出去，有时则是不可见的，如动物的灵魂驱使动物运动。

达吾德的另一个预设是无限的不可能性。他首先证明一条直线不可能无限延长，进而证明不存在无限的平面、无限的固体事物、无限的数目，有限的物体不可能具有无限的力量，有限存在的系列不可能无限后退。以此为前提，他进一步论证：所有事物的运动都依赖于另一个运动者的力量，而它又被另一个动力所驱动，这就形成了一个等级系列，在这个系列中，高一级的事物推动低一级的事物。但是，这个推动者的系列不可能是无限的，即不存在无限多的致动者。因此，必定存在一个第一推动者（prime mover）。他产生运动，但自己超乎运动和静止之外，是非物质的、无形体的致动者。他就是上帝。① 正是这样的上帝造成了世界的存在。

---

① 参见 Colette Sirat, *A History of Jewish Philosophy in the Middle Ages*, p. 146。

达吾德还比较了《圣经》中所说的上帝和经过哲学家论证得来的上帝。他指出，《托拉》是为普通大众阅读的。对于普通大众，所有的存在都应该是物质的，有形体的，非物质的无形体的东西的存在是不可思议的。因此，他们心目中的上帝，也即《托拉》和犹太教传统中的上帝，不是无形体的存在。在这些人看来，说上帝是有形的物质性存在也没有什么错误。但是，真正的圣者或哲学家依靠理性的证明所发现的第一推动者却是无形体、非物质性的存在。这种论证得来的上帝比之普通大众的上帝更合理，也更可取。

但是，从运动起因的追溯而推论出来的作为第一推动者的上帝，而不是作为创造者（creator）的上帝，而犹太教所需要的恰好是作为后者的上帝。对于亚里士多德而言，由于宇宙是永恒的，不存在从无中创造的问题，所以只要证明有一个推动者作为最初的原因，该证明就是充分的。也就是说，哲学家需要从逻辑上为世界的存在提供形而上的根据，亚里士多德从致动因的系列追溯到第一推动者就算完成了使命，他没有必要证明更多。但是，对于作为犹太教的信徒，同时又是哲学家的达吾德来说，仅仅证明第一推动者的存在就是不充分的。这是因为，作为犹太教徒，他相信世界在时间上是有开端的，相信宇宙是上帝在某个时刻从虚无中创造出来的，因此，宇宙有一个创造主。作为信奉犹太教的哲学家，他不仅应该像亚里士多德那样证明第一推动者的存在，还应该证明这个第一推动者同时也是世界的创造者。令人遗憾的是，他没有这样做。当然，要证明创造主——上帝的存在并不是一件容易的事情。后来，继承达吾德衣钵的迈蒙尼德在其《迷途指津》中最终还是接纳了传统犹太教的对于上帝创世的信仰。

也许达吾德意识到了仅仅从运动推论出上帝的存在是不够的,所以,他还根据可能的存在者与必然的存在者的差别提出了另外一个证明。其大意是:可能的存在者指的是其存在依赖于另一个存在者的存在,它曾经是非存在(non-existence)。这个可能的存在者可以存在,也可以不存在,这取决于它是否有原因使之存在,所以被称为"可能的存在者"。必然的存在者指的是其存在依赖其自身(in itself),而不是从别处衍生出来的。它之所以被称为必然的存在者,是因为其本质就包含了存在。不包含存在的必然存在者是不可思议的。现在要问:世界上的事物都是可能的存在者,还是有必然的存在者存在?达吾德认为,必然的存在者是存在的。这是因为,如果所有的存在者都是可能的,我们就会有一个无限的系列,其中每一个环节的存在都依赖于先于它的那个环节。如果不存在第一个存在者,就无法解释这个系列中的作为其环节的任何一个存在者。因此,我们必须设定第一个存在者,其存在根源于自身,而不依赖在先的他者。这就是必然的存在者,他是所有其他存在者的原因。达吾德认为,这个证明是与作为创造主的上帝兼容的。[①] 实际上,作为必然存在者的上帝仍然是哲学家的上帝,不是犹太教中所说的造物主,因此,它仍然是作为信徒的犹太人所不能接受的。

关于上帝的属性,前面已经提到了非物质性和无形体性。在达吾德哲学中,一体性是一个很重要的属性。在达吾德看

[①] 参见 Isaac Husik, *A History of Medieval Jewish Philosophy*, pp. 218 – 219。

来，必然的存在者本身一定不包含多样性。这是因为，如果包含多样性，其本质则不能将元素凝聚为一体，而需要另外的存在，这样也就不成其为必然的存在者了。因此，单纯性（simplicity）是必然的存在者的属性。

同时，也不会存在两个必然的存在者。这是因为，必然的存在者具有彻底的单纯性，因此，不能将任何属性附加其本质之上。如果存在第二个必然的存在者，那么，两个必然的存在者要么彼此相互区别，要么等同。而不论是前一种情况，还是后一种情况，它们都不是完全单纯的，因此，也不是必然的存在者。

这表明，必然的存在者既是单纯的，又是独一的（unique）。单纯性加独一性，就是上帝的一体性。也是在这双重意义上，我们说上帝是"一"（one）。只有上帝是"一"。上帝以外的任何别的存在都不是一。不论是集体，还是单个的人，都不是一，因为都包含复多，不具备单纯性。每一个物质的事物都是形式和质料的复合，因此，都不是一。即便是非物质的数学中的线和面，也不是一，因为它们也都是可分的，是潜在的多。只有非物质的且不依赖他者而存在的必然的存在者——上帝才是一。各个事物都不是一，所以说，一不是这些事物的本质。上帝的一体性不是偶性，因为单纯性不包含偶性。在这个意义上，上帝的一体性就是其本质。① 达吾德关于上帝的一体性的观点被他之后的迈蒙尼德所接受。

达吾德论证了上帝是无形体的、非物质的、一体性或一，

---

① 参见 Isaac Husik, *A History of Medieval Jewish Philosophy*, pp. 219 – 220。

但他不说这些是上帝的属性。在理论上,他不承认上帝具有肯定性的属性,因为不论是本质性的属性,还是偶然的属性,都可能导致多个上帝和他的复合性。而上帝是一,而不是多,是单纯的,不是复合的。达吾德唯一承认的上帝的属性是否定性的和关系性的。例如,说上帝是事物的原因,并没有增加其存在的实在性,只表明事物的存在对上帝有依赖性。上帝的真正属性是否定性的,如说他不是物体,其存在不依赖于他者,诸如此类。最流行、最重要的神的属性有以下八个:一(one)、存在(existent)、真实(true)、永恒(eternal)、生命(living)、认知(knowing)、意欲(willing)、能力(able)。这些属性实际上都是否定性的。例如,一体性的意思是没有什么事物像上帝,因为是不可分的。永恒无非是说神那里没有变化和运动。真实指上帝永远不会停止其存在,其存在不是源于他者。正如胡斯克所说的,虽然有关神的否定属性的学说消除了一些怀疑之处,但它并没有给予我们任何肯定的知识。关于神的否定属性的理论也为迈蒙尼德所继承。

达吾德不赞成对上帝做神人同形同性论的理解。他表示,在《圣经》中,上帝被描述为像人一样睡眠和觉醒,具有和人一样的肢体、眼睛、耳朵、手、脚,等等。所有这些神人同形同性的特征,都不应该按照字面意义来理解,而应该当作比喻来理解。当《圣经》提及上帝发怒或给人以惠顾时,其真实的含义是,好的行为使人靠近上帝,给人带来幸福和快乐,而不好的行为使人远离上帝,招致不幸。虽然经文的字面意思是上帝接近或离开人,对人发怒或给予惠顾,但实际上，是人自己的行为使之接近或离开上帝的。①

达吾德之后，迈蒙尼德在他的《迷途指津》中也把经文的含义分为字面的和隐含的，认为《圣经》中有关神人同形同性的文字都是比喻。通过寓意解经法，迈蒙尼德消除了这些比喻的字面意义，而发掘出蕴涵其中的合乎理性的含义。我们已经看到，达吾德这里虽然没有使用寓意解经法，但类似的思想都已经表达出来了，只是在迈蒙尼德那里更精致、更深入罢了。

六、论灵魂

达吾德的灵魂学说是其物理学的一部分，其推理的方式则与较早些的查迪克如出一辙。

达吾德写道：石头、树、马、人都是物体。而树、马、人具有某些石头所不具有的力量和功能，这就是营养、成长和繁衍。而马和人又具有树所不具有的能力，即感觉、运动和想象。最后，人还具有所有动物所没有的智力、技艺知识和伦理。人之区别于也高于动物，正因如此。因为其他物体不具备这些能力，所以说它们不可能是物体本身的功能，也不是从物体产生的结果。所以，其根源一定是某种非物质的原因，我们称之为灵魂。由于灵魂不是由种、属构成的，所以无法给出严格的定义。于是，达吾德借用了亚里士多德的

---

① 参见 Isaac Husik, *A History of Medieval Jewish Philosophy*, pp. 220 – 221。

定义："灵魂是生命有机体的隐德来希（entelechy）。"①

那么，灵魂属于实体还是偶性？达吾德证明，灵魂属于实体，而非偶性。首先，达吾德指出：胚胎产生于人的精液，而精液不过是来自身体热量的一滴。也许我们可以把一滴精液的部分凝固成骨头，而其他部分变为液体，如血液。但是，我们无法想象这滴精液能够形成心脏、神经、静脉，而且这些器官的数目在每个人身上都一样多；也无法想象从这滴精液产生出身体上各不相同但又完美无缺的部分。因此，一定有灵魂存在，它不是来自精液，而是来自更高贵的根源，是它赋予了胚胎以人的形式。其次，动物和人的生命可以维持几十年，有的动物甚至活过一个世纪，这表明其灵魂是实体，不是偶性。偶性是不会如此持久的。正如形式是事物的本质，灵魂也是所有生命有机体的本质。

达吾德把灵魂分为三类：植物灵魂、动物灵魂和人的灵魂，并做了细致的分析和阐述。

世界上的事物是由四元素组成的，而四元素本身是没有灵魂的惰性物。但是，它们的复合物则比较完美。第一次混合组成的物体是较为粗鄙的，它可以通过吸收食物的营养而成长。这类物体就是植物，即树木和草。其中的灵魂被称为植物灵魂，因为植物是借助于它而产生和汲取营养的。植物灵魂具有三种活动能力：一是通过营养功能而吸取营养的能力；二是通过增益而成长的能力；三是繁衍，即通过生殖功能产生和自身一样的种子，使之再生。

---

① Isaac Husik, *A History of Medieval Jewish Philosophy*, p. 209. entelechy, 即"形式"或"本质"的意思。

比植物灵魂高级的是动物灵魂。当元素混合物达到了更平衡、更完美的程度时，就产生了动物灵魂。动物灵魂有两种能力：一是行动的能力，因为此种能力，灵魂使动物运动；二是知觉能力，由于它，动物能够产生知觉。达吾德强调，这两种能力归属于同一个灵魂，所以，当动物因为有知觉而产生意欲或厌恶时，身体就会自发地产生趋向或退却的行动。知觉分为外部知觉和内部知觉。外部知觉由五种感觉能力构成，即视觉、听觉、嗅觉、味觉和触觉。而内部知觉指的是记忆和想象。由于外部知觉和内部知觉的能力，动物可以产生各种感觉，而且记住曾经发生过的事情，例如受过的袭击或损害，避免在未来重蹈覆辙。

比动物灵魂更高的是理性灵魂，也就是人的灵魂。动物中猿猴的灵魂接近人的灵魂，但尚未达到人的灵魂的高度。达吾德进一步指出，在月球以下世界的所有物体中，人的身体是最完美的，而身体是为了人的灵魂的缘故而存在的，因此，月球以下的世界是为了人的灵魂的缘故而存在的。

关于理性灵魂与身体的关系，当时流传这样一种观点：灵魂在身体存在之前就独立存在，后来与身体结合而成为现实的人，身体一经死亡，灵魂亦随之消灭。达吾德指出，这是不可能的。因为，如果灵魂与身体结合就是为了与之一起死亡，那么，灵魂与身体的结合对灵魂就是有害的。①

达吾德自己的观点是：在身体存在之前，灵魂并不存在。它是与身体同时产生，并依赖与身体的结合而使身体现实化

---

① 参见 Isaac Husik, *A History of Medieval Jewish Philosophy*, pp. 211-212。

的。种子或精子内有一种变成植物或动物的潜能，但是它们需要一个致动者（agent）使之从潜能变为现实。这个致动者可以是天使、星体或以星体为工具的天使。它们赋予身体以形式，取代原来的身体所具有的形式。星体是借助运动而产生这些形式或灵魂的，而运动则最终来自第一推动者。所以说，归根到底，是上帝的智慧使形式与身体结合在一起的，目的是利用身体以使灵魂得到完善。

达吾德阐述了理性灵魂的功能。人的灵魂除具备所有动物灵魂的能力外，还具有把握可理解者（intelligible or universal）或一般的能力。同时，还可以区别道德、政治、经济行为中的善与恶。这也就是说，人的灵魂具有理论和实践两种能力。灵魂运用其理论能力以理解单纯的实体，即理解《圣经》中所谓的天使，或诸多哲学家所说的"第二原因"与"独立的理智"。理性灵魂依靠这样的理解方式逐步提升自己，以求达到完善的程度。理性灵魂的实践方面则使之趋于高贵与道德的行为。灵魂的所有其他能力都必须服从实践理性的命令。而实践理性又需服从于理论理性，即让好的品质接受思辨理性的支配，以帮助理性灵魂更加紧密地与单纯的实体、天使以及上帝合一。

人们不难理解，人的理性能力既不是身体本身，也不内置于物质的主体之中。灵魂，即便是植物灵魂和动物灵魂，也都不是物体自身。这是显而易见的。达吾德需要证明的是，现实的人的理性能力是独立于身体的。他论证道：人具有一般的理念和命题。理念是不能一分为二或分为多个部分的。活动中的理性是由理念构成的。假如理性是内在于物质主体中的能力，那么，它就一定是可分的。以热为例，热是存在于物体中的力,它通过物体的广延而传递。广延是可分的,所以,热也应该是可分的。但是,这显然不适于一般性的理念。理念是不可分的,所以,由理念构成的理性也是不可分的,它与人的身体无关,是独立于身体的力量。

虽然理性灵魂是独立于身体的,但它和低级的灵魂一样不能在物体出现之前就存在。假如理性灵魂预先存在,它要么只有一个,而且供所有人使用;要么有很多,即有多少个人,就有多少个理性灵魂。这里的第一点,即只有一个灵魂是不可能的,因为人有的智慧,有的愚昧,说所有人享有一个灵魂,无异于说这同一个灵魂既是聪明的,也是无知的;既是善的,也是恶的。这是不可能的。第二点所说的很多个灵魂也是不可能的,这是因为,各个独立的灵魂在本质上没有区别,所以才有共同的人性。也就是说,各个灵魂不可能是不同的。它们也不可能在偶性上有差别,因为灵魂是单纯的实体,不具有偶性。总之,理性灵魂既不是一个,也不是多个。它们不可能存在于身体出现之先。

我们也不能因为理性无须物质的器官就能够发挥思维的功能,而假定幼儿的理性灵魂就已臻于成熟和完善了。事实并非如此。人的灵魂在儿童期只有潜在的圆满,后来在神的帮助下,儿童获得了一些公认无误的原理,如几何学的公理和其他学科的某些基本原理。然后,他得以继续进步,学会了设定前提,组合三段论,以及从已知到未知的论证。也就是说,理性灵魂的发展分为三个阶段。第一是潜在阶段,理性在这个阶段被称为物质的或潜在的理智(hylic or potential intellect)。第二阶段被称为现实理智。第三阶段是获得性理智。理性在这几个阶段的发展都离不开身体。如果没有身体,就没有感官；如果没有感官，一个人就不能通过观察而获得量的偶性，身体是实体之类的知识；例如，如果一个人没有观察到衣服由白变黑，物体从热变凉，他就不会把性质和实体区分开来。一句话，理性能力的发展离不开身体及其感官。但是，理性灵魂一旦获得了一般性知识，它就可以无须身体而持续存在下去了。这是因为，灵魂不是物质性的能力，身体的死亡不会导致灵魂的消灭。

实际上，达吾德的问题在于，他一方面认为灵魂不是物质性的能力，而是由知识和理念构成的，另一方面又认为灵魂在身体之前不存在。如果灵魂不是物质性力量，而是知识和理念的组合，那么，它就可以像在柏拉图那里一样，既可以在身体之前存在，也可以在身体死亡后继续存在。其实，灵魂不朽也是拉比犹太教所要求的，作为犹太教的信徒，达吾德不会公开反对这一学说。总之，从达吾德的灵魂学说中，我们看到了阿维森纳和亚里士多德的影子。但是，他在谈到灵魂不朽时超出了认识论的范畴，即认为灵魂不朽不只指获得性理智或知识的不朽，理性灵魂本身就是不朽的。

和灵魂问题相联系的是天使和能动理智。达吾德认为他们是介于上帝与上界及下界（superlunar and sublunar worlds）的物质事物之间的灵性存在（spiritual beings）。这些存在在《圣经》中被称为天使，在哲学家那里被叫作"第二原因"（相对于作为第一原因的上帝而言）。达吾德指出：在致动者和被动者的事物系列中，每一个致动者都是被另一个致动者推动的。人的灵魂从可能到现实的运动变化，逐渐臻于成熟和完善，也是如此，它是依赖于能动理智的推动的。能动理智是更优越的实体，世界上所有的生物体，不论低级的还是高级的，其形式都是由它赋予的。人的理智也是从能动理智而来的。这种哲学家称之为能动理智的精神存在，被先知们称为圣灵（Ruah Ha-Kodesh）。如同光和人的视力的关系，如果没有光，视力只是潜在的，是光使视力现实化的。能动理智之于人的灵魂，也是如此：是能动理智使人的灵魂现实化，给予它初始但又是绝对无误的公理的。

七、论先知和预言

达吾德的先知和预言论是以阿维森纳的亚里士多德主义心理学为基础的。他把预言分为不同的等级。第一等级，也是最低一级的预言是在睡梦中呈现的。很多人都有类似的经历。达吾德是这样解释此类预言的产生的。在清醒状态时，人的外部感官和内部感官都在起作用。但是，在睡觉时，灵魂压迫外部感官，使之处于休眠状态，这时只有跳动的心脏以及呼吸活动，等等。在睡眠中，某些内部感官也在活动。尤其值得指出的是，在外部感官休息时，想象力的活动特别活跃。正是由于想象力的组合与分化活动，才产生了梦。有的梦为真，有的梦则假。当感官的力量由于某种原因而微弱时，想象力就日臻活跃，在理性无力控制时，就生发出许多错误的幻象和观念。

人的灵魂从能动理智接受影响力，从而提高认识能力，获得科学知识和一般性观念。同时，人的理性灵魂如果有充分的准备，还可以接收隐蔽事物的知识。但是，人在清醒状态时很难接收到从能动理智而来的隐蔽事物的信息，因为此时的灵魂正忙于通过感官获得知识。即便在睡觉时，也可能因为白天吃过的食物发出的味道，或者因为缺少食物和饮料而产生的焦虑不安，以及别的原因而妨碍灵魂得到隐蔽事物的知识。当想象力在理性的控制之下时，理性灵魂则可以接受来自能动理智的隐蔽事物。此时，想象力的任务是把接受来的事实化为影像，从而产生真梦（true dreams）。那些只和个别人物、个别事件相关的梦，还算不上预言，或者带有很少的预言成分。如果有的梦境关涉到国家大事，而且是关于未来要发生的事情，它们就是预言之梦。一个典型的例子是《但以理书》（7：1），记载的有关四巨兽的梦。

有的预言与形象及想象力没有关系，这种情况发生在理性胜过想象力的时候。例如，亚伯拉罕所做的梦，他在梦中听见耶和华说赐给他和他的后裔从埃及河到幼发拉底河之间的大片土地（《创世记》15：12—20）。但是，亚伯拉罕没有在梦中见到耶和华的形象。有时感官的活动并不妨碍先知做出预言，而且他可以在清醒的状态下说出预言。有时，先知会因为见到异乎寻常的现象而晕倒，而在另外的时候则勇敢过人，能够经受住异象而不致晕倒。相关的记述在《圣经》中甚多。

由于先知的目的是引导人的正当生活，所以，上帝会挑选合适的人作为先知，赋予他以施行奇迹的超凡能力。达吾德认为，并非所有的人都可以成为先知。只有那拥有纯粹灵魂的人才能够成为先知。先知的才能多半是先天具有的，但是，后天的学习和良好的人际关系，对于开发其天赋能力，做出预言也是有助益的。①

---

① 参见 Isaac Husik, *A History of Medieval Jewish Philosophy*, pp. 224 – 226。

在达吾德这里，上帝对于先知和预言的产生具有决定性的意义，同时他也看到了理智的后天开发与先知的关系，一定程度地体现了他试图调和理性与信仰的努力。关于先知和预言理论，后来的迈蒙尼德继承了达吾德的基本立场、方法和观点。但是，他们在预言问题上也有区别之处。对于达吾德，完满的理智是先知的根本条件，想象力是次要的，有时需要，有时甚至不需要。而在稍后的迈蒙尼德那里，发达的理智和想象力对于预言都是必要的，想象力还被说成是"预言的器官"。迈蒙尼德的先知和预言论比达吾德阐述得更深入、更精细，也更全面。

八、论恶

达吾德论证说：质料是知识的障碍。所有缺陷和恶都是潜能的结果。因此，一个事物离潜能越远，就越能摆脱缺陷。上帝的本质是最完满的存在，因为他知道自己的本质，所以，他是最完满的知识。上帝还知道，他的完满性不只停留在自身内，还超越自身而传播给其他一切有序存在的事物。一个事物离他越近，就越完满，离他越远，就越不完满。最不完满的东西是质料。

现在的问题是，恶是从哪里来的？根据犹太教的《圣经》，世界上的一切都是上帝创造的。既然如此，上帝也一定是恶的来源。但是，我们又可以证明，恶不是从上帝而来的。根据理性，关于同一个主题的两个相互矛盾的方面不可能都是真的。如果善与恶皆从上帝而来，那么，上帝就一定是像人一样的一个复合体，因为人既可以行善，也可以为恶。善源于人的理性，恶发自人的欲望。但是，上帝是单纯的，不可能包含善恶两个方面。如果恶源于上帝，那么，说善也来自上帝则是矛盾的，因而是荒谬的。

恶的本质是什么？达吾德提出了恶是善的缺失这一重要观点。他看到，大多数缺点和恶都具有暂时性和非肯定性（not positive）的特点。例如，黑暗、贫困、无知，它们都不是确定的事物，而只是光明、财富、智慧的否定性说法。因为它们是否定性的，所以不被任何物体所造。当然，也不会被上帝创造。

达吾德还指出，恶和缺陷是相对的，在某个意义上，一切事物都是善的。他的论证思路是：有人认为，人天生应该具有完美的理智。如果上帝剥夺了人的才智，他就做了恶事。这个说法是错误的。事实上，恶和缺陷的根源在于质料，只存在于由元素构成的事物中，取决于元素在质料中的混合能否接受适当的形式。在这个过程中，外在的原因有时会妨碍形式以完美的状态进入质料。例如，种子是否能发芽、成长取决于土壤的品质和水分等外在原因。上帝是一切事物的原因，但是，他并不一定赋予事物以最高的完美性。假如上帝这样做了，那么，矿物就会变成植物，植物变成动物，动物变成人，人变成天使。最终，除了上帝和最高的天使外，什么也不存在了。显然，这不符合上帝的意志。为了让世界存在且井然有序，上帝使事物成为一个渐次上升的等级系列，其理智的完善程度也呈由低到高的阶梯状。因此，从整体上看，由质料构成的所有事物带有的缺陷，也并不是纯粹的缺陷，它们也可以看作是善的。仅就人类而言，上帝使人的智力程度不等。从单个人看，某个人可能在智力上有缺陷，但从整体上看，也是善的。假如人人都具有很高的智力，一样聪明智慧，就没有人从事农耕和体力劳动了。①

达吾德关于恶的学说很可能影响了紧随其后的迈蒙尼德，因为两人的一致之处甚多。在近代哲学家斯宾诺莎那里，我们也能发现"恶是善的缺乏"之类的命题，尽管我们没有根据说他接受了达吾德的哲学思想。

九、关于可能性和人的自由

人的行为不是必然的，也不是不可能的，而是可能的。可能性包含两种意思。一是主观的可能性，指由于我们的无知而认为某个事物可能会这样。例如，达吾德时代的西班牙犹太人在某一天不知道巴比伦的国王是死了还是活着，因此，仅就他们的所知而言，巴比伦的国王也可能死了，也可能还活着。这种主观的可能性并不妨碍事实上的必然性。巴比伦的国王是死是活在事实上不是一个可能性问题，而是必然性的实在。在人还不知晓的时候，上帝是知道的。未来什么时间发生日食，我们都不知晓。所以，我们只能说未来可能发生日食。这样的可能性是由于人的无知。但是，上帝无所不知，所以，对于上帝，不存在这样的可能性。

二是客观的可能性，指某个事件被客观地决定了。也就

---

① 参见 Isaac Husik, *A History of Medieval Jewish Philosophy*, pp. 228–229。

是说，在一个因果关系的链条当中，如果没有什么东西能够以这样或那样的方式决定某个事件的发生，那么，这个事件就是可能的。这种可能性意味着纯粹的偶然性和绝对的自由。上帝可以造成这样的可能事件，而且该事件对他来说也是可能的。显然，这意味着上帝对这样的结果——事件的发生无知，或者没有预定。达吾德辩解说：这不能叫作无知。如果我们断言每一个事物和事件都是预先决定了的，认为上帝也不能造就可能的东西，那就意味着这个世界的秩序，以及来世的秩序，都被毁坏了。于是，达吾德反问：如果人的一切都已经命中注定，人还有必要置身于不同的职业孜孜以求吗？显而易见，他是一个非决定论者。

达吾德还通过对于人的活动的原因的分析论述了人的自由。他指出：引起人的活动的原因有四种。一是上帝，指由上帝直接引起，人无法逃避的原因。二是自然的原因。对此，人可以通过适当的操作活动趋利而避害。三是偶然的原因。对此，人也可以采取防范措施。四是人的自由选择。人的正当行为和错误行为都是选择的结果。如果没有自由选择，则不存在奖善惩恶。有些人的自然品性粗鄙，不能区分对错，其行为只屈从于欲望。上帝为了使他们克服不良品质而赐予人戒律和警告，使之发挥制约、克服不端的趋向和行为的作用。

达吾德认为，人的自由是理性，《圣经》和传统都肯定的，所以，《圣经》中有关自由的经文都可以按照字义理解。而对于那些反对自由的文本则可解释为比喻。从传统上看，自由是犹太教一开始就具有的观念，古代的犹太圣者无不赞成人的自由。①

毫无疑问，在达吾德这里，客观的可能性和人的自由意味着上帝的非决定，意味着他不完全是世界和人的主人，意味着他的不完满性和力量的有限性。在理论上，达吾德确实是这样认为的，而且一以贯之。但是，这样的学说是犹太信徒所不能接受的。为了避免普通犹太人的批评和责难，他又对他的观点做了辩解。说什么上帝不能预知和决定可能的事情并不是无知，因而不妨碍上帝的完满性。显然，这样的辩解是软弱无力的。这不仅与他关于客观可能性和自由的理论相矛盾，而且也无法使犹太人大众所信服。

十、论美德

达吾德在《崇高的信仰》的最后一章阐述了他称为"灵魂的良药"（medicine of the soul）的伦理学问题。他之所以称之为"灵魂的良药"是基于这样的认识：美德是灵魂的健康，恶行则是其疾病。从思想渊源上看，这是柏拉图和亚里士多德主义的结合，是柏拉图的心理学思想和亚里士多德的中庸之道的混合物。

伦理学，或实践哲学的目的是人的幸福。怎样实现幸福？途径有三：首先是道德，其次是合适的家庭，最后是恰如其分的社会和政治行为。

---

① 参见 Isaac Husik, *A History of Medieval Jewish Philosophy*, pp. 229–230。

人的灵魂包含三种能力（faculty），即植物的、动物的和理性的。它们也可以说是灵魂的三种美德（virtue），因为美德和能力意思相通。与三种美德相对应的是以下三种恶行（vice）。首先是和植物能力相关的恶行。植物能力的功用是提高营养，促进成长和繁衍，与人的欲望有关，所以被称为欲望灵魂。动物能力是人的感觉、有意志的运动、残忍、复仇、慈悲、仁爱的根源，故被称为精神灵魂（spirited soul），因为所有这些品质都依赖于精神的强与弱。理性能力分为两个方面。一是向上的力量，借助于它，我们能够学习科学和技艺。二是向下的力量，借助于它，我们去控制两种低级的力量——过度与不及。这种控制有时是成功的，有时则不成功。美德就在于在两极之间保持中道（mean），既不过分，也不不及。欲望灵魂的中道是节制（temperance），精神灵魂的中道是既勇敢又不失儒雅（bravery and gentleness），而理性灵魂的中道则是正当（justice）。

达吾德特别阐述了正当范畴。正当就在于给予任何事物所应得，既不过度，也不缺乏。正当是一切品质中最高的品质，其重要价值不仅在于有益于处理个人与家庭、国家的关系，还在于能够调节自身的各种能力，即植物、动物和理性之间的关系。理性灵魂处在一个调控的位置上，使另外的植物灵魂和动物灵魂各得其应得，既不多，也不少。不仅如此，正当范畴还可以用来处理人和上帝之间的关系。这就是：如果可能，人应该报答其恩主如其所得。假如无法做到，至少应该对上帝深表谢意。《圣经·出埃及记》（20：1）说：感恩，对上帝知恩图报，这是人所应该具有的最高品质。

爱上帝包含了认识上帝，因为如无关于上帝的知识，则无对上帝的爱。所谓对上帝的知识，就是对上帝的属性和行为的认识。人还应该对上帝心存敬畏。畏惧分为两种，一是戒律所要求的敬畏（fear and awe），二是对于惩罚的惧怕（fear of punishment）。对于上帝的敬畏是戒律所要求的。对上帝，我们当永怀敬畏。我们在圣堂和其他场合做圣事（divine service），不只是在形式上一日三次祷告，而且是从心里时常怀念上帝。经匣、门框经文、过逾越节、住棚节、光明节、普珥节，等等，无不是为了缅怀上帝对我们这个民族的恩惠。所有这些节日、圣日，都是基于感谢上帝的义务，这是正当的一部分，也是最高的美德。

关于个人道德，达吾德列举了一些美德，如制怒，不以恶报恶，不嫉妒，谦恭，等等。关于家庭道德，我们应该保护和关爱家庭成员——妻子、孩子和奴隶。关于社会美德，我们应该爱邻人，诚实买卖，不缺斤短两，贷款不取利息，不拿穷人的当头，归还输钱者的罚金，诸如此类。这些都在《圣经》中有很明确的表述。

达吾德对《圣经》中有关生活规则的律法做了分类。它们是信仰、道德、家庭生活、社会政治生活、献祭的律法。最后这类律法中有一些是目的不明的。在达吾德看来，最重要的律法是有关信仰的，不论对于个人还是社会，都具有无可置疑的重要性。其次是有关社会和道德行为的，舍此社会则无法维系。那些目的不明的律法，主要是祭祀律法，其重要程度也是最低的。当然，在特殊情况下，有的目的不明的律法也是非常重要的，对于这样的律法，我们不应该因为不知悉其目的而拒绝遵循。上帝要亚伯拉罕用以撒献祭就是最典型的例子。在上帝让亚伯拉罕用以撒献祭时,亚伯拉罕不明其意,但他没有追问,而是遵命行事。从某种意义上说,不问理由的服从就是美德。①

十一、达吾德的历史地位

在很长的历史时期内,达吾德及其哲学没有引起人们的充分注意和重视。之所以如此,主要原因是他被紧随其后的迈蒙尼德胜过。迈蒙尼德是公认的中世纪最伟大的犹太哲学家,他与达吾德年代接近,又同属亚里士多德主义者。迈蒙尼德的光环使达吾德黯然失色,甚至长期被人遗忘了。

但是,在犹太哲学史上,达吾德是第一个介绍"严谨形式的亚里士多德主义"的哲学家。在他之前,亚里士多德哲学虽然已经在穆斯林哲学家范围内颇为流行,但犹太哲学家们仍然追随新柏拉图主义。毫无疑问,达吾德是迈蒙尼德的先驱,后者那里的很多哲学问题和观点都是由他提出并做了一定程度的阐述的。迈蒙尼德没有在自己的著作中提及达吾德的名字,所以,很久没有人注意到后者作为前者的先驱地位和影响。后来,15世纪的克莱斯卡在《上主之光》的绪论中才提到达吾德的名字,但仍然没有阐述其学说。达吾德自己提到的哲学家有萨阿底和加比罗尔。他尊敬萨阿底,但认

---

① 参见 Isaac Husik, *A History of Medieval Jewish Philosophy*, pp. 233 – 235。

为其哲学成就不足。作为亚里士多德主义者，他对加比罗尔的新柏拉图主义思想做了严厉的批判。很难弄清达吾德与哈列维的关系。他可能不知道哈列维的名著《库萨里》，尽管他的思想中有些接近哈列维的地方。

第九章

摩西·迈蒙尼德

一、生平与著作

迈蒙尼德哲学的出现标志着中世纪犹太哲学达到了巅峰。事实上，迈蒙尼德的影响和名声既不局限于他所生活的时代，也不局限在犹太人之中。到了 14 世纪，"他的大名就遍及各国之中"。17 世纪的英国人文主义者泰勒（Jeremy Taylor）称他为"犹太名人"。迄今为止，迈蒙尼德仍然是犹太人心目中最伟大的哲学家。

迈蒙尼德（Maimonides，1135—1204），真名叫摩西·本·迈蒙（Moses ben Maimon），又称拉姆巴姆（Rambam，是 Rabbi Moses ben Maimon 的缩写），于 1135 年 3 月 30 日出身于西班牙科尔多瓦的一个犹太法官家庭。[①] 此时的科尔多瓦

---

① 关于迈蒙尼德的出生年月，学者们意见不一，这里采取的是其中的一种。参见 Herbert A. Davidson: *Moses Maimonides: The Man and His Works*, Oxford University Press, 2005, pp. 6-9。

是伊斯兰文化和犹太学术的中心。迈蒙尼德的童年和少年时代是在这里度过的。1148年，反犹的穆斯林阿尔摩哈德王朝（根据阿拉伯语又称穆瓦希德王朝）在西班牙占据了统治地位，随后开始迫害犹太教徒。当权者提出针对包括犹太人在内的异教徒的政策：要么皈依伊斯兰教，要么被处死。迈蒙尼德一家为躲避宗教迫害踏上了颠沛流离的逃亡之旅。他们先在西班牙境内度过了居无定所的10年时光（约1148—1158），后逃难至北非的非斯城（Fez，约1159—1165），再经摩洛哥至巴勒斯坦，在阿卡（Acre）和耶路撒冷短暂停留后于1165年定居于埃及的开罗。迈蒙尼德在埃及的职业是宫廷医生，兼任犹太社区的拉比。他每天骑驴来往于宫廷和家人所居犹太社区之间，既为国王和大臣们诊病开药，也为远近的犹太邻人解除病痛，同时还从事写作和学术研究。在开罗度过了近40年的定居生活后，迈蒙尼德于1204年去世。迈蒙尼德终其一生靠行医谋生，同时勤于思考，笔耕不辍，著述极为丰硕，终于成就一代犹太律法和宗教哲学大家。

迈蒙尼德在犹太律法、医学和宗教哲学等三个学术领域皆有不凡的成就，而他在犹太律法领域用功最多，成就最大，影响也最深远。这方面的著作主要有《密释纳评注》（*Perush ha-Mishnah*）、《论戒律》（*Sefer ha-Mitzvot*）和《重述律法书》（*Mishneh Torah*）。

迈蒙尼德在25岁时开始写作《密释纳评注》，历时8年方才完成对拉比犹太教经典《密释纳》的注释工作。他在书中梳理宗教律法的起源及历史，批评卡拉派固守《托拉》文本的弊端，强调口传律法即《塔木德》的有效性和权威性。特别值得注意的是，为了维护犹太教的独特地位，抵御来自基督教、伊斯兰教等外部宗教文化的压力，迈蒙尼德在书中提出了犹太教 13 条基本信条，它们是：相信上帝存在，相信上帝的独一性，相信上帝的非物质性，相信上帝永恒，相信唯有上帝可受敬拜，相信先知预言，相信摩西是一切先知中的最伟大者，相信律法乃上帝对摩西的启示，相信律法恒久不变、不可增减，相信上帝无所不知，相信上帝奖善惩恶，相信弥赛亚会降临，相信死者将复活。这些基本教义所表达的原则在随后的著作如《重述律法书》和《迷途指津》中多次再现。也许迈蒙尼德当年无意为身后的犹太教确立信条，但是事实却是，他所提出的这 13 条原则不仅被后来的犹太教律法学者批判地继承和发展，还被编入犹太教的祈祷书，在很长一段历史时期内成为犹太教徒广泛接受的宗教信条。

《论戒律》是迈蒙尼德完成《密释纳评注》后用较短时间完成的，目的是根据他确立的 13 条原则确定并罗列出摩西律法中的 613 条戒律。

《重述律法书》，于 1185 年完成，是迈蒙尼德研究犹太教律法的杰作，并为他赢得了伟大的律法学家的声誉。他在书中指出：犹太教的律法分为成文法和口传法，二者均源自上帝在西奈山的启示，所不同的是，前者由摩西记录下来而成为《摩西五经》，后者则没有记录在案，是通过代代口传而留存下来的。至犹大纳西时代，口传法被编纂为成文的《密释纳》，后又加上先哲们的诠释而成为卷帙浩繁的《塔木德》法典。由于时代变迁和世道转换的缘故，《塔木德》的独特地位到了迈蒙尼德时代面临危机，已经很难作为犹太人日常生活的指南了。因此，迈蒙尼德"发奋自强，用心研读所有此类著作，从中汲取一切律法成果，不论是肯定的抑或是否定的，清晰的抑或是隐晦的，还是别的律法规则，并以通俗的语言和简洁的文风将其汇集成书，这样，全部口传律法就可为大众系统地知晓，再也无须费神地去引征那些难题、答案和众口不一的歧见"①。他自信该著作"包括了从我们的先师摩西时代起，到《塔木德》成书止的所有律令、习俗和法规……凡是先读过成文法，然后又来读此书的人，都会从中知晓整个口传律法，无须参考它们之间的任何其他书籍"②。该书由14篇构成，它们是：论知识、论敬拜、论节期、论妇女、论圣洁、论誓言、论种子、论圣事、论牺祭、论洁净、论获得、论损害、论律法、论法官。在这14篇中，犹太教的613条律令，以及《塔木德》中出现的大量原则、典章及其具体运用，都被包容无遗。可以说，这是一部纵贯古今，包罗万象的犹太教律法大全。正是因为这部巨著，迈蒙尼德获得了"赛摩西"的赞誉。

迈蒙尼德早年学过医学，熟知公元2世纪希腊医学家盖仑（Galen）的著作。后来定居埃及时做过宫廷医生并在晚年写出了10多部医学著作。迈蒙尼德认识到，身体是灵魂的基础，灵魂的完善有赖于健全的体魄，而灵魂的完善又服务于理智，即服务于认识上帝这一最高的目标。良好的医术则是身体健康的保证。和许多以信赖上帝之名反对医学的人不同，迈蒙尼德认为，医术对于伦理美德和认识上帝并获得幸福发挥着重要作用。

迈蒙尼德在哲学上的造诣和贡献体现在《迷途指津》

---

① 迈蒙尼德：《重述律法书》之绪论，见 A Maimonides Reader, ed. by Isadore Twersky, Behrman House, New York, 1972, pp. 39-40。

② 同上书，第40页。

(1190年完成）这部著作中。这部用阿拉伯语撰写的作品一直被学术界视为犹太哲学的经典之作。迈蒙尼德或许没有读过亚里士多德的原著，而只是通过当时的阿拉伯哲学家如法拉比以及阿维森纳（Avicenna）间接了解到希腊哲学，尤其是亚里士多德哲学。[1] 然而，《迷途指津》的基调是亚里士多德主义，这一点则是公认的。迈蒙尼德自己说，《迷途指津》不是针对普通大众所写，而是为知识精英撰写的，即那些对犹太教信仰矢志不移，且又学习过逻辑、天文、数学和哲学，但仍然陷于《托拉》引起的困惑而不能自拔的人。他明言该书的目的就是解释《托拉》中的疑难字词和比喻的真正涵义，帮助那些陷入困惑的人"迷途知返，从困惑中解脱出来"[2]。《迷途指津》包括三篇，计178章。如作者本人所言，该书首先是一部释经学著作，但它又不仅限于此，更是一部包含丰富内容的宗教哲学论著。其中，迈蒙尼德除了解释《圣经》的难点以外，还表明了他在理性和信仰、哲学和宗教问题上的态度、立场，阐述了上帝的存在及其属性，上帝与宇宙、上帝与人之间的关系，先知和预言的本质，神的全知全能，人的意志自由，神命观，理智的范围和界限，人生的目的和态度等重要宗教哲学问题，并且论及亚里士多德哲学和伊斯兰教神学家的某些观点。不论是《圣经》诠释，还是哲学观点的阐述，迈蒙尼德的基本倾向是调和理性与信仰、哲学与

---

[1] 戴维森（Herbert A. Davidson）认为，迈蒙尼德不熟悉亚里士多德的主要著作，对亚里士多德形而上学有曲解之处，而且和迈蒙尼德对拉比文献的理解以及医学知识相比，对哲学是知之最少的。同时，穆斯林哲学家阿维洛伊以及之前的中世纪犹太哲学家对迈蒙尼德也没有产生什么影响。参见 Herbert A. Davidson, *Moses Maimonides: The Man and His Works*, pp.120-121.

[2] 迈蒙尼德：《迷途指津》，第6页。

宗教，使这两个方面和谐共存，使信仰的东西符合理性，又使理性为信仰服务。但是，迈蒙尼德对于理性和信仰的调和并不是始终一贯的。例如，在犹太教的创世说和亚里士多德主义的宇宙永恒论之间，他就毫不犹豫地选择了上帝从虚无中创造世界的传统观点。《迷途指津》本身深奥难懂，而且其中存在着前后不一、相互抵牾的地方，这就更加增大了理解的难度。对它的评价也是迥然不同，有人认为该书是正统犹太教的典范，也有人指责书中充斥着异端邪说，甚至在他去世30年后该书在法国还被列为禁书。但是一个毋庸置疑的事实是，《迷途指津》在犹太哲学史上占有极其重要的地位，对后世的犹太思想产生了不可估量的影响。

二、对启示与理性的态度

关于希腊哲学与希伯来宗教传统、理性与启示之间的关系，是处身在流散之中的犹太思想家必然要面对的问题，因为他们一方面是犹太教的信仰者，另一方面又不得不直接面对一个异己的发端于希腊的西方哲学体系。

一般来说，对待犹太教传统和希腊哲学二者关系有如下四种策略。

第一是绝缘论，即完全拒绝哲学。要使一个思想体系避免遭受任何严峻的挑战，最简便的方法莫过于否定其挑战的合法性，面对两种异质的思想传统采取隔离策略可以暂时保持一方传统的纯洁性。当相对封闭的犹太教传统遇到外来的希腊哲学思想的威胁和挑战时，生活于中世纪的许多犹太教徒的第一反应就是拒绝以严谨的态度来应对这一挑战，否认这种挑战对犹太文化体系的积极意义。这种排他主义的态度在本质上是要通过拒绝希腊哲学来坚持犹太传统，拒绝哲学的理性思维，坚持宗教先知启示。要证明这种文化隔离政策合理性，犹太人需要证明自己的文化传统不仅具备完善的伦理道德体系，同时也包含一个真理的认知体系。那些正统的犹太教徒对此深信不疑，他们认为犹太文化的知识体系和生活方式完全可以凭神圣启示而得到合法性的保证。如果上帝站在他们这一边，那么承认希腊哲学这种异教文化的合法性就毫无意义，更不用说要凭个人的智力去挑战上帝的智慧和意志了。一个犹太先知在向众人宣告预言时，他只需说出上帝告诉他的，而无须对此进行证明，因为上帝智慧非人类理智所能类比，也没有一种语言能够将二者进行沟通，同样人类理智也无法找到一种具有普遍性的标准来质疑上帝，或者要求上帝在人类的审判台前为自己辩护。

　　第二是二元论，坚持宗教与哲学二元并立。持这一观点的大多是世俗犹太人，他们认识到，尽管伦理道德对社会中的个人努力实现幸福状态必不可少，它在完善人的理性能力方面的作用非常有限。这就需要他们一方面在行为实践中忠于自己的价值观体系，坚守传统，同时又能够接受一种迥异于其价值体系的真理观。对于这一部分犹太人而言，犹太传统和希腊哲学两种思想体系并驾齐驱，正如同理论之于实践，真理之于道德，个人沉思之于社群生活，启示传统与理性哲学二者各行其道、互不干扰，并在各自的领域中发挥作用。这样，通过避免知识和行为之间的相互干扰，区别个人的至善和社会的完善，可以有效地保护犹太传统不受外来真理知识体系的挑战，同时将形而上学领域的上帝和历史领域的上帝区分开来，伦理道德、宗教礼仪、自由以及人格上帝等概念能够在政治的、社会的范畴领域内得到肯定的合法性，而无须用真理知识的范畴来对其做出衡量。哲学通过为人提供一种独立沉思的存在方式来避免影响他在现实社会生活中的角色，这种态度承认启示和理性的独立存在，但否认彼此之间联系的可能性。持此种态度的人为了维护社会秩序的稳定性而承认一些重要的神学理念，如神意触及个人及其行为。他们认为构建群体生活框架所需要的社会行为规范必须建立于具有神秘色彩的信条，如上帝向人们启示神圣律法并向他们承诺奖善惩恶，尽管这在哲学家看来无疑是虚构的叙事，但它们却因为具有引导众人行为动机的价值导向而变得可以接受甚至必不可少。而如果试图按照一种只有少数人才能实现其完善的理想化制度去构建社会，其后果将不堪设想。二元论更像一种精英主义的贵族制度，负责任的社会精英将神秘启示确立为永恒的社会构建原则，他们这样做并非为一己私利，而是为了社会整体的完善。

第三是摒弃传统论。当一个犹太教徒不能像二元论者那样将思想和行为区别开，不能将涉及道德和宗教礼仪的价值体系与涉及理论知识的真理体系进行区分，而又拒绝为了信念而牺牲自己的哲理之思，他会选择否定自己的犹太传统而接受希腊哲学。持这种态度的人被其他犹太教徒指责为叛教者，他们认为只有理性——而非启示——才是判断犹太教和希腊哲学二者关系的最终标准。启示是神的思想的表达，而哲学则来自人的独立思考；人的理智无法理解神的思想，而且对于一个善于思考、将固守传统视为阻碍理智成长的人来说，诉诸权威并不具备真正的说服力。他所接受的是人的独立思考及凭此发展出的一套知识体系，只有独立的个人思考才是判断真理的唯一标准。

第四是融合论，即沟通宗教与哲学，它基于第二种策略而又对其有所发展。面对基于启示与传统权威的宗教真理和来自理性的个人的知识主张，个人可以同时接受两种知识体系而无须在二者之间进行选择，因为分歧的存在并不能掩盖双方进行对话的可能性。理论和实践、理性和启示、宗教与哲学之间并非单纯对立的关系，它们之间的共同领域——人的理性探索可以参与到追求神的知识的过程之中——使得沟通成为可能。强调上帝智慧在个人思想之外并非为了制造一种不可调和的对立状态，其意在于承认人的理解能力的局限性，进而反思以人为本的判断标准。同时，承认个人理智能力的有限性，承认在人的理解能力所及范围之外有未知领域的存在，无损于人在其认知能力范围之内获得确定的知识。人在自己的理智能力范围之内认识到的、不违背逻辑规律的知识，不会因为某些人以上帝的名义否定它就会被推翻。这样，一方面承认人在其合法的认识领域内有绝对的认知能力，另一方面又承认人类知识的局限性，这一看似矛盾的态度正是沟通宗教与哲学的关键，这一态度被哈特曼描述为"适度的自信"（restrained self-confidence）[1]。传统中接受启示不会否定个人在人类生活范围内所得到的知识，因为保持适度自信的个人相信传统鼓励其社会成员发挥个人理智能力并对传

---

[1] David Hartman, *Maimonides*: *Torah and Philosophic Quest*, The Jewish Publication Society, 1976, p. 16.

统持批判态度。上帝不会成全不合逻辑的事物，所谓"逻辑上不可能的"事物只不过是人想象力创造的结果。当个人发现启示和理智之间出现矛盾时他坚信自己理智的判断，因为传统并不要求他怀疑自己的理性能力，而且真理并非仅由传统规定，传统亦有必要在他已确立的理性真理范畴之内被解读。

传统如果要成功地拒绝哲学，它就必须坚持只有传统才是检验真理的唯一标准，个人不得挑战传统的评判标准和内容，因而必须在行为和思想上服从传统与权威。而一旦信赖个人独立思考的能力，人们凭借理性获得的证明性真理就可以作为判断传统的标准，那么传统的垄断地位自然岌岌可危。那时人们就会明白，遵从传统并非个人的最高德行，追求真理比服从权威更值得推崇。于是对个人理智的信心将会创造一种全新的神人关系，即人对上帝的爱将建立在理解的基础上。真正心智健全的个人不应沉湎于那些理性无法解释清楚的律法规范，对无法理解的律法诫命的无条件遵从并不利于个人灵魂的成长，相反，恰恰是那些基于理解之上的行为选择才可算作最高层次的宗教实践。一旦承认真理并非来自群体社会的传统继承，人的理性能力将会得到空前的强调和认可，个人可以在自然世界中自由探索，寻求具有普遍性的可证明性真理，而同时传统的权威将不得不面对理性的审批，需要以理性的方法为自己的合法性辩护。如此，传统将再也不能把服从定义为最高的宗教品德，或者将服从视为通向精神完善的必经通道，因为只有当一个社群整体宣称掌握了唯一的绝对真理而无须对其进行证明时，它才会将服从作为唯一可行的工具。而在传统中接受哲学的人将会试图在一个具备普遍可理解性的框架内对传统进行解读，使得所有人都能够接受该传统，并在这一进程中实现理性方法与传统方法的和谐一致。甚至传统中那些具有独特生活特色的领域也需要以理性的方法解释清楚。他沟通传统与哲学不仅仅在于将传统中的知识主张与更具普遍性的知识主张进行融合，同样重要的是对传统中的行为和实践进行解释使其在所有人面前显得更为合理并且意味深长。

迈蒙尼德对传统与理性关系的处理一直以来富有争议，有人指责他是一个彻底的理性主义者、一个背叛了宗教传统的哲学家，也有人将其奉为虔诚的拉比犹太教徒、博学的律法学家。围绕迈蒙尼德的学术争议可以追溯至其去世之后的13世纪初，拉比犹太教内部保守派担心迈蒙尼德理性主义哲学思想的传播会危及众多教徒的信仰，如他的理性化的上帝观、在宇宙起源论问题上的暧昧态度以及在"神迹"问题上的自然主义倾向等都表现出异于传统的特质，于是他的哲学性作品《迷途指津》以及《重述律法书》"知识篇"等书卷就在法国南部各地遭到禁止和焚烧。但是，早在其有生之年，迈蒙尼德就因其与各地犹太人的书信问答而被众多犹太人尊为宗教律法权威。例如，在众多改宗犹太人面临穆斯林统治者的压迫和被守旧犹太教拉比抛弃的双重困境时，迈蒙尼德勇敢地站起来仗义执言，挑战偏激的宗教权威，为忍辱负重的底层犹太人与辩护。迈蒙尼德写于1172年的《致也门人信件》在也门犹太人中为他赢得了巨大声誉。在回答来自也门的犹太教徒的有关"弥赛亚"的问题时，迈蒙尼德在信中回顾犹太人遭受异族压迫的历史，谴责了伊斯兰教和基督教对犹太教徒采取宗教迫害和杀戮的非正义行径。他强调犹太教圣经《托拉》和拉比传统在犹太人宗教生活中神圣不可侵犯的权威地位，并鼓励当地的犹太人充满信心与勇气生活下去。迈蒙尼德引用《圣经·但以理书》经文，劝告人们暂时的苦难只是"神意"的安排，异教徒的迫害和十字军东征是"弥赛亚"降临的前奏，并在信中鼓励人们必须像坚信上帝的存在一样相信上帝对以色列人的诺言。

有关迈蒙尼德评价的分歧也反映在当代迈蒙尼德学术研究领域。以胡赛克、施特劳斯等为代表的理性主义派，强调迈蒙尼德作为一个哲学家对来自希腊的哲学传统的认可以及他在涉及宗教、律法等领域的问题上的理性主义倾向，认为他将哲学看作高于宗教律法传统实践范畴的理智范畴，同时主张迈蒙尼德在宇宙起源问题上持"宇宙永恒论"，而非犹太教传统的"上帝创世论"，并且坚持以理性主义方法解读犹太教中的"神意""先知预言"律法等概念。

胡赛克早就提出迈蒙尼德面对宗教与哲学实际上采取一种二元并立的态度。他力图避免将外来的哲学传授给一般的教徒以及那些立志于犹太律法研究的律法学者，以免哲学思辨精神动摇他们的信仰。迈蒙尼德的律法著作《密释纳评注》及《重述律法书》等就是针对这些人而写，而他的哲学著作《迷途指津》则是针对那些具备哲学基础的人所写，并在其中阐述了自己的亚里士多德主义思想。胡赛克认为犹太教律法关注的是个人在上帝面前的具体行为，而哲学则将其目标指向个人理智的完善，二者是完全不同的领域，所以当迈蒙尼德试图用亚里士多德主义的方法去解读具体的犹太问题时，他就会发现自己身处困境。读者只要进一步分析他所涉及的那些令人感兴趣的问题，尤其那些有关犹太教信条的问题时，就会发现其中矛盾、抵牾之多甚至会危及整个犹太教思想体系的合理性。所以说，迈蒙尼德思想作品中理论的部分与实践的部分根本不能令人满意地融合起来，关注个人在上帝面前如何行动的《托拉》与以追求个体理智的完善为目标的理性主义之间必然存在无法调和的鸿沟。因此胡赛克肯定地认为迈蒙尼德真实的用意乃是以亚里士多德主义的方法对个人的理论德性和实践德性进行分别对待和分析。①

利奥·施特劳斯认为《迷途指津》中的哲学观点反映了作者的真实态度。迈蒙尼德在哲学作品《迷途指津》的绪论中指出，该书面对的是那些被哲学吸引而又因其所安身立命的宗教传统面临哲学冲击感到困惑的读者；而在《密释纳评注》《重述律法书》等宗教律法类作品中，他多次指出该类作品针对的读者是那些遵守"哈拉哈"（Halakha，犹太教律法）的普通犹太人。② 利奥·施特劳斯据此指出迈蒙尼德对哲学和律法采取截然对立的态度，一方面他的律法著作面向普通犹太人，以清晰平易、系统连贯的写作风格向他们灌输传统的犹太教律法思想，以此巩固犹太教的律法基础；另一方面，他的哲学作品以少数知识精英为对象，却又采取"隐微的"写作方法将其哲学思想隐蔽起来，以便于在向那些"进驻到理智领域"的少数读者解忧释惑的同时，又避免了那些无知

---

① Isaac Husik, "The Philosophy of Maimonides," *Maimonides Octocentennial Series*, 4, Maimonides Octocentennial Committee, 1935, p. 4.
② 参见其律法作品 *Maimonides' Introduction to the Talmud*, Zvi L. Lampel, trans. Judaica Press, 1975; *The Book of Knowledge: Mishneh Torah*, M. Hyamson, trans. Jerusalem, Boys' Town Jerusalem Publishers, 1965, 等。

而又虔诚的普通教徒因哲学的冲击而动摇其信仰。①

施特劳斯指出，迈蒙尼德眼中的犹太教律法与哲学的关联就在于律法以建立有序的政治社会秩序为目标，而只有在这种稳定有序的社会中哲学家才能实现自己个体的追求，即理论性的完善。正如一个人健康的肌体是他拥有健全的精神状态的必要基础，犹太教律法也是建立一个健康有序的政治国家的必要条件，而这种健康社会的建立只是进一步实现理论性完善的一个条件。西奈山上获启的神圣律法正如通向个体完善大道上的一座必要的堡垒，但是一旦他进入思辨理性的领域，遵守律法便不再是他所追求的根本目的。作为一个政治的人，他仍然遵守律法，正如一个城邦中的居民在社会生活中必须按照群体的规定要求行事，他遵纪守法，但是同时他知道自己生活的真正意义在于对思辨理性完善的追求。因此在施特劳斯看来，迈蒙尼德有关律法要求人们必须接受哲学的主张不过是一种聪明的策略，其目的是能保全哲学家免遭迫害。

对于一个犹太教徒来说，他要公开学习哲学就必须首先获得律法体制下的权力机构的首肯和支持，而对于这种机构来说哲学却是毫无用途的。于是，要使作为哲学家的迈蒙尼德免遭权力的迫害，作为律法学家的迈蒙尼德就有必要证明，研究哲学恰恰是犹太教律法所要求的。但同时，哲学家的真实身份却不能在社会中公开，他只能作为一个虔诚的律法学家出现在公众面前，否则，一旦迈蒙尼德哲学家的身份被暴

---

① Leo Strauss, *Persecution and the Art of Writing*, Glencoe, Illinois: The Free Press, 1952, pp. 86, 94.

露，他的策略将会被识破，而他的律法主张也将被视为虚伪的谎言。① 迈蒙尼德同时具有法官和哲学家两种身份这一两难境况，使得他在写作过程中不得不掩盖自己的真实意图，转而采取"隐微"的晦涩写作方法："'隐微'写作往往意味着有一些基本真相作者不能当众将其和盘托出，因为它们可能危及众多读者的信念，而这又将反过来导致众多读者对那宣布令人不快的真相的作者构成威胁。"②

近几十年来，有学者开始扭转这一理性主义的趋势，认为迈蒙尼德在处理哲学和宗教这两个不同的思想体系之间的关系时采取的是融合论的策略。③ 在迈蒙尼德那里，个人对真理的理性追求可以和以传统的启示律法为圭臬的生活方式融洽相处。思辨的理性追求并不会削弱团体行为的重要性，反而赋予它更新的意义。神圣启示体现为涉及人们日常生活各个方面的规范性价值体系，但它和人的理性认识并非完全不可调和。虽然人不能掌握有关神的所有知识，但是人的理智能够参与到神圣知识的获取过程中。迈蒙尼德承认神圣知识和人的知识之间的不同，否认那种声称人的理智可以绝对判断真和假的独断论。一方面，人的心灵不是知识的唯一来源，而且人的理解力是有限的；另一方面，启示不能完全否认人

---

① Leo Strauss, *Persecution and the Art of Writing*, pp. 19-37.
② Ibid., p. 36.
③ 关于这一点，可以参见哈特曼（David Hartman）在 *Maimonides: Torah and Philosophic Quest* 一书中的观点，以及其他学者的类似观点，如：Isadore Twersky, "Some Non-Halakic Aspects of the *Mishneh Torah*," in A. Altman, ed. *Jewish Medieval and Renaissance Studies*, Cambridge, Mass., 1967; Arther Hyman, "Maimonides' Thirteen Principles", in A. Altman, *Studies*; Aviezer Ravitzky, "The Secrets of *the Guide to the Perplexed*: Between the Thirteenth and Twentieth Centruries," in Isadore Twersky ed. *Studies in Maimonides*, Cambridge, Mass., 1990；等等。

类在认识范围内的认知能力。

　　只有人类才会在思想中编织出逻辑上不可能的东西来，上帝从不打破这些逻辑规则。上帝不会使圆的变成方的，也不会使逻辑上不可能的事情变为可能。在面对所谓宗教的真理时，迈蒙尼德采取一种有限的策略，而不是对其进行全盘否定。他努力融合传统的真知和理性的真理，方法就是扩展宗教语言的含义，使其包括象征性意义。这也正是迈蒙尼德在他的《迷途指津》第一篇前七十章所做的。他从拉比文献诠释传统中继承了寓意释经法，指出《托拉》经文的内涵有显白之义和隐微之义的分别，并以理性作为对传统经典进行寓意性阐释的标准，用亚里士多德的哲学概念来对有关上帝行为、情感等的词语进行诠释，揭示上帝"无形体性""单一性"的性质，反对"上帝有形论"和"神人同形同性论"，从而进一步阐发有关物理学和形而上学的一般原理。通过寓意释经法，迈蒙尼德对《圣经》文本进行理性化阐释，试图揭示其深层的隐秘涵义，并以此来消除人们的困惑，最终解决启示和理性、宗教和哲学之间的矛盾。

三、上帝论

　　上帝论的核心与基础是上帝的存在。在迈蒙尼德看来，无论对神学思想家，还是对普通的民众而言，上帝的存在都是他们需要知道的第一原则。只有当上帝的存在及其单一性、非物质性确立起来后，神学家们才能在此基础之上进一步构建或推论有关上帝本性的知识，并对大量的传统宗教经典及其注释进行扩展、阐释或者做理性化的理解。对于普通的犹太教信徒而言，自古以来历代权威前后相继，形成了一系列真实的、具有活力的传统，这一传统向人们传递神的话语，以戒律和行为实践的方式教导他们区分宗教信仰中何为根本性的、何为次要的。面对这一传统，大多数人的唯一选择就是默默的接受。但对于那些具备了一定理论基础，熟悉数学、物理、天文学以及逻辑等哲学知识的人，当面对传统和自己所学的知识之间的矛盾时，往往会感到困惑、茫然、无所适从，甚至会对传统质疑。他们面临的选择是，要么陷入这样或那样的独断论——以怀疑论和不可知论为一趋向，以极端正统派和教条主义为另一趋向，要么去寻求传统神学观点的理性基础。迈蒙尼德认为，任何独断论的观点在道德上和理智上都是站不住脚的，没有理解则不可能献身于信仰，没有诠释则不可能理解经典中神的话语，而只有应用理性范畴，才能去诠释那些充满"谜语"和"比喻"的《托拉》之言。

1. 关于上帝存在的证明

迈蒙尼德认为，上帝的存在不仅仅是犹太教教理中最基本的教义和信仰，而且是一个可以用理性来证明的命题。他在早期写成的律法著作《重述律法书》第一卷以及后来的哲学作品《迷途指津》中分别论述了上帝存在的问题。

《重述律法书》第一卷"论知识"开篇第一章即论及上帝存在。他借鉴了亚里士多德由天体运动而追溯其动因的宇宙论论证方法，但由于考虑到该书面对的读者乃是普通大众，迈蒙尼德将这一论证过程进行了最大限度的简化。他指出，天体的旋转运动永不停息，如果缺乏动因，它们不可能持续运动下去，因此必须有一个第一动者，即上帝，以其无限的力量推动天体旋转。"如果可以假设他（上帝）不存在，那就必然会得出没有任何存在者存在的结论。"① 同时，迈蒙尼德根据这一动力的无限性又推论出其推动者，即上帝，不可能是一个物体，这第一因必须是非物质的。根据这一推动者的非物质性，则又进一步推出，这样的存在，即上帝，具有唯一性。在此处迈蒙尼德并没有进一步解释其具体的论证、推论过程，这一工作要到后来的哲学著作《迷途指津》中才完成。

与当时犹太经学院院长和卡拉派（Karaties）的态度不同，迈蒙尼德对阿拉伯神学家们那种被称为"凯拉姆"的方法持批判态度。他指出"凯拉姆"方法是以宗教教义作为出发点来论证有关上帝存在的问题，即首先"通过其独特的论证方式来证明宇宙在时间上有一个开端。世界从虚无中创生的理论就这样建立起来，并且，他们从中自然而然地推出必有一个在时间中创造宇宙的创造者存在"②。迈蒙尼德强调，在解决宇宙永恒论和上帝创世论这两种观点之间的争论之前，应该首先证明上帝的存在。因为与上帝创世论相比，上帝的存在具有更高的——实际上是至高无上的——确定性，无论是在哲学的还是宗教的意义上，它都是更具根本性的一个命题。只有在这一基本原理确立起来之后，其他的原理和命题才可能由此得以证明。而"凯拉姆"方法恰恰颠倒了这一逻辑顺序，以创世论的论证开始，从宇宙由

---

① Maimonides, *Mishneh Torah*, Book One, "Basic Principles of the Torah", 1: 2. Edited according to the Bodleian (Oxford) Codex with Introduction, Biblical and Talmudical References, notes and English translation by Moses Hyamson, Boys Town Jerusalem Publishers, 1965.

② 迈蒙尼德：《迷途指津》，第 168~169 页。

不存在到存在这一过程推出：必然存在着一位创世者创造了这个世界。

迈蒙尼德受到以法拉比、阿维森纳等人为代表的阿拉伯亚里士多德主义的影响，并接受其哲学的方法。他在批判阿拉伯凯拉姆神学方法的同时，坚持认为正确的、哲学的方法应该是，以不违背事物本性的、明确无误的定理为命题论证的出发点。这一倾向在论及有关上帝存在的问题时体现得尤为明显。在《迷途指津》第二篇绪论中，迈蒙尼德罗列出了二十六个哲学前提作为论证的基础。他认为这些前提——除了宇宙永恒论之外——皆已得到哲学家们（亚里士多德以及其后的逍遥派学者）的充分证明，其确定性毫无疑问。[①] 在这些哲学前提的基础上，迈蒙尼德提出了有关上帝存在的四个证明，其中第一和第三个最为详细和完整，体现了其宇宙论论证方法的特点。

迈蒙尼德的第一个论证是以经验世界中物体的运动为出发点。月球以下世界里的运动和变化必有一个致动因；该动因本身也有自己的原因；这样的一个动因序列不会是无限的；它最终来自通过自身运动而引起所有运动的天体；该天体的旋转也有其动者，该动者或者来自天体的内部，或者来自其外部；如果是来自外部，那么该动者或者是物质的，或者是非物质的。至此可以推知，关于天体运动的原因，有四种可能：其一，该动者是位于天体之外的一个物质性物体；其

[①] 关于第二十六个前提，即宇宙永恒论的观点，迈蒙尼德认为亚里士多德只是声称这一假设是最为可能、最可接受的，并没有对它进行确证。在此他将其列为第二十六个前提只是权宜之计，因为以此为逻辑前提有利于阐明自己的理论观点。上帝存在的真理性一旦确立，则可以进一步澄清宇宙永恒论与创世论二者孰更可取的问题。

二，它是与天体相分离的非物质性物体；其三，它是遍布于天体之内的一种可以分割的力；其四，它是天体内一种不可分的力。在这四种可能性当中，迈蒙尼德指出，第一种被排除，因这一动者还需要其他动因来为自己提供动力，如此推溯以至无穷，这就需要一个无限多的天体序列来传递动力，这是不可能的；第三种可能性也被排除，因为一个物质性的天体必是有限的，位于其内部的力也必是有限的，而一种有限的力不足以为天体的永恒运动提供动力；第四种也被排除，因为如果该动者是天体的第一推动者，那么它也一定处于来自偶性的运动中，但是做偶然性运动的东西一定有静止的时候，若如此，它所推动的天体也就会停止运动。至此，则只有第二种可能性是合理的，即引起天体运动的应该是一个与天体相离的、非物质性的动者，它是第一动因，也即上帝。①

由这一推理过程可以看出，迈蒙尼德在上帝存在问题上深受亚里士多德宇宙论论证方法的影响。但在具体论证过程中，迈蒙尼德也体现出与亚里士多德的不同之处。例如，关于运动的因果关系序列的无限性问题，亚里士多德认为，在一个同时性的动因等级序列中，位于中间的动者本身不能推动下一级动者的运动，它们的作用只是作为中介来传递来自上一级动者的力，因此该序列不可能是无限的，必定有一个第一动者存在，是它推动了所有物体的运动；而迈蒙尼德认为，无限的因果关系序列之所以不可能，是因为同时存在的物体的数量不可能是无限的。但是，他也认识到，从理论上

---

① 关于这一证明的细节，详见《迷途指津》第二篇第一章。

讲，一个在时间中的因果关系序列是可能的，因为时间是无限的，该序列可以向未来无限延伸，在这个序列上的物体可以前后相继，以至无穷。

他的第三个证明可以概括如下：人通过感觉可以感知世界上确实有很多事物存在着，关于这些存在物有三种可能：第一，所有事物皆无始无终；第二，所有事物都有始有终；第三，部分事物有始有终。感觉经验告诉我们，第一点显然是错误的。如果第二点成立的话，有可能在同一时间所有事物都停止存在，而且没有东西可以自行从虚无中产生。一旦出现所有事物同时停止存在的情况，则现实中就必然永不会再有任何事物存在。[1] 但是经验告诉我们，现实中确实有众多事物存在着，因此必定有一个永不停止存在的在者，它的存在是现实的，而不仅仅是一种可能性。这个在者的存在，要么是以它自己本身为原因，要么是以一种外在的力量为原因。如果是前者，该在者本身就是一个绝对必然的存在，如果是后者，作为动因的那个外在的力就是一个绝对必然的存在。无论如何，都有一个绝对必然的在者存在，它是所有事物存在的原因，我们称之为上帝。

迈蒙尼德有关上帝存在的以上两个证明都是以现实世界中原因之无限后溯的不可能性，即因果序列不可能是无限的为基础。在每一个证明过程中，迈蒙尼德都表明，第一因的存在是"自足"的[2]，这意味着他不依赖于任何其他存在——外部的他物或者自身内部的某些因素——而存在。这个不依

---

[1] 显然，在此处迈蒙尼德同样预设了时间具有无限性。
[2] 说上帝是"自足的存在"，迈蒙尼德显然是受到了阿拉伯亚里士多德主义的影响。有关第一因是"自足的存在"这一概念的历史，可以追溯至新柏拉图主义。

赖他物而存在而且推动其他一切事物不停运动、变化的第一因必定是非物质性的。他不依赖于自身内部的因素而存在，这就意味着他是一个"没有任何组成部分或众多因素的单纯实体"，在本质上具有纯粹的单一性，而不是复合或杂多。宇宙中这个唯一的、具有单一性和非物质性的第一因就是上帝。①

2. 上帝的属性

关于上帝的属性，迈蒙尼德吸收了新柏拉图主义以及穆尔太齐赖派思想中的一些因素，认为除了上帝本身之外，没有任何理智可以理解上帝的本性。人们不能用任何肯定性的谓词来描述上帝。但是《圣经》中又常常出现"仁慈""愤怒""全能""全知"等描述上帝的词汇。为了解决这一矛盾，迈蒙尼德提出了"行为"属性和"否定性"属性的理论。

迈蒙尼德将描述事物的属性划分为五类：第一类，用定义描述某一事物，比如说"人是有理性的动物"；第二类，用部分定义的方法刻画一个事物，比如说"人是动物"，或者说"人是有理性的"；第三类，用某些非本质的性质（quality）——比如说一个人的智力、道德品性、情感特点，或者物体的软硬、长短、曲直等来描述某个对象，它并不构成其本质（essence），也不是对本质的补充，如说"某人生性仁慈"，"某人个子很高"等；第四类，用与其他事物——如时间、空

---

① 胡赛克曾经指出，从经验界的运动、变化出发来证明上帝存在的宇宙论论证方法最早是由达吾德介绍到犹太哲学传统当中的。但是与其前辈相比，迈蒙尼德的证明显然更为详细和全面，其影响也更深远。参见 Isaac Husik, *A History of Medieval Jewish Philosophy*, p. 253。

间或另一个个体——的关系来刻画某物，例如说"扎义德（Zaid）是某某的父亲"，"他出生于某个时代"等；第五类属性，是用行动来刻画事物，比如说"某人做了这个门、修建了那堵墙"等。①

迈蒙尼德认为，前三类属性分别描述事物的本质、部分本质或某一种性质，这些都不能用来指称上帝，因为它们都意味着复合，与上帝的纯粹的单一性相违背。关于第四类属性，他明确指出：上帝与时空无关，因为时空仅仅是与运动相关的一种偶性，而运动是与物体相关的，而上帝并非物体。那么，在上帝和他所创造的物体之间是否存在某种联系呢？所谓相关联的事物，它们之间的关系应该是对等的，然而上帝作为绝对的存在，与其他仅仅是可能的存在之间不可能有任何相互对等的关系。比如说，上帝作为"理智"和人的"理智"，这两个"理智"虽然用相同的字眼表示，二者之间却没有任何可比性，人的理智绝对无法了解上帝的"理智"。但是，迈蒙尼德指出，在前四种属性中，"关系"是在不十分严格意义上最可能适于指称上帝的一种属性，因为它没有暗示永恒事物的复杂多样性，也没有暗示上帝本质会随着与其相关事物的变化而变化。

迈蒙尼德认为，只有第五类属性，即"行为"或"活动"可以用来描述上帝，因为这种属性可以和主体的本质相分离。不同的行为并不会意味着主体的本质中必须包含导致这些不同行为的不同因素。上帝的一切行为都源自其本质，而不是本质以外的任何东西，故此，由上帝的"行为"属性

---

① 参见迈蒙尼德：《迷途指津》，第109～113页。

可以间接揭示上帝的本质，而且对于人类智慧而言这也是揭示上帝本质的唯一可能方式。因此对于先知摩西，以及对于其他人而言，所谓认识上帝并非意味着认识上帝的本质，而只能是认识他的行为。人们在日常生活中往往把人的某一种性质赋予上帝，比如说上帝"仁慈""怜悯""愤怒""施暴"等，并认为这些情感都是上帝的属性，但是它们并不是上帝自身的属性，而只能说是其行为的属性。这些和人的感情相似的属性是人们在发现上帝的行为对他有益或有害时赋予他的，但事实上，上帝并不具备任何类似人的情感的属性。

对于迈蒙尼德的前辈们而言，上帝属性的问题仅仅是属性作为区别于上帝本质的、非物质性的真正存在是否蕴涵在上帝之中的问题。迈蒙尼德的不同之处就在于他将所有对上帝的描述都看作是逻辑命题中的谓词。从逻辑上否定任何肯定性属性的结果就是，所有用于上帝的描述性词汇作为谓词都不过是对主词的重复，即如同说"上帝是上帝"。但是任何有关上帝的命题，都应有逻辑命题的形式和意义；而逻辑命题表达应是一种主谓关系，而不是简单的同义重复。"行为"属性理论和"否定性"属性理论就是迈蒙尼德用来解决有关上帝的那些同义反复的命题的逻辑本质的问题的。根据上面所提的"行为"属性理论，涉及上帝的命题不属于"主词＋系动词'是'＋谓词"结构，而应是"主词＋动词（谓词）"结构。在前面这一模式的命题中，主词和谓词之间必定有一种不同于同义反复的逻辑关系，而在后一个命题中，系动词和谓词结合在一起表示某种动作，体现为一个动词的形式。只有在这一类命题当中，才会在避免同义反复的命题形式的同时，达到使主词和谓词在逻辑上统一的目的。① 在《迷途指津》中，迈蒙尼德探讨了平时人们赋予上帝的几个重要属性："仁慈""怜悯""愤怒"等。人们在感知上帝的行为时，总是向对待人一样对待上帝，误认为那些行为也源自情感，并用由情感动词转化而来的形容词去描述上帝，并将其理解为上帝的属性。"比如，当我们看到上帝怎样奇妙地为生命准备了胚胎，并赋予胚胎本身及出生后的各种功能，使它能抵御死亡和毁灭，提防一切伤害，积极接受供自身发展所需要的一切。当我们做出类似的行为时，我们就会诉诸某一种具体的情感，称之为怜恤——这样，上帝就被说成是怜恤的。""上帝对人的行为也包括劫难，它们突然降临到某些人身上，导致他们死亡，或波及整个家庭甚至整个民族……当我们中有人对别人起这种恶念，他们都是处巨大的愤怒，疯狂的嫉恨或复仇的欲望。因此上帝由于这些行为被说成是'愤怒的'、'嫉恨的'"②。

在上面所列举的这些例子当中，诸如"怜悯""愤怒"等这些谓词在被用来描述上帝时，其构成的各个命题结构都被理解为"主词＋系动词'是'＋谓词"的形式。因此人们错误地将上帝行为的属性赋予了上帝本身。但如果是将它们各自所组成的命题归为"主词＋动词（谓词）"的形式，则可以很清楚地看出，那些所谓的属性都不过是上帝

---

① 这一种解决思路可以追溯至亚里士多德对"一"与"多"的关系的论述。他认为主词和谓词完全不同的命题在逻辑上是不可能的，因为结构为"主词＋系动词＋谓词"的命题会导致作为主词的"一"丧失其纯粹的单一性而成为"多"。参见 Wolfson, "Maimonides on Negative Attributes," in *Essays in Medieval Jewish and Islamic Philosophy*, New York, KTAV Publishing House, Inc., 1977.

② 迈蒙尼德：《迷途指津》，第118、118～119页。

的行为。继而迈蒙尼德进一步指出:"所有归于上帝名下的属性,都是其行为的属性,而不是指上帝具有任何属性。"①

对于那些以上帝为主词的、结构为"主词+系动词'是'+谓词"的命题,迈蒙尼德认为,其中主词和谓词的关系不过是同义反复,谓词不会对主词"上帝"添加任何实质性内容,即如同说,"上帝是上帝"。既然如此,那这些命题的意义又何在呢?为回答这一问题,迈蒙尼德诉诸"否定性"属性的理论。

迈蒙尼德在《迷途指津》中有两处涉及上帝属性的陈述值得特别注意。一是第一篇第五十七章,迈蒙尼德在里面说:"上帝是存在的、活着的、全知的、全能的和智慧的,但并非因为具有存在、生命、知识、能力和智慧这些偶性。"② 二是第三篇第二十章,他在论及上帝的知识时写道:"上帝并没有外在于其本质之外的任何属性存在,他的本质就是他的知识,同样他的知识就是他的本质。"③ 可见,我们可以说上帝是存在的、活着的、全知的、全能的和智慧的,但是这并不意味着上帝就具有那些偶性。上帝没有任何与其本质相对的属性,那些所谓的属性其实不外乎他的本质。根据迈蒙尼德的观点,在以上帝为主词的肯定性命题中,其谓词部分都具有双重含义。例如"存在的""活着的""全知的"等这些谓词,一方面可以被当作是在一般意义上的、人们在日常生活中所用的

---

① 迈蒙尼德:《迷途指津》,第 121 页。
② 同上书,第 124 页。
③ 同上书,第 437 页。

词汇来理解，这时它们是指事物的偶性。① 这是其表层含义。它们还可以被应用于对上帝的描述，这时它们具有不同于表层含义的内涵，因为上帝是一个永远绝对的实体，不会有任何额外的因素可以附加其上，它也不具有任何偶性。因此当这些谓词被用于上帝时，应将其理解为是对其表层含义之否定意义的否定。比如说"上帝是存在的"，应将其理解为"上帝不是非存在"；"上帝是活的"应理解为"上帝不是死的"；"上帝是全知的"应理解为"上帝不是无知的"；等等。因为诸如"非存在的""死的""无知的"等作为"存在的""活的""全知的"等词汇表层含义的反义词，它们本身也是一般事物的偶性，故以它们的否定形式来描述上帝，应该是没有问题的。前面迈蒙尼德曾指出，"上帝＋系动词＋谓词"的命题形式在逻辑意义上相当于"上帝是上帝"。在此处我们可以看出，这一类命题并非简单的主谓同义反复。当谓词被理解为是对自身否定意义的否定时，它们组成的命题仍然并非毫无意义。在《迷途指津》中迈蒙尼德总共列出了八个可以用于"上帝＋系动词＋谓词"结构的命题的肯定性谓词："存在的"、"活的"、"非物质的"②，"初始的"、"全能的"、"全知的"、"有意志的"和"单一的"。在与上帝构成肯定性命题

---

① 将存在、生命、知识、单一性等看作是附加于除第一因外所有物体的本质之上的偶然属性，这一观点迈蒙尼德将其归于亚里士多德，但事实上它来自阿维森纳有关本质和存在关系的理论。关于迈蒙尼德对此的观点，可参见 Alexander Altmann, "Essence and Existence in Maimonides," in Maimonides: *A Collection of Critical Essays*, University of Notre Dame Press, 1988, pp. 148-165。

② 此处"非物质的"在形式上是否定的，如果要用一个肯定的形式来代替它，以使得它和另外七个谓词在形式上一致起来，那么可以用"纯形式的"一词，相应地，它的反面应该是"非纯形式的"或"物质的"。只是用"形式"（form）一词陈述上帝的说法在作者当时所处的环境中并不流行。

时，它们应被理解为对自身否定意义的否定，即相当于说，上帝不是"非存在的"、"死的"、"物质的"、"有外因的"、"无能的"、"无知的"、"鲁莽的"或"复合的"。迈蒙尼德指出这些肯定性谓词所表示的内容与上帝的本性是相统一的，即它们并没为上帝的本质增添任何因素；但同时他也强调，它们在命题中并非对主词的简单重复。迈蒙尼德明确指出这两点是有针对性的。因为在当时的历史背景下，有一些人认为这些谓词所表达的是不同于上帝本质的各种属性，这意味着上帝不再具有纯粹的单一性；还有一些人坚持应完全避免使用这些谓词来陈述上帝，原因是用它们来陈述上帝完全是毫无意义的重复。迈蒙尼德利用"否定性"谓词理论，有力地反驳了这两种错误的观点。同时他通过区分谓词的表层含义和深层含义而将上帝与其他事物区别开来，使人们认识到他们所试图理解的上帝是一个最完善的存在，"他在本质上极为圆满、完善，无须添加任何东西；其完善乃是对一切不完善之否定"①。

四、关于创世论与宇宙永恒论

迈蒙尼德有关上帝属性理论的一个前提是"上帝即造物主"的概念，而这一概念是在他关于创世的理论中阐述的。这也是迈蒙尼德与亚里士多德主义之间产生基本分歧的地方。在其早期的律法作品中，迈蒙尼德倾向于对众人传授一种更

---

① 迈蒙尼德：《迷途指津》，第128页。

为哲学化的即与亚里士多德的宇宙永恒论较为一致的上帝创世理论。但到后来撰写《迷途指津》的时候，迈蒙尼德开始反思并修正这一倾向。[1] 他认识到，在宇宙起源论上的选择——宇宙永恒论抑或上帝创世论——关系到犹太教神学体系中的一系列问题，因为"从世界在时间中产生的信仰出发，一切神迹都成为可能，《托拉》也成为可能，由此而引发的一切疑问也随之消失"[2]。换言之，对于律法的信仰是建立在对上帝直接干预历史的信仰的基础之上。从中世纪直到现代，评论家们对这一问题一直持有两种不同的观点。一种观点认为，在宇宙起源问题上迈蒙尼德强调对上帝创世的信仰，其原因在于它是犹太教信仰中的一条重要教义，且它本身也明确无误。另一种观点认为，迈蒙尼德这样做是出于对政治因素——例如社会稳定等——的考虑，尽管该信条本身从科学的角度看是错误的。从他在哲学著作《迷途指津》中对该问题的主要阐述来看，第一种看法更为可取。

迈蒙尼德在讨论这一问题的时候，列举出了关于宇宙起源的三种不同观点。[3]

第一种是"信仰摩西律法的人们"即犹太教徒所坚持的观点，认为世界作为一个整体是上帝从纯粹、绝对的无中创生的，上帝凭其意志将所有现存的东西从虚无当中创造出来，同时创造了历史的开端。迈蒙尼德将上帝从无中创世（creation ex nihilo）看作是继上帝存在及其单一性和非物质性之后

---

[1] 参见 D. H. Frank and O. Leaman, ed, *History of Jewish Philosophy*, Routledge, 1997, p. 256.

[2] 迈蒙尼德：《迷途指津》，第 303 页。

[3] 参见上书，第 260~264 页。

最为重要的一条犹太律法原则。① 需要注意的是，迈蒙尼德所谓"从无中创世"并非一般意义上的"无中生有"，而是指上帝在创世的过程中并不需要任何外在的、物质的动因，即是说，上帝自己是宇宙中一切事物存在的充分条件。同时他认为，上帝创世的内容包括现实世界中的一切，时间也是在这一过程中被创造出来。时间是运动的偶性，而运动又是有形物体的偶性。所以在物体被创造出来之前并没有所谓的"时间"的概念。迈蒙尼德指出，如果承认时间在世界出现之前的真实存在，就意味着接受世界永恒性的概念。

第二种是柏拉图及其跟随者主张的一种哲学观点。该观点认为宇宙是被创造的，但是由于"一个具有形式和质料的东西不可能从绝对的非存在中产生"，故在宇宙诞生之前就有"原初质料"存在。"质料"和上帝一样永恒存在，但二者并不属于同一层面，其关系相当于"泥土"与"陶工"。上帝利用"原初质料"创造出宇宙中万物，而万物消亡后复归为"质料"。这意味着，世界中万物之间的秩序和结构最终都会分解，最终存留在世界上的就是创世时所用的"质料"。

第三种是所谓"亚里士多德本人及其信徒和评论家"的观点。② 他们认为，神是宇宙存在的原因。上帝在永恒和必然中以一种一成不变的方式进行创世。世间所发生的一切无一

---

① 迈蒙尼德受到亚里士多德经典时间学说的影响。亚里士多德在《物理学》220a 25 中将时间定义为"依先后而定的运动的数目"，因此在运动的有形物体——尤其是持续做圆周运动的天体出现之前并没有时间。迈蒙尼德接着强调，由于在上帝创世之前并没有物质性宇宙存在，时间不可能存在于创世之前，因此创世没有也不可能在时间中开始。他认为承认时间的先在无异于否认上帝创世这一犹太教教义中至为重要的原则。

② 更准确地说，这应该是中世纪阿拉伯亚里士多德主义的拥护者的观点。他们受到新柏拉图主义的影响，采用"流溢"概念来解释创世。

不遵守自然法则。"上帝是恒定不变的，他不可能产生新的意志。"既然上帝是永恒、不变的，他的行为方式就应该是同一的，而上帝所创造的宇宙也必定是永恒、不变的。就是说，"天体是不灭的；时间和运动也是永恒存在，不生不灭的。不仅如此，即使月亮以下那些有生有灭的事物也不会归于无，即，其'原初质料'在本质上不生不灭，但其存在的方式可以相继变化。"尽管地球上的事物很明显地在发生着变化，地球作为一个整体以及统摄地球上事物发展变化的自然法则却是永恒不变的。

上述第二种观点往往被认为与犹太教信仰中的"上帝创世论"相一致，但是细究之下我们可以看出二者之间有着根本的差异。迈蒙尼德自己也指出，"事实上，我们认为，宇宙是从绝对的非存在状态中产生出来的；而这些人的意见却是，宇宙的存在是源于另外某种东西。"在迈蒙尼德看来，承认"原初质料"与上帝并存，这种二元论的宇宙起源论无异于否认上帝的存在。从犹太教的立场来看，这一观点无疑是错误的。因此在迈蒙尼德那里，关于宇宙起源的不同理论之间的纷争无非是"创世论"和"宇宙永恒论"之间的取舍问题。

按照迈蒙尼德的观点，尽管亚里士多德关于月球以下和地球上的存在的一切论述都是正确无误的，他就月球和月球以上的存在的看法却大都属于猜测，无法得到确证，这意味着仅凭借人的认识能力无法对世界的起源做出一个能够确证的判断。但是我们又知道，世界起源问题对于迈蒙尼德来说极为重要，如何在这两种观点之间的取舍对于理解上帝的本质有着极为巨大的影响。如果接受"上帝创世论"，相信上帝根据自己的自由意志创世这一"神迹"，那么这就意味着，上帝还可以再次按照自己的意愿在某一时间对世界进行干预。这一点对犹太教意义重大，因为它意味着《托拉》神授以及《托拉》中所记载的各种"神迹"的可能性都有了依据，那些针对"神迹"的种种怀疑——例如，为什么上帝选择摩西带领以色列人出埃及，为什么将《托拉》通过摩西授予以色列等等，也会随之消失。相反，如果认为世界是永恒的，万物皆不可能违背其必然的自然法则，那么上帝就不可能干预现实中的历史进程并进而将《托拉》授予摩西，《托拉》中记载的"神迹"也就都成为不可能，其中"奖善惩恶"的承诺也就失去了任何意义。可见，如果接受"宇宙永恒论"，那么上帝就丧失了他对宇宙万物的主动性，而沦落为哲学家眼中与"质料"相对的"形式"，这意味着对犹太教所信仰的上帝的否认。

犹太学者朱利·古特曼曾指出[1]，犹太教有关创世的教义和亚里士多德的"宇宙永恒论"之间分歧的关键，并非世界永恒性和它有时间上的开端二者之间的矛盾，迈蒙尼德将"上帝自由创世"和"世界有时间上的开端"二者联系起来，因此在他那里问题就被转换成：世界是从上帝那里必然地、永恒地"流溢"而出，还是由上帝自由地创造而成？

针对这一问题，伊斯兰凯拉姆派神学家将"上帝创世"和"宇宙永恒"的概念结合起来，将上帝的自由行为看作是永恒的，于是世界由上帝"流溢"而出就是按照神的意志所进行的一个永恒的创世过程。他们试图以此调和上帝自由意

---

[1] Julius Guttman, *Philosophies of Judaism*, pp. 165–169.

志和永恒性之间的矛盾。迈蒙尼德对此持批评态度，他指出，凯拉姆派的这一方法在证明上帝自由行为的永恒性时，将适用于物理世界中的定理应用到上帝和世界之间的关系问题上，并没有事先证明这一做法的合理性。将现实世界中具体事物的生成原理应用于宇宙整体的起源，实际上是回避了问题的关键，并不能由此得出宇宙在世间上有开端的结论。迈蒙尼德还指出，阿拉伯亚里士多德主义的"流溢"理论本身具有无法解开的矛盾，它并不能解释现实世界形成过程中"质料"方面的来源。

迈蒙尼德认为，亚里士多德成功地将物质世界的秩序的来源以及世界中共有的"质料"采取不同"形式"的原因归于这个物质世界所依赖的天体。但是在这些天体中存在着同样的问题：相同的"质料"分别采取了不同的"形式"，例如不同天体中的星星、天体运动的速度和方向等各方面都存在着差异，而且这些差异并没有表现出任何理性可以理解的秩序，其原因何在呢？迈蒙尼德指出，其原因不可能在天体内部，也不可能在"流溢"序列更高一级的任何非物质性实体，因为根据这一"流溢"理论，一个简单的实体只能产生另一个简单的实体。由此，天体中的这一理性无法理解的秩序只能被归结为上帝自由意志的作品。

根据中世纪流行的一种观点[①]，天上有十个天体理智和九个透明的球形天体，而人们所看到的发光星球则都在球形天体中。每一个天体理智都是一个独特的"形式"，且对应一个

---

① 参见 Kenneth Seeskin, "Metaphysics and Its Transcendence," in *The Cambridge Companion to Maimonides*, ed. Kenneth Seeskin, Cambridge University Press, 2005, pp. 82–104.

球形天体。每个天体和其中的星球都是"形式"与"质料"的组合体。如果上帝是单一的、纯粹的,那么任何来自上帝的物体都应该是单一和纯粹的,这显然很难解释为什么世界上有那么多不同质的东西。

迈蒙尼德在此基础上又吸收了阿维森纳的观点,提出上帝通过自反的沉思产生第一个天体理智;此第一个天体理智意识到自己的来源是一个必然的存在,而自己是一个可能的存在,于是产生了第二个天体理智,然后通过思考依次产生第一个天体的"形式"和"质料";依此类推,直至所有天体理智和球形天体被创造出来。到第十个天体理智产生时,其所拥有的完善的等级太低以至于无法再产生其他的天体理智和球形天体,而和它相对应的天体则是我们生活于其中的地球。按照这一理论,上帝直接创造的只有一个最高级的天体理智,其他的一切则是间接来自上帝。但进一步的问题是,如果说像天体理智这样理智的存在产生低一级的理智尚可以理解的话,它是如何产生出球形天体的"质料"的呢?它是如何产生出如此多的、相互差异的球形天体和星球的?那些来自相同理智和"质料"的天体和星球为何在运动的速度、方向等方面各不相同?对于这些问题,迈蒙尼德没有再进一步解释。在他看来,这些问题已经超出了人的理智能力范围,在这一领域的任何探索都不能得到像自然科学那样具有确定性的知识。[1]

迈蒙尼德指出,在回答为什么在同样可能的机会面前最终的结果是这样而不是那样时,伊斯兰论辩派神学家们错误

---

[1] 参见迈蒙尼德:《迷途指津》,第 279～287 页。

地认为如果不是另有明确的解释，肯定存在一个主动的选择者做出了决定。他们认为，"当你看到一个人在移动一支笔时，实际上并非是他在移动它；笔所做的运动是上帝已经在它身上创造了的一种偶性。表面上看来手移动笔的运动，实际上也是上帝在运动的手中所创造的一种偶性。是上帝使手的运动和笔的运动彼此紧紧相随，而不是手使笔运动，因为偶性不能由一个物体传递给另一个物体"①。在迈蒙尼德看来，他们将上帝意志的影响范围扩大至整个自然界，其结果就是排除了任何形式的因果规律。

而迈蒙尼德在处理宗教与哲学关系的问题上所做的不是非此即彼的选择，而是试图将二者进行沟通融合，以期实现其信仰理性化的目的。这一点在有关世界起源的问题上也不例外。我们看到迈蒙尼德在率先列出有关世界起源的三种理论后，又论及伊斯兰凯拉姆派神学家们的观点。一方面，迈蒙尼德试图克服哲学的、绝对的决定论和凯拉姆的、绝对的偶性论二者的不合理部分；另一方面，他又力图在二者之间寻求一种折中的方法，既保留凯拉姆派的有自由意志的、创世的上帝的概念以避免绝对的决定论，又考虑保留哲学的、自然的规律性以避免月球以下世界的混乱状态。他指出，亚里士多德所说的因果律的确在自然界发生作用，上帝并不会违背这一规律。但是人们不能从自然界的因果律推知有关上帝的知识或上帝和世界之间的关系。迈蒙尼德指出没有任何确定的论证可以说服人们接受"宇宙永恒论"，亚里士多德本人也承认"宇宙永恒论"不过是对世界起源的一种推测，它

---

① 迈蒙尼德：《迷途指津》，第 189～190 页。

并不能得到确证。但是，宗教教义中的"上帝创世论"亦同样无法得到确证。此处迈蒙尼德显示出朝对传统的倾向，指出如果对二者进行权衡，一个完全不能违背自然律、无法按照自己意志行动的亚里士多德意义上的"神"远不如宗教意义上的上帝概念更为可取。

迈蒙尼德曾说："假如创世论得到了证明，即使仅仅是以柏拉图的假设为根据，哲学家们的那些所有反对我们的论证都会化为一纸空文。同样，如果哲学家们成功地证明了亚里士多德所理解的那种'宇宙永恒论'，那么，《托拉》的一切学问也将被推倒，而我们将接受它并以此原则重新解读《托拉》。"① 而这一论断也曾被一些学者援引来证明迈蒙尼德实际支持"宇宙永恒论"的观点。但我们在阅读这句话时应该记住，确定的事实是并没有人能够提出迈蒙尼德所说的"宇宙永恒论"的确定无疑的证明，这一点甚至亚里士多德本人也无法反驳。② 迈蒙尼德在后面讲到上帝对人的启示时所说的一句话或许可以帮助我们理解他对有关宇宙起源论的态度："我们的理智并未到达那样的水平，使得我们能够理解充满生老病死的自然界里的那些事物是如何在时间中创生的，或者是如何被自然界中的自然之力所创造出来的。这些被创造出来的事物完全不同于我们自己制作的东西。"③

由此我们可以说，在论及世界起源的问题上，迈蒙尼德并没有像皮那斯（Shlomo Pines）等学者所说的坚持亚里士多德的"宇宙永恒论"。迈蒙尼德采取融合的方法，在这个人类

---

① 迈蒙尼德：《迷途指津》，第303页。
② 参见上书，第294页。
③ 同上书，第450页。

理智无法获得确证性知识的领域里,他努力捍卫犹太宗教传统,在坚持"上帝创世论"的同时又吸收了哲学的思想,维护了自然界的秩序和规律,避免物质世界的绝对混乱状态的可能性。正如他自己所说的:"我们坚持认为,上帝是从无中产生出第一'质料'的;在它产生之后,不论是过去还是现在,任何东西都是从它而生,而又回归于它。"①

五、灵魂与理智学说

在《迷途指津》第一篇第三十四章中,迈蒙尼德提出了有关人类灵魂的几个重要问题,即:灵魂的本性是什么?它是如何产生的?它是否独立于肉身?如果它有独立的存在,它以何种方式存在?其目的又是什么?这些问题的提出,反映了迈蒙尼德从亚里士多德主义哲学那里所受到的影响,同时也体现了他本人在有关人的灵魂等问题上所关注的主要方面。对这些问题的回答构成了迈蒙尼德有关灵魂和理智的理论。

亚里士多德在其《灵魂论》中指出,灵魂是潜在地具有生命的自然事物的"形式",是事物肉身的"实现"或完善。简言之,肉身是有生命之事物的质料,灵魂则是其形式或本质。迈蒙尼德也说,灵魂是生物是其所是的原因,是其"身体的形式"。尽管他没有直接引用亚里士多德有关灵魂的定义,但他有关灵魂的理论无疑是以亚里士多德的灵魂论为基础的。

---

① 迈蒙尼德:《迷途指津》,第274页。

迈蒙尼德指出，正如一个医生要想给人治病就必须要充分掌握人的身体构造，以便能够了解引起疾病的原因，人们为了拯救灵魂、提高道德水平，就必须掌握灵魂的本性和构造。在《伦理八章》中，他指出，从其活动功能方面来看，灵魂包括五种能力：生命力（the nutritive faculty），感觉，想象，欲望，以及理智。感觉受到事物的直接刺激后获得印象。在该事物不在的情况下，想象使人能够通过回忆再现其印象，而且想象能够对这些印象进行组合或者区分，构建事实上从未感知过的或者不可能感知到的印象。欲望能力使人喜欢或厌恶一个事物，并由此引起诸如喜怒、勇惧、爱憎等心理活动。理智是人类特有的一种能力，它使得人们可以理解、思考、获取科学知识以及判断行为正确与否。当我们说植物灵魂、动物灵魂或人类灵魂时，"灵魂"是一个同音异义的词汇。不同的生命形式其灵魂的能力亦不相同。植物灵魂仅具有生命力，动物灵魂具有生命力、感觉和欲望，而人类灵魂则具备了以上所列的所有能力。与其他灵魂能力相比较而言，理智是人类灵魂所特有的一种能力，它是所有生物的灵魂能力中最为高尚的，是人之所以为人的原因，是人类灵魂的"形式"。

迈蒙尼德的灵魂理论建立于灵魂是身体的实现或完善这一概念的基础之上。由此他认为，灵魂是"居于身体之内的、与生俱来的一种能力"。这首先是指依赖身体感觉器官提供感觉材料的内感觉。此外，想象"毫无疑问是身体的一种能力"。[①] 在更为广泛的意义上，在说灵魂是一种能力时迈蒙尼

[①] 参见《迷途指津》第二篇第三十六章。

德指的是人类灵魂的形式——理智。人类的理性灵魂是构成其身体的"自然形式"。

迈蒙尼德将理性灵魂描述为"物体内存在的一种力",而且它是"与物体不可分的"。正是在此意义上,我们可以说理智(理性灵魂,亦即灵魂中的理智能力)存在于人的身体内但其本身又有别于身体或质料。也正是在这个意义上,迈蒙尼德说"人类灵魂是身体内的一种能力"。

迈蒙尼德以作为物身和灵魂的来源的"力"(force)或"原则"(principle)来解释二者之间在存在论意义上的区别。物身即由众元素构成的一种"混合物",它能够接受某一灵魂形式,如生命力、感觉或者理智。某一种具体的质料潜在地具有一种具体的形式或灵魂,即:植物以生命力为其形式,动物以感觉为其灵魂形式,人以理智为其灵魂形式。但是物体潜在形式要变为现实,还需要借助于一种"力"或"原则"来赋予它这一形式。这一能赋予物身形式的"力"或"原则"本身也是一种形式,它不拘泥于质料,是一种纯形式。迈蒙尼德认为,促进元素进行混合并构成物身的那个"力"或"原则"是天体的运动;作为生命体形成之原因的"力"或"原则"则是来自天体运动的推动者,即天体的灵魂,又称"天使"(intelligences of the spheres),尤其是"能动理智"(Active Intellect)。[①] 人作为

[①] 迈蒙尼德认为,宇宙中存在着独立的理智,其数目与天体的数目相等;每一个天体都渴望拥有一个理智,于是该理智就成为该天体的"原则",是它运动的原因;上帝与人类世界之间共有十个独立的理智存在,其中九个相应于九个天体,而第十个即"能动理智"。"能动理智"是十个独立性理智中离人类世界最近的一个,它是一切有生有灭的物体从质料的潜在性转换为现实状态的原因,也是人类理智从潜在转换为现实,从而使人获得赖以存在的"形式"——理性灵魂的原因,同时还是人类理智认识过程得以实现的原因。参见《迷途指津》第二篇第五章。

一个生命体其形式——他的理性能力——正是来源于这一超越的"原则",即"能动理智"。物身-灵魂复合体作为一种有生命的存在,是两种不同因素——天体的运动和"能动理智"——共同起作用的结果。但是根据亚里士多德主义者的观点,促成物身生成的原因或"力",即天体的运动,本身也是由控制该天体的"天使"所引起的;而作为人类理智的来源的"主动理智",可以与其他"天使"一起向上追溯至一个共同的"第一因"。因此,作为身体和灵魂复合体的生物,其生成的动因最终都可以归于一个共同的来源,即那个"不动的动者"——上帝。

迈蒙尼德受到阿佛罗狄的亚历山大(Alexander of Aphrodisias)的影响,将人的理智能力描述为"质料理智"(material intellect)[①]、"身体禀赋的能力"[②],或"灵魂中能够接受形式的一种禀赋"[③]。所谓"质料理智",即是说它是一种潜在性的理智,并具有接受那些可理解性"形式"的能力。这一说法并非意味着该理智是与"形式"相对的基质(substratum)或质料,而是说它具有思考的潜能,是一种思考的能力。当质料和形式结合在一起构成一个具体的存在时,意识到自己的潜能的"质料理智"也就实现了自身,成为思考的行为。但亚历山大认为,尽管其本身不同于元素混合而成的物身,潜在的理智来自身体,除此之外没有任何其他外在的、超越的原因。迈蒙尼德则指出,尽管理性灵魂是一种身体禀

---

① 在 Friedlander 英文译本中此处译为"下界理智"(hylic intellect),参见汉译《迷途指津》第一篇第七十二章,第178页。
② 参见《迷途指津》第一篇第七十章。
③ Moses Maimonides, Eight Chapters, in *A Maimonides Reader*, ed. Isadore Twersky, Behrman House, 1972.

赋的能力，它作为人的形式来源于"主动理智"而不是任何物质，它是一种思考的能力，一种"质料的"或潜在性的理智；它是处于人体内的一种力，而不是均匀分布于全身各处的一种东西。

人的"质料理智"具有理论和实践两种功能。亚里士多德曾将理智的功能分别称之为"知识的"功能和"推理的"功能。阿佛罗狄的亚历山大对此的解释是，理智的实践功能针对那些是否可以做的事情进行思考和行动，而其理论功能则是对那些具有永恒性和必然性的事物进行思考。法拉比指出，理智的实践功能在于不断产生具体的行为，而其理论功能则是对可知范围内的普遍性事物进行思考。他还进一步阐述，理智能力可以根据其不同对象一分为二，一是以科学知识为对象，一是以技艺和道德判断为其对象。在早期的作品《论逻辑》(*Treatise on Logic*)中迈蒙尼德曾将理智的功能分为三部分：一是理论功能，二是实践技艺，三是对道德美丑进行分析判断的功能。但在其后来的哲学作品中他并没有继续讨论这种三分法，取而代之的是将哲学划分为理论的（或思辨的）和实践的两类。他同样认为，理智的理论功能是对认识对象的思考并在其能力范围内认识真理；而理智在实践领域的运用是文明社会正常运转不可或缺的一个重要因素，其具体体现为社会成员的"慎思"、"明察"以及"自制"。实践理智所涉及的，迈蒙尼德又称之为"身体的福祉"，这是一个人"首要的完善"，而理论理智所涉及的则是人的"终极完善"，或"终极幸福"（ultimate felicity）。

在由潜在性转化为现实性之前，"质料理智"需要进行学习和训练。① 理智的作用之一是对储存于想象的感觉材料进行抽象处理并得到相关事物的本质或形式。关于概念的形成，迈蒙尼德认为"理智将复合的事物分解开来，对其组成部分进行区别、抽象，并形成关于它们的真实实在性（或本质）及原因的概念，并由此进一步理解每一事物的诸多方面……理智将类的共性与个体的特性区别开来，——只有建立在前者之上的证明才是正确的；理智进而判定事物的某些属性是本质的还是偶然的"②。

迈蒙尼德将理智的认识过程分为三个阶段：首先是抽象，然后是形成具有普遍性的概念，最后是对该事物的把握（apprehension）。其中最后的"把握"包括对事物本质和原因的把握。应该注意的是，理智认识的这三个阶段实际上是不可分割的同一个行为，这一行为使理智得以实现并区别于潜在性理智。这一获得形式得以实现的理智即是"实现的理智"（intellect in actu）。关于"实现的理智"迈蒙尼德在《迷途指津》第一篇第六十八章中指出，该理智的行为与理智的主、客体是三合为一的。因为"所谓理智就是其认识活动中所把握的对象"，而且"理智的真正实质和本质就是理解（即其认识过程的最终阶段）"。但就潜在性理智而言，则涉及三个不同的实体，即分别是：潜在的认识主体，潜在的认识客体——事物的形式，以及尚未实现的潜在性理智本身。人在认识一个事物之前仅是可能的认识主体，但当他开始认识事

---

① 同时迈蒙尼德又指出，对那些"第一认识对象"——例如那些自明的公理："整体大于部分"，"二是偶数"，"与第三者相等的两者之间也相等"——的认识能力是与生俱来的，无须任何后天的训练。

② 迈蒙尼德：《迷途指津》，第 196 页。

物，比如一棵树，"他从一棵具体的树木中抽象出它的形式，并重新对这以抽象的形式加以构造后，他才能指出树的形式，而他也成了一个实现的认识主体，而他实际所获得的认识就是人的头脑中这棵树的抽象形式。因此在这种情况下认识和所认识的东西并不是相分离的"①。

人在认识过程当中得到的是树的形式，这个形式同时也就是实现的理智。而实现的理智正是理智认识本身在本质上是同一的。因此，认识客体也就是理智认识本身。而理智的本质是理解性的把握，因而那使树的形式得以抽象和明确的认识同时就是认识的主体。因此一旦理智转化为现实性的认识行为，理智的认识，认识主体和客体这三者就变成了一个不可分割的整体，即"实现的理智"。由此可知，上帝作为一个永远处于认识活动之中的理智，他超乎于潜在性之状态，永远是认识、认识主体和认识客体三者的同一。

在《迷途指津》第三篇第二十七章谈到人的完善时，迈蒙尼德指出人具有双重的完善，其肉体完善是人的初步完善，而灵魂完善则是人的终极完善。而灵魂的完善在于成为"实现的理智"，也就是说，"掌握那些在人的认识能力范围之内所有事物的一切知识"。人所能够"掌握"的知识包括那些通过沉思（speculation）而得到并被研究证明为必然的"观念"。得到这些观念的过程就是"形成概念"。这些概念所涉及的对象既包括一般的物质存在，也包括上帝和独立理智等非物质性存在——当然，对于这两类对象的认识具有不同的含义。

---

① 迈蒙尼德：《迷途指津》，第153~154页。

因此迈蒙尼德谈到对认识对象的理解时，其"把握"（apprehension）一词应具有双重含义：一是指对事物进行抽象并形成概念后的直接结果，也就是前面所讲的"实现的理智"的第三个阶段；二是在沉思和研究的基础上进行的认识，在这一意义上的"把握"不能提供有关事物的真正实在性或本质，但是至少能提供有关其存在的知识。

皮那斯在他的一篇文章中曾经指出①，根据迈蒙尼德的认识论，人的理智仅能认识月球以下世界中的物质对象或与质料相联系的对象，而对上帝和独立理智等非物质性实体则无能为力，因此人的知识范围无法涉及天体物理学和形而上学，而仅限于物理学。人们所谓关于上帝的知识，不过是对其行为属性的认识。对上帝行为的了解与模仿又必然导致社会的或政治性的活动的发生。因此，人的至善不在于理智的完善，而在于了解并模仿上帝行为的、政治性的行为活动。

但是，阿尔特曼（A. Altmann）指出②，法拉比在《关于理智的信札》③中说过，当潜在的理智在面对"所有可认识的事物"时转变成实现的理智，也就是说，当这些事物变成思考的对象时，理智之外再没有它可以认识的事物。因此，所有的认识无非就是对理智自身内容的思考，而且由于思考

---

① 参见 Shlomo Pines, "The Limitation of Human Knowledge according to Al-Farabi, Ibn Bajja and Maimonides," in *Studies in Medieval Jewish History and Literature*, ed. Isadore Twersky, Harvard University Press, pp. 82–109。

② 参见 Alexander Altmann, "Maimonides on the Intellect and the Scope of Metaphysics," in *Von der mittelalterlichen zur modernen Aufklarung*, Tubingen: J. C. Mohr, pp. 60–129。

③ 对于这一信札，迈蒙尼德应该非常熟悉。参见《迷途指津》第一篇第七十三章，以及第二篇第十八章。

和其对象是同一的，因此，理智在对储存在自身中的认识对象进行思考时，它的认识对象既不是任何质料，也不是任何外在的东西，而仅仅是它自身。这即是说，人的头脑中所有通过理智的认识所得到的形式已经脱离了它们所由以被抽象而出的存在物，它们自身的存在与理智已经没有什么不同。法拉比将这一阶段的理智称作"获得性理智"（acquired intellect）。阿尔特曼指出，毫无疑问，迈蒙尼德对"实现的理智"这一使人获得所有事物的一切知识的"终极的完善"状态的描述，反映了法拉比有关"获得性理智"实现的条件的描述。尽管迈蒙尼德在其哲学作品中没有直接阐述"人类理智通过反思来理解其认识对象"的思想以及由此而来的"'获得性理智'是理智的完善状态"的思想，但在《迷途指津》第三篇第二十七章里提到了法拉比的一个重要结论，即"实现的理智"的最终完善是灵魂不朽的"唯一条件"。显然，迈蒙尼德接受了其前辈的观点，认为理智通过将所有存在物变为认识对象而摆脱了质料的束缚，从而接近"能动理智"。在完成了自己的使命、由"潜在的理智"转化为"实现的理智"后，质料理智与肉体一起消亡，留下来的是一种新的、不朽的实体。

迈蒙尼德曾将"获得性理智"与天体的理智进行比较，指出二者同样都是独立的、纯粹的精神性存在，而且它们所涉及的问题极为深奥，有待于进一步学习和研究。尽管如此，我们还是可以从其著作中几处仅有的论述中看出他有关"获得性理智"的一些观点。他在《伦理八章》中谈到理论性理智的三个组成部分，即：（1）"第一认识对象"，（2）"获得性理智"，以及（3）直觉。此处迈蒙尼德用"获得性理智"来指代"实现的理智"及其认识行为。在《迷途指津》第一篇第七十二章中在讲到"概念的形成"——"实现的理智"的一个阶段——时迈蒙尼德又将其归于"获得性理智"。他还指出,"获得性理智"这种力不是人体内天生的,而是完全来自身体之外,是通过"流溢"由外界流向身体。说它"在肉体之外",意味着它的那些从质料中抽象出来的认识对象已经独立于肉身并获得本体论意义上的存在。说它"流向身体",意味着理智的理解活动决定了人的行为。由此可见,迈蒙尼德将"获得性理智"等同于处于完善状态的"实现的理智"。

迈蒙尼德多次讲到人类理智的认识行为是由来自"能动理智"的"流溢"所引起的。人类理智的完善状态——"实现的理智",亦即"获得性理智",来自神圣的理智——"能动理智"的"流溢",是人类理智与"能动理智"进行"连接"(conjunction)的结果。迈蒙尼德将来自非物质性实体——上帝以及独立理智——的"流溢"解释为将"形式"赋予物质或质料理智的行为。[①] 理智从"流溢"中所获得形式,即是通过推理和沉思(speculation)对可认识的形式——不管它们是内在于物质,还是本身具有非物质性——的"把握"(apprehension)。对所有可以认识的形式进行理解的可能性存在于非物质性实体以及它们作为"原则"或"力"能够赋予事物形式。需要注意的是,"能动理智"的"流溢"或"连接"行为并不以个人的理智为其专门的对象,只是人的理智以"能动理智"作为其认识行为所指向的目标。但是人的理智的认识行为都可以看作是其行为和认识对象的"同一"

[①] 参见《迷途指津》第二篇第十二章。

或"结合",正是在这一意义上,迈蒙尼德说"获得性理智"或处于完善状态的"实现的理智"是被"流溢"的,或者说处于"能动理智"和"质料理智"之间。

迈蒙尼德进一步认为,人的理智一旦达到完善状态就会获得永恒性,因此这时的理智已经脱离了肉体,不再倚赖感觉经验和想象,而完全以纯粹的概念性知识为其思考对象。获得完善性的理智不再是"身体内的一种能力",而是"完全摆脱了肉身的束缚"。其理智达到这一层次的人——先知以及那些完善者[①]——就可以说是与"上帝的形象"相一致了,因为上帝在思考时也是完全脱离肉身器官的。这些人的理智达到完善后就会恒定如一,他们将永久地处于一种极度的快乐当中。他们的灵魂在其肉体死去时不会随之消亡,而是脱离肉体并获得永恒性,因为,"完善者的灵魂永远不会称为非存在"[②]。但是人死后不朽的东西不是作为其肉体形式的那个灵魂,因为人出生时被赋予的那个灵魂仅仅是存在于"气"(ruah)[③]中的,随着人死后"气"的消散,这个灵魂也就失去了存在的依据,而人死后存留下来的那个东西应该具有现实性。所谓不朽的灵魂应该是指那个完善的"获得性理智",它在人死后存留下来并且永远不会堕落。

迈蒙尼德明确指出,理智的完善使人不朽,它是人的"真正完善",是人所应追求的最终目的。道德上的完善是指人养成良好的道德习惯,具备优秀的道德品质。多数戒律的

[①] 完善者指那些不仅在道德上,而且在理智上获得完善性的人。参见《迷途指津》第三篇第十八章。

[②] 参见《迷途指津》第二篇第二十七章。

[③] 在《迷途指津》第一篇第四十章中,迈蒙尼德对多义词 ruah 进行了辨析。其中一个意思是"气",即四大基本元素之一。

目的就是要达到这种完善，以便于调节人与人之间的关系以及维持正常的社会秩序。但它本身并不是最终目的，而只是为理智的完善做准备。①他还指出，那些脱离了质料的既非物体又非物体中的力的抽象存在——例如理智——不可能是复杂多样的。但有一种例外，那些相互之间存在因果关系的存在——引导天体运动的独立理智，它们的数量是多，其中一些是其作用的原因，另一些是结果。但是对于人死后存留下的灵魂而言，则不存在这种情况。例如，某人死后所剩下的灵魂对于另一人死后所剩下的灵魂来说，既非原因亦非结果。某一死者的灵魂不是一个独立的、具有人格的实体，它是客观的而非主观的存在——已经被认识了的对象与理智的同一。脱离肉体而存在的灵魂都是相同的东西，即作为统一整体的理智。②显然，在迈蒙尼德看来，构成个体灵魂的那些能力皆随肉体的死亡而消失，留下来的仅仅是以认识对象为内容的"获得性理智"，因而所有达到完善的人，其"获得性理智"是完全相同的，是同一的③。

六、形而上学的范围

迈蒙尼德物质世界图景的前提是一种亚里士多德主义的宇宙结构理论，认为所有天体围绕一个不动的中心，即地球，

---

① 参见《迷途指津》第三篇第五十四章。
② 参见《迷途指津》第一篇第七十章。
③ 因为人的理智发展到其最高形式——即"实现的理智"完善而成为"获得性理智"——的条件，就是其所有认识对象都被抽象并进一步形成"真观念"。

做同轴圆周运动。在迈蒙尼德生活的 12 世纪，流行的天文学知识包括天体本轮运动轨迹和天体偏心轮运动轨迹等理论已经对亚里士多德的地心运动理论提出了严峻的挑战。但新理论本身并不能完全解释星球运动的所有细节问题。这一现状促使迈蒙尼德对形而上学领域采取了一种不可知论的观点，即除了少量的数学知识以外人无法获得有关天体整体的确定知识。

迈蒙尼德将宇宙区分为两部分，一个是月球以下的世界，即人们所生活于其中的物质世界，另一个是月球以上的世界，即天体世界。关于这一宇宙结构和人的理智认知之间的关系，迈蒙尼德认为，人类可以就地球上所发生的一切获得相关科学知识，而天体中所发生的则只有上帝可以完全把握，即上帝掌握整个天体世界的本性。但是需要注意的是，迈蒙尼德并没有完全否定人可以获得某些有关天体的有意义的知识，他在《迷途指津》中指出当时所流行的天文学观点并未能提供解释天体秩序和运动的整体性理论，各种天体理论设计缺乏明确的普遍性原理的支撑，这导致了对天体运动方式、结构等的描述出现混乱不清的多样化局面。

但迈蒙尼德并不否认天体对人生活于其中的物质世界有影响，他对亚里士多德的天体理论的确定性心存疑虑，认为对这个领域的诸多问题，如天体到底如何运转，相关的根本原理是什么等，人并不能获得确切答案，但他仍然坚持"流溢"的概念，认为"流溢"是天体之间联系的重要途径。根据亚里士多德主义哲学，独立的"智性存在者"的纯粹理智的运动蕴涵着一位"形式"的、最终的推动者，它才是天体运动的终极原因；对于与每个天体相对应的"智性存在者"，都有一种来自更高一级的"智性存在者"吸引着它。这种吸引力又表现为低一级存在者对高一级存在者的认知，并成为促使它们运动的动力和原因，而这些"智性存在者"被亚里士多德主义者定义为与天体相分离的、非物质性的存在，具有永恒的潜能。但是迈蒙尼德用"流溢"的概念来代替亚里士多德主义的纯理智运动模式，他指出作为天体运动的第一推动者，上帝独立于诸天体，但是又直接体现于物质世界的运动及其物质性特征。因此，对于迈蒙尼德来说，上帝不仅仅是第一推动者，而且是第一推动者存在的原因，是所有其他来自神的终极"流溢"的形式和理智存在的原因。

在《论逻辑》中迈蒙尼德将"神的学问"或"形而上学"分为两部分：第一部分涉及对那些既非物体又非物体中的力的所有存在的"沉思"（speculation），其对象包括那些超感觉的、非物质性的存在，例如上帝和独立理智；第二部分则是针对所有其他学科中问题的终极原因进行"沉思"的科学，以物质的首要原则和终极原因为其研究对象。可见其形而上学的主题是关于"神圣的问题"，它不同于诸如数学、物理学、天文学等一般的学科。迈蒙尼德将"神圣的学问"等同于"神车论"（Maaseh Merkavah）。① 在他看来，亚里士多德形而上学与犹太教的秘传（esoteric tradition）教义之间存在着对应的关系；"神车论"中的秘传教义仍然属于形而上学的研究领域。了解《托拉》中秘密的方法有两个：一是师承正统的犹太秘传传统，接受来自神的启示；二是通过个人努力来解读《托拉》文本。就后一种方法而言，读者首先应掌握

---

① 参见《迷途指津》第一篇第三十四章。

形而上学问题论证的理论前提，以便尽可能为那些问题提供明证（demonstrative arguments）或强有力的证据；其次，他还应具备足够的睿智（sagacity）来理解有关先知预言的文本并且从中领悟出形而上学的真理。① 迈蒙尼德承认自己并未得到神的启示，他在形而上学方面的知识的获得来自第二种方法，通过对《托拉》的学习和积累，并得益于自己所掌握的思辨原理。②

对于形而上学的可能性迈蒙尼德持温和的怀疑论，但是他并不否认，在人类有限的理性能力面前，"神的学问"仍是一门真正的具有确定性的科学，同时他又指出，对于人类理智而言，有些理解对象是在其本性和能力范围之内，但是还有一些存在却是它无法把握的。还有一些事物，理智只能理解其部分，对于其余则无能为力。即是说，在人类理智的认识领域中，存在一个它不得不止步的界限（chadd），在此界限之外的众多事物是人的理解力不可企及的。③ 迈蒙尼德讲到《圣经》中"却不得见我的面"④ 一句，即指人类理智无法把握上帝的本质，同时他又指出，按照昂克劳的说法，此句被译为"将看不到我面前的东西"，这又意味着那些独立理智或天使也是不可知的。人们能够完全把握的只有那些同时具有质料和形式的物体。⑤ 迈蒙尼德所谓人类所能认识的领域是指月球以下的世界，"因为那是他的世界，他的居住地"；"亚里士多德关于月球以下诸事物的论述都是符合逻辑推理的；这

---

① 参见《迷途指津》第一篇第三十三章。
② 参见《迷途指津》第三篇绪论。
③ 参见《迷途指津》第一篇第三十一章。
④ 《出埃及记》33：23。
⑤ 参见《迷途指津》第一篇第三十七章。

些事物都有一个已知的原因，因果相连不断；对于这些事物，我们的智慧在哪些问题上可以发挥作用，自然的律令如何产生效果，都是一目了然的"①。人类完全不能认识的存在是独立理智、上帝和天使；即使通过启示人们也无法获得有关他们本性的知识，先知摩西对神的了解也仅限于上帝的行为属性。处于这两类存在之间的是那些天体，关于它们，"人们所知仅限于可以数学计算的范围内"，即是说，在以天体为研究对象的天文学中，人们所能把握的仅仅是关于这些对象的部分知识，"只有上帝才完全知晓这些天体的真实存在、本性、构成物质、形式、运动及其来源"。

迈蒙尼德还根据学科内的争议、置疑和迷惑程度对相关的学科进行区分。有一些事物吸引了各个时代的思想家们为之付出了不懈而又艰辛的努力，他们各抒己见，并不断提出质疑，同时每个人都相信自己发现了通向真理的道路，但是人的理性又根本无法用令人信服的证据来证明它，因为"一个可以证明的前提是不会引起争论、遭到否认或拒绝的"。在精确科学——数学中这种情况几乎不存在任何争议或质疑；在自然科学——物理学以及天体物理学中，存在一些争议或疑惑；上面所描述的混乱状况主要见于形而上学。但是此处需要注意的是，不要将这一学科划分与迈蒙尼德根据认识对象的可认识性对知识的划分相混淆。既不可将数学研究的对象完全等同于人类理智认识范围内的事物，也不可简单地认为物理学研究对象在某些状态下是可知的，在某些状态下是不可知的，尤其重要的是，不应仅仅因为形而上学中存在最

---

① 《迷途指津》第二篇第二十五章。

多的争议和质疑就轻易地断言它完全处于人类理智认识能力之上。在迈蒙尼德看来，一方面，的确有一些存在是人类理智所无法理解的，但另一方面，即使在形而上学中有一些命题也是可以被明确的证据证明的。

当迈蒙尼德强调人类理智的"界限"时，他并不是要像哲学的反对者——如安萨里（Al-Ghazali）或犹大·哈列维（Judah Hallevi）那样贬低甚至否定形而上学。他认为，亚里士多德早已认识到人类理智的缺陷，并由此指出在某些事物上人类知识是不充分的。例如在世界是永恒的还是被创造的问题上，以及天体的运动是否表明存在一个必然的理性秩序问题上，亚里士多德也承认人类理智的局限性使得人们无法对类似问题提出无可置疑的证明（demonstration），他不过是认为自己的论证是最不易反驳的，"比他的论敌的意见更正确些"。但是，人类理智以及认识的有限性并不影响形而上学的科学性。在迈蒙尼德看来，尽管人类理智无法认识上帝以及独立理智的本性，但是关于上帝的存在、单一性以及非物质性的证明，以及关于独立理智的存在和非物质性的证明，都是建立在确定无疑的哲学前提之上，这足以确保形而上学的科学性。作为一门科学，形而上学——"神的学问"——在内容上包括上帝的存在、单一性以及非物质性，上帝的属性，创世论，神命论，先知论，以及上帝之名等问题。[①] 同时他又指出对于人类理智而言，有些理解对象是在其本性和能力范围之内，但是还有一些存在却是它无法把握的，此外还有一些事物，理智只能理解其部分而对于其余则无能为

[①] 参见《迷途指津》第一篇第三十五章。

力。即是说在人类理智的认识领域中，存在一个它不得不止步的界限，在此界限之外的众多事物是人的理解力不可企及的。①

七、先知论

在《迷途指津》第二篇第三十二章，迈蒙尼德列举出关于预言的三种观点。

第一种观点认为，"上帝选择任何他所喜悦的人，赐予他预言灵感，赋予他先知的使命。无论他是智是愚，是长是幼；只要他在某种程度上品德良好"②。个人能否获得灵感、成为先知，完全依赖于上帝的意志，除此之外没有任何其他必要条件。迈蒙尼德指出该观点为众多异教徒以及部分无知的犹太教徒所拥护。③

第二种是哲学家的观点，即"预言是人们在完善状态之下的一种能力，只有通过学习才能获得"；"如果一个人其智力和道德都相当完善，并且其想象力也已相当完善的人，以一定的方式（下面将要提到）训练自己，那么他就一定能够成为先知；因为预言是人的一种自然能力"④。这一"哲学的"观点具有自然主义的特征，它将预言看作是人的理智、道德

---

① 参见迈蒙尼德：《迷途指津》，第66页。
② 同上书，第332页。
③ 事实上，一些重要的犹太思想家，如萨阿底、阿布阿伯内尔等，也坚持一种与该观点相似的先知观。参见 C. Sirat, *A History of Jewish Philosophy in the Middle Ages*, p. 192.
④ 迈蒙尼德：《迷途指津》，第332、333页。

以及想象力等自然禀赋趋向完善的结果。

迈蒙尼德列出的这两种观点针锋相对，前者为超自然主义的先知观，后者则是一种自然主义的观点。在前者看来，上帝主宰着个人是否能成为先知、获得预言，没有什么可以阻止他按自己的意志行事。而人则是完全被动的接受者，他自身的潜质以及训练无法成为获得预言的必要条件。但是哲学家们则完全将预言视作个人的一种完善状态，他的自然潜质以及后天的努力都是他成为先知的必要条件。哲学家们将上帝的角色定位为物质世界中所有自然现象的间接的、遥远的原因。他不能直接干预物质世界中的个体，他也不能违背自然规律行事。因此个人成为先知完全是一种自然现象。于是，这里就出现了一个涉及上帝和先知概念的关键性问题，先知预言，究竟是神有意影响人类历史发展而赋予某个人的使命呢，还是在遵循自然法则的情况下个人能力完善的结果？针对这一问题，迈蒙尼德给出了另外一种观点。

第三种观点——迈蒙尼德称之为"《托拉》所教导我们的观点"，是综合了上面两种先知观之后开拓出的一条中间道路，一方面，它与"哲学的"观点基本一致，承认人的理智以及道德完善是先知预言的必要条件；但同时，他又指出，它与"哲学的"先知观之间有一个重要差别。根据这一先知观，"即使一个人有预言的潜能并且充分训练自己，他也有可能无法进行预言"①。上帝能够干预先知的预言，他可以使一个本来已经具备成为先知条件的人无法获得预言

---

① 迈蒙尼德：《迷途指津》，第 333 页。

的灵感，此时上帝就如同在其他所有的奇迹中一样起到决定性的作用。迈蒙尼德认为这是传统犹太教的观点，并且明确表示他完全支持这一先知观。他在列举了一些有关上帝干预先知预言的事例后，又花费不少篇幅举例证明只有那些完善的个人才能成为先知。可见，他一方面否定"哲学的"先知观的必然性特征，另一方面又赞成其观点中的自然主义因素。由此，迈蒙尼德在承认世间万物按照自然规律成长、运动的同时，又保留了上帝按照自由意志对其进行干预的可能性。①

　　迈蒙尼德有关预言形成过程的思想受到了法拉比的影响。② 后者曾经指出，预言是个人的完善理智与能动理智连接并获得的有关神圣事物的启示，它不同于推理、证明获得的知识，而是对超越领域的一种整体把握，从而导致个体理智的永久性转变。同时，法拉比又曾提到，预言是来自神的"流溢"到达想象力的结果，是想象力对理论性知识或未来知识的一种形象的再现。迈蒙尼德则试图对这二者进行融合，强调在先知预言的过程中想象力和理智起到了同样重要的作用。完善的想象力不仅是获得预言的必要条件，它本身也是先知预言过程中重要的组成部分。

　　迈蒙尼德在对预言进行定义时指出，"预言在本质上是来

---

① 在迈蒙尼德看来，上帝的自由意志不仅是自然规律，也是一切神迹以及《托拉》存在的前提与根据。他不赞成亚里士多德宇宙永恒论的主要原因之一，就在于如果接受了宇宙永恒论，无疑就等于承认上帝的一切行为都要受制于必然性，而这就意味着对上帝自由意志的否定。
② 参见 Jeffrey Macy, "Prophecy in al-Farabi and Maimonides: The imaginative and rational faculties," in *Maimonides and Philosophy*, eds. S. Pines and Y. Yovel, 1986, p. 278。

自神的一种流溢，它经过能动理智这一中介首先传给人的理智，然后到达他的想象力；这是一个人所能达到的最高等级和最大完满性；它是想象力最充分的发挥"①。这一定义在几个关键问题上语焉不详，留下了众多的争议，如"流溢"究竟所指为何物，预言形成过程中上帝和能动理智各自所扮演的角色，人的理智和想象力又分别起到了什么作用？面临迈蒙尼德布下的这一迷宫，后来的读者们纷纷提出自己的见解，但是这些解释往往各不相同甚至相互矛盾。

那么来自神而最终到达先知的"流溢"是什么呢？有人将其解释为上帝按照自己的意志创造出来的话语和意象。② 上帝将这些话语和意象传递给他的信使——能动理智，而能动理智又将这些信息传递给那个具备了一定理性能力和想象力的人。人的理性能够理解预言中的这些话语和意象的含义，然后通过想象力将这一预言传递给众人。按照这一观点，预言完全是上帝的产物，而先知不过是一个间接的、被动的接受者。另有一种观点与此相对，认为上帝不过是预言产生的一个间接的、遥远的原因，人从能动理智那里获得相关信息。该信息经过先知理智能力的理解作用转变成一种完善的理智，然后又流至想象力。先知通过其想象力以言语或意象的形式将预言表达出来。根据这一自然主义的观点，人是预言形成过程中的一个更加积极的参与者，而上帝则隐退到后边。

上述两种解释的不同体现于上帝、能动理智和人在预言形成过程中各自所起的作用，以及"流溢"内容的性质。根

---

① 迈蒙尼德：《迷途指津》，第 341 页。
② 此处以及后面所提的三种不同的解释，详见 A. J. Reines, *Maimonides and Abrabanel on Prophecy*. Cincinatti：Hebrew Union College Press，1970。

据迈蒙尼德的定义，预言形成过程可以分为两个阶段：首先，来自上帝的神性之流经过能动理智到达人的理智；然后，该"流溢"又经过人的理智到达他的想象力。而在整个过程中能动理智所起的作用，则如迈蒙尼德在《迷途指津》第二篇第六章中所说："在亚里士多德看来，独立理智也是上帝和存在物之间的中介，而且正是通过它们的中介作用，天体才处于运动状态的，而这种运动又是一切可生之物产生的原因。这也是经文中存在的一个观点，因为从《圣经》中可见，上帝除非通过天使是不行使活动的。"[1] 由此可见，上述第二种解释中个人从能动理智那里获得的"流溢"仍然是来自上帝。上帝不仅是"流溢"的源头，而且为其最初运动直接提供动力。在预言形成的第一阶段上帝起到完全的决定性作用。只是到了第二阶段，人的能动性才得以发挥，他利用自己对理智和想象力对"流溢"进行加工。"流溢"内容并非具体的言语或形象，而是来自上帝的一种形式或非物质性的力。

　　上帝的"流溢"充盈整个宇宙。个人理智接受"流溢"的过程就是他学习的过程。这一过程可能要花费他相当长甚至是一生的时间。"流溢"达到人的理智后就转化为有关神的知识。获得神的知识使个人理智得到完善，其完善程度与自身获得上帝知识的多少成正比。但是同时迈蒙尼德承认，人类理智具有其局限性，无法到达超越的领域。它只能针对物质世界得出普遍的、抽象的概念，而无法获得启示或直觉知识，后者则是想象力的领域。迈蒙尼德将从能动性理智传至

---

[1] 迈蒙尼德：《迷途指津》，第 244 页。

人类心智的神性之流所带来的知识分为三个领域：一是理论科学；二是统治；三是预测。按照他的观点，知识之"流溢"不仅仅是被先知接受，还能够到达其他人群。哲学家们由于其想象力的不足而仅只用理智接受"流溢"，故他们得到的仅是科学或哲学知识，包括物理学和形而上学。君主和占卜者则与哲学家相反，由于其理智的不完善以及想象力的发达，他们仅得到统治之术或预测之术。[1] 而先知不仅具有完善的理智，还具备发达的想象力。故一方面先知掌握着物理学和形而上学的知识，另一方面他们又具备统领、管理众人以及进行预言的能力。此外还有一点同样重要，神性之流从理智流向想象力时，想象力发达的先知能够以形象的方式将理论知识表述出来以说服、教化众人，故先知又担负教育之职责。在迈蒙尼德看来，以完善的理智和想象力接受神性之流的先知比那些仅以想象力接受"流溢"的人更适于履行统治和预测之职。他们能够根据自己掌握的有关人类幸福的真知统治众人，而且他有关现实的真知有助于他进行更加准确的预言。

在迈蒙尼德那里，预言的形成是人类理性能力和非理性能力共同作用的结果，它们和神性"流溢"一起使预言的实现成为可能。迈蒙尼德先知论是调和了上帝绝对主导性和人类理智主动性之间，以及理智和想象力之间关系的结果，这也体现了他的宗教哲学试图对哲学和宗教、理性和启示进行调和与统一的特征。[2]

---

[1] 参见《迷途指津》第二篇第三十七章。
[2] 参见 Youde, Fu, "Maimonides on Prophecy: Synthesis and Reconciliation," in *The Journal of Progressive Judaism*, vol. 2, London, 1994。

迈蒙尼德将除摩西之外所有先知所做的预言分为梦境和异相两类。① 这两类预言皆与想象力的行动有关。其中异相预言发生在先知清醒之际,此时由于想象力的强烈活动,身体的各种其他感觉活动皆已停止。梦境预言分为五个等级,由低到高分别是:梦境中得见寓言,梦中听到言语,梦见有人讲话,梦见天使讲话,梦中上帝讲话。而异相言语又被由低到高分为四个等级:目睹含有寓意的东西;听到话语;目睹凡人对他讲话;目睹天使对他讲话。在这两类预言之前迈蒙尼德提到了另外两种等级更低的情况,或称为亚预言,一是个人在神的引导下去做伟大而高尚的行为,一是个人在一种巨大力量的感召下说出异常言语,比如箴言或赞美诗。严格地讲,他们并不是真正意义上的先知。但是他们的行为或言语的确透露出确切的消息,比如约瑟在埃及王室的成就,大卫作《诗篇》,所罗门作《箴言》《雅歌》等。

迈蒙尼德认为,《托拉》中记载的西奈山启示过程中所发生的奇迹,即众以色列人听到了神的声音,并不是为了强调其超自然的特征。此处最为关键的是人们听到了什么。他的观点是,众以色列人没有达到先知的任何一个等级,当时他们在西奈山下听到的是一种不可辨清的"声音",他们无法理解这些"声音"的意义或内容。但是摩西听到的却是明确的言语。这进一步证实了这一原则,即只有那些具备资质的人才有可能获得启示。

迈蒙尼德将摩西称为"最伟大的先知"。为了将摩西与其他先知区分开来,迈蒙尼德指出其他先知的预言过程同时涉

---

① 参见《迷途指津》第二篇第四十一章。

及理智和想象力，而摩西接受启示、进行预言的过程中并没有想象力的参与。在他的笔下，摩西预言具有四个特征，都与他在预言过程中脱离了想象力的干预有关：第一，摩西是在完全清醒的状态下进行预言的，因为他无须在睡眠时将想象力从感觉形象的重担下解脱出来；第二，摩西在预言时并没有感到紧张，因为只有想象力会在面临神性之流时产生恐惧；第三，摩西可以随时进入预言的状态，因为他不像其他先知那样受想象力的影响，而想象力作为一种人体机能有时会疲乏、虚弱，甚至完全丧失，有时则发挥正常；第四，摩西预言无须任何中介，无须诉诸想象力的帮助，他的理智直接从能动理智获取知识。毫无疑问，摩西预言异于其他所有先知的预言，是各种形式的预言中最为高级的一种，他将哲学家和先知两种身份集于一身。

但这与迈蒙尼德在对预言进行分级时对想象力作用的强调出现了矛盾，而且也与《托拉》中对摩西在异相中得到启示的描述不一致。一般的解释是，迈蒙尼德对摩西预言的特殊处理，强调其优越性和独特性，是因为它关系到犹太传统中一个更为重要的问题，即犹太律法——包括成文法和口传法——是直接来自上帝的神圣律法。如果不做出如此区别，则意味着承认《托拉》以及其他犹太经典中含有基于想象、比喻及境遇变迁等因素，那么它们则可以随着时过境迁而变化，并非一成不变。迈蒙尼德在其先知论中将摩西预言区别于其他先知的预言，使其脱离了想象力的参与，可以说在很大程度上是基于为犹太教特殊地位进行辩护的目的。由此看来，他论述一般先知预言时对想象力的强调，是为了强调那些获得完善的个人应该有效地与众人沟通，以便帮助整个宗教社区的教众。

八、关于恶的本质和神命

对于生活在中世纪时期的大多数宗教思想家而言，世界上恶的存在——无论是物质上还是道德上的，都对上帝全善的信念形成了颇为棘手的挑战，因而有必要在宗教哲学著作中拿出专门的章节对这一问题进行分析。

在迈蒙尼德关于恶的问题的讨论中，我们需注意两点，一是他如何反驳上帝是邪恶之源的观点，二是他教导人们如何辨别善恶。

迈蒙尼德认为，上帝是最高的善，他所创造的一切也都是善的。但是人们往往以个人为尺度去衡量周围的世界，认为整个宇宙都是为他而存在的，因此当发生的事情出乎预料时，他就将其视为恶。如果对宇宙形成整体的观念，并认识到自己在茫茫宇宙中不过是沧海一粟，他就会掌握真理之所在，明白在天体、星辰、元素以及矿物、动植物等各类群体中没有所谓恶，恶仅存在于人类个体身上。

迈蒙尼德将人类所遭遇的恶总结为三类：第一类是人在肉体上自然的衰老、病痛以及死亡；第二类是人之间进行争斗所造成的恶，例如暴虐统治、战乱等；第三类是由个人自身的放纵和恶习造成的某些灾祸，这包括身体上和灵魂上两个方面的痛苦。迈蒙尼德赞同盖仑的观点，认为不管什么质料构成的东西，它都具有可能的完满形式，个体的缺陷是与个体的质料相一致的。同时，根据神的智慧，没有毁灭就没有创造，没有物种个体的死亡就不会有物种自身的永存。个人由于和他人的关系或者自身造成的痛苦和灾祸，其根源更是在其自身。至于灵魂的痛苦，其原因一是在于灵魂居于肉体之中，肉体的变异必然导致灵魂的不幸，二是那些缺乏理性的个人由于其无止境的欲望而导致遭受痛苦。

人们无论在肉体上还是精神上所遭受的恶皆来自质料（即人的肉体）以及其形式（即理智）的缺失；同时，理智被赋予征服质料的力量，德行是人的形式（理智）完善的结果。人类存在的目的就是把握认识对象，积累有关上帝、独立理智以及神命的知识。迈蒙尼德还提出个人理智和能动理智相契接的理论，并暗示这就是个人灵魂不朽的原因。他建议追求完善的人应该远离物欲，仅索取维持生命所必需的物品，同时将终生的奋斗目标朝向对认识对象的把握。他试图对人们表明人类生命中最大的恶就是放弃对理智完善对追求。但现实生活中往往充满了追逐想象、虚幻之物的蠢人。①

迈蒙尼德指出各种存在物本身并不是恶，相反，恶是事物的缺失（privation），是善的缺失。比如，失明并不是视力的反义词，而是视力的缺失；又如，无知是知识的缺失，死亡是形式的缺失。善的缺失恰恰是由于质料的不稳定性引起，因为质料无法与形式以一种永恒的方式进行结合，它注定只能不断地以一种形式代替另一种形式。因此可以说质料和缺失是恶的根源。迈蒙尼德又指出，作为一条普遍性的定律，一个动因与缺失之间不是直接的因果关系，如果说二者

---

① 参见《迷途指津》第三篇第十二章。

之间有关系，它只能是偶然的，因为，一个动因不可能成为导致某事物缺失的必然原因。比如，当人熄灭了一盏灯，他并不是灯熄灭后黑暗出现的直接动因；充其量他只能算作其间接的偶然性因素。由此迈蒙尼德接着说，物质世界中的缺失并不是上帝以一种本质的方式创造出来的。只能说，因为上帝创造了不断与形式进行结合与分离的质料，而质料与形式的分离则意味着形式的缺失。也就是说，上帝行为所生成的是事物的存在，而恶却是非存在，因此可见上帝并不生成恶。

但是随之又会出现新的问题，为什么上帝创造一个有缺失的世界？迈蒙尼德对此的回答是，物质世界中的质料在本质上总与缺失相伴，这也是万物要面临死亡以及其他形式的恶的原因。但是质料在本质上并不是恶。正是质料在存在与缺失之间的转换，使得物质世界能够在不断生灭、变迁中得以永存。自上帝以下的存在物可以分为三类：脱离质料的形式，即独立理智；与质料结合但能够避免堕落的形式，如天体与星球；与质料结合而且不断经历生灭、堕落的形式，即物质世界中的万物。只有包含这三类基本存在形式的世界才是完满的，或是善的。缺乏前两类存在物的世界是不完整的，是一种缺失。正是在这一意义上，可以说缺失也具有积极的意义。

人类在物质世界中处于什么样的位置呢？迈蒙尼德没有采纳人是上帝创世的目的、万物是罪恶之源这一传统的观点，他认为人也是这一存在序列中的一部分。但他同时也突出了人的特殊性，一方面人与月球以下其他存在物一样有生有灭，另一方面人在理智上以把握非物质性存在（即独立理智）作为其追求的最终目的。人的这种双重本质是理解迈蒙尼德有关神命（providence）① 思想的关键。

在迈蒙尼德看来，哲学家们否认上帝对个人的神命的主要原因即在于生活中不公平的现象。另外一个原因是基于这样的考虑，即上帝对任何经历变化之事物的知识意味着上帝本身性质的变化。迈蒙尼德认为后者仅是一个次要的因素，影响人们对于神命态度的原因主要在于前者。在《迷途指津》第三篇第十七章迈蒙尼德列举了有关神命问题的五种不同观点。首先是伊壁鸠鲁的观点，他否认任何形式的神命，认为天体以及星辰都出自偶然和随机，并没有什么东西在支配它们。这一观点已经被亚里士多德证伪，他进而提出神命只涉及永恒之物。独立理智、天体以及星辰等的个体都在神命的范围之内，月球以下物质世界中的生物则以物种为个体接受神命之恩惠，而每个物种的个体，不管是一个人还是一只蚂蚁，都要面临生死变迁，处于偶然性的支配之下。迈蒙尼德认为亚里士多德的观点与他的宇宙永恒论密切相关，而且他提出这样主张也是基于他对经验世界的重视。伊斯兰神学流派阿什亚派（the Ash'arites）同样主张，月球以下世界中事物在神命中没有个体的区别，但是他们却主张一种极端的决定论观点，认为上帝是包括物种及其个体在内的万事万物发生变化的直接原因，并以此确保上帝的全能、全知。另一个伊斯兰神学流派穆尔太齐赖派承认人拥有一定的自由，肯定上帝在制定律法中所体现的智慧，以及在奖善惩恶中体

---

① providence一词有不同的翻译，例如，"神命""神意""神律""神佑""神定"，指神对自然界和人的干预或佑助。这里取"神命"，有时也用"神佑"。

现出上帝的公正。而那些诸如婴儿生病、义人死亡等现象也是上帝智慧的体现，因为他们在来世会得到回报。第五种是《托拉》的观点。其神命观的前提一是人的自由，二是人类个体受到上帝的保佑。人在其能力限度内有权按照自己的意志去自由行动或做出选择，这些都是神意的安排。个人身上所发生的一切，不管多么微小，都严格以其行为的善恶为依据。迈蒙尼德反驳了有些先哲认为上帝增加个人痛苦是为了将来给予他更大的回报的观点，以及上帝为动物的苦痛进行回报的观点。他进而指出，在月球以下的世界里，除人类外，上帝不干预和决定其他物种的个体。而其他生物的命运——迈蒙尼德赞成亚里士多德的观点，即完全受偶然性的支配。此处人类与其他生物的区别在于理智。神命总是伴随着神圣的、理智的"流溢"，而人类就是借此被赋予理智。所有能与神性"流溢"相契接的物种，无论是个体还是团体，其行为都要面临奖罚的评判。船只倾翻下沉都仅仅处于偶然，但是在船只甲板上的乘客失落到水中则与神的裁判有关。生活中个人所得神命的多寡与其理智的完善程度成正比。

迈蒙尼德对《圣经》中《约伯记》所做的解释和讨论也反映了他的神命观。《约伯记》尤其是其序言部分常常被看作是一个哲学的寓言。在对该篇的分析中迈蒙尼德所首要关心的是，上帝到底是像犹太传统所说的那样存在于历史之中的人格神，还是仅仅将他的行为范围限定在对非人格的自然规律的支持上？表面上来看迈蒙尼德像他一贯所表现的那样支持犹太传统的观点，比如上帝根据个人的行为对其进行奖惩，但同时他又对这一观点进行修正，指出神命与个人最终达到的理智完善水平相关。迈蒙尼德指出，约伯和他的朋友各自代表了不同的神命观。约伯发现在上帝面前人和其他事物个体之间没有什么区别，在灾害面前善人和恶人的遭遇也没有什么不同。他遭受的巨大痛苦使他放弃了先前曾坚信不疑的上帝奖善惩恶的信念。他的看法代表了亚里士多德的观点，即认为神命只涉及抽象的物种而不包括具体的个体事物。以利法则代表了犹太传统的观点，认为约伯命运中的不幸是公正的，他所遭受的痛苦是对其罪恶的惩罚，他应该为罪忏悔。比勒达代表了穆斯林穆尔太齐赖派的观点，认为约伯的痛苦是上帝对他的考验，他将在来世获得奖赏。琐法则采纳了阿什亚派的观点，认为上帝的智慧玄妙莫测，他的行为都是他任意所为，并无任何原因可循。年纪虽小但充满智慧的以利户则阐明了一种"前无古人"的新思想。他认为神命和自然规律并不矛盾，它本身就体现在自然规律当中。在迈蒙尼德看来，"天使"就是指一种天赋的力，也即是能动理智。个人理智通过和能动理智的契接而使自己更加完善。完善的实践理智能够使人慎重思考自己的行为，从而有效地避开灾难。理智完善程度愈高的个人，得到的神佑愈多。但是以利户又说，人在"天使"的帮助下避开灾难至多不过"两三次"。这意味着人在其一生中凭借智慧仅能躲过几次自然原因引起的灾难，但最终他仍要像其他生物一样面对死亡。然后上帝在对约伯的话语中肯定了以利户的观点，但同时，迈蒙尼德指出，上帝又增加了一点新的内容，即神命是人类理智所无法了解的。人类无法了解万物是如何"在时间中创生的"，以及"事物体内自然的力是如何产生的"，即人类理智有关天体领域的知识是极其有限的，这也就预示着约伯在理解神命问题上是无能为力的。

迈蒙尼德进而指出遭受苦难使约伯加深了他对上帝的爱。对于迈蒙尼德而言，对上帝的敬爱是伴随着对上帝的知识的增加而加深的。随着个人对自然科学、形而上学以及对上帝的行为在世界中的体现的研究与学习，他的科学知识在增加，他对上帝的爱也与日俱增。由此，敬爱上帝也成为体现皈依宗教的最高水平（以获得性理智为其特征）的一个重要因素。达到这一阶段后，人远离世俗的事务，并且不仅在理智上对上帝进行沉思，还在情感上深爱着上帝。对上帝属性的不可知性的了解以及痛苦的体验使约伯最终意识到，质料和肉体上的善没有任何意义，人们遭受的苦难都只涉及肉体，而肉体方面的得失是无足轻重的，对上帝的沉思和敬爱才是值得人们去追求的唯一目标，所以对于个人而言，唯一重要的是理智形式的完善。真正的幸福并不存在于物质的事物，而在于理智的完善，由此可实现获得性理智以及对上帝进行永恒的沉思。理解了这些之后，约伯能够培养出对痛苦的免疫力，敬爱上帝，并由此可以避免"撒旦"（代表着物质世界中的质料，以缺失为其特征）的不利影响。此外，正因为约伯实现了获得性理智，他的灵魂就不会遭到"撒旦"的直接影响，上帝才会对撒旦说他可以对约伯做任何事情，但是"不要动他的灵魂"。迈蒙尼德承认神命能够到达个人，但是他又否认了传统意义中上帝对个人的保佑。当个人在理智完善的梯子上前行时，他能看到即将来临的物质的恶，并且能够采取措施避开和它遭遇。而且，随着人在梯子上前进，他逐渐脱离物质的束缚而成为一个"独立理智"，不再会从物质上的灾难中感受到痛苦。约伯的故事象征着整个人类的境遇，他最终领悟到有关人类存在的意义。

九、论上帝的预知与决定

如中世纪哲学所流行的，迈蒙尼德将神圣意志从其本性上等同于神圣存在。这意味着，世上发生的一切必然皆是以上帝意志作为直接或间接的原因。上帝的意志不受任何外在因素的影响，最终而言，他所意欲的无非是自己本身，即必然性存在。而这一必然存在的行为也必然是完善的。上帝按照自己的意愿将自己的存在部分地"流溢"到世界。"流溢"和创世一样是上帝意志的必然结果。迈蒙尼德将上帝的意志等同于他的智慧。[①] 这也就意味着将上帝的自由等同于必然性。上帝的预知作为一种概括性知识，涉及普遍性的概念和种类。而这种普遍性来自上帝的本性，即他的智慧和意志，也就是他的存在。对迈蒙尼德而言，神圣意志即是指上帝本性中的外向性和目的性的维度，它所指向的对象主要是物的种类，但同时它又以某种未明的方式关涉人类的个体。对于上帝预知中的个人维度的强调是迈蒙尼德顾及一些社会、政治因素的结果，是他在承认神圣知识的普遍性的基础上对传统做出的妥协。

神性理智所具有的必然性体现在世界万物中，它同时又是世界必然性的反映。上帝并不影响缺乏可能性的事物，如逻辑上自相矛盾的东西。只有那些与上帝本性一致的、从而

---

① 参见《迷途指津》第三篇第十三章。

来自上帝存在的事物才具有可能性。"上帝愿意做什么，就一定会做成什么；没有任何东西能阻止上帝实现自己的意愿。他所造的只是部分可能之物，而非所有可能之物，即他只造仅仅符合他智慧要求的可能之物。"① 作为存在的最高原则，上帝的意志在其本质上就是让事物获得存在，使具备存在可能性的事物成为现实，而那些可能性事物所表现出的局限性也是来自上帝的智慧。神性智慧的特征是"善"，其中包含着万物的存在。因此上帝的本性中必然蕴涵着一个存在的世界，其中包括一切可能的存在者。将任何一个可能的在者排除在现实世界之外都将意味着对这个世界中善的剥夺，这显然与上帝"至善"的本性相矛盾。

在迈蒙尼德看来，自上帝创世以后，任何一个真正的可能性都等同于我们所熟知的现实的可能性，潜在于物质的存在者中。他认为，而凯拉姆派所接受的、仅仅不违背矛盾律因而是纯粹逻辑意义上的存在的可能性②，并没有构成可能性的充分条件。真正的可能性应是永恒的上帝的智慧所决定的，并通过其意志表现出来。那种纯粹理论意义上的存在的可能性将意味着非出于上帝意愿、未获必然性的实体的存在。迈蒙尼德所谓"理论意义上的可能性"是指从那些未实现的可能性，考虑到上帝的善和完美的必然性，这一概念本身即是自相矛盾的，因而它们也不可能在另一个世界中实现。那现实中存在的，是上帝必然性存在的必然结果，因而必然是善的。

---

① 迈蒙尼德：《迷途指津》，第 458~459 页。
② 参见《迷途指津》第一篇第七十三章有关第十前提的内容。

迈蒙尼德在谈到个人所面临的衰老、病痛及死亡等这一类生理上的恶时指出，人作为质料构成的个体，一方面他体现出肉体所能提供的最完美的形式，如生命、理性和道德，另一方面他也难逃与质料相关的缺陷的影响，即衰弱病死等。只要人类存在，这一类恶就不会灭绝。[1] 毫无疑问作为造物主的上帝必然能够预知这一点，那么，上帝全知的本性中就不可避免地包含着某些缺陷和恶。但在该语境中此类恶并不具备终极的、本质的意义。事实上，在迈蒙尼德看来，此类恶的存在意义就在于它们是上帝完美和全善的见证。而上帝之善并非远不可及，他对那些有志者提供接近的机会。其途径有二，首先他们应该在生活中奉行公义以培育个人品德；其次，也是更为重要的一点，通过理智的努力达到与包含一切事物形式的神性"流溢"接近甚至契接的境界。由于"流溢"的恒久不变，个人理智与它的契接也便成为可能。正因为神性"流溢"的永恒性，迈蒙尼德才能够肯定地说上帝必然预知一切，包括现在和未来。上帝通过他所赋予事物的形式原则而预知万物。事物的现在和未来对于上帝而言并无任何区别，因为上帝的本性中并没有过去、现在和将来的区分，只有永恒的当下。[2] 毫无疑问，来自上帝的万物的形式总是与特定的质料在特定的时间和地点相联系，但是这些因素仅是存在的偶性，与质料相关。如同质料一样，时间和地点对于上帝而言其意义仅在于形式的需要。上帝预知的对象明确地指向形式，它们来自上帝因而必在其预知的范围

---

[1] 参见《迷途指津》第三篇第十二章。
[2] 参见《迷途指津》第三篇第二十章。

之内。

如果像哲学家们所说的那样，上帝对个体没有任何知识，那么上帝对个体的保佑也就是不可能的了，这势必会危及犹太教的基本教义。但是如果主张上帝在永恒的时间中对所有个体都有预知，又会导致更多的问题。这意味着上帝拥有关于非存在者的知识，而非存在者不可能成为知识的对象。而且上帝预知诸多变化中的个体意味着其知识的多样性，这意味着对上帝单一性的否定。上帝的知识中必然会包含不确定性因素，随着个体的变化而改变。上帝预知万物意味着对可能性的否定，因为任何事物都会按照上帝的预知发展变化。迈蒙尼德指出，上帝知识和人类知识之间并不存在任何相似性。个人通过观察事物而获得经验知识，而且随着知识对象的增加他的知识也不断增长，但是他不能认识未来，把握无限。而上帝的知识则是永恒如一的，他能够以其单一的、不变的知识预知未定的、变化的个体的境遇而不改变可能性的本质。上帝有关万物的知识并非来自物体自身，相反，是他根据自己的知识而创造了世界万物。上帝的知识与上帝的本质相同一，它并不依赖任何外在的原因，它是创造者对其创造物所拥有的知识。纯精神的存在、永恒的物质存在以及变动不居的个体事物都服从上帝那永恒不变的知识法则。同时，迈蒙尼德又指出，上帝对事物由可能转化为实在的知识并不会改变该事物的可能性，同样他对若干可能性中某一种会成为现实的知识也不会影响这种可能性的实现。①

---

① 参见《迷途指津》第三篇第二十章。

十、论律法

迈蒙尼德将摩西律法称为律法的基础,认为其权威性建立在两点上,一是《托拉》的教导,二是理性的证明。[①] 摩西律法的根本特征在于它的唯一性。除此之外,没有而且也不会再有任何其他的基础性律法。

摩西不同于其他先知之处就在于他的立法者身份。他因受上帝启示而获得律法,并将其传与众人。这一启示律法适用于所有以色列人,对每一个人都具有约束力。除摩西之外所有的先知在众人面前只是教育者。在他之前的先知或是向众人传授观点,或是劝说他们做出某些行为。在他之后的先知更像传教士,他们以摩西的启示律法为出发点,确保众人遵守该律法中的每一条戒令。他们约束众人所依赖的手段不是强制的立法,而是说服性的言辞。

"启示律法"的基础性地位具有普遍性,它对于摩西之前的先知同样有效,尽管那时启示律法还没有出现在人们面前。对其普遍性,迈蒙尼德诉诸理性的证明。他根据中道原则指出,在一类事物中只能有一个完美的成员,它完全居于中道,而其余的总是存在一些缺陷,或是过之,或是不及。他进而指出,"启示律法"优于其他律法之处就在于它的完善性,这体现在它的内容上,就是它所涵盖的"公义的律例和典章"正合于中道。一方面,它没有对信仰者提出过分苛刻的要求,

---

[①] 参见《迷途指津》第二篇第三十九章。

增加其负担和痛苦，以致阻碍他们理智的沉思；另一方面，它又绝非毫无约束力，任由人们耽迷于贪欲和淫乱，以致阻碍道德和理智的发展。

迈蒙尼德又提出以目的论方法来判断律法的完善性，并提出"神圣律法"的概念。他认为"神圣律法"之所以是神圣的，就在于其完善性。它以个人的完善为目的。一部律法是否具有神圣性，不仅仅在于它能否囊括某一类律令，更在于它是否以提升个体的完善为目的。一部出于偶然性包含了某些有助于个人完善的内容的律法，或者一部律法中的某些内容碰巧能够有益于个体的完善——这些律法都不能称为"神圣律法"。以目的论的方法来评判律法，就意味着承认这样一点，即完善的律法并不必然产生个体完善的结果，因为根据目的论的标准，任何事物的完善性来于它的目的而不是结果。这样迈蒙尼德就使"神圣律法"避免遭到有些无知者因现实中存在诸多不完善的个体而提出的质疑。但这又同时意味着"启示律法"和"神圣律法"并非完全等同的两个概念，因为根据目的论的判断标准，"神圣律法"也可能包括其他具备目的论意义上的完善性的非启示律法，如哲学中正确的观念。

迈蒙尼德用"世俗律法"（nomos）的概念指那些由人所创造的律法，它适用于"世俗社区"，该社区中的人们以其首领提出的幸福观为追求目的。而"宗教社区"所追求的则是不断提高其成员的理解力和智慧，最终达到个体的完善。这两种社区目标的不同反映了其各自实现方法的不同：以"世俗律法"为原则的"世俗社区"所注重的是保护成员免遭肉体的伤害，它通过对成员的惩罚和威慑来实现其目标；而

"宗教社区"以"神圣律法"为其统治原则，既注重保障成员人身安全，又强调获得有关理论性主题的正确观念。它通过对成员的教育，一方面培养他们克制自己欲望的能力，另一方面引导他们进入崇尚思辨的生活状态。可见，以完善为目标的"神圣律法"关注的不仅是个体成员的人身安全，更注重其理智的发展；它向人们传授有关上帝以及天使的信念，帮助其获得关于万物的真知。而"世俗律法"的目的仅在于调节人们之间的关系，创造有序的社会环境，以保证其成员在追求利益时公平地相处。

迈蒙尼德将律法的目的分为两类，一类是人的肉体和灵魂的健康，另一类是肉体和灵魂的完善。①

对于"一般性律法"（law in general）而言，"灵魂的健康"在于"人们依各自的接受能力获得正确观念"，这些观念或者直接明了，或者采取寓言的形式。"肉体的健康"则在于改善人们的社会生活方式，其具体方法有两个，一是消除人们之间的恶行，要求个体不得任意妄为，而应顾及公众的利益；二是帮助个人养成有益的道德习惯，以便形成良好的社会秩序。可见，正确的观点、有益的行为和良好的道德习惯是保障人们肉体和灵魂健康的重要手段。迈蒙尼德又指出，在这两种健康之间，"灵魂的健康"——获得正确的观念无疑要更为崇高，但在本性和时间上，"肉体的健康"——国家的治理以及所有成员的福祉却有在先性。② 肉体和灵魂二者的完善类似于二者健康之间的关系，"灵魂的完善"要以"肉体的

---

① 参见《迷途指津》第三篇第二十七章。
② 对于这一点，迈蒙尼德在后面讲到"必然性信念"时做了进一步阐述。

完善"的实现为基础,而且"灵魂的完善"也在于获得正确的观念。但不同的是,"肉体的健康"描述的是良好的社会秩序,而"肉体的完善"则指向个人身体的健康。"肉体的健康"首先是社会的有序,而说它是"肉体的",在于它同时意味着根据社区多数成员认可的原则对物品和服务进行分配。同样,"肉体的完善"首先要求个人拥有生活必需品,比如食物、住所等,这意味着他应该生活在能够提供这一切的政治组织中。可见,"肉体的健康"和"肉体的完善"之间的区别不在于前者以政治生活为前提而后者不是,而在于前者是强调个人的身体健康要服务于全社区成员的福祉,而后者则强调社区服务于个人的身体健康。迈蒙尼德将"肉体的健康"与"有序的城邦"相联系,又将"肉体的完善"与一般的"政治组织"相联系。可见作为"肉体的完善"前提的社区中的成员之间仅履行否定性的职责既可,而"有序的城邦"中的个体则要注意其行为应有益于全体成员。由比较可见,前者对社区成员的要求明显低于后者。与以"肉体健康"为目标的社区相比,以"肉体的完善"为目标的社区赋予个人更多的自由空间,这意味着,对前者的追求可能会危及对后者的追求,例如,服兵役对于保护社区全体成员的安全无疑是必须的,但它对战士个体的生命则是一种威胁。对于实现"肉体的完善"这一目标而言,仅仅"一般性律法"是不够的,因为它缺乏对以自身为目的的个体的关切。

迈蒙尼德将"灵魂的完善"视为人的"终极完善",它的实现在于获得"实现的理智"(intellect in actu),这意味着个人能够掌握在他认识能力范围之内所有事物的知识。这种完善不属于任何行为或道德习惯,它只包括"通过沉思和研究而获得的观念"。而且它只能在"肉体的完善"实现之后才可能实现。它和"灵魂的健康"同样涉及"观念",但是在论及"灵魂的完善"时迈蒙尼德强调其观念是通过自己的"沉思和研究"而获得,而为实现"灵魂的健康"而得到的观念是"正确的",但其获得途径并没有明确。"灵魂的健康"是一般大众所奋斗的目标,而"灵魂的完善"则是少数知识精英的追求。但是在经过理性的训练之前所有人都是大众的一员,那些哲学家在其年少时也是普通的众人。所以健康的灵魂是所有人在其生命的某一阶段必须追求的目标。而其中某一些人,最终因为其理性能力的实现而达到灵魂的完善。与肉体的健康和完善之间存在张力不同,灵魂的健康有利于其完善状态的实现。①

"完善的律法"(law par excellence)即摩西律法。对于它而言,通过消除社区成员之间的恶行以及培养高尚、正义的道德习惯而实现的健康的社会关系(即"肉体的健康")是居民的安全和睦以及繁衍不息(即"肉体的完善")的前提,而获得健全的信念和正确的观念(即"灵魂的健康")也是人的"终极完善"(即"灵魂的完善")的前提。与"一般性律法"相比,"完善的律法"的优越性体现在其两类目标——肉体和灵魂的健康,与肉体和灵魂的完善——之间更为和谐的关系,肉体和灵魂的健康是二者完善的必要前提和准备。但是需要指出的是,此处所谓的"社会的福祉"(既存在于"肉体的健康",又存在于"肉体的完善")的内涵不同于上面所谈的"一般性律法"所对应的"社会的福祉",它仅指社会成员

---

① 参见《迷途指津》第三篇第二十八章。

的"生存"。还有一处不同,"一般性律法"所灌输的道德习惯以其在社会交往中的实用性为特征,而"完善的律法"所培养的是"高尚的和正义的道德品质"。此外,"完善的律法"所追求的"灵魂的健康"中包含着"健全的信念和正确的观念",这既不同于完全忽视了任何观念和信念的"世俗律法",也不同于仅仅关注观念的"一般性律法"。

所有的"戒律"又被称为"信念"①,它们被划分为两类,一类是"正确的信念",即那些不证自明的信念,一类是"必然性信念",其目的是消除人们相互之间的恶行以及培养高尚的道德习惯。将一些公理性观念因其政治上的实用性而被迈蒙尼德划分到"必然性信念"之列,例如有关上帝存在的观点就是一个必然性信念,而那些缺乏政治实用性的概括性观念则被排除出去。这样,迈蒙尼德将读者关注的重心从"正确的观念"转移到了"正确的信念"上来②,其目的在于确保,对于一般众人而言,他们所掌握的知识,即戒律,不会导致他们对信仰的困惑。根据这一分类,人们所掌握的"必然性信念",要么是有利于消除不公,要么是有利于培养道德习惯,其实用性是显而易见的;而那些"正确的信念",对于众人来说,他们一般不会认识到这些公理性、概括性的"信念"缺乏现实的实用性,相反,他们确信对于这些"信念"

---

① 此处迈蒙尼德用"信念"统称"观念"和"信念"。
② 信念来自人或律法的权威,因此信念,即使是"正确的"信念,并不等同于观念,因为在严格的意义上,正确的观念并非来自权威或律法,它们只能是由个人通过学习和研究才可以获得的。因此迈蒙尼德并不像有些保守派那样,认为律法的存在使哲学——尤其哲学中涉及上帝和天使的形而上学部分——的内容变得多余。他相信,律法并不能取代哲学的位置,事实上律法只有通过哲学——因其对那些公理性、概括性的信念进行推理证明——才能最终得以实现其完整性。

的信仰本身就是其目的。因此，这两类"信念"因其具有明确的实用性和目的性而不会在众人中导致疑惑的产生。但这同时又意味着，对于那些具备了一定理论科学知识的人而言，那些公理性、概括性的"信念"又的确会导致疑惑的产生，尤其是要求人们掌握那些其唯一目的在于人的终极完善的观念的"戒律"或"信念"，它们本身往往都是引起困惑的原因。由此可以说，恰恰是律法中那些仅以鼓励沉思为目的的内容才是困惑的真正来源。

"一般性律法"中所包含的"观念"多数属于"必然性信念"，其目的在于保障作为政治实体的社区的稳定。而"完善的律法"则包含那些不具备政治实用性但有利于个体通过沉思获得"正确观念"的"信念"，例如有关上帝非形体性的信念，它甚至由于不同于大多数人所接受的、传统的人格的上帝观点而不利于政治、社会的稳定。迈蒙尼德认为，对于这一类"信念"的坚持是犹太律法不同于任何其他律法的特征之一，正是在这个意义上，犹太教徒坚信只有犹太律法才是独一无二的"完善的律法"。

十一、迈蒙尼德哲学的影响

生活在伊斯兰统治之下的迈蒙尼德在思想上深受伊斯兰哲学中理性主义传统的影响。他在一封信中[①]曾经对几位伊斯

---

① 这封信是迈蒙尼德写给塞缪尔·伊本·提本的，参见 *Jewish Quarterly Review*（see N. S. XXV, pp. 374 ff.），ed. A. Marx。提本是第一位将《迷途指津》从阿拉伯语翻译成希伯来语的译者。

兰理性主义者如法拉比、伊本·巴扎、阿维森纳以及阿维洛伊等极为推崇。他学习亚里士多德哲学的途径也主要是通过阅读其伊斯兰前辈有关亚里士多德作品的评注和阐释。迈蒙尼德哲学往往也被认为是伊斯兰中世纪宗教哲学的重要一章。他的哲学和同样来自西班牙的阿维洛伊的亚里士多德主义哲学被认为是中世纪伊斯兰理性主义哲学的两座高峰。但随着中世纪后期伊斯兰哲学的式微，迈蒙尼德哲学对后世的影响主要表现在犹太宗教哲学传统当中。后来，由于《迷途指津》早在13世纪就被翻译成拉丁语并在欧洲一些地区流传，他的理性主义哲学的影响甚至波及一些中世纪基督教神学家，如托马斯·阿奎那。甚至近代的哲学家如斯宾诺莎、莱布尼茨等也都曾阅读迈蒙尼德的哲学作品。

迈蒙尼德的哲学著作《迷途指津》堪称犹太宗教哲学在中世纪发展的一座里程碑。同时由于作者采取了隐微的写作风格，该书虽名为《迷途指津》，但实堪称为"困惑制造者"。在随后几个世纪中，该作品既是激发人们哲学思辨的动力，又是惹起争议纠纷的源泉。它成为后人在犹太哲学思潮中一个无法绕开的主题：要么支持它，要么反对它，但却无法对其置之不理。有人将它奉为圣典，有人对它既认可又批判，也有人彻底否认其思想。[①]

首先有激进的迈蒙尼德主义者，如来自法国南部的塞缪尔·伊本·提本（Samuel Ibn Tibbon，1150—1230）、拿伯尼（Moses Narboni，？—约1362）以及来自西班牙的阿尔巴拉

---

① 参见 Seymour Feldman, "Maimonides—A Guide for Posterity," *The Cambrideg Companion to Maimonides*, ed. Kenneth Seeskin, Cambridge University Press, 2005。

(Isaac Albalag，生活于 13 世纪后期)。他们以彻底的自然主义来解读迈蒙尼德，并坚信这是他的本意。例如，他们从完全的自然主义的角度理解迈蒙尼德的神命观，认为人的终极完善是其理性能力在其能力范围之内的实现，因而神命就是理智完善的一项功能，这意味着理智的完善必然会导致神佑的发生。又如，他们认为在宇宙起源问题上迈蒙尼德暗中支持宇宙永恒论并将其归为《托拉》中的秘密，而迈蒙尼德表面上支持上帝从无中创世的观点，则是为了教育的和政治的原因。拿伯尼还提出"上帝与宇宙合一"的观点：既然上帝是世界的形式，他就不应该远离宇宙。

而在相对保守的犹太"经院派"们看来，迈蒙尼德并不是秘密的亚里士多德主义者，而是一个追随摩西的虔诚犹太教徒。《迷途指津》和《托拉》作为传达隐微含义的著作，并不意味着书中针对大众的显白之义就必然是错的，而那隐晦之义——尽管可能会违背某些公认的传统——一定是正确的，例如，认为灵魂不朽并不针对个人，以及认为迈蒙尼德支持宇宙永恒论的观点就是对《迷途指津》的错误解读。这一派的学者利用基督教经院派神学家例如大阿尔伯特以及托马斯·阿奎那等的思想来支持自己对《迷途指津》的解读，因此他们的方法又被称为"犹太托马斯主义"。其代表是来自意大利的两个犹太迈蒙尼德主义者，维罗纳的希勒尔（Hillel of Verona，约 1220—约 1295）和犹大·罗马诺（Judah Romano，约 1280—约 1325）。例如，由于受到阿奎那对亚里士多德《论灵魂》的评注的影响，希勒尔在解读迈蒙尼德有关人的理智的思想时，认为人的理智是一种"形式的物质"，在本质上是非物质的、不灭的，而且是"可分的"，因此个体的灵魂可以获得不朽。

格森尼德（Gersonides）是中世纪犹太亚里士多德主义传统中继迈蒙尼德之后又一位重要代表。他继承了迈蒙尼德的理性主义方法并将其应用于经典文本阐释，例如，在《托拉评述》中就始终坚持律法的理性主义基础。他的代表作《上主的战争》中讨论的哲学问题被划分为六类：灵魂不朽，先知论，神知论，神命论，天体，以及创世论，他认为无论是迈蒙尼德还是阿维洛伊都没有恰当地处理好这些问题，于是他的任务就是澄清前人在这些问题上的错误并提出正确的解决方案。他试图开拓出一条不同于迈蒙尼德和阿维洛伊的理性主义道路来解决宗教和哲学之间的冲突。但不可否认的是，他的这部哲学著作，无论是全书的框架设置还是问题的提出以及解决，皆以迈蒙尼德哲学思想为基础，并在此基础上进一步提出自己的理解和方案。例如格森尼德的先知论并没有超出迈蒙尼德的理论框架，他对迈蒙尼德先知论中颇受争议的自然主义因素保持了沉默，似乎意味着对他的赞成，同时他将关注的重心转向了对"超感觉现象"（extrasensory phenomena）的考察，如梦境、预知（precognition）等。在神知论方面，格森尼德对迈蒙尼德通过"否定属性"理论来解决上帝全知和人的自由之间的矛盾的方法表示反对，提出神的属性可以用肯定性谓词进行表述，该谓词同样可以表述人的属性，不过它们表达的含义并不完全相同。

14世纪中后期到15世纪，迈蒙尼德的影响从法国南部和意大利转移到西班牙。有些学者吸收了基督教经院派思想并以一种较为保守的方法对《迷途指津》进行解读，同时也有一些人对迈蒙尼德进行颠覆式的批判，其中最具代表性的是克莱斯卡（Hasdai Cresca）。他在代表性著作《上主之光》导言中就明确表示反对将亚里士多德主义哲学应用于犹太教神学，尤其是迈蒙尼德以理性作为犹太教信条的基础。他提出迈蒙尼德将十三信条列为犹太教根本教义缺乏合理性证明，进而指出它们缺乏内在对逻辑性。克莱斯卡完全抛弃理性主义的标准，并按照神学逻辑提出一套更加完备的犹太教信仰体系。

迈蒙尼德的影响甚至超越了中世纪理性与信仰的宗教哲学思潮。到17世纪的斯宾诺莎那里仍然可以看见迈蒙尼德的影子，这尤其体现在他的《伦理学》一书中。著名犹太史专家阿巴·埃班甚至将斯宾诺莎称为"大概是迈蒙尼德在近代最杰出的学生"[1]。第一位现代犹太哲学家摩西·门德尔松从学习迈蒙尼德哲学开始自己的哲学生涯，他还专门为迈蒙尼德的《论逻辑》写过评述。德国犹太人、新康德主义代表人物之一赫尔曼·柯恩专门写过一本《迈蒙尼德的伦理学》，可见迈蒙尼德思想中实践的即道德的维度对他影响颇深。

---

[1] 迈蒙尼德：《迷途指津》，封底引言。

第十章

列维·本格森

一、生平与著作

列维·本格森（Levi Ben Gershom，1288—1344），又名格森尼德（Gersonides），是中世纪继迈蒙尼德之后最富有创造精神、最有胆识、最有影响的犹太哲学家。他不仅是哲学家，还是颇有名气的数学家、天文学家和《圣经》诠释学家。在哲学上，他是一个受到阿维洛伊主义影响的亚里士多德派哲学家，其目的是企图把哲学和信仰、宗教和科学完全调和起来。

对于列维·本格森的生平事迹，后世知之甚少。但是，我们还是可以根据前人研究的成果，对其生平经历、时代背景和主要著作做一些粗略的介绍。本格森于1288年生于法国的普罗旺斯，在该省一个叫作巴戈那尔（Bagneols）的村庄里度过了自己的童年和成人后相当长的一段时间，晚年时移居阿维农。本格森本人没有说起自己的教育经历，但是很可能他是在父亲和祖父的教导下学习《圣经》和《塔木德》经典的。虽然有人说本格森曾经结过婚，但是并没有充分的证据。本格森精通希伯来语，他的所有著作都是用希伯来语写成的。不过，他很可能不懂当时使用很广的阿拉伯语和拉丁语。和迈蒙尼德、犹大·哈列维一样，本格森也做过医生，还从事过放债业。这样的职业使他有较充裕的时间从事他所热爱的学问。本格森死于 1344 年，享年 56 岁。

本格森生活过的普罗旺斯是当时犹太比较集中的地区，是 13 至 14 世纪世俗文化的重镇，也是继西班牙之后犹太哲学与科学的中心，曾经造就了许多有影响的《圣经》和《塔木德》学者，例如大卫·吉姆黑（David Kimhi）和犹大·狄本（Yehuda Tibbon）。著名阿拉伯哲学家阿维洛伊在当时的普罗旺斯有很大的影响，本格森就是通过他了解古希腊哲学并从事哲学研究的，而且他本人的哲学思想也直接源于阿维洛伊，尽管他在许多方面不赞成阿维洛伊的观点。另一个对本格森产生过重要影响的哲学家是迈蒙尼德。尽管迈蒙尼德的律法著作被指责为缺乏经典依据，他的寓意解经法也受到不少拉比的激烈批评和强烈反对，但他在犹太教和哲学上的影响依然很大，是本格森最崇敬的犹太哲学家。

本格森一生著述十分丰富，而且涉猎到科学、哲学以及犹太研究的各个领域。他在犹太研究领域中的主要著作包括《圣经》和《塔木德》诠释，如《〈摩西五经〉评注》《前〈先知书〉评注：〈约书亚记〉、〈士师记〉、〈撒母耳记〉、〈列王纪〉》《〈雅歌〉评注》《〈约伯记〉评注》《〈传道书〉评注》《〈以斯帖记〉评注》《〈巴比伦塔木德〉之 Berakhot 篇评注》《回应》（*Responsa*）等。在这些注疏性著作中，本格森一方面诠释《圣经》的语词和内容，而且不同程度地阐发了自己的宗教和哲学思想。在数学领域，他出版了《算学》(The Work of a Counter)，探讨了各种基本的算术运算；《〈欧几里得几何〉1—5卷评注》(Commentary on Books 1—5 of Euclid's Elements)、《论几何学》(Treaties on Geometry)等。他在天文学上取得了惊人的成就。他发明了一种叫作奥秘揭示器(revealer of the profundities)的天文学工具，用以测量天体的角距，并有专门著作阐述其原理和使用方法。他还著有《天文学图表》《天文学理论批评与阐释》，对各种天体的运动、距离、大小、秩序，尤其是对月球运动做了深入的研究。他的天文学成就仍然有重要的意义和价值，是学者们研究的重要古代天文学家之一。在物理学和医学方面，他也有论著问世。在哲学方面，他的著作主要包括对阿维洛伊、亚里士多德著作的评注和自己独立的著作。主要著作包括《对亚里士多德逻辑著作之评注的评注》，即对阿维洛伊的亚里士多德逻辑学著作的评注的评注。《对阿维洛伊关于亚里士多德前分析篇中第5、9两个问题的评注》《关于〈形而上学〉间接评注的评注》，可惜这两部极其重要的哲学著作已经逸失。当然，最为重要的还是他的《上主的战争》(The Wars of the Lord)。这部著作耗费了他12年的时间，可谓呕心沥血之作，也是他的哲学代表作。他说："就我们拒绝前人的错误观点而言，我们已经打响了上主的战争。"[1] 就是说，这部著作的目的是批判前人的错误，阐发自己正确的哲学思想。他在绪论中明确提

---

[1] Levi Ben Gershom (Gersonides), The Wars of the Lord, translated with an introduction and notes by Seymour Feldman, Philadelphia, The Jewish Publication Society of America, 1984, p. 98.

出了该书讨论的六大问题及其顺序：（一）只获得部分完善的灵魂是否拥有来世？如果拥有，人们是否可以达到不同等级的不朽？（二）当某人通过梦境、算命或预言而知晓未来的时候，其知识是借助其本质而来？还是偶然得到，没有主动的原因？假如有主动的原因，人就应该知道这个原因是什么，其知识是怎样通过这个原因而得到的？（三）上帝是否知道现存的事物？如果他知道，是怎样知道的？（四）对于现存的事物，是否有神命存在？对于人类和个体，神命意味着什么？（五）推动星球运动的动者是怎样使星球运动的？有多少个推动者？运动是怎样产生的？（六）世界是永恒的还是在特定时间被创造的？如果是后者，怎样被创造的？[1] 该书分六部分依次逐渐展开讨论这些问题，系统地展示了他的哲学和宗教思想。有人把本格森这种提出问题并依次阐述的做法与托马斯·阿奎那相提并论，因为后者在《神学大全》中也是先提出问题，后指明难点所在，然后展开论述，最后提出答案的。

二、论上帝及其属性

作为中世纪的一个犹太哲学家，本格森对上帝的存在没有任何疑问。但是，他并不赞成亚里士多德及其追随者的关于上帝存在的证明。按照亚里士多德哲学，世界上的事物都处在因果关系的锁链中，每一个事物都是运动的，而其运动

---

[1] 参见 Colette Sirat, *A History of Jewish Philosophy in the Middle Ages*, pp. 283–284。

都是由前一个事物的运动引起的，而这样的追溯不是无限的，因此，必定有一个最后的动因，它是一个不动的动者，换言之，它自己不动，但却是引起事物运动的第一原因。这个最后的原因就是上帝。显然，这是从经验的事物出发推论出作为第一动因的上帝的存在的。这样的证明在哲学史上被称为"后验"的证明。本格森认为这样的证明没有足够的说服力。他提出了一个类似于托马斯·阿奎那那样的设计论证明。他的论证是，在月球以下的世界中，事物产生的过程是有规则性或齐一性的，因此，其产生者必定是一个智性的存在，它就是人们常说的能动的理智，月球以下的世界就是由它产生和统治的。这个智性的存在赋予质料以各种各样的形式，而且意识到自己产生的秩序。能动的理智的活动是通过隐含在植物的种子和动物的精液里的热量实现的，而热量又是由天体的运动产生的。由于天体的运动可以使地上存在的事物完善，所以这些运动也必定是由它们所认识到的智性的存在所产生，就是说，它们是由天体的智性的存在所产生的。由此可见，天上的世界和地上的世界一起构成了一个有秩序的、统一的整体。这就要求有一个最高的存在，他产生并且知道这样的秩序。这样的最高存在就是上帝。① 换个说法，这就如同建造一条船，智性的存在或能动的理智是一个工匠，他依靠自己的活动把各种材料结合起来，建造了一条船——月球以下的世界。如果说能动的理智是地球事物的创造者，是赋予人以智性、赋予世界万物以规则和秩序的形式，那么，能

---

① 参见 "Levi Ben Gershom" in *Encyclopedia Judaica*, CD-ROM edition, Judaica Multimedia (Israel) Ltd., 1997。

动的理智的根源则是上帝，上帝是最终的创造者。

在关于上帝存在的证明这个问题上，本格森采取的是彻底的理性主义立场，它比理性主义色彩很浓的托马斯·阿奎那还有过之而无不及。阿奎那承认人的理性的界限，认为理性只能证明（prove）信仰的开头（preambles of faith），但不能论证信条（article of faith），前者的例子是上帝的存在，后者的例子是三位一体，还包括世界的时间性起源。迈蒙尼德也认为人的理性能力只限于一定的范围，有些问题，例如上帝创造世界、上帝的属性问题，就是理性所无能为力的。本格森的同时代人威廉的奥卡姆认为，哲学只能证明上帝的存在，但不能证明更多，甚至不能证明上帝是一。但是，在本格森那里，理性是完全可以证明上帝存在的。实际上，本格森的论断显得有些过于自信，理性的作用显然被无限度地夸大了。

根据迈蒙尼德，上帝的本质就是其存在，除了其行为外，我们不能说他具有任何肯定的属性，否则，就会改变上帝的一体性。对此，本格森持反对态度。他指出：多样性只存在于由形式和质料构成的东西。非物质的存在本身不包含多样性。凡是和非物质的存在相关的命题，其表示属性的谓词都是从对于主词的分析而来的，这些谓词只是对于主词的简单说明，并不能带来实在的多样性。我们可以认为上帝有各种各样的属性，就像我们说某个人是智慧的、正义的，等等，这样做并没有损害上帝的一体性。上帝仍然是唯一、单纯而不可分的。

本格森还反对迈蒙尼德所谓我们只具有上帝的否定属性，不能具有他的肯定属性的观点。他认为，我们完全可以知道上帝的肯定的属性。他说：人通过对上帝行为的观察，可以具有关于上帝的某些肯定的知识。上帝的本质性活动是思想，其后果是流溢出所有的形式。上帝的属性和人所能够从自身的形式中所认识到的属性一样多，因为二者具有因果关系，人的属性无非是从相应的上帝的属性那里产生出来的。不可能设想人的属性和上帝的属性全然不同。[①] 迈蒙尼德认为人认识上帝的否定属性，而且认为人类根本与上帝不可比拟，这使得上帝远离了世界和人类，很难成为人与之接近、沟通的对象。本格森认为上帝具有肯定的属性，而且这些属性与人相似。就是说，上帝的属性与人的属性在性质上是同类的，只不过上帝的属性在层次上是无与伦比的。关于人的情感、智慧、能力等方面的属性，都可以被运用于上帝。本格森在注解《圣经·历代志》（上16）的著作中，把"喜悦"（Joy）列为第一个属性。同时，他还列举了其他属性，如：生命、实体性（Substantiality）、存在、一体性、活动（Action）、善（Good）、目的、行善（Beneficence）、慷慨（Generosity）、流溢（Overflowing）、持续和永恒、公平和仁义（Justice and Righteousness）。在《上主的战争》一书中，他列举的属性是：本质、永恒、一体性、实体性、行善、力量和意志（Power and Will）。他指出：这些属性既可运用于上帝，也可以运用于人。但是，当它们运用于上帝和运用于人时，其意思是大不相同的，即在层次上，人的属性和上帝的属性是无法比拟的。这样做的结果是，上帝与人之间的距离缩短了，上帝成为更容易接近和沟通的存在。显而易见，和迈蒙尼德

[①] 参见 "Levi Ben Gershom" in *Encyclopedia Judaica*, CD-ROM edition.

极力反对和避免神人同性论不同，本格森赞成和倡导的恰好是神人同性论。无疑，本格森的观点在哲学上会遭到责难和非议，而在宗教上却较易被信徒所接受。

三、关于创造和世界

关于世界的产生，在本格森时代流行各种各样的观点。按犹太教的基本观点，世界是上帝从虚无中创造出来的。与此不同，古希腊哲学家柏拉图认为世界是神（得穆革）将既有的质料赋予形式而制造出来的。亚里士多德主义者坚持宇宙永恒论，虽然他们承认不动的动者是宇宙的第一因，但是，第一因并不是创造者，只是始动者，是它的运动推动了已然存在的其他天体的运动，进而使整个宇宙成为一个永恒运动的"机器"。在迈蒙尼德那里，世界在时间中的起源是一个令人头痛的问题。他的基本立场是，世界的产生不是哲学和科学能够证明的问题。我们没有充分的理由驳倒宇宙永恒论，但是，较之犹太教传统的创造论，即上帝从虚无中创造出世界的理论，永恒论缺乏足够的说服力。因此，我们应该借助于信仰，相信犹太教的上帝创世说。对于亚里士多德的宇宙永恒论，本格森比迈蒙尼德持更加明确、坚决的反对态度。但是，他认为，不应该像迈蒙尼德那样以归纳性的、非论证性的态度，而应该以演绎性的、三段论式的做法来论证亚里士多德永恒论的错误。他的基本观点是：从无创造世界和永恒论都是错误的，他自己关于世界之起源的基本观点是柏拉图主义的。

本格森认为，要证明世界是否为创造的，最好是先考察那些貌似永恒的东西是否为永恒的。这些东西包括天体、时间、运动、地球的形式，等等。如果它们被证明是永恒的，那么世界就是永恒的，否则就不是永恒的。我们借以区别有起源的东西和永恒东西的一般原理是：凡在时间中产生的，都是有目的的；凡是永恒的，都是没有目的的。天体是有目的的，其目的是尽可能地使地上的世界有秩序。天体的运动、距离、位置、数目，诸如此类，也都是服务于这同一个目的。因此，天体是产生出来的。按照亚里士多德，天体的存在是由于其固有的必然性，这是不令人信服的。唯一让人满意的解释是，天体的产生不是出于必然性，而是出于意志和自由，天体的多样性是为了同一个确定的目的。所以，天体都不是永恒的。①

时间和运动也是这样。它们都是有限的，不是无限的。本格森分析说，时间属于量的范畴，而无限的量是不存在的。时间依赖于运动，而运动也是有限的。所以时间和运动都不是永恒的。他在反驳亚里士多德的世界永恒论时说，如果世界是永恒的，并且是由必然性支配的，那么，根据重的东西在下面，轻的东西在上面的原理，由于水轻土重，地球的四周就应该完全为水所覆盖。但是，事实上，地球表面的许多部分却高于水面。这表明，地球的产生不是必然的，而是为了一个特殊的目的，即为了在地球上产生出各种矿物、植物、动物。这样的目的也说明世界有其时间

---

① 参见 Isaac Husik, *A History of Medieval Jewish Philosophy*, p. 354。

上的起源。①

本格森认为，世界在时间上是有开端的，这并不意味着它必然有朝一日被毁灭。按照公认的原理，事物可以被毁灭，乃由于其中包含了相反的因素，是由于质料和消极力量占了主导地位。天体不是组合而成的，不存在相反的因素或力量，所以天体是不会毁灭的。同样，作为天体之产物的地球也是不会毁灭的。当然，正如世界是由上帝按照自己的意志和目的创造的一样，上帝也能够在他愿意的时刻毁灭它。但是，我们还没有发现上帝有什么理由要毁灭这个世界。

在证明世界是有开端的以后，接着的问题就是：世界是从无创造出来的，还是从某种既定的东西创造出来的？本格森的回答是：两者都是不可能的。从"有"创造出来的不可能性在于，那被用于创造的某种东西一定具有某种形式，因为质料必然有其形式才能够存在；如果是这样，它也一定有某种运动；这就意味着，在一定意义上，世界在产生之前已经存在了，因而不存在什么创造的问题。从"无"创造世界的不可能性在于，也许形式可以从无产生出来，物体则不可能产生于"非物体"。有质料的东西是一定产生于质料。另一方面，假定世界可以产生于无，那就意味着在世界产生之前有纯粹的"虚空"，而物理学已经证明，这样的"虚空"是不存在的。因此，世界既不是从已有的质料产生的，也不是从虚无产生的，而是从介于两者之间的状态，即从无形式的质料产生的。② 他指出，一般来说，质料总是有形式的，但是，

---

① 参见 Isaac Husik, *A History of Medieval Jewish Philosophy*, p. 354。
② 参见上书, p. 355。

在独立理智（separate intelligence）中，原初的质料是可以设想为没有形式的纯质料。它是上帝借以创造世界的东西。显然，本格森在这个问题上既不同于亚里士多德的永恒论，也区别于传统犹太教和迈蒙尼德等思想家的"无中生有"论，而是类似于柏拉图的创世说。

既然世界的产生完全取决于上帝的意志，那么，是什么原因使上帝创造了世界呢？本格森断然认为，上帝创世的唯一原因是他让造物受益的意愿（will）。造物的存在是由于神的原因，它们在时间上的起源是物质存在的本性使然，它们必然有其开端。[①]

在论证了上帝借用原初的质料创造出时间的观点后，本格森还极力证明自己的观点是符合《圣经》的。他认为，《圣经》记述的所有奇迹都不是无中生有，而是从既有的存在中产生出来的。上帝的创造是没有时间的。上帝六日造世的故事不能从字面上理解，它表明的是事物产生的顺序和由低到高的品级。天体的推动者作为天球的原因先于天球而存在，天球又作为地上的元素而先在，这些元素又先于它们构成的事物。事物的秩序是：植物先于动物，水生的动物先于空中的动物，空中的动物先于地上的动物，最后是人，人是地球上最完善的造物。所有这些都是《圣经·创世记》字里行间里的应有之义。还有，第一天的"光"代表天使或独立理智，或天球的推动者，而"黑暗"代表由独立理智推动的天体；被穹苍分开的"水"指的是没有形式的质料，其中一部分变成了天体的质料，另一部分则成为产生地上事物的四大元素，

---

① 参见 Isaac Husik，*A History of Medieval Jewish Philosophy*，p. 356。

诸如此类。① 可见，本格森是用柏拉图主义解释《圣经》，使《圣经》为自己的哲学服务的。姑且不论本格森的解释有多大的合理性，他的基本观点和犹太教的传统教义相去甚远。在历史上，许多哲学家和神学家利用对《圣经》的诠释佐证或加强自己的论点，本格森是其中典型的一例。

四、论灵魂不朽

亚里士多德在《灵魂论》一书中第一次提出了人的能动理智和被动理智的问题。后来的哲学家，包括阿佛罗狄的亚历山大、提米修斯、犹大·哈列维、迈蒙尼德、阿维洛伊，都对此做了深入的研究，提出了自己的见解。本格森在《上主的战争》的第一部分对这个问题做了详细的探讨，并以此为基础阐述了自己的灵魂不朽论。

亚里士多德之后的哲学家认为，他在《灵魂论》(3.4.430a 14-25) 中关于心灵的论述语焉不详，很难明白他所说的"另外的心灵"是什么意思，也不清楚究竟哪种心灵是不朽的。2世纪末的希腊哲学家阿佛罗狄的亚历山大在诠释亚里士多德时认为，人的理智（心灵）是一种气质（disposition），属于物质性的，其认识功能犹如一个被动的接收器。"另外的心灵"是指能动的理智，它是独立存在的永恒的实体。这样就形成了两种不同的理智：物质性的理智（material intellect）和能动理智（agent intellect），而能动理智即是上

---

① 参见 Isaac Husik, *A History of Medieval Jewish Philosophy*, pp. 357-358。

帝。此外还有第三种理智，这就是获得性理智，它是人一生中所获得的理智认识之总和，也就是完善了的或成熟的物质性理智。他的结论是：作为气质的物质性理智是随着身体的毁灭而消失的，而获得性理智则可以在人死后继续存活，是不朽的。对此，4世纪的希腊哲学家提米修斯提出了不同意见。他认为，不能把物质性理智仅仅说成是以人体结构为基础的气质，实际上，物质性理智是作为气质之基质的实体，是无形体的、独立存在的东西。这样的实体是永恒不朽的。另外，能动理智也不等同于上帝，它倒是和物质性理智同一。① 穆斯林哲学家阿维洛伊提出了另外的看法。按照本格森对于阿维洛伊的解释，阿维洛伊那里的能动理智既不等同于上帝，也不是人的部分，而是月球以下世界的精神推动者，是从上帝而来的十大智性存在（intelligences）中的最后一个。它是纯粹的现实，是永恒的存在。但是，它又以神秘的方式和人相联系，因而表现为物质性理智。换言之，物质性理智就是体现于人的能动理智。能动理智本身是超越的，而它作为物质性理智则是和个体的人相联系而存在的。所谓不朽就在于人死后物质性理智失去具体个人那里的特殊性而回到原始的能动理智，不仅如此，如果一个人在活着的时候能够用其卓越的知识完善自己，使物质性理智与能动理智统一起来，那么也就实现了不朽。②

本格森否认提米修斯和阿维洛伊关于物质性理智是没有形体的实体，因而可以不朽的理论。他接受了亚历山大的观

---

① 参见 Levi Ben Gershom (Gersonides), *The Wars of the Lord*, Introduction, p. 74。

② 参见 Isaac Husik, *A History of Medieval Jewish Philosophy*, pp. 334 - 335。

点，认为物质性理智就是人体内存在的心理气质或接受能力，是会朽坏和死亡的，因而完全不同于超越的、永恒的能动理智。但是，他并没有像亚历山大那样把能动理智与上帝等同起来。在什么是能动理智的问题上他基本上接受了阿维洛伊的看法，当然也与迈蒙尼德相一致，认为能动理智是从上帝而来的接近地球的最后智能，是永恒不朽的。但是，他不同意阿维洛伊把它与物质性理智等同的观点。本格森认为，能动理智的作用是使人的物质性理智现实化，即开发人的物质性理智的能力，使之获得真正的理念或知识，进而成为现实的理智。能动理智本身就带有真正的理念，否则它就无法完成使物质性理智现实化的任务。

本格森从神学、认识论和形而上学三个方面批评了把物质性理智和能动理智等同起来的做法。从神学上看，如果物质性理智和能动理智是等同的，而能动理智是不朽的，那么，每个人的心智或灵魂就都是不朽的，因而都可以同样地进入来世。这不符合宗教的一般原理。因为按照宗教传统，灵魂不朽是与善恶奖罚联系在一起的，只有有德之人才能进入不朽的来世，而无德之人是没有份的。即便按照传统的犹太教，"以色列人在来世人人有份"，义人和普通人在来世的份额也是有差别的。上述观点否认了这些差别，实际上取消了善恶、智愚的人生意义和价值，对于有德之人是不公平的。从认识论上看，它的明显错误是无法解释不同的人在认识能力上的差别。人们经常看到，某人知道命题甲，而另外的人不知道这个命题；某人的智力强，某人的智力弱。这样的差别是实际存在的。但是，如果物质性理智和能动理智是同一的，这样的差别就没法解释了。从形而上学来看，把物质性理智和能动理智等同起来也会遇到一系列的问题。第一，能动理智和主要作用是使人的理智能力现实化，但是，如果能动理智和物质性理智是同一的，岂不是在说能动理智是在把自己现实化？第二，能动理智的主要认识论特征是具有自知，而物质性理智的主要认识功能则是认识自然界中的对象。所以，把它们同一起来是荒谬的。第三，如果物质性理智和能动理智是同一的，我们就没法解释它在无数人那里的差异了。第四，如果物质性理智是一，我们无法解释认识论上的一些基本事实；如果是多，我们无法说明它是多而且同时宣称它是一个非物质的、独立的、永恒的实体。

在本格森看来，亚历山大所谓的灵魂不朽就是获得性理智与作为上帝的能动理智的结合。也就是说，人的灵魂或理智只有通过具有能动理智的知识而把握能动理智，才能够实现不朽。提米修斯和阿维洛伊在灵魂不朽这一问题上与亚历山大是有一致性的，即都主张灵魂不朽在于对能动理智的把握。但是，本格森反对这样的观点。他认为，灵魂不朽是可以实现的，但不是依靠与能动理智的结合。在他看来，所谓灵魂不朽是指获得性理智的不朽。换言之，人的不朽是就其能够达到理智的完善而言的。人在一生中不断获取知识，例如数学和自然科学知识，这样的知识超越了肉体的死亡而构成了人的不朽。

关于人的不朽的含义，本格森做过专门的解释。他指出：人的不朽（personal immortality）不是指人的记忆、自我知觉、对现象的觉察之类，因为这些东西与人的肉体器官和功能相联系，人的身体一旦死亡，它们也必将化为乌有。人的不朽也不是指人在死后的个体（individual）的存活。人的不朽指的是人的获得性理智的不朽，而获得性理智是独立于肉体的理智。就其独立于肉体而言，它在严格意义上说不是个体的。①

那么，什么是获得性理智？按照本格森的说法，获得性理智即是某人在有生之年获得的真知识——概念和命题的总和。他用"可理解者"（intelligible）这个术语特指这样的真知识。那么，为什么获得性理智或知识可以使人成为不朽呢？这是因为我们的知识中包含从能动理智而来的一般。他指出，我们的知识看上去是从个别对象的认识而得到的，实际上，所有知识都是以在能动理智中构成的一般概念体系为根据的。这个体系被本格森称为"尘世的理性秩序"。我们从感性对象的认识中获得材料，而从这个能动理智中获得真理性和实在性的成分。整个知识就是感觉材料和能动理智中的一般概念或理性秩序构成的，其中后者占主导地位。由于能动理智是不朽的，因而存在其中的一般的理性秩序也是不朽的，所以说，获得性理智由于根源于能动理智的内容而成为不朽的。②换句话说，我们的物质性理智获得了存在于能动理智中的非物质性的理念，而这些理念的全体则构成获得性理智或现实理智（acquired intellect or actual intellect），它是不朽的。

人的幸福是与灵魂不朽相联系的。本格森认为，我们不可能穷尽一切关于自然界的知识，也不可能达到能动理智中的所有知识，但是，如上所述，我们确实可以通过努力而获得许多知识或理念，使我们的理智日趋完善。本格森说："当一个人在某一具体的科学范围内获得了较多的知识时，其获得性理智的知识整体是与别人不同的，别人在这门科学中所

---

① 参见 *The Cambridge Companion to Medieval Jewish Philosophy*，p. 308。
② 参见 Levi Ben Gershom (Gersonides)，*The Wars of the Lord*，pp. 75-84。

获得的知识较少些……这样,理智完善的程度是大不相同的。如果某人的知识整体接近于能动理智中知识的整体,那么,他的完善程度就更高,他知识中的愉快和欢乐也就越多。"①也就是说,人的完善与否取决于他所获得的知识的多寡,获得的知识越多,完善程度也随之越高,反之则越低。由于人们的智力差别等原因,不可能获得同一种,也不可能获得同样多的知识。所以,各人的完善程度,即他们的获得性理智的状况是有差别的。与此相联系,人的幸福也是与其获得的知识成正比的。人在世或死后的幸福完全取决于他获得知识的多寡。如果一个人获得了很多的知识,也就是说,他的获得性理智很发达,那么,他在现实生活中就越幸福,而且其死后的灵魂就更易于不朽,其不朽的灵魂也就更幸福。

从这里我们可以看出,尽管本格森是亚里士多德的信徒,但他关于灵魂不朽的学说则更多地受到了柏拉图主义的影响,因为亚里士多德更重视经验,而柏拉图主义则强调一般性理念在知识中的决定性作用。虽然本格森没有主张天赋观念论,但他强调一般性概念之于灵魂不朽的重要性就说明他的基本倾向是柏拉图主义的。

五、关于上帝的预知与人的自由

关于上帝是否知道世界上所有特殊的事情,本格森与迈

---

① 本格森:《上主的战争》,转引自 *The Jewish Philosophy:Reader*, ed. by Daniel H. Frank, Oliver Leaman, and Charles H. Manekin, Routledge, London and New York, 2000, p. 257。

蒙尼德有所不同。迈蒙尼德认为，人的知识与上帝的知识不可同日而语。人必须用物质的器官认识事物，上帝则不必；人不能认识无限，不能认识非存在，不能认识未来偶然发生的事情，这一切都难不住上帝。他能够知道他所创造的一切，包括个别的事物。本格森认为，迈蒙尼德在这个问题上是不诚实的。他以上帝的知识不同于我们的知识为由论证上帝无所不知，无异于说在我们是意见不确定的、错误的东西，在上帝那里就是知识，而这是荒诞不经的。实际上，人的属性与上帝的属性，人的知识与上帝的知识，是有相似之处的，只不过在上帝那里更加完善罢了。关于上帝是否知道偶然的事物，本格森认为，从一个方面说，特殊的事件是有秩序的，被天体所决定的，因此，上帝是知道它们的；但是从另一个方面看，事物是非决定的，由人自由选择的，所以，上帝是不知道它们的。他说："显然，上主知道它们的那个方面就是有秩序的、被决定的方面……他不知道它们的那个方面就是它们为非决定的方面，即它们是可能的那个方面。因为在这一方面，它们与认识毫不相干。……就事物的可能性而言，上主不知道哪一种可能会发生，如果他知道，世界上就没有可能的事物了。他不知道就事物的可能性而言哪一种可能会发生并不构成他的缺陷。"[1] 一句话，上帝只知道事物必然有序的方面，不知道事物的偶然方面。

本格森还认为，上帝只认识事物的一般性本质，而不知道世界上的个别事物。这是因为，本质是造成事物之存在的不变

---

[1] 本格森：《上主的战争》，转引自 *The Jewish Philosophy：Reader*，pp. 259-260。

的方面，是上帝可以认知的对象；个别事物则处在不断的流变之中，上帝不可能认识变动不居的个别事物。还有，由于历史事件也是处在不断变化中的，所以，上帝也不具有历史事件的知识。但是，本格森又没有明确说上帝对个别事物和历史事件一无所知。他说，上帝具有个别事物的某种知识，但是，他对个别事物和事件的认知方式与人不同。人是通过认识事物的特殊性而认识个别事物的。上帝认识个别事物，仅仅是说上帝知道个别事物井然有序地存在于神圣心灵的框架中。就历史事件而言，说人具有其知识，指的是人对于处于时间次序中的事件有直接的认知。说上帝具有某种历史事件的知识，只是说上帝通过一成不变的规律而知道时间中的事件，因为这些规律造成了月球以下事物的运动变化。① 可见，当本格森说上帝具有某种个别事物和历史事件的知识时，他仍然是说上帝知道个别事物和历史事件存在其中的规律或秩序，不是指对于它们的直接认识。总之，本格森的基本思想是：上帝只认识事物和事件的一般性，而不具有个别事物或历史事件的直接知识。

上帝预先知道未来人的行为和历史事件，哪怕只是知道一般性本质和秩序，是否意味着人的行为被上帝预先确定了，人没有自由可言？换言之，在上帝的决定和人的自由问题上，本格森持什么立场？他表示：事件的进程是被存在于上帝心灵中的秩序确定的，人的行为，如同地球上所有的事物一样，是受制于存在于上帝思维进程中的法则的。因此，在多数情况下，人只能循规蹈矩，没有自由可言。但是，本格森还是

---

① 参见 Robert Eisen, *Gersonides on Providence, Covenant, and the Chosen People: A Study in Medieval Jewish Philosophy and Biblical Commentary*, State University of New York Press, 1995, p. 14。

强调了自由意志的原则，因为自由意志是《托拉》中的基本原则，也是哲学所要求的。他说：因为上帝只知道在他的心灵中确定的东西，即一般的法则和秩序，而不直接知道个别的事物和行为、事件，所以，上帝不知晓也不决定与一般的法则和秩序相抵触的人的行为，他不能直接干预人的行为和事件。在这个意义上，人的行为是自由的。①

著名犹太哲学史专家胡赛克在评价本格森的这一理论时指出：不管本格森的这个观点有多大的科学或哲学价值，作为一种神学理论，它是异常大胆的，几乎可以说是一个神学怪物。它实际上取消了上帝关于偶然事物之结果的确定认识。本格森把上帝的认识限定在被自然规律所决定的事物范围内，接受了人的自由及其偶然选择的后果。从神学上看，迈蒙尼德虽然在理论上不够一贯，但可以在上帝的全知和人的自由（和事物的偶然性）两者之间左右逢源，因而有更多的神学意味，是真正的宗教态度。② 换言之，本格森虽然在理论上更加一贯，但由于在实际上突出了人的自由，而否认了上帝可以对自由选择的或偶然事物以及个别事物的确定认识，因而在神学上是大胆的，甚至可以说是离经叛道的。

六、论神命

神命是和上帝的预知密切联系的问题。所谓神命，一般

---

① 参见 Robert Eisen, *Gersonides on Providence, Covenant, and the Chosen People: A Study in Medieval Jewish Philosophy and Biblical Commentary*, State University of New York Press, 1995, p. 15.

② 参见 Isaac Husik, *A History of Medieval Jewish Philosophy*, pp. 345-346。

指上帝对其造物的决定和干预，例如指引、关切、保佑和惩罚。在《上主的战争》（第 4 卷）中，本格森把神命分为两类：一般的神命（general providence）和个体的神命（individual providence）。一般的神命存在于上帝的思想过程之中，它因人类的高贵地位而给予最大限度的保护和佑助。但是，一般的神命并不能使人类免于所有的伤害。即使一般的神命提供了保护，人类也会遭受偶然事件伤害，这是上帝的计划必然带来的副产品。就是说，虽然上界天体在月球之下产生了最好的世界，但是，在特殊情况下，其仁慈的产生活动也会造成对人类的福祉有害的事件。①

然而，个体的神命则可以保护人类使之免于这些有害的偶然事件。本格森以及当时的哲学家们讨论的主要是这种神命。

那么，是否所有的事物都享有这种神命呢？在论述这个问题之前，本格森列举了当时流行的关于个别的神命的三种观点。第一，神命只能达于物种，而不能达到个体事物。第二，神命可达人类的每一个体。第三，有些个体可以接受神命，另一些则不能。如果上帝知道具体的事物，那么神命就会达到具体事物，否则就达不到。本格森认为，第一种观点显然是错误的，因为经常有梦幻成真的情况，占卜也有正确的时候，真正的预言更是准确无误的，这表明个体与上帝之间可以沟通，神命是可以达到个体的。第二种观点也是错误的，因为如前所述，上帝并不知道偶然、可能的事物，这表

---

① 参见 Robert Eisen, *Gersonides on Providence, Covenant, and the Chosen People: A Study in Medieval Jewish Philosophy and Biblical Commentary*, p. 16。

明上帝并不直接决定每一个体事物，神命不可能达到每一个体事物；如果神命可以达到每一个体事物，那么，所有的行为，包括恶的行为也都是被上帝所决定的，这是不符合理性的。上帝是纯粹的形式，只是善行的根源，不是恶行的根源，恶是人自由选择的结果，其根源是质料。同时，说每一个事物都被神命所决定也不符合经验事实。事实上，我们经常看到好人受罪，没有得到应得的奖赏，而恶人发迹，没有得到该受的惩罚。还有，这种观点的经典根据不足，因为《圣经》没有一贯地坚持上帝直接惩罚恶人，例如《申命记》说，对于坏人"我将掩起脸面，让他们被吞没"（31：17）。总之，第二种观点既不符合理性、不符合经验事实，也不完全符合《圣经》的记述，所以是站不住脚的。

  本格森主张第三种观点。他认为，一个人越靠近能动理智，就越能接受神给予的护佑和关照。也就是说，那些距离能动理智近的人拥有个体的神命，而离得远的人则没有。① 按照他的解释，上主在本性上就具有所有"可理解者"即理念知识，而人天生具备以某种方式接受它们的条件，就是说，人有可能拥有这样的知识。按照流行的亚里士多德原理，当接受者接受到主动者的东西，即把潜在的东西现实化时，接受者就以某种方式和主动者统一起来了。在这里，当人的可能性得以实现时，即获得了上帝的理念知识时，他就变得类似于上帝了。这时，人就得到了神命的护佑。他说："通过可理解者的实现，能动理智和接受者以某种方式变为一体，显

---

  ① 参见 Isaac Husik, *A History of Medieval Jewish Philosophy*, pp. 346-349。

然，在这样的情况下，人达到了与上主的合一与结合（union and conjuncture）。显而易见，由于这样的合一与结合，这个完善了的人享有非凡的神的保护。"① 由此可见，凡是得到了神的知识并达到了与上帝合一程度的人都可以获得神的护佑，而那些没有知识的无知者则不享有神命。当然，获得理念知识并与上帝合一的方式不限于理智一个方式，人可以借助于梦境，尤其是成真之梦，以及占卜、预言、直觉或别的无意识形式得到这样的知识。尽管本格森阐述了这些非理性的认识方式对于人之神佑的重要作用，但他仍然贯彻了理性主义哲学的基本立场，因为他强调了关于神的理念知识对于神命的重要性。

七、关于先知和预言

关于先知和预言，本格森基本上承袭了迈蒙尼德的思路，即神的流溢通过能动理智而达于世界，使理智高度完善的人得以接受，进而形成预言。他在《上主的战争》（第2卷）中说：当一个理智高度完善的人进入睡眠状态时，他就可能接受来自能动理智的神流（emanation），这时，预言就发生了。这是因为，来自能动理智的神流提供了关于未来的知识，因为它传达了存在于神的心灵中的有关事物本质和规律的信息。② 本格

---

① 本格森：《上主的战争》，转引自 The Jewish Philosophy: Reader, p. 261。
② 参见 Robert Eisen, Gersonides on Providence, Covenant, and the Chosen People: A Study in Medieval Jewish Philosophy and Biblical Commentary, 1995, p. 17。

森实际上是说，得到预言就是掌握事物的本质和一般性规律，因为本质和规律支配事物的未来发展。由此可见，一方面本格森继承了迈蒙尼德的理性主义先知论，另一方面又把迈蒙尼德那里神在预言产生中的作用大大淡化了。实际上，本格森的先知论属于迈蒙尼德指出的第二种观点，即哲学家的观点。在他那里，先知和哲学家之间没有实质性的区别。正如他自己所认为的那样，由于宗教预言和哲学上的三段论推理都是从能动理智获得来自神的理念知识的，所以，先知和哲学家是可以同一的。先知必然是哲学家。就理性知识的获得而言，他并不比哲学家更高明。[1]

本格森也如迈蒙尼德那样承认想象力在先知产生过程中的作用。想象力的作用在于，它能够以具体的形象把来自能动理智的一般性信息具体化，因而能够使一般性的本质和规则变为有关现实事件的预知。所以，预言的产生需要人的想象力的参与。正是由于想象力的介入，先知才得以预言自己和周围相关人士的命运和前途。[2]

因为预言本质上是一般性本质和规则通过人的理智和想象力而在具体事件中的体现，所以，预言的准确程度是因人而异的。一般说来，先知的理智能力越完善，想象力越发达，他所做出的预言就越清晰、越准确。反之，如果先知的理智和想象力都不够完善，那么，他所提出的预言则往往带有谜语和比喻的性质，因而需要阐释。当然，如果阐释得当，这

---

[1] 参见 Howard Kreisel, *Prophecy: The History of an Idea in Medieval Jewish Philosophy*, Kluwer Academic Publishers, 2001, p. 325。

[2] 参见 Robert Eisen, *Gersonides on Providence, Covenant, and the Chosen People: A Study in Medieval Jewish Philosophy and Biblical Commentary*, p. 17。

种预言也可以提供有关未来事件的颇有价值的信息。从这里可以看出，本格森也和迈蒙尼德一样认为预言和先知是分等级的，而等级的高低与人的理智和想象力的完善程度直接相关。不同的是，本格森没有像迈蒙尼德那样详细划分先知和预言的等级。

但是，本格森进一步指出了预言的限度。因为预言即从能动理智而来的存在于神的心灵中的一般性法则和知识，所以，这些法则和知识也就是先知所能提供预言的最大限度。换言之，一个先知所能够做的预言不可能超出神的心灵中的知识。另外，由于本格森承认人有自由意志，所以，他也表示，没有人能够保证先知所做的预言能够在现实中绝对实现。由于自由意志，人的现实选择有时与神心目中的知识相左。所以，上帝的预知和人的预言有可能无法实现。

先知和预言是犹太哲学家普遍关心的重大问题，传统犹太教认为先知是上帝在尘世的代言人，谁作为先知也完全由上帝来决定。许多哲学家则认为，先知的出现和预言的产生完全取决于人的理智能力，如果一个人的理智达到了完善的程度，他自然会做出预言，进而成为先知。在这里，上帝不起任何作用。迈蒙尼德曾经使二者结合起来，一方面承认人的理智能力在先知和预言中的重大作用，同时也指出预言的产生离不开神的参与。由上述可见，本格森虽然在思路上因循了迈蒙尼德，但是在先知理论上他却更接近于哲学家的观点。因为在他这里，虽然预言归根结底是神心中的知识的实现，但是，预言产生的过程却与上帝没有直接关系。在他看来，如果一个人的理智和想象力足够完善，他就可以获得从能动理智而来的神的法则和知识，进而做出预言，并成为先知。可见，在先知和预言这个问题上，本格森比迈蒙尼德具有更多的理性主义色彩。

八、关于信仰与理性的关系

信仰与理性的关系也是本格森关心的重要问题。在这个问题上，他和迈蒙尼德等中世纪犹太哲学家一样认为它们之间是协调一致的。他绝不相信，《圣经》所教导的会与理性的知识相对立。当时和以后的许多哲学家认为，信仰和理性是两个不同的领域，彼此在各自的领域内发生作用，尽管彼此不同，但都是真理的表现形式。这就是所谓的"双重真理论"。本格森却认为，信仰和理性不是两个不同的领域，它们所追求的不是不同的真理。信仰、启示、宗教的真理和理性、科学的真理是同一个真理，只是探求的方法不同，达到的渠道不同。这同一个真理就是存在于上帝的心灵之中的本质、理念或法则、规律等一般性知识，其携带者是从上帝而来的作为下界的产生者和统治者的能动理智。哲学靠哲学家完美的理智接受它们，然后用哲学的语言表述为哲学的真理；先知靠完美的理智和想象力接受并使之变为和具体事件相关的预言；科学家靠感性的观察和理性的推理并表述为自然界的规律。正所谓本质上同一的真理表现为多种形式。当然，《圣经》中有些词语和段落是不够清楚明白的，它们需要理性的解释，这时，理性就具有优先的地位；但是，对于那些明确无误的犹太教信仰和戒律，人们就不应该诉诸理性的、逻辑的证明，而应该无条件地遵行。

本格森肯定理性的真理和启示的真理是同一的，而哲学在原则上有能力实现所有人的幸福所需要的真理。犹太教没有教导哲学所不能教导的东西。哲学没有启示所不能解决的二律背反，启示也没有哲学所不能澄清的奥秘。在这一点上，他接近于阿维洛伊，而不同于迈蒙尼德。

九、关于善与恶

在犹太哲学中，善恶有人为的和自然的两种。人为的善恶即人自己决定的行为，例如符合犹太教律法的行为是善的，违反律法的就是恶的；自然的善恶指的是自然界中的事件，如地震、洪水是恶的。那么，善恶的事件或行为是从何而来呢？

本格森主要在《上主的战争》和《〈约伯记〉评注》这两部著作中论述了善恶及其根源。在谈到人的行为时，本格森说："如果我们认为神命可以达到每一个个体，那么，我们就会因为司空见惯的好人受苦、恶人发达的情况，即事件秩序的不完美而赋予上帝不公正的品性。"[1] 换言之，如果善恶事件是由神命造成的，那么，现实中存在的行善不得善报、作恶不得恶报的事实，就会得出上帝不公的结论。但是，按照本格森的理解，人的行为并非完全受制于神命。因为如前所述，上帝并不具有所有个体事件的知识，神命不能达到每一

---

[1] 本格森：《〈约伯记〉评注》，转引自 Oliver Leaman, *Evil and Suffering in Jewish Philosophy*, Cambridge University Press, 1995, p. 104。

个个体，不决定每一个体的行为。神命既然达不到每一个个体，也就无法决定每一个个体的行为。因此，人是自由的。毋庸置疑，上帝是全善的。但是，如果人不完全受制于神命，那么，他自由选择的行为就有可能是恶的。具体说来，人的恶行或者源于物质的原因，或者源于偶然的原因。由前者引起的恶或者是由人体的构成状况所决定的，是人的本性使然；后者则是我们的态度所造成的，例如在某些情况下我们行为不慎，某些情况下没有恰当地运用我们的理性以控制自然的影响。在这里，恶是人由于运用自由意志而对上帝意志的违反或背叛。也就是说，人是自己恶行的根源。从形式和质料的关系看，如果说形式是善的根源，那么质料则是恶的根源，人的物质欲望与质料相伴随，受到欲望的驱使，人才选择了恶的行为。在这一点上，本格森与拉比犹太教关于恶起源于物质欲望或恶冲动的主张是一致的。

关于自然事件的善恶，本格森的看法与人为事件大不相同。自然的事件本身从总体上看并非不善，因为偶尔招致灾难性的后果，例如造成人的伤亡，所以被视为恶的。但是，自然事件是受最近的天体的运动所支配的，最终的原因是上帝。它们是合理性的，是可以被人的理智所认识和控制的。[①]可以说，自然事件是被上帝决定的，不论其善恶都源于上帝的力量。但是，自然事件由于对个别人造成伤害而被视为恶的，其本身或从上帝的角度看，并不是恶的。可见，对于自然界的事件，本格森采取的是决定论的和理性主义的立场。

[①] 参见 Oliver Leaman, *Evil and Suffering in Jewish Philosophy*, pp. 104-105。

他和迈蒙尼德等所谓恶不是纯粹的恶，而是"善的缺乏"的见解有异曲同工之效。

十、本格森在犹太哲学中的地位及其影响

就哲学的基本倾向而言，本格森属于亚里士多德主义学派，可以说是继迈蒙尼德之后中世纪最大的亚里士多德主义哲学家。但是，本格森并没有在迈蒙尼德之后亦步亦趋。他在赞扬迈蒙尼德的伟大贡献的同时，也对他提出了批评，并在许多方面提出了不同的见解。这表现在关于上帝的存在和属性、创世论、先知论、神命论、神正论等各个方面。可以说，本格森比迈蒙尼德更具理性主义色彩。按照我们对他的理解，在他那里，能动理智、神命、自然界规律都来源于上帝，在本质上是同一个东西。因此，真正的知识、获得性理智、预言也是在本质上相同的，与之相联系的先知和哲学家也没有实质性的区别。还应该指出的是，本格森是中世纪著名的自然科学家，他在天文学领域中的杰出成就至今仍然受到人们的重视。

在中世纪的犹太哲学领域，本格森把亚里士多德主义和科学精神推向了一个高峰。之后，犹太哲学的方向开始发生变化，到了克莱斯卡，柏拉图主义的影响已经压倒了亚里士多德主义。但是，本格森作为中世纪最大胆的理性主义者和最具科学精神的哲学家，因其在很大程度上背离了犹太教的传统，也与许多前辈哲学家相去甚远，所以，他也成为后来者批判的目标。他的学说遭到了克莱斯卡的严厉批评。亚伯

拉罕·沙龙（Abraham Shalom）也站在克莱斯卡的立场上反对本格森。有的犹太思想家，例如沙姆陶夫（Shem Tov）认为，本格森的著作与其说是《上主的战争》，不如说是《反对上主的战争》，把本格森视为背叛犹太教的敌人。中世纪最后一个哲学家以撒·阿布拉巴内尔虽然接受了本格森的某些观点，但对本格森否定甚多，他在不止一部著作中强烈地批判了本格森。但是，本格森作为中世纪最激进的理性主义哲学家，其历史地位和哲学贡献是不可否认的。

第十一章

哈斯戴·本·亚伯拉罕·克莱斯卡

一、生平、著作与背景

哈斯戴·本·亚伯拉罕·克莱斯卡（Hasdai Ben Abraham Crescas，1340—1410）是中世纪最著名的犹太哲学家之一。他是14世纪下半叶西班牙巴塞罗那犹太人的宗教领袖和杰出的社区领导人。克莱斯卡早年对希伯来诗歌兴趣甚浓，他曾经参加过巴塞罗那和西班牙其他地方的希伯来语诗歌比赛。1383年，他作为犹太社区代表团的成员参加与阿拉贡王室的谈判，为争取犹太人的权利效力。后来，克莱斯卡取得了阿拉贡王室的充分信任而且交往甚密。1387年，克莱斯卡被王室授权实行司法权，以禁止犹太人内部开除教籍的惩罚。不久以后，克莱斯卡担任了撒拉格萨的拉比。据说阿拉贡的国王和王侯还任命他负责处理所有告发犹太人的案件，可以按照犹太社区的特权予以处罚。1391年，西班牙境内发生反犹太人的骚乱，克莱斯卡的唯一的儿子在巴塞罗那不幸罹难。

儿子的死亡令他无限痛苦，因为他十分疼爱自己的儿子，曾经写诗赞扬他是"没有瑕疵的羊羔"。1393 年，克莱斯卡授权和另外二位代表从全西班牙挑选犹太人负责筹集资金，以重建在巴塞罗那等城市的犹太居住区，他自己也积极参加了大量有关犹太社区的建设工作。为了改进社区的工作，他于 1396 年起草了社区规章，加强了社区行政长官的权力。他的影响力不断扩大，以至法国和其他城市的犹太人在确定首席拉比时也征求他的意见。晚年，克莱斯卡专心从事著述。由于第一个妻子已经失去生儿育女的能力，他在儿子遇难后娶了第二个妻子。克莱斯卡于 1410 年去世于撒拉格萨，享年 70 岁。①

繁忙的宗教与社区事务使克莱斯卡没有多少时间从事研究和写作。但是，他仍然给我们留下了四部著作。在这些著作中，其中包括对 1391 年屠杀事件的记述，关于逾越节的布道演说，《驳基督教原理》，最后一部是他的哲学代表作《上主之光》（*Or Adonai*, *Light of the Lord*，1410 年完成）。

《上主之光》分为四部分。第一部分论述宗教信仰的根源，即上帝的存在，他的一体性和非物质性。第二部分阐述《托拉》的基石，论证了克莱斯卡认为是《托拉》之基石的信仰。第三部分论述《托拉》教导的真正信仰，分别阐述了犹太教戒律没有明确表述的信仰，以及为戒律明确表述的信仰。作为犹太教的领袖，克莱斯卡在《上主之光》中的主要任务是反对迈蒙尼德、本格森等人的亚里士多德理性主义哲学，

---

① 参见 "Crescas" in *Encyclopedia Judaica*，CD-ROM edition。

确立和维护传统犹太教的基本信仰体系。

和基督教历来重视神学的传统不同,犹太教一直强调行为在宗教中的优先地位,所以不存在一个类似于基督教教条的神学体系。在12世纪,迈蒙尼德提出了著名的犹太教13信条和613条律法,可以说对犹太教的系统化做出了重要的贡献。但是,在犹太人内部,迈蒙尼德的学说一直存在着很大争议,在法国南部还曾经发生过焚毁其著作的事件。尽管克莱斯卡反对迈蒙尼德的理性主义哲学,对他提出的信条和律法也颇有异议。但是他还是认真研究了犹太教的基本原则并阐述了自己的看法。

让我们首先来看迈蒙尼德的13信条。(1)信仰上帝的存在,就是说,有一个最完满的存在,他是所有别的存在者的原因。(2)信仰上帝的一体性,就是说,作为所有存在的原因,他是一。(3)信仰上帝的非物质性,就是说,一既不是一个物体,也不是物体内的力。(4)信仰上帝的永恒性。上帝是绝对先于一切事物而存在且是永恒的。(5)相信上帝是唯一崇拜、赞美、服从的对象。(6)相信先知。(7)相信摩西是前无古人后无来者的先知之父,是最伟大的先知。(8)相信《托拉》来自神授。(9)相信《托拉》永无变化。(10)相信上帝知道人的思想和行为,他不会忽视人。(11)相信上帝奖善惩恶。(12)相信弥赛亚将降临。(13)相信死者将复活。① 迈蒙尼德是在评注《密释纳·法庭》第十章关于"所有以色列人都在来世有份"这句话时展开这些信条或原则的。在他看来,不遵

---

① 参见 Menachem Kellner, *Dogma in Medieval Jewish Thought from Maimonides to Abrabanel*, Oxford University Press, 1986, pp.11-15。

守这些原则的犹太人是没有来世的，或者反过来说，相信这 13 信条的犹太人才可以在来世有其地位。

针对迈蒙尼德的这 13 信条，克莱斯卡在《上主之光》中做了认真分析和批评并提出了自己关于犹太教信仰的体系。在《上主之光》的第一部分中，克莱斯卡指出，上帝的存在、一体性和非物质性是犹太教的第一原理，他称之为"根"（root）。在第二部分中，他提出了被称之为"基石"（cornerstone）的六个犹太教基本信条：一是上帝对于所有事物包括个别事物的知识。上帝知道一切，否则他就不启示《托拉》了。二是神命，上帝使每一个人享有神命，其根据是他们的爱，而不是他们的理智完善程度。三是上帝的力量，上帝无所不能。四是先知，先知之成为先知由于对上帝的爱，而不是理智的完善。五是人的选择。人是被决定的，但是由于他有意志，所以也可以选择，因此他对自己的行为负责。六是《托拉》的目的性。《托拉》的目的是引起人的爱心，矫正意见，导致快乐，并且最终达到精神的幸福，即对上帝的无限的爱。同时，上帝借助《托拉》赋予造物以无限的爱。在第三部分中，克莱斯卡提出了犹太教的真正信仰。其中独立于戒律的信仰是：（1）相信上帝从无中创造世界。（2）相信灵魂不朽。（3）相信上帝奖善惩恶。（4）相信人的复活。（5）相信《托拉》的永恒性。（6）相信摩西是最伟大的先知。（7）相信祭司胸牌（Urim ve-Tummim）的特异功能。①

---

① 指大祭司在礼服上佩戴的胸牌，是祭司借以接受神的教诲的媒介。据说，所罗门国王之前，祭司胸牌能够显示神谕，在国家面临危机时可作为决断的依据。七十士本《圣经》把 Urim ve-Tummim 译为"启示和真理"，《塔木德》译为"带有启示性且得应验的言辞的物件"。第一圣殿后不复使用。参见《出埃及记》（28：15—30）、《民数记》（27：21）。

(8) 相信弥赛亚将降临。其中依赖戒律的信仰是：(1) 上帝回应祈祷和祭司的祝福。(2) 忏悔有效果。(3) 赎罪日和敬拜上帝的四个节期。在第四部分中，克莱斯卡阐述了 13 个观点或理论。例如，世界是永恒的吗？有无另外的世界？星球是有生命、有理性的吗？天体的运动影响人的命运吗？护身符和咒符对人的活动有影响吗？关于魔鬼。人的灵魂运动吗？没有教养的青年人的灵魂是不朽的吗？关于天堂和地狱。等等。[①] 实际上，克莱斯卡的《上主之光》这四部分阐述的信仰或原则是分层次的。"第一个层次是宗教的前提。……第二个层次是由'《托拉》受之于天'这句话蕴涵的信仰构成的。第三个层次是《托拉》所教导因而必须接受的信仰，但是即使否认它们也不会导致《托拉》的毁坏。第四个层次则是既可以接受也可以拒绝的信仰，它们不是由《托拉》所决定的，而是可以为理性所决定的。"[②] 应该承认，这是一个系统完备的信仰体系，它比之迈蒙尼德的 13 信条更为细致和复杂，包含了更多层次的内容，可以说是对犹太教神学的重要发展。在迈蒙尼德那里，信仰和理性是完全统一的，信仰犹太教的 13 信条和相信亚里士多德的哲学命题（他在《迷途指津》中归纳了 25 个命题）是一致的。但是，在克莱斯卡看来，信仰与哲学是可以分离的，他前面所提出的第三个层次的第二部分信仰和第四个层次的理论中，有许多属于哲学原理，它们取决于人的理性，而不是犹太教徒所必须信仰和遵守的。克莱斯卡的这个信仰体系对后来的犹太思想家，尤其是阿尔伯，

[①] 参见 Menachem Kellner, *Dogma in Medieval Jewish Thought from Maimonides to Abrabanel*, pp. 121, 116。

[②] Ibid., p. 109.

产生了重要的影响。

在从斐洛开始的犹太哲学发展史上，存在着两条思想之流。一条是从希腊哲学家，主要是亚里士多德，经过阿拉伯哲学家而流淌出来的突出理性和科学知识的理性主义之流，另一条是从传统的犹太教内部流出的强调启示、信仰、宗教情感的非理性主义之流。萨阿底、迈蒙尼德、本格森是前者的代表，哈列维是后者的主将。在克莱斯卡生活的 14 世纪，迈蒙尼德哲学的主导地位已经大大动摇，本格森的影响也已日薄西山。作为西班牙犹太社区的宗教领袖，克莱斯卡深切感到迈蒙尼德和本格森的理性主义哲学不仅没有起到论证和加强犹太教的作用，而且恰好相反，使传统犹太教的信仰受到了严重的威胁。所以，克莱斯卡自己感到，他的使命是正本清源，拨乱反正，使犹太教回到《托拉》正确的基础上来。可见，克莱斯卡和哈列维属于同一哲学流派。当然，尽管他们二人的目的相同，但气质和风格却迥然不同。哈列维是诗人，他用丰富的想象力和诗歌语言来表达自己的思想，而克莱斯卡的方式则是理性的、逻辑的，也就是说，克莱斯卡是用理性的论证和反驳来达到其维护宗教信仰的目的的。

二、论上帝存在及其属性

迈蒙尼德在《托拉再述》等著作中认为，上帝的存在是犹太教中最重要的信条，是一切信仰的根据。其根据是《圣经·出埃及记》第 20 章开始的那条戒律："我是耶和华你的神。"（20：2）但是，克莱斯卡却认为不能将对上帝存在的信仰作为一条戒律。他指出：毫无疑问，承认上帝的存在是犹太教所有信仰的前提。但是，正因如此，它才不能成为一条戒律。一条信条已经包含了其发布者的存在，即上帝的存在。"那个把上帝存在的信仰作为一条肯定的戒律的人犯了一个明显的错误，因为戒律是处在关系中的，没有一条戒律是没有发布者的。如果我们把关于上帝存在的信仰提出来作为一条戒律，实际上已经在认识中把这条信仰放在另一条关于上帝存在的信仰之先了。"这样就会陷入无限的追溯中，导致无数个关于上帝存在的戒律，而所有这些都是错误的。总之，上帝的存在作为一切信仰的前提本身不能成为一条信条或戒律。

克莱斯卡在认为上帝的存在不能作为一条戒律的同时，还从哲学上对亚里士多德关于上帝存在的证明提出了反驳。亚里士多德对于作为"不动的动者"的上帝的证明是以不能无限回溯为前提的，即我们不能从一个致动因追溯到另一个致动因，以至无限，总是有一个自己不动却可以推动其他事物的第一因存在着。但是，克莱斯卡则明确承认无限的存在。对他而言，无限的宇宙空间和真空不仅是可能的，而且是实在的。在这个世界之外，存在着无限的充实和虚空，而且除了这个世界之外，很可能还存在很多个世界。既然无限性是实在的，那么，以有限为前提的亚里士多德关于上帝第一因的证明就不攻自破了。

克莱斯卡自己对于上帝存在的论证是这样的：不论结果是有限的还是无限的，也不论是否有一个给定的无限系列的原因，只要这个系列是无限的，而且所有的事物都是被原因产生的，我们就无法在自然界中发现一个绝对必然存在的东西。……如果所有的存在都是可能的，就一定有某种导致存在的力量，因此说，有一个必然存在的存在者。① 就是说，无限的系列的存在是可能的，其可能性在于某种必然存在的力量。这样的力量就是上帝。换言之，如果自然界中所有的事物都是可能的，那么，上帝则是必然的；如果自然界中所有的事物都是被原因引起的，那么，上帝就是它们的原因，而他自己则是自因的。一些研究者发现，克莱斯卡这里的论证和斯宾诺莎在《伦理学》中关于神或实体的定义极其相似，所以，认为斯宾诺莎很可能受到了克莱斯卡的影响。我们从斯宾诺莎生前阅读过的书目中发现，斯宾诺莎事实上研究过克莱斯卡的著作，的确熟悉克莱斯卡的哲学，因此，这些研究者们的看法不是没有理由的。

关于上帝的存在与其本质的关系，克莱斯卡是针对著名阿拉伯哲学家阿维洛伊和阿维森纳的不同看法发表意见的。阿维森纳认为，存在是本质的一个偶性。阿维洛伊则说存在与本质完全等同。在后者看来，上帝的存在与其他事物的存在在种类上全然不同，因此，如果我们用存在来述说上帝和其他事物时，这个词实际上只是发音相同，而意义完全不同。克莱斯卡对这两位阿拉伯哲学家的观点都不满意。他指出，阿维洛伊的观点包含着一个逻辑上的困难：如果存在等同于本质，那么，当说"上帝存在"时，无异于说"上帝就是上帝"。在这里，存在作为谓词什么内容也没有增加，因而是没有意义的。如果像阿维森纳所说的那样，存在只是一个偶性，那么，它就需要一个主体。但是，这个主体本身也必须存在。

---

① 克莱斯卡：《上主之光》，转引自 Meyer Waxman, *The Philosophy of Don Hasdai Crescas*, New York, AMS Press, 1966, p. 59。同时参见 "Crescas" in *Encyclopedia Judaica*, CD-ROM edition。

于是，必须有另一个主体在先；这样下去，以至无穷。这也是荒谬的。他还指出：假如存在是实在的形式和主体的支持者，没有它，主体就成为非存在，我们又怎能称之为偶性呢？他的结论是：存在一方面不等同于本质，另一方面又是一个存在者（being）的本质性的（essential）属性，即其存在所必需的性质。只有这样，存在才能述说任何事物，包括本质和偶性，尽管这些东西的存在有程度的不同。存在概念应该以否定的方式来理解，即当我们用存在述说一个事物时，意思是说它不是非存在（not non-existence）。这样，在我们说上帝存在以及其他事物存在时，存在不是一个同音异义词，而是指它们不是非存在。当然，上帝与其他事物"不是非存在"的程度是有差别的。上帝不是非存在是由于其自身，而别的存在者不是非存在乃由于他们的原因。克莱斯卡还说：存在之为"本质性的属性"只是本质的一种表达，还应该有更多的表达。① 换言之，上帝具有无限多的属性。

关于上帝的多种属性是否妨碍它的一体性的问题，克莱斯卡与迈蒙尼德有重要的分歧。迈蒙尼德在《迷途指津》中表示：我们不能具有上帝的肯定性属性，因为我们既不能根据上帝的定义或定义的部分来描述他，也不能借助于他的本质性质或他与其他事物的关系或别的物体来界定他。我们只知道他的行为，只能根据其行为来描述他。所谓存在、生命、认知、智慧、力量、意愿，等等，都不能说是上帝的肯定性属性。当我们把这些词汇运用于上帝时，其含义和运用于人

---

① 参见 Meyer Waxman, *The Philosophy of Don Hasdai Crescas*, 1966, pp. 63-64。

时只是声音相同，意义则完全不同。实际上，人以及其他造物和上帝之间没有什么关系，根本不能同日而语。因此，这些属性在运用于上帝时，只能做否定的理解，如说上帝是存在的，就意味着他不是不存在的；说他是智慧的，就意味着他不是不智慧的；诸如此类。迈蒙尼德之后的本格森曾经批评过迈蒙尼德的上述观点，认为人与上帝只存在程度的差别，在性质上是同一的，所以上述属性既可以运用于人，也可以运用于上帝。克莱斯卡也对迈蒙尼德提出了尖锐的批评。他指出：迈蒙尼德之所以不愿意赋予上帝以肯定的属性，是担心那样会造成上帝本性的缺乏。但是，克莱斯卡反问，活动或行为的属性就不意味着上帝的完善有缺陷吗？如果完全按照迈蒙尼德的看法，上帝是绝对没有任何性质的，这无异于说上帝是虚无，而这是荒谬的。当我们说上帝创造的时候实际上已经意味着他的力量在活动之前是潜在的，只是后来才变成现实的，而这就意味着上帝本性是变化的。另外，迈蒙尼德说上帝和他的造物之间没有任何关系是不真实的。实际上，上帝是所有事物的原因，他和事物之间存在着因果关系；如果我们断言时间是永恒的，上帝和时间之间就存在着相似关系；等等。为了避免因为赋予上帝多种属性而破坏其单纯性和唯一性，克莱斯卡强调：我们通过属性而设想到多样性，并不意味着实际上的多样性。对于上帝，无限的善乃是他的本质，是它把多样性统一起来的。无限的善就是完满，上帝是无限完满的。与上帝的完满性类似，其他的属性，如存在、力量、智慧等也都可以说是上帝具有的肯定属性，它们和上帝的关系就像光和发光体一样是主体与其属性的关系。他说："如果我们可以想象某种光源必然是自己存在的，那么，依据本质的必然性从它发出来的光能够阻止它（光源）自己存在吗？不能！因为光的本质并不是独立于光源的另外的本质……毋宁说，光是光源的本质性的东西，后者是通过前者得以恰当描述的。这正是属性与上帝的关系。"[1] 克莱斯卡没有像本格森那样说上帝的属性与人的属性在性质上相同，只是程度有别，他所坚持的是上帝与人和世界上别的事物不是毫无联系的。当然，克莱斯卡也意识到，说上帝具有肯定的属性存在着使上帝多样化的危险，所以他认为，我们可以因为不知道这些属性的具体内容而否定地使用它们，但是，他们在上帝本身内则是肯定性的。一句话，上帝是具有肯定性属性的，而这些肯定的属性并不导致上帝的多样性。[2]

关于上帝的一体性，克莱斯卡认为，它和存在一样不是上帝的本质，而是本质性的属性。说人是一并没有增加新的内容，只是说人是人而已。说上帝是一或一体性，也没有为他增加新的内容，无非是说一体性是上帝的本质性属性之一，是上帝区别于他物的差异性形式（mode of differentiation）。上帝的一体性有两重意思。其一是说上帝是单纯的、非复合性的；其二是说上帝是一，而不是多。按照当时流行的理论，复合的事物可以朽坏，单纯的事物则是不朽的。凡必然的存在一定是单纯的、非复合性的；上帝无疑是必然的存在，所以一定是单纯的。克莱斯卡关于上帝是一，或者说只有一个上帝的论证是这样的：如果我们承认上帝的活动力量是无限

---

[1] 克莱斯卡：《上主之光》，I，iii，3；转引自 Mark Lewis Solomon, *The Virtue of Necessity: Necessary Existence in the Thought of Hasdai Crescas*, MA Thesis, Leo Baeck College, London, 1998, p. 41。

[2] Ibid., pp. 65-67.

的，那么，另一个上帝的存在就是不可能的；这是因为，如果存在另一个上帝，他们就会相互包含，其活动力量就不是无限的了。克莱斯卡承认，这个论证不够有力，不足以令人信服，因为存在着另一个不活动的上帝的可能性。克莱斯卡的最后结论是：上帝在数目上的唯一性是一个信仰问题，我们必须诉诸《圣经》来解决。《圣经》上说："以色列啊！你要听，耶和华我们神是独一的主。"（《申命记》6：4）这就是我们相信唯一的上帝的最后根据。克莱斯卡研究专家瓦克斯曼（Meyer Waxman）在介绍了上述观点后对克莱斯卡提出了批评。他说："必须承认，克莱斯卡在这一点上不仅是软弱无力的，而且是有偏见的。他的论战性压过了其哲学性。说不活动的上帝是什么意思？难道这与他自己的上帝概念不矛盾吗？如果上帝具有无限的力量，那另一个存在又是什么？只能说它既不活动，又没有潜能。显然，这个荒谬的论证是他作为对哲学家的一击而提出来的，但是他并没有击中要害。"①

在克莱斯卡关于上帝的本质及其属性的论述中，我们可以隐约看到斯宾诺莎的影子。斯宾诺莎在《伦理学》的第一部分指出：实体是在自身内并通过自身而存在的东西，就是说，它的存在不需要其他的原因，他是自因的，而上帝与实体是同一的，所以上帝也是自因的存在；属性是构成实体本质的东西。属性在数目上有无限多，但是，无限多的属性并不影响实体的唯一性，即没有把唯一的实体分化为多个实体，因为属性是实体借以表现自身的东西，而不是实体性的存在。显而易见，这些思想与克莱斯卡的有关论述是很接近的。

---

① Meyer Waxman, *The Philosophy of Don Hasdai Crescas*, p. 70.

在上帝的本质性属性中，克莱斯卡尤其重视"善"。他甚至认为，善是其他属性的基础，别的属性都是善的不同表达方式，也就是说，善是上帝的最本质的属性。人也是善的，世界上的一切存在都是善的。但是，上帝的善是最高的善，或者说是至善；其他的善归根到底是从它派生出来的。上帝的至善是通过其活动表现的。他的一切活动或行为，尤其是创造世界的活动，都体现了他的至善。

体现上帝之至善的属性很多，其中克莱斯卡特意列举了快乐或喜悦。人是有快乐的。人的理智上的快乐是人的意志在克服了学习和理解中的困难后产生的愉悦的情感。克莱斯卡认为，上帝也是有快乐的。上帝的快乐在于他喜爱他的善的必然活动。如前所述，上帝是善的。上帝的善不是消极的，其本性是"行善"的活动。正是在行善的行动中，上帝产生了快乐。克莱斯卡说："上帝是所有存在的有意愿的主体，而且以他的善流（overflow of his goodness）永久地维系着它们的存在。……就他自愿地、有意向地给出他的善与完满而言，他必定爱行善和善流。这是真正的爱，因为爱不过是意志的快乐，而这是真正的喜悦。如《圣经》所说：'上帝喜欢他的作品'，就是说，他的喜悦在于他的作品，即在于流向事物并以尽可能完满的方式维持它们存在的善流。"[①] 和人的有限的、派生性的快乐不同，上帝的快乐是先验的、原因性的、无限的。按照克莱斯卡的看法，正是因为上帝的必然的善、爱和喜悦，世界才得以被创造。

[①] 克莱斯卡：《上主之光》，I, iii, 3；转引自 Mark Lewis Solomon, *The Virtue of Necessity：Necessary Existence in the Thought of Hasdai Crescas*, pp. 50-51。

三、宇宙论

1. 关于创造

和所有犹太教哲学家一样，克莱斯卡也信仰上帝创造世界。那么，上帝是怎样创造世界的？是"无中生有"，还是从有中产生？传统犹太教认为，正如拉丁文短语 creatio ex nihilo 所表示的那样，上帝是从虚无中创造世界的。亚里士多德主义及阿拉伯哲学家主张宇宙永恒论，从根本上否认世界是"无中生有"的。迈蒙尼德虽然是亚里士多德的积极追随者，但是在这一点上他最终回到了犹太教的"无中生有"的创世说。柏拉图主义主张原始质料的存在，认为上帝赋予原始质料以形式，因而产生了世界。这是一种很有代表性的"以有生有"论。作为以恢复和维护犹太教信仰为使命的哲学家，克莱斯卡的立场当然是"无中生有"论。他对亚里士多德主义和柏拉图主义提出了批评，捍卫了犹太教的创世说，并阐述自己的宇宙观。

克莱斯卡认为，如果我们说上帝是唯一的必然存在的话，那么，所有别的存在，不论是物质性的还是精神性的，都是可能的存在，因而必定是由上帝引起的。这就是说，质料也是被上帝创造出来，不存在和上帝一起存在的永恒质料。既然如此，柏拉图主义的宇宙发生论就是不可信的。

宇宙是上帝从虚无中创造出来的。creatio ex nihilo 的意思是：上帝之外不存在别的东西。上帝是事物产生的唯一原因，所有的事物都是上帝的产物。但是，上帝从无中产生世界的方式却不是单一的，实际上有两种：一是流溢，即结果自然地从原因中流出；二是意志，即从上帝的有意志的活动而产生。克莱斯卡没有反对"流溢说"，因为在他看来，流溢说和意志论是不矛盾的，是可以相容的，因为不论是流溢还是意志，归根到底都是指上帝思想的外化，即指上帝思想或概念中所包含东西的实现。克莱斯卡说："上帝赋予事物存在是以必然完满的思想（conception）为基础的。思想，在这里是指关于现存事物的规律以及上帝使此规律和存在物（包括一般的和特殊的）成为存在的思想；没有什么东西是可以不通过这样的思想而获得存在和本质的。上帝是有智性的原理，他意欲他所设想（conceive）的东西。因为意志的意思不过是设想、意欲（那设想的东西），并且借助思想或概念使之存在。"① 在克莱斯卡看来，上帝的思想无疑是完满的，因此它一定包含将要产生的所有存在，既包括基本的规律、个别的部分，也一定包含产生的活动或流溢的过程的概念。如果被设想到的东西是完善的，那么，上帝必定意欲它，因为这出于完善之事物的本性，否则就不完善了。而一旦上帝意志指向了他所设想的东西，其概念或思想就导致其存在。在这里，上帝的意志和他的思想不是等同的，但是意志却可以使思想中的东西成为实在。上帝思想中的东西和他意欲的东西是同一的。由于上帝意志的活动，其思想中的东西才成为现实的存在。于是，世界万物，不论是一般的还是特殊的，还有事物的规律，都从非存在中产生出来了。在这里，上帝意志的

---

① 克莱斯卡：《上主之光》，转引自 Mark Lewis Solomon, *The Virtue of Necessity: Necessary Existence in the Thought of Hasdai Crescas*, p. 57。

作用和事物从他那里流溢出来是同一个过程。

在阐述上帝以意志创造万物的时候，克莱斯卡运用了一个发光体发光的类比。发光体必然发光，否则就不是发光体。上帝是必然的永恒的存在，所以可以比作永远发光的物体。发光体是通过发光实现自己的本性，获得其完满的。上帝是必然的存在和至善，他是通过赋予事物存在和善而实现其完满的。克莱斯卡说："在产生善的时候，善的完满性是有意（willingly）施与的，而且这无比地优于无意（unwillingly）的施与。显然，当我们提出必然的存在是从他而来时，它必然是靠意志发生的。"① 上帝是至善的，而他的至善是靠施善的活动，即创造来实现的。上帝是必然的存在，他的创造活动也是必然的，就像发光体必然发光一样。总之，在克莱斯卡那里，世界是必然的上帝从虚无中创造或流溢出来的。

2. 关于创造和永恒的关系

按照一般的理解，创造论和永恒论是相互矛盾的，主张创造论就必然反对永恒论，反之亦然。克莱斯卡主张创造论，因此，他应该反对永恒论。但是，克莱斯卡又是主张永恒论的。按照著名学者纽马克（David Neumark）的分析，克莱斯卡主张世界的可能性，其必然结果是主张世界之原因的必然性。他说："必然出于上帝的世界是一个永恒的世界，因为上帝是永恒的。"② 世界的永恒性是和它的创造和流溢相联系的。如前所述，在克莱斯卡那里，说世界是上帝创造和说它是从

---

① 克莱斯卡：《上主之光》，转引自 Mark Lewis Solomon, *The Virtue of Necessity: Necessary Existence in the Thought of Hasdai Crescas*, p. 65。

② Ibid., p. 69.

上帝流溢出来是一个意思。在传统意义上，流溢的世界意味着上帝的力量是无限的，而在时间上被创造的世界则意味着上帝的力量在时间上是有限的，因为我们会问：如果上帝能够在任何时候创造世界，他为什么在一个特定的时刻而不是别的时刻创造了它？克莱斯卡完全排除了这种提问的可能性，因为在他看来，时间作为运动的偶性，本身就是被创造的，因此，不存在什么创世"之前"的问题。迈蒙尼德曾经意识到这个问题，因为他说过："如果肯定时间先于世界而存在，那就必然相信世界的永恒性。"[①] 但是，克莱斯卡认为，在上帝这个创造者和被创造的世界之间不存在相互作用的关系，在创造之前没有任何存在，世界在产生后是否永远存在下去，完全取决于上帝的意志。因此，如果没有什么东西可以限制上帝的力量，它将在时间上无限地发生作用，宇宙也因此而成为永恒的。进一步说，由于上帝和世界之间存在因果关系，而且这种关系是持续不变的，所以，那种认为世界是在某个特定的时刻从上帝那里流溢出来的观点是没有道理的。所谓"无中生有"，就是指事物完全依赖于上帝的存在，这同时也要求世界从上帝那里的必然流溢是源源不断的，而这种持续不断的流溢也意味着无限的力量。

克莱斯卡进一步证明说，既然上帝是至善的，而且是永恒的，那么，体现其至善的行动，即有意志的创造活动也应该是无休止的，否则就不是至善的了。这样一来，创造就不是一蹴而就的，而是一个持续的永不间断的过程。既然上帝的创造是永恒的，那么，世界的存在就必然是永恒的。

---

① 迈蒙尼德：《迷途指津》第二篇第十三章，见 translation by Pines, p. 282。

《圣经·创世记》开篇说："起初，神创造天地……"这似乎是指世界是从某个特定的时刻开始的。但是，克莱斯卡从拉比文献《密德拉什》获得启示，所以给出了宇宙永恒的解释。他说：我们有权接受《迷途指津》中引述过的先哲的名言，即关于《创世记》的《密德拉什》中的话："这教导我们：上帝正在建设世界，也正在毁坏世界。""这教导我们：有一个先于创造的时间上的秩序。"克莱斯卡明确指出："这些话显然是指连续不断地创造，或者是通过诸多世界的产生或毁坏，或者是通过每一个世界都根据其完善程度而从另一个世界产生出来，而不是说世界在某个特定的时刻产生或消灭。或许我们生活其上的这个世界会永远存在下去，或许它将消灭而被另一个世界所取代，而它又是由于更完满而从我们这个世界产生出来的。"① 在克莱斯卡看来，时间和空间都是无限的。因此，上帝的创造也不会局限于某个时刻。《创世记》开篇不是说世界是在特定的时间创造的，因而在此之前没有创造活动，也不存在世界，而是说上帝的创造和毁灭是连续不断的。世界是不断被创造出来，同时又由于其完善的程度而或者存在下去或者被毁灭的。从这个意义上说，宇宙整体是永恒的。

　　一方面，克莱斯卡认为宇宙是上帝从虚无中创造的；另一方面，他又认为宇宙是永恒的。初看起来，这二者之间是矛盾的。但是他认为，仔细考察后就会感到这个矛盾是可以调和的。一方面，由于上帝是唯一必然的存在，在他之先没

---

① 克莱斯卡：《上主之光》，IIIa，I，5；转引自 Mark Lewis Solomon, *The Virtue of Necessity*: *Necessary Existence in the Thought of Hasdai Crescas*, p.75。

有别的存在，所以，他是作为唯一的创造者从虚无中产生出世界的。这就排除了柏拉图所谓上帝从永恒的质料产生世界的可能性。另一方面，上帝又是永恒的，同时又是至善的，这意味着他的创造活动是连续不断的，不是固定在某个特定的时刻，而连续不断的创造活动必然创造出无数的世界。所以，宇宙不论在时间上还是在空间上都是永恒的、无限的。

我们应该看到，克莱斯卡的上述解释可以看作是在创造和宇宙永恒问题上的重要哲学贡献。按照一般犹太教的观点，世界是上帝在"起初"（in the beginning）这个特定的时刻从虚无中产生的。迈蒙尼德在阐述创造问题时，一方面感到很难驳倒亚里士多德的永恒论，另一方面又感到亚里士多德的永恒论没有充分的说服力，所以最后回到了犹太教的信仰：上帝在特定时间从虚无中创造了世界。犹太教传统以及迈蒙尼德在这个问题上的观点实际上包含着一个很大的问题：时间是运动的度量，运动是物质的属性或偶性。如果上帝从虚无中产生世界，那就意味着在世界产生之前是没有物质的，因而也就不存在运动和时间。既然不存在时间，怎么会有"起初"，怎么会有上帝在特定的时刻创造活动呢？还有，如果上帝的创造是世界之始，也是时间之始，世界产生之前没有时间，那么，那是一个什么样的状态呢？这些都是十分棘手的问题。克莱斯卡的解释有着很大的优越性，他把这些棘手的问题消解了。既然宇宙是永恒的，那就不存在一个"起初"或"在时间中"创造世界的问题，也不存在创造之前或之后的问题。同时，这也为无限的宇宙观打下了理论基础。

3. 关于无限性

克莱斯卡对亚里士多德关于空间和时间有限的学说提出

了系统的反驳，并阐述了自己的无限论。亚里士多德在《物理学》和《形而上学》中提出了旨在反对空间的无限性的证明。他表示，世界上不存在非物质的广延（incorporeal extension），因此，不存在无限的非物质的广延。广延都是物体的广延，而物体的广延都是有限的。在亚里士多德看来，一个广延必定是有边界、有轻重、有立体形状的，必定围绕一个中心运动，必定被周围的物体所围绕的；而无限的东西不可能具有这样的广延。克莱斯卡指出：所有这些假定都只是适用于有限的广延，而在它们被运用于无限的时候，都是虚假的。实际上，无限如果存在的话，它是没有边界、没有轻重、没有形状的，它做圆周运动，但并不围绕一个中心，它依赖意志而运动，但无须外界物体的动力。所以，不能以有限物体的有限性描述无限性。

克莱斯卡还认为，和有限的物体不同，无限的东西既不是复合的，也不是单纯的。亚里士多德认为，无限数目的元素构成无限的东西是不可设想的，因此不存在这样的无限的东西。克莱斯卡反驳说，亚里士多德的否认是以元素的可知性为前提的，但是我们可以设想，无限数目的元素一方面是不可知的，但另一方面又是实际存在的。无限的东西有两种可能性：可以是由有限数目的元素构成但具有无限广延的东西，也可以是由一种无限的元素构成的单纯的物体。针对亚里士多德关于元素具有确定性质、不能构成无限的东西的看法，克莱斯卡说，元素不应该限于亚里士多德等哲学家所说的水、火、土、气四种，另外的具有独特性质的无限元素的存在也不是不可能的，它们可以被设想为没有任何形式和性质，但可能具有所有可能的形式和性质。这样的元素是可以构成无限的东西的。

克莱斯卡对亚里士多德的处所概念做了系统的反驳。在亚里士多德那里，处所就是物体本身的界限，即一个物体所占的空间大小。它有三个条件：必须围定一个物体，必须区别于它围定的物体，必须等于这个物体（的大小）。亚里士多德认为，首先，处所的维度是有限的，即只有上下、左右和前后六个方向，因此，有处所的一切存在都是有限的。其次，这六个方向中的每一个也都是有限的，因此，处于处所中的物体是有限的。克莱斯卡的反驳是：首先，如果处所就是一个围定物体的界限，那么，无限是不存在于处所中的，因为无限不可能被任何东西所围绕。但是，尽管无限没有被围定的界限，它却可以有一个围定的界限，即它所围绕的天体的凸面。其次，亚里士多德的处所概念产生了许多的难题和谬误，例如，当它被运用于最外边的天体和别的天体时，其含义会发生混乱，等等，因而是错误的。克莱斯卡的这些反驳是他论证空间无限的组成部分。

按照亚里士多德的观点，广延就其本性而言，就意味着物体的存在。但是，克莱斯卡认为，亚里士多德的这一见解是建立在他所谓世界之内和之外没有真空这一虚假命题上面的。如果我们假定真空是存在的，那就会导致非物质的广延的存在，因为真空就是没有物体的广延。在《物理学》中，亚里士多德明确反对真空的存在。他说：原子论者之所以主张真空的存在，就因为他们假定，如果没有真空或虚空，运动就是不可能的，或者说，真空被他们看作是运动的原因。但是，这个假定是站不住脚的，因为根据"原因"这个词的基本含义，真空绝不是运动的原因。对此，克莱斯卡指出：

原子论者并没有认为真空是产生运动的唯一原因。对于他们，真空只是运动的一个偶然原因，或者是一个必要条件。既然如此，真空就是可以存在的。亚里士多德还认为，真空导致运动的不可能性。克莱斯卡则认为，运动在真空中产生的原因和它在一个充满的空间里的原因是一样的，都是地上诸元素朝向各自恰当处所（proper place）的自然趋向。因此，真空并不妨碍运动的产生。克莱斯卡用了很大的篇幅反驳亚里士多德的有限论，其最终的目的旨在证明，空间是无限的，时间是无限的，宇宙也是无限的。

如前所述，在亚里士多德那里，宇宙是由同心的天体构成的有限的系统。于是，人们经常发问：宇宙之外是什么？亚里士多德主义哲学家，如阿维洛伊、本格森等，提出过种种意见，认为宇宙之外既不是真空，也不是充满，而是虚无（nothing）。克莱斯卡反对说：虚无不是真空或充满的中间词，因此不能用它来表示真实的状态。他认为，最外面的天体之外是真空，它不可能被别的东西所限制，因而是无限的。也就是说，宇宙的边界是无限的。在克莱斯卡看来，宇宙就像一个无限大的容器，一切星球和事物都包容其内。克莱斯卡在表述他的无限的包含一切的空间概念时使用了不同的说法："它是和物质客体相分离的广延（距离、间隔或维度）。""是脱离了质料的广延。""是非物质的广延"，即"可以接纳物质的广延的空的空间"[①]。克莱斯卡使用这些用法旨在把空间概念和亚里士多德的处所概念区别开来。克莱斯卡把空间定义

---

① 转引自 Harry Austryn Wolfson, *Crescas' Critique of Aristotle: Problems of Aristotle's Physics in Jewish and Arabic Philosophy*, Harvard University Press, 1929, p. 116。

为广延或距离，它可以被一个物体所占据，也可以摆脱物体的占据。当它被物体所占据时，空间就变成了那个物体的个别处所；当它不被占据时，空间就被称为真空或无物质的广延。著名克莱斯卡研究专家沃福森这样说：克莱斯卡的空间"不是绝对的虚空（void），而是一个不同秩序的问题。当克莱斯卡论证无限的真空存在的时候，他是在论证无限的广延或空间的存在，它实际上是不同的秩序，它是一个中介，借助于它，我们的这个物质的世界才被包容起来"①。

亚里士多德认为，世界只有一个。在这一点上，克莱斯卡也是与亚里士多德对立的。他认为，我们这个世界不是唯一的，没有人能够排除存在许多世界的可能性。他没有明确说到底有多少个世界存在着，但是从他对于亚里士多德的批评和对于无限空间的论述来看，世界应该有无限多。

从以上的阐述可以看出，在克莱斯卡哲学中，宇宙是一个包含无数飘荡着的世界的无限空间。这是针对亚里士多德的宇宙观而提出来的。但是，这一观点并不是克莱斯卡的发明创造，因为早在亚里士多德以前的希腊原子唯物主义哲学家那里，这样的空间理论就已经存在了。克莱斯卡在15世纪初提出这样的宇宙观的意义在于向长期占统治地位的亚里士多德的宇宙观提出挑战，促使人们对宇宙和与之相关的许多问题进行深入的思考。② 尤其值得我们注意的是，克莱斯卡对于亚里士多德主义的批判是具有历史意义的。他提出没有物

---

① 转引自 Harry Austryn Wolfson, *Crescas' Critique of Aristotle: Problems of Aristotle's Physics in Jewish and Arabic Philosophy*, p.117。

② 本章中关于克莱斯卡的无限、空间和宇宙论主要参考了 Harry Austryn Wolfson, *Crescas' Critique of Aristotle: Problems of Aristotle's Physics in Jewish and Arabic Philosophy*, Harvard University Press, 1929, pp. 38-69, 114-118。

质的真空概念，表明运动或重量是不一定以物质为媒介的。他用"空间"取代了亚里士多德的有限的与一定的物质相联系的"处所"，从而为无限性的存在奠定了基础。这对于近现代科学的诞生也起了积极的作用。

四、关于决定论与自由意志

决定论与自由意志是哲学中十分重要的问题。从古代开始，人们就面临这样的难题：人一方面感到自己既是事物的主人，也是自己的主人，人可以自主地活动，决定自己的行为和命运；另一方面又感到受制于自然，受制于命运，在自然和命运面前无能为力。如果强调前者，就是意志自由论；如果强调后者，就是决定论或宿命论。非宗教性的决定论强调的是自然界力量对人的决定作用，属于自然主义的范畴。宗教的决定论突出的是超自然的神的决定力量，是指人对于各种神灵的消极服从。其中，多神教强调各种或不同神灵对人的决定作用，一神教强调的是唯一上帝的作用；但是，二者都属于有神论的决定论或宿命论。如果宗教仅仅主张决定论或宿命论，那么，就会产生这样一些困难：如果人的行为，包括错误的行为或犯罪，都是由上帝决定的，那么，人就不应该为此负责，不应该受到惩罚。如果上帝决定一切，那么，世界上存在的不公正现象，如善无善报、恶无恶报的现象，就是上帝造成的，因此，上帝是不公正的。不论说上帝产生邪恶，还是说他不公正，都是对上帝的亵渎，都是与上帝的本性相矛盾的。上帝就其本性而言是纯粹的善，是永远公正的。如果上帝的善良和公正是无可争议的前提，那么，怎样解释恶和不公正的现象呢？为了避免上述矛盾，许多宗教哲学家认为，有的宗教如犹太教和基督教，并不主张决定论或宿命论，而是相信人的自由意志。在哲学家看来，在犹太教的《圣经》中，自由观念得到了多次阐述（如《申命记》30：19）。摩西接受十诫和上帝与犹太人立约的观念都表明，以色列人是有选择自由的。这样就可以把一切邪恶和不公正的现象归咎于人的自由，如亚当和夏娃偷吃了智慧之果而违反上帝的禁令，是由于滥用了自己的自由意志，做了错误的选择，与上帝无干。

克莱斯卡面临的主要问题是：首先，上帝是否预先知道世界上的一切，如果是，个别事件的发生有没有可能性或偶然性？其次，恶的起源是什么？再次，一方面，人在无所不知、无所不能的上帝面前似乎是无足轻重的，但是另一方面，人又是自由的。那么，人的自由和上帝的决定之间是如何相容的呢？

在克莱斯卡之前，许多犹太哲学家讨论过上帝的预知和人的自由问题，他们的大多数一方面坚持上帝对于未来事件的预知，同时肯定偶然性事件和人的意志自由。但是，他们论证人的自由的理由各不相同。萨阿底是自由意志论的积极倡导者。他承认上帝的预知，但认为上帝的预知和决定完全是两回事。上帝能够预先知道一切，但并不因此而决定他所预知的东西，就像一个站在高山上的人，他能够看到有的人过去了，有的正在经过，有的将要过去。但是，他看见并不是他们过去的原因。迈蒙尼德的主要根据是人的知识与上帝的知识在种类上的区别。他解释说：人的知识是有对象的，有一个观念，必有一个对象与之符合。但是，上帝的知识却与人的知识全然不同。他预知一切，但是其知识不一定与未来的一个事件（对象）符合一致。这样就不存在一个他知道，同时也决定（未来事件）的问题。就是说，他预知，但不一定预先决定。① 本格森则认为，上帝的预知和决定是统一的，即如果他预先知道什么，也就同时决定了什么。但是，上帝的预知只达到事物的普遍方面，而达不到个别的事物。就是说，他只知道和决定有规则的方面，并不知道无规则的个别方面。因此，偶然的事物和人的自由是存在的。克莱斯卡断言，上帝是全知的，而且其知识是无限的，他知道过去、现在和未来的一切事情，既知道普遍的秩序，也知道特殊的事物。世界上的一切都处在一条不间断的因果链条之中。后一个事物被前一个事物所引起和决定，直到最初的必然的原因。因此，世界上的事物是被决定的，因此，绝对的意志自由是没有的。但是，这并不是说没有任何可能性或自由。一个事物或行为在一个意义上是被决定的，而在另一个意义上则是偶然的、自由的。就是说，就一个事物自身而言是偶然的、非被决定的；就其处在因果系列之中而言，它是被决定的。换言之，如果一个行为的原因可以被取消，那么，这个行为就不会发生；如果原因是既定的，那么结果就是必然的。人的努力也是一种原因，正如《圣经》的律法也是行为发生的原因一样，所以，事物的偶然性和人的自由是存在的。② 从根本上说，人的行为处在因果联系的链条之中，所以是被决定

---

① 参见迈蒙尼德：《迷途指津》第三篇第二十章以及第一章至八章。
② 参见 Isaac Husik, *A History of Medieval Jewish Philosophy*, p. 397。

的。但是，人往往对此没有认识或者没有感到这样的决定。这就构成了自由意志的基础。他还说：人是有意志的，尽管其意志是受外部原因所决定的，但人毕竟是可以自由选择的。因此，他必须对自己的选择负责，而他的选择又反过来成为他得到奖赏还是惩罚的原因。至此，我们可以发现，在决定论和自由意志问题上，克莱斯卡虽然也承认人的意志自由的存在，但他基本上是一个决定论者，因为世界上的事物无不处在因果系列之中，因此无法设想如何把事物的原因清除掉，既然如此，以此为前提的意志自由也就是不现实的，而只是名义上的了。犹太教是一个强调人的意志自由的宗教，因为要维护上帝的公正和至善本质，需要人对自己的行为负责。在克莱斯卡之前的犹太哲学家中，没有一个哲学家不竭力论证意志自由的。克莱斯卡的决定论倾向可以说是颇为大胆的，很可能这一思想影响了后来的斯宾诺莎，使之成为一个典型的决定论。

五、关于善恶的本质和根源

如果每一个事物都处在因果关系的系列之中，如果人的行为基本上是被决定的，那么，我们就面临这样的问题：恶的事件和行为是怎样产生的？有的亚里士多德主义者如迈蒙尼德认为，恶的根源在于构成事物的质料的不完善，与上帝这样的纯粹形式没有关系。本格森则认为恶与天体对人的影响有关，与上帝无关。克莱斯卡不满意这样的解释，因为它们导致上帝力量的有限性。他认为，上帝的意志创造了世界上的一切事物，而且保持他们的继续存在。上帝创造它们不能不出于对它们的爱。因为上帝对一切造物的爱，所以克莱斯卡认为，上帝的一切造物都是好的，世界上不存在绝对的恶，不仅自然现象如地震、洪水之类不是恶，就是人为的事情也不是真正的恶。后来，斯宾诺莎也主张"恶是善的缺乏"，不存在纯粹的恶。他的这一观点多半是受了克莱斯卡的影响。

关于善与恶，他还指出：一个人越是在逆境中实行美德，他就变得越加完善。因此，善良的人受苦是为了他们自己的善，因为通过受苦他们的完善性得到了提高。从这个意义上说，善良的人所受的苦也不是真正的恶，也不能从他们受苦这一事实而导致上帝不公正的结论。

六、论神命

神命也是克莱斯卡非常重视的问题。克莱斯卡相信上帝的全知，认为上帝知道包括所有个体在内的一切事物，所以他不同意本格森所谓上帝不直接决定每一个体事物，神命不可能达到每一个体事物的观点。反之，他认为神命是可以达到个体事物的。他指出：自然中所有的样态，植物、动物中支配生长、繁殖和保存的力量，都是神命的体现。但是，他认为神命分为不同的情况。它有时是由上帝直接实施的，有时则是通过中介来发生作用的。前者可以举《圣经》上的例子，如上帝在埃及降下十大灾害期间，上帝与摩西以及以色列人的关系是直接发生的，无须任何中介；而在其他时候，上帝则通过天使、先知、智者甚至天体来发生作用。还有，神命有种类的不同。就是说，它不是等同地体现在每一个事物上，而是分为从一般到个别不同的等级。最普遍、最一般的神命体现在自然界中各类植物和动物借以自保、生长的能力，以及人所具有的更特殊的能力。自然规律也属于这类神命。人的特殊能力是指人的理性思维，由于它，人才优于其他的生物。克莱斯卡认为，这种一般的神命完全取决于人的资质和天体的影响，与其功过没有任何关系，所以是人人都享有的。再一级是以色列人的神命，它比其他民族的神命特殊，其中以色列男子和神圣的利未家族的神命就更为特殊。最后一级是每一个体的人享有的神命，它体现在根据人的行为所做的奖励与惩罚上。值得注意的是，克莱斯卡这里认为人既享有一般的神命，又享有个别的神命。每个人都是理性的动物，都接受天体的影响，都受自然规律的制约，所以都享有一般的神命；同时，每个人的具体情形不同，其行为和功过不同，所以又享有特殊的神命；正是后者体现了神奖善惩恶的公正原则。

在现实生活中，人们经常看到好人受罪、坏人得福的情况，于是在哲学和宗教领域中产生了上帝是否奖善惩恶、是否公正的争论。克莱斯卡试图解决这个问题。他把上帝对人的奖惩分为现世和来世两种，认为上帝对于现世的奖惩，并不严格根据人的行为好坏；而对于来世的奖惩，则完全依据人的功过善恶，而真正的奖罚是在来世。如果真是这样，那么现实中坏人得福、好人受罪的现象就不是实质性的了，因为好人的真正奖赏和坏人的真正惩罚是来世的事情。不管怎样，现世中好人受罪、坏人得福的现象总是应该解释的。克莱斯卡之前的迈蒙尼德和本格森是这样解释的：恶的根源不是上帝，而是人的自由意志，或者是质料方面的原因，上帝并不直接惩罚邪恶，当然也不对现实中的邪恶负责。克莱斯卡不同意这样的结论。他认为，在这个问题上《圣经》是有权威性的。《圣经》认为，上帝对于人的奖惩是以超自然的、奇迹的方式实施的，与人的智力和知识的完善程度无关。上帝奖善惩恶的根据是，人是否服从他的意志和戒律。换言之，他奖赏服从的，惩罚违反的。但是，善与恶是非常复杂的现象，有时善假以恶的外表，而恶有时看上去是善的，有时恶是从父母那里遗传下来的，等等。毫无疑问，恶不是源于上帝的。但是，惩罚却来自上帝。否则，上帝就不公正了。因为真正的奖罚是在来世，所以现世中看似赏罚不公的现象都可以在来世得到解决。[1] 显而易见，克莱斯卡对于现世中的善恶得不到公平报应的解释只是一种消极的推却，并没有从根本上消除人们对上帝是否奖惩和是否公平的疑虑。

七、论幸福

犹太教哲学十分关心人的完善和幸福。克莱斯卡是从人生目的入手来阐述这个问题的。他指出：可能的人生目的有四个：（1）伦理道德方面的，即道德的完善；（2）快乐或幸福；而幸福又可能是（3）物质方面的幸福或（4）精神方面的幸福。那么，哪一个是最终的目的或最高的目标呢？克莱

---

[1] 参见 Isaac Husik, *A History of Medieval Jewish Philosophy*, pp. 393-394。

斯卡认为，物质的幸福不是最高的，因为它只是暂时的；精神的即灵魂的幸福则是永恒的。因此，人们权衡物质和精神的幸福的时候，天平是偏向于精神幸福的。至于道德完善，尽管很重要，但不是人生的目的，它只是净化灵魂、克服情感和欲望的手段而已。

克莱斯卡之前的亚里士多德主义哲学家本格森认为，思想的完善是最终的目的，人的幸福和知识成正比，因为只有知识才使人的获得性理智成为不朽。即使在活着的时候，我们也享受思想的幸福，死后就更是如此了。克莱斯卡反对这样的学说。如果获得性理智是在人死后可以独立于身体和灵魂而存在的东西，那么，它的完善就不是生活的目的。如果以它为目的，就等于说我们是在努力争取一个不属于自己的东西。这既不符合理性，也不符合上帝的公正（因为它与是否遵循律法没有多少关系）。另外，这样的理论本身充满了矛盾：获得性理智不同于作为认识接受者的心灵，所以它是从哪个主体产生出来的呢？回答是没有主体，是从无产生出来的；而这与所有的原理相矛盾。还有，说什么理智从知识获得本质也是矛盾的。什么样的理智，是心灵吗？它的本质不是获得的，而是给予的。总之，以理智的完善为目的的幸福论是站不住脚的。克莱斯卡认为，精神的幸福和永恒才是真正的人生目的，而达到这样的幸福的手段是爱上帝。

这里对上帝的爱不同于古代的亚里士多德和现代的斯宾诺莎的理智概念。克莱斯卡是这样展开其思想的。首先，他对灵魂做了界定：灵魂是身体的形式，是精神性的存在。这表明，如果身体失去灵魂，就会像别的没有形式的物体一样朽坏。作为精神性的存在，灵魂具有不依赖于感官的能力，如想象力、记忆和理性。它是推理、思想能力的主体，是潜能的主体。其次，克莱斯卡确定了完满的存在和对善的爱的概念。他认为，上帝是一切完满的源泉和基础。他创造了世界上的事物，而以继续创造维持它们的存在。这表明上帝是爱善的。上帝对善的爱体现了他的完满性。一般说来，完满程度是与爱善的程度成正比的。完满性越高，爱善和行善的欲望就越强烈。由创造活动看出，上帝具有最高的完满性和最强烈的行善的意志。再次，克莱斯卡认为，爱的欲望及其程度与理智的热情是不成正比的，因为爱与理性推理没有直接关系。他指出：意志是感觉和想象之间的联系，意欲的强烈程度与这种联系的程度有关。理性则不然。理性是依赖于概念和原理的，而概念和原理存在于与感觉和想象完全不同的推理能力之中。因此，欲望的程度与理性无关。爱，包括对上帝的爱，是一种欲望，因而是与理性或思想没有直接关系的。在这样的基础上，克莱斯卡进一步确立了自己关于人生目的的学说：因为精神性的灵魂是唯一可以永恒的东西，而灵魂的完满在于对上帝的爱，所以，对上帝的爱是人生的目的。[①]

从上帝的创造中可以看出，上帝是爱善的，他本身就是最高的善。所以，爱上帝就是爱善。爱上帝就是人生的目的。在哲学史上，新柏拉图主义曾经主张对于上帝的爱。但是，新柏拉图主义所谓对上帝的爱是指灵魂对于回归其根源的渴望，这是宗教神秘主义的。斯宾诺莎主张对上帝的"理智的

---

① 参见 Meyer Waxman, *The Philosophy of Don Hasdai Crescas*, pp. 139–145。

爱"。这样的爱是完全排除了感情因素的以直观知识为基础的爱，它体现的是从古希腊开始的唯智主义倾向。克莱斯卡由于突出了爱之独立于理性的特点，所以，他的人生目的论属于以传统犹太教为基础的伦理学。他的这一思想不由得使人联想起 19 世纪意大利犹太思想家卢扎托对于西方文明和犹太教文明的区分。在他看来，以雅典为象征的西方文化强调的是"理智之心"（mind），而以耶路撒冷为标志的犹太教文明则是以"情感之心"（heart）为基础的。克莱斯卡强调的正是这种"情感之心"。他所说的对于上帝的爱不是没有激情的以理性知识为基础的爱，而是追求上帝，为了上帝而行善因而完善自己的情感力量，是希望达到与上帝统一的欲望。由此可见，克莱斯卡是一个典型的犹太教哲学家。

八、克莱斯卡的地位和影响

历史地看，克莱斯卡的哲学是迈蒙尼德和本格森哲学的批判性发展，就是说，他在《上主之光》中所讨论的问题基本上还是迈蒙尼德和本格森分别在《迷途指津》和《上主的战争》中提出的问题，仍然是接着他们的学说阐发自己的见解。从达吾德、迈蒙尼德、本格森到克莱斯卡，这段犹太哲学表现出清晰的线索和历史连续性。当然，克莱斯卡在基本观点和学说上属于柏拉图主义，在宗教观上更接近传统犹太教，而在他之前的达吾德、迈蒙尼德和本格森则是亚里士多德主义哲学家。他们所属的哲学派别不同，观点与学说也有明显的差别。从克莱斯卡与伊斯兰教哲学家关系来看，他熟知激进的亚里士多德主义者阿维洛伊的著作，对其物理学和神学做了无情的批判。同时，他还讨论了法拉比、阿维森纳、安萨里等伊斯兰哲学家有关思想。在科学方面，克莱斯卡熟悉让·布利丹（Jean Buridan）在巴黎的学生尼格勒·奥利斯麦（Nicole Oresme）等人的新物理学。在哲学上，托马斯·阿奎那、邓斯·司各脱、奥卡姆的威廉等经院哲学家对他影响颇深。尽管克莱斯卡的《上主之光》是哲学著作，不属于犹太神秘主义的范畴。但是，从中仍然可以看出，克莱斯卡明显地接受了卡巴拉神秘主义尤其是13世纪犹太神秘主义的许多观念。其后的犹太哲学家阿尔伯和阿布拉巴内尔受其影响，后者一方面指责克莱斯卡的哲学观点不可理解或失之肤浅，另一方面又吸收了他的形而上学思想。也有的学者对克莱斯卡赞扬有加，如雅柏茨（Joseph Jabez）曾经说克莱斯卡拉比在理智方面超越了所有同时代的其他哲学家，包括基督教和伊斯兰教世界的哲学家以及所有犹太哲学家。文艺复兴时期的意大利自然哲学家布鲁诺（Giordano Bruno，1548—1600）很可能借用了克莱斯卡的论证，近代西方的犹太哲学家斯宾诺莎关于广延、自由、必然性和"对神的理智的爱"的学说带有明显的克莱斯卡印迹。

图书在版编目（CIP）数据

犹太哲学史．上卷/傅有德等著．--2版（修订版）．--北京：中国人民大学出版社，2023.7
（当代中国人文大系）
ISBN 978-7-300-31798-4

Ⅰ.①犹… Ⅱ.①傅… Ⅲ.①犹太哲学-哲学史 Ⅳ.①B382

中国国家版本馆 CIP 数据核字（2023）第 110131 号

当代中国人文大系
犹太哲学史（修订版）（上卷）
傅有德 等 著
Youtai Zhexueshi

出版发行	中国人民大学出版社		
社　　址	北京中关村大街 31 号	邮政编码	100080
电　　话	010-62511242（总编室）		010-62511770（质管部）
	010-82501766（邮购部）		010-62514148（门市部）
	010-62515195（发行公司）		010-62515275（盗版举报）
网　　址	http://www.crup.com.cn		
经　　销	新华书店		
印　　刷	北京联兴盛业印刷股份有限公司	版　次	2008 年 3 月第 1 版
开　　本	720 mm×1000 mm　1/16		2023 年 7 月第 2 版
印　　张	33.5 插页 3	印　次	2023 年 7 月第 1 次印刷
字　　数	358 000	定　价	258.00 元（上、下卷）

版权所有　侵权必究　　印装差错　负责调换

当代中国人文大系

傅有德 等 著

犹太哲学史

（修订版）

（下卷）

中国人民大学出版社
·北京·

目　录

绪　论……1
  一、犹太哲学的定义……1
  二、犹太哲学的基本特点……8
  三、犹太人的散居与犹太哲学……17
  四、犹太哲学史的主要内容……19
  五、犹太哲学史对于中国哲学研究的意义……34

第一编　古代犹太哲学

导　言……42

第一章 | **希伯来《圣经》中的哲学思想**……44
  一、希伯来《圣经》与哲学……44
  二、上帝的存在……48
  三、世界的创造……50
  四、上帝的属性……53
  五、人与世界……56
  六、人的肉体与灵魂……59
  七、神命与人的自由……62
  八、神的仁爱、公正与恶……66
  九、《圣经》的地位和哲学影响……68

第二章 | **犹太哲学的开创者斐洛**……71
  一、生平……71
  二、斐洛学说与希腊哲学的渊源……75
  三、寓意解经法……80
  四、上帝、理念和逻各斯……86

五、伦理学说……112

　　六、斐洛的贡献及其在哲学和宗教学史上的地位……118

第三章 | **拉比犹太教中的哲学思想**……122

　　一、拉比犹太教的释经传统……122

　　二、以实玛利拉比的十三条释经规则……130

　　三、拉比犹太教的思维方式……137

　　四、上帝的存在和属性……145

　　五、上帝与世界……150

　　六、人的善恶本性……154

　　七、命定、自由与罪责……158

　　八、善恶报应的神义论……161

　　九、人的生死和来世……164

　　十、进步的历史观——弥赛亚时代……170

第二编　中世纪犹太哲学

导　言……176

第四章 | **犹太凯拉姆**……189

　　一、穆嘉麦斯及其《二十章》……189

　　二、卡拉派哲学思想……205

第五章 | **萨阿底·高恩**……226

　　一、生平与著作……226

　　二、论知识和传统……229

　　三、论世界的创造……234

　　四、论上帝……240

　　五、人的地位、命运和神的公正……244

　　六、论灵魂和报应……250

七、论正当的生活……257

　　八、萨阿底哲学的影响……262

第六章 | **以撒·以色列里与伊本·加比罗尔**……263

　　一、以撒·以色列里……263

　　二、伊本·加比罗尔……276

第七章 | **犹大·哈列维**……287

　　一、生平与著作……287

　　二、希腊哲学与犹太教信仰……290

　　三、对基督教和伊斯兰教的批判……298

　　四、对卡拉派的反驳……300

　　五、上帝……303

　　六、《托拉》……317

　　七、口传法……321

　　八、先知（prophet）或预言（prophecy）……331

　　九、犹太民族……340

　　十、哈列维的诗作以及他在历史上的影响……343

第八章 | **亚伯拉罕·伊本·达吾德**……345

　　一、生平与著作……345

　　二、科学、哲学与宗教……347

　　三、论形式与质料……351

　　四、论运动……353

　　五、关于上帝存在及其属性……354

　　六、论灵魂……360

　　七、论先知和预言……366

　　八、论恶……368

　　九、关于可能性和人的自由……370

　　　　十、论美德……372

　　　　十一、达吾德的历史地位……375

第九章｜**摩西·迈蒙尼德**……377

　　　　一、生平与著作……377

　　　　二、对启示与理性的态度……382

　　　　三、上帝论……392

　　　　四、关于创世论与宇宙永恒论……404

　　　　五、灵魂与理智学说……413

　　　　六、形而上学的范围……424

　　　　七、先知论……430

　　　　八、关于恶的本质和神命……438

　　　　九、论上帝的预知与决定……445

　　　　十、论律法……449

　　　　十一、迈蒙尼德哲学的影响……455

第十章｜**列维·本格森**……460

　　　　一、生平与著作……460

　　　　二、论上帝及其属性……463

　　　　三、关于创造和世界……467

　　　　四、论灵魂不朽……471

　　　　五、关于上帝的预知与人的自由……476

　　　　六、论神命……479

　　　　七、关于先知和预言……482

　　　　八、关于信仰与理性的关系……485

　　　　九、关于善与恶……486

　　　　十、本格森在犹太哲学中的地位及其影响……488

第十一章｜**哈斯戴·本·亚伯拉罕·克莱斯卡**……490

　　　　一、生平、著作与背景……490

　　　　二、论上帝存在及其属性……495

　　　　三、宇宙论……503

　　　　四、关于决定论与自由意志……513

　　　　五、关于善恶的本质和根源……516

　　　　六、论神命……517

　　　　七、论幸福……519

　　　　八、克莱斯卡的地位和影响……522

第三编　现代犹太哲学

导　言……526

第十二章｜**犹太启蒙运动和宗教改革时期的哲学思想**……532

　　　　一、摩西·门德尔松……532

　　　　二、纳赫曼·科罗赫马尔……542

　　　　三、亚伯拉罕·盖革……551

　　　　四、萨姆森·拉斐尔·赫尔施……555

　　　　五、塞缪尔·大卫·卢扎托……562

第十三章｜**赫尔曼·柯恩**……568

　　　　一、生平与著作……568

　　　　二、回归：从新康德主义到犹太哲学……572

　　　　三、理性宗教的主要概念……581

　　　　四、理性宗教的主要特征……585

　　　　五、源于犹太教的理性宗教……601

　　　　六、关于一神教若干问题的重新解释……605

第十四章｜**弗朗茨·罗森茨维格**……614

　　　　一、生平与著作……614

　　　　二、哲学史的考察：从旧思维到新思维……622

三、上帝、世界、人及其关系……632

四、宗教观……671

五、《救赎之星》的理论在实践中的应用……683

第十五章 | **马丁·布伯**……688

一、生平与著作……688

二、从对话哲学到哲学人类学……704

三、新哲学神学……730

四、历史哲学和政治哲学……753

第十六章 | **利奥·拜克**……766

一、生平、著述及思想发展……766

二、犹太教的本质和特征……774

三、上帝与人：犹太教的基本观念及其相互关系……789

四、犹太教的维护……804

第十七章 | **亚伯拉罕·约书亚·海舍尔**……817

一、生平与著作……817

二、宗教哲学的思想支点：椭圆思维……824

三、敞向上帝的意识通道：不可言说者……828

四、过程与事件：深度神学的极性观……835

五、神觅人：神圣关切……841

六、人觅神：人的自由……847

七、总结……849

第十八章 | **摩迪凯·开普兰**……853

一、生平与著作……853

二、20世纪的犹太人需要一种新的文明……854

三、犹太文明的主要因素……861

　　　　四、没有超自然主义的宗教……866
　　　　五、价值论：善恶与自由……876
　　　　六、综合评述与反思……879

第十九章 | **埃米尔·法肯海姆**……889
　　　　一、生平与著作……889
　　　　二、大屠杀的独特性与逻辑……895
　　　　三、"划时代"事件与"根本经验"……900
　　　　四、第614条诫命……906
　　　　五、对启示的辩护……913

第二十章 | **伊曼努尔·莱维纳斯**……924
　　　　一、生平与著作……924
　　　　二、从逃避存在到超越存在……936
　　　　三、希腊的与犹太的……959
　　　　四、莱维纳斯与《塔木德》解经传统……968

主要参考文献……981
跋……993
修订版后记……996

第三编
现代犹太哲学

导　言

19世纪德国的犹太学者族恩茨说：对于犹太人，中世纪的结束是以法国大革命为标志的。

1789年发生在法国的大革命不仅是法国资产阶级和平民的成功和胜利，也是法国犹太人的成功和胜利，因为法国大革命后犹太人被赋予了公民权，获得了和其他法国人平等的政治地位。这是破天荒的大事变，多少个世纪以来梦寐以求的愿望终于变成了现实，犹太人终于能够昂头挺胸地做人，可以作为法兰西大家庭中平等成员而生活了。他们为之欢呼雀跃，并不无自豪地称之为"解放"。由于法国大革命的影响以及拿破仑扩张的成功，荷兰、英国、德意志诸国、意大利、奥地利、瑞士等多数欧洲国家（东欧除外）也先后相继授予了犹太人以公民权。解放后的欧洲犹太人沉浸在发自内心的喜悦中，暂时忘却了中世纪那凄惨悲凉、灾难深重的岁月。

在中世纪的欧洲基督教国度，犹太人饱受屈辱和迫害。他们居住在被称为"隔都"（Ghetto）的犹太社区内。"隔都"位于城市的一隅，周围高墙耸立，并有铁门把守；里面街道狭窄，楼房低矮，污秽不堪。犹太人的祖先习惯于务农，但在欧洲，习惯和法律都禁止他们涉足农业。十字军东征以前，犹太人可以从事的行业主要有贸易、手工业、医生和放债。12世纪后，在这些行业中犹太人受到了基督徒的大力排挤。和低下可怜的物质生活条件相适应，他们的精神和灵魂也沉醉在陈腐的《塔木德》学问的框架中。总之，犹太人在宗教上受迫害，政治上没有权利和自由，经济生活也受到种种限制。这样的悲惨境遇伴随他们度过了一个个世纪。法国大革命和随之而来的"解放"一下子把犹太人置入一个前所未有的新的背景之下，使他们开始了一个崭新的时代。

18—19世纪的欧洲是一个理性主宰的时代，包括宗教在内的一切意识形态都要依据理性法庭的审判决定何去何从。犹太教当然也免不了这样的命运。早在法国大革命前夕，敏感的犹太知识分子已经预感到即将到来的沧桑巨变，他们中的佼佼者摩西·门德尔松顺天应人，扮演了启蒙先驱的角色。大革命以后，获得解放的犹太人马上面临一个如何调整自己，使自己适应宗主国的社会、文化环境的问题。在这样的背景下，一场比欧洲一般启蒙运动迟到的犹太启蒙运动"哈斯卡拉"（Haskala）轰轰烈烈地展开了。启蒙思想家们步门德尔松的后尘，继续为把犹太人改造成真正的欧洲人，同时保持自己的民族特性这样的双重目标呐喊和奋斗。

如果说犹太启蒙运动还只是停留在理论和舆论上，那么从19世纪初开始于德国的犹太教改革运动就是将心智上的启蒙转化为实践，或者说是启蒙在宗教生活中的继续。改革的主要动机是使犹太教跟上时代，"成为完全现代的宗教和在德国被接受的和被理解的宗教"①。改革的直接后果是犹太教的分裂。原来统一的传统犹太教逐渐分化出改革派、保守派以及正统派，在20世纪30年代的美国还从保守派中分化出了重建派。直到今天，犹太教的格局依然如此。

正统派的最大特点是坚持"天不变道亦不变"的原则，

---

① 罗伯特·M. 塞尔茨：《犹太的思想》，第576页。

拒绝犹太教的变革。他们认为，上帝是永恒的，《托拉》是西奈山的神启，因此，其中的律法一条也不能改变，否则就是异端。他们还相信将来弥赛亚的降临会恢复犹太国家，重建圣殿并恢复献祭礼拜。大致上说，正统派又可分出极端正统派、新正统派和哈西德派。(1) 极端正统派还停留在中世纪，只坚持传统犹太教的信仰，严格遵守教规和习俗，反对现代科学文化和任何现代事物，不承认以色列国（有的尽管居住在那里），不与其他教派合作。(2) 新正统派或现代正统派承认《圣经》和《塔木德》的权威，遵守犹太教的圣日、节日、习俗以及传统道德，但具有一定的灵活性。在圣堂内做礼拜时，使用希伯来文祈祷，不用管风琴伴奏，实行男女分坐。他们相信并参与科学文化活动，谋求与其他教派的和平共处和合作，支持以色列国并参加犹太复国主义组织。(3) 哈西德派（虔敬派）是18世纪中叶诞生在东欧的神秘主义派别。他们贬低理性和知识，强调人的情感，目的是通过虔诚的祈祷达到和上帝的灵交。其祈祷形式直接指向上帝，形式简单，随时随地，无须圣堂。他们还提倡在祈求时伴以歌舞和其他能够激发人的感情的动作。现在，正统派在美国是少数派，但在许多欧洲国家例如法国和英国仍然有相当大的影响力。

改革派犹太教的主导思想是带有明显理性主义因素的发展观，即认为犹太教和所有的意识形态一样，必须随着时代的变化而变化，应该在发展过程中摈弃那些过时的、不合理的成分，以适应现代生活的需要。改革派把犹太教定义为完全与科学、理性和谐共存的伦理一神教，奉行在全世界范围内实现和平、公正和各民族和谐统一的普世主义。他们在改革中废弃了不少中世纪习俗。例如，在圣堂做礼拜时男女混坐，不用希伯来语而用所在国语言读经布道（现在多为希伯来语和当地语言并用），使用合唱队并引入管风琴伴奏。同时，实行男女平等原则，妇女有做拉比的权利。第二次世界大战以前，改革派的中心在德国，战后则转移到了北美。现在是犹太教中会众最多、人气最旺的一派。值得注意的是，19世纪改革派摈弃了的某些习俗，如割礼，现在又基本上恢复如初了。

保守派犹太教是介于正统派和改革派之间的温和派。它的前身是德国的犹太教历史学派。19世纪宗教改革期间，一些德国犹太人认为正统派过分强调了传统，忽视了现实生活的需要；而改革派又过分注重现实，没有给予传统以应有的地位；因而各自走向了极端。于是他们采取调和折中的态度，主张在过去和现在之间建立起活生生的联系。历史学派认为，犹太教的成文《托拉》源于西奈山神启，而口传的律法则是犹太人对前一种神启的扩展和延伸，是人类理性和经验的结晶。成文法是超时间的、神圣不变的，而口传法则处于时间的流变之中，可以根据时代的需要做修正和变更。但是，变更的权利不在于个别的拉比，而是学者的一致同意和犹太社区全体成员的普遍接受。对于犹太复国主义，他们持赞成、支持态度。这个学派在20世纪之交在美国发展成为保守派犹太教，而且曾经一度成为最大的教派。就保守派坚持犹太教律法和礼仪的重要性而言，它接近于正统派，而就其赞同律法的可变性、灵活性而言，它又很难与改革派划清界限。保守派圣堂的用语为希伯来语，礼拜时实行男女分坐，妇女逐渐取得了和男子平等的地位。

重建派是从美国保守派中分化出来的年轻犹太教派。这个教派的创始人摩迪凯·开普兰认为，超自然主义的正统派、改革派和保守派都不能适应现代性和当代犹太人生活的需要，因此必须对之重建，将其改造成为自然主义的、民主型的宗教。他心目中的犹太教是一种进化的文明，上帝、《托拉》和犹太人是构成它的三大平等的要素。然而，上帝不是超自然的人格神，而是内在于宇宙万物中的"生命力"，《托拉》是犹太人经验的记录，其中的律令乃是犹太人的风俗习惯。而"拯救"不是来世的永生，而是现世的道德满足。重建派在礼仪上接近保守派，而在理论观点上甚至比改革派还要激进。这个派别主张自由地解释传统，以圣堂为犹太人生活的中心，主张宗教生活的民主化，鼓励和支持以色列国的建设。重建派是犹太教中最小的派别，它对犹太人的影响主要在意识形态方面。

此外，值得指出的是，1948年以色列建国前后，大批犹太人回到了以色列，目前，这个国家的犹太人约800万，占全世界犹太人口的60%。以色列的犹太人宗教意识比海外犹太人淡漠，世俗犹太人居多。在美国和其他国家，也出现了一批世俗的犹太人。这些犹太人有的甚至不相信上帝的存在，不遵循犹太教的许多律法。但是，他们过安息日和犹太教的节日，在文化上一定程度地保持犹太人的特性。

现代犹太哲学是在犹太人回应西方的现代性，在犹太人阵营内的改革和分化以及西方启蒙运动和西方哲学尤其是德国哲学的大背景下展开的。第二次世界大战以后的犹太哲学则更多地体现了犹太人对于纳粹大屠杀和西方理性主义哲学、以个人主义为基础的制度、伦理和文化的深层反思。如果说犹太哲学的一个显著特征，是与西方哲学的横向关联，那么，这个特征在现代犹太哲学中则表现得尤为突出。门德尔松等启蒙和改革运动中创新的思想家与西方的启蒙运动和思潮密切相关,柯恩的犹太教哲学与新康德主义难解难分,罗森茨维格、布伯和康德、黑格尔、叔本华以及存在主义思潮联系在一起。

至于海舍尔、开普兰、法肯海姆和莱维纳斯,则都是西方哲学和社会背景的犹太产物。当然,前后相继的联系也不是一点也不存在,例如,柯恩与罗森茨维格以及布伯之间就有一定程度的师承关系。

本编所要阐述的是犹太启蒙运动时期的哲学家门德尔松和其后犹太教改革时期的一批哲学家、晚年柯恩的犹太教哲学、罗森茨维格的"新思维"和存在主义神学、布伯的对话哲学、海舍尔的带有神秘主义和人本主义色彩的犹太教哲学、开普兰的犹太文明论、法肯海姆对纳粹大屠杀的别样思考,以及莱维纳斯借以取代传统本体论的第一哲学——伦理学。

第十二章

犹太启蒙运动和宗教改革时期的哲学思想

在 18 世纪末至 19 世纪的犹太启蒙运动和改革浪潮中涌现出一批杰出的思想家和哲学家。他们是门德尔松、科罗赫马尔、盖革、族恩茨、弗兰克尔、福尔姆斯泰彻尔、萨姆森·拉斐尔·赫尔施、萨缪尔·赫尔施、格雷茨，等等。下面简要介绍几个代表人物的主要哲学思想。

一、摩西·门德尔松

摩西·门德尔松（Moses Mendelssohn）于 1729 年出生于德国的德绍（Dessau）。他自幼接受传统犹太教的熏陶，13 岁时就研读了迈蒙尼德的巨著《迷途指津》，表现出非凡的才华。后来，他随老师来到普鲁士首都柏林，先后担任过缮写员和家庭教师。在那里学习并掌握了德语、法语、拉丁语，还广泛涉猎了数学、哲学等学科的知识。门德尔松以其诚实谦逊的品德和卓越的才智赢得了人们的欢迎和爱戴。他是著名作家莱辛（Gotthold Ephraim Lessing）终生不渝的朋友，后者曾在《犹太人》和《智者纳坦》等剧本中歌颂了犹太人的教养和品德。1763年，普鲁士科学院举办有奖征文竞赛，题目是："形而上学是否可以用数学的方法加以证明？"门德尔松参加了竞赛，并盖过著名哲学家康德而获得了头奖。1767年，门德尔松出版了《斐顿篇》（*Phaedon*）。在这部仿照柏拉图《斐多篇》的对话体著作中，门德尔松以理性和逻辑为基础论证了灵魂的存在及其不朽性。它为门德尔松赢得了"犹太人的苏格拉底"的称号。此外，门德尔松的著作还有《早课》（*Morning Hours*，1785）以及许多小册子，其中最著名的是《耶路撒冷：或论宗教权利与犹太教》（以下简称《耶路撒冷》）（*Jerusalem*，1783）。这部著作的第一部分探讨了政治和教会权利问题，第二部分阐述了门德尔松对犹太教的看法。

毫无疑问，门德尔松一定程度地受到了霍布斯、洛克、孟德斯鸠等英法启蒙思想家、哲学家的天赋人权和社会契约论思想的影响，因为他也是用和利益相关的契约来解释社会的起源的。他这样说："我曾经试着通过下列观察明确地定义国家与宗教的概念，说明其界限，其内涵和外延，以及两者间的相互作用及其对于尘世公民生活幸福的影响。我的观察是，只要人们认识到，在社会之外人类很少能够对于自身的存在、对于创造者的存在履行义务，就像很少能够对于自己的邻人履行义务一样，并且也不能够长久地、对自己的困境毫无感觉地处在孤独的状态之中，只要有了这样的认识，人们就会联合起来，摆脱孤独，携手同类，进入社会，从而相互帮助，满足需要，并采取共同的防护措施，增进共同的福利。"[①] 前

[①] 门德尔松：《耶路撒冷》，刘新利译，山东大学出版社，2007，第8页。

社会的自然人处在各自孤立的状态中，他们既无法履行对于上帝的义务，也无法履行对于邻人的责任，这种状态不利于满足人的需要，不利于安全，不利于增进共同的福祉，于是，他们便联合起来，进入了社会。进入社会的人们同时进入到了政治的国家和宗教的教会这两种公共结构中去。从一方面看，国家和教会的界限是清楚的：政治的国家规范人与人之间的世俗关系，引导公民正确地行为和思想，从而得到世俗的幸福；教会作为教育机构协调人与上帝之间的关系，关乎人的精神的、永恒的和来世的幸福。但是，现世的生活和来世的生活又不是截然两分，而是有联系的。如他所言："人类从来没有忘记这一点：不是所有的东西都是为他、为他的此世生活而创造；记住一点很有必要。在他的面前还有一个无限的将来，他的此世此生就是对这个将来的一个准备，就像全部造物中的每一物都是对将来的一个准备一样。拉比们说，尘世生活是一个演习前厅，人们必须在这里进行演习，做些准备，准备以怎样的姿态在内部的房间里出现。但是，现在，要守护你自己，不要使此世的生活与来世的生命继续对立，也不要诱使人们有这样的想法：认为此生此世的真正福利与来世永恒的幸福不是同一回事。"[①] 既然今生今世的生活与来世的生活有关系，是来世生活的准备，那么，作为政治机构的国家和作为教育机构的教会又不应该彼此分得清清楚楚。"上帝的归上帝，恺撒的归恺撒"，只是在相对意义上说的。由于人们的共同福利本身不仅包含着现世事务，而且也包含着来世事务，包含着教会事务，也包含着俗世事务，这一方

[①] 门德尔松：《耶路撒冷》，7页。

面与那一方面是不可分割的，因此，为了人类的共同福祉，国家和教会应该相互协作，而作为其中的公民的个人，也应该履行好政治和宗教两方面的义务。

门德尔松是一个理性主义者，但保留了明显的信仰主义色彩。他和斯宾诺莎一样倡导思想自由，并且坚决反对用开除教籍的办法对付异端分子，但他并不欣赏斯宾诺莎的泛神论体系及其对《圣经》的无情批判。门德尔松的哲学渊源可以追溯到中世纪的迈蒙尼德以及近代的理性主义哲学家如笛卡儿、莱布尼茨和沃尔夫。他和以前的犹太哲学家一样企图把犹太教和哲学调和起来。这样一来，信仰和理性就成了他的哲学中缺一不可的两块基石。一方面，他信仰上帝的存在，认为上帝是世界和人间万象的创造主和总根源。由于上帝是最完美的存在，所以，他创造的世界和道德也必然是最完美的。同时，《圣经》上说的西奈山的神启也是真实可信的，是可以为当时的全体以色列人民证明的历史事实。另一方面，他又一反中世纪经院哲学一贯坚持的信仰高于理性的立场，认为理性有其独立的不可取代的作用。首先，理性是完全独立于信仰的另一个真理的源泉，启示无法达到或干涉理性的真理。其次，理性是启示真理的先决条件或基础，这正是两种真理之所以协调一致的根本原因。还有，启示真理不是人人都可以获得的，而是局限于少部分人，这种局限性或特殊性表明它不足以成为知识的普遍源泉。反之，理性则是自然人无不具有的，因此，只有理性才可以充当这样的知识来源。[1] 显然，从总体上说，尽管信仰和启示对于门德尔松来说

---

[1] 参见 Guttmann，pp. 296–297。

是重要的，但理性主义在他那里是始终占主导地位的。这一点充分表明他作为犹太启蒙运动的先驱是当之无愧的。

上帝的存在是犹太教的最高信仰。作为理性主义者的门德尔松没有简单地从《圣经》中接受这一信仰，而是竭力为上帝的存在寻求一种合乎理性的证明。在《早课》中，门德尔松借用了莱布尼茨—沃尔夫那里的本体论证明：人发现自己的意识中有"最高的存在"这样的观念。由于这个观念不可能产生于人的有限且零碎的经验，所以它是一个天赋的先于经验的观念。还有，这个绝对完满的概念必然包含着实在性，就是说，一个绝对真实、完满的概念必然带有存在的属性，否则，它就不成其为无条件的可能性。这显然是本体论证明的故技重演，只是措辞有所变化而已。

门德尔松企图用理性的方法证明上帝的存在，但是，他心目中的上帝却不是希腊哲学中的理性的上帝，而是犹太教传统中的人格神。在门德尔松看来，上帝是善良仁慈的，他时时刻刻关心着人，而人反过来对上帝充满着感激之情。正如罗伯特·M. 塞尔茨所说："信仰上帝的智慧、正义、仁慈，特别是信仰上帝的善，是门德尔松最基本的宗教信仰。"[1]

关于灵魂不朽这个宗教哲学的基本问题，门德尔松在《斐顿篇》中做了详细的因循传统的描述。他指出：无限数目的灵魂和单子构成宇宙的内在实体。死亡的东西并非不存在了，而是分解成了元素。灵魂就是这样的单纯的元素或实体，而不是复合物，因为正是灵魂赋予了纷乱变化的物质元素统一的形式。所以，灵魂既不会衰老，也不会随死亡而毁灭。

---

[1] 罗伯特·M. 塞尔茨：《犹太的思想》，第551页。

然而，灵魂不死并不等于灵魂在来世仍然具有意识。灵魂在未来状态是否具有意识是由上帝的善性来决定的。上帝预先将灵魂不朽的观念置入人心，上帝是不会骗人的，因为骗人与上帝的善和公正是不相容的。"如果我们的灵魂是有死的，理性就只是一个梦……我们就会像动物那样觅食并死亡。"总之，上帝对人特别眷顾，赋予人以区别于动物的不朽的灵魂。①

意志自由是另一个重要的宗教哲学概念。在这个问题上，门德尔松背离了犹太教的传统而持一种决定论的立场。按他的分析，任何行为都是有原因或动机的。人的意志自由则意味着人的意志活动没有原因或动机，而这从逻辑上讲是不可能的。因此，人没有真正的自由。人的意志仅仅在被一个善的东西所引起或决定的意义上才能说是"自由的"。诚然，门德尔松的决定论和斯宾诺莎的决定论有一定的差别，因为后者主张一种逻辑的不可变更的必然性，门德尔松的必然性则是牵制人的意志的神圣的吸引力。但是，这种差别并不是本质性的，门德尔松毕竟用他的决定论否认了人的意志自由。

但是，人如果没有真正的自由，就不能对其犯罪行为负责，因而也不应该受到惩罚。对此，门德尔松的回答是：上帝奖善惩恶不是目的本身，而是手段，即使有罪者也能得到净化并为进入来世做准备。在这里，上帝的善超过了他的公正（赏罚分明），他从不容因为人的过失而把他拒之于永恒幸福的大门之外。②

---

① 参见 *Encyclopedia Judaica*，Vol. 11，p. 1330。
② 参见门德尔松：《耶路撒冷》第 2 部分；参见上书，p. 1331 和 Guttmann，p. 293。

把犹太教和基督教做一简单的比较，就会发现基督教包含丰富的教义信条或基本原理，而犹太教在这方面是相形见绌的。然而，犹太教之缺乏教义，按照包括门德尔松在内的许多犹太思想家的说法，完全是犹太教有意为之，它恰好体现了犹太教的传统的一大特点：轻教义而重律法，轻信仰而重善行。门德尔松在《耶路撒冷》中写道：以色列人拥有一套"神圣的法制"——按照上帝的意志和他们据以获得一时或永久的拯救的方式制定的律法、戒律、法令、行为准则和指导。摩西以一种神奇和超自然的方式向他们启示了这些律法和戒律，但没有向他们启示有关获救的教条和主张，或自明的理性原则。它们是上帝在任何时间通过自然和事件，而不是通过口头或书面的形式，向我们和所有的其他人启示的。[①] 当然，基督教的《福音书》中也有强调善行的话语，但是基督教更强调信仰的首要意义，所谓"因信称义"就是突出了信仰的重要性。

关于犹太教，门德尔松认为其中包括三部分内容。首先是宗教理论和信仰原则，也就是关于上帝的永恒真理，上帝的统治和神命，等等。此类关于上帝的信仰和理论是普世性的永恒真理，它们不是"直接的启示"，即不是"可以用只是在此地、只是在此时才能够理解的话语和文字进行介绍、进行解释"的信仰，而是至高无上的上帝"通过事物和观念""向所有理性的造物启示"的、"用心灵中的文字进行书写，在所有时间，在所有地方都可以阅读，都可以理解的"普世真理。换言之，这种对于上帝的永恒真理不是通过某种言辞

---

① 参见罗伯特·M. 塞尔茨：《犹太的思想》，第 553~554 页。

昭示给某个先知或民族的"直接启示",而是通过天地万物"没有话语,没有言辞"而发出的启示,每个民族都可以理解和接受的普遍真理。上帝的真理是各个民族都接受的,"或者像那位先知以主的名义所说的:从日出之地到日落之处,我的名必在列国中彰显为大,到处有人献上烟祭,奉上洁净的礼物,尊崇我的名,因为我的名必在列国中彰显为大"①。在这里,门德尔松实际上提出了两种启示的见解,即直接的话语启示和间接地通过天地万物而发出的启示。前一种启示具有特殊性,后一种启示则是普世性的。

其次是历史真理。即人类祖先,尤其是犹太人祖先的"生活状况纪实,是他们的对于真神的认识及其在上帝面前的行为演变纪实,也是他们违法行为的和因此而得到的家父般惩戒的纪实,同样是他们与上帝之间立法的纪实,更是上帝对他们的、后来又经常重申的许诺的纪实"②。在门德尔松心目中,伊甸园里亚当和夏娃的故事,大洪水和挪亚方舟的描述,亚伯拉罕之接受耶和华为唯一的真神,以色列人被上帝拣选,出红海的奇迹,摩西在西奈山接受十诫,诸如此类,都属于历史的真理。这些真理"只能在信仰上被接受……权威仅仅能够向它提供必要的、明确的事实,民族的纪实由奇迹进行确认,由权威提供支持"③。门德尔松认为,这些历史的真理是凝聚、联合整个民族的基础。

最后是律法、规定、禁令和生活准则。那么,律法从何而来?门德尔松明确指出:"立法者就是上帝。这个上帝,不

---

① 门德尔松:《耶路撒冷》,第71页。
② 同上。
③ 同上。

是作为宇宙的创造者和维护者的上帝，而是作为保护者，作为与这个民族的祖先立约的上帝，作为解放者、促进者和带领人的上帝，作为这个民族的君王和统帅的上帝。"[1] 这些律法是**启示**出来的，就是说，是上帝通过话语和文字使人明白的。神圣的律法不仅指《摩西五经》中记录下来的，还包括"口传的和通过口头的、生动的教育延续下来的解释、限定和更为详细的规定"。实际上，他指的是公元3至6世纪形成的拉比犹太教经典《塔木德》中的律法和诠释。门德尔松进一步认为，成文的律法和口传的律法"作为**行为规定和生活准则**都直接地以公共福利和个人幸福为最终目的"，其意义远不止**礼仪法规**的价值。虽然律法不同于永恒的真理和历史的真理，但它们也将人的理智"部分地引向永恒真理，部分地引向历史真理，引向这个民族的宗教信仰得以奠立基础的历史真理"。还有，"礼仪法规是一种纽带，它将行为、观察、生活与理论联结起来。在学派与教师之间，在研究者与教育者之间，礼仪法规促使个人间的交往，推动社会的联系，激发竞争，引导相互间的学习"。可见，各类律法不仅是生活的指南，而且还是连接人与人关系的纽带，还有益于提升人的真理认识和境界。

门德尔松描述了犹太教律法体现的神权政治制度，尤其是这种制度下国家与宗教、人与社会及上帝之间的同一关系。他说："在这些原始的法则中，国家与宗教不是一致，而是同一；不是联系在一起，而是本一。人们与社会之间的关系，和人们与上帝的关系在同一个点上会合，从来没有陷入矛盾和冲突。上帝，世界的创造者和维护者，同时就是这个民族

---

[1] 门德尔松：《耶路撒冷》，第71页。

的君王与管理者；上帝是**同一个存在**，在政治方面，在形而上方面，他都极少容许区分，极少容许**多样性**。这位统治者没有任何需要，对这个民族他没有任何请求和强令，他对这个民族所要求的唯有对民族幸福有益的东西，唯有促进国家的福利。反过来说，国家不能提出有悖于对上帝义务的要求，就是说，这不是上帝的命令，不是上帝对于民族的立法者和执法者发布的命令。由此，这个民族的成员、世俗的百姓取得了神圣的和宗教的声誉，每一种为人民的服务同时就是真正的上帝崇拜。这个社区共同体就是上帝的社区共同体，社区的事务就是上帝的事务，公共赋税就是上帝的税务，直到最底层的警察机构也都属于**礼拜上帝的**工作。"[1] 在神权制度下，真正的国王是上帝，人们是他的"选民"，律法是神性的律法，上帝的唯一目的是人民的福祉，尘世的国王是上帝的律法的推行者。因此，国家和宗教不分（政教合一），为人民服务与敬拜上帝是一回事儿。门德尔松进一步说，违反神性的律法，不仅亵渎了神的荣耀，而且同时也是对公民基本法的破坏。例如，不遵守安息日律法的人，不仅仅是违反神与人订立的契约，而且也是世俗意义上的犯罪，必须依照律法得到世俗的惩罚，不是因为错误的观念，也不是因为**不信神**，而是因为**犯罪**，因为违法的叛国罪得到惩罚。

但是，门德尔松指出，神权政治已经随着圣殿的被毁而不复存在了。在圣殿被毁之后，民族的纽带被破解了，宗教和国家分离开来了。因此，原来的刑法也应该被废止。"宗教的违法行为不再是国家的罪行，宗教，作为宗教，没有惩罚，

---

[1] 门德尔松：《耶路撒冷》，第72页。

除了痛悔的罪人**自愿**负担的赎罪以外，没有其他方式的赎罪。宗教，作为宗教，没有强制，除了**温柔的**棍棒在精神上、在心灵上发挥作用以外，没有其他作用。"①

门德尔松作为犹太启蒙运动的先驱在犹太历史上有着极其重要的地位。正是他为犹太人明确了这场运动的双重任务，从而为犹太启蒙运动发展指出了方向。他是这样说的："顺从你们身在之地的道德风俗，服从你们所在之国的规章制度，但是，坚守你们祖先的宗教信仰。担起两副重任，你们能够很好地承担。"② 他的后继者正是沿着这样的方向继续前行的。门德尔松不仅在理论上奠定了犹太启蒙运动的基础，而且还在犹太文化和教育领域中做了大量的启蒙工作。例如，在1780—1783年，他翻译并出版了《摩西五经》的德文译本，随后又陆续翻译了《传道书》和《雅歌》，并附加了希伯来语注释。他的目的是通过引导犹太人学习德语《圣经》进一步激发他们学习德语和德国文化的兴趣，从而从陈腐的犹太传统中解脱出来，以适应方兴未艾的西方理性主义文化。门德尔松的作品流传广泛，成为国内外犹太人的热门读物，起到了沟通犹太文化和德国文化的桥梁作用。正是在这个意义上说，门德尔松是从中世纪的"隔都"走出来的第一个现代犹太人。

二、纳赫曼·科罗赫马尔

纳赫曼·科罗赫马尔（Nachman Krochmal，1785—1840）

---

① 门德尔松：《耶路撒冷》，第73页。
② 同上书，第75页。

是启蒙运动和犹太教改革时期另一位卓越的哲学家和历史学家。他出身于加里西亚北部的一个犹太富商家庭。父亲没有像多数犹太家庭那样把孩子送到世俗学校，而是让儿童时代的科罗赫马尔在虔诚的宗教环境中接受了犹太传统教育。他14岁结婚。婚后开始在岳父家中学习世俗学科。经过10年的刻苦攻读，科罗赫马尔成了一个学识渊博、善于思想的学者。如何把犹太教和西方现代思想结合起来？这是他和当时许多年轻学者一样在苦苦探索的问题。他长期探索的成果汇入了他仅有的著作《纯化信仰入门》。这是一部未完成的希伯来语书稿。书稿的整理和出版是由朋友族恩茨在科罗赫马尔死后完成的。在书稿出版之际，族恩茨为了表明作者具有与迈蒙尼德的《迷途指津》相同的理想和目标，给它取了个新的书名《当代迷途指津》。这部著作后来被公认为19世纪最富有创见性的希伯来语著作之一。

科罗赫马尔崇拜的犹太哲学家是中世纪的亚伯拉罕·以斯拉和迈蒙尼德，同时，对于当时的德国古典哲学，尤其是谢林和黑格尔哲学，他亦颇为赞赏和认同，他的哲学体系就是在德国唯心主义哲学的直接影响下产生的。

1. 哲学和宗教是同一的

科罗赫马尔和黑格尔一样称世界的本体为"绝对精神"。一方面，这个绝对精神作为产生特定法则的力量产生出具体的事物，使自然界和人类社会成为它的外在表现。另一方面，它又作为精神的实体寓于所有的事物之中，因而是事物的本质和最终根据。绝对精神是最高的存在。它不需要任何外来的原因，其运动是非时间性的、持续的和自我限制的自发行为。这就是科罗赫马尔形而上学的基本原理。

什么是宗教？科罗赫马尔认为，宗教就是对精神力量的信仰。对于精神力量的信仰，不论在远古的野蛮人那里，还是在现代人那里，都是存在的。精神的存在方式有两种：一是内在于各自然界客体之中的精神。它是客体中恒久不变的、一般和无限的东西，是个体事物的内在本质。此外，还存在一种绝对精神。像在黑格尔哲学中一样，绝对精神就是绝对真理，是一切原因的原因，一切个别存在的基础，也是个别精神之所以存在的根据。个别的精神不是绝对精神以外的精神，而是绝对精神在个别事物中的具体化。如果说个别事物中的精神具有一般性和无限性，那么，绝对精神则具有完全意义上的一般性和无限性。宗教在其低级阶段上，是对个别精神的信仰，如所有的异教或多神教；而在高级阶段上，则是对这种绝对精神的信仰，如犹太教。这也就是说，绝对精神就是上帝。因此，对绝对精神的信仰就是对上帝的信仰，对绝对精神的崇拜也就是对上帝的崇拜。科罗赫马尔进一步说，只有在对绝对精神的信仰和崇拜中，人才能产生对上帝的爱，才能确保自己的不朽生命。人之崇拜上帝，是为了达到人的精神和神的精神的结合或统一。这样的统一是人生所追求的最高境界，正是在对这种境界的追求中，人得到了不断的提升。

既然宗教就是对精神的信仰，而哲学在本质上也是对精神的把握，那么，二者就不是矛盾的，而是同一的。这种宗教和哲学的同一性在最高形式的宗教——犹太教，和最高形式的哲学——德国唯心主义的形而上学中得到了特别明显的体现。科罗赫马尔从黑格尔哲学出发，认为哲学中的最高真理是绝对精神，而最高形式的宗教所信仰的也是绝对精神。

二者的对象是同一的。不仅如此，哲学和宗教都承认绝对精神或上帝产生世界的根源。《圣经》开宗明义阐述了上帝创世的教义，黑格尔哲学则把世界万物视为上帝或绝对精神外化的结果。总之，在科罗赫马尔看来，宗教和哲学在内容上是同一的。

然而，宗教和哲学又不是等同的，它们之间存在着形式上的差别。所谓形式上的差别，指的是宗教和哲学用以表现绝对精神的方式不同。哲学的思维方式是理性，是以概念来表现精神的。与此不同，宗教使用的是人的想象力，是以表象的方式来把握精神的。表象是介于概念和感觉之间的意识形态，在层次上比概念为低，而概念是把握绝对精神的最高形式。表象在把握绝对精神时因自身的局限而常常陷入表述上的矛盾，例如《圣经》和《塔木德》中就包含许多前后不一、矛盾悖理之处。这是宗教无法克服的局限。反之，概念则能够清晰无误地把握真理的纯粹形式。在这个意义上说，哲学是比宗教更纯粹、更高级的形态。正是由于这样的特点，宗教的普及程度高于哲学，而哲学在层次上高于宗教。哲学是最高形式的真理，不是人人都可以从事的，只有少数精英人物才能达到这样的高度。在宗教中，先知具有超凡的精神力量，当他的精神足够强大时，就可以达到神的绝对精神，这时，他就得到了神的启示。但是，即使是这样的启示也是先知通过表象能力实现的，它没有达到概念的或哲学的层次。在这里，我们可以发现科罗赫马尔与迈蒙尼德的根本区别。在迈蒙尼德那里，一般的先知在接受启示时是理智和表象都起作用，而以表象为主的，摩西作为最高的先知则可以直接用理智和上帝交流，接受上帝的话语，无须想象力的参与。

2. 上帝和自然界

自然界并不是僵死的物质，而是具有精神的存在。在无机界，其中的精神尚未达到自我意识的程度。在有机界，自我意识开始产生出来。在人这里，自我意识才得到了完全的体现。不仅如此，人还能够在最低级的自然层面发现其内在的精神。

自然界内部的精神或自我意识就是自然界中的精神实体，而精神实体也就是自然界中的一般性规律或法则。科罗赫马尔赋予这样的法则以实在性，认为它们是超越时间和空间的实在，同时又是产生具体事物并推动事物发展的能动的力量。它们既可以规范事物，使事物表现为有秩序的存在，又是具体事物的来源。事物的产生遵循的是一条从高级到低级、由抽象到具体、由一般到个别的原则。这个过程是最高的上帝自我限制以及精神性的法则自我分化的过程。上帝首先创造了物质的形式，它是"形式的形式"或"理念的理念"，因为它包含了所有的形式或理念。这是上帝的第一次自我限制性的活动。随着这个理念的进一步发展，各个具体的理念也从这个第一理念中展开而产生出来。具体的理念就是各个等级的精神实体或法则，是上帝这个绝对精神的具体内容和思想，它们产生出个体和自然界中的事物，并作为事物的本质而存在，在其中起着主导性作用。可见，至高无上的上帝作为绝对精神既是世界的源泉，又是自然界赖以存在的主体，万物产生于上帝，同时，又存在于上帝之内。从这里我们似乎可以同时看到黑格尔和斯宾诺莎的影子。就科罗赫马尔认为上帝就是绝对精神而且认为物质世界是绝对精神的外化而言，他是黑格尔的学生；就他认可上帝既是超越的存在，又内在于万物之中的泛神论而言，他又是一个斯宾诺莎主义者。

科罗赫马尔的创造性在于，他把规律或法则视为实在，它们一方面是精神性的，另一方面又潜藏着物质的东西，因此能够产生出个别的自然界事物。他运用这样的精神存在来解释自然界事物的起源或许可以称得上是一个有意义的尝试。当然，和其他唯心主义哲学家一样，科罗赫马尔也无法真正说清精神性的上帝以及由他而来的同样是精神性的一般规律或法则是如何产生出物质性的自然界的。这是一切唯心主义哲学家固有的无法解决的难题。

3. 历史和民族精神

科罗赫马尔相信，在人类社会中，绝对精神是通过各民族并以各不相同的方式表现出来的。例如，在古希腊，绝对精神表现为艺术和哲学；在古罗马，它体现为法律和政治；在古代以色列，它表现为一种完美的一神教；诸如此类。这些不同的文化形态表现的是那个唯一的绝对精神的某一方面，因此，它们尽管在形态上彼此有别，但从根本上说不存在任何冲突和对立。绝对精神就是用这样的方式展示出它在世界中的目的和愿望的。①

绝对精神在每一个民族那里的具体体现构成了该民族的精神。科罗赫马尔把民族精神定义为一个民族在精神领域中所创造的精神财富的总和。他指出：每一个民族都有自己的法理学、伦理学和科学，"它们结合在一起就构成了每个民族

---

① 参见大卫·鲁达夫斯基：《近现代犹太宗教运动：解放与调整的历史》（以下简称《近现代犹太宗教运动》），傅有德等译，山东大学出版社，1996，第182页。

的神圣的精神财富"[①]。一个民族的精神性,不是后来突然产生出来的,而是在这个民族形成之初就潜在地蕴涵于其中,在后来的文化发展过程中逐渐成长和形成的。这种精神性为该民族的每一个成员所分有,正因如此,他们才成为该民族的成员。同时,这种精神性也为他们所创造的各种精神作品所拥有,也是因此之故,这些作品中的精神总体才构成了该民族的精神。各个民族的文化形态不同,民族精神也有所不同,然而在本质上又是相同的,因为从形而上的根源上看,它们无不来源于一个唯一的绝对精神或上帝。

科罗赫马尔受到了意大利哲学家和法理学家维柯的历史循环论的影响。按维柯的理解,每一个民族的发展也和一个生物有机体一样必然经历形成期、成熟期和衰败灭亡期。但是,一个民族在灭亡后其精神则可以流传下来,成为其他民族的遗产。从这一观点出发,科罗赫马尔认为,一个民族的发展一般分为三个阶段:生长、成熟和衰亡。这就意味着,每一个民族都不可能永久存在下去,其生存期是有限的,在经过了上述几个阶段以后就会退出历史舞台。当一个民族臻于成熟之际,其文化的内部就会产生破坏性的力量,正是它导致了该民族的消亡。而且,没有一个民族会防止这种破坏性力量的产生,从而避免覆灭的命运。他进一步指出:民族精神发展到一定程度后就开始走下坡路。这时,人们的生活日渐腐化,而腐化的生活又反过来耗竭了这个民族的生命力。财富的逐渐积累使人欲壑难填,不顾一切地追逐享乐,结果

[①] 科罗赫马尔:《新迷途指津》,转引自 Julius Guttmann, *Philosophies of Judaism: The History of Jewish Philosophy from Biblical Times to Franz Rosenzweig*, p. 335。

消磨了人的艺术创造力；对权利和名誉的追逐导致了社会的分化，而刻意求新的结果往往是一味盲目地模仿外国的风尚、观念和生活方式。久而久之，国力削弱殆尽，连抵御外敌的力量都没有了。人们不是相信和依靠自己的力量，而是对迷信趋之若鹜。逐渐地一个国家或民族堕落颓败到不可收拾的田地，以至于不可避免地走向毁灭。①

当然，民族的兴盛和败亡只是可以看得见的经验事实，其背后的精神才是真正起决定作用的因素。按科罗赫马尔的解释，一个民族的精神目标实现之时，也是它的灭亡之端。一个民族的精神是建立在某个有限的精神实体上的，而这个精神实体的根源是绝对精神。个别的精神实体是有限的，因而它只能维持一个民族的一段历史，而不能使之久盛不衰。由于每个民族的精神都是那唯一的绝对精神的体现，因此，它们都在绝对精神的发展进程中扮演了自己的角色，并为之做出了贡献。显而易见，科罗赫马尔又回到了黑格尔哲学的立场。

4. 犹太教和犹太人

在犹太教研究方面，科罗赫马尔是第一个倡导将科学的历史方法运用于犹太研究的哲学家。他认为，当时犹太教的两派——正统派和自由派有一个通病，这就是缺乏历史感。正统派厚古薄今，无视现在和时代精神；自由派则鄙夷过去，拒绝对历史上的价值体系做认真的研究。实际上，正确的方法是广泛搜集与犹太人以及非犹太人相关的历史资料，努力从中揭示犹太人如何走出迷津的道路和生活方式。这种历史

---

① 科罗赫马尔：《新迷途指津》，转引自 Guttmann, p. 337。

研究方法直接影响了犹太教的历史学派，对于犹太学的形成和发展产生了重大作用。

根据内在的精神决定一个民族之兴衰存亡的原理，科罗赫马尔认为，犹太民族在历史上经历了三个由盛到衰的循环。第一个循环是：从亚伯拉罕到征服迦南，是犹太民族的形成期；从定居迦南到所罗门王去世，是它的成熟期；从统一的王国分裂为南北朝（南方犹大国，北方以色列国）到犹大王国的灭亡（公元前586年），是他的衰败期。第二个循环是从巴比伦流亡后返回锡安到亚历山大大帝的征服（形成期），一直到哈斯蒙尼女王萨洛梅·亚历山德拉去世（成熟期），再到巴尔·科赫巴起义失败（衰败期）。第三个循环是从犹大纳西（约200年）开始到西班牙大规模驱逐犹太人（1492年）结束。

和其他民族相比，犹太民族的与众不同之处在于，她不像其他民族那样经过一个循环期就完成了历史使命，她可以超越于一般的历史兴衰规律之外而永远存在下去，这是因为她有无限再生的能力，而她之所以拥有这样的能力，是由于她所追求的是绝对精神这个所有理念的源泉。结果是，犹太人是在对绝对精神的不懈追求过程中不断引导人类走向崇高和神圣的生活的。科罗赫马尔深信，17世纪以后的犹太人已经开始了第四个循环，获得解放的犹太人正在走向繁荣兴旺，开创一个新纪元。

科罗赫马尔本人是一个传统的犹太教徒，但他的哲学尤其是关于历史进化和犹太民族特殊性的思想却极大地影响了犹太教的改革派。从科罗赫马尔有关犹太人是"各民族的导师"的观念中改革派提出了自己的犹太使命观。他对于犹太民族美好前途的展望也激励了改革派的著名理论家亚伯拉罕·盖革。

三、亚伯拉罕·盖革

亚伯拉罕·盖革（Abraham Geiger，1810—1874）出身于法兰克福的正统犹太家庭。这个天才的孩子三岁能读《圣经》，四岁阅读《密释纳》，六岁可读《革玛拉》。后来，他先后在海德堡大学和波恩大学攻读古典语言、历史和神学，最后在马堡大学获博士学位。大学毕业后，盖革先是担任威斯巴登小城的拉比，后又转到布雷斯劳担任拉比。1844年以后，他极力倡导在德国建立一所现代拉比神学院。然而在神学院即柏林犹太教学高等学院成立时，他并没有担任院长，直到他去世前的两年，即1872年，他才被任命为这所学院的院长。盖革于1874年10月去世。

盖革是改革派中最杰出的理论家、语言学家和历史学家，也是改革派的领袖人物。他在长期的拉比生涯中对犹太教实行了多种改革措施，在19世纪40年代的几次改革派拉比会议上扮演了领导者的角色。此外，他还撰写了数本专著和数百篇论文，兴趣之广可以说几乎涉及犹太研究的所有领域。他创办的《犹太生活和书信杂志》连续出版发行12年，有效地宣传了改革派的理论和活动。《圣经的原本和译本》（1851）是他的代表作。该书旨在证明，《圣经》是在历史发展过程中形成的，其中的犹太教思想也是不断跟随时代变迁的。

盖革哲学思想中最重要的内容是他对犹太教本质的论述。

由于黑格尔和科罗赫马尔哲学的影响，盖革也带有明显地把宗教和哲学同一起来的倾向。他认为宗教是人的本性所要求的。宗教不仅是理性的哲学，而且还是人的感性以及在道德上追求完美的人天生具有的愿望。他在 1836 年写的一封信里将犹太教定义为对唯一上帝的信仰和与之相关的责任和礼仪。这实际上是说，犹太教本质上是一种伦理一神教。他说：犹太教是"这样一种信仰，它的基础是对指导宇宙的唯一者的信奉以及加诸我们身上的实现公平和正义的责任。在完成这一要求的各种行动中，这一信仰变得明显，而且它被包容在用来唤起这些情感的令人振奋的仪式形式中"①。在盖革看来，希伯来《圣经》是把不断追求更高程度的纯净精神看作人的神圣本质的，古代犹太教产生的基础就是为了让人克服物欲而获得善，从而实现人的伦理上的崇高价值。毫无疑问，犹太教的构成既包含了信仰或教义，又包含了礼仪和习俗。但是，在这两部分中，最根本的是它的对于上帝的信仰，它是犹太教中恒久不变的因素，其余的因素如礼仪和习俗则是应时而变的。

　　关于礼仪和习俗的可变性，盖革进一步解释道：和伦理一神论的基本原理相比，礼仪和程式仅仅是展示宗教真理的方式而已，因而其本身不是永恒不变的。习俗也不是神圣的东西。它们在一个时代可能起促进作用，而在另一个时代却可能恰好相反。因此，只要时代需要，就可以进行改造甚至摒弃。例如，《圣经》中要求犹太人实行的"割礼"，即割掉新生男孩阴茎包皮的习俗，就是一种野蛮的、血淋淋的、毫

---

① 转引自罗伯特·M. 塞尔茨：《犹太的思想》，第 590 页，译文略有改动。

无意义的行为。因此，是应该予以废止的。还有，那些有关禁止犹太人食用某些物品的所谓饮食律法，如不得食用猪肉、无鳞的鱼之类，也是陈腐过时，因而是应该废除的。①

盖革从历史进化论入手，按照文化创造力的差异对犹太教做了历史的划分。从总体上看，犹太教的历史是一个发端于神启，进而形成传统并在传统中变化发展的过程。具体地说，犹太教的发展分为以下四个阶段：第一个阶段是"神启时代"。关于神启，盖革的见解和正统派所说的超自然启示有所不同。在他看来，神启与其说是一种超自然奇迹的展现，不如说是一种主体内部迸发出的瞬息闪光或顿悟，是神性的灵感和个人体验的结合。希伯来《圣经》就是这种启示的产物，它构成了犹太教发展的深层动力和源泉。第二个阶段是"传统时期"。这是一个从启示转变为传统的时代。所谓传统，指的是口传律法《塔木德》，它就是在这个时代完成的。从拉比们对于先前形成的律法和习俗的富有灵活性的解释中，可以发现犹太教固有的动态的活力。犹太教就是由于这样的活力才成为变化发展的宗教。第三个阶段是"遵法主义时期"，它开始于《巴比伦塔木德》的完成（约公元 500 年），结束于 18 世纪中叶。在这个时期，拉比们的所作所为只是维护和保持业已形成的传统，犹太教不仅没有得到真正的发展，反而蜕变为一种荒谬可笑"冥顽不化的律法主义"。第四个阶段是"批判研究的时期"。它是从门德尔松开始的，其任务是运用批判的方法评估和辨析犹太教的原理和信条，努力把传统提升到一个更高的层面。这个时期当然也包括当时正在进行的

---

① 参见大卫·鲁达夫斯基：《近现代犹太宗教运动》，第 188~189 页。

犹太教改革运动。改革的目标就是把传统犹太教从僵死的律法和义务中解脱出来，使之发展成为一种普世主义的伦理体系。①

在盖革看来，由于时代的变迁，犹太人已经不是一个完整意义上的民族，而是一个宗教团体。犹太人散居各地乃是上帝赐予的福祉，而不是像长期以来人们所说的那样是对犹太人罪恶的惩罚。散居是为了犹太人在各民族中间富有成效地传播伦理一神论，哺育世界和平和正义，促使全人类的融合和统一。这就是《以赛亚书》所说的使犹太人成为"万邦之光"的特殊使命。因此，盖革反对传统的民族主义的弥赛亚概念，因为这个概念提倡未来结束犹太人的散居，在以色列本土建立以耶路撒冷为中心的千年王国。

基督教脱胎于犹太教。然而，两教的关系长期以来一直处于紧张和敌对状态。盖革在相互比较中阐述了他关于基督教的看法。犹太教崇拜唯一的上帝，因而是严格的一神教。与此不同，基督教除信仰上帝外，还把耶稣当作神灵崇拜，这就淡化了犹太教中那个无限的、完美的、完全精神的上帝概念，使之成为能够以可见的肉体形式显现出来的异教神的概念，从而损害了这一宗教概念原初的纯洁性。此外，基督教的原罪概念损害了《圣经》中关于人被赋予了道德完善和自我判断能力的思想。还有，基督教引导人们把幸福的希望寄托在来世，因而竭力贬低现世生活；反之，犹太教比较注重现世生活，它没有使尘世的生活同来世的幸福生活对立起

---

① 参见大卫·鲁达夫斯基：《近现代犹太宗教运动》，第187页；罗伯特·M. 塞尔茨：《犹太的思想》，第591页。

来，把前者描述为充满辛酸之泪的溪谷。还有，基督教与现代社会也是格格不入的。他说："坦率地说，现代的不是基督教的，基督教的不是现代的……现代文化在宗教方面依赖犹太一神教，在科学和艺术方面依赖希腊精神。"① 总之，在盖革看来，犹太教是宗教意识的理想形式，是自由主义时代中现代人文主义宗教的范型。②

盖革的上述解释为犹太教的改革派奠定了理论基础。一般说来，改革派认为犹太教是普世主义的伦理一神教，是一种随时代变化而发展的活生生的信仰体系；犹太人已经不再是一个民族共同体，而是一个宗教群体；犹太人散居的使命是向其他民族传播一神教；等等。改革派的这些基本观点都比较明确地存在于盖革的论著中，就连现在通行的对于犹太教历史阶段的划分，即圣经犹太教、拉比犹太教、中世纪犹太教和现代犹太教，也是与盖革的有关论述基本一致的。由此可见盖革对于改革派以及犹太教的改革运动产生了何等深远的影响。

四、萨姆森·拉斐尔·赫尔施

萨姆森·拉斐尔·赫尔施（Samson Raphael Hirsch，1808—1888）出身于汉堡的一个正统派犹太富商家庭。年轻的赫尔施聪明伶俐，才智过人。父母希望儿子继承父业，将

---

① 转引自罗伯特·M. 塞尔茨：《犹太的思想》，第593页。
② 参见上书，第592~593页。

来也成为一名成功的商人,而赫尔施本人却立志做一名拉比。少年时代,赫尔施一边在世俗中学读书,一边在一位著名拉比的指导下学习犹太传统。在这期间,他深入理解了《圣经》,滋生了强烈的宗教热情,甚至到了狂热的程度。后来,他投身于犹太教神学院,在那里谙熟了《塔木德》等拉比文献。1829年赫尔施获得拉比资格。同年被波恩大学语言学系录取。在大学里,赫尔施是后来成为改革派领袖的亚伯拉罕·盖革的亲密朋友,二人一起组织了犹太学生辩论会,专门讨论犹太宗教问题。1830年以后,赫尔施先后在德国的许多地方担任拉比或首席拉比。在尼科尔斯堡任全省首席拉比期间,他还创建了一所犹太学校,培养了许多犹太教人才。他还被任命为摩拉维亚议会的议员,在那里充分施展了他的雄辩才能,为犹太人争取平等权利做了不少有益的工作。1851年,赫尔施来到了作为犹太教重镇的法兰克福任拉比。为了加强和扩大正统派阵营的势力,他创建了两所旨在与改革派抗衡,争夺年轻一代犹太人的中学。学生们在他的学校学习世俗和犹太教两方面知识,而且所学课程和附近的改革派学校相似。他还在大银行家罗斯谢尔德家族的财政支持下,建起了规模宏大、庄严肃穆的犹太教圣堂。在他的圣堂里,宗教仪式基本上是传统型的,虽然也有一些微小的变革。赫尔施在法兰克福生活了近40年,比较成功地巩固和扩大了犹太教正统派的力量。

赫尔施是德国新正统派犹太人的主要代表。他的主要著作是《本·乌茨尔书信十九封》(以下简称《书信》)和《何烈山》。这是两部关于犹太教主旨和犹太律法的论著,从中我们可以发现赫尔施关于犹太教的起源和本质、人的使命以及犹太人的使命等问题的基本观点和哲学立场。

1.《托拉》的起源和本质

犹太教律法书《托拉》起源于超自然的启示还是不同时代的人编纂的，是正统派和自由的改革派的分水岭。作为新正统派的理论家，赫尔施是超自然启示论的得力鼓吹者和维护者。他认为，《托拉》之为启示和自然现象一样是历史上发生过的经验事实，就是说，它是当年西奈山周围的 250 万犹太人亲眼看见的事实（由于《圣经·出埃及记》第 12 章第 37 节提到 60 万男子，赫尔施以平均每户 4 口人估算出当时约有 250 万犹太人）。因为它是真实的历史事件，所以，《托拉》的神性起源是不容置疑的。既然《托拉》的起源为神圣的，那么，它就是超越时间和历史的；既然它超越于时间和历史之外，那么，就是不受历史发展和变化的影响，不随历史的变化而变化的。① 这样，赫尔施就和改革派主张的《托拉》为历史的产物并随历史的发展而变化的观点对立起来了。

赫尔施在解释《圣经》时，采取了隐喻法和象征主义的手法。他认为，要恰当地理解《托拉》的意义，必须从它的语言入手。例如，"托拉"一词源于动词 horoh，它的变格之一可解释为"孕育"，它意味着《托拉》旨在"栽培和播撒真理和美德的种子"。他还从希伯来语"shamayim"（天空）和"sham"（那儿）的词源学关系出发把"天"解释为"空间的上部和底层"。这样一种牵强附会的方法在他的《何烈山》及其他著作中得到了广泛的使用。历史地看，这只是 1 世纪亚历山大里亚的斐洛以及中世纪迈蒙尼德使用过的隐喻法的翻

---

① 参见大卫·鲁达夫斯基：《近现代犹太宗教运动》，第 244 页。

版而已。在解释律法条文的时候，赫尔施表示，律法不仅直截了当地教人如何行事，而且作为符号或记号有其象征意义。譬如说，"割礼"作为一种生理上的道德命令，旨在提醒我们"保持肉体及其器官的纯洁和神圣性，并防止一切可能会导致兽性的罪孽发生"。犹太人额头上挂的"圣经宝匣"警示我们要全心全意地服侍上帝；固定在门槛上的"门框圣谕"则使犹太人的住宅成为圣所。各种献祭方式也都具有确定的隐含意义。赫尔施的象征主义手法尽管不乏牵强悖理之处，但也帮助他从犹太教信条中挖掘出了一些颇有意义的新思想、新含义和新价值。①

2. 神性道德高于人的道德

在赫尔施看来，道德从来源上看可以说有神性道德和人的道德的区别。人的道德乃是人的良知所固有的。良知是从属于理性主义和人道主义的范畴，由它而来的道德律令有自治、自律、自决的特点。反之，与此对立的神性道德则是他律的，即产生于一个外在于人的超越的神，并由神来监督执行的。在康德那里，道德律令植根于人的良知，因此是自治、自律、自决的。尽管上帝是道德的最终源头，但所谓的神性律法必须经过自律的良知考察之后才能为个体所接受。因此，道德从本质上看乃是人的道德。针对康德的这种道德观，赫尔施指出：良知不是道德的唯一本原，也不是完全自律的，因为它来自上帝的创造，是上帝把其道德教诲传递给人的中介。除了良知以外，还有神圣的启示作为道德的源泉。如果把人的道德和神性道德相比较，那么，神性道德更坚实可靠，

---

① 参见大卫·鲁达夫斯基：《近现代犹太宗教运动》，第 245～246 页。

因为神性的律法是超越于时间之外的,它不像人的道德那样随着时代的变化而变化。赫尔施虽然保留了人的良知和由之而来人的道德,但是,在他这里,这种道德显然是低于神性道德的。他对康德的理性主义有所让步,但其道德观毕竟是以信仰主义为主调的。

赫尔施还认为,和异教徒相比,犹太人是幸运的,因为他们拥有神性的《托拉》。《托拉》中的律法是最高的道德原则,远远高于人为的律法。因此,一个犹太人必须无条件地接受神性的《托拉》,并绝对服从和遵行它,这样,犹太人就把自己的意志和上帝的意志统一起来了。[1]

3. 人的使命和犹太人的使命

在赫尔施看来,所有的存在都是上帝创造的,而上帝的造物必定像奴仆那样无条件地服从于他,在他的意志左右下履行自己的使命。人类乃上帝在地球上的造物,也和别的造物一样是上帝的奴仆,其使命不是为了自己的快乐和完善,而是为了服侍上帝。由于人高于其他造物,"上帝借助或通过别的造物发出话语,而对人则直接说话,要人自愿地接受其戒律,并视之为生命活动的推动力"[2]。因此,所谓履行服务于上帝的使命,就是无条件地遵行上帝的戒律。

如果说人的使命在于侍奉上帝,那么,犹太人的使命就是做侍奉上帝的楷模,并为实现这一目标不遗余力地奋斗。赫尔施说:"必须把这样一个民族引入其他各民族中间——她通过自己的历史和生活经验表明上帝为存在的唯一创造性根

---

[1] 参见大卫·鲁达夫斯基:《近现代犹太宗教运动》,第250~251页。
[2] 同上书,第250页。

源，履行上帝的意志是人生的唯一目标；她还会拥有上帝意志的启示，并坚持不懈地为之奋斗和努力，直到全世界都视之为内部的凝聚和激发力量。这一使命必须交付这样一个民族来完成——当其他民族营造起了自己的强盛和权力的大厦时，她却一无所有；她在表面上屈从于那些独立自傲的民族，但实际上却直接依赖上帝而得到了保护……"[1] 如果说上帝的目的是为了改善人的道德状况，那么，犹太人则是实现上帝目的的工具。要实现上帝的目的，犹太人必须保持自己的孤立性和独特的生活方式，不可在道德伦理上屈就于其他落后低俗的民族。从实现上帝的目的这一犹太使命而言，犹太人的散居并不是不幸和灾难，而是一笔宝贵的财富。散居实际上有利于犹太人传播犹太先知的教诲，从而起到教化其他民族的作用。不仅如此，就连基督教也有可取之处，它可以帮助人们了解作为上帝选民的犹太人的目的，因而有益于实现犹太人的使命。

4. 犹太教和时代精神

赫尔施坚决反对改革派关于犹太教应该随着时代的发展而变化的主张。按他的理解，犹太教的所有律法，不论是成文的，还是口传的，都源于神圣的启示。既然犹太教的《托拉》是神圣的，那么，它作为神的话语就是超越于时间和历史的，因此，它不存在一个符合历史和时代的问题。他认为，我们不应喋喋不休地抱怨犹太教缺乏现代性，而应为我们的时代拒绝了《托拉》而痛心疾首。犹太教作为一种神性创造物应该造就我们的生活。然而，我们的生活却不能改变犹太

---

[1] 大卫·鲁达夫斯基：《近现代犹太宗教运动》，第252页。

教。历史表明，犹太教和犹太人从一开始就是与时代的风尚和要求格格不入的。亚伯拉罕独自与上帝行走，这有违于当时的潮流。在漫长的几个世纪中，犹太教是反对异教世界的唯一声音，如果说犹太教与时代精神的隔阂在今天已明显缩小，那么，其原因正在于这个世界靠上帝越来越近了。①

在观点上，赫尔施颇为欣赏卢扎托对信仰和情感的偏爱，而对理性的态度则显得相当的冷漠。他批判了迈蒙尼德试图把犹太教和希腊理性主义调和起来的做法。他认为，《圣经》作为上帝的言辞无须任何外在的认可。对于门德尔松，赫尔施认为他和迈蒙尼德犯了同样的错误。为了顺从当时的理性主义精神，门德尔松是从哲学和美学的角度看待《圣经》的，他未能严格地从《圣经》自身的语境去理解它，没有从内部去建构它。事实上，犹太教是独立自主的，无须用任何外来的标准对之品头论足。

作为一名极端虔诚的犹太教信徒，赫尔施不赞成通过人为的努力建立犹太国家的复国主义。他宣称："犹太人不可靠自己的努力强求独立。"② 此外，在赫尔施看来，散居生活中的紧要问题不是无家可归的犹太人所遭受的迫害，而是对从锡安而来的神灵的忘却。犹太人不是一个政治实体，而是一个宗教实体，即为《托拉》而存在的渴望精神救赎的民族。不仅犹太人，而且整个世界都渴望这种救赎。对于犹太人散居其中的国家，赫尔施采取的态度是无条件的效忠。他说："……这一责任是绝对的、无条件的，它不取决于国家对你友

---

① 参见大卫·鲁达夫斯基：《近现代犹太宗教运动》，第253～254页。
② 《何烈山》第96章；转引自大卫·鲁达夫斯基：《近现代犹太宗教运动》，第260页。

善还是冷酷无情。即使他们剥夺了你作为一个人的权利，以及在生你养你的土地上合法生活的权利，你也不应因此忘却自己的责任。推行正义……履行上帝赋予你的责任；忠于君主和国家……"① 在这一点上，赫尔施倒是和改革派和谐一致的。

五、塞缪尔·大卫·卢扎托

塞缪尔·大卫·卢扎托（Samuel David Luzzatto，1800—1865）出身于意大利底里雅斯特的一个古老的西班牙裔犹太人（即萨法迪姆）家庭。卢扎托的父亲虽然是一名木匠，但却在犹太宗教和世俗学问方面具有渊博的知识。父亲曾企图教育儿子成为一名商人，但是卢扎托对学问的酷爱使他最终走上了学术道路。卢扎托在当地的一所自由派犹太学校接受了犹太教和世俗教育。在学完《圣经》、《塔木德》、世俗科学、古代语言和现代语后，卢扎托又坚持自学，并在父亲的帮助下继续深造。1829 年，他离开家乡前往世界上第一所现代拉比神学院——帕度瓦拉比神学院担任教师，并在那里贡献了自己的余生。

卢扎托的主要著作是《诗集》（*Divan*，1864），其中收录了犹大·哈列维的 86 篇宗教诗歌和卢扎托本人为之撰写的导读、注释和校勘。这部《诗集》为中世纪希伯来诗歌进入犹太学术界打开了大门。他把希伯来《摩西五经》和日常祈祷

---

① 转引自大卫·鲁达夫斯基：《近现代犹太宗教运动》，第 260~261 页。

文译成意大利语，并用希伯来语和意大利语撰写了大量的文章。卢扎托的代表作是《沙达尔书信》（1882—1894年出版），这部九卷本的遗作收录了他的700封书信，充分显示了卢扎托在传记、文学、解经学、神学、语法、历史、哲学诸方面的广博知识和精深造诣。

1. 理智和情感并驾齐驱

在哲学上，卢扎托受到了与理性主义相对的欧洲浪漫主义思潮的影响。其中，意大利的浪漫派作家皮里科（Silvio Pellico, 1788—1854）、带有浪漫主义色彩的帕斯卡儿（Blaise Pascal, 1623—1662）和卢梭以及感觉论者孔狄亚克对他产生的作用尤其直接和重要。卢梭认为，在宗教和道德领域中，情感比逻辑上的三段论更值得信赖。理智上的过分发达具有潜在的危险，因此，必须注意培养精神和情感的平衡发展。步他的后尘，卢扎托指出：我们不仅具有心智，而且享有精神和情感，有时后者更为重要。因此，绝不可以过分强调理性而忽视了情感的作用。人类之被赋予灵魂和宗教，就在于把人的情感引向善良和公正，而理性的哲学不能充当宗教的向导。如果这样做，其结果必然是两败俱伤，同归于尽。[1]

在孔狄亚克感觉论的影响下，卢扎托断言，无法为感觉确定的东西，也必不能诉诸理性去探究。因此，像上帝存在、灵魂不朽以及《圣经》中谈到的神迹等，都是超越于人的理性能力之外，无法用理性探讨的。

然而，卢扎托又不是一个完全意义上的反理性主义者。他在《论教条式的犹太神学》这部意大利语著作中，曾经试

---

[1] 参见大卫·鲁达夫斯基：《近现代犹太宗教运动》，第274~275页。

图用理性主义的方法，即用自然秩序、和谐以及自然法证明宇宙中必定存在着神性的力量。① 可以说，卢扎托的思想并不是一个一以贯之的体系，其中浪漫主义和理性主义并驾齐驱，对犹太教的虔诚、对《圣经》内容的信仰和对《圣经》篇章的批判同时共存，是一个奇特的混合物。

2. 犹太教伦理学

卢扎托和不少犹太人一样区别了情感之心（heart）和理智之心（mind），认为犹太人和犹太教重视的是前者，而古希腊人以及后来所有的西方人和基督教重视的是后者。犹太教是一种情感之心的宗教，而不是理智之心的宗教。犹太教的教义也表明了人类与生俱来的同情心。人之所以可以为善而行善，正是由于这种恻隐之心的缘故。在《圣经》和《塔木德》中，基于这种同情心的律令随处可见。例如《圣经》要求在夜晚归还穷人典当的衣物，在七年一度的安息年免除所有的债务并救济穷人，《塔木德》禁止因工人无意打破酒桶而克扣他的工钱，等等。虽然《圣经》中也包含一些在今天看来是野蛮的戒律，但从总体上看，犹太教的律法是和人的同情心一致的。可以说，重情轻智是卢扎托的基本态度，也是犹太教区别于西方文化的重要一点。

卢扎托认为，犹太教的另一支柱是奖善惩恶的报应论。门德尔松也曾主张善恶报应论，但是，他认为奖善惩恶的实现是在人死后的彼岸世界，而不是今生今世。卢扎托指出，门德尔松的观点对于道德进步是有害而无益的，因此，他坚持奖善惩恶的此岸性。在今生今世，似乎坏人总是得意，好

---

① 参见大卫·鲁达夫斯基：《近现代犹太宗教运动》，第 276 页。

人总是受苦遭难，但事实上并非如此。上帝不仅看到人的外部行为，而且洞悉人的内心动机，他把善和恶、快乐和痛苦均匀地分摊给每个人，没有人会得到"无刺的鲜花"①。值得一提的是，卢扎托生前有三个孩子先后夭亡，妻子也先他离世。在这些不幸面前，他仍然坚定不移地信仰上帝的仁慈与公正，颇有《圣经》所描述的义人约伯的风范，这是很令人感动和钦佩的。

3. 犹太教和西方文化

西方文化是两种相反的文明之流汇合的产物。这两种文明就是作为犹太宗教思想的亚伯拉罕主义和起源于古希腊的雅典主义。亚伯拉罕主义肇始于亚伯拉罕。上帝因其摒弃了多神崇拜而选择了他，并把为后世保存犹太教和普世伦理的任务交给了他及其后裔。犹太人被赋予了特殊律法，例如割礼、禁忌食品、洁净、祭祀等，这是犹太民族所必不可少的，他们正是借此而与其他民族区别开来的。世界上的所有民族都是上帝的子孙，所以上帝把来世拯救许诺给任何民族中的仁人义士。但是，犹太人是"上帝的选民"，是一个"祭司的王国和神圣的民族"，担负着一种特殊的伦理和礼仪方面的职责和义务。这是一种高尚的责任。如果说犹太人为人类文化提供了公正、平等和仁爱等道德概念，那么，希腊人为世界带来的则是哲学、科学、艺术以及对和谐和壮丽的热爱。在希腊文化的影响下，科学技术得到了迅速发展，但是技术社会本身没有美德可言，道德滞后的现象十分普遍。人们嗜好美丽和快乐甚于美德和福利，偏好浮夸和修辞甚于纯粹的真

---

① 大卫·鲁达夫斯基：《近现代犹太宗教运动》，第280页。

理，喜好理论抽象而忽视了正直和诚实，诸如此类。这一切无不是希腊文化及其理性主义的罪过。他质问道："哪个时代拥有像今天如此之多的发明创造？然而，这些新发明消除了战争、谋杀、抢劫、贫困、疾病、妒忌、憎恨、压迫和夭折了吗？"西方文化中的希腊因素造就了一种无意义的唯智主义，而它只适用于哲学家，根本无法满足民众的要求，因为他们需要道德维生素。①

和过分抬高理性的希腊文化不同，犹太文化强调的是对上帝的信仰和由此而达到的仁义的崇高境界。对于犹太人而言，通往正义和仁爱的途径不是迈蒙尼德在他的律法著作中倡导的亚里士多德的"中庸之道"，也不是理性的抽象思辨，而是无条件地按上帝的律令行事。他说："我的上帝不是康德的上帝，而是《圣经》中的上帝。"② 在这里，康德的上帝一如亚里士多德的上帝，乃是理性主义的，而《圣经》中的上帝是情感的或伦理的上帝，只有后者才对实际的人生有指导意义。

由此可见，卢扎托思想中的反理性主义因素是很明显的。正因如此，卢扎托对斯宾诺莎哲学极为反感。众所周知，斯宾诺莎是近代西方著名的理性主义哲学家。身为犹太人的斯宾诺莎虽然接受了犹太教传统中的神的概念，但他用笛卡儿的理性主义对之进行了改造，使神丧失了人格性，成为一种逻辑的必然性。同时他极力贬抑人的情感，认为情感是人的受奴役状态，只有用理智战胜它，人才能达到安宁和幸福。

---

① 参见大卫·鲁达夫斯基：《近现代犹太宗教运动》，第 281～282 页。
② 同上书，第 282 页。

具有强烈浪漫主义色彩的卢扎托对斯宾诺莎的理性主义持坚决的否定态度：对任何人而言，斯宾诺莎代表了自然永恒不变的秩序或机械过程的神是无法令人顶礼膜拜的。卢扎托盛赞人的感情，而斯宾诺莎则视之为人的奴役状态；卢扎托断言，缺乏爱憎之心者就像石头一样不配称为人，同情心和怜悯是犹太教的真正源泉，斯宾诺莎却认为，同情和怜悯不过是妇人的美德。卢扎托把犹太律法和宗教礼仪看得至高无上，而斯宾诺莎则否认其神圣性。卢扎托是把斯宾诺莎当作犹太教的顽敌来看待的。他指出：斯宾诺莎主义者必然是道德堕落者，因为他的思想否认了世界上道德法则和道德评判的存在，其结果必然导向道德的混乱无序。从卢扎托和斯宾诺莎的截然对立中，我们可以发现卢扎托的宗教感和道德感是何等浓重。

第十三章

赫尔曼·柯恩

一、生平与著作

赫尔曼·耶斯切斯克尔·柯恩[①]（Hermann Jescheskel Cohen, 1842—1918）是犹太血统的德国哲学家，犹太启蒙运动的哲学巅峰，现代犹太哲学史上承上启下的重要人物。

1842年7月4日，柯恩出生于德国易北河畔一个叫柯斯维希（Coswig）[②]的小城，是格尔松·柯恩（Gerson Cohen, 1797—1879）和弗雷德里克·所罗门（Frederike Solomon, 1801—1873）的独子。柯恩家境贫寒，他的父亲在当地只有几十人构成的犹太社区中担任希伯来语教师和犹太会堂的领诵人，收入微薄，家庭的主要经济来源是他的母亲开办的帽子和饰品店。然而经济上的困难并未影响柯恩的教育状况，一方面，在他父亲的言传身教之下，柯恩从小就受到了良好

---

① 一译赫尔曼·柯亨。
② 位于现今德国萨克森-安哈尔特州，在大名鼎鼎的维滕堡附近。

的希伯来语和塔木德教育；另一方面，靠着母亲店铺的收入，柯恩完成了正规的学校教育。除了良好的家庭氛围之外，柯斯维希小镇上基督徒和犹太教徒之间融洽的关系也对柯恩日后的思想产生了积极的影响。

1853 年，柯恩离开故乡前往德绍（Dessau）上高级中学，四年后，在部分地完成了高中学业的情况下，柯恩进入了布雷斯劳犹太神学院（*Jüdisch theologisches Seminar Fraenckelscher Stiftung*，the Breslau Rabbinical Seminary）接受正式的拉比教育。该校始建于 1854 年，首任校长是撒迦利亚斯·弗兰克尔（Zacharias Frankel）①，他总体上持一种较为温和的观点，试图在当时的犹太教正统派和改革派这两个极端之间寻找一条中间路线。在他的感召下，该学院汇聚了当时最优秀的一批犹太教人才。柯恩在校期间的教育主要集中在犹太教方面，但同时也学习了不少的希腊、罗马的经典作品，这为以后柯恩在犹太教和西方文明方面的双重造诣打下了坚实的基础。

柯恩的神学院生涯并未善始善终，1861 年，由于赫尔施②与弗兰克尔之间的公开争论，使得柯恩对大到犹太文明的存续，小到自己未来的发展产生了疑虑，为此，他决定离开神学院前往布雷斯劳大学，在此期间，他继续深入而广泛地学习了古代希腊和罗马的语言及经典著作。1864 年，他进入柏林大学学习科学、数学和哲学，受教于特伦德伦堡（Adolf

---

① 弗兰克尔（1810—1875），生于捷克布拉格，一度担任德累斯顿首席拉比，1854 年起担任布雷斯劳犹太神学院院长直到去世。他是"史证犹太教"（positive-historical Judaism）的创始人，对犹太教保守派的形成有着巨大的影响。

② 其人及其思想参见本书第十二章第四节。

Trendelenburg)等人。但是,他在柏林哲学学会所举办的征文大赛中的落败,迫使他回到本省的哈勒大学,并于1865年以《哲学家们关于必然与自由之矛盾的诸学说》(*Philosophorum de Antinomia Necessitatis et Contingentiae Doctrinae*)而获得哲学博士学位。博士毕业之后,柯恩一度投身于民族心理学(Völkerpsychologie)的研究并撰写了相关论文。此后,迫于生计的柯恩两度试图在柏林大学谋求一个教席但两度被拒,不得不转而求助于新结识的忘年之交朗格(F. A. Lange, 1828—1875),在朗格的帮助下,柯恩于1873年在马堡大学获得开课资格,并于同年开设了"康德哲学引论"课程。这一职位,如同他讲课的主题康德当年一样,并不是编制内的教师,其收入主要是来自学生的上课费。经过持续不懈的幕后工作,柯恩终于在朗格去世后的1876年接替其教授席位,成为德国官方认可的大学中正式担任教授的第一个犹太人。此后直至1912年,柯恩一直在马堡大学任教,期间一手创立了新康德主义的马堡学派。1912年,柯恩从马堡大学退休后迁居柏林,担任了犹太教科学院的讲座教授,并致力于研究宗教与哲学的关系,直到1918年去世。

柯恩的思想历程,除早年一度致力于民族心理学的研究之外,大致可以分为两个阶段:新康德主义时期和犹太哲学时期。但是,这两个时期的思想并不是截然断裂、毫无联系的,只能说是占据其思想的重心不同。实际上,在新康德主义时期,柯恩也不时关注犹太教和犹太人的问题;在犹太哲学时期,新康德主义的思想经常改头换面地出现在他的深沉思考中。

柯恩新康德主义时期的著作首先以对康德哲学的阐释、

发挥而出现，包括《康德的经验理论》(*Kants Theorie der Erfahrung*, 1871, 1885)、《康德对伦理学的论证》(*Kants Begründung der Ethik*, 1877) 和《康德对美学的论证》(*Kants Begruendung der Aesthetik*, 1889) 等，从题目上就很容易看出，这三部著作针对的是康德的三大批判，从而构成了对康德哲学主体的阐发。此后，柯恩又出版了《纯粹认识的逻辑》(*Logik der reinen Erkenntnis*, 1902)、《纯粹意志的伦理学》(*Die Ethik der reinen Willens*, 1904) 和《纯粹感受的美学》(*Die Aesthetik des reinen Gefuehls*, 1912)，通过这三部著作，柯恩清算了自己同康德的关系，完成了自己的哲学体系。柯恩思想的后期，包括犹太教在内的宗教内容所占的比重越来越大，先后出版了《哲学体系中的宗教概念》(*Der Begriffe der Religion im System der Philosophie*, 1915)，以及（逝世后出版的）《源于犹太教的理性宗教》(*Religion der Vernunft aus den Quellen des Judentums*, 1919)[1]，对于这部著作，柯恩的弟子、现代犹太哲学的另一位大师弗朗茨·罗森茨维格给予了极高的评价。他说：虽然柯恩是用学者们才能读懂的语言来撰写这部著作的，但它却具有长久的生命力，它积淀着整个犹太民族今生的宿命。从哲学的角度看来，上述两本书之间有一种有趣的关系：《源于犹太教的理性宗教》一书的实质性内容已经包含在《哲学体系中的宗教概念》中了，所不同的是，前者是后者的犹太版本，服务的对象是信教的犹太知识分子，而后者是前者的世

---

[1] 柯恩遗著，初版于1919年，1972年出版了由西蒙·卡普兰（Simon Kaplan）翻译的英文版：*Religion of Reason out of the Sources of Judaism*，2013年中文版问世。

俗版本，面对的是那些受过系统的哲学训练的普通读者。除此之外，柯恩的著作还有汇集了大量有关犹太哲学论述的三卷本论文集《犹太教论著》（*Juedische Schriften*，1924），其中多方面阐发了在《源于犹太教的理性宗教》一书中提出的"相互关系"（correlation）概念，对此，罗森茨维格称之为犹太哲学中的一个全新的基本概念，认为在柯恩的"相互关系"和布伯的"关系"（relation）概念之间存在着一种超乎术语的联系。

二、回归：从新康德主义到犹太哲学

1. 历史渊源

柯恩之由新康德主义转向犹太哲学并不是由于单纯的理论上的转变，他所处的历史背景是造成他转变的外部因素。

在19世纪下半期到20世纪初的欧洲，现代反犹主义的兴起以及几乎是同时兴起的作为对前者的回应的犹太复国主义和犹太民族主义是这一时期犹太人思想生活中的主要内容。之所以称这一时期的反犹主义为现代的，是因为它拥有不同于大多数先前的反犹主义的表现形式。《犹太的思想》一书的作者，罗伯特·M. 塞尔茨指出，这一时期的反犹主义"是在犹太解放之后以阻碍犹太人成功地进入欧洲社会主体为主要目的的，是以文化了的，而不是以因循守旧的犹太人为主要恐惧对象的"[1]

---

[1] 罗伯特·M. 塞尔茨：《犹太的思想》，第616页。

犹太解放对于传统意义上的犹太人来说不啻是一把双刃剑。一方面，政治和经济领域内的自由主义的盛行使犹太人在获得平等的政治地位、宽松的政治环境以及充分的就业机会等方面创造了条件，而且犹太人也确实从中得到了实惠。虽然在有些地方，如俄国还有许多犹太人的生活每况愈下，但毕竟他们获得了法律意义上的平等地位。另一方面，解放了的犹太人在获得进入欧洲主流社会的门票的同时也面临着如何对待自己的传统的问题，曾经维系着犹太民族精神的传统犹太教正面临着前所未有的挑战。然而，不幸的是这两方面都激起了反犹主义者的仇恨。对于那些刻意保持传统的犹太人，不消说，他们会视之为异端，对于那些积极参与到欧洲主流社会中的犹太人，他们认为危害更大，因为在他们看来，这恰恰是犹太人从根本上颠覆欧洲文明的釜底抽薪之计。在这些反犹主义者中，如果说那些极端的民族主义者只是一小部分，因而危害尚不明显的话，那么以攻击犹太人为手段来拉选票、捞取政治资本的阴谋家们则因其特殊的地位而影响了大部分的普通百姓。虽然尚未得到政府的公开支持（有官方背景的暴力排犹活动屡有发生），但群众中的反犹情绪却一直在慢慢滋长，沉默后的爆发只不过是时间问题。

犹太复国主义和犹太民族主义作为政治纲领的意义要远远大于它们的理论意义。因为在当时，对于犹太民族生命安全和生活安定的保障已渐渐成为犹太社团的领袖们所关注的主要问题。特别是1881年到1882年的集体屠杀事件使犹太人在震惊之余，不得不思索在逐渐恶化的条件下的自己的命运和民族的命运。长期的散居生活自始至终是一种人为刀俎、我为鱼肉的寄人篱下、命悬人手的不自主状态，民族自决权的保障必须以一个统一的民族国家为基础。在 19 世纪末致力于这种思想的著名人物既不是传统的拉比们，也不是纯粹的思想家，而是两位作为自由主义者的开化了的犹太人：俄国的内科医生莱昂·平斯克（Leon Pinsker）和维也纳的记者兼剧作家西奥多·赫茨尔（Theodor Herzl）。

平斯克在一本叫作《自我解放：一个俄国犹太人对他的同胞们的警告》的小册子中提出，要想克服长期以来对犹太人的根深蒂固的仇恨，唯一的办法是制定一项旨在某地建立一个独立的犹太国家的自我解放计划。平斯克断定："反犹主义是鬼神恐惧的一种形式，一种缺乏理性的对陌生人的恐惧，这种恐惧因犹太人在任何地方都是客人、不是主人而加剧……因为犹太人被认为是没有自己祖国的、幽灵似的民族，犹太人在经济上的成功引起了人们的嫉妒和怨恨；而犹太人的软弱使他们成为流行的暴力侵害的理想的牺牲者。"[①]

赫茨尔在他的论文《犹太国：现代解决犹太人问题的一种努力》中强调指出：自中世纪以来的隔离政策使犹太人在金融领域内占据了主导地位，那些隔离制度的拥护者们反过来又对犹太人的金融实力深感不安。这种恶性循环是处在散居状态的犹太人所无法解决的。只有在欧洲之外的某处建立一个犹太民族国家才能最终解决这一问题。

总而言之，无论是平斯克还是赫茨尔，几乎一致强调了这样一种古老的独立自主精神："我不为我，谁人为我？"饱经忧患的犹太民族不应指望几千年反犹情绪积淀下的欧洲社会会真正为他们的利益着想，他们获得自由自决的唯一依靠

[①] 罗伯特·M. 塞尔茨：《犹太的思想》，第 675～676 页。

只能是他们自己。

作为处于 19 至 20 世纪之交的犹太哲学家，柯恩背负着继往开来的历史重任。虽然他无法回避他所看到的一切，但他比平斯克或赫茨尔要温和得多。就像所有的犹太哲学的主旨都是某种形式的调和与整合一样，柯恩认为，犹太教和德国文明之间并无相悖之处。正是基于此而不是纯粹的犹太民族主义，柯恩起而维护了属于他的父辈和他少年时代的信仰。

1880 年前后，反犹主义在德国的政治生活中渐渐占据了上风。犹太教的存在价值遭到了挑战。流行的观点认为德国文明的主流在价值上高于犹太教，而后者代表了某种落后、陈旧的历史文物，任何想融入德国文明的犹太人首先要做的就是抛弃他原来的宗教信仰。这种观点实际上是一种文化霸权论，它强调的是在诸多异质文化之间的你死我活、成王败寇的斗争。因此，就柯恩的初衷，正如施特劳斯正确指出的那样，是为了证明"……犹太人可以带着自己的尊严生活在一个非犹太的甚至是充满敌视的世界中，并且积极地参与到这个世界中去"[1]。柯恩认为犹太教的教义和德国文明的精神主旨息息相通，关系密切，其关联之点就是理性宗教和理性哲学的相通之处。因此，如何阐释和发挥这两种文明间的密切关系就成了柯恩理性宗教的重点。

我们知道，19 世纪中叶以后，曾经巍然耸立于德国哲学界的黑格尔体系已经分崩离析，理论上毫无顾忌的精神也随之没落，"起而代之的是没有头脑的折中主义"[2]。形形色色的

---

[1] 赫尔曼·柯恩著，孙增霖译：《理性宗教》，山东大学出版社，2013，第 36 页。
[2] 《马克思恩格斯选集》，第 3 版，第 4 卷，人民出版社，2012，第 265 页。

理论垃圾充斥思想界，对这种混乱状态的不满促使一些有识之士起而重新思考德国古典哲学的历史。于是，"回到康德去"就成了响彻一时的口号。在造成这股思想潮流的过程中，柯恩及其一手创立的马堡学派功不可没。

柯恩之回到康德，并不是简单地重复这位哥尼斯堡的伟大哲学家的思想观点。在经过《康德的经验理论》、《康德对伦理学的论证》和《康德对美学的论证》三本评述康德哲学的著作之后，柯恩马上转向了自己的哲学体系的建立。这一时期，他的代表作是《纯粹认识的逻辑》、《纯粹意志的伦理学》和《纯粹感受的美学》。从对康德的解释评注到新康德主义体系的建立，柯恩在康德思想的薪火传承方面做出了很大贡献，同时，他又在康德思想的主要方面做出了一些决定性的改变，而这些则直接构成了他在晚年转向理性宗教时的理论基础。

2. 理论渊源

同其他犹太哲学的先驱者，尤其是中世纪伟大的犹太哲学家迈蒙尼德一样，柯恩也是通过对犹太教进行哲学解释而走向他的理性宗教的。所不同的是，在迈蒙尼德的《迷途指津》中随处可见亚里士多德的影子，而看过柯恩《哲学体系中的宗教概念》和《源于犹太教的理性宗教》的人则自然会联想到康德。的确，一个人所共知的事实是，柯恩是在继承和发展康德思想的基础上创建了自己的体系并创立了新康德主义的马堡学派的。虽然后者使他名声大噪并在哲学史上占据了一席之地，但实际上无论是他自己的问题还是康德的问题，在很多地方依然悬而未决。正是基于解决这些问题的期望促使柯恩在晚年深入研究了他的父辈们的宗教信仰。

人类理性总有某个达不到的地方，这是康德思想的一个重要之点，也是柯恩接受康德思想的起点。从这里出发，柯恩对康德的思想进行了改造。

康德的伦理学是柯恩加以改造的重点。康德认为人类的先天能力有两种：理论理性和实践理性。有关伦理、道德领域的问题，只能由实践理性来解决。从本质上讲，理论理性和实践理性并无区别，它们都属于同一个纯粹理性。理性在伦理领域内的应用就是要向人类颁布道德戒律。康德认为，道德律本身具有普遍必然性，但这种必然性不同于自然界中的普遍必然性，两者虽然都属于因果律的范围，但自然律的因果性更为明显，如果人类违背了它，就必然会遭到惩罚；而道德律则没有那么明显的因果性，它采取的是一种"应当"如何的命令方式。康德称这种命令方式为"绝对命令"。绝对命令具有这样一种品格，它不受任何主客观因素的制约，要求人类必须而且只能从理性道德律自身出发，必须无条件地服从绝对命令的要求，只有这样做，人类的行为才具有了普遍性，才能称得上是道德的。绝对命令虽然具备命令的外在形式，但它本身却不是外在于人类理性的。康德认为，自由的人类意志是绝对命令得以立足的依据，没有了意志自由，人类也就无法自觉自律地做出道德选择、实践道德戒律，反而很容易被主观情绪、物质利益驱动，变得目光短浅，毫无责任感；或者为世俗的所谓幸福所诱惑，失去了作为自由人的本真状态。康德很清醒地意识到了在德行和幸福之间的不平衡，但他并不像禁欲主义者或享乐主义者那样把这种不平衡推到极端，相反地，他认为牺牲其中的任何一种都是不明智的，真正的道德不仅仅止于德行，幸福也应该是它的一个必然的组成部分，道德与幸福的结合就是所谓"至善"。然而，"至善"也只是彼岸世界的事情。为此，康德以"意志自由"、"灵魂不朽"和"上帝存在"三个命题来保证"至善"的实现，并且直截了当地宣称"至善只有在神的存在下才能实现"。由此，康德的伦理学变成了某种道德神学。而且正因如此，在理论理性中，即《纯粹理性批判》中所无法企及的三个理念，在伦理学领域中具备了充分的和积极的意义。更重要的是，它"对具有自由主义倾向的犹太宗教哲学家特别具有吸引力，因为它没有包括屈从于天启的教条，如三位一体或道成肉身的内容，以及因为它们强调的道德法则的至高无上性再次加强了先知犹太教的伦理要素"①。

柯恩是在改造康德的伦理学时转向理性宗教的。这种改造和转变主要表现在他放弃了在康德哲学中独立存在的一个主要部分，即灵魂不朽的观念，而以上帝存在为伦理学的最终基础。柯恩之所以要在伦理学中保持上帝的存在，最根本的原因是要解决伦理学本身所无法解决的问题。按照犹太思想家伯克维茨（Eliezer Berkovits）的说法，这样的问题大致有以下四个：

第一，伦理学，主要是指柯恩的《纯粹意志的伦理学》，存在着自身无法解决的方法论问题：永恒绵延（eternal duration）的确定性（certainty）如何获得。我们知道，伦理学的任一教条如果付诸实践，就会变成一种特定时空下的暂时性的行动。这种行动因其暂时性而无法完全展现伦理学的理念。因此，一个人对于伦理理念的追求必须是永恒的，在这个过

---

① 罗伯特·M. 塞尔茨：《犹太的思想》，第714页。

程中的任何时刻他都不可以改变自己的信仰，如此一来，伦理理念的永恒性就得到了保障。但这仅仅是问题的一个方面。另一方面，人不可能在一个绝对空无的基础上去追求伦理理念，他要想表明自己为某种现实的力量就首先必须借助某些现实的手段。既然对于伦理理念的追求是一种永恒的过程，现实的手段也必须是永恒的。换句话说，和伦理理念平行的自然界必然是永恒的。因而，伦理学要实现自身，就必然要求自然界的永恒性，然而问题在于伦理学本身仅能提出要求而无法保证自然界的永恒性。要想保障这一点，对于柯恩而言，只有引进一神教的上帝概念。因此，在《纯粹意志的伦理学》中，柯恩指出："上帝意味着就像道德必然是永恒的一样，自然也必然是永恒存在着的。（道德的）理念同自然界一样无法保证这种必然性……那么为了道德起见，只好通过超越自然之上的神圣证据来担保理念的必然性。"① 不难看出，上帝概念的引入纯粹是一根在伦理学山穷水尽之际拉它一把的救命稻草，它不过是康德的作为德性和幸福统一之保障的上帝的翻版。在这一点上，它（概念）不过相当于一个虚悬的大前提，虽然没有它许多问题都无法得以展开，但一旦经过了它，人们就可以不必回头地大踏步前进。

至于这个虚悬的大前提，我们很清楚，它的作用是用来扫清障碍。在康德那儿，它是实践理性的前提；在柯恩那儿，它是纯粹意志的伦理学的前提。然而柯恩自己也明白，一个逻辑前提除了扫清障碍之外，不可能有其他的功能。因此，

---

① 柯恩：《纯粹意志的伦理学》，第 446~450 页，转引自伯克维茨：《现代犹太哲学主旨》（*Major Themes in Modern Philosophies of Judaism*），Ktav Pub Inc.，1974，第 2~3 页。

柯恩的上帝观念恐怕无法担负起它被给予的重任。质言之，一个逻辑前提是无法保证人类社会和自然界的持久存在的。为了克服这个困难，柯恩引入了犹太教的弥赛亚观。弥赛亚的最初含义是"受膏者"，大多数犹太人相信他是以色列人的拯救者和上帝之城的建立者。对于柯恩来说，弥赛亚被解释成一种目标，"这一目标使人们的意识超越了历史和现实的界限，显示了一种人类应努力实现的理想"[1]。柯恩对弥赛亚的解释同传统的犹太教有所不同，他不关心弥赛亚究竟意指何人或他究竟在几千年后才会到来等等犹太神学家们曾长期争论不休的问题，对柯恩来说，弥赛亚的全部意义在于他超越了仅仅作为逻辑前提的哲学伦理学中的上帝，而进入了人类道德实践的领域，只有它才能真正保证自然界的生生不息和人类对道德戒律的不懈追求。

第二，伦理学所关心的对象是作为类的人，因此，一旦当它面对个体的时候就会显得无能为力。我们知道，伦理学的教条总是"应该如何"。这个"应该如何"要求信仰它的人无论是谁，无论在何种情况下都应该得到无条件的遵循。这样，一方面保证了它的无功利性、无时间性和普遍有效性，但另一方面每个人的独特的境遇也被排除到了视野之外。尤其是伦理学的"应该如何"总会有一些时候不能被某些个体所遵循，如此一来，这些个体就会产生负罪感。对于这些自感有罪的人，伦理学会毫不犹疑地加以谴责，而这样做只能使他们的负罪感更加深重，以致无法摆脱。与此相反，宗教则可以提供一种安全可靠的使人摆脱负罪感的方法。这样，

---

[1] 罗伯特·M. 塞尔茨：《犹太的思想》，第 718 页。

在伦理学无能为力的地方，宗教再一次显示了它的威力。

第三，伦理学无法解决人的本质的问题。柯恩认为，人的本质在于他的尊严。这种尊严与人的遭际无关，它来自抽象的人的概念。因而，所有的人的尊严都是平等的，并无高下之分。人的尊严虽然也是伦理学所关注的基本课题之一，但任何个人都无法单纯借助伦理学的教条而发现他自身的本质。

第四，伦理学缺乏对个体与个体之间的同情和怜悯的关注。在《纯粹意志的伦理学》中，柯恩所关注的是"我"和"他"。并且"我"和"他"并无区别，伦理学的原则对于二者来说都是适用的。但在"我"和"他"之间还有一个"你"。这个"你"只有在"我"对周围人的遭际表示同情时才会产生。既然伦理学强调的是整体的荣誉与尊严，那么自然而然地个人的同情与怜悯就不在视野之内了。

三、理性宗教的主要概念

从伦理学和哲学到理性宗教，柯恩的思想旅程的起点是上述四个难题。在解决上述难题的过程中，柯恩创立了他的理性宗教的若干重要概念。

（1）自然界和人类世界的生成（becoming）只能用作为存在（Being）的上帝来解释。上文曾说过，伦理理念的实现必须以自然界的独立的永恒的存续为基础，上帝的存在是自然界获得自己的实存（existing, Dasein）的前提。上帝作为存在创造（create）了生成的一切，但这个创造并不是在某个时刻的物质性的生产的活动,而仅仅是作为这个世界(自然界和人类世界)的根源而存在的。按照柯恩的逻辑,创造仅仅是作为存在的上帝对于一切生成物(becoming)的第一个逻辑关系。正是基于这种是此而非彼的逻辑观点,我们才能获得这个世界的永久存续。原因在于,假如创造是某个特定历史时刻的某种行动,那么它必然是有限的。但作为一切活动的根源的创造则不同,作为根源,它并不参与任何现实的活动,但后者却必须从此出发作为永恒,它可以保证创造活动的日新月异,生生不息。

(2) 对于那些自感有罪的人来说,上帝是他们唯一的拯救者。如前所述,伦理学只能加深而无法减轻他们的负罪感,因而上帝的宽恕便成了他们唯一可以找到的良方。上帝通过宽恕人类的罪责而解放了他。这样看来,救赎似乎是一种双向性的活动。然而,柯恩却并不这样认为。他指出,上帝的宽恕作为人与上帝之间的一种"相互关系",并不是上帝的行为,而单单只是人类自己的单方面行为。"上帝……只能被设想为人类的道德行为指向的目的,所有的行为都出自人类之手。"[①] 上帝自身并不直接干预人类道德的发展与完善,虽然作为目标,他可能有某种实际上的范导作用。对于人类而言,情况则有所不同。他必须始终如一地以上帝的宽恕为目的在获得救赎的道路上奋斗不息。当然,这也并非意味着上帝的宽恕是某种施舍,可以任意地给予,个人也可能偶然地获救,相反地,他获救的过程同时也是他自我深化、自我提升,向上帝回归的过程。

---

① 伯克维茨:《现代犹太哲学主旨》,第19页。

（3）第三、第四两个问题在本质上并无区别，它们所关注的是人类社会集体中的个体与个体之间的关系问题。柯恩的著作表明，"同伴"概念在解决上述问题时是至关重要的。一般说来，当人的自我意识有了充分的发展之后，就自然而然地将世人分成两个部分："我"和"其他人"（man beside me）。显然，这种原始的区分带有明显的相互对立的色彩。这种区分，平心而论，在某些阶段是必要的，但对于犹太教教义——本质上对于任何一种宗教的教义——来说，却是远远不够的、必须被超越的阶段。因为一神教的基本教义就是某种统一性、整体性，截然分明的任何区分都是对这种教义的破坏。因而这种区分下的"我"也并不是真正的"我"，它尚未达到"我"的本质，后者只有在"同伴"概念中才能达到。柯恩指出："上帝创造了人，但他（人）的同胞必须由他自己来创造……因而，上帝不得不再次成为创造者，所不同的是，这次是通过人类自己、通过宗教中的理性部分把人（man）变成了同胞（fellow man）。"① 人一旦注意到他人的苦难与穷困，并对之寄予同情和怜悯之际，"我""他"关系就变成了"我""你"关系，在"我""你"关系中凸显的是"同胞"概念。这种关系上的转变把"他人"变成了"同胞"。同时，在"同胞"中的"我"也真正变成了"我"，达到了"我"的本质状态。当然，"同胞"概念在解决了伦理学无法解决的问题的同时还具有重要的社会学功能。正如《犹太的思想》一书的作者罗伯特·M. 塞尔茨所指出的："按照同胞概念，宗教获得了哲学伦理学按照自己的概念无法最先获得了的东西：上帝

---

① 转引自伯克维茨：《现代犹太哲学主旨》，第10页。

关于博爱的观念——人类同情他人并代表受剥削者采取具体行动的道德原型。"①

行文至此，让我们回过头来看看在柯恩的伦理学和他的理性宗教之间究竟存在着一种什么样的关系。

毋庸置疑，对于还是新康德主义者的柯恩而言，宗教在他的体系中毫无立锥之地，原因在于，宗教是妨碍人类大同的莫大障碍。柯恩认为，所有的宗教都强调自己的独特性（particularism），视其他的宗教为异端，这种宗教上的偏执与伦理学的目标，与整个人类的大同是背道而驰的。为了实现它所教导的目标，宗教必须放弃自己的偏执的信仰。这样一来，宗教强调的一致性就会变成某种去掉了特殊性的普遍的一致，宗教由此变成了伦理学。因此，柯恩不承认在伦理学之外的宗教有着独立的地位。从伦理学的观点来看，宗教仍处在一种自然的状态中。当它成熟之际，它就必须消融在伦理学之中。如果说宗教还有什么作用的话，那么就在于它可以以一个助手的身份出现在协助伦理学进入文化主流的过程中。但就是这种帮助作用也是有限的。因为宗教在实现它的文化功能之际必须为伦理学的利益而做出自我牺牲，即自我消融于伦理学之中。② 总而言之，抽象地看宗教没有什么独立的地位。但上文已经提到，伦理学因其自身的先天缺陷，有时不得不转而求助于上帝概念，然而这并不意味着伦理学转而承认存在着独立的宗教的领域。伦理学所承认的仅仅是宗教中的某些具有独特内容的东西，就其整体而言，宗教并不

---

① 罗伯特·M. 塞尔茨：《犹太的思想》，第 717~718 页。
② 参见赫尔曼·柯恩：《理性宗教》，第 8 页。

能作为知识和真理的一个独立的来源。与此相反，随着伦理学问题的不断扩展和深化，它最终将把宗教的内容包含在自身之内。

总而言之，无论伦理学与宗教的关系和地位如何确定，柯恩是从伦理学而转向理性宗教的这一点是确定无疑的。这似乎在某种程度上重复了康德所走过的路，某种形式的上帝似乎是许多精研哲学的人的最终归宿。当然，对于柯恩来说，转向宗教不过是向他的祖先的信仰的一种回归。在下面的论述中，我们可以看到这种回归究竟达到了什么样的程度。

四、理性宗教的主要特征

犹太哲学的最大特征是用哲学的概念和原理来重新阐释传统的犹太教教义，因而它始终是一种哲学和宗教的调和物，它必须在理性和信仰之间做出某种平衡。这种平衡虽然在大多数情况下能让人感到犹太教教义与理性思辨是并行不悖的，但无论如何，二者终究是异质的东西，因此，犹太哲学家们最终（在他们的哲学体系中或许是最初）仍需在二者之间选择其一作为他们体系的基础和支柱。柯恩也不例外。我们看到，在他对犹太教教义的重新阐释中，虽然作为个人，他对重返父辈们的信仰倾注了极大的热情，但他的宗教哲学却与他个人的宗教有着相当大的差距。这主要表现在他对理性宗教的一系列重要概念的论述中。

（1）上帝的独一性。对柯恩而言，上帝与他的造物之间的差别不仅仅是数量上的单一性（oneness），而且是质上的独一性

(uniqueness)。上文中我们曾提到，只有上帝是存在，其他一切只是实存，都是生成。这种纯然有别的区分，在柯恩看来是关键之所在，他将传统犹太教中最重要的祈祷文，即《示玛篇》(Shema)解释为犹太教对上帝之独一性的肯定和颂扬，因为这篇的主要内容来自《申命记》的祈祷文，一开头就表明了神的独一性①，而且"恰恰是上帝的独一性（uniqueness）而不是他的单一性（oneness）才构成了一神教的本质内容"②。

当然，我们必须注意到，柯恩强调上帝的独一性是一神教的本质，但这个本质却并非仅仅具有宗教的内容。柯恩用它来对抗泛神论和基督教的三位一体的同时，上帝的独一性存在也满足了哲学方法论的要求，即作为极限的超越性概念，但这就使他的上帝远离了犹太教传统。

（2）什么是启示？要回答这个问题首先要解决的是立场的问题。因为很显然，对什么是启示可以有不同的答案，而不同的答案正是基于不同的立场。作为犹太哲学家的柯恩并不关心纯粹的文字学的问题，他关心的是如何对启示做出有益、有利于现时代的解释。正如深受他的影响的后辈巴特(Karl Barth)强调指出的那样，只有当《圣经》所阐发的真理在今天如同过去一样对我们具有活力和相关性时，《圣经》对我们才具有吸引力。③ 启示也是一样。在启示的一般意义

---

① 《示玛篇》开头就说到：以色列啊你要听，耶和华是我们的神，耶和华是唯一（Shema Israel Yahweh Eloheinu Yahweh Echad）。
② 赫尔曼·柯恩：《理性宗教》，第33页。
③ 参见刘小枫主编《施特劳斯与古典政治哲学》，上海三联书店，2002，第87页。施特劳斯对此的解读颇为有趣，他认为巴特的观点强调的是《圣经》真理的永恒普适性，并以此为根据指责柯恩的做法是以今天的哲学去理解过去的思想，而非按照过去的思想对自身的理解来理解它。

上，柯恩无意于挑战整个传统，他乐于承认启示归根结底是上帝跟人的一种关系，并且认为这个最一般的解释恰好也是最合适的解释。① 接下去，在具体而言什么是启示的问题上，柯恩认为可以从两个方面来回答，即如何启示和启示了什么。

关于如何启示，柯恩认为，首先要表明的一点是，启示虽然是上帝与人的一种关系，但在这一关系中，上帝占据了主导的地位，用他的原话来说，就是上帝"进入"（comes into）了与人的关系之中。也就是说，对于启示而言，人如何看待、理解它并不是决定性的。因此，我们认为，至少在这一点上，柯恩是启示的宗教的捍卫者。但是，毕竟对上帝启示的方式的理解可以有多种，在此，柯恩强调了"关系"这一概念，集中驳斥了泛神论（pantheism）的观点。在后者看来，上帝是在世界本身或世界万物之中启示自身，这种"在……之中"（in）的结构正是泛神论的特征。柯恩认为这是错误的，在他看来，上帝不可能"在"事物中进行启示，而只能"对"（to）事物启示。② 柯恩立论的基础，应该上溯到他关于上帝的独一性和创造的观点。简单地说，上帝的独一性的一个重要之点就在于只有上帝是存在的，而他的造物只能是生成的。③ 从这一观点出发，其逻辑结论只能是，虽然上帝是万物的造主，但他跟万物却毫无共同之处。因此，作为存在的上帝不可能使自身展现于作为生成的万物之中，而只能对万物展示自身。

不难看出，柯恩之反对泛神论的一个根本点是担心泛神

---

① 赫尔曼·柯恩：《理性宗教》，第67页。
② 同上。
③ 具体内容参见上书中的第一章。

论将上帝物质化，这一同样的担心不仅仅体现在上帝"与"事物的关系中，也体现在上帝于事物的"关系"中，就是说，"关系"本身也不可以被物质化。这一点，按照柯恩的看法，在《圣经》本身中就已经体现出来。柯恩引证了上帝在西奈山对摩西的启示的过程，指出，《圣经》文本清楚地告诉我们，"上帝在火焰中对你们说话，你们只听见声音，却没有看到形象"①（《申命记》4：12）。不难看出，《圣经》文本已经强调了人们无法看到具体形象这一点。柯恩认为甚至仅仅如此还不够。他进一步连声音的实体意义也要消除掉，按照他的解释，既然经文中是在同一层面上使用"听"和"看"的，那么两者的情况也应该是同一的，即是说，如果看不到具体的形象，也就不应该听到具体的声音，因此，合理的解释只能是：不是"声音"（voice）被听到，而是"话语"（words）被听到。而所谓的"话语"的被听到，无非就是"话语"的被理解。而按照柯恩的解释，所谓的"理解"也只能在"理解并遵从"的含义上加以解释。②

既然柯恩反对将启示物质化地解释，那么，柯恩所理解的启示只能是某种"灵化"（spiritualized）的事情。除了上述对启示的"灵化"的理解之外，上帝与启示的内容之间也没有因果关系，前者只是后者的一个前提（或先决条件[precondition]）。③ 这一点同样与柯恩关于创造的观点有关。既然作为存在的上帝与作为生成的事物是不同质的，那么，在上帝和事物之间就不可能有因果关系，因为，结果之为结果总

---

① 赫尔曼·柯恩：《理性宗教》，第70页。
② 同上。
③ 参见上书，第68页。

是相对原因而言的，它总是蕴涵在原因之中，而说万物蕴涵在上帝之中显然又是重新落入了泛神论的陷阱。依此类推，启示也具有同样的性质，虽然柯恩承认启示是上帝与人之间的某种关系，但上帝在这种关系中扮演了一个前提的角色，虽然这一前提是必要的，但它本身却不进入任何形式的因果关系之中，相反，它是任何一种因果关系的前提。

关于启示的内容，柯恩的观点可以简单地说，启示就是人的创造。这一观点涉及了两个关键，一个是人，一个是创造。

（3）什么是创造呢？在通常的意义上，创造当然不仅仅是人的创造，它涵盖了整个世界的创造。因此，在这种意义上，柯恩明确指出，创造所处理的是最宽泛意义上的形而上学问题，即是说，处理的是一般意义上的存在与生成的问题。[1] 沿着柯恩的思路往前走，人的创造的含义也就不言而喻地要在创造的总体框架内寻找，因为，无论是什么的创造，总归是涵盖在一般创造之下的一种特殊的创造。

那么，为什么启示是人的创造呢？事实上，这一点在启示的一般意义上已经初露端倪，启示的对象只能是人，上帝可以以各种方式进行启示，但能够理解并遵从启示的只有人。当然，柯恩并未止步于这一通常的和宽泛的解释，他真正关心的是什么是人的问题。因为，在人是上帝的特殊造物的前提下，我们依然可以问，当上帝造人的时候，他究竟造了什么？柯恩的回答是，上帝创造的是一个理性的造物（rational creature），或者说，人的创造，就是他的理性的创造。因此，

---

[1] 参见赫尔曼·柯恩：《理性宗教》，第67页。

可以说，所谓启示，在柯恩看来，就是理性或理性的人的诞生。应该说，这一观点同传统的犹太教教义至少在表面上不太相符。为此，柯恩给出了自己的解释，在他看来，理性并非仅仅意味着关于自然的知识，它同样也包括了伦理的知识，而后者，显然是属人的范畴，更重要的是，后者正是启示的相当重要的内容。因此，正是在这层含义上，柯恩把启示称作是创造的延续，因为正是启示完成了由自然到人，由形而上学到伦理学的过渡。当然，理性的关于自然的层面和关于伦理的层面在柯恩看来是协调一致的①，也正因为如此，人才能够协调自己的自然方面和伦理方面。从这里出发，柯恩进一步指出，上帝与人之间的相互关系只能被理解为一种理性对理性的关系：上帝的独一性决定了他与人类理性的关系，而作为上帝的造物的人类的理性，决定了人与上帝的关系是一种理性的关系。②

在柯恩看来，把启示与理性协调起来的努力既不是从他开始，也不是从他的时代开始，如果不算《圣经》中诸先知的事迹，这一努力至少可以上溯到中世纪的犹太哲学家那里。在后者那里，理性被看作是启示的基础、根基。总而言之，对柯恩来说，既然启示无非即是理性的创造，那么在启示的宗教和理性的宗教之间并无本质的区别。

(4) 启示与犹太人。柯恩对启示的论证归根结底要落脚到犹太人的历史与现实上。在这里，柯恩面对的问题是，如果启示是理性的创造，那么这一点如何同以色列人的历史协

---

① 赫尔曼·柯恩：《理性宗教》，第 68 页。
② 参见上书，第 78 页。

调起来？当然，柯恩并不否认《圣经》代表了以色列民族的文献，启示首先是以色列民族历史上的事件，即在西奈山的启示。但是，仅仅这样理解还远远不够，像前文已经表明的那样，柯恩对启示做出了"灵化"的解释。

众所周知，启示的典型事件是摩西在西奈山接受了十诫，然后传诸以色列人，再通过以色列人传诸世界。在对这一事件的解释上，首先，柯恩除了如同上文所述那样将启示的过程"灵化"之外，还将西奈山"灵化"。《圣经》的记载是这样的："你们近前来，站在山下；山上有火焰冲天，并有昏黑、密云、幽暗。"（《申命记》4：11）① 柯恩提醒我们，迈蒙尼德早就注意到了在西奈山上的火焰和更高处的黑暗之间的分离。柯恩认为，这意味着即便是在启示中，上帝跟人之间也隔着一层不可逾越的障碍。当然，这一障碍并不是某种实体性的，而是寓意上帝跟人是不同质的。其次，虽然上帝跟人不同质，但上帝对人的启示是直接的，甚至连作为中介的摩西都不是必要的。柯恩并不否认摩西是以色列诸先知中的最伟大者，但正如《圣经》所云"上帝直接对你说话"（《申命记》5：4）②。柯恩援引伊本·以斯拉的说法，认为这表明上帝的启示不需要中介。摩西只是以色列人的代表，上帝启示给摩西的，实际上就是启示给整个以色列人的。

至此，柯恩已经将一件在特定的地点并针对特定的人的事件转变成了以色列民族的事件。但是，他并未就此止步。在他看来，如果启示被当作是一种历史的事件，那么也仅仅

---

① 译文为笔者直译，以下除特别注明外，均为笔者直译。
② 赫尔曼·柯恩：《理性宗教》，第71页。

是因为政治的理由,即是说,是为了一神教的创立和使以色列人自觉为一个统一的和独立的民族。① 除此之外,这一历史的、民族的事件将不再是历史的和民族的,正如在《申命记》中反复强调的那样,已经是整个人类理性的事情了。

(5) 在上帝与人之间存在着一种"相互关系",而"相互关系"的连接物是理性。在"相互关系"中,人不是上帝可以随意处理的玩偶,上帝也不是人类单纯信仰的对象。柯恩指出:"恰恰是通过理性、通过智慧的能力,人才能够进入与上帝的相互关系之中。站在上帝的角度看,道理是一样的,理性是上帝所借助的进入与人的相互关系的条件。"② 不难看出,"相互关系"概念比较集中地体现了柯恩的宗教哲学的理性特征,理性在这里是不可或缺的。

既然相互关系的核心是理性,那么从理性入手来分析相互关系应该是抓住了重点。我们知道,在康德那儿,理性因其不同的应用对象而分为理论理性和实践理性。理论理性指向现象界,诸种自然科学以其为指导,实践理性则指向智性世界,建立起自由目的的王国。相应于此,我们也获得了两类相互关系。在与理论理性相关的相互关系中,人类发现了作为造物主的上帝和作为造物的自然,后者服从因果性的支配;在与实践理性相关的相互关系中,人类发现了服从目的性的人类世界。在康德那儿,理论理性最终要服从实践理性。同样地,在柯恩那儿,因果性只能经由目的性来最终完成。无论在哪种关系中,上帝与人之间的关系都是单纯的。就是

---

① 参见赫尔曼·柯恩:《理性宗教》,第 70 页。
② 同上书,第 84 页。

说，无论在哪种关系中，上帝自是上帝，自然自是自然，人自是人。上帝虽然创造了自然，但自然之物与上帝本身毫无共同之处，绝不可同日而语。作为伦理理念原型的上帝观念本身也与目的性无涉，因为只有人才有目的，上帝不会为了什么目的而做什么或不做什么。

柯恩之所以把上帝、自然、人之间的界限划分得一清二楚，目的只有一个，即为了避免将上帝物质化或拟人化。前者会导致泛神论，如斯宾诺莎的实体概念；而后者会导致神人同形同性论，如基督教的道成肉身。当然，在上帝与自然和上帝与人的相互关系之间还是有层次之分的。这就是，对于上帝与人的相互关系而言，上帝与自然的相互关系是一个必要的前提。因为，人总是自然的一部分，没有了自然，人也就不会存在。而且，就其最初的相互关系而言，是发生在上帝与自然之间，不过，相互关系的终极形态却存在于上帝与人之间。

在踏过了重重禁区之后，人们仍然会问"究竟什么是相互关系"。根据上文，我们既不能把这种关系"物化"（materializing），也不能将其"拟人化"（personalizing），它只能够被"概念地"（conceptually）理解。也就是说，它仅仅是一种抽象的、精神性的东西。然而即使是这种精神性的联系，也只具有逻辑上的意义，我们只能从严格的逻辑的角度来审视它，掺杂任何一点暧昧的色彩都是有害的。

那么，这种抽象的和逻辑的联系又是什么呢？柯恩在《哲学体系中的宗教概念》一书中做了解释。简而言之，相互关系就是一种能使两种观念相互关联的逻辑原则，并且两种观念的含义只能在相互的逻辑关系中确定。这样的表达使柯恩能够将相互关系归结为某种"基本范畴"（basic category），它将出现在人们的判断语句中。然而问题至此最多是解决了一半，因为我们对相互关系的起源，即为什么在某两个观念之间产生相互关系尚不得而知。当然，柯恩不会忽略这个问题，他赋予了这种逻辑关系以目的论色彩。他指出：相互关系这一基本范畴通常被称作目的。两种异质的东西能通过某种目的使它们相互吸引、相互联结。当然，这种目的是一种纯粹的逻辑要求，基于此，柯恩才说："如同在上帝和自然之间一样，我们在上帝和人类之间放置了一种目的关系。"① 在上帝与人之间的目的关系引出了上帝与人的互相确证。柯恩指出："相应的，如果我要给上帝定义，我就不得不在上帝与人之间建立一种有意的目的。"② 也就是说，上帝概念需要在他与人的相互关系中确定，反之亦然。当然，柯恩总是提醒我们，相互关系在任何时候都是一种逻辑关系，不能将其实体化和拟人化。但是既然在上帝与人之间有着一种相互确证的关系，那么是否意味着在上帝与人之间有种共同的东西呢？柯恩对此的回答多少显得有点自相矛盾。对此，我们将在下文中谈到。

　　对于柯恩来说，相互关系还意味着创造和启示的自然延伸。

　　《圣经》所记载的创造实际上是分为两个部分：创世和造人。如前所述，创世正好对应着理论理性的问题：是什么？上帝通过创世启示人，向人表明：只有上帝本身才是脱离了

---

① 柯恩：《纯粹意志的伦理学》，转引自伯克维茨：《现代犹太哲学主旨》，第18页。
② 柯恩：《哲学体系中的宗教概念》，转引自上书。

所有实存形态的纯粹的存在，是一种纯粹的"灵"（spirit），是独一无二的。人也明白了他自身虽然无法同上帝相提并论，但在可以摆脱物的支配、拥有灵的方面又是同上帝有相通之处的。造人对应着实践理性的问题：为什么？这也是柯恩真正所关心的问题。

如前所述，对为什么的回答是跟目的性紧密相连的。上帝作为纯粹的存在自身是完满无缺的，因而从逻辑上来说，上帝本身不可能指向某种目的。但上帝又是所有包括人类在内的造物的前提和基础，因而实际上上帝的创造在此又变成了一个双向的过程：在创造的同时，也把人类的目的性引向了自身。当然，目的性本身也存在着不同的层次和种类，对此必须加以仔细的区分。人的目的总是有限的，它所导致的是某种单个的、有限的行动。而作为终极目的性的上帝则是一切目的最后的根源，是无限的。同时，人的目的是多种多样的，但在同上帝的相互关系中所蕴涵的则只有一种，即伦理的目的性。谈到伦理目的性，似乎很难说是柯恩的创造，因为康德的绝对命令在这一领域中的影响是他无法回避的。但柯恩并非原封不动地照搬照抄康德的概念，而是借助它重新解释了迈蒙尼德的关于上帝的属性的理论。对于迈蒙尼德来说，上帝的行动（action）就是他的神圣属性。柯恩对此的解释是：之所以称之为神圣属性，并不是在逻辑关系的意义上，而是（也仅仅是）在伦理学的意义上。[①] 也就是说，神圣属性并非代表属性对于主体的某种逻辑关系，而毋宁说是该属性对于人类主体的伦理关系。换句话说，只有那些能够作

[①] 参见赫尔曼·柯恩：《理性宗教》，第90页。

为人类伦理行为基础的属性才能称得上是神圣的属性。当然，柯恩不惜笔墨地描述上帝的神圣属性不可能仅仅是为了为上帝的荣耀而锦上添花，他的目的在于希望人们能够明白：只有通过纯粹伦理意义上的行为，才能够真正接近上帝。用柯恩自己的话来说，就是：上帝教导我们的并非他本身是什么，而是人是什么。这意味着，在上帝与人类的相互关系中，上帝的神圣性不过就是其道德伦理本质，而人类所能理解和学习的也只是这种属性。

不难看出，柯恩在转向了犹太哲学之后，明确地意识到：除了哲学家们之外，恐怕没有人会需要一个纯粹逻辑意义上的上帝。所以，他选择了伦理一神教这个犹太教源远流长的传统作为切入点，创造了相互关系这一概念。

（6）上帝是一个理念或观念。我们知道，理念或观念这一概念本身具有源远流长的历史，其中著名的有柏拉图的理念（idea）和近代知识论中的观念（idea）。众所周知，在柏拉图那儿，"理念"是单一的、永恒不变的，存在于时空之外，只能借助思维把握。所有的"理念"形成一个不同等级的体系，而现实世界不过是对理念世界的分有或模仿。近代的认识论哲学则旗帜鲜明地赋予"观念"一词以知识论的色彩。大体上，观念，无论是凭人类感官感知到的，还是凭借理性发现的，都是人类知识的构成因素或组成部分。（在这里，贝克莱或许是个例外，他强调"物是观念的集合"是不自觉地使观念具有了一定程度上的本体论意味。）柯恩的上帝理念从来没有知识论的色彩，更多地是其本体论意义。就其独立存在并产生世界万物而言，倒是与柏拉图的理念颇为相似。当然，对柯恩来说，真正奠定他的上帝概念的基础的是康德哲学，后者的物自体和上帝都在保证某些无法直接达到的目的的前提下与柯恩的上帝理念息息相通。首先，为了保证与伦理世界平行的自然界的永恒性，柯恩需要一个上帝，然而这个上帝在此仅仅是起到一个基础的作用，仅仅是一个逻辑上的前提，没有任何实在的意义。而且，柯恩也严格禁止它有任何实在的意义。他明确指出："这种理念仅仅是方法论逻辑的基础。"不难看出，柯恩之竭力避免将上帝实体化是想避开康德的自在之物。对此，下文将有进一步的解释。其次，在有关人类对于上帝的爱的论述中，柯恩进一步强调了上帝的观念性质。当然，人们会问，如果上帝仅仅是一个理念的话，那么人类爱上帝岂不是意味着人类爱的仅仅是一个理念？柯恩对此却并不以为然，他甚至提出：人类除了理念之外别无所爱。这显然是违背常识的。可是，柯恩却自认为有理。在他看来，恰恰是常识出了问题，因为后者的真正症结在于："除了理念还有什么能爱呢？即便是在感官之爱的情况下，人们难道不是在爱一个理想化的人，爱一个人的理念吗？"①

总的说来，柯恩的上帝观是他调和康德的上帝观与传统的犹太教上帝观的结果。

从上文的叙述来看，我们似乎可以说，柯恩的上帝不过是一个作为逻辑前提的理念。然而，柯恩的弟子弗朗茨·罗森茨维格却不同意这种看法，他指出："理念"或"观念"一词意味着关于上帝我们能下什么样的断言。人不可能——这也是"观念"一词所意指的——描述上帝。因为一个观念既不是某种物体，也不是一个逻辑上自足的单位，更不是一个

---

① 赫尔曼·柯恩：《理性宗教》，第146页。

概念。然而人们可以说，如果没有上帝的话什么东西不能存在；或者换句话说，以上帝为基础的是什么。对于柯恩来说，一个观念的内容可以通过表明"基础的奠定"（ground-laying）来详尽无遗地阐明。然而，仅仅是表明概念的内容仍是不够的，它至多是柯恩所谓的一个概念所蕴涵的无限的内涵的开始，而且这种多产的哲学只能通过个体的实例建立起来，而且，也只能是作为一种事实。①

罗森茨维格的断言不无道理，但却未必能让人相信柯恩的上帝不是一个理念。确实，人不能描述上帝。柯恩曾反复强调，上帝不可能以实体的姿态出现，我们对上帝是完全无知的。不仅如此，我们也无法跟上帝建立起任何感情上的联系，前文曾说过甚至爱上帝也不过是通过对道德理念的爱而爱世人而已。以这一点看来，罗森茨维格可谓忠实地表达了柯恩的思想。然而如果说上帝作为奠定基础者就仅仅是一个观念则未必符合柯恩的原意。对于柯恩来说，所谓观念就是产生于思维中的肖像。而观念作为前提产生了所有的科学思想，它奠定了它们的基础，勾勒出了它们的轮廓，阐明了它们的内容。因此，柯恩说："理念就是逻辑前提，而逻辑前提就是理念。"② 因此，我们可以说，上帝作为奠定基础者并不能表明他比理念多出些什么，相反地，他只有作为理念才能成为奠定基础者，或者按照柯恩的意思，作为奠定基础者和作为理念是合二为一的。

柯恩虽然强调上帝观念作为奠定基础的逻辑前提的重要

---

① 参见罗森茨维格对柯恩《犹太教论著》的介绍，转引自伯克维茨：《现代犹太哲学主旨》，第13～14页。
② 柯恩：《哲学体系中的宗教概念》，转引自上书，第14页。

性有其特殊目的：他要以此来统一逻辑学、伦理学和宗教。对于柯恩来说，逻辑学中的上帝理念就其作为本原之一点来说，同伦理学以及宗教中的上帝理念毫无区别，任何一门学问缺少了它都无法合理地演进。这种方法论上的统一性就是柯恩所反复强调的宗教中的理性部分。除此而外，任何理性宗教都不可能。

前文已经提到，上帝在柯恩那儿只是一种作为逻辑前提的理念，它起到的是一种奠定基础的作用：一方面奠定了诸在者的基础，另一方面奠定了诸学科的基础。柯恩指出：所有的纯粹的知识（Erkenntnis）都不过是本原之道（the principle of origin）的变化（variations）而已。结合柯恩早期的著作，我们能够很容易地看出，这样的上帝观念实际上是思维的统一性与本原性的宗教说法。

柯恩在《纯粹认识的逻辑》一书中指出：我们不同意先于逻辑的感性学说，我们从思维开始，思维除了本身之外，没有其他原因。将思维归结为某种形式的"自因"是唯心主义的一大特征，柯恩看来并不避讳这一点。他进而指出：思维本身不能产生于本身之外的某个地方。纯粹思维，应当从其本身中产生可以认识的东西。也就是说，思维不仅是从它自身中产生出来的，而且还产生了它所要认识的对象。这样一来，思维本身就成了认识的独立的本源。它不需借助外在的力量就可以产生和发展认识。由此看来，凡是在思维之外的都不可能是有意义的，在思维之外也就意味着在人类的认识之外。推而广之，一般认为与思维对立的自然，如仅仅作为思维的对立面，就会变得毫无意义、毫无价值，只有当它进入思维的视域，确切地说，只有当思维自身创造了作为自己的认识对象的自然之时,自然才会变得有意义。因此,可以说,思维对自然的创造先于对自然的认识。

同时,纯粹认识的逻辑是其他各门学科得以成立的前提。柯恩明确指出:各门学科的划分是因其研究对象的不同。但这种不同却不能掩盖存在于各门学科之间的共同之点,即它们共同的逻辑结构。柯恩的这个论断用意较为明显。在前文中,我们看到,思维产生了它自身,也产生了它的认识对象。存在论和认识论就这样达到了统一。在这里,认识论和逻辑学也得到了统一。负担起寻找共同的逻辑结构的任务的就是哲学,哲学作为求道之学必须为各门经验科学提供可靠的基础,因此,哲学也就成了某种先验的东西,用柯恩的术语来说,就是纯粹认识的逻辑。纯粹认识的逻辑是一种先验的方法,它要求首先要踏踏实实地追溯到各种实在的有历史为证的科学、道德、艺术、宗教等方面的事实。当然,仅此一点是不够的,我们还必须在全部创造文化的行动中指出规律的根据 Logos、Ratio 的统一,提炼出纯粹的规律。当然,对柯恩来说,这并不意味着逻辑规律是依赖于具体的科学或文化事实的。相反,是纯粹的思维借助各种逻辑规律创造了各种科学理论。他指出:科学进步的必然性思想不仅伴随着纯粹认识的进步,而且必然以它们为前提。

既然思维既创造了认识的对象,又创造了关于对象的知识,那么把它改头换面成上帝就不会是多么困难的事,因为无论如何这毕竟是学者们的专业,真正困难的问题在于,如何解释这种上帝观与传统的犹太上帝观的不同之处。这也是任何形式的犹太哲学都不得不面对的问题,柯恩在关于源于犹太教的理性宗教的论述中,对此进行了考察。

五、源于犹太教的理性宗教

通常情况下,"源于"的概念是跟"发展"的概念联系在一起的。但柯恩却在二者之间做出了一种细致的区分,他指出:"通过归纳所理解的宗教的概念不过是进化的结果,然而它应该是那个能够勾勒出进化的轮廓的原型或范式(the prototype, the model)。"在这种意义上,宗教并不能直接"源于"各种复杂的文化现象。犹太教也是如此,我们无法通过追溯前犹太教的文学的或传说的资料而获得犹太教的概念。因此,一个直接的后果就是,理性宗教之"源于"犹太教,并不是指理性宗教是犹太教的某种发展了的形式,它的"源于"就其根本而言,与发展无关而与上帝有关。柯恩给出的一个简单的线索是:理性宗教源于犹太教,犹太教源于犹太文学或文献,而后者则包含于或植根于独一无二的上帝的概念之中。这个相当新颖的论断会带来一个合乎逻辑的推论:既然上帝的概念是规范性的而不是构成性的,因此,凡以此为规范的宗教都必定是理性宗教,而犹太教不过是其中最古老的一种而已。一般所理解的作为"母亲宗教"的犹太教,其意义不是"产生"了其他的宗教,其他的宗教也不是"来自"犹太教,而是借助了犹太教的上帝概念,这才是"源于"的真正意义。

当然,柯恩将理性宗教的源头上溯到犹太教并不过分,但犹太教毕竟有它强大的启示宗教的层面,因此,柯恩在他的理性宗教体系中却不得不面对长久以来在犹太教中已经成形的与他的一贯思想格格不入的内容。对此，柯恩的做法是在一种哲学体系的结构中大量引证犹太教文献，以显示二者之间并不矛盾。柯恩相信："在批判的唯心主义诸原理和绝对的一神教信仰之间存在着一种明确的联系……康德哲学作为'一种哲学，它的真理就是它的方法论'，而犹太教作为'一种哲学，它的真理即是它的上帝'。"①

柯恩在建立他的理性宗教时，首先试图从他的先辈那儿寻找根据，他相信在许多方面他的理性宗教与迈蒙尼德的宗教哲学是遥相呼应的。

早在《纯粹意志的伦理学》中，柯恩就指出：迈蒙尼德曾经满怀着真正的宗教感情提出了上帝是一个理念的思想。柯恩对此的论证有三点：第一，人都是有生命的，而迈蒙尼德并不认为上帝也有生命。第二，迈蒙尼德在关于否定属性的理论中指出，上帝有足够的力量来创造万有。柯恩认为这意味着上帝是一切活动的逻辑前提。第三，在中世纪的犹太哲学中，先天的范畴（innate categories）具有不亚于神启的权威。柯恩认为，这表明神启被理解为一种通过理性而来的相互关系。

但是，事实是否如柯恩所愿意看到的那样呢？我们可以说，柯恩在他所举证的三个方面都遇到了困难：

首先，迈蒙尼德确实否认上帝也有生命。他甚至说过上帝是一但却不是单一，存在着但却不是实存。然而，这并不意味着柯恩的观点得到了支持。相反，迈蒙尼德这样做仅仅表明任何从有限的人类经验中产生出来的语词都无法加之于

---

① 罗伯特·M. 塞尔茨：《犹太的思想》，第716页。

上帝，对于人类而言，上帝是不可言说的。因为很明显，"一"对于人类而言不过是某一序列中的一个，并无特殊地位。如果用一来描述上帝，无异于说上帝也是某一序列中的一个普通个体，这显然不会被迈蒙尼德所接受。"存在"一词同样如此。对于人类而言，存在意味着某种被造的东西，它的存在是有原因的。因此，假如用"存在"来描述上帝，就等于说上帝是被造的，对迈蒙尼德来说，这同样是荒谬的。以此推知，迈蒙尼德所谓上帝无生命不过是说上帝没有人类所谓的生命而已。如此一来，柯恩的第一条论据就显得牵强附会了。

其次，在迈蒙尼德的著作中找不出任何关于上帝是一种逻辑前提的说法。在论及创造的篇章中，迈蒙尼德始终坚信创造是某种神圣的力量的一种行动，而不仅仅是逻辑前提。因为假如是这样的话，上帝将与世界万物的具体行为无关，而这正是迈蒙尼德所极力反对的亚里士多德的观点。后者认为：上帝甚至没有使一只苍蝇的翅膀变长的自由。而且，纯粹逻辑意义上的创造对迈蒙尼德来说也不合适。因为，对他来说《圣经》所载的创造是一个奇迹，而在纯粹的逻辑理论中奇迹是不允许存在的。在迈蒙尼德看来，不仅创造是一种行为，而且上帝还有许多其他在特定时空之中施行的自觉的行为，这时候的上帝更像一个有着明确目标并有所选择地行动着的理性存在物。这一切都与柯恩关于上帝仅仅是行动的原型的说法大相径庭。

最后，说内在于人的范畴具有不亚于神启的权威并不意味着所谓神启就是理性的发现，而仅仅是说就真理之真的意义而言，思想范畴和神启同样是真的，其中之一并不比另外一个更真、更高明。然而思想范畴与神启在真理面前的平等地位并不意味着两者可以合而为一。迈蒙尼德和萨阿底都承认，某些神启的内容可以通过理性的独立运作而被发现。但因此而把发生在历史上的神启事件解释为纯粹的虚构，仅具有象征的意义，则为迈蒙尼德所不能接受。这在他对摩西十诫的解释中表现得非常清楚。迈蒙尼德指出：对于十诫中的前两条来说，摩西和其他人处在相同的水平上，因为这两条戒律本身可以经由纯粹的理性来把握，任何有理性的个人只要遵循理性的基本原则，就可以获得同摩西一样的启示。然而剩余的八条则完全不同，它们是上帝单独授予摩西一个人的。在这个过程中，虽然所有在场的人都听到了那神圣的声音，但那声音对他们来说却仅仅是些无法理解的音节。迈蒙尼德在十诫中所做的区分非常明显地表明：理性和神启可以并行不悖，但却不可以合二为一。

柯恩在上述三点上都遇到了困难，或许我们还可以加上第四点。当论述人类对上帝的爱时，迈蒙尼德指出："当人类潜心思索上帝神奇而伟大的行动和造物并于其中发现了他（上帝）无与伦比的无限智慧时，他立刻会被（对上帝的）爱所征服，他的赞颂之情溢于言表。他会渴望得知那伟大的名，即大卫所说的：我们的灵魂渴求上帝，一个活生生的上帝！"[①] 显而易见，迈蒙尼德的上帝之爱完全不同于柯恩的上帝之爱。

综上所述，不难看出，柯恩在许多方面确实不同于迈蒙尼德，然而这并不是我们所能得到的唯一结论。更重要的是，

---

① 转引自伯克维茨：《现代犹太哲学主旨》，第23页。

我们从二者的不同中看到了共同之点，那就是消弭神人同形同性论，将犹太教理性化的努力。从这一点来看，我们或许能够真正体悟到柯恩的良苦用心：他把经由迈蒙尼德所延续下来的理性宗教的传统精神加以发扬光大，而且他确实也比迈蒙尼德更为干脆和彻底。理性宗教的薪火传承正是靠了这种精神上的息息相通和工作中的精益求精。也许正是基于这一点，柯恩才会在完成了《源于犹太教的理性宗教》之后不无自豪地说："The Rambam①，会满意的。"

六、关于一神教若干问题的重新解释

众所周知，犹太教是一种典型而传统的一神教。罗伯特·M. 塞尔茨指出："彻底的一神教……是圣经时代以色列人对西方文明的贡献。在以多神教为准绳的时代，以色列是世界上第一个信奉一神教的民族。"② 作为一种最初的一神教的犹太教已经具备了一神教的普遍品格，即"它通过使自己的神祇一般化，否定所有其他神祇的神圣性，而达到上帝的唯一性"③。同时，它还具有自己的独特之处，即它总是同以色列人（犹太人）的命运密切联系在一起，也就是说，首先以色列是一个一神教的民族。我们知道，在犹太教兴起之前的各种宗教就其本质而言是多神的，它们专注于诸神的预言及对诸神的仪式性抚慰。《荷马史诗》所描绘的希腊人是多神

---

① 对迈蒙尼德的传统称呼，意思是我们的老师，摩西的儿子迈蒙。
② 罗伯特·M. 塞尔茨：《犹太的思想》，第 27 页。
③ 同上。

教信仰的典范。与此相对照的是犹太教的普遍得多的特征。上帝是唯一的，因而他的子民也必须在此前提下得到统一。以色列人的使命就是不遗余力地促成这种统一。弥赛亚崇拜是这种统一的象征，以色列人将使自身消融于这种世界性的民族统一中。信仰的目的性转换使犹太教具备了许多本质上不同的特征。正是基于这种不同，柯恩对传统犹太教的许多方面进行了重新解释。

第一，犹太国存在的意义。确切地说，柯恩并不认为纯政治意义上的犹太国是达成犹太教目的的必需手段。

历史上曾经存在过的以色列国虽然时时刻刻要提防外族的侵扰和内部的斗争，但它毕竟是犹太人自己的国度，它的圣殿更是以色列人昔日的繁荣与团结的象征，甚至在今天的犹太人心中它仍有着不可动摇的地位。然而对于柯恩来说，以色列国的象征意义是可以接受的，但历史上的犹太国却是必然要灭亡的。因为，对于作为一神教的犹太教的目的来说，它过于偏狭了，无论如何也无法担当将人类统一于上帝名下的任务，因此它存在的意义是负面的，至少是大于它的正面意义。而且实际上它很快就灭亡了。

在论及以色列国的衰亡之时，柯恩基本上重复了康德的观点。康德在《重提这个问题：人类是在不断朝着改善前进吗？》一文中有一段十分精彩的论述：

> 犹太的先知们曾很好地预告过，他们的国家或迟或早行将不仅仅是倾颓而且是完全解体，因为他们本身就是他们这种命运的创造者。他们作为民族的领袖给他们的体制压上了那么多教会的以及由之而来的公民的重担，以至于他们的国家已经变得完全不适于维持它本身，而

尤其是与它相邻民族的关系了。因此，他们祭司的哀歌（即《耶利米哀歌》——译者注）就必定自然而然地会枉自随风流逝，因为他们顽固地坚持那种他们亲自缔造的但不能实现的体制，于是他们本身就能够准确无误地预测结局。①

虽然康德本人只是在论及怎样使一部历史先天地成为可能时将以色列国的历史作为支持他的论点的根据：如果预告者本人就制造了并布置了他所预先宣告的事件的一种论据而附带论及的，但这种观点对柯恩影响甚大。柯恩据此宣称：以色列国并不仅仅是因内忧外患而被灭亡的，更重要的是它是被先知们主动地抛弃的！根据康德的观点，柯恩认为，显然古代以色列的先知们已经充分意识到了以色列国的历史局限性。同参照弥赛亚理念所建立起来的上帝之城相比，狭小的以色列国几乎是微不足道的。同样，希伯来的先知们肯定也充分意识到了未来世界大同的弥赛亚社会的光荣与伟大。为了这一更高的目标，他们毅然决然地放弃了以色列国。

历史上的以色列国就这样被柯恩抛弃了，那么对兴起于现代的犹太复国主义，柯恩是否赞成呢？答案也是否定的。

第二，"选民"的意义。选民概念对于以色列人来说具有极其重要的意义，因为，以色列人是上帝的选民。在《大出埃及记》中有如下的描述："上帝对以色列人说，我乃统治世上众生的上帝。但是，我的名字只与你们相关联。不能称我

---

① 康德：《历史理性批判文集》，何兆武译，商务印书馆，1990，第146页。

为偶像崇拜者的上帝，应叫我以色列人的上帝。"① 这一经典的描述昭示了以色列人的独特地位，也构成了犹太教的一条基本原则。历代犹太学者对这一概念的解释不尽相同。柯恩从自己的立场出发，提出了下述观点：

其一，选民的意义首先在于以色列人是被上帝选中来建立一神教的。耶和华是以色列人的唯一神，这一点在《圣经》中多有描述。上帝为什么选择以色列人而不是其他民族，或者说，从我们的观点看来，为什么一神教首先兴起于以色列人？迄今为止，这仍然是个悬而未决的问题。当然，柯恩对此并未太过在意，因为按照他一贯的立场，上帝的选择，也就是以色列人成为选民，充其量不过是《圣经》中的古老词汇，它不可能指称着同样古老的某种历史性行为。以色列人之被上帝选中，仅仅意味着他们能够意识到，并且接纳了一神教的理念作为他们自身的真理和目标。柯恩认为，这才是选民的真正意义之所在。柯恩将这一意义做了进一步的分析：从历史上看，以色列人的祖先们用选民概念来唤起了以色列族人对自己的历史使命的认同；从未来着眼，选民概念则象征着以色列人向着弥赛亚社会不断前进的过程，象征着以色列人最终将自身提升至真正的上帝的子民。

其二，选民的意义与以色列人所蒙受的巨大灾难和痛苦有密切联系。圣殿被毁之后，以色列人开始了他们长达千余年的散居生涯。颠沛流离于世界各地的以色列人寄人篱下，受尽政治压迫、种族歧视和宗教迫害，人身侵犯乃至种族屠杀也是屡见不鲜。这幅血泪交织的历史画卷似乎构成了对选

---

① 转引自亚伯拉罕·柯恩：《大众塔木德》，第68页。

民概念的无情的嘲讽，也构成了后世犹太学人无法回避的一道难题。

柯恩虽然对散居这一事实不置一词，但从他对犹太国的论述来看，他的态度应该是明确的：无论犹太国灭亡的原因如何，如果它的存在不适应犹太教的最终目标，那么它的消亡就是必然的。因而，犹太人的散居也就是必然的。甚至可以说，在基于犹太国仅仅是一神教的某种不正常的产物的情况下，散居并不意味着是没有国家的，相反，我们或许应该说散居反而是一种更适合于犹太人的状态。不难看出，对于柯恩来说，散居与否对选民概念而言无关紧要。真正的关键之点在于，从理论上讲，当以色列人关于世界范围内的一神教的理念尚未实现之时，他们永远会处于一种被疏离的状态之中。处于疏离状态中的以色列人是痛苦的，但他们的痛苦并不是外部世界所强加给他们的，这是一种积极的痛苦。因为以色列人的痛苦是整个人类的苦难的一种象征，他们的痛苦是为了整个人类的最高利益。柯恩认为，正是这种痛苦构成了选民概念的另一意义。

以色列人所遭受的苦难从大处着眼是为了全人类的利益，对于他们自身来说，苦难构成了以色列人生生不息的原动力。

柯恩认为，如果这种苦难放在其他民族身上，就会导致民族的衰亡，而对以色列人来说，他们的最高目标——世界大同——则开始于这种殉道精神。这里，我们很容易联想到柯恩关于救赎的观点。"宗教的个人同上帝的亲密关系的概念，是由在上帝面前坦白自己的过错并予以忏悔而体现出来的。和穷人无辜的苦难不同，忏悔者的痛苦具有一种积极的意义：它是一个人道德自我改造的一个阶段，是值得忍受的痛苦，是认真反悔的一种征象，赎罪日的礼拜和祈祷是一个使人值得受到上帝信赖的自我深化的范例。"[1] 承受痛苦是自我净化的一种方法，它是人们与上帝的和谐关系的一种象征。对于那些想获得救赎的人来说，承担痛苦是一个必要的前提。只有在痛苦中他们才能远远地抛开日常生活中异化了的自己，也只有在痛苦中他们才能回复到真正的自我。因此，救赎就不再是末日审判时的许诺。它随时可能降临到那些深深忏悔的人身上。因此，对柯恩来说，痛苦不但不是对犹太人的生存的障碍，相反，它恰恰是犹太人生存下去的基础。柯恩选用了《以赛亚书》第53章中的观点，将以色列人描述为上帝的仆人，他们甘愿忍受苦难，因为他们懂得自己肩负着对各民族实施道德教化的历史使命的价值之所在。因此，我们有理由推断，在柯恩看来，犹太复国主义正是因此而失去了它最有号召力的现实依据。

其三，虽然散居的痛苦并不构成对犹太民族作为选民的威胁，但仅仅如此还是不足以使犹太人在长期的散居中保持自己的选民的信念的。柯恩指出，犹太律法和祈祷是强化选民概念的重要手段。

柯恩认为：犹太教律法是蕴涵着伦理的教化作用的，虽然它有时表现得不那么明显。宗教礼俗是促使精神完善的象征和纪念，使犹太人有别于非犹太人的做法（如禁止同非犹太人通婚及吃不洁的食物）有助于强化犹太人作为一个信仰共同体的团结，以及保持它的使命感，"坚持犹太一神教的特

---

[1] 罗伯特·M. 塞尔茨：《犹太的思想》，第718页。

殊性（原则上要求保留律法）也就意味着要保留希伯来祷文"。① 以色列人作为特选子民，它必须时刻牢记自己的目标：实现弥赛亚社会，使世界大同。因此，上述犹太律法和宗教仪式便不能理解为强化犹太民族之民族性的措施，因为犹太人所要的正是将民族性消融掉。由此，建立一个犹太民族国家反而是多余的，甚至是有害的。对于柯恩来说，犹太复国主义至少在执着于民族性这一点上违背了选民概念的宗旨。

第三，关于弥赛亚社会。康德曾经说过："我们渴望有一部人类历史，但确实并非一部有关以往的，而是一部有关未来时代的历史，因而是一部预告性的历史。"② 柯恩在论述未来社会的弥赛亚图景时借用了这一观点："未来变成了实在的历史。因此，只有一种精神性的世界能够满足这一民族的生存。"③ 也就是说，弥赛亚社会是一个精神性的世界，或存在于精神性的世界中。我们清楚，柯恩的这种理解符合他一贯的立场。

平心而论，柯恩对物质世界给予了相当的重视。前文已经提到过，在《纯粹意志的伦理学》中他曾经用上帝的观念来保证与伦理理念平行的自然界的永恒存在。在《源于犹太教的理性宗教》中，他进一步明确指出：人不能仅仅是某种精神性的存在，他确实具有某些神圣的属性，但他同样需要自然界的支持。由此，可以想见，柯恩不会全盘否定个体的物质需求，当然，物质需求也不可能获得很高的地位。柯恩的做法有点中庸，他将物质基础归结为人类存在的"消极的

---

① 赫尔曼·柯恩：《理性宗教》，第351页。
② 康德：《历史理性批判文集》，第145页。
③ 赫尔曼·柯恩：《理性宗教》，第146页。

条件"（negative conditions）。虽然是"消极的"，但作为个体而言，却也是必需的，他只能在此基础上继续他的信仰之旅。当然，既然是"消极的条件"，也就是需要克服的不利条件，柯恩由此而将传统的关于弥赛亚社会的世俗观念轻轻带过，转而专心追求一个纯粹精神的弥赛亚社会。

关于弥赛亚社会的到来之期也曾经是拉比们聚讼纷纭的一个问题。有人认为日期是固定的，并出现了各种各样的算法，也有人认为日期是不固定的，弥赛亚时代的到来完全取决于人的德行，对此，我们可以看到这样一些说法：忏悔是伟大的，因为它使拯救靠近；所有的最后时刻都过去了（弥赛亚却没有来）；这只有靠忏悔和善行。柯恩显然赞同后一种观点。基于此，他"尖锐地批评了基督教认为基督是创造新的、得到赎偿的人类本身的居间者，以及基督的死是对人类原罪的一种赎偿的观念。上帝并不参与人类道德的自我完善"①。既然通过忏悔和祈祷就能获得救赎，那么上帝之城（弥赛亚社会）就可以在祈祷者或忏悔者的祈祷或忏悔中实现。那么，弥赛亚社会的纯粹精神本质也就一目了然。正像爱上帝不过是爱一个理念一样，对弥赛亚社会的憧憬也只是对一个精神世界的憧憬。

第四，同化主义的一神教。在本文开头我们就曾经提到过，柯恩坚持认为在传统的犹太教和德国主流文明之间不存在隔阂，这正是当时颇为盛行的同化主义理论的主导思想。柯恩对于犹太人所受苦难和选民、弥赛亚社会的解释都是这种同化主义的表现。柯恩深恐在犹太教教义中存在着某种为

---

① 罗伯特·M. 塞尔茨：《犹太的思想》，第718页。

犹太人、犹太民族所独有的特质。确实，犹太人在历史上曾经是一个独一无二的民族，但那仅仅是因为其他的民族尚未达到应该达到的人类群体的高度；以色列人之成为选民并非因为他们是以色列人，而是因为他们要成为未来的人类的一种象征。柯恩甚至说："犹太人的勇敢……仅仅具有历史的价值，它（勇敢）属于历史上的人类而不是某个个体。而且，由于弥赛亚社会打破了民族主义的藩篱，因此，犹太人的勇敢就不能单单视为某一民族的美德。"① 当然，柯恩也意识到了他的这种同化主义在某些方面与传统的犹太教不尽协调，比如，他主动承认道："当然，对于信教的人、上帝的仆人们来说，建设弥赛亚社会是他们永远的使命。并且正是因为这种冲突也在祈祷者（prayers）中间继续存在，返回锡安，重建圣殿，还有殉道精神是同弥赛亚式的普世主义密不可分的。因此，后者（弥赛亚式的普世主义）必然要将前者精神化，并扩展前者的内容。"②

柯恩是19世纪末20世纪初犹太哲学史上最重要的人物。他一方面继承了犹太哲学协调、整合理性与宗教的传统，以自己深厚的古典哲学素养重新诠释犹太教教义，另一方面又以自己的创新工作开启了20世纪犹太哲学的大门，当代一些著名的犹太哲学家，如马丁·布伯、罗森茨维格、施特劳斯、莱维纳斯等人都直接或间接地受到了他的影响。

---

① 赫尔曼·柯恩：《理性宗教》，第388页。
② 伯克维茨：《现代犹太哲学主旨》，第26～27页。

第十四章

弗朗茨·罗森茨维格

一、生平与著作

弗朗茨·罗森茨维格（Franz Rosenzweig，1886—1929）于 1886 年 12 月 25 日生于德国卡塞尔（Cassel）的一个富有的犹太家庭，但在他的童年，接受更多的是一般意义上的市民教育和文学、艺术方面的教育，犹太教育尤其是犹太宗教方面的教育只是徒具形式，并不认真。他的大学教育是从 1905 年开始的。起初，他在哥廷根大学、慕尼黑大学和弗莱堡大学学习医学（1905—1907），在此期间，他广泛涉猎了尼采、歌德和古希腊哲学家的著作，深受他们的影响。他曾在日记中写道："尼采的理论：不信任并怀疑。歌德的理论：怀疑并审视。"①"我相信柏拉图。"②"我经历了崇拜上帝的种种

---

① 纳胡姆·格拉策编著，孙增霖译：《罗森茨维格：生平与思想》，漓江出版社，2017，第 47 页。
② 同上书，第 48 页。

形式：幼稚的、希伯来式的、《圣经》式的、荷马式的、自然的、泛神论的、柏拉图式的、基督教式的，以及无神论式的。"① 1907 年冬，罗森茨维格终于放弃了医学转而到柏林大学攻读现代历史和哲学（1907—1908）。1908 年秋，罗森茨维格从柏林回到弗莱堡大学（1908—1910 年秋）。在这里，他第一次接触了黑格尔哲学。1912 年夏，罗森茨维格完成了他的博士学位论文《黑格尔与国家》，这是一部未完成的著作中的一部分。后来，他完成了全部书稿（1914），并付诸出版（1920）。

对于罗森茨维格来说，1913—1914 年是他一生中的关键阶段。1913 年，罗森茨维格在莱比锡大学听法理学课程，以便撰写他的有关黑格尔的著作。此时，罗森茨维格三年前结识的朋友尤根·罗森斯朵克（Eugen Rosenstock）正在这所大学任讲师。两位朋友朝夕相处，亲密无间。罗森斯朵克是一个比罗森茨维格更加倾向于欧洲主流社会的犹太青年。他认为，当时的哲学和犹太教都无法满足个人的精神需要，只有基督教才是真正需要的宗教。罗森茨维格被罗森斯朵克的谈话深深打动，并且决定放弃犹太教而改信基督教。他在日记中写道："在这个世界中对我来说似乎不再有犹太教的地位……我确信只有作为（qua）一个犹太人，我才能变成基督徒。"② 他还指着基督教的《新约》对自己的母亲说："妈妈，所有的一切都在这里，这就是真理。只有一条道路，那就是耶稣。"③ 这一年的 10 月 11 日，罗森茨维格来到柏林，在那

---

① 纳胡姆·格拉策：《罗森茨维格：生平与思想》，第 53 页。
② 同上书，第 68 页。
③ 同上书，第 69 页。

里参加了一个规模不大的正统派犹太圣堂的赎罪日仪式。正是这次宗教活动的经历和感受使这个濒临改宗基督教的犹太青年回心转意，坚定地留在了犹太教的阵营。在给妈妈的回信中，他开始批评基督教会对待犹太教的态度：犹太教是尚未"死亡"的宗教，犹太教的发展必然走向耶稣，只有耶稣才能使犹太教得以完善。实际上，犹太教的发展已经绕过了基督教。基督徒只有通过耶稣才能和上帝联系起来，而犹太教徒则无须这样的中介。犹太人与上帝的内心深处的联系是与生俱来的，他一出世就是一个"上帝的选民"。他写道："我似乎找到了回归的道路，为此我曾经在长达三个月的时间内徒劳地折磨过自己，痛苦地思索过"。①

1913年秋至1914年，罗森茨维格作为著名哲学家柯恩的学生继续在柏林学习犹太文献。此时，已经从马堡大学退休的柯恩是柏林犹太教科学院的犹太哲学教师。对于柯恩，罗森茨维格感到相见恨晚。他后来甚至悔恨上大学时没有选择马堡大学，而是进了弗莱堡大学。② 罗森茨维格在他对柯恩授课过程的描写中表达了他对老师的无比崇敬和赞美。他说："我平生从未如此震惊过。我以前熟悉的那些哲学教授们往往拥有精细、敏锐、高傲、渊博等等人们习惯性地赞誉思想家的品格——然而，我却（在柯恩身上——中译者补）发现了我从未期盼过的：一位哲学家！在走钢丝的艺人们的场地上，在思想的钢丝上，他们在行走时或多或少都需要大胆、敏捷和灵活，而就在这片场地上，我居然发现了一个普通人。在

---

① 纳胡姆·格拉策：《罗森茨维格：生平与思想》，第71页。
② 同上书，第73页。

此人身上，没有任何令人绝望的内容方面的空洞或对内容的无动于衷，而这些似乎正是当今时代所有的哲学工作都背负着的东西——一种无动于衷，冷漠得往往让人怀疑：为什么这个冷漠的人做哲学工作而不是去做其他什么？对于柯恩，你会全然信服，相信他就是那个必定要从事哲学工作的人，相信他脑中充满了珍宝，并用有力的语言把它们表现出来。长久以来，我不再在当下而是到过去那些伟大的作家们那里寻找的东西——那种严格意义上的、翱翔在原始而无序地堆积在一起的质料上空的学术精神——而现在，就在对面的一个活生生的人身上我找到了。"① 罗森茨维格对柯恩的崇敬终生不渝，即使在后来的世界大战之际，远在巴尔干半岛服兵役的罗森茨维格也时常在书信中提及这位恩师和他所见到的唯一的哲学家。在柯恩的影响下，罗森茨维格对哲学和宗教的认识得到了进一步的深化。

1914年4月，罗森茨维格首次企图构建自己的宗教思想。当时，他应来访的马丁·布伯的邀请为他主编的《论犹太教》(*Vom Judentum*) 的第2期写了一篇题为《无神论美学》("Atheistic Theology") 的论文。其中他对无视启示概念的现代神学提出了批评，肯定了启示概念并恢复了它在神学中的地位。但是，令人遗憾的是，这期文集一直没有出版。

同年，罗森茨维格在考察黑格尔著作时无意中发现了一个折页的手迹《论伦理学》("Essay on Ethics")。他认定这是最早的一篇关于德国唯心主义哲学体系的纲要。但是他发现，这则手稿不是黑格尔本人的，而是黑格尔于1796年抄录的谢

---

① 纳胡姆·格拉策：《罗森茨维格：生平与思想》，第73页。

林的作品。他把这个发现整理成一篇题为《德国唯心主义哲学的绪论》("A Prolegomenon to German Idealistic Philosophy")的文章，后来发表在海德堡科学院的刊物上（1917）。

1914年9月，第一次世界大战爆发。罗森茨维格先是在柏林的红十字会服务，后又以护士的身份被派遣到比利时。1915年初，他被编入德军的正规部队。1916年2月，罗森茨维格加入防空部队，不久即和部队一起前往巴尔干半岛，在那里服役几近战争的结束。战争是残酷的。但是，对于罗森茨维格个人来说，情况却不是糟不可言。他在巴尔干的德军防空部队中担任瞭望员，不常遇到战事。虽然他驻扎在深山之中，生活艰难困苦，却也有大量的闲暇阅读各类书籍，进行独立的思考和著书立说。有时，他还被允许参加当地犹太人的宗教活动。战争期间，罗森茨维格写了大量的书信和手稿。他的哲学思想正是在战争中形成，其主要著作也是在战争中开始撰写的。从这个意义上说，罗森茨维格是第一次世界大战造就的哲学家，是"战壕中的犹太思想家"①。

作为一名虔诚的犹太教徒，罗森茨维格即使在战争中也很关心德国犹太教的状况和前景。1917年3月，他写成了《适逢其时》(It Is Time)。这是一本题献给他最崇敬的哲学家柯恩的小册子。在此书中，他详细阐述了他的犹太教育思想。按他的设想，犹太教的维系和发展必须把教育和师资培养放在重要的位置上。因此，他计划建立一所犹太教学高等学院(Academy for the Science of Judaism)。在学校中，学者们在某些课题的研究上应该通力合作，而且还应该去当地的中学

---

① 这是《罗森茨维格：生平与思想》一书第一部分中的一个标题。

讲授犹太教的课程。① 后来，有朋友来信对罗森茨维格的设想表示赞许。1918 年初，罗森茨维格还两次回到柏林，和父母以及柯恩商讨建立该学院的有关事宜。值得一提的是，正是在此期间，罗森茨维格在柯恩的洗澡间里发现了后者的《源于犹太教的理性宗教》一书的复写稿。这使他如获至宝，欣喜若狂。

1918 年 5 月，罗森茨维格被临时派往德军在波兰莱姆伯托夫的军官培训中心工作。在那里他第一次耳闻目睹了东欧犹太人的生活状况，了解了哈西德派犹太人在宗教和生活方式上与西欧犹太人的显著区别。三个月后，他结束了在波兰的工作，重返巴尔干前线。

8 月 22 日，他突发灵感，决定写一本书。其灵感的来源仍然是他异常关注的"启示"概念，而正是这个概念后来成为他神学思想的"阿基米德支点"。这个支点的发现最初是在 1917 年 11 月。当时，他曾写长信把自己的想法告诉朋友鲁道夫·艾伦伯格。后来，罗森茨维格自己认为，这封信就是他的《救赎之星》的萌芽。② 在写作之初，罗森茨维格承认，"它会是一本相当奇妙，完全不宜出版，像'基督徒、犹太人和异教徒'（Christians, Jews, and heathens）一样的毁谤性的书——但我会在写作过程中学会我需要学会的东西，这就够了"③。手稿是写在部队用的明信片或信函里的。他把完成的部分逐一寄给他的母亲。④ 9 月，罗森茨维格所在的德军部

---

① 参见纳胡姆·格拉策：《罗森茨维格：生平与思想》，第 86~89 页。
② 参见上书，第 135 页。
③ 同上书，第 137 页。
④ 同上。

队开始溃退，11月29日，他和部队一起撤退至弗莱堡。战争结束了。12月，罗森茨维格退役回到家乡卡塞尔。此时，《救赎之星》的写作已逾一半。退役后的罗森茨维格全力以赴地投入到写作之中。到1919年2月16日，这部洋洋几十万字的巨著宣告完成。从此，犹太思想的宝库中又增加了一颗光彩夺目的明珠。

《救赎之星》用"大卫之盾"作为象征，用以表示上帝、世界和人的统一性。大卫之盾是用两个三角形重叠而成的六角星。罗森茨维格用一个三角形的三个角代表上帝、世界和人，而用另一个三角形的角代表创造、启示和救赎。这样，我们就得到了六个最基本的概念或元素。上帝通过"创造"产生出世界；上帝通过"启示"选择了人；上帝以及人的创造性的工作产生出救赎活动。在这里，人成了上帝的创造活动的合作者。① 世界是由上帝创造的，但是人必须在世界中间做善事。上帝之爱和人之爱结合起来，让整个世界充满爱，就达到了最终的救赎。

罗森茨维格明白《救赎之星》的价值和重要性。但是，他并没有找出版商帮助出版。后来（1921年6月），他出版了一个小册子，取名为《论常识和病态的理性》。直到1964年，德文原版才得以正式出版。

1920年3月，罗森茨维格与艾蒂·罕缔结良缘。8月1日，他奔赴法兰克福就任犹太讲习所所长。在法兰克福，罗森茨维格还加入了一个学习团体，坚持每日上午学习《塔木德》。在学习经典的同时，1921年7月，他曾应一个出版商的

---

① 参见上一章柯恩关于"相互关系"的思想。

邀请，写成《论健康的与不健康的思维》（*Das Buchlein vom gesunden und kranken Menschenverstand*）这个哲学小册子，用通俗的语言介绍了《救赎之星》的梗概。然而，就在该书即将付印前夕，他又放弃了出版的念头，收回了书稿。因此，《救赎之星》直到几十年过后才首先在英国问世（1953），书名用的仍是上述小册子的名字，而德文原版直到1964年才得以正式出版。1921年11月（或12月）的一天，罗森茨维格莫名其妙地跌倒了数次，后经医生检查，他患了可怕的慢性偏瘫症。这个令人痛苦的顽症折磨了罗森茨维格8年的时间，直到夺去了他的生命。罗森茨维格以顽强的毅力与病魔斗争，以乐观的态度对待生活。在生病期间，他努力参加学术活动，通过书信和友人保持联系，在夫人的帮助下翻译了犹大·哈列维的诗歌，并且和马丁·布伯一起将希伯来语《圣经》译成德文。1929年12月10日凌晨，罗森茨维格与世长辞。

罗森茨维格是犹太哲学史上举足轻重的人物，其哲学思想在犹太思想史上具有重要地位，是犹太哲学内在逻辑发展的必要环节。好像只是因为其著作晦涩难懂和其英年早逝，而使得他不大为外界所闻，但在犹太知识界其影响是深远的。在哲学上，其贡献主要在于，继承叔本华、尼采、克尔凯郭尔等人的反黑格尔主义传统，倡导以"个人经验"为起点的思维，即对话的"新思维"。最后这一点由布伯发扬光大，风靡世界。在宗教上，正是他用"新思维"给了上帝、世界、人及它们三者之间的关系创造、启示和救赎以全新的解释。而这种解释是在经历了犹太教的理论性和世俗化的犹太启蒙运动之后，对《圣经》的信仰经验的复活。可以说，如同柯恩和拜克所坚持的那样，罗森茨维格说明了古代先知和拉比们的信仰不仅与现代文化外在的相合，而且，事实上，犹太教也是对当代世界中犹太人生存的最深问题的回答。在他那里，只有那些在个人经验中印证了的信仰才能解决人的生存意义问题。在他看来，上帝不是一个距人遥远的立法者，不是一个抽象的大全的理念的代名词，而是同人交往着的、不断创造和启示着并带人走向救赎的活生生的"永恒的你"。在生活中，是上帝实际上进入了人的生活的每一点。没有上帝的人的生活一刻都没有意义。正是在这点上，他与柯恩有着很大差别：柯恩以康德哲学为基础，重视理性的推演；而罗森茨维格则以个人的宗教体验为出发点，看重爱和死的体验。如果说柯恩是现代犹太哲学史上的迈蒙尼德的话，那么罗森茨维格可以说是现代犹太哲学史中的犹大·哈列维。像迈蒙尼德一样，柯恩对科学的哲学含义有着充分意识。罗森茨维格则像犹大·哈列维一样，是个具有非同寻常的诗人情感和气质，使宗教摆脱理性主义哲学，十分强调启示体验的人物。

罗森茨维格的思想可以分为三个部分：新思维（思维方式），他对上帝、世界和人及其关系的看法（基本内容），以及其宗教观（对犹太教和基督教的评价）。本章主要以其主要著作《救赎之星》为依据，扼要地评述以上三方面的内容。

二、哲学史的考察：从旧思维到新思维

《救赎之星》是以人们对死亡的恐惧开篇的，罗森茨维格认为，通过区分面对这种恐惧时的不同的态度，我们可以区分开旧的和新的两种思维，具体而言，就是西方哲学中的两

种类型。

通过对西方哲学史的考察，罗森茨维格把哲学分成新旧两种：以泰勒斯和黑格尔为代表的旧哲学和以叔本华、尼采、克尔凯郭尔、布伯等人为代表的新哲学。旧哲学的特征是把世界看成一个统一体并且认为它能够来源于一个统一的原则；新哲学则相反，它把上帝、世界和个人都看成是给定的元素，都有其独立的价值。他认为新旧哲学有着共同的任务，那就是消除死亡的恐惧，以达到永恒。为完成这个任务所采取的不同途径导致了两种哲学的分野。为战胜死亡的恐惧人必然涉及"全"。个体都是有死的，而只有"全"是不死的，旧哲学的做法是让个体融入"全"中而不朽。而新哲学则认为个体本身就有着永恒的价值，"全"可以下降到人，并且个人凭着信仰也可以达到上帝。作为第一次世界大战的一名参战士兵，罗森茨维格切身认识到，旧哲学并未消除人对死亡的恐惧，哲学的承诺不过只是动听的谎言而已。旧哲学没有重视个体的价值，个体只不过是实现"全"的意志的工具，因而旧哲学所得以立足"全"的价值是大可怀疑的。

随着旧哲学神话的破产，在传统哲学的废墟上，崛起了叔本华、尼采、克尔凯郭尔等人的新哲学。新哲学提出了世界的价值、生存的时间性等生存的问题，对旧哲学提出质疑和挑战。总起来看，新旧哲学的根本区别并不在于研究的主题不同（二者都把解决死亡问题作为自己的主要任务），而在于思维方式的不同。也因此他才把新哲学的思想方式称为"新思维"。可以说，新思维从其起点、理论重心及方法等方面都同传统思维有着根本区别。

第一，二者的起点截然不同。旧哲学的起点是最抽象的概念，由此而演绎出整个具体的存在样式，其模式是从抽象到具体，从一到多。罗森茨维格概括为从全（或有或是 Aught）到无（Nought）。① 而新思维的起点则是旧哲学的终点，它是从具体的经验开始来发现生存的整体。这种经验不是一般的经验，他说："我确实相信一种哲学要想做到充分的话，就必须从思维中来，而所谓思维则由思想者的个人观点构成。为了能够做到客观，思想者必须大胆地从他自己的主观状态出发……我们并未被迫从除了我们自己的观点之外的任何观点出发"②。只有思想者个人的经验才能把握生存的具体的"此"（thusness）。这个此，用罗森茨维格的术语来说，就是一个独立于全之外的全新的阿基米德点，他还以克尔凯郭尔为例来说明："克尔凯郭尔和其他人正是从这样一个阿基米德点出发同把启示纳入全的黑格尔式的综合展开了争论。这个支点是出于克尔凯郭尔自身的，有关他自己的罪和救赎的特殊的意识或恰巧是他的名和姓的任何东西。这种意识既不需要混合进宇宙之中也不需承认它，因为即使有关它的每一件事情都能翻译成具有普遍性的词汇，仍会留下标记着他的姓名的和在最严格、最狭窄的意义上属于他自己的东西。正如有这种经验的人所主张的那样，这个'自己的'正是最重要的。"③

这里所谓的个人经验，不是科学的经验，也不是传统哲学单从知识论角度讲的作为对象的经验，更不是我们通常所

---

① 这是罗森茨维格《救赎之星》中的相当重要的一对概念，根据不同的上下文，可以相应地译为：是、有、否、无，等等。
② 纳胡姆·格拉策：《罗森茨维格：生平与思想》，第249页。
③ 弗朗茨·罗森茨维格著，孙增霖、傅有德译：《救赎之星》，山东大学出版社，2013，第7页。

谓的常识经验，而是"健全的常识"（sound common sense）。它包括思想家的"个人立场""主观境遇""所在位置"，包括"记忆、感觉、希望、恐惧"[1]。特殊科学分析和剥离特殊的存在部分，试图给它加一个一般原则。这种经验因标榜科学的"中立性"价值而被抽掉了质量和真正价值。而罗森茨维格的经验概念既同事物的价值和意义相连，也与事物的存在（being）相关。这种经验的主体只能是整个的全面而充实的人，而不只是认识论上的器官。这种现实的个人既是哲学的主体，又是哲学的客体。叔本华的洞见不是他仅根据人的标准来衡量世界，而是他把自己个人的经验作为哲学的源泉和起点。对他来说，哲学家是哲学的一部分，"哲学家不是他的哲学可以忽视的一个量"[2]，而在传统哲学中，这是被竭力避免的。

第二，从理论上讲，二者也有着根本的区别。传统哲学认为，世界是一个统一体并且能够来源于一个单一的原则。从泰勒斯把水作为存在的原则到黑格尔把绝对精神看作是真正的实在，都是依循从一到多再到一的模式。传统哲学认为，我们在经验中遇到的三个元素即上帝、世界和人中只有一个是本质，其他二者是它的表现。哲学的任务就是确定三者之中的何者为源，何者为流。古代哲学及后来的具有自然主义倾向的哲学一般都认为，上帝和人来源于世界；中世纪神学和神秘主义认为人和世界来源于上帝；现代唯心主义哲学则把上帝和世界建立在人的抽象的自我意识之上。遵循思维与存在统一的原则，思维被认为有能力毫无例外地把握所有的

---

[1] 纳胡姆·格拉策:《罗森茨维格:生平与思想》，第266页。
[2] 弗朗茨·罗森茨维格:《救赎之星》，第9页。

存在。传统的一元论哲学都是唯心论，因为它们都建立在一个单一原则的基础上。

传统哲学在黑格尔那里登峰造极：所有个体存在的真实存在都被包括在普遍之中，这不仅适用于事实（fact），也适用于原则本身。现代哲学把世界和上帝建立在人的意识之上，不是个体的人的意识，而是"一般意识"，它是所有具体意识的基础。

而新思维把上帝、世界和人都看作是给定的东西。三者都有自己独特的本质，不可相互替代。思维必须被看作是不可同生存分离的东西。思维可以描述和分析经验所提供的三个元素，但不能给其本质增加任何东西。因此，新思维不打算完善和修补显现上帝、世界和人的那些经验。三元素有其各自独立的存在（separate existence），因为若它们不是各自独立的话，那么便不可能相互作用。同时，思维并不打算把"生存"（existence）变成"存在"（being），而是把它看成是不同于"存在"的"it exists"。① 思维是理解事物的正确方式，是其他任何事物所不能替代的，但思维不能先于人的生存，它是生存的构成因素之一。因此，思维的统一性不是一个产生知识多样的第一原则。只有在我们把握了生存的基本要素间的联系之后，在我们拥有了知识的多样性之后，用思维去统一存在的思想才是有效的，也是必要的，没有这种统一性我们就不能理解生存的多样性、知识的多样性。这种新唯心主义的原则不同于传统的唯心主义，因为它完全支持人的个性和物质材料的原创性，拒斥任何想把它们孤立起来建

---

① 意即：思维并不把个别的存在纳入某种统一的存在中。

立在抽象本质之上的做法。

以上两种思维方式的分歧不仅是理论上的，它还可以运用于生存的内容本身，尤其是人类的生存。传统哲学并不满足于把人的真实存在转化为对所有个人都一样的普遍本质，它认为人类生活的最终目标被包含在人的普遍思想的展现中。在道德律中，它首先看到的是人作为人的使命，个人的价值仅在于他是这个道德律的承载者。新思维反对这种对个人尊严的蔑视。

它把原始的和首要的价值都归功于个人。个体生命的价值基于其生命，而不在于超越它的一般原则，这并不意味着否定道德律，道德律有其绝对性，但人不是为道德律而存在，是道德律为人而存在。

罗森茨维格认为，在哲学史上是新思维重视了个体问题。首先把哲学价值归属于个人的是叔本华，他提出了世界的价值问题，并从个体的角度看待世界。尼采紧随其后，其思想重心在于人类生存的意义，他坚持个体的价值，攻击一切外在于个体的法则和思想。尼采的动机是无神论的，他不是因为理论的原因否定上帝，而是因为他不能忍受在他之上还存在一个上帝。同尼采相反的是克尔凯郭尔，他靠的是信仰。在原罪的重压之下，人需要救赎，这把人带入信仰，只有信仰才能使他得救。对克尔凯郭尔来说，黑格尔的基督教解释用一般的人代替了个体，没有注意到孤独个体的恐惧。他把这看作是整个哲学事业失败的证据，因为哲学未给人的生活问题以真正的回答。

对罗森茨维格来说，他怀疑传统不是由于哲学的沉思，而是由于对传统哲学忽视个人的不满。第一次世界大战的灾难使他看到了哲学解除人之死亡恐惧的诺言的破产。当时突出的事实是死亡。哲学试图救人于死亡恐惧中,这是其首要任务,它教人把自己看成是世界进程之一部分,或是作为不朽的永恒价值的承载者。但人并不想从死亡恐惧中解放出来,至少不是以哲学的那些方式解放出来。哲学平息死亡恐惧的这种企图忽视了人的个体性。这种感情使罗森茨维格及其同代人要求哲学说明个体的特殊性,而又不回避他的苦难。在死亡问题上,人不只是自然世界的一部分,而且还是不同于它的一个奇特的存在。传统哲学不足以把握生存的"此"(thus),而这却是新思维力图去做的。

  第三,新思维与传统的主—客体的非时间性的静态关系不同,其突出特征是当下性和经验性,是两个主体间的一种具体的时间性的对话关系。他指出思维即是对话。在新思维中,对话的方法代替了传统哲学所坚持的演绎推理方法。传统思维是非时间性的并且想成为非时间性的。这样可以达到确定性、普遍性,也就是达到永恒。它一下子就建立起了所有联系,并把最终的目标作为开始(如黑格尔哲学所做的那样)。而作为谈话的新思维同时间相联系并被时间所滋养,它也不想放弃时间因素,它靠另一个人的生活来生活。因此,谈话者既不提前知道谈话持续的时间之长久,又不能提前知道谈话的内容。他事先"并不知道它会在哪里终结",也不知道"其他人会对我说什么,因为我甚至不知道我自己要说什么"[1]。谈话必然关注时间,关注时间必然导致对时间的追问,对时间的追问意味着我们不可能预期,意味着我们

---

[1] 纳胡姆·格拉策:《罗森茨维格:生平与思想》,第269~270页。

必须等待任何事物,意味着"什么属于我们取决于什么属于别人"①。而传统思维总是一个单独的事情,甚至当它们几个一同来完成时也是这样。这就是传统的哲学对话(包括柏拉图对话)都如此乏味的原因。传统对话消掉了时间性及其不可预期性。在柏拉图对话中,通常是苏格拉底让对话开始,沿着哲学讨论的方向进行,因为思想家已提前知道了他的思想。在旧哲学中,思维意味着为任何人(any one)而思维并谈及任何人。而新思维意味着"对某人(some one)讲话或为某人思考",并且这个"某人"总是"一个相当确定的某人"②。

罗森茨维格把新思维标明为对话性思维,显示了他对时间的关注。他指出:"新思维实际上做的是把正当的常识所采用的方法作为科学思维的方法……常识会等待,会继续生存下去;它没有固定的观念;它知道,一切都会有其合适的时间!这就是构成了新哲学智慧的秘密。"③ 可见时间性是新思维的最根本标志之一。他强调,新思维"不可能有独立于时间的知识",人必须等待那给定的时间,人不可能跳过一刻。知识与每一刻自身相联系,它不可能使它的过去不过去,将来不到来,这是常识。罗森茨维格举例说,医生必须考虑治疗同现在的联系,病人的病从过去开始,死亡同将来有联系,他若顽固地坚持以无时间性的知识做诊断那将是愚蠢的。

同样,那些被认为是无时间性的东西也不可能独立于时

---

① 纳胡姆·格拉策:《罗森茨维格:生平与思想》,第 269~270 页。
② 同上书,第 270 页。
③ 同上书,第 266 页。

间之外。上帝做了什么，他在做什么，他将做什么，对世界来说发生了什么，将要发生什么，对人发生了什么，他将要发生什么，所有这些都不能脱离同时间的联系，这也即是创造、启示、救赎同过去、现在和未来不可脱离。那么，实在（reality）便是有时态的。作为整体的实在，有它的现在、过去和未来。无此它不可能存在，也不可能被正确地认识。实在也有它的过去和未来，一个永久的过去和永恒的未来。罗森茨维格认为，获得上帝、世界和人的知识就是去认识它们做什么或在这些时态中对它们做了些什么。当然这里是以三个元素的相互独立为前提的。只有三者是独立的才有可能相互作用。

第四，新思维是犹太教或基督教的思维。罗森茨维格明言，对所有那些从事新思维的人来说，神学关怀帮助了新思维的发展。这不意味着新思维本身是神学的，它也不处于所有宗教问题的中心。但新思维作为对话，不仅指人对人的对话关系，也指人对世界、人对上帝的关系。在他看来，犹太教和基督教试图从个人的宗教经验来把握整个存在，把上帝、世界和人看作是分离的实体，并把三者的关系看成是相互关系的对话。只有在把上帝作为我—你关系中"永恒的你"，个人才能获得真理和永恒，才能正确地面对死亡，正确地解决死亡问题。

新思维必然要关注神学问题。因此，罗森茨维格倡导神学与哲学的联合，"神学问题必须被翻译成人类语言，而人的问题也必须被置于神学的领域之内"①。也正因此，新思维成

---

① 纳胡姆·格拉策：《罗森茨维格：生平与思想》，第 272 页。

为犹太教和基督教的思维不仅是必要的,也是可能的。它之所以成为犹太教和基督教的思维仅是因为二者更新了"给予亚当的启示"。另外是因为异教在其历史形式中已忘记或否定了这种对亚当的启示。他认为,《救赎之星》就是这种思维方式的集中运用。所谓更新了"给予亚当的启示",不过是那存在的三个元素上帝、世界和人及三者关系创造、启示、救赎的知识在时间之流或对话之中的更新。而这些宗教知识在他看来也不过是新思维运用的结果。这与《救赎之星》中他对犹太教及基督教和其他宗教的看法是完全一致的。因此,他给予了犹太教和基督教高于其他一切宗教的一个位置:即使在它们成为一个宗教以后,在自身中仍有一种克服宗教体制僵化的冲动。犹太教和基督教不是被建立的,而是自动生成的。其他宗教都是被建立的,伊斯兰教是人为的宗教,它们维持着自身僵化的形式,没有在对话中的启示的"更新"。

综上所述,新旧思维的不同之处可大略归纳为以下三点:(1)旧哲学重"全",新哲学重个体;(2)旧哲学重抽象的本质,新哲学重个体当下的经验;(3)旧哲学重理性、非时间性,新哲学则重生命体验(生死问题),强调把时间阐释为存在的意义,阐释为对话的关系。

新思维作为一种思潮在哲学史具有重要地位和意义。同尼采、叔本华等人的哲学一样,罗森茨维格所倡导的新思维具有不可忽视的启蒙意义,对于犹太文化界尤其如此,对神学也不啻为一种有意义的补充。作为抽象理性的"大全"的上帝死了,但同人交往着的信仰的上帝却会永远活着。对罗森茨维格来说,新思维把上帝、世界和人作为给定的东西来探讨,把三者的关系理解为对话的关系,取消了旧哲学的单向性，在与上帝面对面的对话交流中给了人和世界以应有的地位和尊严及得救的希望。另外，虽然罗森茨维格把新思维作为犹太教和基督教的思维，但应注意的是，正如他所强调的那样，新思维并不只是宗教的，新思维既有有神论的，也有无神论的，但无神论并不能解决死亡问题，完成人与世界的救赎。

三、上帝、世界、人及其关系

从经验出发，罗森茨维格试图发现整个生存。《救赎之星》作为罗森茨维格的代表作，主要是揭示了这方面的内容。书的第一部分阐述上帝、世界和人这三个概念；第二部分说明了三者之间的关系创造、启示和救赎；第三部分则阐明了他对犹太教和基督教的看法。

1. 从无到全的方法

康德对哲学史的影响是不言而喻的，但是各个哲学家和流派在他那里看到的东西却不尽相同，罗森茨维格指出：尽管从未给出过系统性的说明，但"在过去的所有思想家中唯有康德第一次指出了我们现在要遵循的道路"，更确切地说，康德是通过对理性心理学、理性宇宙论和理性神学的批判，从反面给出了某种暗示。我们知道，按照康德的区分，这三门科学的对象分别是灵魂、世界和上帝，理性试图对它们有所认识，但认识的工具却是无法适用于它们的知性范畴，因此，理性无法认识它们，它们对于理性来说是"先验幻象"，或者，用罗森茨维格的术语来说，就是"无"。正是从这里出发，罗森茨维格得出了自己的方法论原则，那就是从无到全。在前文中，我们已经看到，传统哲学，即罗森茨维格所谓的旧哲学的做法是从全到无。而罗森茨维格则指出，康德意义上的那个知识的无，才是我们的真正起点。无作为起点的意义比较复杂，具体而言，首先，在方法论的层面上，无是对于有的否定。上文已经提到过，有或存在是整个西方哲学的起点，从古希腊的哲人们一直到黑格尔的西方哲学的主流传统都是建立在有或存在之上的。而在罗森茨维格看来，既然康德把这个有变成了（至少是知识的）无，那就意味着，整个西方哲学的主流传统都需要重新改写，从无开始，才是真正经得起考验的路径。其次，我们说，无是对于有的否定，并不是说在无之前先有个有，然后再通过对有的否定进而达到无，这样的话，有仍然是起点，从康德到罗森茨维格的努力等于是付之东流了。否定有是出于方法论上的考量，而真正的起点就是一个无，它不是通过对于别的东西的否定而来的，它就是一个简单的无。最后，我们说这个无是一个简简单单的无，并不是说无只有一个。否则的话，虽然无成了起点，但如果它是一个，那么，在思路上，它仍然是旧哲学的，因为它同旧哲学具有相同的特征，即，它就是全。康德的批判还昭示着罗森茨维格更复杂的东西，也就是说，作为起点的无不只是一个，而是有三个。

到此为止，起点的问题得到了初步的解决，罗森茨维格准备从无开始。传统上，上帝是从无开始创造世界的，但在这里并不适用，因为上帝在这里也是一个无。那么，究竟什么才是他所谓的无呢？在此，罗森茨维格回到了他的老师柯恩那里去寻找资源。

我们知道，柯恩晚年所撰写的《源于犹太教的理性宗教》被罗森茨维格认为是可以媲美于迈蒙尼德的伟大作品，在这部作品中，柯恩大量印证传统犹太教的资源，以论证犹太教可以作为理性宗教的源头。罗森茨维格在柯恩的努力中看到了两个可以借鉴的方面。一个方面是柯恩对于康德的结论，即知识的无的进一步发展，"他用那突然进入实在的特殊的卓有成效的无代替了统一普遍的无"①。也就是说，知识的无在柯恩那里不再是一个一无所有的零，而变成了可以作为源头的、有产生能力的东西。对于这样的起源，柯恩或明或暗地指出了它的实践方面的性质，即，它总是跟犹太民族的具体实践联系在一起的，无论是在先知时代还是在拉比时代，作为时代代表的先知和拉比们首先关注的都不是抽象的教条而是这些教条在当时的犹太民族的实践中的应用。毫无疑问，这样的思路极大地契合了罗森茨维格本人的心路历程，因此，他一再申明，他首先是一个犹太人，而后才是一个哲学家。他的主观境遇、个人位置，他的记忆、感觉、希望、恐惧都是犹太的，因此，他的经验是一个犹太教信仰者的经验，这种经验以犹太教信仰的内涵为一般前提。这规定了其哲学的倾向和内涵都是犹太的，因此，其哲学被称为犹太哲学也是顺理成章的。当然，所有这些经验不是来自犹太教规，而是来自他生活于其中的健全的常识。哲学是处理实在的科学。罗森茨维格所处理的实在是建立在经验基础上的，但经验仅是出发点，实在不能仅用经验来表达。经验作为出发点仅是前提而不是理由，只用经验来证明、靠经验罗列起来的理论

---

① 弗朗茨·罗森茨维格：《救赎之星》，第20页。

也绝不是哲学。哲学需要理论建构。需要发现那些作为出发点的经验的内在联系，并由这些内在联系为依据建立起整个存在的所有部分。罗森茨维格运用了一种类似于辩证法的理论建构形式。他首先强调这种建构形式仅是一种认识方法，并非实际过程，因为上帝的秘密对人来说是晦暗不明的。其次这种方法把否定作为概念运动的源泉和动力，通过肯定和否定两个相互对立的方面的相互作用，说明了上帝、世界、人及三者之间的关系。这种说明带有明显的二元论和泛神论倾向。

　　罗森茨维格明确地交代这种结构的方法。他认为要发现存在的三要素及其间的关系，必须要经过认识的肯定和否定过程。每一个认识的深化都必须来源于它自身的否定。这种否定必须被理解为是由认知产生的结果。[1] 可能的过程似乎是，我们所追问的存在的知识在思维中被打破了，我们用猜想来怀疑它，借此，为了否定那个否定，我们再一次发现了通向存在之路。在这种不断地否定中，存在的不同方面在联系中被揭示给我们的思维。在这种方法中，否定仍被认为是存在从中发展出来的源泉，罗森茨维格认为，传统哲学的方法都是从全到无，而新哲学则要从无到全。从无到全的演绎对每一个存在元素都以两种方式完成。其一是非无，这被称为肯定的方式，它将揭示出上帝、世界和人的静态的本质，是对存在的积极肯定。其二是无，是对给定的东西（the given）的否定，具体事物被思维打破或否定了。它揭示三个元素中的动态的、自发性的方面，这或称为运动的源泉。这两

---

[1] 弗朗茨·罗森茨维格：《救赎之星》，第 23~24 页。

方面都属于每一个元素。每一个元素中两方面都不断地相互作用，仅在这种相互作用中，本质才是其所是。这种方法设定了一种并非线性的联系，但仍是以一切从上帝始并在上帝中终的信仰而告终。归根结底，这种方法除了对黑格尔的继承以外，确实也拓展了信仰方面的东西。

2. 上帝、世界、人的本质

罗森茨维格用这种方法阐述了上帝、世界和人的概念。他把这三个概念分别称为形而上学（metaphysics）的神的概念、元逻辑学（metalogic）的世界概念及元伦理学（metaethics）的人的概念以区别于旧的思维方式下的旧神学的神的概念、旧哲学的"批判的自然"概念和旧伦理学的"道德人格"概念。这种不同是新旧思维的不同，新思维中的神是一个生存，是一个活生生的有人格的存在，而不是一个抽象无情的大全。世界既非纯粹的工具，也非铁的法则统治下的一架自动的机器，而是一个在不断觉醒、不断获得自己本质，最后达到上帝的生命体。同样，人也并不是抽象的道德人格，其价值并非仅实现于整体之中，人就是个体，是同整体相依存的个体。在上帝中的形而上学的东西使"本性特质"（physis）成为上帝的构成要素、他的本性、他的自然的存在的本质；在世界中的元逻辑学的东西可以使逻辑成为世界的构成要素，以至使世界可以具有逻辑；在人之中的元伦理学的东西可以使人成为"社会特质"（ethos）[①]的自由的主人。这样罗氏就把"本性""逻辑""社会性"作为三个元素的静态的方面，称它们为"本质"。当然，同为本质，三者是不同的，且后二

[①] 希腊文原意为风俗、习惯。

者最终来源于前者。归根到底，形而上学的神的概念是信仰的概念，人的概念是启示下的人的概念，而世界的概念则是创造和救赎的概念。

运用上面的肯定（non-nought）的方式，罗森茨维格指出了"本性特质"的内涵，这仍是一条从既定经验出发的思辨哲学式的认识道路，由于无指有限的、确定的、经验的东西，非无便指无限的东西，因此，上帝的实在性（the augth）指上帝中所有整个充实性，是所有不是无的整个充实性。"非无"不是独立地被给予的，因为被给予的仅是无，因此，非无的肯定就是所有不是无的无限性，那就是上帝的无限本质、无限的现实性，他的"本性"。① 它是不动的、无限的存在。这是第一个肯定，这个肯定为上帝所有的无限建立了神秘的本质。很显然，这里不是从现象到本质的抽象，而是对现象的否定。罗氏用字母"A"，来指代上帝的"本性"。

世界的本质是逻辑，它是世界的"非无"。同上帝的本质相比，世界的存在，不是无限的静态的本质。上帝的存在是永远静止的本质，在自身内每时每刻都是无限的。但世界却是上帝的规定性的反面，世界更多地是表现出其多样性，世界是多，在其自身内根本没有一。只有在理性（reasoning）中才有世界的存在。同时，理性是作为一个具有许多分支的个体的思维系统而进入世界的。因此，逻辑作为世界的统一性，作为世界的本质是后来的。这种统一的根源是应用的统一性，这如同康德的范畴理论一样。这种统一性是可用的，却是不能被证明的，其可用性就宣布了共同有效性。这就是

---

① 弗朗茨·罗森茨维格：《救赎之星》，第 25 页。

思维和存在的统一,但神的存在先于这种统一。世界的逻辑仅是可用的,但它是普遍可用的、普遍有效的。同康德不同的是,罗森茨维格认为,普遍不是在应用中形成的东西,而是纯粹可用的实体本身。就是说,普遍作为事物、种、范畴是被上帝创造了存在于世界中的现象,当它能被人的思维发现具有普遍统一的可用性时,就成为本质。本质在现象中有其根苗,本质原本就是现象,在世界之内现象先于本质。可以说,世界的本质是不断被发现的,是人把存在于世界之中的类不断作为逻辑(本质)的结果,当世界具有一个本质的时候,便具有了灵魂,获得了救赎。从本质上看,世界本身就具有可救赎性。"肯定了神的本质是从上帝的无中流出的,就意味着被肯定的非无的无限性把自身显示为神的本性的无限存在。另一方面,被肯定的世界的非无的无限性自身显现为世间的逻各斯的无限适用性。"[1] 这种逻辑是绝对普遍的,在任何地方都与世界相连,缠绕于其内,可用"＝A"表示。这是世界精神的符号,与黑格尔主义的世界的本质内涵是截然相反的。

人的本质在无限的非无之中,它又被称为"人的真正的实存"[2]。如果说,上帝的存在是一个纯粹的单纯的存在,一个超越知识的存在,世界的存在则存在于知识中,是普遍的存在的话,同上帝的本质的不朽和无条件性与世界本质的普遍性、必然性相比,人则是变幻无常的(capricious)。上帝的存在是无条件的,世界的存在是普遍的,而人的存在是独特

---

[1] 弗朗茨·罗森茨维格:《救赎之星》,第42页。
[2] 同上书,第60页。

的（distinctive）。人的存在并没有超越知识的普遍有效性和必然性，但这只是他的一个方面。他的本质是独特性（distinctiveness）、性格（character）和特质（idiosyncrasy）。罗森茨维格认为，人的本质不是后来获得的，是作为永恒的本质而存在于人中的。他是个体，但不同于世界中的个体，因为他知道在他自己旁边没有其他个体。他存在于任何地方（everywhere），不是作为行动、事件的个体，因此，他本质上注定是孤独的。人的本质被标记为"B"。罗森茨维格还以为，世界的本质和人的本质之间没有任何有效的联系，二者根本不同。

综上所述，三元素中作为本质的东西分别是：上帝的本质，本性，具有无条件性、不朽性、无限性；世界的本质逻辑，具有普遍性、必然性、可用性；人的本质，社会特质，具有孤独性、差别性、独立性。其中，上帝和人的本质是在先的，而世界的本质则是后于世界的。

3. 上帝、世界、人的构成

用否定的方式罗森茨维格指出了上帝、世界和人中动的方面，动静结合就可以获得三元素的完整概念。

在上帝那里，动的方面被称为"神的自由"（divine freedom）。它是对无（nought，有限的东西）的最初否定。自我否定的无就是上帝的无。自由的否定来自上帝的无的否定，它本身不是本质，因为它不包含肯定（yea，或译为是）。"上帝的自由内在地是一个强大的否（nay）"[1]。神的自由被标记为"A＝"，意指上帝运动的源泉。自由指向无限的东西，而自由本身是有限的，只有本质是其渴求的对象。自由提供动

---

[1] 弗朗茨·罗森茨维格：《救赎之星》，第 28 页。

力,而本质提供限制和方向。"像神的自由成为无常和能力一样,神的本质具体化为义务和命运。"① 神的无限的运动从自由开始,经过整个本质领域产生了神的整个面貌。神的这种相互作用的过程可用"A=A"来表示。神的自由和本质的结合被罗森茨维格称为上帝的生命力(vitality),正是通过它,上帝走向生存。在罗森茨维格看来,以后的创造、启示、救赎等活动的动力最终都来源于上帝中的自由。很明显,罗森茨维格的神,是由两个元素构成的,其中一个因素不能来自另一个。这既是对泰勒斯到黑格尔的一元旧哲学的反对,同时更重要的是神学内部两种上帝观的调和。这并不意味着罗森茨维格是反《圣经》的,相反,一般认为,他支持了《圣经》和拉比们关于上帝和世界的观点。

世界的动的方面是世界的无(nought of the world)。同世界中的逻辑相对,它是多样性,是特殊(particular)、个体、属性(attribute)。在罗森茨维格看来,每一新事物都是一个新的无的否定,无的否定力量是无限的,但这种力量的具体结果是有限的,充实性是无限的,现象是有限的。他用"B"指称"个体性"(individuality)。罗森茨维格用逻辑和个体性,说明了世界的形成。他认为世界的形成是不断的,是两个因素共同作用的结果。这个过程并非如从巴门尼德到黑格尔的旧哲学所设想的,逻辑是世界的创造者,是世界的精神,个体、质料是世界的"身体"(body)。质料是被动的,它被形式所抓住和构形。相反,在罗森茨维格那里,逻辑是静的方面,是被动的方面,而个体、特殊是动的方面,二者构成了

---

① 弗朗茨·罗森茨维格:《救赎之星》,第30页。

世界。详细点说，世界的形成过程既是一个从特殊开始，经个体到普遍的上升过程，同时，也是一个世界不断觉醒最终获得灵魂达到救赎的过程。特殊（B）是无目的的；普遍（A）自身是被动的、不动的，但靠对可用性的渴求，从普遍中产生出一吸引力。这样在普遍的周围就形成了一个引力场。个体在自身重力的冲动下投入了普遍中。

罗森茨维格区别了特殊和个体。这两个概念在世界获得本质的进程中分别处于不同的等级。在这个过程中，有两个点为整个过程划定界限。在一段纯粹的投入之后，无目的的、盲目的特殊在某种意义上意识到了它的朝向普遍的、被普遍所吸引的运动，因此，它看到了自己的本性。这是第一点。知道了普遍的特殊不再仅是特殊，它在走向普遍。这被称为"个体"。它已打上了普遍的印记。这种普遍不是一般的普遍，而是自己的普遍本性，它的种、属。但这个个体在本质上仍是特殊，尽管它是"个体的特殊"。他说，个体性并不是某种更高程度的特殊性，而是从纯粹特殊到普遍途中的一站。另一点位于特殊进入决定性的普遍领域的那一点上。任何超越这一点的东西都是纯粹的普遍，特殊在其中毫无踪迹可寻。在这一点仍能意识到特殊。同第一点被个体所占据一样，第二点被"范畴"或任何被称为普遍的实体所占据。种、属是仅相对于它们自己的特殊化的无条件普遍性。这些范畴在人类领域就是社会、民族、国家等，它们都是一些复数性的统一体。"这个复数至少由两种规定（stipulations）：种的标准和它自己的特性所构成。"[①] 世界就是这样在特殊及个体对普遍

---

① 弗朗茨·罗森茨维格：《救赎之星》，第46页。

的追求和意识中完善自身,"在把个体带入种的怀抱的运动中完善了自身"。最高的完善就是第二个点的超越,那就是进入纯粹的普遍,进入上帝之中,实现救赎,这也就是世界过程的完成。

他总结说:"对上帝来说,本质和自由也只是概念的极端,并且他的生命力在神圣的能力和神圣的义务的内在的敌对中创造了自身,无常的能力被义务所限制,义务的压迫被能力所放松。同样地世界成型了,不是直接出自独特的东西对普遍的投入,更确切地说是出自个体对种的穿透。"[1] 他说,世界的构成的"和"(and),不是世界被赋予精神和精神内在于世界的"和",而更直接地是"事物和它的概念,个体和它的属的'和',人和他的社会的'号'"[2]。

他用"B=A"表示了世界的形成过程,这同黑格尔"A=B"的公式是截然相反的。在前者中,B代表个体,A代表本质,B=A是说世界的形成是由现象、个体走向本质,或者说先有现象后有本质;后者是说由上帝演绎出整个世界现象,是由本质到现象。在前者中等号两边也是不等的,一个是世界的内容,一个是世界的形式,内容是主动的,形式是被动的。人中的主动因素是人的自由、人的意志。人的自由同神的自由截然有别。神的自由是永远常新的"行动的自由",是无限的能力,其对象是无限的完全被动的神的本质。而人的自由是意志的自由,对象是有限的,虽然在形式上人的意志是无限自由的。"上帝没有自由意志,人没有自由能力。"[3] 人

---

[1] 弗朗茨·罗森茨维格:《救赎之星》,第46页。
[2] 同上。
[3] 同上书,第63页。

的自由的符号是"B＝"。把人的两个因素结合起来，罗森茨维格构造了他的人的概念。

人的自由意志是有限的，它有方向，它仅需要是其所是，同上帝的自由一样，它需要自己的本质。但它自己需要的本质是有限的本质。它已意识到了自己的有限性并且向这种有限挑战。这样它从自由意志变成了反抗的（defiant）意志。对抗和傲慢，是自由意志的抽象形式。傲慢的意志把个性作为其内容，反抗（defiance）用特性定义了一切。这是人的自我意识，即他的"自我"（self），自我就是自由的反抗和特性的"和"。自我是自我包含的，根源在于特性，它的本质就是差别和孤独。自我同人的儿童期没有任何联系，仅同个体相联系，它没有复数，他是不可比的，也不是人的一个部分。他也不能放弃。它是孤独的、是人、是人自己。自我的公式是"B＝B"。"B＝"是人的自由，乃是个体性，表示自我由人的自由和特性构成。自我便是元伦理学的人的概念。"自我是元伦理学的。"[①]

总之，罗森茨维格用二因素论解释了上帝、世界和人的构成。每一个都是动静两种因素的合体，每一个都可以自身二因素得以生成和独立。从此种意义上，三元素本身都有独立性，都是一生命体。但当追溯后二者的来源时则只能追溯到上帝。同时正如三者之中二因素都相互作用一样，三元素间也存在着必然的联系。这些联系说到底，也就是三元素中六因素相互生克的结果。根据罗森茨维格的理论，这些联系分别是：以上帝为起点、上帝的自由为动力、本质为限制的

[①] 弗朗茨·罗森茨维格：《救赎之星》，第69页。

对世界和人的创造关系；上帝为不使创造遮蔽而从本质发生的对人的爱的启示；以及人对神的爱的回报、对世界的爱的自我和世界的救赎。救赎是三重关系的和谐。

4. 上帝、世界、人的相互关系

从逻辑上讲，这三重关系本身在上帝、世界和人身上有基础。对上帝来说，上帝本身就具有创造性、启示性、救赎性，因此，上帝本身就是造物主、启示者和救世主；世界本身具有被创造性和被救赎性；人本身具有被启示性、救赎性与被救赎性。因此，大卫之星只是一个象征，三者的关系并不是如图形所示的几何联系，其关系是相互的、复杂的。

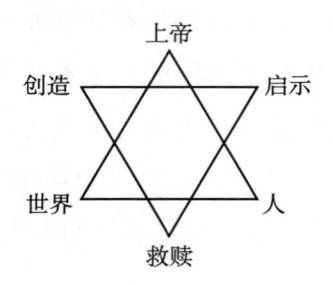

```
          上帝
    创造        启示
    世界        人
          救赎
```

创造

创造是上帝和世界间的一种关系，指的是上帝从无中把世界和人产生出来的活动。创造观念根源于《圣经·创世记》中的两个为人熟知的创造故事，这两个故事奠定了创造概念的基本含义。第一个故事是讲上帝用六天时间从无创造了世界，第七天休息。第二个故事则叙述上帝用泥土造了亚当并用亚当的肋骨造就夏娃。无论后来人们对这两个故事做何种理解，以下几点是肯定的：（1）上帝创造了世界；（2）上帝是从无中创造了世界； （3）上帝创造世界是需要时间的；（4）人是世界的一部分但又不同于一般的世界。这两个故事给人留下了广阔的思维空间及无尽的奥秘。古往今来人们一直在追问，上帝如何创造世界？是靠其自由意志，还是靠其必然性？是从无中生有，还是借助于先在的质料？是一劳永逸地创造世界，还是上帝在不断地创造世界？这些问题在罗森茨维格之前都早就被提出来了，并且都试着给出了自己的回答。我们将会看到罗森茨维格的答案并不新颖，他只不过对以往的解释依据《圣经》经验和其新思维做了一下折中和综合。他的结论的最根本依据是，犹太教中能够创造、启示和救赎的上帝是一个统一的上帝，这也正是传统的犹太教的上帝。因此，上帝不能依赖于其中的一个方面进行创造，同样，一个启示着（爱着）的上帝也不会在创造了这个世界后撒手不管，而是不断地创造。

在创造问题上，罗森茨维格驳斥了各种学说，其一，是主张上帝只是一个必然的上帝，只按其必然性创造世界，创造世界后就不管了。其二，是把上帝作为无常的上帝，上帝创造世界只是个偶然，上帝的本质与世界无关。他认为，把其能力作为本质的一个属性，就可以解决全知全能的问题，但更深的问题是，上帝创世是靠无常，还是靠内在的本质？这两种能力似乎是不可调和的。上帝的完善性和无条件性似乎肯定无常。因为上帝不会依赖于任何东西，至少不会依赖于一种需要，无论这种需要是外在的，还是内在的。他既不必须创造，也不感到"孤独"，即使没有世界，他也是富有的。这种绝对无常的思想在阿拉伯的学院派、早期的基督教和犹太教神学中都存在，但无常是有害的。无常的说法靠说明上帝不需要什么、靠拒斥上帝本质的创造性否定了上帝和世界间的必然联系。借此，出自上帝自身的创造性仅被转化成现实性，变成对上帝来说是非本质的东西。上帝成了外在于世界的东西，由此，也割断了上帝和人的约定，这完全是一种异教思想。罗森茨维格认为，真正的启示思想反对创造者的无常。他同意迈蒙尼德的观点：上帝的创造性是其本质属性。但是，无常有其合理性。认为上帝创世依赖本质的必然或"孤独"或"爱"的观点是不足取的。因为如果这样，上帝就被剥夺了他的自由，而世界也将付出其内在的内聚性（cohesiveness），它的独立能力（its ability to stand by itself）。因此，罗森茨维格认为，上帝创造世界，既不是单纯靠无常，也不是纯粹依赖本质的必然，而是上帝中二因素共同的作用的结果。他把神的无常作为一块基石，认为无常不在于创造者的创造行动中，而是在先于创造行动的上帝的"自我构形"（self-configuration）中。这也就是所谓的上帝自身的创造，先于其创造世界的创造。创造者的力量是本质性的属性（substantive attribute），但在无常中有其根源。"在神的本质的命定的冲动的冲击之下，神的自由首先清晰地从无条件的无目的性中显现出来，进而变成了行动的能力（active power）。"[1]"上帝的力量用纯粹的必然性表达自身正是因为它的内在的东西是纯粹的无常、无条件的自由。"[2] 他的结论是，上帝的全知和全能并不矛盾，上帝创造世界是其内在二因素共同作用的必然结果。

　　上帝自身的创造先于他创造世界的创造。上帝的生命力（vitality）以自身转化为开始，上帝的创造是自我表达的开

---

[1] 弗朗茨·罗森茨维格：《救赎之星》，第111页。
[2] 同上。

始。如前所述，创造的动力来自上帝内部的否定（nay），通过同肯定（yea）的相互作用，上帝表现出持续本质的无限"属性"。在上帝没有表现之前没有任何属性，因为属性是外在的因素。概括地说就是，在创造过程中，作为否定，它是"行动"；作为肯定，它成为"属性"。上帝自由地创造世界，但仍是按其本质创造世界。"上帝……能够做他愿意做的一切……但他愿意做的，是出自其本质的、必定会愿意的事情。"①

上帝创造世界是一个常新的过程。从时间上来看，创造是在过去，但它却延续到现在和将来。世界不是一下子就创造完成的。罗森茨维格强调，"上帝创造了世界"这句话之所以是无限真理仅仅是它是对主谓宾来说的。"句子'上帝创造了世界'仅仅对上帝和世界的关系有无限的有效性。"② 句子的过去时态，其永恒的形式，仅对这种关系是有效的。另一方面，世界不必被上帝一劳永逸地创造。对上帝是过去的事情对世界来说仍可能是现在，甚至在世界的终点也是如此。"世界的创造仅仅在其救赎中才需要达到其结束。"③ 因此，从世界这一方面来看，可以说是不断地被创造的，世界是"常新的"，创造是一个过程。

创造作为一种关系，并不完全是单向的。上帝的创造和世界的展现是同一个过程。上帝和世界是这个过程的两极。罗森茨维格认为，这两极是相对的。从逻辑上说，上帝本质上有创造性，世界本质上有被创造性。世界的被创造以其被

---

① 弗朗茨·罗森茨维格：《救赎之星》，第109页。
② 同上。
③ 同上。

创造性和能被永远创新的能力为基础，上帝的创造以他的永恒的创造力为基础。创造并不是从上帝到世界的一个单向流溢过程，而是二者相互影响的过程，这从世界的救赎是创造的完成上可以得到说明。他认为，就上帝而言，创造仅意味着他的创造意识的迸发；从世界来看，创造意味着世界的"被创造"。从世界自身来看，被创造意味着它把自身显现为一个创造物，这是创造物的意识，这种意识不是一次被创造的意识，而是永远被创造的意识，这种意识"是某种完全客观的东西，一种真正的启示"①。这种意识绝不是世界中的内在过程，而是从世界本质流出到创造者的意识并完整地确定它的过程。世界的被造物意识，即世界是正被创造的意识，而不是已被创造的意识，在神的天佑中被物质化了。

　　罗森茨维格详细地谈了这种双向过程。对世界来说，它所需要的同创造者的关系不是一劳永逸地被创造，而是要把自己持续不断地显现为一个创造物，因此，对世界来说，这种显现不是世界的自我创造，而是世界的自我揭示或展现。一句话，在罗森茨维格那里，上帝的创造是上帝的自我表达，世界的被创造是世界的自我揭示，二者是同一过程。这种自我揭示作为第一个而不是第二个世界的自我构建行动而出现，作为已是它的持续本质的东西而出现。

　　构建世界的持续本质是普通的，这就是被罗森茨维格所称的逻各斯，或者说是"范畴"的东西。这种范畴不是抽象本质，而是个体自身中的普遍。因此，上帝的创造、世界的自我构建，表现在个体与普遍的关系中，便是如罗森茨维格

---

① 弗朗茨·罗森茨维格：《救赎之星》，第 115 页。

所认为的，二者的关系是整体与部分的关系，如同社会团体同其成员的关系一样。在把自身展现为一个受造物的世界之内，这种持续本质被转化成片刻的、永远更新的但仍是普遍的本质。可见，逻辑不是抽象的、普遍的东西，因此，罗森茨维格也称其为一种非本质的本质。因为，世界已有了实在之流，其本质不是随时随地都在的，正是这种本质每时每刻都产生整个具有差异性的内容的新东西。正是这种本质包含所有的差异性并且它自身仍是普遍的，它每时每刻都把自己看成一个整体。这种本质是生存而不是存在。生存和存在的区别正在于，充满了差别和不是何时何地都在的，但被差别所影响的普遍必须不断地成为新的东西以保持自身。逻辑、范畴、种这些普遍是生存，而不是存在。但是生存不但需要更新，作为一个整体，也需要存在。因为生存渴求存在的稳定性，这是它自身的生存所不能提供的。这样罗森茨维格便由此导向了对上帝的存在的追求。他认为，人们在逻辑的多重存在之外某处寻求一种质朴的真理性存在，但却不能发现这样一个"某处"。这里反映出逻辑对上帝的存在的依赖性。生存依赖于生存本身（existence as such），而生存本身也依赖于上帝的力量；在这里我们达到神佑。在世界之内，这种神佑直接属于普遍、概念和种。它最终只有靠整个普遍的存在，才属于各自追求其类的事物，属于差别性。在世界之内，神佑只达到种类；对人，则可直接达到个体。但同迈蒙尼德一样，罗森茨维格拒斥认为世界的事物有同人相区别的"特殊的神佑"的说法。在某种程度上，上帝的统治依然不通过中介而把事物把握为个体。然而对创造者来说，事物仅在整个存在的普遍的框架内呈现自身。他的存在仅通过生存把握它们，每一个事物都追求它的类。创造不是一劳永逸的，这种追求也不是一劳永逸的，这就是上帝的存在通过生存来把握创造个体，而个体则通过对类生存的追求而想获得上帝存在、福佑。这就是创造的双向过程。

罗森茨维格描述了他的元逻辑学的世界观。首先，上帝创造的世界是客观的。世界不是影子、梦幻，也不是图画；其存在是生存，真正的生存——被创造的创造。世界整个是客观的，所有的活动都在其内，所有的"制造"（making）都是"事件"（occurrence）。这样，在世界内事件呈现出事物的样子，并适合于世界的整个客观性在其内实现自身的基本概念。简单地说，就是适合于拟物性（thing-likeness）。① 其次，世界具有多样性，世界是由事物构成的，它不是任何单一的客体。正因为世界是多样的，其中的事物才有个体性和确定性。只要事物是单独的，它就没有确定性。事物的个体性只存在于事物的多样性之中，它只能在同其他事物的联系中才能被展示出来；其确定性是在这种联系中同其他事物的一种时空关系。最后，世界内的事物的本质是它同范畴间的关系，也就是说，在世界中现象先于其本质。罗森茨维格认为，甚至作为确定东西，事物也没有自身的本质。除了在关系之中，它本身什么都不是。事物具有的本质不在其内部，而是它同范畴间的关系。它的本质性、普遍性不是被包含在其确定性之内，而是在确定性之后，也就是在时空之后。即是说，在事物能作为其范畴的一个代表之前，它必须是某种东西，首

---

① 这是罗森茨维格的一个特殊概念，意思是说在被创造的意义上世界本身跟世界上的事物有相似之处。

先它必须是空间的，或至少同空间相联系。这是它的一般前提。客观性的统一体是世界所追求的，而且只有一个客观的空间相应于它，即世界必须相应地展示为空间。

但是空间并非世界最初的东西，空间不是首先创造之物。罗森茨维格认为，"这儿"（here）作为空间，它的前提是"这"（this），从起源上看，世界充满了"这"，而"这"要靠纯粹的、未被污染的形容词像"blue""cold"等来表达。一旦这些东西被召唤进生存，世界就被创造了。可见，在先后次序上，形容词先于"这"，"这"先于"这儿"，空间，而空间是先于本质的。作为世界，很明显，存在先于本质。

总之，对创造过程可以概括如下：上帝的自由是创造的动源。否定是作为行动，是自我表达，作为肯定展示为持续的本质的属性，持续的本质是逻辑，是范畴、概念、种，是普遍性。但是普遍作为生存（existence）追求的是具有稳定性的存在（being）。这种稳定性的本质不在个体之中，而在它与种的联系之中。随着种的上升，存在作为整体必须要追求一种更高的东西，或者说其本质在于同上帝的关系。这种普遍性来自神命。因此，世界的本质最终是来自神命，来自同上帝的关系属性。这样从上帝那里看，世界的创造不过是上帝的自我表达；从世界来看，世界的创造则是由个体到普遍的一个逐渐上升的过程，其终点便是上帝。上帝的创造性和世界的被创造性为世界的救赎打下了基础。

启示

启示是一个指称上帝自己的行动把自己显示给人的一般神学术语。在《圣经》中，尽管在个人或民族的灾难中，上帝可能是隐而不显的，但本质上，《圣经》却主张，上帝是自我展开的并希望为人所知晓。上帝揭示自身，首先是通过他在自然和历史中的行动。世界的存在被看作是他的存在的证明，他的善、智慧和力量的证明。上帝通过不断给予启示并兑现这些启示而干预历史。和其他民族不同，上帝对以色列人的不断启示不是一个民族的上帝对他的人民的关心，而是一个普遍的上帝的活动，上帝为了把他的计划带给所有的人而同一个特殊的民族相联系。在《圣经》中，上帝的爱具有在先性。不是亚伯拉罕、摩西追求上帝，而是上帝乞求这些人，揭示自己并在他为人设定的任务中指导他们。另外，尽管上帝被描述成在梦和异象中对人显现，但最具特色的形式仍是语言交谈。罗森茨维格主要是在谈话的意义上来理解启示的。启示不仅是犹太教，也是基督教和伊斯兰教的基础。中世纪的犹太教神学家对启示的概念本身并无疑问，问题在于需要显示犹太人在真正的启示方面所具有的优越性，而这是由西奈山启示来证明的。然而，这个信仰却依赖于犹太传统的可靠性信仰，这里表现为一种确定的自然历史知识。

　　靠理性能获得启示吗？这成为迈蒙尼德时代的人们争论不休的问题，总的倾向是理性并不能获得真正的启示，到现代，启示问题终于成为一个它是否真正地发生的问题。对自然主义者，像重建派和美国的改革派来说，启示是纯粹的奇迹，因此，必须拒绝它。而罗森茨维格则认为，《圣经》经验的核心，至少是在上帝在场的意义上，是肯定了一种神的启示的实在性，而且，他还把启示理解为宇宙救赎的关键。

　　罗森茨维格区别了广义和狭义的启示。在创造中，我们谈到，上帝的创造就是其自我表达，在创造活动中上帝展开了自身。上帝的创造是其意识的迸发，而世界则产生被创造的意识。

对上帝来说，创造不仅是世界的创造，它也是在自身内作为一个遮蔽发生的东西。在这种意义上，我们必须把创造视为一个已经展现的即他是作为一个创造者显现自身的。行动自由在创造力中展现为本质的、属性的存在。[1] 在此意义上，创造是第一个启示。但是创造有遮蔽自身的危险，因此，还要求一种能确保在创造发生时启示的力量，第一种启示要求第二种启示的发生。罗森茨维格认为这种力量来自上帝创造的深处，但它不是创造。它是当下的产物，是从结构上肯定创造的工具。启示者在他永恒的当下中，可以时刻把上帝的创造转化在揭示状态中，使它永恒当下，而不成为过去。借此使上帝的遮蔽性永远成为过去。他认为，创造植根于创造力，而这种力量来于上帝的冲动、本质。他认为只有爱符合这些要求，爱像光一样，使其他东西可见。"永恒的本质把自身转化成爱，一种每时每刻都常新的爱，一种永恒年轻的爱，永远第一的爱，这种爱完全是一种冲动。"[2] 爱就是使第二种启示发生的力量。

罗森茨维格区别了两种爱。一种爱是一个施爱者的爱，不是那被爱者的爱。只有一个施爱者的爱才会这样持续不断地自我满足。正是他在爱中给予他自身，被爱者接受了这礼物。上帝不是因贫乏才去爱，贫乏不是上帝的属性。贫乏也不是施爱者的属性。爱是人的暂时的自我转化、自我否定。当他爱时，他仅是一个爱者。"爱者的爱总是一种幸运。"[3] 爱

---

[1] 参见弗朗茨·罗森茨维格：《救赎之星》，第 153 页。
[2] 同上书，第 154 页。
[3] 同上书，第 163 页。

也不是一种属性，而是一个事件（event）。在爱之中属性没有任何地位。爱不是上帝的属性。爱不是固定的，而是流动的。上帝的爱是当下的、纯粹的、单一的。尽管上帝是全知全能的，但爱不是全爱（love in no all-love）。就是说，启示既不是一下子揭示给人，也不是揭示给全部的人。启示知道没有全爱的父，上帝的爱是有选择的。上帝爱他爱的地方，爱他爱的人。不是全爱的意思是："上帝爱一切，只是（在某些情况下）'尚未发生'（not yet）。"① 因此，爱的行动不是指向一般的人类，而是指向个体；不是以同样的标准指向所有的个体，而是指向上帝意志的选民。另外，上帝的爱是对死的永恒的胜利，上帝的爱为战胜死亡提供了根本性的条件。

另一种爱是人的爱，是被爱者的爱。罗森茨维格认为，任何爱都是一种关系，上帝的爱要求人的爱的回报，但二者绝不是平等的。人的爱源于上帝的爱的激发。他说：一种由谦卑和骄傲、独立和被庇护的感情混合而成的畏惧，它们不是施爱者的爱，而是爱的对象。这正是被爱者的爱。他解释说，人是启示的另一极，上帝之爱倾注于人之上。人如何接受上帝的爱呢？人在上帝面前，原是一个孤独的、封闭的自我，其特征是反抗，这是一种傲慢（arrogance）。在上帝之爱中，反抗转化成其反面——谦卑。谦卑是一种意识到上帝恩典的骄傲。谦卑因感到是被爱的、被庇护的而骄傲。然而，当反抗采用了悲剧的谦卑这种可见形式时，它在旁观者心目中会引起一种恐惧的景象，而感觉不出谦卑自身。这样，谦卑会与畏惧相连，就会出现被爱者的那种谦卑与骄傲、独立

---

① 弗朗茨·罗森茨维格：《救赎之星》，第164页。

与被庇护、荣耀与畏惧的混合情感。

被爱者的爱不同于施爱者的爱。爱的对象知道自己由施爱者的爱而产生且栖居于其中。被爱者看作是永恒的、不变的，对施爱者来说是暂时的、永远更新的。被爱者永远被刻在施爱者的爱上，永远不能大于它。施爱者的爱永不生长，也永不消失。被爱是被爱者赖以生存的空气。施爱者的爱是永远闪烁着的光，它闪烁的时刻为其提供在场性。而被爱者的爱要靠神的持续存在为其提供在场性。它知道自己在每一时刻被爱仅是因为它知道自己永远被爱。被爱者对施爱者的爱的回报无法与施爱者的爱相比。施爱者的爱是直接给予被爱者的（启示是没有中介的），而人的感谢之爱却无法直接给予上帝。他只能以符号的方式给予感谢，那就是灵魂接受上帝的爱，那就是人对上帝的爱的信仰。罗森茨维格指出，同上帝之爱的重大区别之一是，人的爱具有信仰性，没有信仰，人的爱只是空洞的形式，毫无意义。

对爱的信仰性问题，罗森茨维格进行了一番探讨。他指出，人的发展是由内向的灵魂到被爱的灵魂再到信仰的灵魂的。灵魂的内向、孤独可以是对个体生存经验的体悟与升华，被爱可以是对经验内容的前提设定，而信仰为这种设定提供实际的效用、验证或者实践力量。其反面是对这种设定的怀疑：灵魂是被爱的吗？上帝的爱能同灵魂分离吗？正如罗森茨维格所认识到的，被爱毕竟是一种纯粹被动的属性，而且一般地说，它连属性都不是，它依赖于主动的东西是否把活动加于其上。上帝会给予被动的东西以持续的属性吗？上帝一定不会从人的灵魂那里撤回爱吗？这些问题只能由信仰来解决。因此，罗森茨维格认为，爱的对象具有信仰性。人是可以有信仰的。信仰可以使人永远生活在上帝的爱中，靠信仰验证上帝的爱。他认为，如果灵魂是一个物的话，它自身可能是没有信仰的。因为它不是一个物，它也不起源于物的世界，它来自人的自我。尤其他是一个反抗，是反抗在不断地奔涌中肯定人的特性，这是灵魂的秘密根源，它给予了灵魂得以确立的力量。没有自我中反抗意识的风景，在灵魂信仰的海洋中风平浪静是不可能的。反抗意识是孤独的自我，正是由它导向对上帝的爱的信仰和依赖。反抗意识是人之中的"原恶"。"没有阴暗的自我封闭就没有明亮的启示，没有反叛就没有忠诚。"[①] 信仰就是被爱的东西坚持朝向爱的东西。信仰的属性赋予了灵魂永远活在上帝之爱中的力量，这样从爱的对象中也会生出一种力量，不是不断更新的冲动的力量，而是肯定和不变的力量。被爱者对施爱者的信仰就是回报的爱。靠信仰，灵魂验证了上帝的爱并给予它持久的存在。他说，如果你对我验证上帝，那么我就是上帝，而不是相反。当灵魂第一次被施爱者的爱所征服时，它在自身之中听到了"进入永恒"的声音，这不是自欺。爱使灵魂进入永恒，灵魂在上帝的爱中，像一个在母亲怀抱中的婴儿那样幸福而安详，他超越了一切苦痛而与上帝同在。

　　罗森茨维格强调，在严格的意义上，只有对灵魂和上帝才可谈爱。这里的爱与性爱和因缺乏而爱是无缘的。男人和女人之爱是反复可变的，而上帝和灵魂间的关系如同永远保持一样，上帝永不停止爱，灵魂永不停止被爱。正是在上帝之爱中灵魂之花才在自我的岩石上生长开放。正是在这种意

[①] 弗朗茨·罗森茨维格：《救赎之星》，第164页。

义上，罗森茨维格把启示——爱的关系称为"灵魂的永远的再生"（the Ever-Renewed Birth of the Soul）。

从上面的论述可见，启示是上帝和人之间的一种不平等爱的关系，那么启示如何发生、启示有哪些具体内容、启示与时间的关系及启示的基础又如何呢？

启示的发生是需要准备的，倾听召唤、被给予名字，都是启示发生的前奏。罗森茨维格的启示作为一种对话，同语言有着不解之缘。首先，启示发生在"我—你"（I-thou）的范围之内，所以要先确立"我"和"你"这两个词。他认为启示的第一个词是"我"。在上帝之内有"你"与"我"相应。正是"我"和"你"的双重声音回响在人的创造中。但在上帝之中的"你"，是听不到的"你"，而"我"也不是一个可以见到的"我"，因为没有"你"与它相对。只有当"我"承认了"你"作为一种外在于它自身的东西时，也就是说仅当它从内部的独语转化成可闻的对话时，才能成为可见的"我"。在独白中"我"仍是自我称谓的，仍藏匿在第三人称之中，仍不是一个显现的"我"。只有在"你"的发现中才能听见一个实际的"我"的声音。

在对"你"的追问中，"我"发现了它自己。在追问中，我把自身表达为一个词"我"。对"你"的追问仍是一个追问，不可能发现"你"。在上帝的爱的追问中，只有灵魂能回答："我在这儿。"

罗森茨维格认为，在上帝的追问和人的回答中，确立了一种应答关系。但"我"仍是空洞的，因为人的"此时此地"（here and now）即其所处的时空位置仍是需要提前确定的。这些仍是对启示的准备，只有时空位置有了世界和经验的根基，才能给启示以确定性。确切地说，就是不但要确立"我"和"你"，还要确立万物之名以及人在世界之中的时空位置，从这里才有启示的真切发生。在启示和世界中，任何事物都成为词①，不能成为词的那些事物不是先于就是后于这个世界。

　　罗森茨维格认为，在世界中根本没有终点和开始，是"我"和专有名词把终点和开始的概念带进了世界。在世界之中它总是带着它的"这儿和现在"，无论它在哪儿有一个终点，无论它开口向哪儿都有一个开始。他解释说，当人被创造为一个人同时又是一个词"亚当"（Adam）时，我在自身内部成为终点和开始。因为，作为一个人的"我"，他渴望一个位置取向。他需要一个终点作为世界的中心，一个开始作为经验的开始。而"亚当"这个名称需要其他的专名来勾画其意义。亚当的第一个行为就是命名世界中的其他事物，借此使自己获得意义。整个世界充满名字是不必要的，但它必须包含足够的名字以给自己的名字提供一个基础。所以，它必须被根植在时间和空间中正是为了给有自己的空间和时间经验的绝对确定性提供一个基础。这样在世界中的终点和开始必须靠这种基础提供给经验。至少这两者必须被命名，即使世界的其余部分都处在无名的黑暗之中。"世界上必须有空间，必须有一个启示由以散发出来的点，同样也要有时间，一个回荡着声音的时刻，启示在此时开口说话。"② 罗森茨维格认为，空间发生在上帝的集合中，时间发生在上帝的话中，

---

① 即范畴，意指《圣经·创世记》中上帝创造万物时的"各从其类"中的类。
② 弗朗茨·罗森茨维格：《救赎之星》，第 180 页。

二者是一下子建立的。启示的基础是中点和起点在一，它是神的名字的启示。神的名字进入个人的经验，人获得启示，获得信仰。

启示是一种对话，启示同语言密切相关，启示的内容便是以命令的对话方式揭示出来的。上文提到，"我"是启示的开始，启示从"我是主"（I the lord）开始，其内容是"爱我"。"你要爱"（Thou shalt love）是上帝赋予人的"我"的第一项内容。罗森茨维格认为，在预言中，"我是主"创造了启示本身的工具和风格。先知不是人和神的中介。"只有'我'，而不是'他'才能发出爱的强制性命令，而这个命令也只能是'爱我！'。"[1] 灵魂对此命令的回答也成为启示的一个附属部分。灵魂以承认上帝的爱作为对上帝的爱的命令的回答。对上帝来说，上帝不承认爱，他没有时间，说他承认爱是在撒谎。上帝说出真理仅以爱的命令形式，而不是以爱的承认的形式。对人来说则相反。人可以承认爱，因为人的爱是信仰，在承认中，它被认可为当下追求的持久的东西。对承认爱的人来说，将来似乎是光明和清楚的，被爱者意识到将来不需要什么，只是保持着他的被爱者的身份。但过去是无爱的，被爱仅因为信仰。因为过去的无爱的经历，灵魂是不会轻易地承认爱、信仰爱的。灵魂会因在爱中裸露而害羞，承认爱也是承认他自己的弱点，因此，对于"你应当爱"的回答是"我已是有罪的"。这个回答使灵魂放弃了害羞。这种承认，已经是对爱的完全承认。他抛弃了害羞的冲动而给予整个的爱。但只要他承认，羞愧就伴随着他，这便是痛苦

---

[1] 弗朗茨·罗森茨维格：《救赎之星》，第171页。

的启示。在启示中,上帝的命令成为知识。这种知识既不是纯粹的经验的当下,也不再是超越经验的存在,而毋宁是在经验中获得上帝的形象。

罗森茨维格强调,启示所代表的时间是现在,正如创造代表过去,救赎代表将来一样。启示的命令是纯粹的当下。上帝对灵魂开启自身的第一句话是"爱我",所有的命令都归入伟大的当下。命令都是当下的。其他的命令从外在的方面看,要以法的形式而存在,但此命令仅是一个命令,其内容仅能用一种命令的形式。由于这个原因,它是最高的命令。启示是纯粹的当下,但其根基却在过去,在这里,创造作为过去可以活在当下中。罗森茨维格认为,当下自身是没有根基的,启示的根基在过去。但启示自身使自己成为可见的仅通过经验的当下。也就是说,启示并非由创造来解释,因为创造毕竟是独立于启示的东西,并且过去的创造要由活着的不变的启示来说明。在启示的经验奇迹的闪光中,那预见了这个奇迹的过去才成为可见的。在启示中成为可见的创造是启示的创造。在这点上,启示的经验的和当下的特征是不可动摇的。启示仅在这儿获得了一个过去。这样,启示就进入世界并成为世界的一部分。启示把一个世界的过去看作是过去的世界的部分。在过去是基础的东西在其当下性中也是一个可见的实在,而不只是内在的。这样,启示奇迹的当下性是并仍是其内容,它的历史性(historicity)是其基础和保证。[①]

总之,启示在罗森茨维格看来是人和上帝之间的一种爱

[①] 参见弗朗茨·罗森茨维格:《救赎之星》,第 176 页。

的关系，它的内容的本质就是爱。在同创造的关系上，他认为，创造离不开启示，没有启示，上帝仍会蔽而不显；同时启示也离不开创造，没有创造，启示就失去了基础。二者的关系就如同过去和现在的关系，而这种关系又必牵涉到将来的救赎。因为只有在救赎中三维的时间才能合一。

救赎

救赎是上帝与人和世界之间的一种关系，简单地说，就是上帝与人和世界之间的一种救赎与被救赎的关系；人和世界也是这样一种关系，但归根结底依赖于上帝的救赎。同时，上帝在救赎人和世界的过程中，也救赎了自己，因为他也使自己从同人的契约中解脱出来。救赎不会先于创造和启示，可以说，救赎对上帝来说是对自己的完成；对人来说是对启示的践行；对世界来说是获得灵魂，达到其理想状态。

救赎，其希伯来词根是 padah 和 ga'al，最初的意思是对在商品交易中所欠别人债务的解除，从欠债中解脱出来。yeshu'ah 这个词经常被翻译成"拯救"（salvation），最初的意思是从困难中解放出来。这些词被引申成战胜压迫的条件，或者个人从原罪中解脱出来。在先知和拉比文献中这些术语首要的意思是指民族的重建和再生，也指宇宙的最高的理想状态。

这些术语自然也扩展到上帝自身的活动。上帝被看作是救赎者，在其特别关怀下，孤儿寡妇、穷困潦倒者及被压迫者才能得以脱离苦海。他也可以使人免于罪责，即使这种救赎被看作是自由意志的结果，但是，这种救赎一般被理解为通过个体回到上帝的努力。

人和世界则只能属于被救赎之列。对以色列人而言，军事失败、外族统治、圣殿被毁及民族的放逐成为救赎概念的首要焦点。这些事件都被解释成不遵守上帝命令（启示）的结果。因此，除了上帝的恩典之外，人的悔过和再生对救赎过程来说是至关重要的。

但上帝自身在以色列人的观念中也不能摆脱自身的被救赎的命运。在上帝创世的活动中，在上帝与人的契约中，上帝已担了责任。只有完成这个约定，才能使上帝从中解脱出来。因此在救赎人和世界的同时，上帝救赎了自己。这是《密释纳》和《塔木德》的拉比们发展起来的观点。

在犹太中世纪哲学和神秘主义中，救赎可以分为自然主义和超自然主义两种。萨阿底、哈列维、纳曼尼德（Nahmanides）、克莱斯卡和约瑟夫·阿尔伯（Joseph Albo）用超自然主义的术语描绘了民族的救赎。而迈蒙尼德、加比罗尔等则深受新柏拉图主义和亚里士多德的影响，把人的救赎看成是通过较高级的理智对存在的物质方面的超越，以及培育精神和灵魂的不朽。同样，通过一种相称的理智和精神的培养，不仅以色列人，而且整个世界都得到了救赎。

神秘主义的卡巴拉也发展了自己的救赎观。对他们来说，放逐反映了创造的被损害的状况，犹太民族的救赎和上帝在场及其名字的知识得到了充分修复。西班牙的卡巴拉把救赎看作是一种在本质上同人的努力无关的奇迹。而其他的卡巴拉学者则认为，救赎仅是依赖于以色列人的行为和生活方式的内在重建的一种外在呈现。救赎被看作是依赖于人的行动的，这种行动导致弥赛亚的到来。但个人的能力是有限的，最终救赎只能靠上帝。

同以往的救赎观不同，罗森茨维格同柯恩和布伯一样，把个人的救赎理解为达到民族、宇宙救赎的工具,后者是善对恶的最终胜利。可以说,在罗森茨维格那里救赎具有如下含义:(1)战胜死亡的恐惧,以获得幸福。当然这种幸福是指与上帝合一的幸福体验。(2)从理论上讲,就是战胜中断性,达到永恒。因为只有上帝是永恒的,所以即是达到上帝。(3)从时间上讲,是从时间性超出,达到非时间性。(4)达到上帝、世界和人的完全统一。(5)救赎也就是达到三者之间的对话。

罗森茨维格特别强调了救赎的意义。"在严格而且直接的意义上,根本就没有普遍概念的序列,只有一个唯一的和特别的关于创造-启示-救赎的序列。"① 救赎同启示的关系并不比同创造的关系更密切,反之亦然。创造和启示都从上帝开始。上帝不只是一个创造者和启示者,他更是一个救赎者。"因为,尽管在创造中上帝使自己成为一个创造者,在那儿他创造了被造物;尽管在启示中他作为一个启示者,在那儿他把自己显示给灵魂。但在救赎中,他不仅是一个救赎者,而且他救赎自己。"② 他还说:"在人救赎世界以及世界救赎人的过程中,上帝拯救了自己。"③ 在救赎中,人和世界消失了,但上帝完善了自己。仅仅在救赎中上帝成为"一和全",从而打破了哲学家的全,在救赎中合为一体。救赎是必要的,救赎是目的,救赎是创造的终点、启示的履行。在启示中,人认识到上帝的爱,上帝靠爱昭显了自身,而人在爱中获得灵魂的再生。但是,仅靠启示上帝仍有沦入遮蔽状态的危险,

---

① 弗朗茨·罗森茨维格:《救赎之星》,第 222 页。
② 同上。
③ 同上书,第 229 页。

上帝对人隐而不显会使人再次失却信仰。人的灵魂又会成为一个无援的孤独者,最多也不过是一个克尔凯郭尔式的悲剧英雄。"既然单纯的创造者总是有着退回到黑暗中的危险,同样地,仅仅获得了天福的灵魂,在沉浸于上帝的注视之中时,也有着退回到封闭之中的危险。"① 没有救赎,在创造和启示中开启的通向上帝的大门就会关闭。只有救赎才能解决一切问题。

救赎的途径是"爱邻"。首先,爱邻是对上帝的"爱我"命令的回应,体现了上帝的所有命令。在上帝对人的爱中,上帝命令人爱上帝,但人又如何去爱上帝呢?通过爱邻(爱上帝的造物)。没有爱邻的行动,人的爱将仅是自由意志,无法回应上帝之爱。"没有爱邻这种行动,这种爱将仅是自由意志或意志自由。"② 救赎强调的是人的行动。因此,爱邻"体现了所有的命令","源自最原始的'爱我'的所有命令最终融入包含一切的'爱邻'中"。"爱上帝在爱邻中表达自身。"③

其次,爱邻是克服人的孤独的需要。在世界中人是孤独的,人的孤独感如何克服?靠爱邻。真正与上帝同在的人是不会孤独的,克尔凯郭尔式的生存并不是真正地与上帝同在。因为他同其邻人(周围的世界)不融,不与之交往,认识不到上帝之面貌和上帝之伟大,因此,也就认识不到真正的上帝。在启示中获得的孤独感、畏惧、罪感、痛苦并不就是上帝所给予的命运。上帝是在"爱我"中给予了"爱邻"的命令,只要在爱邻中达到与上帝同在,就会克服人的孤独,达

---

① 弗朗茨·罗森茨维格:《救赎之星》,第 199 页。
② 同上书,第 206 页。
③ 同上书,第 206~207 页。

致幸福。

　　罗森茨维格回答了爱邻的起源及特点。首先，神的爱来自上帝的无限本质，而人之爱则始于人的自由意志，但却是以上帝的爱为前提的。"非常确实，其根源仅在于意志，但人仅在他首先被上帝惊醒而成为一个灵魂后才在爱的行动中表达自己。正是在被上帝所爱时，灵魂能完成爱的行动，不仅仅是一个行动……也是一个爱的命令的履行。"① 其次，罗森茨维格认为，爱邻不是一伦理法则。既然爱上帝在爱邻中表现自身，那么爱邻可能而且必须被命令。但爱邻作为一种命令既不同于自然法则，也不同于伦理法则。爱邻的前提是人被上帝所爱，由此，爱邻这一命令同所有的伦理行动区别开来。伦理法则是空洞的、模糊的。它满足于其自由的来源，但意志认识到除了自由根本没有任何前提，这就是著名的自治要求。这种要求的自然结果就是决定这个行动的法则失去了所有内容，因为每一内容都会成为干扰自治的力量。在自治要求下，只能存在一般意志。"自治的需要要人仅有一般意志。"② 由于法则是空洞没有任何内容的，结果是个体行动得不到任何保证。其结论是，"在伦理上，任何事情都是不确定的"③。道德律必须是形式的，所以它不仅仅是模糊的，而且倾向于无限的解释。相反，爱邻的命令在内容上则是清晰的。"这种爱起源于性格中受到指引的自由，而这一戒律需要一个超越于自由之外的前提。"④ 这个假定就是灵魂是被上帝所爱

---

①　参见弗朗茨·罗森茨维格：《救赎之星》，第 206～207 页。
②　同上。
③　同上。
④　同上书，第 207 页。

的。"只有被上帝钟爱的灵魂才能接受并实现这一爱邻人的戒律。在人转向上帝的愿望之前,上帝必须首先转向人。"① 最后,爱邻之爱是一整套的行动,爱是非时间性的、无目的的。罗森茨维格认为,上帝的爱邻的命令在世界中的执行不是一件单独的行动,而是一整套行动。爱邻是常新的,它总是一件从头开始的事情。爱没有过去和未来,没有目的。它是一个完全沉浸在当下时刻的爱的行动,醒悟是使爱处在这种条件之下。否则的话,那将不是爱的行动,而是"有目的的行动"(purposive act)。人的爱从爱邻开始,但绝不限于爱邻人。邻指近邻,是离我们最近的人。因此,邻居只是一个代表。"他不是因为他本身,不是因为他的美丽的眼睛而得到了钟爱,他不过是因为碰巧就在那里,就在离我最近的地方所以才为我所爱。别人同样可以轻易地占据其位置——正好在离我最近的位置上。邻人就是这个别人。"② 爱给予最近的人和物。由最近的事情到世界上的所有事物,直到让世界充满爱。

在救赎过程中,上帝和人的爱是主动的,而世界则是被动的。(罗森茨维格假定了世界是一个生命体,但世界的生长并不自动走向救赎,只能在爱的激发下才能获得灵魂。)因为启示并不对世界直接发生,世界内部并不存在着救赎的直接动力。"对上帝和人来说,他们的存在的横扫一切的迸发是先于救赎的,而他们自己的行动必定会从内部巩固他们的存在,并使后者结合为一体。然而对世界来说,这些是在它之后的

---

① 弗朗茨·罗森茨维格:《救赎之星》,第 207 页。
② 同上书,第 210 页。

事情。"① 世界先在创造中被造成物,然后才在上帝和人的爱的浇灌下获得本质和灵魂,达到与人和上帝的统一,获得救赎。

但"用自相矛盾的方式来说:世界宣示自身为创造中的造物,但这一点的基础结构却是其自身——'启示'必定要等待其存在——在救赎中的'被创造'"②。因此,对于上帝和人来说,本质早于现象,而世界则是现象早于本质。"既然上帝和人在本质而不是现象上是在先的,那么,作为现象的世界在其本质被拯救之前就被创造出来了。"③

世界的救赎是上帝的创造、启示的逆过程。上帝的创造是从内到外,从本质到现象,从一到多,而世界的救赎则是从外到内,从现象到本质,从多返回到一。因此,罗森茨维格说:"不仅上帝,而且人已经存在(already are),而世界在生成(becomes)。"上帝和犹太人是已完成了的,而"世界仍未完成"。因为"眼泪仍未从每一张面孔上拭去"④,因为,世界仍存在着痛苦、丑恶和不完善。他认为,人对正生成的世界的把握同世界的生成本身是颠倒的。思想的把握只能颠倒客观的时间关系。在思想中,"结尾"(end)一定是"第一"(first)。在正常的思想次序上,同一在从内到外、从本质到现象、从创造到启示的过程中被达到。而对世界的生成来说,同一一定是从自我否定的现象开始,而以单纯的完全肯定的本质结束。上帝和人的灵魂有一种从内到外的生成,而世界

---

① 弗朗茨·罗森茨维格:《救赎之星》,第 210～211 页。
② 同上书,第 211 页。
③ 同上。
④ 同上。

的生成则相反。世界在自我启示的开始时并没有本质。正因此，上帝和人都有走向遮蔽的危险，而世界则没有回到原宇宙（procosmos）的危险。其根据都在于存在的时刻，从这一刻向后者，宇宙是巨大的僵硬的东西，本身是静止的，什么也不缺。而从创造向后看，上帝是隐蔽的；从启示向后看，人是孤立的。世界不同于二者，既不像上帝那样不可见，又不像孤立的人那样不可到达。但对人来说，世界仍是不可把握的具有魔力的世界（enchanted world），而救赎也就是使世界去魔化（disenchant）。救赎与时间不可兼容。救赎的目的，在于跳过时间的篱障，而进入千年王国，获得永恒。而进入永恒的王国并没有明确的时间。因为未完成的世界并不会随着时间的推移而向着永恒的王国进化。若存在进化的话，那只是逻辑上的，与时间无关。在逻辑上，依照罗森茨维格的思想确实存在着随着世界在人爱邻的范围之扩张而由现象到本质、由多到一的进化过程。

　　世界在被创造的开始是不完善的，但它注定必须被完善，它的将来的完善随着世界一同被创造。他论证说，上帝之国的生长是本质性的，它总已存在了同时仍在到来，它永远正在到来。

　　这样，"永恒并不是一个很长的时间；它是一个完全可能是今天的明天。永恒是这样的未来：如果它不是未来的话，就只是现在。然而，永恒却是一个总想着超出今天的今天"[①]。如果上帝之国永远在到来，这意味着生长是本质的，这种生长的时间是不固定的，"更确切地说，这种生长与时间没有任

---

① 弗朗茨·罗森茨维格：《救赎之星》，第216页。

何关系"①。并且进入了上帝之国的存在不可能再脱离,它已永远地进入了,它已成为永恒了。可以看出,罗森茨维格在这里已堵死了由时间步入永恒的通道。进入上帝之国并不是在时间中算计着去爱的结果,因为爱本身即是非时间性的、无目的的,也正是在此前提下,才有进入上帝之国的可能,可以说上帝之国是一个充满爱的世界,也只有在充满爱的世界中才可以进入永恒。至于爱如何从邻居开始遍布于世界,他并未给出明确的回答,也不可能有明确的回答。他只是说,人和世界的完善的救赎的联系,从邻居开始,永远只有从邻居开始,从最近者开始。从一个承载者到另一个,再到下一个,从一个邻居到下一个邻居,直达到整个世界才算完成。对灵魂来说,周围的东西不断变成邻居,他只能看见邻居,他能感受到爱的冲动,把周围的对象作为爱的对象,作为邻居。

救赎的过程既是用爱战胜死亡以达到永恒的过程,也是世界获得灵魂的过程。死亡是被造的世界的自然法则,这是任何造物都无法规避的铁律。救赎就是把人和世界从死亡之恐惧中解救出来,这靠从爱邻开始,把世界转化成被赋予灵魂的世界。从人这一方面来看,在世界朝向人的爱移动时有一个法则在起作用,这一法则就是,爱是就近的,无选择的,无目的的。而从世界来看,则死的法则在起作用。死是生命之中断,而生命的自然增长要求其自身的持续性,但实际上世界生命却不知如何获得持续性和不朽的灵魂。它仅知道,活着的一定要死亡。因此,永恒只能由世界之外的东西来赋

---

① 弗朗茨·罗森茨维格:《救赎之星》,第216页。

予。世界的永恒性的获得以人和上帝之爱为前提。

爱的行动假定了世界是一个生长着的生命体，对爱的行动来说，把世界仅作为一个被创造的存在是远不够的。它还需要把持续性作为一个法则，而持续性则是世界本身自我否定的成长的东西。在这种否定之中，正因为世界意识到了否定它，它未意识到设定它。灵魂需要一种关联的生活。灵魂就是一种本身包含着肯定和否定的持续的意识。在人之爱中，世界向着人的爱运动，在此运动中，世界由在时间中的现象转化为爱的非时间性的本质生存，获得灵魂。

由于救赎是从爱邻开始，从最近者开始，而以世界中的自然联系的持续性为纽带，那么血缘关系、兄弟关系、民族联系、婚姻等人类关系便成为爱的最切近对象，这也就是由近及远地发展爱的救赎之道。正是由这条道路，关联的生命被赋予灵魂。罗森茨维格是非常强调爱的共同体的作用的。"一切在动物世界中都有其原型，通过启示中灵魂的复活，所有的事物在救赎中首次获得了由灵魂而来的生机。一切都植根于血缘团体中，后者是它们中最为切近的救赎。"[1]

救赎起源于上帝，人不知其确切的时日。他仅知道去爱，爱那最近者。至于世界，它依照自己的法则生长。人和世界都知道时间是不可计算的。它仅知道在每时每刻救赎今天到永恒。救赎是一个终点，在它面前所有已开始的一切都回到起始——上帝那里，借此，三者被救赎达到统一。

总结一下创造、启示和救赎的关系。从时间上讲，三者

---

[1] 弗朗茨·罗森茨维格：《救赎之星》，第 231 页。

分别代表过去、现在和将来，三者是互相依存、不可分离的。从三者的作用上来看，创造是基础，创造需要启示，启示是关键，同时创造和启示又都需要救赎，救赎是目的，因为只有在救赎中创造才最后完成，启示才最后实现。

四、宗教观

死亡问题、救赎问题的解决依赖于信仰，属于宗教范畴。另外，哲学和宗教的目的都是达到永恒，但罗森茨维格倾向于用宗教来解决。那么，达到永恒的途径是什么？他通过对宗教的考察回答了这样的问题。

罗森茨维格认为，评价宗教优劣的标准，不是理性，不是历史的证明，而是个人的经验。他的宗教是建立在个人信仰的经验基础上，而不是建立在历史证明的基础之上的。他年轻时曾经企图皈依基督教，但是后来又放弃此念而坚定了犹太教的信仰，也是个人体验使然。他引述《圣经》是为了来说明其主张，证明自己的判断与神的智慧一致。

但是，诉诸个人经验只是一个原则性的主张，落实到实践中必定会遭遇到各种各样的困难。首先，个人经验因其是个人的，因此会有很大的个体差异，罗森茨维格本人的经验证实了犹太教对他的重要性，那么，别的宗教徒的个体经验是否也应该可以证明别的宗教的重要性呢？如果答案是肯定的，那么罗森茨维格就是一个宗教相对主义者，但实际上，罗森茨维格并不认同相对主义。他历数了世界上存在着的和曾经存在过的宗教之后，首先否定了印度和中国各大宗教及神秘主义，在他看来，东方的亚洲所崇拜的神缺乏生命，因而从本质上，他们是僵死的，同无生命的物质并无区别，这样的宗教极其容易走向自己的反面从而导致无神论。罗森茨维格接下去否定的是希腊的诸神。按照他的观点，奥林匹斯山上的诸神要比来自东方的幽灵高明一些，因为他们是有生命的，或者更确切地说，他们是不死的。但是，即便是他们也没有做到对死亡的真正的克服。他们能够做到的，最多是让死亡远离他们，他们甚至派出一位神，即冥王专门去管理死亡。而这样的做法恰恰从反面认同了死亡的存在。与此相反，在有生的世界（the world of the living）他们恰恰不实行统治，因此，罗森茨维格认为，他们是"活着的神而不是活着的东西的神"。因此，在致力于他们的不朽方面，他们是成功的，他们的活生生的生命力，正如尼采所概括的那样，是涌动着的、永恒的生命之流。但这种永恒的生命是同死无关的生命，死亡不是它的对立面，它从未直面过死亡并用自己的力量去克服它，死亡在它之外，它根本不知道死为何物。简而言之，奥林匹斯山上的诸神并不是与活生生的人和活生生的世界相关的活生生的上帝。罗森茨维格最后对伊斯兰教也进行了批判。应该说，在他看来，相比东方的和希腊的宗教，伊斯兰教又有所进步。因为同犹太教和基督教一样，伊斯兰教也是一神教，也信仰一样的上帝。但是，伊斯兰教却是一种完成了的宗教。对此，罗森茨维格的解释是这样的：穆罕默德偶然发现（came upon）了启示的概念，并把它作为早就被习惯所接受的一个发现接受了，也就是说，它不是从它本身的预设中产生的。① "《古兰经》是一本并非基于《圣经》的《塔木德》,一部并非基于《"旧"约》的《"新"约》。伊斯兰教只有启示,没有预言。"② 这就意味着,伊斯兰教没有任何关于"将来"的概念,因此,合乎逻辑的结论自然就是,伊斯兰教是一种完成了的宗教。

在犹太教和基督教之间,罗森茨维格偏爱犹太教。但他同时认为,二者是宗教生活的两种形式,有着同样的优点,依赖于同样的基础,因而是具有内在关联的伙伴关系。

从罗森茨维格对两种宗教的肯定来看,似乎是说真理只有一个,但可以以不同的形式来表现。但罗森茨维格坚持认为:就犹太教和基督教而言,不仅信仰形式不同,在内容上也有差别。只是对上帝自己来说,真理才是一个。这表明,罗森茨维格不是一个宗教相对主义者,因为宗教相对主义把不同的宗教看作是同一真理或价值的符号,认为真理的纯粹内容不能为人所达到。他否定了印度和中国各大宗教及神秘主义,并且在一神教中,把伊斯兰教看成是其中最坏的形式。他只认为犹太教和基督教分享了真理的最终因素。通过它们,人们理解了真理的最终因素;通过它们,人们理解了真理的二重性。当然,这是以一些非哲学的假定为前提的,比如,他假定启示是犹太教和基督教的源泉。对犹太教来说,联系和约束历代犹太人的律法植根于对神的爱的具体经验。与此相似,救赎的信仰也吸收了对弥赛亚的传统信仰。这样,二

---

① 就是说,启示来自习惯而不是推理,虽然它是由穆罕默德所偶然发现的。在这个意义上,穆罕默德的启示有似于笛卡儿的"我思故我在",即是直观的而不是推理的。

② 弗朗茨·罗森茨维格:《救赎之星》,第111页。

者之间的差别就可以用通常的观点来解释：根据犹太人的戒律，弥赛亚仍未降临，而根据基督教，弥赛亚已经降临，并在将来再度降临。这些原则来自传统，却并不与罗森茨维格的观点相抵牾。因为，这些观点是靠信仰的经验来证明的。但是，罗森茨维格本人的观点却不能从其经验中演绎出来，并且这些观点也只能在他的前提下才能被理解。

从个人的体验出发，罗森茨维格认定，犹太教和基督教都是爱的共同体，并肩负着共同的任务：让永恒进入时间，实现人的救赎。这牵涉到犹太民族的存在和基督教会的存在。这是由个体——民族——世界救赎的一个不可逾越的阶段。为了使上帝之爱的经验和对邻人的爱可以渗透到人的存在的社会，以至成为一个爱的共同体，必须用神的爱的经验扩展社会团体的经验。两种宗教都是爱的社会，都基于上帝启示的爱的经验，并都在执行同一个任务：永恒必须进入时间之流。"在《救赎之星》中，犹太教和基督教的形象首先是由对某种存在着的永恒性的追求来确定的……"[①] 二者都在追求永恒的上帝，但二者追求的方式是不同的。而且这也被标志为二者的本质区别：犹太教是永恒的生活，基督教是永恒的道路。

犹太人的永恒生活，是一个信仰民族的生活，其典型特征是（1）犹太人永远生活在"不变的现在"中，即生活在上帝的启示《托拉》（爱）中。其含义是永恒的生活超越于物理世界的时间之外，或者说，永恒仅是灵魂之事而与世界历史无关。他说："但是，这个民族仍然是永恒的民族。其年复一

---

① 纳胡姆·格拉策：《罗森茨维格：生平与思想》，第273页。

年的时间性，可被视为只是在等待、流浪，而不是成长。成长的意思是，在时间中尚未达到完成，因此而可能会产生对永恒性的拒绝。而永恒恰恰是，在当下与完成之间，时间不再拥有一个空间，而是：每一个未来如同今天那样可以被把握。"[1] 罗森茨维格总结说，等待和流浪是灵魂的事，而成长是世界的事，因此，永恒的民族一定要忘记世界的成长，因为正是成长使永恒的民族否定了自身。因此（2）永恒的民族外在于世界、国家的历史。国家和历史本身都不是永恒的东西，虽然"国家是一种尝试，因而不可避免地要不断更新，它的目标是在时间中给万民以永恒"[2]。国家是犹太上帝观的分裂，它强调了正义而未结合爱，因此，"战争与革命就成了国家唯一熟悉的内容，在任何一个时刻，只要两者都不出现——甚至仅仅在思想中的战争或革命——那么国家就不再是国家"[3]。而历史只是"流动的时代"（current era），只不过是世界、国家在时间中的运转，它遵循的是死亡法则，恰好是永恒所摒弃之物。所以，"这就是为什么永恒民族的永恒性必定并且总是不仅不为国家和世界历史所熟悉，而且经常令它们感到困扰的原因"[4]。（3）永恒的生活是一种救赎状态的生活，而过着这种生活的犹太民族是到达了目的地的、完成了的民族。他明确指出："就上帝的选民来说，永恒已经到来了——甚至就在时间中！"[5] "世界万民都在朝着一个目标前

---

[1] 弗朗茨·罗森茨维格：《救赎之星》，第310页。
[2] 同上书，第313页。
[3] 同上书，第315页。
[4] 同上书，第316页。
[5] 同上书，第316页。

进，而犹太民族就其自身来说已经达到了这一目标。"① 他认为，犹太民族本身就是一个信仰和生命的内在统一。正因为有这种统一，所以犹太民族注定外在于仍未达到这种统一的世界。犹太人的这种内在的统一性是其他民族几个世纪也无法达到的。

犹太人的永恒生活并不是在时间中的永远持续，而是时间之上或时间之外的生存。罗森茨维格认为获得这种永恒须基于两点，一点是对《托拉》的信仰或者说是上帝爱的启示，一点是血缘联系或者说是上帝选民意识的血脉传承。由于启示或《托拉》的非时间性、超历史性，犹太民族作为唯一的拥有《托拉》的民族得以超越历史和时间。"永恒民族是以时间性的生命为代价而赎买其永恒性的……习俗与律法，过去与未来，变成了两个不变的尺度。在这样的变化中，它们不再是过去与将来，而是固化了，成了不变的现在。习俗与律法，由于变得不可增加与改变，而流进了一个现在有效、永远有效的盆里。一个集习俗与律法于一体的独特的生命形式充满了瞬间，并使之永恒。"② 而关键在于"律法不诉诸革命，它可以隐而不用，但不会改变"③。靠血缘联系这一信仰的载体进入时间，使上帝的选民免于中断和死亡，因此，各代人的自然联系是其永恒的基础。"它必须是具有统一血缘关系的共同体，因为只有血缘才可望使未来保证现在。"④ 如果某个其他的共同体不能靠血缘来传播自身，而期望自己的永恒的

---

① 弗朗茨·罗森茨维格：《救赎之星》，第 313 页。
② 同上书，第 289 页。
③ 同上。
④ 同上书，第 285 页。

话，唯一的办法是在将来保持一个位置。这或者是在时间中永远的持续，或者是一厢情愿的希望。"一切非血缘的永恒性都是建立在意愿和希望的基础上的。即使在今天，唯有同一血缘的共同体可以感受到，其永恒性之保证正在通过其血脉而温暖地流淌着。"① 罗森茨维格认为，对于犹太人来说，血缘关系是犹太人的内在的本质因素，是它承续了上帝选民的血统；也正是这种血缘传承使犹太人认为这个世界和正在到来的世界对他们来说是重要的。同血缘这种选民意义上的载体相比，乡土、语言都是次要的。因为没有土地和语言，犹太人仍不失为犹太民族，但没有了血缘，这个民族就会灭亡。"只有我们信靠血缘而与领土分离。以此方式，我们保存了宝贵的生命体液，它保证了我们的永恒性。"② 可见，就永恒的两个基础来说，只有犹太人能过永恒的生活，这来自他们的天命：拥有《托拉》和选民血统。从这里我们可以说，犹太人的永恒生活得以建立的两个基础，仍都是来源于上帝的意志，上帝的永恒性。

与此相反，永恒的道路既不是超越时间之上的非时间的永恒，也缺乏任何自然的联系，仅靠信仰为基础而存在。基督徒是在时间中的，其永恒在于在时间中的永远延伸。由于基督教是一个靠信仰耶稣的降临和再生的人所组成的社会，其永恒性在于这样一个假定：弥赛亚成为肉身，弥赛亚会在将来降临。基督教的同胞之爱就分布在这两个极点之间。由于弥赛亚的降临在将来不是一个确定的点，因此，这两点之

---

① 弗朗茨·罗森茨维格：《救赎之星》，第 285 页。
② 同上。

间就是一段无尽的道路，就是在时间中的无限的延伸。基督徒"通过时间的漫漫长夜寻找出路"①。在这道路的每一部分中，它都是同样的，因为仅仅开始和结束对它有意义。基督教的同胞之情在每时每刻都知道，它走这条道路，并因此清醒地意识到了自己的永恒。对基督徒来说，所有的时间中发生的东西都是毫无价值的；它走这条道路所花的时间并不是时间的一部分。沿着这条道路，基督精神进入世界中的民族。由于它不受自然联系限制，它有可能达到世界的全部。由于犹太民族已经实现了永恒的生活，它同世界上的其他民族都是分离的，仅仅靠其影响能渗透到世界上的其他民族。基督教不仅准备吸纳各民族，而且作为一个被给予永恒道路的教会，它有去征服异教世界，把它变成基督世界的使命。

由于两种宗教对人的自然本性的看法不同，所以，在一个人向一个犹太教徒和基督徒的转化中也是有很大差别的。改宗对基督徒来说是本质性的，而对犹太教徒则是不重要的、外在的。从异教徒到基督徒的转化对每一个基督徒来说都是必要的。对基督教来说，人一生下来只能是一个异教徒，而不是一个基督徒，要想成为基督徒必须经历自身的异化，放弃自身的自然本性成为一个基督徒。而犹太人则相反，他一生下就是一个犹太人，任何天生归属于上帝的选民的人，就被认为是一个犹太人，并且有能力参与神圣民族的永恒生活。犹太人否定了自己的信仰就是出卖自己的本质。犹太人的生活引导他更接近自己的天生本性，其根本在自身之内，不需要外部提供什么。

---

① 弗朗茨·罗森茨维格：《救赎之星》，第 319 页。

在人的本性和上帝的结合方式上，两种宗教也有分歧。对犹太教来说，人同上帝的结合靠的是人的本性，为加入永恒的生活，他不需要更新或放弃自己，上帝已把永恒的生活置入了他的选民之中。对基督徒来说，人的自然本性已被原罪所败坏，为了能与上帝结合，必须依赖于上帝的恩典。根据罗森茨维格的看法，犹太教的观点与犹太人在天性上是相投的，基督教对基督徒亦是如此。另外，犹太人可以直接认识上帝，而基督徒则需要中间人。他在基督教中看出了异教成分，因为基督教需要一种"人—神"（Man-God），而且在本性上基督徒天生是一个异教徒。可以看出，在皈依问题上，从犹太人到犹太教徒是自然的、合一的，并且是一劳永逸的，而犹太人向基督徒的改宗则是人为的、断裂的。

罗森茨维格在两种宗教上看到了一个典型的区别，这也可以解释他对国家和政治的拒斥态度。对犹太教和基督教来说，上帝既是爱和正义的上帝，又是我们所依归的创造和启示的上帝。在基督教那里，这些方面的区别是很大的。但在犹太教那里，上帝的这些不同方面相互间并无明显的区别。作为正义和爱的上帝，是同一个上帝；对于犹太人来说"（主）上帝被他的人民看作因果报应的上帝，也是爱的上帝"，对犹太人来说，上帝同时既是"主"又是"父"[1]。对基督教来说，这是不可能的。当人转向上帝的正义时，在他对神的爱的思想意识中并无任何位置，反之亦然。正如罗森茨维格在不同的地方所表达的，基督徒对作为"父"的上帝有一种关系，而对作为"子"的耶稣有另一种关系。犹太教和基督教

---

[1] 弗朗茨·罗森茨维格：《救赎之星》，第291页。

的这种差别，在其他方面也存在着，并植根于人和世界的本质之中。他意识到，这种差别的根源在于：被定义为永恒生活的社团的犹太教在所有不同的内在性方面都相互融合了，而基督教，就它是一个永恒的道路的共同体而言，以不同的方式走向爱和正义的上帝，这样，它走向上帝的道路便被一分为二：国家的道路（正义）和爱的道路（教会）。当然这种二分也是正确的，它导致了两种宗教的最终区别。正是犹太教的爱与正义的合一论才导致罗森茨维格对国家的拒斥。在他看来，国家既不是爱也不是正义，而只是政治意味的战争和革命，是时间历史中的东西。可以说，罗森茨维格并不是从社会学角度来看问题，而是从信仰生活的原初性的不同上来说明问题的。

　　罗森茨维格独到地解释了犹太民族历经磨难而未消失的原因。他认为这是对上帝的《托拉》的信仰和血缘关系（上帝的选民）相结合的结果。同血缘关系相比较，语言和土地都被看成是外在的因素，因为犹太人的存在并不完全依赖于自己的语言和土地，而是依赖于其内在的生活和血缘关系。但土地和语言在其内在生活的积淀中仍是一个原始的情结。因为没有别的土地是他的土地，没有别的语言是他的语言；但即使在自己的土地上，他仍旧把自己看成一个"逗留者"。犹太人在没有自己的语言时，也能存在下去，但当把这些因素同永恒的民族相联系时，根据他的逻辑，"圣地"是没有土地的地方，"对永恒的民族来说，家园从不是土地意义上的家园"[1]。希伯来语言是祈祷者的语言，犹太人在面对上帝时才

---

[1] 弗朗茨·罗森茨维格：《救赎之星》，第286页。

说这种语言。追求心中的"圣地"和用"圣言"同上帝交往仍是犹太人所期冀之事。在他看来，也只有土地超越于政治条件、语言独立于时间时，才能作为神圣的土地和神圣的语言，也只有这样时，土地和语言才能被包括在民族的永恒存在之中。

罗森茨维格认为，作为一个永恒的民族，以色列人超越于历史之上。历史民族的来去、兴衰对犹太人不产生什么影响。以色列不是他的一部分，世界也不是他的世界。世界中发生的事情对以色列人的内心生活来说几乎没有价值。国家的兴起和灭亡对他来说都是一样的。对犹太教来说，世界从创造到弥赛亚的降临基本上也没有什么变化。在这个世界中，他只有一个任务，就是使永恒生命赋予他的生活风格代代相传，带着希望和信心期待着弥赛亚时代的到来。罗森茨维格的看法是针对一般犹太教的，因此也是适用于整个犹太历史的，因为犹太民族在本质上是一个永恒的民族，过着外在于历史的生活。在他的描述中，人们可以清楚地看到，以色列使自己越来越不同于一个民族的历史，尤其不同于其政治历史。这同其作为永恒民族的本质是一致的。

犹太民族作为永恒的民族同国家和历史相分离的观点，缘于两个方面。一方面，是罗森茨维格对待国家的基本态度。在他看来，国家是一个政治实体，它主要靠法则和命令在时间中塑造民族。它是时间中的东西，它只知道战争和革命，依赖于实力，靠的是死亡的威慑；而犹太教是统一的，是靠非时间的爱。因此，国家同永恒的民族是对立的。犹太人主要是作为一个宗教民族而存在，而不是作为一民族国家而存在的。另一方面，上面已谈过，犹太教是统一的，没有宗教和政治的分离，那种把正义委托给国家的做法是有违于犹太人的上帝观的。尽管《托拉》中也包括了政治及法律的规定，但国家并没有起到维护以色列民族永恒存在的作用。因此，他反对犹太复国主义。和柯恩一样，罗森茨维格也认为犹太复国主义破坏了永恒民族的本质，二人都认为犹太人的散居区对于犹太教在未来历史上扮演的角色来说是必要的舞台。然而，面对20世纪猖狂的反犹主义，他意识到了维护犹太教存在的现实需要，他赞赏许多年轻犹太复国主义者关于犹太国家存在的建议，但是这并没有改变他关于救赎的基本观点：它不是历史上人的一个插曲，而是一个超越历史的事件。

在罗森茨维格的哲学中，基督教和犹太教有着内在的联系。他把犹太教的永恒的生活比作火，把基督教的永恒的道路称作光。光来源于火，二者具有互补性，但从根源上说，基督教依赖于犹太教。犹太教是对上帝的永恒的启示，而基督教则是爱的扩张，因它试图把整个世界都变成基督的世界。他坚持认为，这两种宗教都是上帝的同一任务的工作者，二者都不可能靠自身完成这项任务。在《救赎之星》中，他描述了两种宗教的最终和解。① 对罗森茨维格来说，犹太民族是完成的民族，在时间历史之外，它是火，是其他民族的目标和方向，一直在目的地等待着其他民族的到来。而基督教是在时间历史之中的，它把爱传播给整个世界，并且随着世界充满爱而获得灵魂，即世界的救赎，而从永恒的道路走向永恒的生活。罗森茨维格把犹太教请出历史领域为基督教留下了地盘，基督教靠回到犹太教而发现了永恒的生活。

---

① 参见《救赎之星》第三部第二卷及以下。

在我们看来，犹太人同历史、国家相分离，犹太人是永恒的已获得了救赎的民族的观点，同罗森茨维格关于救赎是达到上帝、世界和人合一的观点是矛盾的。救赎是靠爱邻，而不是靠同其他民族的隔离。通过爱邻而让世界充满爱，在爱的怀抱中世界整个才拥有可用的逻辑，获得灵魂。那么，以色列承担了救世的责任了吗？如果他在时间与历史之外，并和其他民族相分离，那么，答案就是否定的。也许可以说，尽管犹太教在起源上、神圣的程度上，以及在纯粹性上和完善性上优于基督教，但是，因其是已经完成了的宗教，它在实际生活中所起的作用反倒比不上基督教了。基督教是尚未完成的永恒的道路，是存在于历史和时间之中，因而可以为人们所信奉的，借此人们的精神有所归属，爱得以传播和蔓延，在遥远的未来且"难于上青天"似的救赎将终究成为可能。已经实现了目标而在终点等候的犹太教只能向正在跋涉中的人们频频招手，它的引导作用比之现实中的基督教信仰和宗教生活无疑是相形见绌的。

五、《救赎之星》的理论在实践中的应用

在《救赎之星》之后，罗森茨维格一直努力实践其中的理论，尤其是其中的思维——言说理论，他在这方面的代表作即是若干对中世纪的犹太哲学家、诗人犹大·哈列维的诗作的现代德语翻译。

在前文中我们已经说过，启示必定不是沉默的，它最根本的意义在于言说，而且是双向的对话。这一观点的合乎逻

辑的结果必定是上帝的启示对于我们每个人来说都是一种当下的、活生生的对话。在这种对话的框架中，上帝与人完成了启示与被启示、救赎与被救赎的过程，而且按照《救赎之星》的说法，甚至救赎的过程都是双向的，即，上帝也是在对话中完成了对自身的救赎！因此，当人们真诚地呼唤上帝之名时，他们迎来的必定是一场真正的和富有成效的对话。正是带着这样的观点，罗森茨维格开始了对哈列维诗作的翻译。

罗森茨维格坚信，哈列维同他一样倡导的是上述这种对话关系。因此，在对待哈列维的诗作时，他毫不犹豫地将这种观点付诸实践。对此，他在翻译的后记中所引用的一段引文提纲挈领地表述了这一观点，该引文出自《荷马史诗》的德文译者斯托尔贝格（F. L. von Stolberg）之口：亲爱的读者，把我的译作付之一炬，去学习希腊文吧！[1] 在这里，罗森茨维格并非出于一般的学术严谨的考虑要求人们去学习阿拉伯文或希伯来文[2]，他引用这段话的目的只有一个，即要求读者能从原来的单纯的读者身份更进一步，变成对话者。当然，这种身份，对于哈列维的诗作来说就意味着变成信仰者。因为在哈列维的几乎每一部诗作中，上帝都是一个不可或缺的成分。因此，罗森茨维格的工作就不仅仅是简单的翻译，而是如他自己所说的那样，首先尽可能地复原哈列维的原文，这一部分，按照他自己的说法，做到了 5/6[3]，而其余的 1/6

---

[1] 转引自 Barbara Ellen Galli, *Franz Rosenzweig and Jehuda Halevi*, McGill-Queen's University Press, 1995, p. 169。

[2] 哈列维的部分著作是用阿伯拉文写作的，后世的希伯来学者将其翻译成了希伯来文。

[3] Barbara Elle Galli, *Franz Rosenzweig and Jehuda Halevi*, p. 169.

则交给注释的部分去完成。而对于普通的读者和研究者来说，注释的部分显然更为清楚易懂。

按照 B. E. 加里的说法，罗森茨维格的注释在具体实践《救赎之星》的理论上呈现出五个明显的特征：（1）不同层次的言说；（2）从宗教经验出发；（3）个体的在场；（4）直接的言说；（5）永恒与当下。[①] 所谓不同层次的言说，指的是哈列维的诗作不是作者本人的独白，它们是作者、读者以及诗作的内容之间的互动。在这种互动中，每个人吟诵的内容既是一样的，又是有区别的，既是自己的吟诵，又是对其他吟诵者的回应，同时也是对吟诵内容、吟诵的对象的一种回应，这样的一种复杂的互动正好构成了《救赎之星》中所描述的那种合唱的"团体"。所谓宗教经验，如同本章开头所描述的一样，是哈列维一直强调的重点内容。历史表明，哈列维同罗森茨维格一样，对宗教经验予以了同等的重视。同时，罗森茨维格还强调：宗教经验，尤其是与上帝相遇的经验不是信仰的终结，恰恰相反，它是起点，是生命的起点。所谓个体的在场，指的是前文中提到过的，在《救赎之星》的开端部分中强调指出的：在任何时候，哲学家都是其哲学体系中的不可忽略的量。需要注意的是，这里的个体并非指的是笛卡儿式的我。这样的"我"绝不是罗森茨维格想要的，恰恰相反，真正的我永远是与"你"相对而立的我，包括上帝，也是这样的我和这样的你。所谓直接的言说，指的是直接的对话的有限性，即，它是一种对某人的言说，而不是某种关于某人或某事的言说。具体而言，在罗森茨维格看来，哈列

[①] Barbara Elle Galli, *Franz Rosenzweig and Jehuda Halevi*, p. 399.

维的诗篇是对上帝的直接的言说，是作者直面上帝的呼唤和对话，它们不是关于上帝的记载。因此，结合上述三点，阅读哈列维的诗篇，重要的就是每个读者最后都会变成直接与上帝对话的对话者。所谓永恒与当下的区分相对来说比较复杂，主要指的是永恒的时间性问题。首先，从逻辑上说，永恒应该是一种无时间性。这是希腊哲学以及以其为起点的整个西方哲学的传统看法。而罗森茨维格认为，哈列维的诗作中表现的却是一种与时间相关的永恒。例如，他认为，哈列维在《审判日》（*The Day of Judgment*）一诗中暗示人们，审判日既是对过去的终结，又是新的一年的开始，在这里，时间上有始有终，但却是周而复始的永恒轮回。其次，永恒的时间性还涉及了我们对于上帝的经验。例如，《在暗夜中》描绘了在午夜的异象中：上帝就在当下，永恒就在当下。[①] 就这一经验本身而言，它是暂时的，但对永恒的经验却又是永恒存在的。

总而言之，对哈列维诗作的翻译是罗森茨维格实践其理论的重要一步。正如整部《救赎之星》的结构所表明的那样，它以"关于死亡"开篇，以"进入生命"终结。这一刻意的安排意味着对罗森茨维格来说，启示的真理一旦得到证实，那么它必将进入个体的实践，进入实际的生活。罗森茨维格本人也实践了自己的理论，在《救赎之星》之后，他就转向了实际的生活，并于1920年创立了自由犹太学院（*Das Freie Jüdische Lehrhaus* [The Free Jewish House of Teaching]）。其办学理念是：反其道而行之。就是说，不再是学习《托

---

① 参见 Barbara Ellen Galli, *Franz Rosenzweig and Jehuda Halevi*, p. 409。

拉》，然后再进入生活，而是相反。那些让他成为犹太人的东西再次变成了他生活的中心内容。跟他的老师柯恩一样，罗森茨维格反复强调的是：作为一个犹太人，他不会牺牲任何犹太的东西，相反，如果有必要，他可以为犹太人的身份牺牲任何东西。

第十五章

马丁·布伯

一、生平与著作

马丁·布伯（Martin Buber）1878年2月8日生于维也纳一个富裕的犹太人家庭。其父为一名优秀的农业专家和成功的农场经营者，酷爱自然，精于现代农业技术，只是禀性中缺少些许亲情与浪漫，性格拘谨刻板；他母亲则是一位情趣盎然和精神敏感的知识女性，为人热情奔放，爱好文学和艺术。正是父母性情中的这种差异和心灵上沟通的缺失，终致家庭解体。对年仅5岁的布伯来讲，这无疑是一次严重的、久久难以抚平的心灵创伤。不过，30年后，当这一深埋心底渴见母亲的愿望得以了却的时候，时已步入中年的布伯似乎已不再需要那个遥远的梦中母亲了。他与母亲的这次见面，以彼此相对无言而结束。甚至在后来，这一幼时的心灵创伤还以一种哲学的形式折射出来，在他的"对话哲学"中，"失之交臂"（mismeeting）这一重要的概念，即用来指人与人之间那种不能真正相遇的生存状态和隔膜的维度。谁又能说一个人成熟的哲学思想与其童年的生活经历和心理发展没有直接的关系呢？

父母离异后，布伯随即去往时属哈堡斯王朝的莱姆堡（属波兰治下的乌克兰，后成为奥地利统治下的迦里西亚的首府）与其祖父母一起生活。这一段生活给布伯留下了十分美好的回忆，并且对他后来人生道路的选择产生了重大影响。在他后来成熟的思想中，我们依稀可见他祖父母的影子。他的祖父索罗门·布伯（Salomen Buber）既是一位大地产拥有者和银行家，又是一个在当地非常有名气的犹太学者，对犹太宗教和犹太文学有相当深厚的研究。他还是一位语文学家，像他周围的许多哈西德主义者一样，"十分迷恋文字"。布伯最初就是通过其祖父接触到哈西德主义的。祖母阿德勒·布伯（Adele Buber）除擅长家产经营管理外，还是一位很有天赋的德国文化研究者，酷爱德国古典文学，尤喜席勒的作品。我们不难想见，在这样一个生活充裕但并不奢华，充满犹太传统文化和现代知识气息的大家庭中，童年的马丁·布伯在心灵上受到过怎样的浸染和熏陶。他始终在一种多语言和交互文化的环境中接受教育。在他家中，意第绪语和德语是家庭成员之间交流的语言，而当他很小的时候就在家庭老师的帮助下掌握了古希伯来语和法语，波兰语则是他上中学学习时的标准用语，古希腊语更是他"喜爱的语言"。这种多语言能力的培养和形成，为他日后融通东西方文化和宗教奠定了语言基础。

14岁那年，他不得不离开他所热爱和敬重的祖父母，回到父亲重新组建的同样也在莱姆堡的家中，并进入当地的中学就读。这是一段令他难忘的痛苦岁月。当时,该校学生绝大部分为当地的波兰人,犹太学生仅占少数。学校的气氛是"在没有相互理解情况下的相互容忍"。这也就是一种"冷漠的相处"。尽管学生们个人之间保持着平静和有分寸的友谊和往来,但作为具有完全不同宗教信仰的两个群体来讲,他们相互之间是完全陌生的,彼此不能分享对方的宗教体验,精神的异己化冲击着一个个稚嫩的心灵。对向来精神敏感、人生体验深刻的布伯来讲,他内心实际上十分厌恶波兰学生每日清晨八点必须进行的早祷,因为在这一仪式中他深深地感到自己是一个被弃置一旁的"物",而不是一个能够共同参与到其中的"人"。在接下来的几年中,每当学校晨祷开始的时候,他就感到自己是一个被迫立定于那里,眼睛死死盯住地板,耳中充满怪异声音的异乡人。这种强烈的痛苦感觉极大地刺伤了他的自尊,他对人与人之间在精神上的那种隔膜和冷淡有了第一次深深的体悟。他后来甚至认为,这种情况比任何公开地在政治上和肉体上迫害犹太人的行动都更加令人难以接受。也正是通过这些事情,他内心深处才产生了严重的信仰危机,最终导致他弃绝大多数犹太人所坚持的宗教习俗和礼仪。从那以后,他就反对任何形式的布道活动。多年后,当另一位著名的犹太思想家弗朗茨·罗森茨维格出于政治目的,试图说服布伯向非犹太人特别是阿拉伯人布道时,遭到了布伯的断然拒绝和严厉斥责。他解释他这样行事的理由是:任何宗教信仰是不能够依靠布道活动来强制和维护的,布道活动异于甚至有害于真正的信仰。恐怕也正是因为他的这种立场,布伯常常被较正统的犹太学者斥之为"非犹太化的犹太学者""异端"等等。但这些人所不理解的也正是这样一点：布伯热切地渴望通过宗教信仰实现人与人之间的理解和关爱；坚信任何形式的宗教都不应成为阻遏人类理智和情感沟通的屏障，宗教从本质上讲应该具有一种普遍的人道主义关怀，它不应该成为偏见的滥觞。

对现实生存的体验尽管强烈而持久，但精神生命的养成却着实需要借助哲学的资源方能够完成。15岁那年，已经熟读希腊古典作品的布伯开始了对一系列哲学问题的苦苦思索。那时最使其感到困惑且急欲求解的问题之一，就是时间和空间的有限与无限这个古老且每每引发新思想的问题。他当时认为，断定时间和空间是有限的与断定时间和空间是无限的，都同样不可能和同样毫无希望。但我们似乎又不得不在这两种荒谬之间做出一种选择。因此，这简直就是一种"灾难之境"——我们不得不选择一种荒谬。由于"不朽"是宗教关注的核心问题之一，因此他那时更热衷于对时间问题的思考，总想把时间想象成实在的东西，但这样做的结果是徒劳的。然而，另一方面，数学和物理学的时间概念对他又毫无帮助，因为他所探求的时间是与生存紧密相关的东西，而并非抽象的数理公式。使之从这种痛苦的思考中摆脱出来的正是康德的著作。

在一个偶然的机会，他阅读到了康德的《作为科学的未来形而上学导论》（简称《导论》）一书，康德关于时间空间"非实在性"的思想无疑拯救了处于精神灾难之中的布伯。他晚年在《自传》中曾意味深长地回忆道："这一哲学对我曾产生过平静而重大的影响。我不再需要痛苦地折磨自己去探寻一种最终的时间。时间已不是加于我头上的判决；它是我的，因为它是'我们的'。这一问题被解释成本质上是不可回答的，但同时我从中获得了解放，不必再去追问它。那时我对康德的阅读是一种哲学上的解放。"① 的确，康德对他的影响具有改宗的性质，从此使他在哲学上进入了一个新的时期。

布伯曾说："在我生命的早期，哲学以两部著作的形式两次直接侵占了我的生存。"② 一部就是上面提到的康德的《导论》，而另一部则是尼采的《查拉图斯特拉如是说》。布伯接触到后者是在他 17 岁的那年，一开始他就为书中的思想所吸引，并且立即陷入了一种极度的"陶醉"之中，直到很久以后他才摆脱了这种多少有些虚幻的陶醉，"重新获得一种真实的确定性"。布伯认为，尼采的这部著作无疑出自一位杰出的哲学家之手，但它却不是一部"哲学的"著作，因为尼采在该书中并没有提出什么有益的哲学学说。书中所包含的只是"强力意志"的行动话语，这些奇特的话语使布伯的心灵深深地震颤了，它完全控制了青年布伯的精神。尼采关于"永恒的相同轮回"的思想，把时间解释成一种神秘的"永恒性"，这是当时布伯所不能够接受的，但似乎又是他不能不接受的，因为那时布伯完全被尼采在书中所表达的狂放激越的精神所迷倒。狄俄尼索斯精神就是一种布伯内心渴求的人道主义精神，它是一种人性的极度张扬。另一方面，尼采也影响到后来布伯的哲学研究风格。我们知道，尼采是属于那种"非学院派"的哲学家，对学院派哲学家那种拘谨和卖弄的做派极其鄙视，对校园哲学家的迂腐和学究气深恶痛绝，他呼唤着具有创造精神的哲学产生，认为哲学应该探索真切的人生，

---

① 马丁·布伯：《自传》，见，P. A. Schilpp and M. Friedman ed., *The Philosophy of martin Buber* Illinois, Open Court Press, 1991, p. 11.

② 同上书，第 12 页。

应该达到精神的超越。布伯对尼采所宣扬的这一切无疑是由衷地认同的，这使布伯自己后来的哲学同样具有非学院派哲学的特点。

1896年，布伯重返儿时生活之地维也纳，开始其大学生活。他在维也纳大学主修哲学、艺术史、德国研究和语文学。但布伯感觉那里头两个学期的课程实在是枯燥乏味，精神上所获不多。而使他真正投入精力的是大学中存在的各式各样的研讨班。在这种研讨班上，师生们之间那种平等而自由的论辩，对文本所进行的共同的精心诠释，以及彼此谦逊和热情投入的态度，均给布伯留下了深刻的印象。他从此形成了这样一种看法：任何精神活动的本质就在于人们之间如此这般的自由交流，如果斫断了人类精神自由沟通的桥梁，精神就必定枯萎下去。在布伯后来较为成熟的思想中，"之间"（between）这个介词就转变成了一个核心的哲学概念，这恐怕就是大学一年级生活在布伯思想中留下的最为深刻的痕迹了。

布伯的大学生活的另一个细节在此同样值得一提，因为它也有利于我们理解他的思想的形成过程。那时，布伯几乎每日下午课后都必去一家叫"伯格剧院"的地方看话剧，并且总是飞速地爬向剧院顶层看台抢占一个座位，目的在于可以居高临下地对舞台上的一切一览无余。如此疯狂地吸引着他的是什么呢？其实，能够吸引他的并不是剧中虚构的人物、事件和情节，也不是某个漂亮的女演员，真正吸引他的竟然是演员们那"高贵的"吟诵！他每次都听得如醉如痴，完全陷入到了舞台演员的对话中。从而慢慢地，在他心中对人类言语的作用产生出了新的感受和认识。从小就对人类言语特别敏感且有着独特理解的布伯认为，当言语真正地开始"说"的时候，它就必定变成了一种"对话的言语"，这些活的言语就构成了一个真实的世界，而神秘的外在世界就在对话的世界中被击得粉碎，荡然无存。因此，只有在对话中，我们才能够拥有一个真实的世界，在言语的"说"中，声音才变成"彼此之间的事"（each-other）。后来他所提倡的"对话原理"在一定程度上是与这种"听"的经历联系在一起的。

上大学的布伯并不是一个死读书的人。到了第三学期，他转往莱比锡大学继续其学业，当时此地如火如荼的犹太复国主义运动深深地吸引了他。他参加了数次犹太复国主义运动大会，并且负责其中的组织和宣传鼓动工作。但对他来讲，参加犹太复国主义运动主要是出于宗教和文化的原因，而不是因为政治的目的。当时欧洲的犹太复国主义运动派别林立，它们除了在"犹太人重返巴勒斯坦之地"这一点上有着共同的期盼之外，很少有什么共同之处。青年布伯在这时首次接触到了 F. 拉萨尔的社会主义思想，并且为拉萨尔的个人魅力所倾倒。他一度在犹太大学生中狂热地鼓吹拉萨尔的社会主义思想，尽管他也意识到了拉萨尔的悲剧。可以说，那时布伯的政治主张就是犹太复国主义加拉萨尔的社会主义。即使到后来，在布伯关于未来犹太人社会的设想中，也或多或少地带有社会主义的"精神基因"。也正因为如此，布伯才与当时是犹太复国主义运动的领袖赫茨尔发生了激烈的争论，这种争论的焦点当然就是关于犹太复国主义运动在当前和未来的政治和文化方向问题。并且布伯毫不留情地指出了赫茨尔人格上的缺陷，认为他不具有"领袖的魅力"。赫茨尔的犹太复国主义可以说是一种"政治的犹太复国主义"，而布伯则倡导一种"文化的犹太复国主义"。在此关键问题上，布伯与A. 金斯伯格（Ginsberg）的立场是一致的。布伯认为尽管在巴勒斯坦建立一个独立的犹太人国家，摆脱犹太人政治上的依附性和被奴役状况是必要的，但是犹太人如果在精神上失去了自我，在文化上屈从于浅薄，那么犹太民族就仍然会处于被统治和被强制的地位。因此，犹太人必须复兴自己伟大的文化传统，以精神立国，靠文化兴族。这一立场直到布伯的晚年都始终没有丝毫的动摇，他的信念依旧是：犹太文化复兴之日就是犹太民族强盛之时。

1898年春，布伯迎来了他个人生活中的一个值得纪念和回味的时刻。这时在瑞士苏黎世大学学习的他，邂逅了德国姑娘保拉·温克勒，他们很快双双坠入爱河，旋即结为伉俪。翌年，喜得一子一女。后来保拉成为一名作家，他们相爱终身。

与此同时，布伯仍积极投入犹太复国主义运动。1901年，犹太复国主义运动的国际性论坛——《世界》周刊问世，布伯出任主编。这份刊物成为当时世界犹太复国主义运动的主要喉舌之一，布伯关于犹太复国主义的许多观点就是在这份刊物上发表的。

但到了1903年，布伯似乎突然地厌倦了所有这一切，随即从各种社会组织工作中隐退，重返学术圈。第二年，他获得博士学位。然后开始了他长达五年的对哈西德教派和哈西德主义的调查和研究。哈西德主义（英文是Hasidism，德文是Chassidismus）是对哈西德教派所信奉的一切总称。而哈西德教派是1750年左右在乌克兰和波兰出现的犹太教内部的一种宗教运动，它犹如基督教中的虔信派一样，反对任何教法主义的信仰、诡辩和智性活动。它是一种充满深厚的宗教情感和对上帝的渴望的民众性的宗教运动。它强调情感的价值和虔信，主张欢乐和积极的爱，反对禁欲主义。这一运动对布伯的思想产生了极大的影响，早在童年时代他就熟悉哈西德教派的活动和信仰。而在这五年中，他停止了其他一切活动，全身心地投入了对哈西德文献的研究。这期间其主要的研究成果有：《拉赫曼教士的故事》（1906）、《美名大师传奇》（1908）等。其实，在布伯一生中，他写下了无数的有关哈西德的著作和文章。正是哈西德教派的精神特质——注重内心体验、乐观、情感、狂放等等——在布伯的思想中得到了升华、发扬和完善，从而也使布伯自己的思想充满了更人性的光辉和生活的智慧，而不是枯燥的概念堆砌和乏味的说教。可以说，没有他对哈西德主义的研究，也就不会有他的"对话哲学"的产生。

到了 1909 年，布伯关于犹太教精神实质的思想已基本形成。那时他开始被许多人看成是能够为苦闷的欧洲犹太青年知识分子"指出出路的人"。他应布拉格"巴尔-科赫巴"犹太学生组织的邀请在布拉格发表了关于犹太教的三次演讲，这些演讲震撼了当时欧洲无数犹太青年的心。如 N. N. 格拉策尔所说，在这些演讲中，"他既抛弃了犹太人浅薄的同化异族的思想，又抛弃了犹太人刻板的正统观念；既抛弃了颓废的和舒适的欧洲唯物主义，又抛弃了自足的民族主义；既抛弃了社会的政治化，又抛弃了信仰的制度化。他提倡一种'犹太教的复兴'……对他来讲，这样一种复兴似乎就是其他种族中类似复兴过程的一部分。它将是全体个人或种族人格的一种复兴，而不是生活的某一部分的变化。就犹太人来讲，它意味着重新认识犹太人思想(《圣经》的和后《圣经》的思想)中最深刻的部分;意味着对犹太人几千年的历史,对它的成功和悲剧做一种新的理解;意味着认识把犹太教与东方(在布伯的作品中用的是'东方'和'亚洲')各种伟大的精神运动连接起来的力量,以及这种东方精神能为衰落的西方的再生贡献什么样的东西;意味着认清成为一个犹太人就是要过一种无条件承担义务、拒绝妥协的生活——这被认为是建设性的行动,而非抽象的概念或理论"[1]。

  布伯在这些演讲中所表达的中心思想是有关宗教的。但对于何谓宗教,他的看法与当时流行的观点大相径庭。他明确地区分了"官方的"宗教和"地下的"宗教,认为教士阶层的既成权力机构、犹太教律法的立法倾向和犹太人聚居区的教士们所宣讲的教义,都代表着官方的宗教,代表着它的僵化,代表着对旧事物的维护和顺从。而"地下的"宗教运动(如艾赛尼派、早期基督教兄弟会、犹太教法典中的阿嘎达、中世纪神秘主义和 18 世纪哈西德主义等等)则表达出犹太人的虔诚、犹太人的生命力。地下的犹太教才是"本真的"犹太教。另外,布伯的演讲感染力极强。除去其研究犹太教的方法不乏新颖之处外,他的言辞更是摄人心肺,直逼听众的内心世界。布伯对语言的驾驭能力的确是他成功的一个条件,而这些都得益于他的语言天赋和从小所受到的多语言训练。

  作为一个在西方世界接受过良好教育的犹太人,布伯在思想的血脉中却始终保留着他的"东方情结"。可以说,布伯

---

[1] N. N. 格拉策尔:"编者后记",见 Martin Buber, *On Judaism*, New York, Schocken Books, 1967, pp. 238-239。

的思想正是东西方文化冲突和沟通的结果。他对东方文明的景仰和推崇是真诚的、自觉的。对他来讲,用东方文明去拯救已经处于衰落中的西方文明,并非一个仅仅停留在口头上的计划,也不是一种民族自大狂心理的流露,而是一种负责任的切实行动,是时代的召唤和人类历史发展的必然。他为此专门研究过埃及、巴比伦、印度和中国的古老文明,特别是作为所有这些文明源头的那些最原始的东西——各民族的古代巫术和神话。因为在他看来,一个民族文化的所有秘密都可以在它的巫术和神话中发现。他说:"所有原始的技艺和原始的组织都是巫术;工具和武装、语言和戏剧、习俗和契约都从巫术的想法中产生,并且在它们最初的时期都具有一种巫术的意义,以后它们各自才逐渐地从这种意义中分离出去,获得自己的独立性。这一分离和独立过程的完成在东方比在西方要缓慢许多。在西方,巫术性的东西只是在仍然保留着生命完整性的民间宗教情感中才活生生地存在着;在所有其他领域这一分离是迅速而彻底的。而在东方,这一分离是缓慢和不彻底的:在分离成各种独立的文化之前,巫术的特征一直保持了很长一段时间。"[1] 1911 年,他选编出版了《中国人的鬼神和爱情故事》,1914 年《庄子的言说和譬喻》出版,他还写过一些论老子、庄子、佛教、禅宗和印度哲学的高质量的文章。他在谈到西方人应该向中国人学习什么东西的时候,主张西方人应该学习中国道家的"无为而无不为"的精神,而不应该学习那种提倡祖先崇拜的儒家的伦理道德

---

[1] 马丁·布伯:《道的教诲》,见 Martin Buber, *Pointing the Way*, London, Routledge & Kegan Paul Ltd., 1957, pp. 31-32。

思想。正是道家的无为思想能够为处在工业化时代的西方人提供继续生存下去的精神支援,而儒家思想中最缺乏的就是深刻和高远的精神。①

布伯之所以如此崇尚东方文化,是与他的如下看法有关的。他说:"犹太人是东方的后来者。他们在东方各伟大民族几经改变之后很久,才表现出决定一切和塑造一切的力量。只有当那些民族在流传很广的各种文明中相互交流彼此的经验很久以后,犹太人才开始显示出自身的创造力量。"② 因此,这个后来的民族就学会了在思想上综合各民族文化之长的本领,她把各东方民族的所有文化元素汇聚于一身,并将它们融合铸造成拥有单一结构的文化实体。

布伯为此特意探讨了东西方文化精神的差异。首先,是否存在一个与"统一的西方"相对立的"统一的东方"呢?像赫尔德、歌德、诺瓦利斯和格尔瑞斯等人一样,布伯相信东方是一个单一的统一体,在东方各民族和文化复杂差异的外表下面,存在一种统一的"精神内核"。正因为如此,"东方有权拥有一个与西方相对应的位置",它是与西方相互对应的一种独立的强势文化。他说:"在我们关于各民族和文化的各种理论中,我们的时代已不再持有这样一种古老的看法,即东方在其价值和活动方式中显示出它们是一个自然的统一体;尽管它们存在各种差异,但是东方各民族却拥有一个完全明显地不同于西方的命运和特征的共同的世界。"③ 其次,

---

① 参见马丁·布伯:《中国和我们》,见 Martin Buber, *Pointing the Way*, pp. 121-125。
② 马丁·布伯:《论犹太教》,刘杰等译,山东大学出版社,2002,第 63 页。
③ Martin Buber, *Pointing the Way*, p. 31.

东方人和西方人是两种不同类型的人。东方人是"原动力型的人",而西方人则是"感官型的人"。这两种人的基本精神活动过程是完全不一样的。东方人的精神活动属于输出型的,他们内心的一种冲动从其灵魂中生发出来,而变成为动作(motion)。西方人的精神活动则是输入型的,外部的一种印象在其灵魂中形成,而成为一种形象。尽管它们均为精神的活动,但是,一个是在"动"中的领悟,一个是在"形象"中的运作。二者都在思考,不过对前者来说,思想意味着"做什么",对后者则意味着"形式"。另外,东方人对任何事情都容易形成一种整体的把握,而西方人对事情的感觉总是分离的,这表现在东方文化的巫术特征和西方文化的非巫术特征上。东方人是在动中去把握一切,而西方人则是在静中思考一切。例如,柏拉图的本质是指形式,而中国哲学称事物的本质为"道",即道路。前者是静止的,后者是运动的;前者是分析的,后者是综合的。

此外,布伯还认为,犹太教是东方精神的最佳代表,同时也是沟通东西方文化的唯一桥梁。它赢得了西方人的认可,并且向西方传授东方精神,从而塑造了西方精神发展的历史命运。伟大的东方精神体系,注定要对西方人产生决定性的影响。西方人"拥有最高理解力和高度发展了的知识,然而自己却无法找到意义;它拥有最严格和最纯正的规则,但自己却无法找到道路;它拥有最丰富和最自由的艺术,然而自己却不能发现奇迹;它拥有最深层和最坚定的信念,但自己却无法找到上帝。确实,它所欠缺的并不是追求统一的才能,因为它的所有思想皆扎根其中;它也不缺少象征的才能,因为它的所有形象化的意向都源于那里;此外,它也不缺少创造的活力。它所欠缺的乃是关于真实生活之意义的那种原初的认识，即'有一个超越一切事物之上的事物是必不可少的'这样一种天生的必然性的认识。正是这样一种认识在伟大的东方教诲中长久地、创造性地存在着，并仅仅在它们当中存在着"①。

但布伯指出，在现代，亚洲正在丧失其原有的最神圣的精神遗产，她开始屈服于欧洲的力量，甚至自愿放弃了自己伟大的精神传统。印度的被征服，日本的自我欧洲化，波斯的衰落，以及中国的被蹂躏，都意味着亚洲的灵魂正在被扼杀，而且是它们"自己参与其中的扼杀"。因此，我们需要促进东西方相互理解的新时代的到来，在这样一个时代，西方的智慧和技巧与东方的精神和性格融合在一起。而真正能够熔东西方精神于一炉的就是犹太民族。

从1906年开始，布伯一家就居住在柏林。直到1916年他们才移居赫本海姆，布伯成为当时颇有影响的《犹太人》月刊的编辑，他一直为它工作了8年。

1921年，布伯迎来了一生中的又一次大的转折。他开始与弗朗茨·罗森茨维格建立起密切的关系。从1922年开始，他就积极地参加了罗森茨维格的"自由犹太人教育中心"的工作，为推动对青年犹太人的文化教育和犹太文化的研究而奔忙。同年，经人推荐，他成为法兰克福大学的无薪教师，开始了对犹太宗教和犹太伦理学的研究和教学。第二年，布伯的"无价的小书"（G. 马赛尔语）——《我与你》出版，立即引起轰动，这标志着布伯"对话哲学"的正式建立。在

---

① Martin Buber, *Pointing the Way*, pp. 68–69.

这本薄薄的书里面，布伯提出了一种人本主义的哲学思想，从而奠定了布伯在世界哲学史上的地位。此书对后人产生过很大的影响，他也因此被许多人称为存在主义者，当然是加缪或雅斯贝尔斯式的，而非海德格尔或萨特式的存在主义者。

1925年，布伯与罗森茨维格开始合作把希伯来《圣经》翻译成德文。尽管这项工作并没有最后完成，但由此布伯开始了他的宗教哲学的探索。1926—1928年他成为宗教刊物《创造》季刊的编辑，1927年他出版了《摩西五经》的德文版。

1930年，布伯被任命为法兰克福大学荣誉教授。但在1933年希特勒掌权后，布伯立即就辞去了教职。同年10月4日，当局不再允许布伯发表公开演讲。他被迫创建了"犹太成人教育中心"，专门教授与《圣经》有关的课程，但仍然遭遇到了当局愈益加剧的阻遏。1938年3月，随着德国境内反犹情绪的日益高涨，布伯的处境愈加艰难。他被迫离开他非常喜欢的德国，移居英国治下的巴勒斯坦。在那里，他被任命为耶路撒冷大学社会学教授，讲授人类学和社会学。

在巴勒斯坦，布伯一方面从事学术活动，写下大量有关《圣经》、哲学和哈西德的著作，另一方面，他也积极参加了有关巴勒斯坦的犹太人问题和阿拉伯问题的讨论。当时，在犹太人内部就以色列立国的问题展开了激烈的争论，特别是在是建立一个单一民族的国家还是双民族国家的问题上，犹太人内部分成了截然对立的两派。布伯坚定地主张建立双民族国家，让犹太民族和阿拉伯民族永世友好相处。遗憾的是布伯的这一立场在当时犹太人内部并不占据上风，因此在政治圈内并没有产生多大响应。

第二次世界大战结束后，布伯并没有返回德国，而是继续留在巴勒斯坦从事学术和教育活动。这一时期布伯迎来了他一生中学术创作活动的最活跃的时期。1947年，他第一次回到欧洲，进行学术演讲旅行，重新与德国思想家和学术机构建立起对话关系。同年，他发表了《阿拉伯—犹太人的团结》《人与人之间》《哈西德的故事：早期大师》等著作。翌年，《哈西德主义》、《以色列和世界》、《人的问题》和《哈西德的故事：晚期大师》等著作出版。1949年，《乌托邦之路》和《先知的信仰》发表。1950年，《人类之路》问世。1951—1952年，应美国多所大学的邀请，布伯去美国进行了学术演讲旅行，发表《信仰的两种类型》、《在转折点上》和《上帝之遮蔽》。1951年，获汉堡大学颁发的"歌德奖"，1953年，获德国图书贸易协会颁发的"和平奖"，同年出版《善与恶》。

然而，正如同历史上大多数哲学家的遭遇一样，布伯就以色列的政治和社会问题所发表的一系列观点，并不被以色列政府和大多数以色列人所接受，人们更愿意倾听他关于宗教和哲学的看法。他为此非常不满，常常抱怨不已。布伯后来几次去美国和欧洲旅行演讲，1958年，在他们夫妇从美国途经欧洲返国的途中，妻子保拉在意大利的威尼斯不幸病逝。这对布伯无疑是又一次沉重的精神打击，他为此大病一场。然而，历史是公正的。1963年，布伯因其和平主义的理想和惊世的学术成就在荷兰的阿姆斯特丹获"爱拉斯穆斯奖"，这是世人对布伯一生为社会正义事业奋斗的肯定。

耄耋之年的布伯仍旧笔耕不辍，他在各地的演讲依然充满着激情、智慧和强烈的感染力。他那犀利的目光总是径逼人心，他那高耸的额头与随风飞舞的银发和美髯在昭示着一位睿智的老者。然而，1965年6月6日，布伯的生命之火燃烧到了尽头，他没能从一场大病中恢复过来，终于在耶路撒冷离开了人间，终年87岁。此时，无论是赞同还是反对他思想和理想的人，都承认布伯是一位具有世界声誉的哲学家，他的主要著作这时也都被译成了英文而广为传播。1967年，P. A. 石尔普和 M. 弗里德曼合作编辑了《马丁·布伯的哲学》一书，作为"活着的哲学家丛书"的第十二卷出版，学者们以此来纪念布伯对当代世界哲学的独特贡献。

二、从对话哲学到哲学人类学

对于像布伯这样一位具有深厚的犹太教和犹太文化背景，学术上涉猎颇广，思想深邃且屡有创意，同时还十分关注现实世界问题的哲学家来讲，他有没有发展出一套一以贯之的哲学思想？如果有的话，它的主要内容是什么？

我们认为，尽管布伯犹如叔本华、克尔凯郭尔和尼采诸人，一再声言他反对任何学院派的体系哲学，厌恶所有抽象概念的建构和思辨的形而上学，但在布伯颇显繁杂的思想现象背后，却始终存在着一个统一和完整的基础，这就是他的"对话哲学"或"宗教的经验主义"。这种对话哲学在方法上强调"经验"和"场景"的重要性，反对抽象的概念推演，强调通过对话而把人当人看待，而不是当"物"来看待，认为通过对话，我们就能够共同分享我们的洞见、态度和感情，从而使我们萌生出新的思想和精神，由此本真地存在于这个宇宙中。在他对哲学、伦理、宗教、艺术、教育、政治和历史诸问题的探究中,始终都贯穿着他的对话哲学的精神和方法。应该说,对他而言,"对话哲学"既是一种普遍的哲学,又是一种研究具体问题的方法。

然而,综观布伯的思想发展,他的"对话哲学"也并非凭空想象出来的东西,实际上它是历史上两大传统融合的结果。一个传统就是他所谓"对话原理"的历史传统,另一个则是哈西德主义。

布伯相信,"对话哲学"的历史可以一直追溯到18世纪的德国神秘主义哲学家弗里德利希·亨利希·雅各比(1743—1819)那里。因为正是后者最早真正地思考过人的生存的对话本质。雅各比曾说过如下一些对后人颇有启示意义的话:"我睁开眼睛,或竖起耳朵,或向前伸出我的手,在同一时刻可以不可分地感觉到:你与我,我与你。""所有确定性的根源就在于:你在并且我在!""没有'你','我'是不可能的。"① 半个世纪后,费尔巴哈在雅各比的启发下,赋予人的"对话存在"以一个较完整的哲学基础。他的名言是:"人对他自己是人(在通常的意义上)——人与人——'我'和'你'的统一就是上帝。"② 但布伯认为,费尔巴哈显然是模糊了人和上帝的界限。后来,克尔凯郭尔把"你"看成是一个具有人性的"你",强调"你"与上帝的对话,而人与人之间的对话则无足轻重。所以,克尔凯郭尔之后,"我—你"关系的讨论就误入了歧途。直到60年后,新康德主义者赫尔曼·柯恩在他的《源于犹太教的理性宗教》(1919)一书中,

---

① 转引自 Martin Buber, *Between Man and Man*, New York, The Macmillan Company, 1965, p. 209。
② 同上书,第 210 页。

才又恢复了雅各比的传统，重新探讨人与人的对话关系。柯恩说："只有'你'，对'你'的发现，才能够使我意识到我的'我'的存在"，"正是'你'才使'人格'出世"。他还提出了一个过去人们不曾清楚的思想：人和上帝之间存在一种"相互的关系"，而这种相互的关系只有通过人与人之间的相互关系才能够实现。① 后来，柯恩的一个杰出的学生罗森茨维格在其《救赎之星》（1921）中以其"言谈哲学"（philosophy of speech）超越了柯恩的思想。他认为"你"是一个被说出的东西，当上帝呼喊亚当说"你在哪儿？"的时候，"你"的"被说出性"（spokenness）就昭然若揭了。因此，"这样一个独立的、自由地监视着隐藏的上帝的、上帝对其能够显示自己为'我'的那个'你'在何处"？正如《圣经》中上帝所说："我直呼你的名字，你就是我的。"上帝把自己显示为"他与灵魂之间整个对话的始作俑者和开启者"②。没有上帝，哪来的"你"和"我"呢？显然，罗森茨维格的立场更接近克尔凯郭尔。几乎与此同时，F. 艾布勒（Ferdinand Ebner）在《语词与精神的实在》（1921）一书中表达了"我"与"你"的关系的不可能性。他认为，"我"是绝对孤独的，"我"与"你"是完全隔绝的。但我们不是可以通过言谈进行对话吗？他像克尔凯郭尔一样，认为我们不可能在人中间发现"你"。"只有唯一的一个'你'，那就是上帝。"我们的确应该不仅爱上帝，而且也爱人。但是，当我们面对上帝的时候，其他的"你"都消失了，只剩下我与上帝相对。我想与

---

① 参见 Martin Buber, *Between Man and Man*, p. 212。
② 转引同上。

其他的"你"对话，想爱其他的"你"，但除了上帝，我们找不到别的"你"。①

这就是布伯之前"对话原理"发展的简史，它成为布伯创建对话哲学时可资参照的坐标系和可加利用的精神资源。在布伯对自己的宗教性的发现过程中，人与上帝、大地与天对话的可能性问题从青年时代就吸引着他，他对人与上帝对话时可能形成的那种"自由的伴侣关系"真心向往之。因此，从1905年开始，"人与上帝的对话"就成为他内心深处的一个挥之不去的问题。1907年他在区分"神话"和"传说"的时候，首次清晰地表达了他对"我—你"对话关系的看法，他说："传说是具有感召力的神话。在纯粹神话中，没有存在的区别。……即使英雄也只是站在比神更高的一级上，而不是反对神：它们不是'我'和'你'……纯粹神话的神并不召唤，他只是生出；他让被生出者，即英雄出生。而传说的神发出召唤，他召唤人的儿子：先知，圣人。……传说是'我'和'你'，召唤者和被召唤者，能够进入无限的有限者和需要有限的无限者的神话。"② 并且他认为犹太学说完全基于具有人性的"我"和具有神性的"你"的双向关系，这无疑是他受哈西德主义影响的结果。

正如我们前面所指出的，在布伯50年的学术生涯中，他的视野一直没有离开过哈西德主义。他是那种能够在宗教和哲学之间游刃有余，且还能够打通二者的罕有的哲学家之一。在布伯"对话哲学"的形成过程中，他对哈西德传统的发现

---

① 参见 Martin Buber, *Between Man and Man*, p. 213。
② 马丁·布伯：《美名大师传奇》，New Jersey, Princeton University Press, 1955, p. xiii。

具有至关重要的意义，实际上它与布伯对自己的"宗教性"的发现是一致的。也就是说，布伯精神深处的宗教情绪通过哈西德主义的发现，而表现在了他的"对话哲学"中。对布伯来讲，与哈西德主义相遇就意味着"再次进入传统"，而"与传统相遇"并不意味着对旧有的东西的一味维护和食古不化，而是一种由过去走入未来的方式。他认为，传统必须从未来去看才是有意义的，传统使今天的人们能够接近生命之流的最初源泉。可以说，布伯的对话哲学思想就是对以哈西德为代表的犹太教传统文化精神进行存在主义改造的结果。正是在这一改造和糅合的过程中，布伯不仅重新塑造了自己的信仰和精神家园，而且也使古老的犹太教获得了新的生命和力量。

关于哈西德运动，学者们历来有不同的看法，而布伯在他对哈西德教派实际活动多年的实地观察、记录和不断的思考中发现，哈西德主义的核心精神就是：上帝是栖居在人类中间的；上帝是栖居在他的创造物中间的；人类通过其自身的各种创造性活动而不断地与上帝进行对话，从而领悟了生命的伟大。因此，如果我们爱上帝的话，那么就必然地要爱我们这个世界中的一切具体美好的东西。同样，我们爱这个世界中具体的东西，也就是爱上帝。他说："很早我就预见到……无论我怎样抗拒，我都命中注定了要去爱这个世界。"[①]这个"世界"在布伯看来指的是具体的东西，而不是一个抽象的整体的世界，因为在哈西德主义那里，抽象的"世界"

[①] Martin Buber, *The Origin and Meaning of Hasidism*, New York, Horizon Press, 1960, p. 99.

是无意义的。把"上帝"和"尘世"看成抽象的对立的两极，是基督教神学和正统犹太教的立场。当然，对布伯的这种概括和理解还需要我们做进一步的阐释，以明确其中的真意。

首先，对布伯来讲，哈西德主义意味着取消正统犹太教和基督教所坚持的关于宗教性与世俗性之区别的观点。它意味着我们的世俗生活如同宗教生活一样，充满了信仰，我们只有以这种方式才能够达到生活的统一。并且只有我们不以某种伤感的情调来看待宗教性，而且也拒绝所有理性的宗教的时候，我们才能够达到这种统一性。这样，在我们的宗教性觉醒的时候，人并不是注定要与自身强烈的欲望作斗争，过一种禁欲主义的生活，他并不一定要从内心里驱除所有的邪恶：他被认为是与上帝一起居住在这个世界中的，他成了世界中既具有神圣性又不乏缺点的人。

一部西方文明（以科学和法律为核心）的发展史，就是上帝逃离尘世的历史，就是统一的宇宙分裂的历史。在这种文明里，上帝不是居住在这个世界中，关爱着这个世界，而是居高临下地居于这个尘世之上。这种"二元的对立"是西方文明走向失败的根本原因，西方人就生活在一个两极对立的疯狂的世界中。而哈西德主义是治愈西方病态生活的良方，它认为我们"当下的生活"就是人与上帝之间的"相会之地"。人们通过自己的创造性活动（如文学、艺术、科学、语言等等）就能够达到与上帝的沟通。这样一来，哈西德主义就使整个日常生活变得神圣起来，从而"把另一个世界带入这个世界"。正是当前这个世界才使我们的信仰得以实现，使上帝得以显示自己。上帝并不是远离这个世界、可以给这个世界带来救赎的统治者，他是想"通过人类去占领他创造的这个世界"。上帝只想在人的帮助下来完成他的创造，他并不想在我们建立这个世界之前就显示它，他并不想戴上世界之王的皇冠，而是想从我们手中接过它。所以，哈西德主义既是一种信仰，也是一种"生活哲学"，它开启了人与上帝的对话，揭示了人的生存结构中的对话实质，"对话"就具有一种本体论的地位。可见，布伯的"对话哲学"是从他对哈西德主义的理解中逐步发展起来的。

然而，布伯的"对话哲学"经历了一个不断修正和不断完善的过程。1923 年他发表了《我与你》，第一次完整地阐述了他的"对话原理"。后来，他的另外一些著作对这一原理做了进一步的阐明和丰富，特别是他使用了许多典型的例子来说明问题。尽管"对话原理"的精神实质没有根本的改变，但前后使用的术语却发生了不小的变化。

在《我与你》中，他区分了人的两种完全不同的基本态度，即人探索"实存"（existence）的两种不同方式。一种是"我—它"（I—It）关系，另一种是"我—你"（I—Thou）关系。这两种关系的不同并不是它们的关系对象的本质不同，并不是人与人之间的每一种关系都是"我—你"关系，也不是与动物或物的每一种关系都是"我—它"关系。这两种关系的差别在关系本身之中。"我—你"关系的特点在于，只有当一切都被放下，所有"前见"、所有预设都被放弃的时候；当我完全沉入与他者的"相遇"中，和他保持一种真正的对话的时候，"我"与"你"才能够真正相遇。他说："与'你'的关系是直接的。在'我'与'你'之间，不存在任何术语，不存在任何前见，不存在任何想象，并且记忆本身也改变了，因为它从单一性变成了整体性。在'我'与'你'之间，没有任何目的，没有任何贪婪和期望，并且渴望本身也改变了，因为它从梦想变成了现实。所有手段都是障碍。只有在所有手段都不存在的地方，才会有相遇发生。"① 可见，"我—你"关系是一种具有"开放性"、"直接性"、"相互性"和"在场"的关系。它可以存在于一个人与另一个人之间，也可以是人与一棵树、一只猫、一块岩石或一件艺术作品的关系。由于上帝存在于万事万物之中，所以，通过我与这些东西之间的"我—你"关系，我就能够与"永恒的你"（即上帝）建立起一种"我—你"关系。

而"我—它"关系则是一种典型的主—客体关系。在这种关系中，我"认识"并且"使用"其他的人或物，而不允许它们"为自己的唯一性"而存在。例如，一棵树，在我遇见它以前，它不是一个"你"。当我与它擦身而过的时候，它那时还根本不具有一个装着看不见我的隐蔽的人格。然而，如果我遇见其存在的唯一性，让它对我产生影响，而又不或者把它与其他的树加以比较，或者去分析它的叶子和树干，或者计算能够从中弄出多少柴火来，那么，我就可能与它建立一种"我—你"关系。然而，我也可以把我的同伙看成是一个"它"，实际上绝大多数普通人在绝大多数时候和场合也正是这么做的。人总是从一定距离把"他人"看成是一个"物"，看成是环境的一部分，看成是宇宙因果链条上的微不足道的一环。例如，我以殷勤礼貌的语言和态度而相遇的那个人，在我遇到他之前，他是一个"人"（person）。只有当我

---

① Martin Buber, *I and Thou*, Second Edition, New York, Charles Scribner's Sons, 1960, p. 7.

和他建立起基本的关系时,他才是一个"你"。但如果我没有与他建立这种基本的关系,即使我以最为礼貌的方式对待他,也不能够使他对我来讲不再是一个"它"。当然,我不能够根据我自己的行动和意愿产生出一个"我—你"关系来,因为这种关系是相互的,他人只有像我遇见他那样遇见我时,这种关系才建立起来了。

"我—你"关系和"我—它"关系彼此是必然和富有成果地发生改变的。人不能总是处在"我—你"关系中,他只能一次又一次地努力把"它"的世界的"非直接性"带入与"你"相遇的"直接性"中去,从而赋予"它"的世界以意义。只要这种改变继续下去,人的存在就是本真的存在。当"它"极度膨胀起来并且不能够返回"你"的时候,人的存在就是不健康的,他的个人的和社会的生活就是非本真的。当"我"不能够真正地"与你相遇"的时候,"我"就与"你""失之交臂"了。那才是"我"最大的不幸和遗憾。

在布伯后来发表的演讲和作品中,他切入问题的角度已有所改变,这时他更多地谈论的是人与人之间的关系。这时候,"我—你"关系成了人和人之间的"对话",而"我—它"关系则成了"独白"。"对话"就是真正的"相遇",而"独白"则是"失之交臂"。布伯认为,人是以其最深处的和整个的实存进入"我—你"关系的。在一次"相遇"中,在一次"真正的对话"中,两个伴侣的关系就是一种"我—你"关系。并且布伯相信,人与人之间的相遇只不过反映了人与上帝的相遇。《圣经》宗教的本质就在于:无论上帝与人之间隔着多么大的深渊,人与上帝的对话总是可能的。一方面,人与上帝之间的差别无论如何都没有也不可能被取消,人对于拯救自己的历史能够做出贡献。另一方面，上帝与人贴得如此之近，上帝就栖于这个世界，但上帝并不消失在这个世界中，他具有内在性和超越性。这种双重性就是任何对话关系的基础，即"基本的距离"和"密切的关系"。

在此，布伯是把人与人之间和人与上帝之间的关系的概念扩展到了整个存在的领域。我的整个存在是由"我"与所有要素的关系决定的。当我想象我的生命是强加给我的一种命运或一种无目标的偶然事件的时候，我与我的生命就有了一种"我—它"关系。但我与我的生命也可以有一种对话的关系，我可以设想我的生命是一种上帝向我发布的宣告，是一种等待答案的请求。这意味着我不得不对现实环境做出回答。我并不是要为我的生命制定计划并实现这些计划，即这是一种自我责任，而不是自我实现。总之，是一种"回答"。由于人就是要做出回答的，所以人必须能够负责。我们不应该认为人只有在"你"的帮助下才能够发现他的"我"，因为没有"我"，就不会有"你"，因为没有"我"，就不会有"面对"，就不会有相遇。不错，当一个孩子学会说"我"之前，他首先会说"你"。但是，在人的存在的最高阶段上，他必须能够真正地说"我"，这样他才能够体验到"你"的全部秘密。

人与人之间的关系是对话得以发生的地方，但是这绝不意味着人不得不与他人"共谋"，而是说，就对话是一种精神生命来讲，它是人不得不与别人共同成就的事。因此，对话要求我一次又一次地感谢我的同胞，即使他并没有为我做任何事情。那么，这是为什么呢？这是为了在他遇到我时他能够真正地和我相遇，是为了使他睁开眼睛，能够非常信任地听我不得不对他讲的一切，是为了他能够敞开心扉。

那么，这种"对话"（dialogue）的本质是什么呢？他认为"对话"就是"体验'我—你'关系中的另一方"。"对话"从根本上讲，就是一种"包容"（inclusion）。在对话中，我们遇见和认识的不是别人的经验的内容，而是别人生存的唯一的本性。因此，"包容"与"同情"（empathy）完全不同，因为，"同情"仍然是把一个人、一棵树或一只狗当一个"对象"或"它"来看待，把我们的情感移植到它们中去，这是对"实在"采取的一种"审美主义"的态度。而"包容与此相反。它是一个人自己'具体性'（concreteness）的扩展，是生活的现实环境的完善，是我们参与其中的实在的完全在场。包容的基本要素首先是两个人之间存在着无论什么样的一种关系；其次是他们共同经历的、至少他们中的一个人积极参与的一个事件；再次是这个积极参与者并没有因积极参与而失去什么，并且从另外一个人的立场来看他们经历着共同的事件。人与人之间的关系如果存在程度不同的包容要素，那么它就可以被称为是一种对话的关系"①。

从"对话关系"的这三个要素来看，显然我们通常所说的"交谈"（conversation）就不能等同于"对话"。虽然在真正的交谈（而不是心不在焉地应付）中也显示出一种对话的关系，但是对话关系并不是由交谈构成的。两个人相处，往往相对无语，但这时也会存在着一种"对话"；当两个人相隔千里，但彼此之间似乎仍然在场，"对话"照旧会进行下去。所以，"交谈"并不是"对话"所必需的。另一方面，所有的

---

① Martin Buber, *Between Man and Man*, p. 97.

交谈只有从"包容要素的意识"中才能够获得其真实性，即应该在交谈中"体验到另一面"。例如，在所谓"技术的对话"中，就无这种体验发生，因为在那里，注意的焦点不是集中在对话参与者本身，而是集中在他们所传达的内容上。同样，在所谓"伪装成对话的独白"中，情况也是如此。在那里同样也缺少包容关系，独白使独白者"绝对化"，使他人"相对化"，从而把人们之间的这种交谈变成了"滔滔不绝的演说"（speechifying）。所以，布伯不无讽刺地说，当代人的一个标志就是他们并不真正地"倾听"。在这一点上，布伯与海德格尔的观点是一样的。海德格尔在后期也大声地疾呼：我们应该"倾听"而不是"说道"，现代人已经与"倾听"久违了。但布伯坚信，只有当我们真正地倾听的时候，即当我们个人真正地意识到我们与他人相遇的时候，我们才能够达到一个"真正地实在"的领域——"之间"（betweenness）的领域。

对布伯来讲，"之间"具有最终的本体论意义。早在《我与你》一书中，他就提出"所有真实的生活都是相遇"的主张。这句话的意思不是说一个人可以离开其安身立命的根基，以便与他人相遇；或者说一个人让自己完全淹没在人群之中，用自己的个体性来换取某一社会角色。对相遇来讲，真可谓"其来也，恭；其去也，悲"。相遇之所以"恭"，是因为人不可能身处对话的两边；相遇之所以悲，是因为每一种"我—你"关系都不可避免地变成一个"它"，尽管"它"不一定变成为一个"你"。所以，"我—你"关系一方面教导我们要与他人相遇，另一方面又教导我们当我们和他人相遇的时候，要把住我们自己的根基。这也就是说，"体验对话的另一方"与"把住我们自己一方"是同等重要的。可见，"相遇"不是那种完全放弃自身独立性的"同情"。在我们人类的许多相遇中，甚至在那种充满了温情的帮助关系（如"师生关系""父子关系""医患关系"等等）中，我们也不能期望在"对另一方的体验"成为相互的时候，又不会摧毁这种关系或把这种关系变成友谊（友谊并不是一种"我—你"关系）。因此，"相遇"总有一种"之间"的本体论结构。我们人的存在既不是个体性的，因为我们要和别人相遇；我们又不是群集性的，因为我们还要把住自己。"人存在的基本事实是人与人打交道。人类世界的独特之处就在于：在这个人和另外一个人之间发生了某件事，而我们在自然界中找不到类似的事情。语言只是一个符号和为人类世界的一种工具，精神的所有成就都是在语言的激励下取得的。人是被语言造成的；但在它成为人的路上，它并不只是不断地发展，它也衰败和凋谢。它植根于一种不断转向作为另一个特殊的存在者的存在之中，以便与它在一个它们共有的范围内交流，而这个共有的领域超出了它们各自特有的范围。我把这个共有的领域称之为'之间'的领域，它是随着人作为人的存在而形成的，但从概念上讲它是不可理解的。尽管'之间'实现的程度非常不同，但它却是人类社会的一个基本范畴。……'之间'不是一个附属的构造，而是人之间所发生的一切东西的真实场所和承载者；它之所以没有引起特别的注意，是因为与单个的心灵和其背景不一样，它并没有显示出一种平滑的连续性，而是根据人与其他人的彼此相遇而一再地重构；因此经验自然地被附加上了连续的要素——心灵和它的世界。"[1] 所以，我们

---

[1] Martin Buber, *Between Man and Man*, p. 203.

也可以说，如果康德的《纯粹理性批判》是关于理性的科学如何可能的哲学的话，那么布伯的"对话哲学"就是关于"之间"如何可能的哲学。

正是布伯对"之间"的强调，使他与克尔凯郭尔、海德格尔、萨特和蒂利希等存在主义者大相径庭，这也就是我们不能轻言布伯是一个存在主义者的原因。我们知道，根据克尔凯郭尔的"孤独哲学"，唯一的"我—你"关系存在于"孤独的我"和上帝之间，而人和人之间的关系是第二位的和非本质的。而海德格尔、萨特和蒂利希等人原则上都把"他人"看成是与"我"绝对对立的，不承认"他人"的自由和独立，不认为"我"与"他人"之间会有真正的对话。萨特的名言"他人就是地狱"最好地说明了这种差异。在"我—你"关系方面，布伯与马赛尔、加缪、雅斯贝尔斯和罗森茨维格等人的观点较接近，他们都从一种本体论而不是一种主观能力的角度去看待对话、交流和"我—你"关系，把"对话"与人的存在的直接性和本质联系起来。也正是由于如此，布伯的哲学人类学才更有深度。我们或许可以说布伯是加缪和雅斯贝尔斯式的存在主义者，如果前者接受这个称呼的话。

尽管布伯的对话哲学从哈西德主义汲取了颇多灵感和思想素材，但他本人并不是一个宗教神学家，毋宁说他是一位注重各种"宗教经验"的人本主义哲学家。因为正如我们前面所述，在他看来，我们是把上帝作为"你"来与之相遇的。正如我了解一个人是通过与他的对话来实现的那样，我了解上帝也是通过与上帝的对话进行的。上帝和道德价值都不是"超越的实在"，因为我们是在与上帝的对话中和上帝相遇并且发现价值的。所以，布伯自认为他是一位探索"人的问题"

的哲学家。他说:"哲学研究本质上必定是人类学的;正如它一次又一次地所阐明的那样,在它的核心当中必定提出的一个问题就是:人是如何可能的。"① 因此,可以说,关注人及其生存状况成了布伯哲学的归宿和顶点,在他后期的思想中,"哲学的人学"(philosophical science of man)居于核心的地位。

显然,西方的人学传统是布伯哲学人类学的出发点。但像许多著名的哲学家通常所做的那样,布伯对哲学史的理解和解释并没有反映出史家的那种客观公允的态度来,他对史的解释完全受他自己的学术目的所左右。他认为 20 世纪之前的哲学家尽管也关注人的问题,但他们不可能提出一个完整的人学方案,只有我们这个时代才能够提出并且解决哲学人类学的问题,他说:"只有在我们的时代,人类学的问题才趋于成熟,就是说,它才被看成是一个独立的哲学问题被人们加以研究。"② 为什么会如此呢?他认为主要是因为两方面的原因。第一个原因是社会学方面的。布伯指出,随着现代工业化和都市化的出现和发展,人与人之间原本的那种"直接相处的生活组织形式"逐渐地衰落下去了。现代化之前,人们生活在各个规模不太大的社区里面,如传统家庭、村庄、手工作坊和小城镇等。人们是靠这些社区组织的无形力量联结在一起的,他们彼此间可以做到直接的频繁的交往。人们生在斯长在斯,自然就拥有了一种归属感和认同意识。他们把他们的归属看成是一种命运,看成是活生生的社区传统的

---

① P. A. Schilpp, and M. Friedman ed., *The Philosophy of Martin Buber*, p. 693.
② Martin Buber, *Between Man and Man*, p. 157.

延续，而不是像现代大都市中的公民靠自由的协议和契约生活在一起。旧有社区的衰落实际上是现代社会为法国大革命中的政治解放和随后的资产阶级社会的建立所付出的沉重的代价。它所带来的一个结果就是人类空前的孤独，现代人在这个世界中失去了"在家"的那种感觉，失去了"宇宙论的安全"（cosmological security）。在现代社会，旧有的社区组织形式还在为现代人提供一种"社会学的安全"（sociological security），这种安全使他们避免了被完全遗弃的感觉，人们似乎还是可以亲密地相处，有一种有家的生活。但是，就是这样一种"社会学的安全"也在慢慢地丧失掉。因为，旧有的组织形式尽管它们的许多外部结构仍然没变，但它们的内部却早已衰朽了，它们一直在丧失意义和精神力量。为此，现代人创建了许多新的社区形式，如俱乐部、工会、政党等等，他们试图通过这些组织重新让人联结起来。尽管这些组织形式在当代已经成功地激起了集体的热情，人们的生活被这些热情所填满，但是，它们却不能够重建已经被摧毁了的安全感。人们忙碌的活动只能够减缓和掩盖愈益增加的孤独感，一旦他们停止喧嚣杂乱的生活，就会体验到深深的孤独，体验到人类生存的严重问题。

第二个原因是精神史或心灵史的原因。布伯指出，一个世纪以来，人类愈益陷入一场众所周知的危机之中，这场危机与人类历史上曾经面临过的许多危机比起来的确有很多共同之处，但也有一个关键的不同。这个不同就在于"人落后于自己的作品"。人不再能够把握住他自己所创造的这个世界，他周遭的世界正在变得比他强大起来，正在摆脱他的控制，越来越独立于他，他不再了解他所创造出来的这个怪物。

我们的时代经历了人类心灵在三个领域连续不断的失败和停顿。第一个是技术的领域。本来是为了方便人类的工作而发明的机器，现在反而使人成了机器的奴隶。机器不再像工具那样是人的胳膊的延伸，相反，人却成了机器的一种延伸。人实际上就是机器的附属品，听机器发号施令。第二个领域是经济的。现代化的生产规模急剧地扩展，以便满足不断增加的人口的各种需要，但是经济生产却没有能够达到一种合理的协调，无论是生产的过程，还是商品的消费都超出了人所能够控制的范围，整个经济活动实际上都不再听命于人的指挥。第三个显示人类精神失败的领域是政治的领域。在两次世界大战中，敌对双方的人都以恐怖的眼睛看到了他们是如何成为各种不可理解的力量的玩物。这些力量表面看起来是与人的意志相连的，但是实际上它们摆脱了人的支配，一再地践踏人的尊严，最后把敌对双方都引向毁灭。现代人不得不面对这样一个事实：他亲手培育了凶猛的怪兽，但却不能够成为驯兽大师；他既是强有力的，同时又是最软弱无力的。人的这种现实状况使我们要对人的存在进行探究，因此，追问"人的实存"就成为20世纪20年代以来哲学人类学的必然话题。

那么，"人是什么"？康德曾经向哲学家们提出的这个问题，对于生活在20世纪的布伯来讲同样是无法回避的。为此他在许多地方考察并且批判了历史上哲学家们对这个问题的各种观点和立场，他对亚里士多德、康德、黑格尔、马克思、克尔凯郭尔、尼采、胡塞尔、海德格尔和舍勒等人的理论进行了分析和批判。在《我与你》中，他认为，我们不能从某个抽象的、无所不包的存在或宇宙概念推演出人的地位问题，而应该从使人成之为人的那个双重态度来研究人。人是因为另外一个自我的存在而成其为人的，如果没有这一"我—你"关系，人就不是人了。人越是与别人确立起成熟的"我—你"关系，他也就越具有人性。而在《人与人之间》里面，他认为人的存在的本真性取决于他是否能够进入真正的"对话生活"，正是在对话生活中，人可以实现他所独有的"潜在性"。当然，这种对话不仅是人与人之间的对话，而且也指人与宇宙和世界的对话。

不过，我们今天所处的这个时代总让我们有一种无家可归的感觉，我们在无际的宇宙中已失去了可亲的家园，"家园"这个概念对大多数现代人来讲要么是一种模糊不清的回忆，要么是遥远的梦幻。"无家"（homelessness）是什么意思？一方面，古代人类所拥有的那幅完整而亲近的世界图景，早已被近代科学特别是近代物理学用各种死硬的数学方程式加以代替，抽象的数理—物理世界对于人类来讲太冷漠了，人成为役使自然的精灵，"天"和"地"是对立的，宇宙和世界只是人研究和控制的对象。另一方面，各式战争和仇恨又使我们失去了共同拥有一个"人类共同体"或社会的那种感觉，人类从未像今天这样分裂和好斗。难怪弗洛伊德和舍勒均把"精神"和"本能"的分离看成是人的本质特征，这实际上恰好反映出人类对"共同实存"（communal existence）缺乏最起码的信任，反映出人与人之间的隔离与疏远。没有了家园，哪还有"对话生活"呢？

实际上，近代以来哲学家都在为这个问题而苦恼不堪，他们提出了各种各样的解决方案。布伯把这些方案大致归并为两类：个体主义和集体主义。但他认为，这两类方案其实同样都在摧毁着真正的"对话生活",只是所用方式不同而已。布伯说:"如果说个体主义只理解了人的一部分,那么集体主义就只是把人作为一个部分来理解,它们都没能推进对人的整体性,对作为一个整体的人的理解。个体主义只看到人与他自己的关系,而集体主义则根本就没看到人,它只看到了'社会'。个体主义扭曲了人的面孔,而集体主义则给人戴上了面具。"① 可见,尽管导致集体主义和个体主义的原因各不相同,但是二者本质上都是人的无家可归状况的反映,是孤独的人的不同写照。人既遭受自然的遗弃,又在喧闹的人世间深感孤独。对人的这种状况,个体主义者极力地加以肯定,试图把它看成是一种普遍的命运。正因为人被自然所遗弃,所以他在这个世界上就是唯一的个体,并且他接受这种遗弃,因为遗弃就意味着他是一个个体。同样,他也接受他的孤独,因为只有一个不与其他个体相连的单独个体才知道他是一个个体,并且他为此而感到光荣。布伯认为,这实际上反映出个体主义本质上是基于某一种虚幻的基础,它所追求的目标是永远不可能实现的。

与个体主义相反,集体主义总是试图摆脱孤独的命运,它把人的命运交给那些现代大规模的集团组织。这种组织的规模越大,越有力量,越是坚不可摧,人就越是能够感觉到他从社会和宇宙的双重"无家可归"中获得了解放。显然,这样我们就再没有任何理由担心生活了,因为我们只需要使自己适应所谓"普遍的意志",让我们每个人原先对我们各自生存所负的责任变成一种集体的责任。同样,我们这时也无

---

① Martin Buber, *Between Man and Man*, p. 200.

须再担心宇宙，因为技术化的自然代替了宇宙的位置。集体的誓言本身提供了全部的安全。在此不存在任何虚幻的东西，只存在大量实在的规则，并且"普遍"本身似乎也要变成实在的了。但是，布伯认为现代集体主义本质上是虚幻的。因为，人被强行带入了这个运转可靠的"整体"之中，这个整体包括了大量的人，它不可能是人与人之间的那种真正相遇。在一个集体中的人不是与别人真正和睦相处的人，在这里，人没有摆脱他的孤独。这个"整体"尽管声称它基于每一个人的完整性，但从逻辑上讲它却减少了、低估了、亵渎了人与人之间的关系，并且它事实上也的确成功地做到了这一点。所以，在一个集体中，个人生活的脆弱的表面正逐渐地失去光泽和暗淡下去。"人的孤独并没有被克服，而是被压制住并且变得麻木了。虽然人们对孤独的了解被压制住了，但是孤独的实际状况却有很深远的不可抑制的影响，并且它秘密地上升为一种残酷，随着集体主义虚幻的不断扩散，这一残酷将显示出来。现代集体主义是人为反对他与人真正相遇所设置的最后一道障碍。"[1] 不过，当集体主义的幻想和虚幻都过去的时候，在人与人之间可能具有的必然的相遇就只会以个体的人与其同胞相遇的方式出现。只有当个体的人了解别人的所有"他性"（otherness）就如同了解他自己那样，把别人作为一个人来了解并且从这里切入别人的时候，他才能够在一种严格的和变换了的相遇中突破他自己的孤独。所以，只有当一个人奋发进取，听从自我的呼唤，不畏"整体"的强权，使自己成为一个人的时候，才会出现突破孤独这样的事

---

[1] Martin Buber, *Between Man and Man*, p. 201.

情。在个体主义中，人仅仅幻想着他能够控制自己的命运，实际上无论他是如何地设想他正在把自己作为一个人来加以肯定，他都会被这种虚幻所蒙蔽和蹂躏。在集体主义中，当人放弃个人的决断和责任的时候，他实际上就是把自己交了出去。因此，无论是在集体主义中还是在个体主义中，人都不能够突破孤独而切入他人，因为只有在真正的人和人之间，才会有真正的关系。

布伯相信，在集体主义的社会学和个体主义的人类学之外，我们还有第三种选择。这第三种选择既不会还原到前两种中去，又不是前两种的一种调和。正如前面所述，哲学人类学的第三种选择就是关于"之间"的人类学，它把自己关注的焦点放在了对"之间"的本体论的分析之上。尽管人的日常存在状态大都是一种非本真的样式，但是本真的存在状态却都是"之间"的状态。例如，在一次"真正的对话"当中，对话的双方不是事先决定好了的，对话完全是自发的。这时，对话的每个人直接向他的伙伴发问，并且引起其伙伴事先未料到的回答，这里就存在一种"之间"。又如，在一堂"真正的授课"中，授课已不再是一种例行公事的重复，也不是一种教师在开讲以前就知道结论的那种卖关子，它成了一次学生和教师共同的精神冒险，他们彼此都领略到了一种从未有过的惊奇和兴奋。这时，"之间"就显露了出来。同样，一次不是出于习惯和礼节的真正拥抱，一次并非玩笑的真正的决斗，它们都存在一种"之间"的关系。

在上述所有这些情况中，构成其本质的东西是什么呢？它既不是单独地发生在每个参与者身上的东西，也不是出现在一个包括双方和所有其他事情在内的"中性的世界"中的东西，它就是出现在他们之间，出现在只有他们二者才能够接近的一个区域中的东西。布伯说，如果我遇见某个东西，那么这一相遇的事实就可以精确地在世界和心灵之间、在外部事件和内部印象之间来分析。但如果我和另外一个人彼此相遇，彼此突然地陷入一种关系中，那么这个相遇的总和就不能够精确地来划分，就不能够分成我的或他的。在我和他之外总还有一个多出来的"剩余物"，对这个剩余物而言，心灵终结了，世界还没有开始，这个剩余物就是本质的东西。这就是本体论上的"之间"。即使是在一些并不引人注目的微小而短暂的事件中，这种"之间"也是存在的。例如，当两个陌生人在某一空袭掩体里挤在一起的时候，他们的眼光不经意地突然相遇，尽管只持续了一秒钟，但彼此之间还是存在着一种相互性。空袭警报解除后，这件事也就被他们忘记了。然而，它毕竟发生过，这件事在某个领域存在过那么片刻。又如，在黑暗的歌剧院里，两个观众彼此并不认识，但他们都同样地以一种纯洁和紧张的心情在倾听莫扎特的音乐，这时在他们之间也存在一种关系，尽管它不为人所察觉，但它确实是一种基本的对话。随着灯光再次亮起，它早已消失得无影无踪了。布伯说："在对这种短暂然而却是连贯的事件的理解中，我们绝对不能引入情感的动机：这里所发生的事情是不能通过心理学的概念来分析的，它是本体的东西。从最微不足道的事件，如那些刚一出现就消失的事件，直到纯粹不可分解的悲剧的悲怆（在悲剧里，两个本性上彼此对立的人纠缠在同一个生存环境中），都以非语言表达的明晰性彼此显露出一种难以调和的存在的对立，我们只能以一种本体论的方式才能够恰当地把握这一对话的环境。但它并不是在个人实存或两个人实存的本体的基础上被把握的，而是在二者之间并且超越二者的存在的基础上被把握的。在最强有力的对话的时刻（此时确实是'深渊连着深渊'），变得最为明显的是：对话不是个体或社会的魔杖，而是一个第三者的魔杖，它围绕着所发生的事情画了一个圈。不是从主观的立场，而是从客观的立场来看，在我与你相遇的狭窄的山脊上，存在一个'之间'的领域。"①

在此，布伯把这个本体论的"之间"的领域形象地比作两个深渊之间的一个陡峭的山脊，其目的在于说明人与人之间真正的对话是何其困难，稍不留神就有可能坠入黑暗的深渊，从而断送了对话。因此，深渊象征着人与人之间的隔膜，意味着生活的无意义。而山脊则是人与人之间真正把彼此当成人来看待的一个坚实之地，是有意义生活的场所，尽管是一个需要我们时刻警觉的场所。布伯相信，在我们这个时代，"之间"这个实在的场所已初露端倪，我们已经在超越个体主义和集体主义，为未来的人们指出生活决策的道路。我们已经向人们指出了第三种选择，只要人们认真地了解这第三条道路，他们就会再次成为真正的人，从而建立一个真正的社会。也正因为如此，"之间"就构成了哲学人类学的始点，它一方面改变了我们对人的理解，另一方面它也改变了我们对社会的理解。哲学人类学的主题既不是个体的人，也不是由人构成的集体，而是"人与人"（man with man）。这一关系构成人的本质，我们只有在一种活生生的关系中才能够直接认识它。大猩猩只能够成为一个个体，白蚁只是一个群体，

---

① Martin Buber, *Between Man and Man*, p. 204.

而"我"与"你"只有在我们的世界中才能够存在，因为"我"和人的存在只有通过"你"才有可能。所以，哲学人类学（它包括人类学和社会学）必须把"人与人"当成自己的出发点。布伯这样说："如果你考虑单独的个人本身，那么你所看到的人就如同你所看见的月亮；只有人与人才提供了一个全面的图像。如果你考虑人的集合体本身，那么你所看见的人就如同你所看到的银河；只有人与人才是一幅完整勾勒出的形状。当我们考虑人与人的时候，你所看到的人的生命将是动态的、双重的：他既是给予者，又是接收者；他既出击，又忍受；他既是进攻的力量，又是保卫的力量；他既是研究的生命力，又是提供信息的生命力；他既提出请求，又给出答复——他们总是两个在一起，在相互的奉献中完善彼此，一起展现人性。这样，你现在就可以转向个体了，你将根据他所显示出来的关系的可能性把个体看成是人；你也可以转向集合体，你将根据它所显示出来的关系的完满把它看成是人。当我们打算把人看成是'一'与'其他'的永恒的相遇的时候，我们可能已经接近对人是什么这个问题的答案。"[①] 所以，"关系性"是人的本质，也是哲学人类学所关注的焦点，它和"之间""你"共同构成布伯哲学人类学的核心范畴。

1951年，布伯发表了一篇题为"原始距离和关系性"的重要文章，从认识论的角度来探索哲学人类学的问题。根据布伯的观点，每个人本质上都是"单独的一"（der Einzelne, the single one），他总是寻求与其他单独的存在建立伙伴关系；

---

① Martin Buber, *Between Man and Man*, p. 205.

不过,"单独的一"并不是孤立的存在,它要进入与其他单独存在者的关系性中。并且,通过拥有和超越这种关系性,人才能够真正实现他与上帝的关系性。所以,人(personhood)意味着两种互补的精神运动。一是所谓"原始距离"(Urdistanz, primordial distance),二是所谓"关系性"(Beziehung, relationship)。一方面,他是"原始地定于一定的距离";另一方面,他又"进入关系性中"。对人,也只有对人,才存在"一种被构成他性的他性"。因此,人类经验对象的"基本他性"就是距离化过程对人所产生的结果,但这一过程是原始的和前意识的,从而"他性"也是先验的,而不是经验的,是康德意义上的"先验统觉"的本质部分。

布伯认为,动物虽然能够形成关于其环境的各种形象,但它们仅限于动物肉体和活动所涉及的东西。因此,动物所形成的形象是一种"不稳定的混合物",因为这些形象仅仅适合于动物的领域。而人却不同,人超越他的环境,试图了解存在之所以为存在。一个动物经验的世界就在于它与自然界的遭遇,因此动物的经验是离不开它的环境的,并且是被动的反映。而人不仅对他的环境做出反映,而且还使自己的思想适应这个世界,并且还改造这个世界。在这种改造世界的活动中,他创造出一个新的世界。所以,人的"世界"不同于动物的"环境",它是不断地扩大并且不断地被重新设想的。人居住在这个世界中就如同居住在一所他能够把其作为一个总体、作为一个家来把握的房子中一样,尽管他并不清楚它扩展的限度。人作为人的根本行动就是栖居,他假定有一个他能够栖居的世界存在。从而这就构成了距离化的过程,即人知道有一个独立的世界为他而存在。可见,人形成有关他所栖居的这个世界和他自身的各种知识，完全是"原始的距离化过程"的结果。

距离化的过程和进入关系性的过程二者是互补的，它们在时间上不是相继的两个过程，它们彼此相互蕴涵。因为，一方面，"我们不能与某种不是与我们对立并且不是自在存在的东西保持一种关系性"[①]。也就是说，如果已经存在一个我们能够对其维持一种关系性的独立的他者，那么就只能够有一种对关系性的进入。而另一方面，如果一个世界被认为是独立于我们的意识而存在的，因而在某种意义上是自在的，与我们有一种潜在的关系性，并且吸引我们与它建立一种关系，那么我们就可以把它看成是与我们相对立的。所以，认识世界之作为世界，就意味着勾勒出世界的关系性来。

不过，布伯还指出，尽管距离和关系性范畴彼此是相互蕴涵的，但我们还是要注意两个限制性条件。首先，"距离"从逻辑上讲先于"关系性"。距离显示出人类的处境，而关系性则显示出人在这一处境中的生成状况。布伯说："我们必须坚定地维护这样一种观点，即距离提供了关系性的先决条件——不是关系性的现实性，而是它的先决条件。所以，随着距离的出现，恰好给关系性提供了空间。只是在这时候，真正的精神史才得以开始，并且随着关系运动受距离运动的暗示，它们之间发生相互作用、相互对立和相互合作的时候，这一精神史才得以永远地生长起来。"[②] 其次，尽管这种相互作用和合作是绝对必需的，但二者之间还是存在着相互的冲

[①] P. A. Schilpp, and M. Friedman ed., *Philosophy of Martin Buber*, p. 84.
[②] Ibid., p. 84.

突，彼此把对方看成是自己得以实现的障碍。因为距离化过程本身倾向于在认识者和被认识的世界之间建立一种"我—它"关系。不过，布伯相信，即使是在这种冲突中，上帝还是会"开恩"的，那时，二者的统一就是可能的。只是这种"开恩"的时刻非常难见，并且是不可预期的。所以，布伯实际上是认为关系性在人的所有处境中是潜在的，但是要想把握它却非常难得。这就是为什么布伯把人与人的真正相遇形容为"陡峭的山脊"的原因。他甚至认为人的"相遇的能力"（即建立关系性的能力）就是一种"神性"（divinity），是一种上帝赋予的神性。因而哲学人类学必然蕴涵着一种"神学"，当然是一种没有固定教条的神学。

三、新哲学神学

布伯认为，我们在人与上帝的"现实关系"之外来谈论上帝，其实是以一种讲述神话的方式，而不是以一种真正的宗教方式来叙说。所以，要想有意义地"谈及"（speak of）上帝，就不能去"谈论"（talk about）上帝，而是向上帝讲话并且倾听上帝的讲话，同时还须回答上帝的问话。这样，上帝就不是"他"或"她"，也不是"它"或"它们"，而是"你"。所以，人对神性的意识应该区别于神话性的幻觉或表面敬神的夸夸其谈，它表现为一种"我—你"关系。也正因为如此，哲学神学与哲学人类学就是密不可分的，它们彼此相互蕴涵。这种结合的结果就是新哲学神学的产生，因为它关注的焦点并不是上帝如何创造了宇宙和人的问题，而是

"神—人对话的关系"问题。

可以说，布伯的新哲学神学在他关于哈西德的研究和"对话哲学"中就奠定了基础。他认为，宗教信仰的基础乃是人与上帝、与永恒的"你"之间存在的那个对话关系。根据人的"对话性的存在方式"，关于上帝的任何陈述同时都是关于人的陈述。在他看来，以色列民族对《圣经》信仰的历史是一种活生生的传统，是上帝与人之间的一种对话的历史。从亚伯拉罕被召到上帝面前，到摩西在西奈山上与上帝的对话，再到众先知，都是上帝与人之间的对话的历史展现。有关宗教信仰的所有陈述的基础是那些具有信赖性质的对话关系，而不是对教义内容的信仰。布伯反对任何对宗教所做的抽象研究，因此他鄙视基督教神学。他认为，在基督教神学中，我们可以相信上帝存在，而上帝并不与我们面对面地相处，只有信赖我们的人才能与我们面对面地相处。无论我们在这个世界中的经验生活如何，信赖就表明了我们对生活的充实的相信。可见，布伯赋予宗教哲学以一种人道主义的基础，他用哲学人类学来改造传统的神学，因此，H. W. 施奈德尔也把他的宗教哲学称为"宗教的经验主义"[①]。因为，布伯就像克尔凯郭尔一样，强调"宗教经验"的重要性，而不赞同对宗教进行抽象的神学概念分析，这对宗教思想的研究来讲无疑是一场革命。正如有人指出的那样："正是因为布伯，哈西德主义以及其他的犹太文献中的学说和原理才超越了单纯的犹太文化而进入基督教世界。他对宗教思想的影响是巨大的，任何自由主义宗教思想家都不可能忽视他的方法

---

① P. A. Schilpp, and M. Friedman ed., *Philosophy of Martin Buber*, p. 469.

和学说。"①

为什么在他对所有宗教问题的思考中，上帝与人之间的对话一直居于核心的位置呢？这主要是由于他的如下一种看法，他说："作为全能的上帝，在他创造其造物的过程中，他赋予其造物以行动的自由，秉持这一行动的自由，造物就可以归顺于他或离开他，可以捍卫他或反对他。"② 这样，上帝与人的关系就不只是创造者和被创造者的关系，而且他们的关系还体现出一种"对话的行动"。他正是从这样的视角出发，深入地分析了犹太《圣经》传统的最原初的材料，因为在他看来，犹太教就是从这一传统中形成了自己的宗教思想并获得了自己的生命的。

他认为，犹太教的传统可以一直追寻到摩西在西奈山上与上帝的对话。正是通过对这些对话的分析，布伯发展了早期犹太教的信仰原则。上帝是什么？上帝就是"在此的上帝"（the God being there），他使人解放，引领着我们，与我们同行，与我们共鸣。但同时上帝也是不可捕捉的，我们不能对不可捕捉的上帝形成一种影像。因此，在布伯与罗森茨维格共同翻译的《摩西五经》的德文译本中，他把原先上帝说的"我是我所是"译成了"我在此"。这种译法上的不同，并不仅仅是一个语言的问题，它反映出译者宗教哲学精神上的不同。布伯认为前一种译法明显地受希腊主义的影响，它意味着从哲学上讲我们不可能去思考上帝的存在，因为根据这种译法，上帝是自在的，是与人对立的。而后一种译法则传达

---

① 大卫·鲁达夫斯基：《近现代犹太宗教运动》，第164页。
② Martin Buber, *Israel and the World*, New York, Schocken Books, 1963, p. 79.

出上帝与人的贴近和相关性、与人的对话性，就如同上帝与摩西的对话那样。

那么，古老的犹太教传统对现代人又有何教益呢？在今天这样一个愈益沉迷于科学主义和智性无神论的时代，布伯要求"现代人"恢复这种古老的《圣经》传统，难道不有那么一点痴人说梦吗？其实，布伯与大多数宗教哲学家的根本分歧就在于：他并不拒绝任何社会和文化的进步，他并不想回到那个没有现代科技和工业文明的原始纯朴的时代，他相信现代社会已经发生了根本的、不可逆转的变化。因此，布伯对古老的犹太教传统的恢复，并不是"回归《圣经》"，而是要恢复原初的、符合犹太《圣经》原则的"统一生命"，这种生命包含了我们在现代的整个生存，包含了现代文化的多样性对我们灵魂的影响。它应该是现代与古老传统的交融，是现代与传统的"对话"。可见，布伯的新神学具有相当的开放性和包容性，是古代与现代、哲学与宗教、神性与人性、理性与信仰的一个有机的结合，难怪有人把布伯的《我与你》称为"哲学—宗教的诗歌"[1]。

然而，布伯却尖锐地指出，标榜自己具有理性的现代人都是一些缺乏真正责任感的人，因为这种人不做回答，他之所以不做回答，是因为他听不进我们传统中一代又一代人提出的那个永恒问题。因此，现代人必须再一次聆听那个问题，倾听那个提问者。他必须重新学会问问题和回答问题。简言之，他必须学会对话。所以，布伯早在20世纪20年代就批评了现代性，认为现代性的最大特点就是"对话"的缺失。

---

[1] P. A. Schilpp, and M. Friedman ed., *The Philosophy of Martin Buber*, p. 235.

在布伯的宗教精神生活中，他一直反对任何教条主义的态度，他对死守教义和刻板的传道活动及仪式的做法非常反感，任何极端主义的观点在他那里都遭到了批驳。他比他同时代的大多数基督教神学家都更彻底、更坚定、更有办法地完成了"神学的人类学转向"，尽管其他神学家也看到了这个问题。布伯认为，那种缺少人类学精神的神学在谈论上帝时，似乎是在谈论一个与我们毫无关系的东西，一个我们似乎是从宇宙之外来看待的东西，一个我们可以对其伟大、真理以及行为进行评头品足的东西。但实际上，人总是与上帝相关联和贴近的，他也并不知道什么是伟大，不知道怎样去把握真理，他并不具有能够判断上帝行为的感官。我们必须从人的各种可能性，从人的存在来看待信仰的世界。而信仰也必须是存在于人的各种可能性中间，存在于生存的每一分钟里面，存在于创世、启示和救赎三者之间的张力里面。布伯为了让现代人能够理解什么是真正的信仰，他区别了两种信仰，并且对信仰的一般形式做出了说明。他说："存在，并且也只是存在两种类型的信仰。不错，当今存在非常多的信仰内容，但是我们只知道两种基本形式的信仰。二者都可以从我们生活的简单材料来理解：一种来自这样一个事实，即我信任某人，尽管我并不能够提供我信任他的充分理由；另一种来自这样一个事实，即尽管我同样不能够给出充分的理由，但是我承认一件事是真的。在这两种情况下，我之所以不能够给出充分理由于这件事，并不是因为我的思维能力有什么缺陷，而是因为我与我信任的人或我承认其为真的那件事的关系所具有的真正独特性。它是本质上不依赖'各种理由'的关系，就如同它并不产生自这些理由一样；当然，对它来讲各种理由都是需要的,但是这些理由对说明我的信仰来说永远是不充分的。在此'为什么?'总是随后的,即使在这一过程的早期阶段它已经出现;那就是说,随着我们接着说些什么它就出现了。这完全不意味着它是一种'非理性的现象'。我的理性,我的思维的理性能力只是我的本性的一部分,一个特殊的功能;每当我无论是在哪种意义上'相信'什么的时候,我的整个存在都参与在了其中,我的本性的整体都进入了这一过程,确实,这之所以是可能的,只是因为信仰的关系是我的整个存在的关系。但是,只有当思想的整个功能在没有被损害的情况下进入其中并且在其中产生作用,完全受它的影响并且由它所决定的时候,才涉及这种意义上的人格总体性。"[1] 在此,布伯明确地提出了这样几点:第一,信仰不依赖于理性;第二,信仰不是非理性的,它需要人的整个存在的投入;第三,人格整体包括思想理性在内。但布伯认为,这里的"人格整体"不能够等同于"宗教情感",因为后者并不是囊括一切的东西,它往往表现为一种虚幻的整体性。

而宗教意义上的信仰不是对有限者的信仰,而是对"无条件者"(the unconditioned)的信仰。如果我们发现我们与"无条件者"之间具有一种信赖的关系,与它订立了一种契约,那么我们就成为某一受该契约支配的宗教民族的一员;如果我们发现我们可以"皈依于"某一信仰或接受某一信仰,那么我们就是一个孤独的个体,而由这些个体形成一个联合

---

[1] Martin Buber, *TwoTypes of Faith*, Routledge & Kegan Paul Ltd., 1951, pp. 7-8.

体，而这个联合体不是一个民族。从历史上讲前者体现为犹太教，后者以基督教为代表。因为犹太民族与上帝订有契约，并且早期以色列人是一个"信仰的民族"，他们由于共同的信仰而成为一个民族，又由于是一个统一的民族而具有共同的信仰，他们的上帝是"契约上帝"（covenant-God）。而基督教一方面接受了犹太人的信仰并加以改造，另一方面它又是超民族的，它的统一体不是一个单一的民族而是凌驾于各民族之上的教会。随着古犹太人流亡世界各地和基督徒传教活动的开展，基督教就正式形成了。布伯说："基督教开始于犹太人的散居和传教活动。在这种情况下，传教活动不只是意味着扩散；它是共同体的生命呼吸，因此是上帝的新的民族的基础。"[①] 所以，基督徒等于是承认并且皈依了犹太人的信仰，在这种皈依中，他们构造了自己的实存。

布伯认为，"承认并且接受某种东西为真"这条信仰原则源自古希腊的精神思想。在原始基督教的传教活动中就包含着这种精神，这特别体现在《圣经·新约》中。同样，在犹太教的《塔木德》和《密德拉什》中也渗透着希腊精神，它们体现了一种"希腊文化的犹太教"。所以，早期基督教和这种希腊文化的犹太教在精神上彼此是联系得非常紧密的，它们有一个共同的解释学起源，即都是用希腊思想来解释《圣经·旧约》。所不同的是，希腊文化的犹太教并没有向希腊思想缴械投降，而是仍旧维护了自己的传统。所以，尽管基督教和犹太教彼此渗透，但是总的来讲，它们代表着两种不同的信仰，并且基督教总是在从犹太教吸取营养。在耶稣的教

---

① Martin Buber, *Two Types of Faith*, p. 10.

诲中，包含着真正犹太人的原则。即使后来的基督教徒在返回耶稣的"纯正"教诲的时候，他们无意中也在与真正的犹太教展开对话。①

布伯认为，我们时代的危机也就是这两种信仰的危机。但由于它们的起源不同，因此它们的危机也不相同。犹太人信仰的起源是在一个民族的历史之中，而基督徒的信仰的起源则是在个体的历史当中。他说："犹太教的信仰和基督教的信仰本质上是不同的两类信仰，它们各自都是与其人的基础相符的，并且直到人类从'宗教'的流放中被聚集起来，从而接受上帝的统治之前，它们仍将不同。"② 只有当它们彼此都完成了自己复兴的时候，它们之间才能够相互对话，才能够相互帮助。犹太教的复兴是通过犹太民族的再生来实现的，而基督教的复兴则要依靠各个基督教民族的再生。但布伯认为这一天还远未到来。

布伯的一生都在思考怎样复兴犹太教。他认为，希伯来《圣经》是上帝与人面对面对话的记录。但它所具有的这种对话性，在后来的各种翻译中都丧失殆尽，人不再能够面对《圣经》。希伯来《圣经》本身只是被人们作为一种译本，一种"坏的译本"，一种"用糟糕的语言表达"的译本来读。表面上它是一种"经典"，实际上它只是"流行"而已。希伯来《圣经》所要求的那种"尊重人的亲密感"被一种"无观点的熟悉"所取代。犹太教的精髓也就在这种翻译中丧失殆尽。

---

① 参见 Martin Buber, *Two Types of Faith*, p. 12.
② Ibid., p. 174.

为了复兴犹太教的精神，布伯认为有必要重译《圣经》。他在与罗森茨维格的合作中，共同确立了翻译的原则，这些原则映射出布伯的对话哲学的思想。要用现代语言去翻译古希伯来语的文献，其首要的是能够传达出古文献的精神。而《圣经》的精神在布伯看来就是上帝与人的对话。所以，他主张《圣经》应该用口语来译。这种语言应该富有形象和韵律的色彩。而《圣经》也不再是按节来划分，而是根据意群和换气技巧分成一篇篇小短文。这样，布伯不仅追求语词的一致，更重要的在于全部词根的一致。因此，布伯的德文译本最后往往使读者困惑不解。可见，追求古韵，就难免失去通俗。这是古代文献翻译中的一个普遍现象。

除了《圣经》的翻译问题之外，布伯对犹太教的精神实质进行了深刻的分析。布伯认为，我们首先必须把犹太教作为"宗教实在"的一种现象来对待。这一宗教实在在犹太教中并通过犹太教彰显出来；事实上犹太教就是为了这一实在的缘故而存在的。因此，这里的问题并不是我们是否把犹太教理解成一种文化或一种学说，理解成一种历史的或心理的现象。它可能包含着这些成分，但同时也可能包含着其他成分。但是，只有通过犹太教得以彰显的那个宗教实在，犹太教才能被充分地加以界定，并且任何不包括这一实在的界定都看不到这里面所包含的意义。

"宗教实在"是指人与上帝之间所发生的事情，在他们关系的范围内，那是人和上帝共同的实在。而"上帝"这一术语不是指一种形而上学的理念，也不是指一种道德的理想，不是指一种心理的投射或社会的形象，也并非指任何由人类创造或在人类中间发展起来的东西。布伯的上帝只是指人类在各种观念和形象化描述中所拥有的东西。但这些观念和形象化描述并不是自由创造的产物，它们是神——人相遇的结果，是人试图去把握令他费解的东西的结果。它们是神秘事物的痕迹。然而，上帝的显现不在彼岸，只有像上帝那么多地分享这一显现的人才能与它偶然相遇。形象和观念都来源于它，然而，在它当中所揭示出来的既非形象又非观念，而是上帝。之所以被称为"宗教实在"，正是因为它构成了与上帝自身的一种不衰的关系。人不拥有上帝本身，但他却与上帝本身相遇。

布伯指出，大凡宗教都受两方面的影响：一方面是外部的影响，它划定了文化所赋予宗教的界限；另一方面是内部的影响，它从产生时起就在去除那些界限。尽管它不再直接影响生活的所有领域，但宗教实在从它具体体现在某一特定宗教中那一时刻起，就通过那一宗教影响着那些领域。上帝的显现形成了人类的历史。

但犹太教的精神实质又是什么呢？对犹太人来讲，要紧的不是其信条，不是他公开宣称对某种理念或运动的信奉，而是他吸收他自己的真理，他依靠这一真理而活着，他从外来规则的浮渣中纯化自己，并且找到其从分裂到统一之路。因此，我们必须从其最深处去把握犹太教的问题，探究到其底部，一直到从矛盾中生出永恒的地方。因为这是犹太教的本质和命运；犹太教最崇高的要素是与其最低贱的要素连在一起的，其最辉煌的要素是与其最羞辱的要素连在一起的。犹太教不是简单的和明确的，而是充满悬殊差别的。它是一种两极对比的现象。

犹太教的基本问题就是它的双重性：最勇敢的诚实与弥

天大谎并存；奋不顾身的牺牲紧随着最贪婪的自私自利。没有哪个民族产生了这样卑鄙的冒险家和背叛者，同样也没有哪个民族产生了这样崇高的先知和拯救者。而崇高绝不等于最初的犹太教，低劣也不等于其退化。相反，它们一直并肩而立。

但布伯认为这种两重性是人类共同面临的问题。他说："人心灵的多样性周期性地向他显示为一种双重性，这是一个基本的心理事实；事实上，就现象和存在在意识的世界中意味着相同的东西来讲，可以说这种多样性反复地假定了双重的形式。人把其现实性和潜在性的整体体验为一种倾向两极的活生生的实体；他把他内心的进步体验为一种从一些十字路口到另一些十字路口的旅程。无论人内心斗争的两极可能有什么样变化的意义内容，无论在十字路口的选择是被看成一种个人的决断、一种外部的必然性，或一种偶然的事情，基本形式本身是不变的。然而，在任何人中都没有像在犹太人中那样，让这一基本形式过去是并且现在仍是那样强、那样占支配地位、那样居于中心。它在任何地方都没有实现得如此纯粹和如此充分；它在任何地方都不会对性格和命运有如此决定性的影响；它在任何地方都不会创造出任何像犹太人对统一性的追求那样的、重大的、自相矛盾的、英雄般的、惊人的事情来。正是这种对统一性的追求才使犹太教成了一种人类的现象，才把犹太人的问题变成了一个人类的问题。"①例如，关于原罪的神话就是双重性的经典例子。它代表了一种分裂和双重性的感觉和认识，同时也是一种对统一性的追

---

① Martin Buber, *On Judaism*, p. 25.

求。上帝就是从对统一性的追求中浮现出来的。正像内在双重性的观念是犹太人的观念一样，从双重性中获得拯救的观念也是犹太人的。犹太人的救赎意味着一种转变，意味着把握真理，意味着肯定，意味着人类之路。在犹太人的神秘主义中，当上帝观念的最初特征改变了的时候，当二元论的观点转变成上帝这个概念的时候，犹太人的救赎观念就到达了印度人的高级程度：它成长为上帝救赎的观念，上帝的存在（它与物相分离）与上帝的内在（indwelling）（即漫游、漂泊、弥散在物的周围，与物紧粘）再次统一的观念。它变成了上帝通过创造而救赎的观念：通过心灵从双重性向统一性的每一进步，通过心灵在自身中每一次变为一体，上帝在自身中变为一。

布伯甚至认为，犹太人的全部创造性也是从对这种统一性的追求中获得的。犹太人创造的"上帝"观念、"普遍正义"观念、"普遍的爱"的观念、"弥赛亚"的理想以及"社会主义"等等，都是犹太人对"统一性"追求的结果。他说："犹太人的创造力在对统一性的追求中爆发出来，他的创造性行为植根于他心灵的统一。……因此，为了使犹太教能够在人类中成为现实，如果我们把我们自己与最初的犹太教精神联系起来，如果我们在我们的灵魂中追求统一性，并纯化我们的民族，我们就将有助于影响犹太民族的解放，并再一次使犹太教获得解放，因为它的功绩就在人类中间。"[①] 人类对统一性的追求出自我们自己的双重性和从中获得的拯救。犹太教不能像其他民族做的那样，为人类奉献出新的物资、新

---

① Martin Buber, *On Judaism*, pp. 29–32.

的意义内容，因为犹太人与物资存在和物的关系不够牢固。它只能重新提供人类多样性内容的统一，提供新的综合的可能性。在先知和早期基督教的时代，它提供了一种宗教的综合；在斯宾诺莎的时代，它提供了一种智力的综合；在社会主义的时代，它提供了一种社会的综合。所以，犹太教对人类具有普遍的价值，它的复兴是人类的福祉。

布伯指出，存在两种犹太教复兴的概念。一种是把犹太教看成是一个宗教共同体，另一种则把犹太教看成是一个民族共同体。前者提倡信仰的理性化、教义的简化和仪式规则的修改。它代表的不是改革，只是自新；不是变革，只是促进；不是犹太教的复兴，只是使它以一种更容易、更优雅、西化的、更为社会所接受的形式永远存在下去。这就是所谓的"先知的犹太教"的思想。它缺少精神的原创性激情和欣喜若狂的力量，它一味地沉浸在犹太教法典的疑难和迈蒙尼德的抽象之中。另一种犹太教复兴的概念是金斯伯格预见到的复兴，即建立一个独立的作为犹太精神中心的国家。

但布伯对这两种犹太教复兴的看法均表不满。他认为，当我们把犹太教看成是一种宗教的时候，我们仅仅触及了其组织形式的最明显的事实。而当我们把它称为一种民族性的时候，我们就接触到了一种比前者更深的真理。但是，我们应该比它看得更深，从而发现犹太教的本质。犹太教是什么？犹太教最根本的是一种精神过程。如果我们把它与犹太人的统一方案或先知犹太教相等同的话，那么我们对这一精神过程的理解就很受局限。我们应该把犹太人的统一方案看成是这一伟大精神过程的一个要素，而把先知犹太教当成是这一精神过程的一个阶段。

他进一步指出，犹太教的精神包含着对三个观念的追求，即"统一的观念"、"行动的观念"和"未来的观念"。关于第一个观念，他说："存在于这个民族本性中的统一性观念和朝向它的趋势产生于这样一个事实：犹太人一直更敏锐地觉察到了现象所显现的那个背景，而不是个别的现象本身，他确实地看到的是森林而不是树木，是大海而不是波浪，是社会而不是单独的个人，所以他更喜爱沉思，而不是想象。由于同样的原因，他甚至也被迫在他能从总体上体验到物的整体性之前就去概括它。但他并不因有一个概念就停下来；他被迫继续努力达到更高的层次——一个能支撑所有概念也能使所有概念完满，并能把它们结合成一体的最高层次。"① 但对犹太人来讲，统一倾向还源自他试图将自己从内在的双重性中拯救出来并上升到绝对统一体的那种强烈的渴望。这两种根源在先知们的上帝观念中得到整合。于是出现了一种超越的统一观念：那个创造世界、统治世界、关爱世界的上帝。这是这一精神过程的顶峰。但慢慢地外部根源变得比内部根源要强，爱好概念化比忠于一个人的渴望要强。这一观念最终变成了毫无意味的一种风尚，直至活生生的上帝被改变成具有晚期祭司统治和犹太拉比初期教义特征的毫无生命的"图式"。然而，统一趋势并没有停下来。图式和渴望之间的战斗仍不停地升级，直至目前。

犹太教的第二个观念是"行动的观念"。布伯相信，这一精神倾向是犹太民族精神气质中固有的。他甚至认为犹太人的运动神经天生就比感觉神经要强，其运动系统比感觉系统

---

① Martin Buber, *On Judaism*, p. 42.

要发达许多。当犹太人行动时,比他们感知时能够显示出更多的真意和更伟大的人格,犹太人认为他们平生所成就的事业比他巧遇的事情更重要。因此,对犹太人的虔诚来说,成为其核心的不是信仰而是行动。事实上这一点也可以被看成是东西方之间的基本区别:"对东方人来讲,人和上帝之间决定性的契约是行动;而对西方人来讲则是信仰。犹太人特别表示和强调这一区别。《圣经》的所有篇章都很少谈信仰,但却大谈行动。然而不应该认为,这意味着是对工作或缺少内在意义的仪式的没有灵魂的赞美;相反,每一个行动,哪怕是最小的和似乎是最微不足道的行动,都以某种方式适应上帝……只有在西方的折中主义基督教中(正如西方人所知道的那样),信仰才显得最为重要。对最早的基督教来说,行动是主要的。至于这一努力去行动的意义内容,它在最早的一种《福音书》中得到了清楚的证明,它无可置疑地暗示了一种创造性的人格。"[1] 犹太人这种对行动着迷的精神气质在哈西德主义那里表现得最为明显。对它来讲,生活的真正意义就显示在行动当中。重要的不是正在做什么,而是这样一个事实:每一个行动都按照神圣的意图进行,即具有指向上帝的意图。没有任何东西本身是恶的,每一种激情都可以成为善的,每一种爱好都可成为"上帝的运载工具"。单就行动而言它并不重要,重要的是行动的神圣性。对哈西德主义来说,人的最终目的就是:成为他自己、成为一条法律、成为一个"托拉"。

犹太教中的第三个观念和倾向是"未来的观念"。布伯在

---

[1] Martin Buber, *On Judaism*, pp. 44–46.

谈到犹太人的这一精神品质时说，犹太民族之所以信奉"未来的观念"，是因为这个民族的时间感比她的空间感发展得要强许多。他甚至通过对希伯来《圣经》语言的分析来证明他自己的这一观点。他指出，希伯来《圣经》中的描述性形容词都不谈"形式"或"颜色"，只谈"声音"和"运动"（这与《荷马史诗》的描述性形容词正好相反）。另外，在所有艺术形式中，最令犹太人感到满意的艺术表现形式是能够反映出时间的艺术——音乐。在日常生活中，对犹太人来讲，各代人之间的相互联系是比对当前的享受更强的生活原则。犹太人对"族性"和"上帝"的意识基本上受到其历史回忆和历史希望的滋养，这一希望本质上是积极的和建设性的要素。可见，犹太文化就是一种具有深厚历史意蕴和时间感的文化。

一方面，未来倾向驱使犹太人陷入具有各种不同目标的繁忙活动，刺激他对可获之物的强烈欲望；然而这种强烈欲望不是用在他自己的舒适上，而是用在下一代人的幸福上。下一代人甚至在意识到自己之前，就被赋予了照顾再下一代人的任务，这样所有生存的实在都溶解在了对未来的关怀中。另一方面，这一倾向在犹太人中唤醒了弥赛亚主义，即一种超越过去和现在所有实在、作为真的和完美生活的绝对未来的理念。布伯认为，"弥赛亚主义是犹太教最深刻的原创理念"[1]。根据这一理念，未来一定会到来，每时每刻都在保证它的到来，我们的血脉在保证它——上帝在保证它的到来。但不是马上到来或在某个遥远的时刻到来。它在时间结束的时候，在预定的时候，在所有日子结束的时候到来——在绝

---

[1] Martin Buber, *On Judaism*, p. 50.

对的未来。同时,弥赛亚主义好像为犹太教的另外两种倾向,即统一观念和行动观念的最终和完全的实现准备好了基础。布伯认为,正是犹太教的这些特质,使它成为现代社会主义的思想源泉之一。

因此,犹太教的复兴就是放弃其目前的虚伪的存在,恢复其真正的生活。这样,它的精神一定会再生。犹太教的真正生活,就像任何一个有创造性的民族的真正生活一样,是我们称为"绝对生活"的那种东西。只有这样的生活才是一种非侵略性的或非防卫性的生活,它才体现出一个民族的积极意识。犹太教的复兴也就是三大观念的同时复兴,因为犹太教不能一点一滴地复兴,复兴必须是整体性的。所以这一过程将是"犹太教三大观念的创造性综合"。但这一未来综合的本质是什么,它将怎样产生,我们对此无话可说。我们知道它将来到,但它将怎样来到,我们只能做好准备。"然而,做好准备并不意味着静待。它意味着向自己和他人灌输犹太教的意识,在这种意识中,犹太教的精神过程在其所有的方面,在其本质的充分实现中,在其历史显露的多种嬗变中,在其潜在力量的无名的神秘中显现出来。做好准备甚至意味着更多的东西。它意味着在我们个人的生活中去实现犹太教的伟大倾向:走向统一性的倾向,就是通过把我们的灵魂铸造成单一的实体,以便使它能设想出统一性;走向行动的倾向是通过在我们的灵魂中填满无条件性,以便使它能实践其行为;走向未来的倾向,是通过把我们的灵魂从功利的繁忙中解脱出来,直指伟大的目标,以便使它能为未来服务。"[①]

[①] Martin Buber, *On Judaism*, p. 55.

换句话说，这就意味着一种"犹太教的虔诚"。所谓"犹太教的复兴"，就意味着一种犹太人虔诚的复兴。

但布伯认为犹太教的虔诚和宗教是不同的。虔诚是一个人对奇迹和敬慕的感觉。它是一种永远不断的重生，是对他感情重新的阐述和表达，而这种感情超越了其有条件的存在，然而仍是从这种有条件的存在的核心喷发出来的，因此还是存在某些无条件的东西。虔诚显示了他渴望与"无条件者"建立一种活生生的交流关系，显示了他有意通过其行动去实现"无条件者"，在人间实现"无条件者"。而宗教则是某个民族生活的某一时期中的虔诚所阐述和表达的各种习俗和学说的总和。宗教的规定和教义是严格确定的，并且作为"具有绝对约束力的东西"传给后代，完全不管后代新确立的虔诚是什么。只要宗教是有创造性的，它就是真的。所谓有创造性，就是能够给宗教律法和学说注入新的意义，以符合人们自己的需要。但是，一旦宗教仪式和教义变得僵硬起来，以致人们不能通过自己的虔诚去改变它们，或不再想遵循它们的时候，宗教就失去了其创造性，它因而也就成为虚假的东西。可见，虔诚是创造性的原则，而宗教是组织性的原则。对每一个年轻人来讲虔诚都重新开始，他从骨子里受到这一神秘现象的震撼。而宗教则想强迫他进入一个一直较稳定的体系。虔诚意味着主动性，而宗教则意味着被动性。宗教意味着保持，而虔诚意味着复兴。对犹太民族来讲，其"拯救之路"不在其宗教中而是在其虔诚中。

布伯还指出，虔诚同时就意味着一种决断的行动，即决心在凡间实现神的自由和绝对性的行动。我们每一个人都必须从内心深处努力去追求神圣的自由和绝对性，没有任何中介能够帮助我们,没有任何由别人完成的东西有助于我们自己的行动,因为一切都取决于我们自己行动的破坏性力量,这种力量只能被来自外部的任何一种帮助所减弱。自我解放就是与上帝处在一种直接关系之中。不过,我们如果仅仅把犹太教中的决断行动看成是一种道德行为,那么它的意义就被歪曲了。犹太教的行动是一种宗教行为,或者说它就是宗教行为。因为它是上帝通过人在世间的"实现"。在犹太人虔诚中的这个"实现"概念蕴涵着三个不同的层次。它们的顺序显示了犹太教的发展。在第一个层次上,决断行为被认为是通过"模仿"而达到上帝的实现。上帝是人的目标,是首要的存在,人应该努力"变成"上帝的模样,"因为上帝把人造成了他的模样",也就是说人可以变成上帝的模样。上帝是无条件的,所以人应该从其有条件性的束缚中解放出来,成为无条件的。在第二个层次上,决策行动被看成是通过强化上帝的实在而达到他的实现。人在世界中实现上帝越多,上帝的实在就越大。上帝是人的目标,所以人的所有决策力量都汇入了神力之海。无条件行动的人是上帝永恒的创造工作中的伙伴和帮手。最后,在第三个层次上,上帝通过人来实现的思想被以下这个思想加以扩展,即人的行动影响上帝在地上的命运。

  布伯认为,所有这三个层次的实现都基于一个共同的思想:人的行动的绝对价值。这个价值是不能用我们关于这个世界的贫乏的因果知识来加以判断的。某种无限的东西流入了人类的行动,又有某种无限的东西从它那里流出。行动者不能知道他自己是哪种力量的使者和哪种力量支配下的行动的代理者。然而,他一定会意识到整个世界的命运无论多么难以形容的混杂，但都要通过他的双手去实现。在其行动的无条件性中，人体验到他与上帝的交流。对那些懒惰的人、无决断的人、昏昏欲睡的人、陷入自我设计的人来说，上帝才是一个超越这个世界的不为人所知的存在。对那些做出抉择的人、那些做出决断的人、那些执着地追求目标的人、那些无条件的人来说，上帝是最密切的、最熟悉的存在，是人通过其行动不断地加以实现的存在，人因而体验到所有神秘的神秘。上帝是"超越的"还是"内在的"并不取决于上帝，它取决于人。人在真理中做事。这个真理不是一个"什么"而是一个"怎样"。不是行动的内容而是行动进行的方式决定了它的真理性：每一个行动，即使是最神圣的行动，只有当它神圣地或无条件地完成时，它才是神圣的。无条件性是犹太教所特有的宗教内容。犹太教的虔诚既不是建立在教义之上，也不是建立在道德规定之上，而是建立在一个能赋予人以意义的基本认知之上。只要虔诚可以形成共同体并且可以形成宗教，只要它可以从个人的生活进入共同体的生活，这种认知就可以被变成一种"要求"。犹太教的建立和其主要的反抗都是以这种对它的要求和为它的斗争为标志的。

在此，从事犹太教内部历史斗争的两种主要类型的人——先知和教士，已经并立而行。摩西是具有需求的人，他只听从上帝的声音，只认可行动。亚伦是一个调停者，他既能听从上帝的声音，也可以听从大众的声音，他以其无立场的和阿谀奉承的形式主义摧毁了犹太民族的戒律。先知追求真理，教士追求权力。他们是犹太教历史上永远存在的两种类型的人。布伯说，在这场斗争中，犹太人的虔诚由摩西的精神转向了宗教。随着这场斗争的继续，它一定会从宗教内部不断地更新自己，其形式主义将面临被窒息的威胁。它必须通过它强烈的要求一再地重铸其坚实的基础。在从官方犹太教手中夺取支配权的斗争中，它从来没有成功过。但是，它对犹太民族精神的发展却总具有深远的影响。有时宗教会上升到一种新的更高的生活，而有时它又会逃离公共的社会结构。偶尔，在短暂的繁荣之后它又衰败了。犹太教的历史提供了所有这些可能性的典型例子。

在犹太教的历史发展中，先知运动、艾赛尼—早期基督教运动和卡巴拉—哈西德主义运动都致力于把"决断"作为所有虔诚的决定性动力和灵魂。但这三个运动一直受官方犹太教的压制。后来，随着具有牺牲精神的狂热崇拜、《圣经》和传统变得僵化起来，人的自由决断就受到了阻止。这时，对教规和规章的屈从被看成是通向上帝的道路。所以，犹太教的历史就是"活生生的犹太教"反对奴役的历史。这些活生生的犹太教是永恒的力量，只有从它们当中才能产生虔诚的内在震惊，没有这种震惊任何犹太人的复兴都不能成功。

真正的犹太教既不满足于作为"理念的真理"，也不满足于作为"形式的真理"；它既不满足于作为"哲学原理的真理"，也不满足于作为"艺术作品的真理"。它的目标是作为"行动的真理"。所以，布伯说："真正的虔诚就是做（doing）。"[①] 它强烈地希望在尘世间创建一个真正的共同体。它对上帝的渴望就是渴望在这个真正的共同体中为上帝准备一席之地。它对弥赛亚的等待就是等待这个真正的共同体的到来。所以，犹太教并不关涉住在彼岸的上帝，因为它的上帝

---

① Martin Buber, *On Judaism*, p. 93.

心满意足地居住在凡人之间的王国中,好像这些凡人是神圣方舟上的天使。犹太教也不关涉寄居在物中的上帝,因为他并不驻留在物的存在之中,而只驻留在物的完美无缺之中。因此,犹太人不必把他们自己与其他民族相比拟,因为他们知道,作为"头生子",他们身上负有神的现实化的义务。不过,他们也不必认为自己优越于其他民族,因为犹太民族已经如此缺乏立于其面前的理想典型,以至于几次几乎不能辨别出它来了。所以,只要上帝的王国还没有到来,犹太人就不会把任何人看成是真正的弥赛亚,然而它永远不会、不再期待来自世人的救赎,因为在尘世间确立上帝的力量就是凡人的任务。这样,犹太教的特性既不表现在宗教领域,也不表现在道德领域,而表现在这两个领域的统一之中。善行就是让世界充满上帝,而真正侍奉上帝就是把上帝拉入生活。在真正的犹太教中,伦理与信仰是不可分割的。它的理想、神圣性就是"与上帝同在的真正的共同体"和"与人类同在的真正的共同体"二者的合一。那种认为通过劳作而变得神圣和通过皈依而变得神圣的观点是与犹太教格格不入的。

因此,犹太教也不把民族的原则和社会的原则看成是分离的东西。民族的原则表示实体,社会的原则表示任务。二者在下列看法上是一致的,即犹太民族必须被塑造成一个真正的人类共同体,一个神圣的全体以色列人的大会。民族主义作为一种孤立的生活观,社会主义作为另一种孤立的生活观,它们均与犹太教格格不入。

布伯认为,在现代思维看来,伦理的和宗教的,民族的和社会的,这些领域已经变得彼此分离和区别,各自遵循着自己的规则,不关注其他领域。这种看法完全是非犹太人的看法。一个人通过慈善行为净化自己的灵魂的同时，必定意识到上帝出现在他的行动中。一个人参加宗教礼拜仪式目的在于走出会堂进入世界，在人类生活和民族生活中实现上帝的意图。同样，爱人民并不意味着对权力的渴望，而是建立一个充满爱的共同体。那些认为自己是信仰犹太教或者是犹太民族成员的人，那些崇拜这个世界的偶像并奉行其圣训的人，其实都是盗用了犹太人的名义。真正犹太教的世界是人世间统一的生活世界。不是存在的统一而是生成的统一，并且不光是一种生成，而且是通过精神所传达出来的生成。犹太教不追求作为理念的真理，也不追求作为形式的真理，而追求作为行动的真理。这既是基于犹太人生存的伟大，也是基于犹太人生存的内在矛盾的。因为理念和形式本身就是目的。无论是谁具有创造完美的哲学原理或艺术作品的能力，他就在展示人类精神的柱廊上增添了一种令人崇敬的结构。即使他不安的心灵可能已经费力地试图在柱廊上雕凿出一块新的结构，但他已经懂得去行动。

最后，布伯指出，犹太教充满了内在矛盾，这种矛盾表现在犹太民族的历史中。犹太民族的历史表明，它有立法但从未完全付诸实施，先知的告诫从未被全部听从，那个在穿越荒漠的艰苦跋涉中一再抱怨的民族，而在有了他们自己的土地时却一再地倒退到对偶像的崇拜，甚至在极其危险和最艰难的抵抗外敌的时刻，内部的争斗仍然盛行。一方面犹太人试图重振雄风，另一方面他们又堕落不堪；一方面他们有救世主般的热情，另一方面又倾向于与其他民族同化。所有这些表现，就其积极和消极方面来看，都是犹太教内在矛盾的表现，它带有"悲剧的必然性"。

四、历史哲学和政治哲学

作为一位世界级的思想大师，布伯对人类历史和政治也有着深刻的洞见。他的"对话的历史哲学和政治哲学"反映了其犹太哲学的独特视角，同时也是他的"对话哲学"的进一步展开和发挥。

一般认为，"历史哲学"作为一门独立的学科产生在18世纪西方危机的时代，它是对法国大革命时期伴随西方近代社会诞生而来的剧痛的一种回应，以伏尔泰和维柯为其奠基者。传统的丧失使思想家必须为人类存在寻求一个新的基础。所以，历史研究不仅仅是为了怀旧，它还可以为未来一个理想社会提供精神的支持，这也即"革命的历史观"。

布伯对历史的理解是从批判黑格尔的历史哲学开始的。他指出，自黑格尔以来，历史的解释者们都倾向于把世界历史看成是"最终上诉法院"。黑格尔派的历史哲学家认为，各个统治王朝的前后相继是有一种所谓"意义"蕴涵其中的，并且历史事件的交替发生是有规律的。但是，对历史进行这种意义解释和赋予历史事件以这种规律所付出的代价是什么呢？在历史的进程中我们是根据什么样的标准来确立"规律"和"意义"的呢？黑格尔派的历史哲学家由于认为历史哲学的解释不是一种"事后的假设"，而是一种"事前的假设"，因此，历史哲学在他们那里就具有很强的神秘色彩，他们认为历史哲学可以预测未来。在他们那里，历史事件的前后相继是根据强者的前后相继来解释和辩护的，强者通过他的胜利而取消了人们对某一特定历史环境的各种选择，并且强迫历史的进程按照一个方向发展。布伯批判道："自黑格尔以来，权力就学会了为它对精神的抵抗做自以为是的辩护：它告诉我们，真正的精神就体现在历史中，就体现在它对权力及其权力决策的追求中。所以，执掌权力的人就被赞扬为精神的真正代表，而以精神的批评和要求来反对权力的人则被认为陷入了极度的疯狂之中，从而错误地相信存在某种优于历史的东西。"①

那么赋予历史以意义的哲学家和历史学家的眼睛难道就没有被胜利者的前后相继所迷惑吗？由于任何一个时代的统治者都是先前成功者的合法的继承者，因此历史时代的前后相继之链就成了各个时代相继成功的链条。伴随着各个时代胜利而来的战利品就成了人类的"遗产"或"传统"。历史是按照胜利者的意见写成的，因而被征服者所遭遇的苦难就不能进入编年史。特别是当世界的统治者声称其权力的合法性来自神的权威的时候，历史进程中相继权力的成功就更加成了最终的判断。如果统治者的权力来自上帝的规定，那么谁抵制统治者的权力就是抵制上帝的命令，因此就会遭受上帝的惩罚。

布伯坚决反对这种将历史神化的观点。在布伯看来，黑格尔的历史哲学由于把历史的进程提升到最高法庭的地位，从而就摧毁了历史的"对话的意义"。它既取消了某一特定历史环境向人提出的问题，也取消了人对这些问题的自由回答。黑格尔把人类所有决定都转变成了拙劣的你争我斗。布伯认

---

① Martin Buber, *Pointing the Way*, p. 182.

为黑格尔这种"独白式的历史概念"的根源在基督徒的思想中，特别是与圣徒保罗把人类的历史看成是一部"拯救的历史"的观点有密切关系。因此，布伯在批判黑格尔的历史哲学的同时，还追根溯源地批判了圣徒保罗的历史神学的观点。

保罗的历史神学散见于《使徒行传》中。他认为历史犹如一出戏，这出戏是上帝预定的"秘密"，在世代开始前它一直隐而不显。但随着复活了的耶稣的降临，这个秘密就彰显出来并由使徒作为"好消息"（福音）向人们宣告。这一秘密特别是对那些在历史这出戏中扮演着重要角色的人来说更加是隐而不显的。因为假如他们知道了这一秘密，这个世界的君主们（其领袖保罗有时也将其称为这一世代的神）就不会落入把"耶稣基督"钉死在十字架上的圈套了。世俗权力和统治者把耶稣钉死在十字架上，这是神的远见的一个诡计，世俗权力靠它而引起了自己的被推翻，从而实现了历史的目的。

但是，并不只是在历史这出戏的最后一幕上帝的诡计才通过世俗的权力和统治者达到人类的救赎。甚至赋予以色列民族的律法（它在保罗的心中占据着核心的位置，其目的是使人类和世界获得救赎）也起着增加犯罪的作用，这样才使得上帝的恩典多起来。耶稣被移交给统治者并被按犹太律法判处死刑，从而就取消了针对人类的律法中的契约。耶稣置犹太律法于不顾，以十字架上的死消除了统治者的怒气。

保罗暗示，这一神的律法并不是由上帝自己制定的，而是以天使的力量为中介而间接地由上帝制定的。天使使用神圣的律法使人变成正直的，这样人就可以完全服从天使。这样，与最初确立的律法相反，现在的律法不再是给予生命和影响人的辩护的东西，而是带来罪恶和惩罚的东西。给出这一律法不是为了去执行，而是为了引出罪恶，从而为人的救赎准备好一切。在这一救赎的戏剧中，一切都是事先决定好了的。所以，保罗的历史过程"不再关心人和人的后代，而是利用人以达到更高的目的"①。

布伯相信，在近代，正是哲学家黑格尔把保罗的历史概念从信仰世界移植到了一种辩证法中，在这种辩证法里，"理性"通过其"诡计"强迫历史过程不知不觉地朝完美的境界前进。但是，保罗的历史哲学是在《启示录》中的救世主经验的背景中提出来的。我们在晚期希腊的犹太—基督教文化中就可以了解这一经验，它是从希伯来先知文化精神中产生出来的。因此，布伯认为有必要强调希伯来先知精神对历史的理解与基督教启示精神对历史理解之间的差异。

区分"先知精神"和"启示精神"是布伯历史哲学的一个基本出发点。布伯认为，先知精神保留了神和人之间的对话式交往关系，而不像启示精神那样把历史的秘密包括在一种教义之中。对先知来讲，历史的秘密就在于人在不同道路之间做出各种实际选择的能力。只有一个具有在各种选择之间做出决定的人才适合作为上帝在历史的对话中的伙伴。未来并不是固定的，人可能得救，也可能遭难，他随时都在做出选择。先知精神并不像柏拉图主义那样相信自己拥有普遍的和永恒的真理。希伯来先知总是只接受某一具体情况的讯息。正因为如此，虽然经过了千百年后，他的话语仍然适合于各民族历史的不同情况。他并不在人们面前树立起完美的

---

① Martin Buber, *Two Types of Faith*, p. 86.

乌托邦的神话。他强调的是在这个地方、这个民族中实现一种更好的社会。先知精神强调行动和决断，而不是一味地沉思。所以，布伯说："历史的深奥之处（它们不断地在使创造活动再生）是与先知联系在一起的。"①

与先知精神相反，启示精神排除了人自由选择的可能性。在启示精神看来，一切都是预先决定好了的，未来已经存在于天国中。因此，启示精神并不理解真正意义上的历史未来，他们的未来并不在时间中。启示精神所期待的历史的完美境界实际上不再具有历史的特征，"人不可能获得这种未来"。另外，如果说先知精神强调对话的话，那么启示精神就是对话的缺失。布伯说："《启示录》的作者是无听众面向他的，他对着他的笔记本说话。他实际上并不说，他只是写；他并不把他的演讲写下来，他只是把他的思想写下来——他写了一部书。"② 因此，启示精神实际上是精神的一种衰败和腐朽的表现。但这种精神在当代却大行其道，而先知精神已荡然无存。

布伯认为，马克思主义也是一种具有先知精神的"历史未来主义"。在马克思主义的"救赎剧"中，无产阶级扮演着社会救世主的角色。同样，在巴枯宁、柏林斯基和陀思妥耶夫斯基等斯拉夫思想家的历史剧中，斯拉夫民族则扮演着弥赛亚的角色。他们都受黑格尔的影响，把每个历史事件都放在一个必然性的框架之中，从而忽略和抹杀了个人决断和行动的作用。而海德格尔也没能摆脱黑格尔的阴影，布伯说：

---

① Martin Buber, *Two Types of Faith*, p. 207.
② Ibid., p. 200.

"对黑格尔来讲,世界历史是精神获得其自我意识的绝对过程;同样,对海德格尔来讲,历史的实存也是存在本身的敞亮;他们哪一个都没有为一个能够看透历史并且能够对历史做出判断的超历史的实在留有余地。"① 所以,布伯一生都在反对保罗—黑格尔的历史观。他把所谓"历史"看成是一种虚幻,看成是一个白痴讲的故事,不值得我们重视。真正的历史不应该是这种理性主义所虚构的"历史",我们应该回到真正的历史中去。

正如美国宗教史学家 J. 托贝斯所指出的:"布伯的历史哲学被两个相互冲突的主旨给撕成了碎片。"② 布伯具有一种强烈的浪漫主义怀旧情绪,总是试图去探索历史上某些时刻少数伟大人物身上所体现出来的超凡魅力(或神授能力,charisma),认为正是这种魅力才使人和人之间最初的那种亲密的状态慢慢演变成真正的人类历史,从此才有了所谓"历史"。所以,并不是有了人就有了历史,而是通过伟人的超凡的热情和魅力使人类生活在一种非异化的直接关系中,这样人才可能进入历史的存在中去。但是,人类的历史自从它存在以后,自身就开始了一个衰败和僵死的过程。因为,随着历史中非人格的社会制度的建立,那原初的充满进取精神的生命冲动就逐步地减弱了,甚至变得麻痹腐朽起来。社会制度把人类早期阶段制度本身所赋予的权威加以神话了。制度的力量竭力地要把精神的力量封闭在"非人格的容器"之中,人类的历史就是"超凡魅力"和"常规"之间张力作用的结果。例

---

① Martin Buber, *Two Types of Faith*, p. 25.
② *The Philosophy of Martin Buber*, p. 467.

如：早期以色列民族的历史就经历了从原始神权政治到大卫王的世袭君主制的过渡，耶和华的神授魅力被有组织的国家所代替。早期基督教的发展也经历了一个从以耶稣为核心的加利利信徒组织到神圣教会的发展，前者充满狂放活力，后者沦为沉闷僵死的机构。

从上可见，尽管布伯并没有建立一套类似于汤因比的完整系统的历史哲学，但是他对历史的许多洞见仍不失其真理性和价值。特别是他关于历史的"两分法"对于我们理解历史的兴衰更替的机制肯定是大有助益的。

布伯不仅从他的宗教的对话哲学来研究历史，同时还对政治生活进行了反思，由此形成了自己的政治哲学。他的政治哲学首先是针对当代政治和政治思潮发展的现实提出来的。他认为，世界各国对民主的追求往往以牺牲传统价值为代价，这实际上是人类最危险的陷阱，任何对人类未来命运关注的人都不能忽略这一点。但遗憾的是，绝大多数人已经失去了方向。他说："我们生活在这样一个时候：人类共同的命运问题已经变得如此难以解决，以至政治原则的有经验的执行者绝大多数都只能顺从它的要求。他们提出各种建议，但却什么也不懂。他们彼此争斗，并且每个人内心都十分矛盾。他们需要一种彼此理解的语言，但他们除了目前流行的只适合发表宣言的政治行话外，没有任何语言。对绝对的权力来讲他们软弱无力，对纯粹的诡计来讲他们又不能采取果断的行动。也许当大灾难事先发出最后的警告的时候，那些站在十字路口的人就会得救。那些共同具有人类真理的语言的人那时会团结起来，共同努力最后给上帝以上帝的真理，或者换句话说，当人类迷失了方向，站在上帝的面前，上帝就向人类指出人之所是，以便把人类从被政治原则吞没的困境中拯救出来。"① 因此，新的政治哲学的理念就必须借助于我们传统文化中仍然有生命力和价值的东西，而不是一味地追随西方的政治理想。布伯的"东方情结"在此表露无余。

布伯认为，要想使人类不被政治原则吞没，就只有从人类普遍的价值来看待政治，而不能够就政治谈政治。因此，宗教的价值对政治同样重要。布伯甚至认为，犹太教与政治有一种特殊的关系，因为犹太教在某种意义上就是犹太民族的政治理想。但哲学家看待政治问题的方式完全不同于政客。有两个问题是政治哲学所关注的：我们应该追求什么样的政治目标？在追求政治目标时我们应该使用什么样的手段？

历史告诉我们，一旦有社会的存在，利益集团对权力的追逐就是必然的。由于社会的存在面临内外危险的威胁，因此，作为制定规则的力量的政治原则就是必要的。他说："社会不能……消除不同集团之间的冲突；它在把利益各异和相互冲突的集团统一起来方面是无能为力的；它只能发展它们共同具有的东西，但不能把它强加于它们。国家则能够做到这一点。国家为达此目的所使用的手段不是社会的，而是政治的。……每个人感觉他受到别人威胁这个事实，正好给了国家统一的权力。……因此，人们之间真正的、积极的和创造性的永恒和平状态将极大地消除政治原则对社会的绝对控制。"② 但这种和平基本上是一种空想，权力是不会消失的。问题是什么样的社会组织才符合真正的人类价值呢？布伯认

---

① Martin Buber, *Pointing the Way*, p. 219.
② Ibid., p. 170.

为，正确的政治制度应该是能够为实现正义、个人自由、人类尊严的保护和人类道德的完善创造条件的制度。

首先，布伯区分了犹太人的"共同体"（community）和希腊人的"社会"（society）的不同。"社会"是一个人工的创造物，它的内部是靠利益结合在一起的。而"共同体"则是一个自然的产物，它靠血亲关系维持。他说，当我们把古犹太教创造一个真正共同体的这个威严的意志，与古代最美妙的创造——古希腊城邦相比较时，其分量就变得特别明显了。古希腊城邦是一个严格构造的单位，是寓居着一个作为真理形式的共同体，就如同它寓于哲学原理或艺术作品中一样——它是一个纯粹思维的产物。但它是基于阶级划分的，这个城邦常常连"有德性的"这个称呼都只保留给贵族——即富有的人。而其各种社会意识形态，如柏拉图的意识形态，则只是这种极其不平等现象的一种更精致的表达，是一种思想的再现，而不是代表全社会的一种反要求。城邦中的平民，即所说的"巨兽"（demos），只被分给了通过其劳作而获取基本生活资料的任务，而自由和主权则留给了较高的阶级。这一根本不平等的秩序是与早期犹太人立法中周期性调节这个观念相对立的，社会运转的节律就像一年中的自然节律一样，它不断地恢复发展的均衡，并且允许有新的开端。例如，在古希腊城邦中仅仅是被偶然的危机所打断的立法静力学与犹太教中立法的动力学相对立。在犹太教中，财产的不平等并未被废除，但它不再是固定不变的。

布伯进一步指出，上帝是所有土地唯一拥有者的希腊人不可理解的观念，却是犹太人社会概念的基石。它与政治领域中上帝主权的观念是一致的，即上帝是这个共同体唯一的最高的统治者。尽管这个概念时常被渴望权力的祭司滥用，但它还是以绝对纯正的形式出现在犹太人的法令中。从摩西到撒母耳，领袖们只是上帝的代理人，而以色列人仍是上帝的直接会众。

布伯认为，真正的犹太人相信在尘世间合二为一的人能从上帝那里获得一切，而着手于一项工作又停滞不前的人是与上帝的王国不相宜的。当他这样说的时候，他的精神是原创的犹太人的真正共同体的精神。他所称的上帝的王国（不管它可能如何带有世界毁灭的意味和不可思议的变化）并不是彼岸的慰藉，也不是模糊的天堂。它也不是一个基督教会的或迷信的协会，即它不是一个教会。它是人与人在一起的完美生活，是真正的共同体，从而，它也是上帝的直接王国。上帝的王国是这样一个将来实现的共同体，在这个共同体中所有渴望正义的人会得到满足；它的即将来临不仅仅是出于神的恩典，而只能是出于神的恩典与人的愿望的合作以及这两者的神秘的结合。

但是犹太人并不想废止社会，他只是想完善它，正如以色列的先知们曾做过的那样。并且像艾赛尼派一样，他不想逃离这个世俗的社会，而是想从这个世俗的社会里面建造起一个真正的、具有精神性的社会，这就是最根深蒂固的犹太教的政治精神。布伯说："公共生活就像工作一样，是可以改进的。"① 这个社会通过非政治的手段在人与人之间建立了真正直接的关系。所以，布伯十分推崇印度甘地的非暴力主义运动。他认为，改进社会的根本动力就是道德的和宗教的力

---

① Martin Buber, *Pointing the Way*, p. 217.

量。但另一方面，我们又必须面对现实环境，不能从抽象的道德原则出发去改变社会。超过了人实现它们的能力，任何道德原则都是无效的。在某种意义上，布伯是现代和平主义运动的有力提倡者和改进者。

布伯不是空谈家，他的政治哲学始终都关注着当代以色列的现实问题。他在当时认为，当代以色列民族有三条政治道路可以选择，即人道主义的道路、形式的民族主义道路和宗教保守主义的道路。但在考察了以上几条政治道路以后，布伯认为唯一正确的道路是经过锡安山通往人类共同体复兴的道路。不过，一种纯粹的复兴从来没有从纯粹的民族倾向中形成过，相反地，它总是建立在一种强烈的人道主义情感的基础之上。这就是"希伯来人的人道主义"。它意味着我们必须热情地伸出手去抓住并更新犹太文化的伟大的关于人的内容。或者更精确地说，我们必须抓住它的最伟大的、它的原本的内容，达到现实化并使它经历新生。所以，犹太复国主义正开始从一个民族运动变为一个民族的现实。只有当这种民族的人类成分，既渴望解放又渴望救赎，既为一个人自己的一块土地而奋斗又为真正的共同体而奋斗，全都被焊成一种新的结构时，也只有那时，犹太民族才能获得新生。

布伯断言，犹太复国主义只有成为一种精神的力量，它才能持久。一种精神的力量并不意味着智力的标准或文化的成就。在一定程度上，它意味着精神的现实化。这种精神的力量意味着对精神和人以及它们相互贯通渗透的拥护。它意味着对真理与现实、观念与事实、道德与政治的二元论的克服。它意味着以和睦取代只是靠协定缓解了的总体战。它意味着宗教，共同生活的宗教，活着的宗教。在我们这个世纪的转折点，除了活着的宗教以外，再没有其他的精神力量能够经得起我们这个时代的冲击，就像摩西经得起与法老的对峙一样。所以，新的以色列国家将是"一种整体人的复兴"的国家。

布伯总结其政治理想的原则是："共同体，作为在人的共同生活中的上帝的现实化；土地，作为这样一个共同生活的母亲似的自然环境，由上帝只授予这个共同体而不授予任何个人；工作，作为人与土地之间的连续不断更新的联系，它被人们以其身体和精神的全部尘世的存在来完成并视其为神圣，作为免费提供的公共服务，一种神圣的服务；帮助，相互的物质帮助和精神帮助，作为人为了现实化的工作而对他的伙伴的支持、援救和解放，通过这样的帮助才真正回报了上帝；领袖，作为那些最愿意帮助和最有能力帮助的官员，作为由上帝（这一个而且是唯一的一个统治者）委托的管理；即那不是由突然拜访尘世的精神问题专家来作为领导者，而是由普通的尘世间的那些根据这种精神尊崇他们的生活的人来作为领导者；这个共同体以其多种形式（如地方的社团、合作社、共同宗旨下组成的团体以及兄弟会）作为每一个共同体的单元细胞，其中人与人之间是直接的关系，这一上帝的载体采取了持久的形态；共和国，作为公有单位的联盟，它充满了活力和现实化愿望，其相互关系是建立在同样的直接性（它单独地存在于每一个身上）的基础之上，建立在共同拥有土地、共同分配工作的基础之上，建立在共同帮助的体制得到这个社会代表机构支持的基础之上；它是一个由这样的人领导的共和国：他在这个体制中已被证明是最可靠的帮助者；人类，作为一个以同样的直接性发生相互关系的共和国的联盟；精神，作为忠诚和复兴的预言的老师；作为告诫人们忠于现实化的任务和它的法律，紧紧把握为真正共同体服务的制度的告诫者；但也作为社会动力的管理人，出自这个动力，一切制度和公有的形式必须在永恒的周期中更新它们自己，以避免僵化，避免使死亡的东西支配活着的东西——正如在这个人的世界中早就一直存在着的这样的情况那样。"①

布伯指出，所有这些原则可以用一句话来概括：从内部开始！靠着从一个国家里除去专制结构并以一个新的政治结构来代替它，而人与人之间的生活保持不变，管理的方法也保持不变的话，这是没有什么新东西能建立起来的。要给社会带来一个真正的改革、一个真正的复兴，那么，人的关系必须经历一个伟大的变化。而真正有希望的人与人之间的关系就是"对话的关系"！

---

① Martin Buber, *On Judaism*, pp. 145-146.

第十六章

利奥·拜克

一、生平、著述及思想发展

利奥·拜克（Leo Baeck, 1873—1956），改革派拉比和神学家，纳粹统治时期德国犹太人组织的领导人和德国犹太人的精神领袖，20 世纪最主要的自由犹太宗教思想家之一。

1873 年 5 月 23 日，拜克生于利萨（Lissa，今波兰波兹南附近）的一个拉比家庭，初求学于西里西亚（Silesia）的布雷斯劳大学，后为就教于著名学者狄尔泰，而转入柏林大学学习。1895 年在柏林大学获得哲学博士学位，1897 年获犹太教学高等学院颁发的拉比资格证书。此后，拜克先后在西里西亚的奥波莱（Oppeln，1897—1907）、杜塞尔多夫（Düsseldorf，1907—1912）和柏林（1912—1942）担任拉比。在拜克到柏林担任拉比职务两年之后，第一次世界大战爆发，拜克志愿作为军队的牧师服务在前线。战后，他重返犹太教学高等学院任《密德拉什》讲师。拜克还先后担任过"巴勒斯坦购地基金会"会长、"圣约翰之子"协会会长、全德拉比协会主席等职务。从 1941 年起领导德国犹太人全国办事处。在他领导下，这个办事处将大量资金用于德国犹太人的移民、经济援助、慈善事务、教育和文化事业，从纳粹手中拯救了大量的犹太人。作为办事处的领导人，拜克有无数次机会离开德国，脱离纳粹魔掌的控制，而许多国外犹太社团、宗教或教育机构也屡屡劝说拜克离开德国，移居海外。但拜克本人却一次又一次拒绝了这些机构和社团的好意，义无反顾地回到纳粹统治下的德国——他这样做不是因为他相信上帝会拯救他，而是因为他希望通过自己的努力拯救更多的德国犹太人。1943 年，拜克被关进特莱西恩施塔特（Theresienstadt）集中营[①]。在那里，拜克以自己非凡的道德勇气和圣者气度，教育并鼓励他的同胞保持一种纯洁的人性和宗教信仰，坚守一种希望。拜克在集中营建立了学习班，几乎每一天都有 700 多名难友聚集在一块狭小的地方听他讲授柏拉图和康德。拜克的讲课帮助这些处于危难的犹太人保持信仰，坚守希望，维护着高尚的精神境界。

　　拜克侥幸逃脱了纳粹的屠杀。苏联红军解放了特莱西恩施塔特集中营。令人感动的是，受尽折磨的拜克极力疏缓集中营活下来的犹太人的复仇情绪，利用自己的威望和影响劝阻大家放弃对集中营守卫者的复仇行为。

　　第二次世界大战后，拜克移居英国伦敦，任德裔犹太人会议主席，并为世界进步犹太人联盟工作，同时也在创立于

[①] 特莱西恩施塔特集中营是纳粹法西斯的一个典范集中营，约 14 万犹太人被送到这个集中营，但活下来的不足 9 000 人。与拜克同住一室的难友，几乎都没有活下来。所以特莱西恩施塔特，实际上就意味着死亡，或无希望的存在。

美国俄亥俄州辛辛那提的希伯来联合学院（Hebrew Union College）担任教学任务。他穿梭于大西洋两岸，奔波于西欧各国，演讲、教学、笔耕不辍，以更加饱满的热情维护犹太教。①

拜克是个博学深刻的思想家。"他读希伯来文的《圣经》、希腊文的《新约》和希腊哲学，读用拉丁文写成的德尔图良（Tertullian）的著作、奥古斯丁（Augustine）的著作以及路德的部分著作，当然，还有用德语写成的德国文学；代替那些便利的但却问题很多的选录本，他使用的引文均来自原始材料的原初知识。"② 后来的评论家赞誉拜克的作品，"优美、激越、简洁和庄严，他的语言和《圣经》写作者的语言一样平易，好像它来自玄远，但对我们内在的痛苦却洞若观火"③。因此，拜克的著作"可能是最近用德语写就的伟大的犹太知识，配享这个时代犹太教义之重要证言这样一种盛誉，无疑是一个德国出生的犹太人馈赠给德国人的一份永恒遗产"④。

拜克的非凡人格更是令人肃然起敬。他是一个勤奋、谦逊、有着健全独立人格的人。他在纳粹法西斯横行德国期间所表现出来的无畏勇气告诉世人："一个人面对邪恶与死亡时，如何自尊自爱地把持自己，以及如何承担起对自己同胞

---

① 有关利奥·拜克的生平，参见 Walter Kaufman, "Leo Baeck: A Biographical Introduction", pp. 13–19, in Leo Baeck, *Judaism and Christianity*, translated and introduced by Walter Kaufman, Cleveland and New York, The World Publishing Company, Philadephia, The Jewish Publication Society of American, 1961。

② Walter Kaufman, "Leo Baeck: A Biographical Introduction", in Leo Baeck, *Judaism and Christianity*, p. 9.

③ Ibid., p. 18.

④ Ibid., p. 18.

的全部责任。"① 人们广泛赞誉拜克的崇高品性，称赞他"为后来的犹太人尽着教师、拉比和精神领袖的职责"②。由于拜克有着如此高的声望，1956年，英国的两个进步派犹太教组织"大不列颠改革派圣堂"（the Reform Synagogues of Great Britain）和"大不列颠自由进步派圣堂联合会"（the Union of Liberal Progressive Synagogues of Great Britain），在伦敦创办了一所犹太教学院，自视为1942年纳粹统治德国时期被法西斯摧毁的柏林犹太教学高等学院的继承者。这所学院以利奥·拜克的名字命名，专门培养拉比和教师。这个学院以及它在以色列、纽约、伦敦的研究中心为传播犹太文明做出了重要贡献。

拜克的著述主要集中在宗教史与宗教哲学方面，他的最主要的著作有《犹太教的本质》（The Essence of Judaism）、《法利赛及其他论文》（The Pharisees and Other Essays，1947）、《以色列这个民族：犹太人存在的意义》（This People Israel: The Meaning of Jewish Existence，1955）、《犹太教与基督教》（Judaism and Christianity，1958）等。其中，《犹太教的本质》一书是拜克的代表作，该书是对德国最早的自由神学思想倡导者阿道夫·哈纳克（Harnack）的经典著作《基督教的本质》的回应，初版于1905年，1922年出版第二版时，拜克对其进行了彻底的修订，内容扩展一倍多。到1932年，《犹太教的本质》已经出版了六版。1936年，该书的英文版在英国伦敦面世；1948年，重新修订的《犹太教的本

---

① Walter Homolka, *Jewish Identity in Modern Times: Leo Baeck and German Protestantism*, Providence/Oxford, Bergbabn Books, 1995, p. 111.
② Ibid.

质》一书在美国纽约出版。可以说,《犹太教的本质》一书是拜克用一生写就的一部名著。

拜克的学术贡献主要来自他对犹太神学的批评、阐释与改造。他将古典神秘主义及东方哲学与他自己的哲学、历史、宗教研究结合了起来,既显示了他宽阔的学术视野,又为自己赢得了"古典神学、宗教思想的现代阐释者"的声誉。在拜克对犹太神学、宗教思想进行的现代阐释过程中,他的神学思想经历了从强调观念与普遍到强调特殊与个体的变化。拜克在早期著作中透显出来的是古典理性主义对他的影响,特别注意神学中精神性因素与有普遍性意义的东西,而在他的后期著作中则主要透显出存在主义思潮的影响,更加注重神学中特殊性因素和个体存在的意义。因此可以说,拜克的神学思想曾经历了一个从凸显理性主义因素到凸显存在主义因素的变化。

从思想史角度考察这种变化,研究者发现,新康德主义者、德国犹太裔哲学家柯恩对拜克思想的形成与发展有着重要的影响。柯恩不仅在西方哲学界声名显赫,而且也是一位重要的犹太哲学家。在近现代犹太思想史上,柯恩是一位站在19至20世纪犹太教自由主义哲学分界线上的、承先启后的人物。柯恩依照康德哲学对犹太教信条做出新的解释,以驳斥德国知识界存在的反犹倾向。"他坚持认为犹太教和'德意志精神'是亲密的伙伴,也就是说,一种纯粹的理性主义的犹太教同他所认为的作为人类意识朝着道德自由和精神自主的方向发展的中心力量的德国文明"[1] 是不相矛盾的。为此,

---

[1] 罗伯特·M. 塞尔茨:《犹太的思想》,第720页。

柯恩致力于"按照一种严肃的理性主义方法重新界说犹太教的各种原则方面",指出,犹太教的基本观念,如上帝、创造、神启、圣洁、救赎、弥赛亚等等,都是科学与伦理的最基本要素,当然与理性相一致。这些普遍观念的存在证明了犹太教存在的价值,也同时显示出犹太教的道德倾向。从这种认识出发,柯恩的犹太哲学致力于研究理性主义原则与犹太教信仰之间存在的那种明确的联系。他将相互关系概念引入他的宗教哲学思想之中,从"同胞""个人""人类"三个概念所折射的独特言说方式论述了上帝与人类的关系,从而确定了这样一种基本信念:上帝是维系自然与道德王国的普遍理性保证,而人类的使命正是要实现那种仅仅存在于作为理性化身的上帝之中的善。柯恩从理性特别是从实践理性方面对犹太教所做的新解释,对 20 世纪犹太宗教哲学产生了重大影响,"许多柯恩之后的 20 世纪犹太宗教思想家的观点远远超出了柯恩从普遍到特殊的探索性论断,他们更加专门地将活生生的上帝的存在置于具体的人类存在中。然而,即使在柯恩的思想体系被否定以后,他的《源于犹太教的理性宗教》的精神实质及其他一些有关犹太教的论著仍得到普遍尊重。他的一些最富有独创性的见解,尤其是他的上帝与人类的关系是一种相互关系的见解,促成了下一代试图以决然不同的方式描述犹太教历史构造的思想家的产生"[1]。

拜克应该属于那些从柯恩思想出发,继续前进的"下一代"思想家中一位优秀的代表。柯恩关于犹太教的思想对拜克产生的最大影响在于,由于柯恩将理性主义因素引入传统

---

[1] 罗伯特·M. 塞尔茨:《犹太的思想》,第 720 页。

犹太教思想，使得犹太神学摆脱了僵硬停滞的传统的束缚，而柯恩宗教思想中对实践理性特别是对宗教关于人与上帝关系的关注，更是为20世纪犹太宗教思想关注人的现实存在，并借助哲学方式将宗教涉及的诸种价值观建构为一个连贯的、自为的体系提供了思想范例。所以，尽管拜克反对柯恩理性化犹太教的做法，认为柯恩系统化的宗教思想中抽象的思辨色彩太浓，并因此不能对宗教的实际要求产生恰如其分的影响，因而具有虚构的成分，对于激发宗教激情，促动宗教实践的冲动没有任何作用。但是，他仍然实事求是地承认，柯恩的思想对他来说十分重要。W. 霍姆尔卡（W. Homolka）说：“拜克的哲学发展得力于柯恩哲学。阿尔特曼认为那威严的道德力量使他在邪恶面前坚守宁静与坚定……柯恩的观念论信仰扎根在他的灵魂中。但是，拜克又通过在宗教的观念论上附加永无完结的伦理目标，一种对犹太传统的持久激情而超越了柯恩。对他来说，上帝不过是一个抽象的理念。他一再强调宗教的正当性在于对心的倾诉及对宗教体验的重视。拜克的首要任务是在个体化的犹太人的生活中重塑上帝活生生的真实性，所以他把神学界定为对传统的反思。”①

可见，拜克从柯恩出发又超越了柯恩。拜克对柯恩宗教哲学最大的超越表现在：“他通过将存在主义观点引入犹太教神学以纠正以往神学思想过分强调理性因素的倾向。”② 或者说，拜克思想的特别之处在于，他重新对犹太宗教思想进行了

---

① Walter Homolka, *Jewish Identity in Modern Times: Leo Baeck and German Protestantism*, p. 114.
② Ibid., p. 111.

存在主义式解读，指出了作为个体存在的犹太人的价值和意义。① 正是由于拜克思想中的这种存在主义倾向，所以他的宗教思想才特别强调实践理性。在他那里，犹太教主要是一种实践活动，而不是一种思辨学说；犹太人永远不能终结的责任是，发现人类生活的立足点，朝向超越之物。

当然，拜克在用存在主义因素改造犹太教的同时，也没有完全抛弃理性传统。他依然认为理性主义对于今日犹太神学之自由主义倾向的确立与巩固具有不可忽视的作用。所以，拜克要求将普遍性视野（理性主义向度）与特殊性的生存体验（存在主义向度）融合在一起，提出在现代环境下，借助古代传统探讨犹太教的本质是他的犹太神学思想最重要的任务。W. 霍姆尔卡指出：拜克希望"能够发展一种对犹太教不变内核的情感……在与当代世界进行的富有成果的对话中得到保护……对传统发展一种活生生的再叙述。因此，坚持犹太价值将保障、强化犹太人世俗存在。不是发展，而是保存，是将犹太命运铸成内在力量的因素。拜克将对犹太思想资源的传统解释与现代解释结合起来，在他的神学中寻求结合犹太教恒存因素与无限变幻表现之间的中介"②。

总而言之，拜克以维护犹太教的整体价值为目标，以《圣经》《塔木德》及古代拉比的典籍为运思的泉源，发展出他的以伦理一神教为标识的犹太自由宗教神学思想。简约地说，拜克的犹太自由宗教神学思想有三大核心关怀：一是从实践理性角度详细分析犹太教的本质、特征，说明犹太思想

---

① Walter Homolka, *Jewish Identity in Modern Times: Leo Baeck and German Protestantism*, p. 111.
② Ibid., p. 113.

借助伟大的先知而世代延续着《圣经·旧约》传统；二是发展出一种对上帝乐观而积极的信仰，证明犹太人来到这个世界的使命就是担当上帝的使者，承担在世的责任和义务，即通过伦理行动为信仰和希望提供坚实基础，认识并验证上帝的公义，积累并领悟有关上帝的知和思，从神圣维度建立犹太人与上帝的关系；三是通过区别犹太教与基督教的不同，捍卫犹太教的神圣和尊严，捍卫犹太教的世俗关怀，延续犹太教传统。

二、犹太教的本质和特征

拜克在谈到犹太教的本质时指出，无论人们如何评价犹太教，有一点是大家的共识，即犹太教是一种让伦理特征在宗教中凸显的一神论宗教。犹太教始终强调道德律令的重要性。正因为如此，人们可以这样说：由于它的伦理本性，也由于它用道德意识诠释唯一神，犹太教必然是一种伦理一神教。

按照拜克的分析，犹太伦理一神教有着自己独特的宗教伦理特征。这种独特的宗教伦理特征不是从先前自然宗教那里禀赋而来的，尽管自然宗教借助道德化自然神，有着将道德成分附加在自然神身上，从而把它变成部族的保卫神这样一种倾向。事实上，犹太教是经过一次剧烈的改变、一次革命，才将自己发展成为一种纯粹的伦理宗教的。拜克说："以色列人的伦理一神论是一种被建立起来的宗教。以色列的'一神'不是旧思维方式的最后象征，而毋宁是新思维方式的第一次表达。就宗教的这种形式是一种创造而言，它体现着全新的、富有成效的原则，我们有理由从历史角度——完全不用超自然的概念——称它为启示。"[1]

从犹太教历史看，这样一种转变是由那些富有创造力的先知（nabhi, roeh, hozeh）来完成的。先知与祭司和君王一样，在以色列民族史和犹太宗教史上占有重要地位。从通常意义上讲，祭司是宗教上的领袖，君王是政治上的领袖。这两种人都是世袭的。先知则不同。先知多出自民间，也多生活于民间，他们没有祭司和君王那种显赫的地位，但他们的影响很大，他们的言论代表着普通以色列人的宗教诉求，是神和民众的代言人。所以，先知在犹太教中有着特殊而重要的地位。先知在精神上引导着犹太教前进，他们确立了犹太教追求的目标。因此，先知的历史就是犹太教的历史，不了解犹太民族的先知就不可能真正了解犹太教。正是在先知的思想中，犹太教确立了自己的宗教真理和宗教特色。可以说，犹太先知思想的特征决定了犹太教的特征。那么，什么是犹太先知思想所具有的特征？拜克从三个方面进行了分析。

首先，犹太先知的思想具有重直观和实践的特征，先知的思想发自内心，是他们自己内心体验的产物。"他们提出的思想既不是一种哲学也不是一种神学，他们既不沉迷于敏锐的论辩，也不沉迷于学术上的构造。他们并不企求对经验的最高原则刨根问底。总的来说，他们与思辨无缘。他们也不研究思想的问题，故而也不从假设或前提开始思索。迫使他

---

[1] 利奥·拜克：《犹太教的本质》，傅永军、于健译，山东大学出版社，2002，第48~49页。

们去思想的是一种强烈的伦理诉求——他们为一种不可抗拒的真理所征服。借助此种方式,他们就达到了他们的简明性。一切深思熟虑的东西以及反思的产物都与他们不相干。"① 所以,在犹太教史上,先知并不是担当制定、维护宗教教义的神职人员,更不是提出系统神学的神学家。先知的这种身份与使命决定了犹太教必然是一种没有确定教义与信仰教条的宗教。尽管在犹太宗教典籍中充满了经典的警句和富有道德意味的训诫,并且这些警句与训诫往往借用充满启示意蕴的神圣话语来表达,又常常被世人奉为宗教真理的理想载体。但是,严格说来,这些警句与训诫不能算作宗教教义,不过是与犹太人追求的理想生活密切关联着的生活规则、道德戒律。犹太教拒绝任何神秘的东西而遵行那具有强烈伦理色彩的戒律,它躬行践履,不期望一劳永逸地界定信仰的全部领域。所以,尽管《圣经》《塔木德》中也有许多以宗教形式表达的虔诚的行为原则,但总起来看,这些原则是自由的,不是负载终极意蕴、有约束力的教条。

其次,先知诚信启示并拥有非凡的能力,他们不仅仅是教师,担当着维护道德的神圣职责,而且还是代表上帝对以色列人传播启示的人,他们拥有"由上帝的灵产生的力量"。因此,无须他们自己用他们的心灵去寻找真理,真理就会占据他们的心灵。所以,"他们的预言不是推论得出的,而是向他们敞开的,为他们显现的"②。他们知道他们不只是上帝恩典的被动承受者,在他们那里,神圣的奥秘与特征鲜明的人

---

① 利奥·拜克:《犹太教的本质》,第 23~24 页。
② 同上书,第 24 页。

类思维及其渴望联结了起来。一方面，他们了解神秘事物，因为他能够看到、听到超越了人类的视听范围的事物。另一方面，他们也能够体验人类的选择，致力于上帝与以色列人之间的沟通。先知们拥有这样的两种经验，他们将自己展示给上帝，上帝则向他们显现。上帝令他们说，他们言说上帝，为上帝奋争，他们是上帝的臣仆。

最后，先知们并不把他们关于上帝的知识看作是理智沉思的结果。他们凭感觉把握上帝对他们显现的一切。他们对上帝持一种完全确信的态度，因而，较之对上帝的思考来说，他们更重视对生活的思考。对他们来说，宗教是一种意义，是他们生存的最为内在的核心，而不是某种可以获取或可以学习到的外在的东西。世界则是日常生活的领域。人真诚地生活，必虔敬神明，在世生存而皈依先知的宗教。因为先知的宗教提供了关于人与世界通过行为和意志反映出来的关系在价值方面的肯定。先知们由此一再强调宗教就活在人们的心中，对伦理一神教的信仰成为以色列人生活中最重要的部分，也是犹太民族得以世代延续的民族魂。

先知思想的这样三个特征决定了犹太教必然是一种轻思辨重德行实践的道德神学，它的重心在于人、人的生活，所以，拜克这样表达犹太教的中心论题："上帝仁爱慈祥，宽宏大量，他磨炼人心，使人们向善。借助对上帝的认知，我们了解了人应该怎样成为人，我们通过神灵了解了这一点。上帝之路即为人所遵行的路——'吩咐他的众子和他的眷属遵守我的道，秉公行义'（《创世记》18：19）。可见，理解人首先要理解上帝赋予人并引导人的东西；特别是要了解由于上帝是我们的主，人是被创造成正义、善良和神圣之存在的。

所以，上帝的启示与人的道德概念紧密联结而成为一个集体，通过上帝，我们学会理解自己并变成真正的人。"①

围绕先知圈定的这个中心论题，犹太教在漫长的历史发展中找准了自己的发展道路，并成为一个具有强烈的内在统一性的一神论宗教，其特征极为鲜明而易与其他宗教相区别。拜克总结的犹太教的主要特征有三个方面：

1. 犹太教是一种崇尚行为的宗教

拜克认为，犹太教是一种没有确定的教义、信条的宗教，尽管在犹太宗教典籍中充满了经典的警句和富有道德意味的训诫，并且这些警句与训诫往往借用充满启示意蕴的神圣话语来表达，又常常被世人奉为宗教真理的理想载体。但是，严格说来，这些警句与训诫不能算作宗教教义。因为，"只有当观念的特定公则被形式化，并且只有当这个公则被公认的权威宣布具有约束力，是获救的基础，一种教义才得以显现"②。而犹太教并没有把这些经典警句与训诫教义化。拜克通过分析犹太教提出了以下几点佐证：

第一，犹太教在漫长的自我完善过程中，特别是在哲理化自身过程中，由于时间和地域等因素的变化，其本身所包含的众多观念经常处于变化之中，一个观念可能在此时此地取得了优势地位，又可能在彼时彼地失去优势地位。观念的变动不居是犹太宗教思想的一个特征，"为拥有一种哲学，犹太人付出的代价是，牺牲确定性，牺牲宗教信条的公则化"③。这样，犹太教就很难形成一整套系统化了的宗教教义、信条。

---

① 利奥·拜克：《犹太教的本质》，第 27 页。
② 同上书，第 6 页。
③ 同上。

第二，犹太教从未提出也不会提出建立完整教义的要求，因为，只有那些把自己的宗教思想神秘化，把自己的宗教信仰魅力化的宗教才需要完整的教义和信条，这些宗教借助神秘化了的教义去打开拯救之门，希望通过对信条的践履而在地上建立福乐王国。所以一整套能够世代相传的、普遍的宗教教义是一种宗教之为宗教的必备条件。与之不同的是，犹太教从来不把拯救的希望放在对那些不变教义的相信上。犹太教也不打算在地上建立"天堂"，因此，通过信奉某些教义而感受上帝的恩典以建立永恒的极乐王国与犹太教的传统格格不入。犹太教拒绝任何神秘的东西而遵行那具有强烈伦理色彩的戒律，它躬行践履，不期望一劳永逸地界定信仰的全部领域。因而，尽管《圣经》《塔木德》中也有许多以宗教形式表达的虔诚行为的原则，但是，总的来看，这些原则是自由的，不是负载终极意蕴、有约束力的信条。

第三，其他一些宗教，如基督教，总是把信仰与理性联系起来，强调宗教教义的知识特征。而犹太教则由于把神秘的观念置于理想的领域，指称着那种属于上帝而不属于人的深不可测的东西。人凭借自己的情感才能接近这种东西。因此，犹太教特别强调人的虔诚行为和缄默的沉思，强调做善事是人通达智慧的开端，强调对他人的责任先于对上帝的知识。这样，犹太教就把坚守道德行为奉为宗教的核心而排斥了以教义为核心建立宗教统一性的做法。因是之故，拜克明确指出，在犹太教那里，由教义所造就的宗教统一性是通过坚持践履道德行为的原则实现的，坚持道德行为的自觉与自主，并"通过'祭司的国度，为圣洁的国民'（《出埃及记》19：6）被创造出来。这样一种态度使得教条主义在犹太教中几乎没有存在的空间"①。

第四，更重要的是，犹太教中不存在承担制定统一教义任务的教会和宗教权威。宗教教义是精确的学说，是系统化的概念体系，它是被特定的宗教团体当作知识与真理而传谕信徒的。因而一般的宗教总是存在着一些宗教权威领袖，他们被教会赋予权力去创造教义，并以团体的名义要求信徒接受并信奉这些教义，或者用它去惩罚那些不相信教义的信徒。也就是说，"谁拥有权力谁就可以决定什么能被公认为真理"。而与这种做法相反，犹太教中并不存在这种权威。虽然我们在犹太教中也会看到某种确定的传统在流传，但是它的流传基本上是在犹太教师中间。偶尔犹太教中也会出现某些公认的宗教权威，但他们绝没有权力利用宗教组织——况且犹太教中也不存在像基督教教会那样的宗教组织——去建立并颁行宗教教义。这样，犹太教没有系统化了的教义就不是什么奇怪的事情了。

也许有的人会因此责备犹太教缺乏宗教所要求的那种确实性，甚至极端的观点认为，犹太教因此不是一种宗教。似乎一种宗教缺乏了用严格公式化了的语言或严格规定了的概念来表达的教义，就不可能确保信仰的长久性和确定性。拜克并不这样看。相反，他认为，正因为犹太教没有教条化的学说、信条，所以犹太教才表现出强烈的创新意识。在犹太教表面上的守旧特征下始终涌动着不断更新的宗教哲学精神，犹太教因此是一种能够通过持续不断的思维创造而在自己的宗教哲学中经常增添新内容的宗教。

---

① 利奥·拜克：《犹太教的本质》，第8页。

但是，即使人们不怀疑拜克的上述观点，人们也还会问这样一个问题：犹太教不尚教义，那么构成犹太教信仰基础的东西是什么？对此，拜克的回答是：犹太教信仰的基础是《圣经》和《塔木德》。

《圣经》奠定了犹太教稳固的基础，使得犹太教能够经受住变化和外来冲击的考验。《圣经》将上帝的见证、列祖的传说、神职人员的言论以及先知的布道融为一体，从而成为犹太教最权威的经典。《塔木德》是仅次于《圣经》的犹太教圣典，"《塔木德》的意义在于为犹太教筑起一道保护性篱笆。就这一点而论，在犹太教受压迫的岁月里，《塔木德》享有特殊的荣誉和受到特殊的珍爱。犹太人从《塔木德》那里得到护卫，所以反过来他们又护卫《塔木德》。因为《塔木德》既与《圣经》相互支持，其地位又仅次于《圣经》，所以它保证了以色列人的宗教不至于误入歧途。犹太教的历史性延续以及持久性的均势，主要是由《圣经》所拥有的权威特征以及《塔木德》所获得的决定性权威来保证的"[①]。

当然，就其本身来说，《圣经》（也包括《塔木德》）自身并没有驱动力，以促动自身的进一步发展，《圣经》之所以能够不断地为犹太人提供信仰的甘露，恰恰因为犹太教是一种不尚教义、重视实践的宗教。对于信徒来说，《圣经》提供的上帝之言，适用于任何时代；每个时代都能在《圣经》那里寻找到最中肯和最有特色的东西；每代人也都能从《圣经》的言语中发现自己的希望和思想；每个个体也都能从《圣经》中寻觅到他心底的热望。所以，《圣经》是一本需要用心灵阅

[①] 利奥·拜克：《犹太教的本质》，第15～16页。

读的书，一本适用每一个新时代的书。《圣经》能够满足每一个新时代提出的新问题、新关切和新要求，有着浓厚的道德意蕴。《圣经》总是在创新中，它具有每一个真正观念所应具有的那种个性，总是持续不断地将自己更新的内容展示于世人，并因之而不断地为自己添加新的思想。《圣经》的这种品质决定了犹太教不可能静止在某些僵硬的教义上。

2. 犹太教是崇尚先知的宗教

拜克指出，不了解犹太民族的先知就不可能真正了解犹太教。先知在犹太教中有着特殊而重要的地位。先知不仅在精神上引导着犹太教前进，而且还具体确定了犹太教追求的目标，先知的历史就是犹太教的历史。正是在先知的思想中，犹太教确立了自己的宗教理念，形成了自己的宗教特色。

由先知所确定的犹太教独特的宗教观念可以这样表达："犹太教是一种在生活中寻求自身实现的宗教，是一种在生活与上帝的联结中寻找归宿（即答案，answer）的宗教。这种宗教或者说能够为所有人平等地所拥有。每个人都会是虔诚的，理想不是成为圣徒，而是成为'祭司的国度，为圣洁的国民'（《出埃及记》19：6）。"因此，"我们在世的人与上帝的关系在最终意义上是一样而无差别的。虽然人们对超越知识的把握是多种多样、程度有别、形态各异的，但在这样一个方面，人们并无差别：上帝的慈悲眷顾所有的人。而宗教作为虔诚的礼品泽及所有的人。每个人都可以接近他的上帝，上帝与每个心灵之间存在联系"[1]。

犹太教所具有的这种宗教观念充满了伦理意味，它来自

---

[1] 利奥·拜克：《犹太教的本质》，第35页。

先知话语。在先知话语中，认识上帝与行公义是一回事，对人来说，两者都是戒律。先知思想中的这种强烈的伦理倾向不仅阻止了通向思辨超越性之路，而且也预防了思想体系及概念僵化的危险，并且也形成了犹太思想以人为中心这个传统。此后的犹太思想家大都接受了这个首先由先知们圈定的中心问题。与同样关注人的希腊哲学相比，犹太思想是从人走向自然，它力图在自然中发现人，发现人的经验存在以及人与上帝的接近与差别；而希腊人则是从对自然的兴趣转向人，以证明人超越自然的优越性。因而，可以说，犹太精神独具的魅力就在于，它以人为关注中心，说明了每个事物在人的心灵中有其起源，世界是上帝的世界，上帝是人的上帝这一神圣真理。

这样，犹太教就将宗教和生活紧密联系在一起：宗教通过生活被证明，生活为宗教所充盈。宗教信仰不在生活的日常行为中得到确证就没有虔诚。同样，也只有在宗教训诫被忠实地践履的地方，才有合法有效的日常行为。而任何朝向单纯形而上学趋向的宗教之思，都势将导向晦涩的思辨，从而偏离宗教生活的稳固基础。可见，犹太教作为先知们的创造物，重点不在抽象概念，而在人，人的生活与人的良心和意志。

3. 犹太教是重启示的宗教

在拜克看来，犹太教作为伦理一神论，代表着人对世界的一种正确的宗教态度。这种态度与佛教有很大区别，主要表现在以下几点：第一，犹太教宣称世界是日常生活的领域，宗教提供关于人与世界通过行为和意志反映出来的关系在价值方面的道德肯定，佛教则声称，人的任务是专心于自我沉思，而无须意志行动，因而，它们一个表达了对工作和创造的热情，另一个则相反。第二，犹太教倡导为上帝的王国——在这个王国中所有的人得以融合——而劳作，而佛教主张自我解脱与拯救，强调归于大一，还原为无。第三，犹太教着眼未来，强调发展与完善，而佛教则鼓吹轮回，在静寂中使人对未来的希望幻灭。第四，犹太教力求把上帝与世界协调起来，而佛教则主张出世。第五，犹太教呼唤创造新人和新的世界，佛教则寻求毁灭，把人与人类、人与世界分离开来。由比较可以看出，犹太教是一种利他主义的宗教，它主张努力趋向完美的人，通过寻求教友就会找到通向上帝之路，通过对教友的爱及公正地对待教友，他就侍奉了上帝。相反，佛教是一种利己主义宗教，因为它所说的完美的人，是那种弃绝他人而为自己寻找所谓唯一真正道路的人。

因此可以说，犹太教是宗教的经典表现形式，无论是谁，如果想在宗教中寻找到人与真实世界确定的宗教关系，就必定将以色列人的宗教视作神启，从而效法犹太教建立自己的一神论宗教。而由于伦理一神论的产生首先是以以色列人的存在为前提的，所以，以色列人成为负有实现特殊使命的民族，他们是"上帝的选民"，在这个世界上被赋予特殊地位，并因此而与其他民族区分开来。也就是说，在犹太人看来，他们与上帝所立之约不单纯是一种当事者双方的权利与义务的协议，它还是上帝对他们的恩典，给予他们团体和民族以荣耀，以及一种独特而神秘的启示，使他们懂得怎样按上帝的旨意去办事，并在契约中找到公义和安全。犹太人认为，他们每个人都蒙上帝的召唤，都是上帝的选民，都必须按契约办事，自己的行为都必须直接对上帝负责。而他们的上帝对他们这些选民则一视同仁，没有什么贫富贵贱之分。上帝给予每个选民以应有的尊严，他垂听卑微之人的祈祷，而又绝不轻饶违约的显贵。这样，在犹太教中，启示概念就与选民概念联结在一起了。

启示概念与选民概念的联结意味着"以色列人愈来愈清晰而坚定地理解了自己的信仰，并在信仰中找到了使自己独立存在并与其他民族区别开来的支撑力，从而使犹太人能够创造自己的生活，形成为'单一民族'"①。正像《圣经》上所说的那样："这是独居的民，不列在万民之中。"（《民数记》23：9）

犹太教因而在自己的观念中特别强调了民族自身的独特性。上帝对他们的挑选，表明上帝对他们特别恩宠。上帝不但挑选了他们，还将使他们"成为大国"，使地上的万族都因他们而得福。因此，犹太人相信自己是成千上万同类中得天独厚之辈。批评者就此指出，犹太教的选民观念的确对于促进犹太民族的团结，使之得到精神上的满足与慰藉，从而产生民族的归属感，振奋常常身处逆境中的民族，培育民族自强不息的韧性与耐力，具有积极的意义。但是，这种观念又往往使得犹太民族产生一种盲目的民族优越感，从而导致狭隘的民族排他主义，造成犹太民族的自闭心理，与其他民族常常发生紧张与冲突关系。

但是，拜克并不这样看。在他看来，犹太教的选民概念的确强调了犹太民族的独特性。然而，犹太教对犹太民族独特性的这种强调，不过是要用纯正的犹太信仰建立一堵"托

---

① 利奥·拜克：《犹太教的本质》，第 54 页。

拉围墙"。排他性就是为了确认信仰，就是为了遵循训诫的必然性，也就是为了宗教的笃诚而拒斥对其他神的膜拜。因为，一旦缺少了这种特征明显的排他性，就会像历史上经常看到的情形那样，由于不同的宗教信仰之间可以无障碍、不加选择地互相调和，结果使得本来那些具有较高精神价值的宗教受到某些宗教所拥有的低俗的东西的侵扰，从而降低了自身的价值。不仅如此，倘若再进一步分析犹太教的特惠论（particularism），你就会发现，犹太教的特惠论是一种特殊的特惠论。犹太教的特惠论包含明显的伦理倾向，民族的特惠意味着宗教伦理对民族的决定性约束力，以色列人的独特历史地位变成了犹太民族独特的宗教义务，人与上帝之间的约定变成了人对上帝训诫的遵守，变成了以色列人对自己罪感的忏悔与救赎。

由此可见，尽管以色列人是被上帝挑选出来的，但以色列人只有正确地遵行上帝的训诫，才能保证被挑选的荣耀。罪使以色列人与上帝分离，故以色列人的唯一可能的存在是宗教式存在。从这种确信中产生出以色列人的世界历史使命与对人和上帝的责任观念。选民概念是先知对全体人民的召唤。这种使命超越以色列人本身，它亦是对其他民族的一种挑选。所有以色列人都是神的信使，上帝的仆人，他们为所有国土守教，使来自上帝的光耀照所有民族。"我耶和华凭公义召你，必搀扶你的手，保守你，使你作众民的中保，作外邦人的光，开瞎子的眼，领被囚的出牢狱，领坐黑暗的出监牢。"（《以赛亚书》42：6以下）这种犹太教的经典观念——它保存了犹太教的根本内核——仅能从选民意识中萌生，并且，因为有了这种自信，才产生了以色列人对世界其他民族的责任信念。

拜克从中得出这样一个结论：人类注定需要真正的宗教，选民概念证明了有一个民族负有责任向全世界传播信仰，劝慰世人相信那唯一的上帝。这样的民族必然是与世界完全融为一体的，它必须信奉这样一个原则：所有的人都是上帝之子，而归于上帝。如果说以色列人，作为宗教的先知先觉者，是"上帝的长子"（《出埃及记》4：22），那么所有其他民族也应是上帝之子，并在对上帝的爱中、在奉行上帝诫命中与以色列人携手并肩。所以，他认为犹太教是主张宗教普世论（universalism）的。从根本上说，犹太教是一种世界宗教，它视人类前途为自己努力的目标。犹太教可以被称作是世界宗教，而所有其他的宗教均仿效它将普世论视作宗教目标。

犹太教的普世主义趋向，并不是犹太教的偶然特征。实际上它的这种普世主义特征已经融入犹太伦理一神论中。犹太伦理一神论总是主张普遍的律法，要求平等地对待一切人。也就是说，犹太教的一神论特征决定了犹太教必然内含普世论："一神论必须内含普世论：一神只能有一种可以把所有人召唤于其下的宗教，并且只有将所有的人联合于自身中，它才能实现自己的历史现实性。"① "这样，特惠论和普世论就在先知们的学说中合二为一。人类的希望就是以色列人的希望。上帝对人类的言说通过上帝对他的子民的言说得到证明。挑选以色列人是走向上帝为人设定的道路的第一步。虽然弥赛亚时代已为全世界所逐渐接受，但是其承诺只在创造了救世主宗教的民族那里得到最为精当的把握。如果说主注定要拯

---

① 利奥·拜克：《犹太教的本质》，第56页。

救整个世界，那么主的拯救将自锡安山开始，是对锡安山的赐福。越是强调普世论，就必定更加强调以色列人的特殊责任及特殊地位。先知们坚定地信奉这种原则，后世的犹太教师也是如此。"①

　　以上就是拜克关于犹太教的本质及其特征的论述。十分清楚，拜克将犹太教主要理解为一种伦理一神论，特别强调它的伦理学本质，强调它重实践轻思辨、不尚教义的特征。拜克指出，犹太教通过将选民概念、启示概念与责任概念的联结，从而将犹太教造就成一种主张普世论的世界宗教。犹太教对人类的拯救负有责任，具有强烈的使命感。这种使命表达了教诲人们并使之转变信仰的愿望，并通过这种愿望使人们能够清楚地把握生活的全部意义，为生活的真理开辟道路并召唤地上全体种族共同承担应该属于自己的责任。拜克关于犹太教的这种观点，揭示出那些在为人所熟知的犹太宗教思想的"绵薄的石层底下淌着的精神和智慧的溶液"，使人们从社会学角度了解到犹太教伦理学的积极内容。借用爱因斯坦的话说就是："几千年来使犹太人联结在一起，而且今天还在联结着他们的纽带，首先是社会正义的民主理想，以及一切人中间的互助和宽容的理想。甚至在犹太人最古老的宗教经文里，就已浸透了这些社会理想，这些理想强烈地影响了基督教和伊斯兰教，并且对大部分人类的社会结构都有良好的影响……像摩西、斯宾诺莎和卡尔·马克思这样一些人物，尽管他们并不一样，但他们都为社会正义的理想而生活，而自我牺牲；而引导他们走上这条荆棘丛生的道路的，正是

---

① 利奥·拜克：《犹太教的本质》，第57页。

他们祖先的传统。"①

三、上帝与人：犹太教的基本观念及其相互关系

在考察完犹太教的本质特征之后，拜克接着考察了犹太教的主要观念：上帝观念和人的观念。拜克的用意十分清楚，他是要借助对这两个概念的解析，阐述他本人对上帝与人（犹太人）之间关系的思考。

1. 关于上帝观念

拜克认为，犹太教信仰的本质就是对唯一神的信仰。而关于唯一神，拜克明确主张要做伦理解释。就像弗瑞茨·巴姆伯格（Fritz Bamberger）所指出的那样，在拜克那里，"犹太人的上帝是行律令的上帝（a commanding God），伦理律令'你应该'和'你不应该'，是犹太人仅有的规则。上帝给人以戒律，而不是给人以忠告（advice）"②。那么，拜克为什么要对唯一神进行伦理解释呢？

在拜克看来，把犹太教理解为一种伦理一神论，是犹太人从他们的先知学说中得到的最简明扼要的信仰经典，是犹太思想中闪烁着的永不熄灭、永不暗淡的智慧之光。它建立起了犹太神学与实践理性之间的关系，排斥了犹太神学中可能出现的将神学逻各斯（将犹太神学改造成为一种形而上学

---

① 许良英、赵中立、张宣三编译：《爱因斯坦文集》，第三卷，商务印书馆，1979，第164页。
② Fritz Bamberger, *Leo Baeck: The Man and The Idea* (*The Leo Baeck Memorial Lecture 1*), New York, Leo Baeck Institute Inc., 1958, p. 6.

的理性神学）化的倾向，而这种"客观"地肯定上帝存在的理智化倾向，要求对上帝进行理性的证明，以便获得所谓关于最高存在的知识。在拜克看来，这种关于上帝的认知话语并不能建立起关于唯一神的正确态度。拜克指出："任何朝向单纯形而上学的趋向都势将导向晦涩的思辨，从而偏离宗教生活的稳固基础。"[①] "取代研究与上帝的真正宗教关系，人们沉湎于对神的完满性进行科学研究；或对宗教应用思辨，或最终在思辨中使用信仰，宗教自身却迷失了本性。"[②] 因此，为了阻断这种从认知角度解释上帝的错误做法，回到对上帝理解的正确道路上，必须坚定地回到犹太教的起点和目标上，即将宗教与生活紧密相连，将对上帝的领悟深深植根于伦理的自由意志之中。拜克指出："先知们用于表示'认识上帝'的感觉是他们思维的一个特征。对先知们来说，这一概念意味着认知沉浸在人类生活中。上帝的知识并不是超越了此时此地的世界的某种知识，它是一种处身于伦理宗教中的某种知识，是植根于人之中的知识。它与德性是同义词，借助德性每个灵者都能塑造自身的存在。关于上帝的知识既不是对特殊团体的恩惠，也不是神秘恩典的礼品，毋宁说它出自自由，即那种对每个人来说只要自由地爱上帝就能认识到上帝的自由。上帝的知识和对上帝的爱并行不二，先知们是在同一种意义上使用它们的。"[③]

需要进一步指出的是，按照拜克的理解，从伦理角度确证上帝的存在，是要确立一种对上帝的适当态度，然后再虔

---

① 利奥·拜克：《犹太教的本质》，第29页。
② 同上书，第31页。
③ 同上书，第27~28页。

诚地通过自己的生活体验，尤其是日常生活去亲证（显然这里使用的不是知识论的方式）唯一神的存在。更确切地说，悬置理性，调整对上帝的态度，凭借日常生活所建立的、人与神圣的唯一之间的不可分割的关系亲证上帝存在，是证明上帝存在的唯一途径。也就是说，上帝是在与世人共同相处和相互依存中向世人走来，显现自身的。在上帝问题上，信仰不单单是理论上的认知，而主要是信仰者与上帝的"实际"相遇。如此一来，根据拜克的观点，犹太教的"上帝"问题不是一个理智问题，而是一个信念问题。信让上帝显在，不信使上帝隐匿。正是在信中，我们的心才为伟大的唯一神所充盈，我们的心灵才得以向那超越的至上存在开放，准备着去倾听和领会伟大的"他者"的话语。也只是在这个时刻、这种情景中，那隐而不露的他者才以非隐匿的方式慈祥地临近我们。因此，对虔信者而言，上帝并不是一种超越的自在力量，除去自身的概念性而作为一个客观存在物耸立在我们的对面，让我们抬首景仰。它的威严和异在性使我们产生敬畏而不得不疏离它。恰恰相反，上帝不会除去自己的概念性而成为客观的他者，它总是指向人的心灵。上帝并不神秘。上帝通过在世的诸存在寻找着我们，在显现中教诲我们，通过劝慰将爱洒向我们。上帝医治我们的良心伤痛，开发我们内在的本质规定，通过对话和沟通克服我们此在的苦难、罪和局限性，使我们获得无比坚定的生活态度，避免使我们的生活前提陷入致命的冲突。由此可见，在拜克那里，上帝问题的真正意义首先在于：由对上帝真诚信仰而引发的关于上帝存在的思考最可能接近说明唯一神与人之间的真实关系，并进而使人们在宗教之维中发现日常生活的意义。"宗教和生活的这种统一性，离开了宗教的实践就是不合理的和模糊不清的。上帝的思想是深不可测的，远远高过人的思想，就'像天高过地那样'（《以赛亚书》55：9）。但是上帝的戒律'不是你难行的，也不是离你远的'（《申命记》30：11）。它们在今天被诉说，它们正直而清洁（《赞美诗》19：8），在这里人和上帝之间订有契约。所以人知道应如何做，生活的日程已清清楚楚地为虔诚的人安排妥当。宗教之光的烛照，使人之道路清楚显现在面前。为此他必须走这条道路。'唯有寻求耶和华的，无不明白。'（《箴言》28：5）唯一能接近上帝的方式：就是正确地去做。"①

由于犹太教将强烈的伦理色彩赋予唯一的神，也使得犹太教事实上成为一种没有特定神学的宗教。宗教化的神学关心的是神的生活，它从神的诞生开始述说神的神奇，神的成功与失败，神的欢愉与苦难；它用神统谱系划开人类的年代，它将人类的悲剧理解为命运悲剧，人在历史中只能被动地等待并准备接受其前定命运的奖赏与惩罚。因而，在宗教化神学中，人与神之间并没有什么直接关系，人的被动存在不过是神的主动存在的一个反衬。犹太教恰恰与这种观念相反。犹太教的主要内容不是神性的生活，而是人的生活，人对上帝虔诚的回答构成它的主旋律。人为上帝所创造，但他亦为创造者，是行为的作为者，并在自主的选择中找到生活的意义。人因此高于一切自然和必然的存在，人的悲剧因此也只是人的意志的悲剧，是选择自己生活的人的悲剧，是凭着良心接近上帝以度过自己在世时光的人的悲剧。生活不再被视

---

① 利奥·拜克：《犹太教的本质》，第29页。

作是琐碎小事的汇集或者命运任意摆弄的结果，不管它是否有规可循，也不管它是否受到偶发事件的影响，它都不是前定的，也不从属于机械的因果必然性。犹太教谈论生活中的真、神圣和永恒，它以上帝的启示眼光看待世上的万事万物以及人的历史行程。也就是说，犹太人通过启示，通过对上帝的信仰，解说生活的迷津，理解生活的意义以及自己的使命。所以，犹太人相信他只能知道上帝的启示，而不知道自己的命运。他们对上帝的生活或者说上帝的经历无可言说，只能言说"活生生的神"（living God）[1]。"活生生的神在万事万物中证明自身，用万事万物言说，而人们必须应对它。上帝的话语不是神谕而是律法和诺言。上帝的路不是由机遇和命运——它们差不多是一个东西，因为机遇是刹那的命运，而命运是持久的机遇——构筑，毋宁说它是善的律令，借助它人们接近上帝。从诞生伊始，犹太教就不使用神话式语言：'我眷顾他，为要叫他吩咐他的众子和他的眷属遵守我的道，秉公行义。'（《创世记》18：19）"[2]

犹太教所具有的这种伦理色彩及非神秘性质，决定了犹太教不可能有关于上帝的理性知识，而否认了关于上帝的理性知识，也就意味着犹太教放弃了关于上帝存在的知识论证明。在拜克看来，从哲学意义上把上帝认定为自然过程的第一推动者，以确定上帝的存在，是没有什么意义的，这样认定的上帝观念，并不比物理学上的引力观念更具有宗教意味。这样做既不能为信仰找到根基，也不能充分显示信仰的力量。

---

[1] 参见《圣经》的《申命记》5：23，《列王纪》下 19：4，《耶利米记》70：40，《约书亚记》3：10，《撒母耳记》上 17：26。
[2] 利奥·拜克：《犹太教的本质》，第 77 页。

因此,"对犹太教来说,宗教并不仅仅在于承认上帝的存在。只有当我们知道我们的生活与某种永恒事物密切相关,我们感觉到我们与上帝紧密相连并且感觉到上帝是我们的上帝时,我们才拥有了宗教。正像谚语所说的那样,如果我们爱上帝,如果通过上帝能发现我们的真诚与谦恭,勇敢与平和,如果我们将我们内在的存在向上帝的启示和戒律敞开,上帝就是我们的上帝"[1]。

在拜克看来,阻住了人与上帝之间的这种理性关系,就等于敞开了人与上帝之间的感性关系,即建立起人与上帝之间爱的关系。拜克坚持认为,如果我们要探寻真正宗教人士的生活,我们要更多地观察他的生活,而不是他口头上对上帝存在的承认。真正的宗教人士力求按照上帝的律法生活,也就是说,他力求成为诚实、善良和正义的人,因为他相信这是上帝对他的要求。他祷告上帝因为他与上帝相关联。可以说,上帝总是在关键时刻出现在他面前,驱使他做得更好。在真正的信仰中比只是单纯承认上帝存在蕴涵着多得多的热情与献身。因此,虔诚的教徒表达自己与上帝内在关联的方式多是比喻性的,这些虔诚的教徒们敞开心灵去接受上帝,充满感情、用发自内心的言语去称颂上帝。所以,真诚信仰的人必须信靠上帝,通过体会上帝的创造行为而亲近上帝,这也是有真正信仰的人所能领受到的上帝的爱。而有真正信仰的人通过自己的伦理行为所表达出来的对上帝的爱则表达了其信仰的坚定。爱是上帝的本性,因此是犹太教徒义不容辞的道德责任。上帝布施永恒博大之爱,犹太教徒必须践行

---

[1] 利奥·拜克:《犹太教的本质》,第84页。

仁爱，把对上帝的爱变成在世的现实行动。

这就是拜克有关上帝观念的观点。从中我们可以清楚地发现存在主义对他的影响。在上帝存在问题上，重要的不是上帝存在这个事实本身，而是上帝存在以及上帝的创造行为如何影响了我们的"存在"，以及如何影响了我们"真实的生存"。拜克强调，犹太人是将无限与永恒的情感融入自己有限而短暂的生活之中的。上帝与人之间，上帝与世界之间，始终存在一种契约关系。因此，上帝与人、上帝与世界之间具有一种密切关系，而这种密切关系恰恰是通过上帝的创造行为建构起来的。也就是说，上帝通过创造活动建立起它与人、与世界之间的"契约关系"，人与上帝、世界与上帝之间永恒联结。上帝以这种创造行为向我们布施了它的伟大的爱。

2. 关于人的观念

犹太教区别于其他宗教的一个显著特征是，它特别强调对人自身的尊重。拜克认为，人们从上帝信仰中极容易推导出对人的信仰。在他看来，犹太教关于信仰人的观点，是与犹太教强调人与上帝之间有着密切关系的观点紧密联系在一起的，因而它是恰当地处理创造者与被创造者之间关系所必然带来的结果。拜克本人这样说："虽然犹太教把人看作是自由和独立的，但是人并没有与上帝完全分离，也没有完全外在于上帝。这里犹太教的观点与'道德'神论和理性主义有所不同。因为这两者只认识到一个可望而不可求的遥远的上帝，一个只是作为思想存在的上帝。然而，犹太教既不是一种没有戒律的宗教，也不是一种没有神秘色彩的宗教。犹太教的上帝不只是存在于宇宙万物中的上帝或凌驾于芸芸众生之上的上帝。只在今世或只在来世，犹太教都无法寻找到宗教的真理。而犹太教对上帝的信仰突出地表现在它始终坚信这两个世界的统一，并由此产生了对上帝创造的人的信仰。"①从引文中可以看出，与其他那些抬高神贬低人的宗教观念不同，由于犹太教把人与上帝紧密相连，因而在犹太教的宗教观念中，人是得到充分尊重的。人作为上帝之子，他在世俗世界的生活是有着积极意义的，人也因之成为类似上帝的、充满创造力的存在者。犹太教至少从以下方面刻画了人之存在的意义，以彰显人的本质。

第一，人是按照上帝的形象创造出来的，因此，人是上帝的特别显示。

拜克指出，人只能在上帝那里找到关于自己起源的说明和关于自己生存目标的说明。人的生命来自上帝又最终归于上帝，命中注定人与上帝之间具有一种亲密的关系，也就是说，只有人才最接近上帝，具有上帝的形象，可以发展上帝赋予他的独特神性。所以说，上帝按照自己的形象创造了人这一说法，正像犹太教关于上帝的许多论述那样，虽然只是一种比喻，但它所蕴涵的意义却非常深刻。"它已变成了一个永远的象征，一个人提出'人'的宗教与道德观点——即人的尊严的观点——的原则。人们之间的差别无论有多大，他们与上帝之间的相仿是共同的。正是这一相仿确立了人。上帝的契约是对所有人的，不是这个或那个单独的人，而是所有的人都是按照上帝的形象创造出来的。人的生命的全部意义就在于此。"②

---

① 利奥·拜克：《犹太教的本质》，第133页。
② 同上书，第134~135页。

在拜克看来，人是按照上帝的形象被创造出来的，还意味着人因此获得了与生俱来的尊严。人尽管有着种族、民族、阶层、才能等各种各样的差别，有着不同的地位和使命，但是，一切人都有着同样重要的东西，那就是人能够感受到的人作为个体的人所应该具有的道德意识，以及因此而产生的自豪感。所以，没有不同的人，人都是上帝之子。

第二，人是被赋予了创造和实践能力的人，因此，人也是创造者，人把永恒和无限带到这个世界上来。

拜克指出，犹太教把人的创造力首先理解为人的灵魂的净化，是上帝赐予人的。上帝创造了人，人可以通过行善事或通过觉悟、忏悔等获得自由，因而人必然进行灵魂净化活动，进入创造过程。这样一种创造活动当然首先是一种道德活动，是使人超越存在限制的一种活动。在这种活动中，人为自己的生命制定法则，人也因此感受到自己对生命和自己存在本质的尊崇，感受到自由人对道德律令的敬畏。"这种尊敬与谦卑不同，它是被创造者的感情，所以只能在与上帝的关系中感受到。由于自尊，我们明确了我们的位置，我们在伦理世界中拥有的自由的位置。由此，我们走向责任的世界。在犹太教中，没有多少声音比自尊之声更响亮。道路永远在我们脚下，方向坚定而又永无止境。我们将会变得神圣，就像我们的主——上帝一样神圣。"[①]

犹太教因此得以向人提出了相当高的道德要求。与希腊宗教思想相比，犹太教对人提出的道德要求与对神提出的道德要求并无二致，而不是像希腊宗教思想那样将人与神区分

[①] 利奥·拜克：《犹太教的本质》，第138页。

开，不要求"人像宙斯一样奋斗"。在这种严格的道德要求激励下，犹太人不断强化自己的责任意识，持续追求更高的道德境界，在对道德责任的尊崇中，实现了对自身的尊崇。于是，一种伟大的使命在犹太人心中油然而生。这是"一个将个体及其历史以及整体及其历史放入神圣领域里的使命。每个人和周围的其他人都将做好心理的、精神的准备以应对每一个变化，应对每一个威胁和诱惑。这种准备必须足够坚强以至于保证人们可以为实现'上帝的王国'这个伟大的诺言和律令而活着"①。犹太人"站在上帝面前，向上帝陈述，回答上帝的提问。他们现在变成了自己的训诫人和预言者。这个民族被赋予了青春般的最高天赋，赋予了从成长到达现实的时间，它能听懂自身发出的声音"②。

可见，在人的问题上，犹太教突出了个体在上帝面前的道德自觉与勇敢承担责任的意义。人应该在一生中努力去体会上帝的存在、上帝与人以及人与上帝之间的契约，在道德践履中领悟人类生活的奥秘、体会圣训。只有这样，人才能真正将自由与责任、有限与无限、创造与承受有机统一起来。如此一来，犹太教就在自己的信仰中将现世与来世统一起来。犹太教关于人的存在的观点有了新的永不消失的价值。人信仰自己，生命充满了选择的自由和道德的责任，人在对上帝的爱中得到精神上的永恒，犹太教因此表现出一种积极向上的伦理乐观主义精神。立足这种精神，人就能感知到自己的

---

① Leo Baeck, *This People Israel: The Meaning of Jewish Existence*, translated and with an introductory essay by Albert H. Friedlander, Philadelphia, The Jewish Publication Society of America, 1964, p. 191.

② Ibid., p. 189.

生活与神圣的唯一相关联，就能把握到某种以宗教特有的方式表达出来的内在必然性及责任与义务。这样，人就能从容面对永恒，真切聆听上帝召唤，沉浸于为无限所簇拥的至上境界。

3. 上帝与人在伦理行动和爱中相遇

在拜克看来，通过分析犹太教的上帝观念和人的观念，清晰地呈现出那个由犹太先知们所圈定的、世代相传的犹太教的精神旨趣，这个精神旨趣可以这样表达："与上帝内在地关联这样一种自由信念，构成了先知们话语唯一的伦理依据，亦成为犹太教的中心所在。先知们并不过多地谈论在自身之中的上帝，而是谈论上帝对人意味着什么，对世界意味着什么。他们对上帝本质的分析远不如他们对人的本质的分析。自由意志、责任和良心，作为他们心灵经验的原则，被视作与上帝的存在与神圣同样确定无疑。他们并不企求解决宇宙的普遍问题，而是要显示上帝与世界间的关系，作为对上帝的仁慈与意志的证明。他们也不企求回答任何有关灵魂的问题，而是要显示灵魂与上帝间的关系，以便确定人的尊严与希望。"[①] 简单地说，犹太教的精神旨趣是，正确地诠释人与上帝之间的关系。

按照拜克的说法，从犹太先知开始，犹太教的目标就不是要描述或者界定神与人的本质。先知们的愿望是想通过自己的思想表明，犹太教关心的是这样一些问题：上帝对人意味着什么，以及人应该如何面对上帝。所以他们谈论上帝的启示，也认为人可以体验到上帝的启示；他们谈论活生生的

---

① 利奥·拜克：《犹太教的本质》，第26～27页。

神，但坚决地主张人类不能把握上帝的完满存在。因此，犹太宗教哲学对上帝的戒律大加赞赏，而对上帝的本质，却谦虚地答以"不"，它只赞赏不能用语言和概念表达的上帝。他们的思想中的那个上帝是活生生的上帝，是支配万物的上帝。但是，这些属性却是人们通过思想归于上帝的，只具有否定的性质，旨在将上帝从世俗万物中提升出来。所以，整个犹太教历史始终响着这样一个声音：人占据了历史，承担义务，人通过自己的善行接近上帝。"在善与伦理中，人体验到某些区别于这个世界而且不是自然一部分的东西，借此人接近唯一的上帝，这个上帝对人言说并向人提出要求。由于伦理的因素融入了人的最内在的自我，人感到区别于自然的本质和命运：他觉察到他自己为那唯一者，即为上帝所召唤并引导自己趋向上帝。"[1] 于是，人清楚地知道自己是在最内在的存在意义上发现自己与上帝之间的永恒的联系的。上帝的训诫是真实的，且为人们在其中找到生活意义之律法的源泉，故他们将上帝认作神圣的唯一。这也意味着，仅当道德的统一性显现于人的意识中，人们才能把握上帝的统一性。显而易见，拜克赋予上帝观念以极其强烈的伦理色彩。人不是在神性的生活中，而是在人的现实生活中，感受到上帝的存在。人也只有在上帝的现实性中才能找到自己善良本性的现实性。所以，在现实生活中，人正是基于对上帝存在的确信，才巩固了自信，才确信自己的心灵与上帝类同，是上帝按照自己的心灵样式创造出来的，因而人的心灵是自由的、纯粹的，人通过自己的心灵就能够与上帝交流。同样，也是基于对上

---

[1] 利奥·拜克：《犹太教的本质》，第82页。

帝存在的确信，人相信并爱自己的邻居。每个人都知道其他个体与自己并没有什么差别，其他人的心灵也得自上帝，他们在内心中与我亲近，我视他们为我的兄弟。再进一步说，也正是基于对上帝存在的确信，使我相信人类。我知道所有的人都是上帝之子，他们和我是为了一个共同的任务而结成一体，我们的生活道路都是由上帝规划的，我们通过这条道路最终归于那唯一的神。由此可见，由于信仰唯一的上帝，人清楚地发现了自己心灵的价值、同类的价值和人类整体的价值。可见，上帝观念与人的责任感密切相关。基于对上帝的义务，我们做善行，承担起自己的责任。拜克如是说："我们要圣洁，因为我们的神耶和华是圣洁的。这是人对上帝的责任。对于我们的邻居，我们也负有同样的责任：我们必须知道'他的心'，我们要尊奉他的上帝的形象。上帝与我们同在，我们热爱上帝，因为他喜欢我们。最后是我们以上帝的名义承担对人类的责任：我们是上帝在世的见证，纯洁他的圣名为将世界再造为上帝的王国铺平道路。"[1]

这样，犹太教就在上帝那里找到了自己的必然性，而在人那里找到了自己的任务。上帝将善置放于世间作为人能完成的道德要求。一切与上帝布施的善相违背的东西，如恶、冷酷、对人实施的灾难，都是上帝对人的恶行的惩罚和对人背叛他的行为的审判。这种惩罚和审判是一种拯救手段，可以促使信他的人进行深刻的内省和自新，使自己重新遵循上帝善的意志，回归上帝规划的路途，得到上帝的拯救。正如《圣经》中所说："我将生死、祸福陈明在你面前，所以你要

---

[1] 利奥·拜克：《犹太教的本质》，第 75～76 页。

拣选生命，使你和你的后裔都得存活；且爱耶和华你的神，听从他的话，专靠他，因为他是你的生命，你的日子长久也在乎他。"(《申命记》30：19)因此，上帝信仰不是一种心存疑虑或者绝望的期待，不是听天由命的疲惫的期待，而是一种充满希望的期待，一种忠实履行义务与责任后心灵得到的褒奖。它建立于信仰者个人义务之上，是对信仰者善行实践的肯定。它意味着信仰者总是对唯一神的临在充满信心并与此相适应地理解、约束和安排自己的生活。所以，从拜克观点看，谁感知到个人的生活与神圣的唯一相关联，谁就会把握到某种以宗教特有的方式表达出来的内在必然性和责任与义务。真信仰者面对上帝，就应该对上帝负责，而遵循善行就是信仰真纯的明证，是每个信仰者必须承担的生命重任。犹太伦理一神教由此严肃地提出了人承担自己责任的意义。这可以看作是犹太精神根本性的本质。这种本质决定了犹太教特别重视个人的内省、自新和精神上的自我净化。

总而言之，犹太教作为伦理乐观主义，它关心的是一种关系，即上帝与人之间的关系，它特别强调摆正人与上帝以及人与他人之间的关系，认其为启示的根源、人伦的保障。犹太教因此把自己凸显为一种重心灵、重行为的道德神学。从道德神学出发，自然会得出这样的结论：就像上帝的律法不应刻在石板上，而是写在人们的心里那样，上帝信仰也不是由理论理性而是由实践理性来确立的。也就是说，人是在践行道德责任中确证上帝，与上帝实际相遇的。而最能体现人有道德担当的行为是人的爱的行为，现实层面上的永恒博大的爱不单是一种感情，人应该把它作为上帝的启示来体验，它是能够证明上帝存在的最具确然性的东西。"被爱的感觉是彼此相属的感觉，是那不能计算也不可界定的被支持和被养育的感情。爱（hesed）由隐秘处产生但却是这个世上最有确然性的东西，它表达了由'他'转成为'你'，由'我'转成为'你'（thine）所导致的内在统一与安宁的奥妙。"[1] 在这种奥妙的境界中，人相信并爱自己的邻居。每个人都知道其他个体与自己并没有什么差别，其他人的心灵也得自上帝，他们在内心中与我亲近，我视他们为我的兄弟。再进一步说，由于有爱的博大情怀，我相信人类。我知道所有的人都是上帝之子，他们和我是为了一个共同的任务而结成一体的。在这种爱的责任担当中，我清楚地发现了自己心灵的价值、同类的价值和人类整体的价值。这样，人类共同体的观念获得了完满的内涵。我们共同生活在社会之中，相互警戒以防罪孽，相互引领以趋向善。人因此清楚地知道自己只能在最内在的存在意义上发现自己与上帝之间的永恒联系。人不是在神性的生活中，而是在人的现实生活中，感受到上帝的存在。人相信自己与上帝不是处在一种"我—它"结构关系之中，而是处于"我—你"结构关系中。在这种神人关系中，人向上帝敞开，上帝向人显现并启示出自己来。人避开对上帝的本质或性质进行直接谈论，而在神人关系中考察上帝的意义。路易斯·雅可比（Louis Jacobs）一语道破天机："宗教的真正核心不在于单纯的上帝存在证明，而在于人与上帝建立的那种关系。这就是拜克借用我们的上帝观念所欲表达的东西。上帝并不是与我们的生活无关的那个简单的上帝，而是我们的上帝。我们可以借助祈祷的方式（使用亲密的用语'你'）

---

[1] 利奥·拜克：《犹太教的本质》，第95页。

接近他,也可以思维他,在思想中接近他。"①

四、犹太教的维护

犹太教的维护是拜克自由神学思想所论述的另一个重要问题。之所以有必要专门讨论这个问题,是由犹太教独特的历史遭遇所决定的。在《犹太教的本质》一书中,拜克用简洁的语言论述了这个问题。

拜克指出,犹太教的历史与犹太人的历史一样,充满了悲剧色彩。在遭遇了"巴比伦之囚"的劫难之后,又遭受了罗马人对犹太教更为剧烈残暴的迫害。罗马人焚毁了犹太人的圣殿,将犹太人赶出了耶路撒冷。从此,犹太人开始了真正的全民族的流浪史。随后,基督教也加入了对犹太教的迫害。教会和信奉基督教的民族发动了声势浩大但却毫无成效的反对犹太教的斗争。他们在两种宗教之间留下了一部漫长而血腥的对抗史。基督教视犹太教为最大的敌人,把犹太教看作是异教思想的源泉。为了根绝犹太教对基督教信仰的伤害,教会通过了一系列充满敌意的律条,将基督徒与犹太人分离开来。他们为犹太人建立了隔离区。"隔都之墙越垒越高,犹太人被切断了与外部世界的联系。隔都里共同生活的人们拥有他们自己充分理解了的精神财富。作为囚困于大墙内的囚徒,他们又怎能向外传播这些精神财富?"②

---

① Louis Jacobs, *Jewish Thought Today*, New York, Bergbabn Books, 1970, p. 36.
② 利奥·拜克:《犹太教的本质》,第 225 页。

正是由于生存环境如此恶劣，犹太教的自我保存成为一个严肃的问题。那么，在险象环生的文化生态中，犹太教应该怎样做，才能完成自我保存之任务呢？在《犹太教与基督教》一书中，拜克通过厘清犹太教与基督教的差别，竭尽全力捍卫犹太教传统；而在《犹太教的本质》中，拜克则通过分析犹太人所具有的独特的民族意识，探讨了犹太教能够得以自我持存的民族文化根基。

1. 古典的宗教与浪漫的宗教：犹太教与基督教的区别

按照拜克著作的英译者瓦尔特·考夫曼（Walter Kaufman）的观点，拜克的思维方式的最大特点是辩证性，即"不是通过把概念放置到某些经验内容中加以解释，除非这些概念成为那些总是可以在更多细节上被表示出来的事物的单纯符号。他更多地在整体意义上讨论概念；不是从功能意义上解释它们，而是在对立意义上，即通过把它们置于与自己相互反对的概念的对立面来解释它们"[1]。《犹太教与基督教》一书充分体现了这种辩证思维模式，在那里，拜克将生活中在场圣者的"隐秘"与人面对上帝时在人那里产生的伦理命令即"戒律"两者对峙起来，进而又以"古典的宗教"和"浪漫的宗教"之间的对立来标识犹太教和基督教的区别与对峙。拜克说："假如我们依据各种宗教类型之历史地形成的方式来区分虔诚类型的话，那么我们就会遇到这样两种最重要的形式：古典的和浪漫的宗教信徒，古典的和浪漫的宗教。世界历史的两种现象特别为这两种类型的差别和不同提供了例证。

---

[1] Walter Kaufman, "Leo Baeck, A Biographical Introduction", in Leo Baeck, *Judaism and Christianity*, p. 8.

十分清楚,其中一种类型从自身起源上就与另一种类型相关联,并由此导致在特定限度内受其影响;但区分它们的意义的确定的界限是清楚的。这两种类型的宗教就是犹太教和基督教。它们基本上是对峙的,就像古典的宗教与浪漫的宗教互相对峙一样。"①

在拜克看来,犹太教是一种古典宗教,它代表着一种寻求积极的、行动着的社会伦理生活的宗教传统;而基督教则是一种浪漫的宗教,代表着一种在想象的神秘幻象中超越一切规范约束的情绪化的宗教传统。这两种宗教的区别与对立,主要通过对待"隐秘"和"戒律"的不同态度而显现出来。犹太教敬重"戒律"而不遵顺"隐秘"。"犹太教的基本本质是行动……我越多行善,我就越乐意去做,我们相信善来自上帝。通过道德行为,人真正变得谦卑。在这个意义上说,信仰真的是一种戒律:通过更多地行善确认对上帝的信仰意义更大。就像知识,我们知道越多,我们就越发能知道我们还有多少未知。同样,在道德中,我们行善越多,还有多少善事要做以及我们和隐身的上帝的戒律之间的距离还有多远,对我们来说就成为更为急迫明显的事情。"② 所以,弗瑞茨·巴姆伯格这样评论犹太教:"犹太教首先确立了这种非此即彼的重大抉择,因为信仰唯一的上帝意味着没有其他的戒律,只有上帝的戒律。犹太人的宗教从人的角度能够提出完满道德决定的要求。所有经验都要求行动,而犹太教的经验只有通过行为才能变成宗教经验。孤立的信仰和谦卑只能造就出

---

① Leo Baeck, *Judaism and Christianity*, p. 189.
② Fritz Bamberger, *Leo Baeck: The Man and The Idea* (*The Leo Baeck Memorial Lecture 1*), pp. 10–11.

一种充满危险的宗教情绪。犹太教结合信仰和行动。在人的生活中存在一种创造性的伦理力量,它可以将人从自身的局限中解放出来。伦理要求的断言本性绝不容怀疑。善是无条件的,这意味着在任何地方和任何时间都是客观有效和绝对明晰的。"①

与犹太教不同,基督教则轻"戒律"重"隐秘"。人们若仔细观察基督教,就会发现,基督徒作为所谓"浪漫的宗教教徒",注重"……日复一日地狂热地享受最高的快乐和最深的苦痛;享受最令人陶醉的和最令人崇敬的东西。享受自己的伤口和从自己的心中流出的血液。从人的角度说,一切都变成狂喜战栗的瞬间感受,甚至信仰和虔敬也是如此"②。因此,"一切的事物,思维和诗,知识和幻象,统统最终融汇成为泡沫化的诗歌,成为神圣的音乐和伟大的超越形象,一个完美的典型。最终灾难出现,存有和虚无成为一而二、二而一的事情"③。由此可见,浪漫的宗教缺乏强有力的伦理冲动和伦理地征服生活的意志。它的理念与支配生活的实践理念、伦理行为要求的自由以及遵从戒律的自觉等犹太教伦理一神论的理念激烈冲突。"对浪漫主义者来说,活生生的行动被仁慈——那是他的容器——所替代,存在的戒律被单纯的信仰所替代,现实被拯救的神秘所替代。"④

这里需要指出的是,拜克强调犹太教和基督教的区别与对立,是为了保持犹太教的纯洁性,强调犹太教来自伟大的

---

① Fritz Bamberger, *Leo Baeck: The Man and The Idea* (*The Leo Baeck Memorial Lecture 1*), p. 6.
② Leo Baeck, *Judaism and Christianity*, pp. 191-192.
③ Ibid., p. 191.
④ Ibid., p. 193.

先知传统，是这一伟大传统的延续。拜克绝无贬低基督教之意。在他看来，正像基督教并不优越于犹太教一样，犹太教也不优越于基督教，犹太教与世界上其他伟大的宗教一样，是我们这个时代伟大的精神财富之一，如果我们珍视犹太教，那么，我们也就理应尊重世界上其他伟大的宗教传统。正因为拜克在《犹太教与基督教》一书显示出一个伟大宗教思想家博大宽厚的胸怀，所以，本书的英译者一再指出，《犹太教与基督教》一书对犹太教徒、基督徒以及其他宗教教徒都具有重要意义，而更有价值的是，对犹太教徒来说，本书可以"引导犹太读者去反思犹太教自身的界限，而这个界限是他们所绝对没有意识到的"[1]。

2. 犹太人的民族独特性：犹太教自我持存的精神与文化根基

在拜克看来，犹太人始终具有的民族独特性意识，是犹太教能够在种种恶劣的情势下得以保存并向前发展的一个重要因素。犹太人的圣殿虽然被毁，作为信仰者的犹太人亦被投入了虚无的空间。但是，犹太人的民族独特性意识并没有被摧毁。因为这种独特性，犹太人把自己的注意力放回到自己的"历史"，放回到自己独特的信仰中。犹太人无法脱离自己的历史和自己的信仰而去寻找别的东西，因为他们的历史和他们的信仰是他们之为犹太人的依据，并且，实际上也没有什么别的东西能够归属于流浪状态的犹太人且对他们有所帮助。犹太人注定要捍卫自己的传统，并以阐发自己的独特性尤其是信仰的独特性为使命。因此，捍卫并发展犹太教

---

[1] Walter Kaufman, "Leo Baeck, A Biographical Introduction", in Leo Baeck, *Judaism and Christianity*, p. 8.

就成为犹太人的一种宗教义务，同时也是犹太人保持为一个同一民族的责任。

拜克所说的犹太人的民族独特性主要表现为一种犹太人精神生活的独特性，它主要表现在三个方面：第一，犹太民族具有独特的历史与宗教观念；第二，犹太民族是一个多思的民族；第三，先知在犹太人精神生活中具有独特的地位。

因为第一个方面的特点，犹太民族比世界上任何其他民族都具有更强烈的历史意识，它相信自己不仅属于今天，而且属于历史，因为，作为民族的个体，"犹太人意识到他不只是属于今天，他的生命还是那些给予他以信仰的祖先生命的延续。因为他的民族祖先同时也是他的宗教祖先。他知道他的话语中负载着他的祖先的上帝——亚伯拉罕、以撒、雅各的上帝——尽管相对于他所承受的传统来说，他的声音尚嫌幼嫩。同样，当他思考未来时，他感到未来将与上帝同在（live through him），也就是说，他自身的存在以及未来都将指向古老存在的上帝"[1]。这种强烈的宗教历史意识使得犹太民族特别珍重自己的传统，并对延续这种传统有一种自觉的意识。

因为第二个方面的特点，使得犹太民族对待异族文化的态度更多了些理性色彩。犹太民族拒绝盲目接受，对影响犹太教的异族文化总采取一种批判分析的态度，而对自己民族文化的发展则充满一种自信。拜克说："犹太人始终是一个少数民族。但却是一个被迫去思想的少数民族；命运赐予犹太人以思。犹太人必须坚持与那种将成功与权力抚慰式地归之

---

[1] 利奥·拜克：《犹太教的本质》，第4页。

于统治者及其辅佐的真实意识进行精神上的斗争。"① 犹太教正是借助活跃于整个民族中的多思传统，与各种企图侵袭犹太教核心观念的思潮斗争，从而在极为艰难的外部环境中捍卫自己的传统。

因为第三个方面的特点，使得犹太教拥有一个区别其他宗教的独特之处，即犹太教总是把宗教所宣扬的崇高价值与有信仰的博学者的创造性劳动联系在一起，这样，宗教的传承与发展就不仅仅是神秘的事情，也不受控于高高在上的极少数宗教领袖。它因为与民众中最受爱戴的智者密切相关而获得了稳固的存在、传播与发展的基础。所以，由于先知在宗教产生与保存中的这种独特地位，人们在犹太人的历史中屡见不鲜的是这样一种现象：犹太人总是在先知的带领下，抵御异教，在身处逆境乃至绝境时，也总是因为固守由先知们所极力维护与阐扬的传统及独特的信仰，而坚持了自己民族生存的根本。犹太人在受难的经历中体会到个人除了这民族的共同遗产之外便一无所有，被同化对于这个民族及与民族这个整体紧密关联的个人，无异于自取灭亡。

由此可见，犹太民族在精神方面所具有的独特性，使得这个民族具备了创造、保存、延续一种宗教文明的基本条件，尽管在过去的世纪中，犹太民族一直是一个流浪的民族、受难的民族，但是，无论处于何种境地，犹太人就像古埃及人保存木乃伊一般热情地保护自己的宗教传统。拜克感慨地说："犹太宗教学说是争取自我永存（self-perpetuation）努力的产物。因此，它既不是一种经院哲学，纠缠于老生常谈，也不

---

① 利奥·拜克：《犹太教的本质》，第5页。

是那些服务于权力并且为权力辩护的短命哲学中的一种。由于它致力于持续不断地争取精神存在的斗争，它就是一种宗教哲学。整个社团的理想存在，所有那些意识到希望隶属于这个社团和在这个社团中接受教育的人们的愿望，都通过这种宗教哲学得以表达。通过它有关犹太人生活的无尽沉思与思辨也得到发展。几乎没有其他方式能像这种哲学化方式，使得犹太人社团能够如此特征鲜明地表达自己，它展示了犹太人的唯一性，以及犹太人精神人格清晰的形象。"[①]

犹太教能够在散居情势下得到保存与发展，还得益于犹太教的律法体系。可以说，犹太教的律法在犹太教的自我保存中起到了重要的作用。形象地说，犹太教的律法为犹太人和犹太教提供了"坚实的栅栏"，这"坚实的栅栏"保证了犹太教的园地不受其他外来文化或宗教的侵犯。

在拜克看来，犹太教就是律法的宗教，犹太教的律法是一个融行为法则及信仰法则于一体的、社会化的法律与道德的纲领。这个纲领是犹太人对自己遭受的灭顶之灾的本能反应，是犹太人为自己建造的又一座登天的"巴比伦塔"。犹太人想用它维护自己的传统，维护作为犹太人的独立性，维护犹太教的独立自存。所以，犹太人把以《塔木德》为核心的犹太教律法看作是自己"手提的国家"。不管犹太人身居何处，即便是在敌对势力的包围之中，他们仍可将心灵沐浴于烦琐律法所限定、所体现的传统生活之中，与他们的先知、拉比们共同享有既定的生存空间。由此可见，"上帝之家的气氛，宗教虔敬的光环，延展至整个存在；每天都有训诫和奉

---

① 利奥·拜克：《犹太教的本质》，第5～6页。

献；律法使得犹太教不会变成一个仅只是为着主日的宗教。同样也克服了将神圣与生活分开的圣礼，从而将神圣引入生活"①。

除了以上两点外，拜克还特别强调作为个体的犹太人自觉承担起绝对的宗教责任对于维护犹太教的重要意义。拜克所说的"个人的绝对的宗教责任"，实际上就是个人出自善良意志的道德行为。在拜克看来，"每种善行都源自尊崇上帝之名的纯洁意愿，每种劣行都亵渎上帝之名。一个人所行的善事是他所能给出有关上帝存在的最好见证，同时也是关于宗教真理能够被传递的最感人的布道。每一个人，不管他是多么不善表达，也能够变成人中的信仰传递者。每个犹太人都应召以自己生命的品行来证明自己宗教的意义。犹太人应当努力生活以使所有人能够了解犹太人的宗教怎样可能，并且如何可能——犹太教是如何洗清人的罪孽，培养人、提升人使之成为'圣洁民族'的一员"②。因此，每个人，不管他是否善于言辞，都可以成为向他人传播信仰的信使，而每个犹太人都可以通过自己的道德行为而向大众显示宗教信仰的意义。如此一来，犹太人的道德化生活方式和行为方式，就能够直观地向世人展示何谓犹太教以及犹太教意欲何为：犹太教使人圣洁，教诲人们并将人们升华为"圣洁民族"之一员。拜克指出："依据古老的说法，以色列人是为着《托拉》蒙召而生，而《托拉》也只能通过它的民而存在。只是在理想领域《托拉》才能够自存，所以如果犹太人不再存在，《托拉》

---

① 利奥·拜克：《犹太教的本质》，第231页。
② 同上书，第234~235页。

也会从地上消失。这就是为什么这个民族要在自我维护上殚精竭虑的原因。关心犹太教就要求关心犹太人。考虑到人的独特及特殊的精神禀赋，全部教育的目标是人的维护，所以，人要活着，不只因为正活着的缘故，而是为维护犹太教而活着。犹太人的生存权以犹太人保持自身独特性为基础。全部教育都指向这个目的：相异是生存的法则。按照一种古老的解释，犹太人被告诫：'你当不同，因我，你的主上帝不同；如果你保持不同，那么你就属于我，否则，你就属于大巴比伦及其同类。'神圣诫令的一个非同寻常的实质性内容被理解了。由此犹太教曾经是并且它只能继续是：古老世界里某种并不古老的东西，现代世界里并不现代的东西。犹太人是最不信国教的人，最大的历史的反对者。犹太人生存的目的就是如此。这就是为什么他为宗教而斗争同时也是为自我维护而斗争的缘故。"①

这样强调犹太人作为个体的道德使命，对于维护犹太教具有重要的意义。由于犹太教特别强调个体行为的伦理意义，因此，一般说来，犹太教更为重视用实践理性和生活实际去验证宗教信仰和传播宗教理念。犹太教要求它的信徒，为了宗教的荣誉，每个信仰者必须时刻进行道德践履，用善行验证信仰的纯洁，颂扬上帝的英明。这样就极容易将犹太人的个体行为与犹太教的使命联系起来，从而把个体的修养与民族宗教的维护融为一体。如此一来，作为个体，每个犹太人就不会游离于整个民族精神发展之外。实际上，每个犹太人都以自己现实的伦理行为参与了犹太教的再创造，并在这种

---

① 利奥·拜克：《犹太教的本质》，第 226~227 页。

再创造活动中不断地赋予犹太教以意义。拜克说："只有通过这种个人与宗教任务的连接以及个人为宗教任务而付出的劳作，个体才能成为社团的真正一员。个体必须通过自己的行动充分认识到自己的信仰，才能归属于社团。这样少数人也能独自胜任宗教任务，这就是为什么尊崇上帝之名的戒律在犹太教中占有中心的位置的缘由。传教职责的全部重担被加于每个人；每个人手中掌握着整个社团的声誉；希勒尔的名言适用于每个人：'我在这里，所有人就都在这里。'戒律要求于每个人，关涉到每个人，包括最低微的人。在少数人中存在这个事实强化并升华了伦理任务：每个单一的成员都要谋划自己的人生以使'祭司的王国'在地上实现。"①

由此可见，正是因为犹太教将每个个体都变成了犹太精神与文化的守护者和创造者，所以犹太教有着永不衰竭的生命力，人们甚至可以这样说，只要犹太教存在，就不会有人敢说人类的精神会枯竭。犹太教的存在与不断发展证明了人类精神的不可战胜。

最后，需要指出的是，尽管拜克对犹太教表现出过多的偏爱，但他并没有因此而陷入对民族文化的自恋情节。他要求犹太教保持一种开放状态，虚心向其他文明学习。认为真正虔信的民族必然会尊重其他虔信的民族，只有坚持文化、信仰与传统上的宽容心态，才能真正为犹太教提供一个继续存在并不断发展的良好环境。

通过以上论述，我们可以清楚地看到，拜克的宗教哲学思想充满了对犹太教思想传统炽热的感情。拜克通过伦理化

---

① 利奥·拜克：《犹太教的本质》，第 235～236 页。

犹太宗教思想，突出了心灵纯洁、情感体验、道德修养的宗教意义，力图在个体化的犹太人的日常生活中确立上帝活生生的真实性；并在回应基督教神学观念和希腊完美理想的挑战过程中，论证犹太人永无止境的责任意识，发现犹太人生活的立足点，在虔诚的宗教实践中朝向超越之物。结果，理智、虔诚、尊敬被他规定为自由犹太教的本质。建立有关犹太教历史和它之独特性的完善知识，理清有限与无限之间存在的张力关系，以及因之产生的任务：反思过去，解释现在被规定为自由犹太教的神圣使命。尽管拜克谦虚地说他本人不想创造一种哲学，但是，实际上，拜克的思想已成为一种独特的哲学，并且这种哲学对后来的犹太思想的发展产生了重大影响。人们可以清楚地看到，由于拜克成功地从实践理性角度对犹太教神学思想进行了创造性转化，而拜克所借用的资源、引进的原则又不仅仅是原始犹太教的律令诫命及《圣经》与《塔木德》的历史性叙述和神秘化解释，而更多地是现代人文学的原则和资源，犹太教的信仰学因此可以进入现代人文学的行列，成为一种人文学化的神圣的道德律令，从而可以担当起人类实践生活之价值基础的重责。由此可以进一步断定，拜克对犹太教进行的伦理化改造，不是传统的犹太教神学样式的简单转化，而是一种全新的、开拓式的神学建构。这种积极建构的直接结果是，它使得犹太教事实上成为一种没有特定神学的宗教。犹太教的主要内容不再是神性的生活，而是人的生活，人对上帝虔诚的回答构成了它的主旋律。人为上帝所创造，是行为的作为者，并在自主的选择中找到生活的意义。这种积极建构的根本意义在于，它有力地证明了犹太教的建构能力，证明了犹太教被进一步建构的空间还远未穷尽。犹太教作为一种有着沉重的历史负重感的古老文明的象征，依然有着期待新视域的强烈愿望，有着为不同视域融合而敢于超越自身的无畏的勇气。这保证了犹太教能够在现代人文学科的冲突、融合中既能保持自己的传统，又能在对话、博弈中发展，以一种强者的姿态将犹太优秀传统及现代创新引入现代思想域，与各种现代思想在相同的背景下交流、论辩、融会，共同为人类文明的保存、创新、发展做出应有的贡献。有鉴于此，W. 霍姆尔卡这样评价拜克对犹太思想的贡献："利奥·拜克走了一条介于哲学与神学之间的中间道路，他遭受到两方面的攻击。这条中间道路也许是可以接受的道路。这条中间道路使我们体会到拜克对我们时代犹太人生活的影响，使我们更接近我们自己的自我知识。通过将内心的责任和理性的要求结合起来，我们或许会实现拜克勾勒的希望：这希望缘起于我们时代为犹太教成为伟大的普遍宗教提供的机会，如果我们能够抓住这个机会的话。"[1]

---

[1] Walter Homolka, *Jewish Identity in Modern Times: Leo Baeck and German Protestantism*, pp. 124-125.

第十七章

亚伯拉罕·约书亚·海舍尔

一、生平与著作

亚伯拉罕·约书亚·海舍尔（Abraham Yoshua Heschel，1907—1972）生于华沙的一个犹太拉比世家，父母均是显赫的哈西德拉比后裔。18世纪以来，几乎所有在东欧有影响的哈西德领袖都出自这个海舍尔家庭。海舍尔对他的伟大先人们满怀崇敬，并引以为荣。因为出身的缘故，他受到别人格外的尊重，加上他的聪颖天分，从小就被公认为是一个非同寻常的人。他自幼开始学习探讨希伯来经文，受到周围学识渊博、慈爱友善、深受人们尊敬的亲人和友人的熏陶，他日后的博学、勤奋和充满魅力的人格都与他早年成长的环境息息相关。他是家里最小的孩子，除了父母之外，六个姐姐和一个兄长也对他宠爱有加。正是这些诚挚的爱，使他成长为一个具有仁爱之心的人，一生都保持着对他人所承受的痛苦和苦难的敏感。海舍尔9岁时父亲病逝，父亲的去世给这个大家庭带来了沉重的打击。

海舍尔的天分在少年时就得以显露。15 岁时开始在华沙的犹太出版物（Sha'are Torah）上发表用希伯来文撰写的关于《塔木德》文学的短文。20 岁时完成了在威尔内数学自然科学中心的学业。在威尔内期间，他加入了一个意第绪语诗社，他写的诗在意第绪语和希伯来语读者中间广为流传。海舍尔少年时代的伙伴幸存下来的寥寥无几，其中有著名的意第绪语作家耶舍尔·霍弗，在他的自传体小说中，我们可以看到青年海舍尔的形象。还有茨尔曼·撒扎尔，希伯来语作家，犹太复国主义者，后来荣任以色列总统。他们终生保持着亲密的友情。撒扎尔称海舍尔是"我灵魂的朋友，欢乐之主，神圣之民的儿子"。

离开威尔内后，海舍尔前往柏林就读，在这个他向往已久的欧洲文化之都，他兴奋地投入了孜孜不倦的学习生活。1927 年他同时进入了科学高等学院（Hochscule fui die Wissenschaft）和弗里德里希威廉大学（即今天的洪堡大学）。前者是一所专门从事犹太研究的学院，为他提供了对犹太文献和历史进行现代科学研究的机会，在这里他师从于包括利奥·拜克和古德曼等在内的一些著名的德国犹太学者。在弗里德里希威廉大学，他有机会接触到了欧洲文化的主流。1929 年 4 月，他通过了柏林大学的德语、文学、拉丁文、数学、德国历史及地理的入学考试，在柏林大学注册。他把主要精力放在研读哲学上，同时对艺术史和闪族语言学也抱有浓厚的兴趣。同年底，他顺利通过了科学高等学院的诸多课程考试，包括希伯来文、《圣经》与《塔木德》、《密德拉什》、礼拜式、宗教哲学、犹太历史与文学。次年 5 月，他的题为

《〈圣经〉中的异象》一文获得嘉奖，被任命为讲师，向优等生们讲解《塔木德》注释。1934 年 7 月，在通过口试后，他以其毕业论文《〈次经〉、〈伪经〉与〈哈拉卡〉》被科学高等学院授予拉比学位。他已于 1933 年 4 月参加并通过了柏林大学的博士学位口试，由于缺少出版费用，他的博士学位论文迟迟不能出版，因此博士学位的授予也只能推迟。希特勒上台后，形势变得日趋严峻，犹太人想出版著作就变得更加困难了。在三年后，他的《先知》一书才在柏林埃里希赖斯（Erich Reiss）出版社赞助下由波兰科学院出版。这本书一经面世就受到了巨大的欢迎，同时引起了基督教与犹太学术杂志的关注，其影响已超出了德国。美国的《哲学评论》（*The Philosophical Review*）杂志称其为"近年来对宗教哲学所做的最重大贡献"[①]。

完成大学学业后，海舍尔继续留在柏林。他同时执教于科学高等学院与犹太学院（Judisches Lehrhaus），并在一家出版社兼任编辑。自 1933 年 1 月以来，他亲身经历了希特勒上台后的一系列社会动荡，目睹了柏林大学广场上的"焚书"。他在华沙的一家报纸上发表了意第绪语诗《仇恨之日》。这时，在整个德国，反犹情绪日益高涨。第三帝国的许多新教教徒甚至主张从《圣经》中清除《旧约》部分。为了向纳粹献忠，有些基督徒甚至把基督说成是雅利安人，耶稣的目标就是在地球上消灭犹太教，他们不惜一切代价清除一切带有犹太色彩的东西，他们叫嚣，追随耶稣即是反犹。（这意味着

[①] 苏珊娜·海舍尔主编：《道德的崇高与心灵的勇敢》，Farrar, Straus, Giroux, New York, 1996，序言，p. xiii。

基督教也同时面临着纳粹的威胁。海舍尔明确意识到了这一点，这促使他日后向基督教界伸出了团结之手，迈出了犹太教历史上重大的一步——与基督教联合。）即使是有些要维护《旧约》的人，也清楚地表明了他们的立场，他们认为《旧约》不是犹太人的作品，犹太教是后来派生出来的。这时海舍尔得到了"反纳粹教友会"（the Anti-Nazi Quaker）的帮助，与其领袖鲁道夫·斯克鲁索结为朋友。1938 年 2 月，他就身处纳粹德国的宗教领袖们的责任问题向法兰克福的教友会发表了演说，鲁道夫及其同人努力为海舍尔向美国领事馆争取逃离纳粹德国的护照。在以后几年滞留德国的日子里，海舍尔执着于自己的信仰，过着极为严格的犹太教徒的生活。这一时期，海舍尔发表了一些关于中世纪犹太哲学的论文，并撰写了《迈蒙尼德》和《阿夫拉瓦纳尔》两部著作。《迈蒙尼德》一书是应柏林一位出版商的要求，为庆祝迈蒙尼德的诞辰而写的。年仅 28 岁的海舍尔用了两个星期就完成了这本颇有独到见解的著作，并于次年被译成法文出版。这本书向人们展示了迈蒙尼德不为人们熟知的一面——非理性的一面。人们一贯把迈蒙尼德当成一个严格的理性主义者，海舍尔则力图去理解迈蒙尼德思想中所体现的内在冲突和斗争。他在著作中展现的是一个内心复杂的、充满矛盾的迈蒙尼德，这与通常的见解大异其趣。《阿夫拉瓦纳尔》一书是向阿夫拉瓦纳尔诞辰五百周年的献礼，1938 年被译成波兰文出版。阿夫拉瓦纳尔是犹太人自西班牙和葡萄牙流放时期的著名哲学家，海舍尔意在用阿夫拉瓦纳尔的思想来鼓舞当时身受纳粹压迫的德国犹太人。

1938 年 10 月，德国驱逐全部在德境内持波兰护照的犹太人，海舍尔亦在其列。在盖世太保的监视下，他仓促地把手稿打入两个行李箱。在法兰克福警察局的小房里，他被关了一整夜，第二天一早被送上了开往波兰的列车，站了三天才抵达波兰。大部分同他一道遣返的犹太人被阻留在边境线上，有时甚至得不到波兰政府提供的食物。由于亲人的努力，很快海舍尔回到了华沙。接下来的十个月中，他在华沙犹太研究学会做了关于犹太哲学与《圣经》的讲座，也充分意识到波兰所面临的来自德国纳粹的威胁。他继续寻求逃出欧洲的途径，在朱利安·摩根斯坦的帮助下，他得以在德国入侵波兰前六个星期离开华沙前往伦敦。他在伦敦待了六个月，与其他几位流亡犹太学者一道建立了一所犹太研究院，这里的学生也都是流亡者。1940年1月，他几经周折终于获得了美国签证，两个月后抵达纽约。海舍尔努力营救仍滞留在华沙的母亲、姐姐以及其他犹太人，但未能成功。纳粹入侵波兰后，一个姐姐被炸死，母亲和另一个姐姐也分别在波兰遇害，在维也纳的另一位姐姐被送往集中营，在那里惨遭杀害。海舍尔沉浸在巨大的痛苦之中，亲人、朋友的惨死给他的心灵留下了终生难以抚平的创伤。自那以后，他再也没有回过波兰、德国和奥地利，因为那里的一砖一石，每一条街道，每一幢房屋都会勾起他的痛苦。这些沉痛的打击使他更加坚定了对正义与和平的追求，坚定了对上帝的信仰，使他更奋不顾身地投入到自己的工作中，用勤奋的笔和满腔的激情呼唤正义与和平。

到美国后，海舍尔任辛辛那提希伯来联合学院讲师，并在一些学生的帮助下学习英文。在这里，他结识了他未来的妻子，塞尔维亚·斯特劳斯，一位钢琴家。1946年12月，海舍尔与塞尔维亚在洛杉矶结为伉俪，至此，39岁的海舍尔结束了他的独身生活。婚后的五年中，海舍尔完成了他一生中最重要的著作：《人并不孤单》（1951）、《安息日》（1951）、《觅人的上帝》（1952）、《寻上帝的人》（1954）等。他关于东欧犹太人生活的一系列演讲也以《全地都是主的》为名结集出版。他还撰写了许多有关哈西德派的极富价值的文章。他的这些著述扭转了传统欧洲史学家对东欧犹太人的偏见。在这些著作中，海舍尔坚持宗教的独特性，反对把宗教体验归为心理现象来进行研究的现代科学主义倾向。他说："正如你不可能通过祈祷来学习哲学一样，你也无法通过哲学化的活动来研究祈祷。"① 在《人并不孤单》中他写道："用理性的概念来衡量信仰就好像用三段论来理解爱、用方程式来理解美一样。"② 海舍尔同样强调宗教的客观本质，反对把它降低为对社会危机或心理危机的反应，后者正是学界流行的看法。在海舍尔看来，这种观点只描绘了宗教的社会效应而没有触及宗教本身的意义。他提出了极富个性的宗教理论：宗教是人存在的一个维度，不管人对这一点是否有清楚的认识；终极宗教不是建基于我们对上帝的关注，而是有赖于上帝对我们的兴趣。我们祈祷不是为了让上帝对我们显现，而是让我们自身显现于上帝面前。他强调上帝对人的需要，这一点使他从众多神学家中脱颖而出。

60 年代伊始，海舍尔的生活发生了巨大的转变，他走出书斋，积极投身于社会政治活动。1963 年 1 月，他与马丁·

---

① Abraham Yoshua Heschel, *Toward an Understanding of Halacha*, New York, Central Conference of American Rabbis, 1953, p. 133.

② Abraham Yoshua Heschel, *Man is Not Alone*, Philadelphia, Farrar, Straus and Young Inc., New York, 1951, p. 170.

路德·金会晤，开始介入美国民权运动，他们二人成为挚友，这同时意味着基督徒与犹太人在美国的联合。他为民权著述而奔走、演说，向政府请命。1965年，他参加了著名的赛尔马（Selma）游行，与马丁·路德·金一道作为领袖走在最前列。半年后，他又加入了反对越南战争的行列。在大学、犹太会堂和反战集会上，他一次又一次为南亚无辜的人民呐喊。他说，在一个自由社会中，即使犯罪的是某一部分人，那么其全体民众都负有不可逃脱的责任。对于以色列与阿拉伯国家间的紧张关系，他也颇为关注，他的"复国主义"不仅仅局限于政治问题。在以色列取得了"六日战争"胜利后，他迅速赶往以色列。此行促使他撰写了《以色列：永恒的回响》这部著作。由于多年从事社会活动，他与基督教领袖们建立了亲密的关系，他同时在许多基督教和犹太教组织中任职。自60年代中期以来，他成为这两大阵营间相互沟通的重要桥梁。海舍尔多次受到罗马教皇保罗六世的接见与款待。教皇深为他的著作所倾倒，认为每个天主教徒都有必要读一读他的书，因为它们有利于坚定他们的信仰。他与许多著名的天主教修士和修女保持着密切联系。

海舍尔有一个可爱的女儿，在幼小的女儿眼中，父亲是一个对体育运动、现代音乐、电影、电视都一窍不通的人，但却能给她一个充满关爱和乐趣的童年，这个慈祥的父亲深为犹太教中许多歧视妇女的条规而忧虑。他的女儿，苏珊娜·海舍尔，现在是美国著名的犹太学者、犹太女权运动者。海舍尔与妻子感情甚笃，共同走过了23年的美满生活。1972年12月23日清晨，一个安息日的早晨，海舍尔再也没有从睡眠中醒来。犹太人把死于安息日称为"来自上帝的吻"，这对在睡眠中安然而逝的海舍尔来说，无疑又多了一份神圣的荣光。这个把自己的一生都奉献给上帝及其人民的人，在上帝的亲吻中安息了。

海舍尔能用意第绪语、希伯来语、德语、英语和波兰语流畅写作，他思维严谨，作品引人入胜，在全世界拥有众多的读者。许多读者在阅读他的作品的同时，亦为他坚定的信仰和伟大的人格所感召，成为他忠实的追随者。海舍尔从人存在的真实状态和内在需要出发，反对当今盛行的"理性主义"和"科学主义"，对传统人性论和包括康德、叔本华、弗洛伊德、海德格尔、萨特等等在内的近现代哲学大师们关于人的思想都进行了批判。在宗教哲学方面，他以"新传统主义"著称，与柯恩、拜克、布伯相比，他更倾向于维护犹太教的传统，甚至比罗森茨维格更加保守。他一方面遵循着极为严格的宗教生活方式，另一方面积极参与社会生活，这本身就是一个把传统犹太教与现代生活相结合的成功典范。在这一方面，没有任何人能与之相比。他的主张是如此旗帜鲜明，不管你赞同还是反对他，都不能漠然置之。"那些试图重新建构自由派和以其他方式复活古典犹太教的人，无论什么人，都不能忽视他在探寻上帝的前景中所表露出的动人之情。每个人都能从他所树立的积极入世的虔诚犹太人的榜样中获益匪浅。"①

二、宗教哲学的思想支点：椭圆思维

现代人的生活距离宗教越来越远，真正的宗教精神已经

---

① Eugene B. Borowitz, *Choices in Modern Jewish Thought：A Partisan Guide*, Behrman House Inc., 1983, p. 183.

与现代社会产生疏离，包括宗教教义、教条、仪式甚至包括宗教体验都无法复活曾经生机勃勃的宗教。宗教的衰落和信仰的危机通常被归咎于现代世俗科学和反宗教的哲学，但海舍尔认为，更为诚实的态度是要认识到当代宗教自身的失败，宗教衰弱的关键原因不在于宗教被反驳，而在于现代绝大多数宗教已远离自身活力的源泉，它们已经偏离自身主题而变得沉闷、乏味且具有某些压迫性。在海舍尔看来，当教条取代信仰、规则取代崇拜、习俗取代爱，当宗教被视为一种遗产而满足并陶醉于过去的荣耀中，当宗教开始以权威的声音说话，它传达的讯息已经失却意义；因为宗教本是对现实的反映，是对终极问题的回答，当终极问题被人们遗忘了时，已经无从理解宗教，或者说已经不再关涉宗教的实在性，宗教危机由之出现。只有重新揭示宗教作为答案面对的问题，回归宗教与信仰的活力之源，才能真正走出危机。

在海舍尔看来，在追问遗忘的宗教问题时，较之神学，哲学的方法和精神更为重要，因为哲学强调问题的首要性，神学强调人的首要性，而在关于人的问题上，神学预先有了答案；哲学的问题意识强于所有答案，哲学不是洞见的直接表达，而是首先关注问题，清晰地阐明一个问题，并竭力回答这一问题，海舍尔称哲学为一种正确问问题的艺术。哲学往往对宗教或其他学科的素材提出质疑、产生出哲学问题，由此，通过哲学方法可以重新发现宗教赖以产生的问题，因为"没有问题的答案没有生命力，缺乏生命力的思想可以进入大脑，却无法穿透灵魂，可以成为知识，却不能产生创造的活力"①。

同时，对哲学而言，宗教作为一种培育洞察力的思想资源不是可以简单地作为分析和考察的对象，可以说，宗教同样对哲学构成一种精神上的挑战。海舍尔指出，人类总是从某个视角看到世界的某些方面，哲学和宗教正是关注不同方面的两种传统。希腊哲学力图在事物本身发现它的本质，现代科学以等值方式进行思考和实验，它们皆以宇宙内的事物关系为研究对象。但在希伯来传统中，人被赋予一种精神能力，以这种能力可以寻求超出宇宙内部的更高的真理，希伯来宗教以这个独一无二的宇宙及其存在为精神指向，它力图教导人们关于宇宙的创造者及其意志的知识。（如今，两种传统之异或者说科学和宗教之争发展出两种思维方式：一种思维方式以头脑中的概念为思维对象，可以称为概念思维；另一种思维方式将思想置于人所处的境遇或情景中，可以称为情景思维。概念思维是理智的活动，情景思维则包含人的内在体验；概念思维中主体面对一个独立的客体，情景思维中的主体能意识到自身被包容于一个整体境遇之中，而这个整体境遇需要得到不断的理解。）宗教哲学面对两种传统，这两种传统以各自的思维方式声称可以提供终极问题的观念，宗教哲学要对宗教做出批判性考察，必须充分意识到自身的思考与两者之间的关系，既不能以宗教代替哲学成为宗教的自我考察，也不能以哲学思维框定宗教思维，成为哲学的自我发展或哲学的宗教。海舍尔指出："哲学家常常将宗教与哲学

---

① Abraham Yoshua Heschel, *God in Search of Man*, Farrar, Straus and Giroux, New York, 1955, p. 2.

的相异之处视为哲学思维的不成熟阶段的产物，不是将宗教作为宗教来理解，而是往往将宗教视为哲学的初级形态来思考宗教。这种方法已经将研究对象转换为思考者的思维模式。在进行研究之初，宗教概念已经发生转变，仿佛已经成为一种抽象的哲学形式。这种探究的结果已鲜有宗教了。我们开始研究的是宗教的哲学（philosophy of religion），却终于哲学的宗教（religion of philosophy）。"[1] 在海舍尔看来，宗教哲学被置于特定的思维关系即椭圆形关系中：哲学和宗教是椭圆的两个中心或焦点，除了椭圆上有两个点与两个焦点的距离相等之外，在其他任何一点上，靠近其中一个焦点就意味着远离另一个焦点。而未能充分意识到这种深刻的紧张关系正是造成许多混乱和错误的原因。从椭圆的这两个等距的立足点向两大文化传统敞开，以达到最高程度的理智的诚实，这样，椭圆思维才会同时丰富宗教和哲学两大思想资源。宗教哲学的思想支点必须在两种传统或两种思维方式之间保持相等的距离，这一思想立足点被海舍尔称为椭圆思维。

从椭圆思维出发分析考察信仰行为的根源，即追问为什么我们必然接受对上帝的信仰或者说信仰究竟意味着什么。这种考察就是勘测信仰的深度、勘测信仰由之产生的基本层面，海舍尔称这种研究方式为深度神学。由于深度神学探究信仰行为得以产生的源头，以此它与分析信仰内容或信条的神学相区别，后者探究信仰内容的概念间关系，可以称后者为概念神学。在海舍尔看来，概念神学的致命的失误在于它将宗教实在与宗教表现相分离，实际上，信仰的观念不可须

---

[1] Abraham Yoshua Heschel, *God in Search of Man*, p. 14.

臾离开信仰实存的一瞬间，如同植物离不开土壤、风和阳光，对上帝之光的内在感受不可能置换为对其肤浅的反思，宗教远远多于教条和观念。回到产生上帝观念的基本情景中，回到一切宗教现象即教条、宗教仪式或宗教经验的源头，这就需要返回到人的整体处境之中，在其中不是考察如何经验到超越者上帝——暂且悬置不论——而是探究以何种经验、为何我们接受这种信仰。也就是说重新返回信仰产生的现实根源，我们将会重新遇到或提出"人的终极问题"。从人的现实处境中，如何能够超越自身而进入与这个世界的超越者上帝的关系之中，如何意识到这一层面，在海舍尔看来，探究人的意识本性和《圣经》的传统教诲是两个必不可少的环节。《圣经》是人与上帝相遇的经典记录，但是只有当《圣经》的声音能够触及人的心灵，古代先知的话语的意义才得以彰显，如果《圣经》的讯息尚未撞击到我们灵魂的乐章，我们将无法从《圣经》中获得一种理解。因此，在《圣经》的经典经验记录之外，从我们的日常经验中重新发现我们意识的本性是至关重要的。要理解宗教需要的不是躲避日常经验，而是敞开它的某些方面，这些方面已经被现代人遗忘了。

三、敞向上帝的意识通道：不可言说者

海舍尔指出，大自然有三个方面引起我们的注意力：自然的力量、美和庄严，由对不同方面的关注分别形成三种对待自然的态度，即对它的开发、欣赏和敬畏。庄严是自然的一个客观方面，只是在现代人的意识中它已经逐渐被淡忘了，

但它却常常是引发新知识的洞察力的源泉。"庄严为我们所见却无法传达，它是事物的无声的暗示，暗示出较其自身更加伟大的意义，那是所有事物最终所代表的东西。这个世界深沉的沉默如同黄昏中远方的树叶，不为好奇心和猎奇心所获取。庄严为我们的言辞、公式和概念无法触及……这是为什么庄严的意识必为艺术、思想和高尚生活等创造活动的根源。没有一朵花的绽放可以完全展现大地隐秘的活力，没有一件艺术作品、一个哲学体系、一套科学理论表达出意义的深度，即圣徒、艺术家和哲学家追寻的现实的庄严。"① 对于我们称之为庄严的客观方面，我们所做的反应是震惊，因为客观的庄严并不是一个美学范畴，而是它暗示出所有事物的一个超越的含义，这个超越的含义，我们可以感受到，却无法传达，它是"前概念"思维的一种洞见。庄严和震惊指向的是不可言说的领域。海舍尔反对多数人认为的只有可以解释、可以言说的才是可知的观点，他认为，我们拥有一种不可言说者与我们相通的意识，这一意识却为严格的定义无法达到，它在理性知识中找不到符号表示，因为"不可言说的领域不是心理状态，也非尚未认识到的知识"②，而是人在知识中意识到知识无法触及的终极事物本性。然而，庄严自身并非终极之物，在《圣经》传统中，庄严被意识为它是事物对世界创造者做出的反应。这时，人意识到人受到自身意志之外的一个现实力量的挑战，这一力量使人丧失了人的自足的意识，上帝与其造物的关系在这一意识下得以理解。"对《圣经》传

---

① Abraham Yoshua Heschel, *God in Search of Man*, p. 39.
② Ibid., p. 104.

统中的人来说，庄严是事物对于上帝临在的一种反应方式。它从来不是终极的，它们自身不是意义……庄严并不是简单地就在那儿，庄严并非某种事物和质量，而是正在发生的事件，是上帝的行动。"① 这就是说，当庄严呈现出自身时，一种超越其自身的暗示被揭示出来，庄严意味着是正在发生的某件事，是上帝涌现的方式。对《圣经》传统中的人来说，自身周围面临的并不是一种质量，而是显现为一系列发生的事件，一个又一个的奇迹。

我们对庄严感到震惊，对神秘感到畏惧，在海舍尔看来，这些经验与理智能力一样同样是现实的，人的生命是智力和神秘、理性和超越的结合，它们不可被相互替代。"惊异感和超越感必须不可成为'懒惰的智力的软垫'。即使它们可以被分析，它们也不能为分析所替代；在惊异具有合法性之处，惊异必然不应被窒息。"② 人自身被驱使与神秘之上的超越者沟通，人感受到不可言说者，并寻找超越于不可言说的表现方式，即人们的行动方式，回应超越者。海舍尔指出，畏惧并非一种不理智的情绪，也不是在未知者面前对人的理智能力的放弃。对待神秘，《圣经》传统、宿命论、唯我论是三种不同态度。对宿命论者而言，控制世界的最终力量是神秘的和非理性的，这种力量既无目的也并非公正，并且它处在各种神祇之上，如希腊的"命运"，宿命论完全降服于神秘。而完全撤入于理智则是唯我论的态度，如对实证论者而言，并不存在神秘，被称为神秘的或者是我们尚未认知的（但从原

---

① Abraham Yoshua Heschel, *God in Search of Man*, p. 40.
② Ibid., p. 51.

则而言，它们可以成为知识的对象），或者说它们是原则上不可回答的问题，因而是无意义的。《圣经》传统教诲则为神秘意识带来一种全新的革命，《圣经》认为神秘并不是最终的力量，终极者并非一个盲目的力量或规则，而是对人的关怀，终极者是对人的关切者。

经验到不可言说者，不但对于存在事物之中也存在事物之上的一种力量之神秘和庄严的意识被引发出来，而且击碎了唯我论的虚假或伪装。它敞开封闭的灵魂，使其朝向一种在整体生存处境中生发上帝问题的态度。面对神秘之震惊使人产生这样一种意识，现实并非根基于个人或人类的理智，而是包括人的理智之存在与其功能以及人自身的存在都是一种神秘，需要得到理解，需要包括在意识范围之中。人对于不可言说者的这种经验能够产生内在态度和思考方式的改变，类似于康德的"哥白尼式革命"，上帝是一终极主体而非客体，而人是上帝的客体。这是理解上帝的前提。上帝的实在性不能够作为论证的结果而被把握，而是作为人类思想的前提才可能被理解。作为终极主体的上帝，不可能从一系列前提到达结论而被逻辑地证明出来。我们关于一个具体主体的传统观念显示出怀特海称为简单定位的谬误：人类思想一般而言基于外部空间范畴和外在客体观念，在知识中，主体摄取客体的观念或概念并置于自身之内；同样，在实践活动中，人把握外物将其置于自己的控制和力量之下。然而，思考上帝却迥然不同，上帝既不是事物也不是观念，思考上帝绝非超出上帝而是在上帝之内。虔诚人感觉到人与上帝的关系如同人的某一种思想与他的头脑或意识的关系，前者内在于后者之中。尽管对于人的有限性而言，上帝的本质不能被了解，但因其内在于上帝之中而能够感受到上帝的意识。

在海舍尔看来，真正理解上帝问题的最大障碍，正是将上帝看作分析的对象，可以像其他认识对象一样可以被认知，以这种方式论证上帝存在的证明注定是失败的，因为他们混淆了科学和宗教两种思想。所有的科学知识是从现实中抽象出来，概念系统不能包含所有现实而没有剩余，思想与思想的对象、本质与存在并非一致，对宗教思考来说，概念知识只是现实的一部分，看到在概念知识这"一叶障目"之外的不可言说者的"森林"并不意味着倒向反理性主义。海舍尔强调，如果免除对不可言说者和神秘的经验——它们固执地拒绝合并到任何理性体系之中——如果那样，也就没有形而上学的问题。他说："哲学受到知性承诺的诱惑，往往将那个更高的不可言说领域交与诗人和神秘主义，如果没有不可言说的意识也将没有形而上学问题，将没有存在者之为存在者、价值之为价值的观念。理性探索终止于已知之岸；已知之外的无边的领域只有不可言说的意识可以引领前行。"① 也就是说，在我们日常经验中显现出来又超越于经验的不可言说的领域与已知的知识是两个不同领域，宗教问题并不能期望通过在已知的知识中得到证明，"两个领域并不重叠：理智不可能走出已知之岸；不可言说者则在我们的衡量和测度之外"②。感觉敏锐的人正是困扰于这种意识，即我们能领悟到一些事物，它们又超出我们的理解和解释的范围。我们经验到的那

---

① Abraham Yoshua Heschel, *Man is Not Alone*, Farrar, Straus and Young Inc., New York, 1976, p. 8.
② Ibid.

些事物超越自身而达到一个更广阔的领域，在它们表象下是神圣根据之深度。

海舍尔指出，当我们断定上帝的实在性时，我们并不主张从上帝的观念推出上帝的存在，即首先拥有上帝的观念然后依据必然性原理推论上帝的形而上学基础。我们也不是从一个给定的世界推论出一个需要解释这个世界的上帝，因为作为这个宇宙的终极原因的上帝，尽管并不依赖于这个世界，上帝仍然是从世界推导而来，上帝并非无限地超越于这个世界。进而，海舍尔认为，将上帝的实在性确定为形而上学逻辑前提这种论证方法，并不能从前提经推论得出上帝的结论，而是首先在意识中预设上帝存在的前提，然后从日常生活的概念化向其预设前提逐步倒退，是走到自我意识的背后，发现自我与自我的认识假设前提——上帝或终极者已被预先设定，我们关于它的推理则在其次——这如同没有对现实世界的预设就无法思考现实世界，没有对上帝实在性的预设我们就无法思考上帝。所以，这种所谓关于上帝存在的证明并非真正的论证。甚至，当自我作为自发的主体从上帝的观念出发追问上帝的存在时，世界、人与上帝则会成为客体，因而，"一切现实的主体是谁"这个问题并不能在思辨理性基础上以人作为认识主体而被提出。同时，"作为提问者的自我是谁"这个问题被提出时，我们意识到自我本身从未被充分表达出来，或者说自我本身内含着不可言说的深度。在这一深度中，认识到自我只是从枝节上而不是从根基处可以被区分，即与其他个体或其他事物相区别。这时，认识到自我并非源出于自身，而是被赋予了一种意志。这一意志并不是他自己的，人们在他的正常意识之内开始感受到一个陌生者，领会到他并不是自己本身,生命和时间并非我们的财产而是一种信任。由此,他开始理解一个超越者的关切,并非自身可以作为一个自足的主体,他甚至开始怀疑以严格语词逻辑追问上帝问题的自我是不是一种高度抽象。

当人在不可言说的暗示中意识到上帝的临在时,"上帝是挑战者而不是某种观念,意识到上帝是对这一挑战所做的反应,并不是我们有了关于上帝的某种思想,而是上帝意识是被激发而出……上帝不是要人去理解的客体,也不是所有事实的汇集……上帝是终极主体"①。"意识到上帝并非出于人理解上帝,而是意识到人被上帝知晓。我们思考上帝的行为正是在被上帝思考着。"② 如果说概念思维以符号的形式表征现实的某个方面,由此形成知识,那么关于上帝的根本问题形成于某一种挑战的压力之下,这种挑战指向人的行动,指向人与终极者的关系。正如同经验到世界的实在性,我们能够经验到上帝的实在性。但与世界不同,上帝的声音并非总与我们相伴随。上帝的声音只是时而触及人,却又极易被人忘却。在某个时刻的洞见中,我们意识到自身向超越者敞开并能与其沟通,我们对这个超越者负有责任,这种意识却不会被保存成为永恒的所有物或占有物。对这一时刻的信任并不同于对一个方案的认可,而是一个人态度、情感、理解力、勇气、执着力等等整体状态,包括在漫长的平淡岁月里对在某个时刻的洞见中得到的那一信念的忠诚。在人对上帝的意识中,人知道上帝认识人,人以某种特定方式生存的目的就

---

① Abraham Yoshua Heschel,*God in Search of Man*,p. 160.
② Ibid.

在于对上帝负有的责任，上帝对人的认识是完全的，但人却只知道关于上帝的两个方面：人自己被上帝所知、上帝对人的要求。这时，人知道自己是上帝了解的对象，也是上帝命令的承担者。

四、过程与事件：深度神学的极性观

海舍尔认为，《圣经》思想中与上帝相联系的最重要的观念则是统一性，然而，上帝实质的超越性使希伯来传统中的统一性有别于希腊哲学的统一性观念。海舍尔强调，统一性并非经验调查的结果，而是一种形而上学的洞见，宗教、科学和哲学共有统一性的公理，无论它是以宇宙的观念还是以上帝的观念来表达，它同为科学和宗教经验的条件。在科学视野中所有因果关系皆发生在宇宙的统一性之中，在知识中统一性隐含着主客对立；在宗教中作为所有事物源泉的统一性指示着共同的统一的目的。当希腊哲学将完美性诉诸神圣者时，《圣经》的上帝学说表现为上帝实质的超越性和内在万物的偶然性，通过否定神的完全内在性和无任何超越性，它否定泛神论等，也排除视自然的整体或部分的偶像崇拜特征，以及现代浪漫派的自然崇拜和宇宙神论。

海舍尔认为，先知宗教的统一性概念，在先知意识中可以得到理解。上帝的声音在人关于上帝的经验中可以到达于人，在人心中产生回声，这一回声构成先知意识的核心。上帝与先知相遇的启示事件在《圣经》中的描述是一种原型，日常经验则是在一种较低的层次上。在先知意识中,上帝在生命和自然的事实中启示自身,同时又超越事实。海舍尔指出,犹太教最神圣的"舍玛"祷文是先知意识最典型的表达:"以色列啊,你要听,上帝是我们的主,上帝为一。"(《申命记》6:4)这句每天诵读的祷文不但否认了多神教,同时还指出了上帝的四个属性:独特、唯一、非异质、能够统一所有事物。这四个属性也可合并为两个:独一性和共性,或者说,排他性和融合性。上帝的独一性显示他既不是自然的一个方面,也不是与宇宙并列的另一个独立的现实实在;共性意味着上帝之外并没有任何事物独立出来,也就是说,自然与超自然并非两个不同领域,不像天与地一样二者彼此分开。人内心经验到的不可言说者,引导他在因果关系的同一性解释之外寻求对于现实的理解,这正是上帝排他性的方面;上帝融合性的方面在于人内心的意识:没有一个人是孤立自在的。上帝的独一性或排他性被经验为神圣,共性或融合性则为爱,它们形成一对极性范畴,就像剪刀的两个部分纠结在一起,而不似一把刀的单独的两个面。极性范畴中的每一个范畴暗示另外一个,有意义的人类经验处在两种极性的相互关系之中,排他性暗示着共性;趋向联合的爱预设了他者和独立性,因为要使联合的关系成为可能,爱的对象与爱的主体必定是不同的。这时,在极性关系中经验的神圣者不是全然的他者,不可能完全脱离人或对人的爱。正如海舍尔说:"先知的上帝不是完全的他者,不是隐藏在无边的黑暗中,不是一个陌生的、不可思议、离奇的存在,而是与人立约的上帝,上帝的意志是可知的也是可求的。……沉默的上帝在人的对立面，而先知的预言是上帝与人的相遇。"① 先知遇到的是与超越者的一种关系、一个神圣的宣言和要求。绝对的对立与希伯来意识是背道而驰的。也就是说，先知意识中的上帝既是超越于宇宙实在，这一方面被海舍尔称为独一性；同时，上帝又非独立于宇宙，始终处在与人类的现实关系之中，也绝非一个遥远的抽象概念，这一方面称为共性。两个方面形成的极性关系体现出上帝意识的统一性观念。

上帝统一性观念中的两极性在世界中表现为另一对基础极性范畴：事件与过程。海舍尔将"过程"定义为"有规律地发生，遵循一个相对恒久的模式"②；而事件是"奇特的，没有规则的"③。"过程因循法则，事件开创先例。"④ 具体说，事件是独一无二的，事件的发生无法被预期，对于事件的解释也总是不充分的，因为事件不能被削减为作为部分的过程；过程则代表某种特定类型。自然主要由过程构成，历史则由事件构成。世界展现为过程和事件两个方面。一方面，科学是基于对一致性和重复系列的描述和预期，它主要倾向于以过程看待现实；另一方面，艺术家和宗教家则倾向于强调事件——独一无二的偶然事件，它绝无仅有，也不可还原为公式命题，但事件是价值学说和美学的源泉。海舍尔认为，科学强调过程，而宗教关注事件，科学与宗教触及现实的不同维度，与科学毫不相关的范畴对《圣经》形而上学却具有根

---

① Abraham Yoshua Heschel, *The Prophets*, Harper and Row, New York, Stanford University Press, 1962, p. 292.
② Abraham Yoshua Heschel, *Who is Man?*, California, Stanford University Press, 2005, p. 42.
③ Ibid.
④ Ibid.

本意义。具有宗教意识的人经验到存在的基础如同有人格特征，创造的观念表达这样的信念：在自然的有秩序的过程背后既非盲目的机会，也不是非人格的机械秩序，是上帝的原初的关怀行为。上帝不是一个科学问题，科学的任务是寻求可观察的进程，对科学来说，创造的观念是离题万里的，用公理求证一个独一无二的创造性事件是不可能的，因为事件就是不可重复的，事件本身就意味着必须放弃科学的观点。海舍尔指出，科学以公式和假设的因果关系探求不变整体的可变部分，它是基于希腊的宇宙概念，即事物的本体完全在其自身，在事物本性中有其内在的形式；对于《圣经》意识来说，世界既不是形而上学必须要思考的问题，也不是必须承认的残酷事实，而是在震惊之中提出一个问题：究竟为什么会有秩序和所有存在物？答案是上帝的意志造就了所有的存在物。这一出自自愿行为的世界观设定的是上帝和宇宙的一种关系，即两个实质不同且不完全相容的实体之间的关系，它视创造为一个事件而非一个过程。于是，当希腊人认为事物本体在其自身之中时，而对于《圣经》思想来说，由于上帝，事物成其自身。

　　在事件和过程两极性中，海舍尔认为在两极中事件一极占主导地位。事件的独一无二性质在于它是一种创造行动，作为上帝与人的中心关系的启示集中体现这一性质。启示不是对自然进程的干预，而是许可一种新的创造瞬间进入历史进程，创造本身就是原初的启示行动。另外，强调过程的一极发挥主导作用的倾向在历史学和认识论中已经表现出明显不足之处。历史学已显示传统的机械自足的宇宙观（现代科学已不再坚持这一观点）是一种错觉。人类历史在自然规律中发生和发展，但这却并不意味着由自然规律控制、支配人类历史的发生和进展，创造性的、不可预期的新生或新奇事物是历史中的一个事实，这一事实被反复发生的规律或过程遗漏了。比如贝多芬的一生，如果被视为出生、成熟、衰老和死亡的过程，则遗漏了在他的生命中那些实质性的独一无二的创造性事件的重要意义。所以，以时间为指向的哲学发现真理和事实的源泉并不在重复的过程中，而是在特定的历史时刻发生的独一无二的事件中。从认识论而言，由于人的思想顺应感官，由感官提供给思想的对象是已从活生生的现实中消逝的事物，是已死亡的事物，思想所处理的只是关于事物的记忆而已。由此发展出这样一种认识倾向：始终以过去看待现在，对事物的一些共同特征进行抽象和比较，这些构成知识的基本范畴。然而，一切知识的根基在于它们是事物的显现——对于现在的意识，尽管这一点经常被我们遗忘。现在从来不仅仅是一般规则的表现，它始终是独一无二的，它始终有一种无法简约的价值，它的意义大于普遍的本质，本质是由知识抽象出来的。

海舍尔认为，真正的洞见是瞬间领会一种处境，领会发生在这一处境凝固化为与其他事物的相似性之前。他说，这一看法不是对理性的放弃，而是力图以某种恰当的方式描述现在和独一无二的事物，既不是将事物削减为与其他事物共同遵循的同一过程或相似性，同时，也不是将事物简约为关于它无可名状的情态而否认对它的认知系数。事件，既不能简化为公理，也不是不尽根式，而是它展现出一种结构，它超越于自身与过去和未来联系在一起。尽管在某种程度上现在总是神秘的，并且，总有某种意识向我们指出现在总是多于我们对它的所知，但是，对于思想来说，它绝不是完全隐秘的、不透光的。对于有宗教意识的人来说，它不但指向过去和将来，也指向超越的根源，因为上帝正临在于现在。

在海舍尔看来，根据独一性或重复性两极中哪一极占据主导地位，所发生的一切可以被刻画为一个事件或一个过程。所发生的一切中都有两种极性参与其中。要成为经验的一部分，即使最为独一无二的事件也必然显示出规则的印迹，同样，即使表现为过程的最常规事项也并不与其他任何事件完全雷同。如果要问我们当前面对的是一个过程还是一个事件，这一问题在多数情况下依赖于我们询问的背景和探询者的兴趣。比如，对于天文学家而言每一次日出是一个常规过程的一部分，而在一个诗人看来，每一次日出经验都是独特的，完全不同于其他任何时刻的经验。当以科学的视野看这个世界时，超越的上帝意识并不是必需的，因为这时我们将正在发生的事情看作一个水平维度的过程，在其中各种自然力量互为条件，展现为同一个因果系列；而当我们视世界为上帝关切的产物，此时我们意识到一个垂直维度，它引导我们从每一个正在发生的事件或存在者中返回到其超越的根基。这一垂直的纵深维度如同水平维度的因果关系系列一样是真实的经验事实，它是不可言说意识的根基，是对存在的神秘和每一存在的独一无二性的敏感。由此，我们可以说，这个世界既隐藏着又启示着上帝。自然和生命的反复发生的现象常常抑制我们的惊异感，而正是惊异感是上帝意识之根源，重复的现象往往使人忘记它的一切活动不仅体现无穷的因果系列，同时关系到上帝。上帝在世界中隐蔽而又临在的两重性并不是一个形而上学的建构，而是具体的经验。神圣性内在于事物的理性秩序之中，这一极性观念指示所有现实的深度，同时没有否定经验知识的结构和过程。这一观念给出的世界观与科学相容，也与不可言说的意识、神圣关切意识相一致。

五、神觅人：神圣关切

上帝对个人关切的观念构成海舍尔哲学的核心概念。在海舍尔看来，虽然人无法得知上帝的本质，但是上帝在与世界和人的关系中的活动方式却是人的经验材料。也就是说，在人类的经验事实中，人真确感到暴露在一个不属于这个世界的在场者面前。然而，先知宗教却并非基于某种神圣力量或神圣统治权威的经验，无论这种力量是有规律可循的、可预知的类型，还是偶发性的、非理性、不可预期的类型，而是一种神圣关切或者说神圣者的直接关注，才是引发先知热忱的最终事实依据。对海舍尔来说，成为存在意味着成为神圣关切的对象，人意识到自己置身于一个整体生存处境中，通过不可言说的经验人意识到自己是上帝关切的对象。海舍尔以"神圣关切"这一概念而不是"存在"或"存在者"作为他的基本哲学范畴，他确信任何充分的宗教哲学必须避免上帝与人的分离，当上帝与人两个概念孤立起来时，这两个术语都变得不可理解。也就是说，宗教哲学的视野不能脱离整体处境，宗教恰恰就在这一整体处境中生发出来，因为包括人在内的整体处境是需要得到理解的，在前概念思维的不可言说意识中生发出宗教意识。这时，人认识到成为存在意味着上帝关切的显现。对于这一宗教意识而言，人不仅仅作为一个存在者在物理的世界中存在，而且他参与一个神圣的意义世界，后者出自上帝的意志和关怀。

海舍尔指出，人们经验中有两种类型的关切：自身关切和他者关切。自身关切，指关心自我，它植根于对自身的忧患之中；他者关切，指对他者的关心。上帝不包含自身关切，上帝是完全的他者关切，因为在上帝之内没有受到生存威胁的可能。神圣关切以三种方式表达自身：创造、启示和救赎。创造是自觉自愿的活动，它使事物产生并维持存在，即是他者关切。创造不同于科学的原因概念，创造不处在原因系列之内，但何以存在原因系列这一事实，可以说创造是对于这一问题的回答。海舍尔按照他者关切的概念，现实展现为一种动态关怀行为：纯粹他者关切的主体即上帝，纯粹他者关切的客体包括所有的被造物。所有的被造物可以区分三种类型的存在：无生命的、有生命的和精神的。有生命的存在与无生命的存在区别表现在前者具有自身关切，即具有生命力的有机体厌恶并可能禁止自身的毁坏。人除了具有活动力和自身关切的生命本质，人还具有他者关切的品质，人能够关心他者。人类与动植物共同享有自身关切，同时，人与上帝共同享有他者关切。海舍尔指出，与石头的自足性不同，人是自我超越的，人类关心其他的自我，对人而言，除非人服务于超越自身的某物，否则他甚至无法保持自身的本性。他者关切不仅仅是自身关切的一种拓展，它还打开一个新的形而上学维度即神圣维度，人享有与上帝的他者关切的品质，正是在后者意义上，人是按上帝的形象而被造的。海舍尔将《圣经》称为"上帝的人类学"而不是"人的神学"，因为人类以效法上帝或上帝的他者关切为命令，对人来说最重要的是生活在与上帝的关系中,这一点先于孤立地看待人的本质和本性。"先知预言中最重要的思想不是人来到上帝面前,而是上帝在人面前的显现,这正是为什么说《圣经》是上帝的人类学而不是人的神学。先知话语包含更多的不是人对上帝的关心,而是上帝关心人。上帝对人的关心是在先的。正是因为上帝关心人,人才能够关心上帝,我们才能够寻觅上帝。"① 由此海舍尔强调,神圣关切是比存在者更为基础的范畴,在人类的经验中上帝不是孤立的,《圣经》形而上学和上帝离开世界便无法理解,如果排除上帝,我们也无法孤立地看待世界。海舍尔由此指出,在严格意义上,在上帝之中求证孤立的逻各斯精神是不可能的,或者说关于上帝的逻各斯是不可能的。

在海舍尔看来,以神圣关切为基础的神圣怜悯的观念是先知的上帝意识主题。神圣怜悯表达这样一种信念:神圣者不能通过无时间性的关于善和完美的性质的知识来理解,而只能通过意识到活生生的上帝的关切行为、在上帝与人的关系中上帝主动的关注来理解。先知没有探求上帝的本质,也从未在抽象出的绝对观念中经验上帝,而始终在与上帝的一种个人的亲密关系中经验到上帝。上帝不仅向人发出命令并期待人的服从,同时,他也被人的行为感动,受到人的影响,上帝以喜乐与忧伤、高兴与愤怒对人的行为做出反应。上帝不仅拥有智力和意志,而且有情感和怜悯,可以受到人与他的亲密关系的影响,这可以说是海舍尔对上帝意识的基本定义。神圣怜悯以关心人的尊严、尊贵和人类正义为动机。海

---

① Abraham Yoshua Heschel, *God in Search of Man*, p. 412.

舍尔认为，先知宗教的神圣怜悯具有两重性特征：其一，他并不是无来由的，就是说，其本身是为了将上帝的愤怒传达给人们，不是对上帝的愤怒无能为力，而是以此敦促人们吸取教训，从他们所走的邪恶的路上迷途知返，以此改变神怒。根据人从善的能力，神圣怜悯强调在与上帝的关系中人所占有的独一无二的重要地位。其二，虽然人的行为可以成为神圣怜悯的条件，却不能强迫它，上帝始终保持自由。而神圣怜悯并非一种武断的态度，它内在的律法是道德律令，道德律令或伦理戒律内在于神圣怜悯之中。先知经验中有两种类型的神圣怜悯：从人类的观点看，是救赎和苦难；从神圣的观点看，则是同情和拒绝。神圣怜悯指向神人联系，并随每一独特境遇而变动，它可以以各种形式被经验到，它源自上帝，却并不揭露上帝的本质，而是指向人并关心人的生命和福祉。所以，神圣怜悯无可避免地必然包含在人类历史和人类事务中。有怜悯的上帝与亚里士多德的上帝显著不同就在于：前者是最感动的动者，后者是不动的动者。亚里士多德的思想始于宇宙的观念，他的问题不是宇宙为何会存在，而是宇宙如何运作的。第一推动者是需要解释现实的固定秩序的原则，宇宙内在的逻各斯。亚里士多德将世界视为永恒的必然的，那么问题就不是理解它如何成为存在的，而是它是什么，即在它里面发生着什么。这时，神圣者作为自我思想的产物，被宣称为第一动因，因为它提供了宇宙问题的解决方法。而对于《圣经》思想来说，它并没有接受存在作为所有现实的毫无疑问的先决条件，而是意识到如此存在的意外性。创世论的概念以象征形式表达了一种真理观：世界是自由的神圣行动的结果，是超越者的关切的结果。

作为神圣主体的上帝关怀人，期待人的回应，人意识到自己是神圣关切的对象，这样的经验产生两重影响：人意识到他不可避免地被置身于神的感知领域，无从逃避，并且认识到在每时每刻他受到上帝的关注才是安全的。人经验到被上帝发现的快乐，离开上帝视野的痛苦和恐怖。但神圣怜悯在敏感的人身上不但创造出欢乐和恐惧这些被动感情状态，也产生强有力的反应行为。当人发现人类的困境也是上帝的困境，人以他者关切回应上帝，怜悯成为自己内心的品质，人的行为反应出自人内心的怜悯的情感。以此，海舍尔指出，先知宗教反对人与神可以达到神秘合一的状态，也反对神人同形或神的人化观念，而坚持神与人在同情和怜悯上的合一。人与神本质不同，人具有自己的人性特点，神人关系在于：神依赖人的合作和努力、人以同于上帝的情感而实现神的目的。

海舍尔指出，在神圣怜悯的概念中，上帝始终被经验也被思想为主体而从来不是客体。为强调上帝不可被设想为抽象原则或过程而是活生生的上帝，上帝被称为像一个人。但严格讲这一点并非正确。"人""个性""人格"通常指人的本质结构，这一结构决定他的行为模式，在这个意义上，上帝不能被称为人，因为上帝的本质是不可理解的，我们知道上帝是从上帝的行动及其表达中获得的。虽然称上帝像人必带有种种保留成分，但我们并没有任何其他更充分更恰当的方式指称上帝：先知与神相遇最贴近的类比就如同人与人之间的相遇。它不像关于客体的知识只依赖于认识者一方的意志，而一个人能为他人所知则取决于这个人愿意在多大程度显露自己。也就是说，当与他人相遇时，我们遇到一个意志，他的自主的、自发的、能够自我控制隐显的活动能力对我们的意志产生一种阻力，他使我们认识到所遇到的这个存在者的深处具有一种创造力，是不可能通过其外在表现而穷尽对其所知的，在与环境的相互作用中，他的每一个反应都是新颖的，是不可能完全被预期的。一个人与他人的相逢揭示出在启示中人与上帝相逢的经验的痕迹。当希腊这一并存的传统认为人是一个微观宇宙时，《圣经》思想的独特之处在于它认为人按上帝的形象被造，通过与造物主建立亲密关系的途径描述神圣经验：生命、自由、责任、意志、同情。正是在这个意义上，在怜悯中的神人合一必不能以思辨神学的观点来理解，后者在上帝的知识中追溯对神圣性的最高诉求。神圣怜悯的本性是神对人不断变化的行为的反应，对上帝的理解——不像"上帝的知识"——不是一旦获得便成为人长久的占有物。上帝说给人的话语并非在一种无时间性的抽象之中，而是发生在生活和历史的特定时刻，人的注意力集中于神圣者在特定时刻的至高无上的命令，人参与到神圣者的创造工作中，这时，人不是从暂时的偶然的事物中退缩，而是意识到并迎接、接受时间的挑战。

海舍尔指出，自亚历山大里亚的斐洛始，人们已经力图通过寓意解经法和其他解经方法对希伯来《圣经》中拟人化的描写进行重新解释，从而与哲学家自足的、无动于衷的神相一致，无痛苦、无怜悯的神的观念作为"哲学家的教条"被思辨神学家接过来。在海舍尔看来，要做到对现实的充分理解必须预设独一性和重复性两重范畴，在人类经验到人与超验者和其他伙伴关系方面，独一性占据支配和主导地位，在独一性的维度中，神圣怜悯的观念即上帝关切、关注并参与被造物的生活才能得到理解。在独一性的事件中，创造和启示的观念以强调神圣者的自由而与希腊哲学的宇宙和爱欲概念相对立，人意识到与神分享的神圣怜悯和自由，这使人得以自由。因此，有必要简要叙述一下海舍尔的关于自由的本性的哲学观点。

六、人觅神：人的自由

如前所述，人以他者关切即对他人的关心而区别于其他动物，人关心目的，而不仅仅关心生物需求。人类的本性即在于要在某些生物需求的框架下运作，但却不能为必须得到满足的需求所限定，"我们说人有能力超越自身，这是宗教的前提，这一能力也是自由的实质"①。人类的自由不能被作为一种孤立起来的性质而可以通过预设得到理解，也不能在个人的意志中得到解释。一旦将自我与意志视为一种抽象或唯我论的自负，人类经验中的自由就被附加在抽象的本性之上。海舍尔认为自由并不能从通常的三种看法中得到理解。其一，由个人的意志所支配，因为意志不是终极的和孤立的实在，而是由其不可控制的动机所决定。成为人自己意欲成为的并不是真的自由，因为自我所意欲的往往受制于外界的因素，实际是由外界因素所决定。其二，自由也并不是没有任何原则、不带任何动机的行动能力，这种行动必是混乱的、缺乏智力的而非是自由的。其三，虽然自由包含着选择行为，但

---

① Abraham Yoshua Heschel, *God in Search of Man*, p. 409.

自由绝非仅仅意味着在几种动机之间做出选择，那无异于自由的同语反复。

在海舍尔看来，人类能够独立于自身需求的能力正是人类的自由本质，自由意味着"人被纳入自然的生命过程之中，但人有能力通过超越过程的事件表达自己"①。也就是说，自由意味的并不是对物理和心理决定因素的否定，它是走出自身关切所限定的框架，是对自我专制的解放。"自由是上帝等待人的选择的处境。"② 自由就是对常规之上的独特新异事物做出反应的处境。当人向超越者敞开心灵和灵魂、向神圣者做出回应，其结果是走出以自我为中心的自我专制、在超越于自身的时刻达到精神的极度喜悦。在人能成为负责任者之前，他首先是可以做出回应的，人意识到自己是神圣的他者所关切的对象，他以自己的他者关切的行为作为反应，这时人是自由的。在海舍尔看来，虽然每个人都是潜在地自由的，但现实的自由却不是一种永久的性质或状态，而是一种行为，一个事件，发生在罕见的创造的时刻，因为每一个超越的挑战都是独一无二的，每一个自由行动的回应都是新颖的和具有创造性的。也就是说，自由是在创造性的事件中实现的。

在海舍尔看来，自由正如启示一样，只有在人类生活参与其中的独一性和反复性、时间和过程的两极性背景中才可以得到理解。人不仅立于自然过程的水平维度上，他也参与纵深维度即神圣关切的纵向维度。虽然自然过程的水平维度与神圣关切的纵深维度之间的区分可以有效解释目的，但是

---

① Abraham Yoshua Heschel, *God in Search of Man*, p. 410.
② Ibid., p. 412.

它们不是指示自然的和超自然的两个分离的领域，海舍尔指出并不存在这种分裂，只是在上帝的创造之中可以展现出重复的痕迹，这种痕迹引导人们试图以内在的规律性解释世界；而独一性和事件则指向超验的根据，不可言说的灵性的震动将人们从常规和规律性经验中解放出来，向超越者敞开自己的灵魂，它从自身关切和作为自我中心结果的精神孤立中引向对每一个新颖的独一无二的经验的感应。当现实被经验为上帝关切的行动，那每一个瞬间都不能看作一种抽象，而是上帝的在场。当前时刻不是终点，而是开始的标志，是创造的行为。海舍尔看来，时间是永久的创新，是持续创造的同义词。然而，在感知时间真实性时，人们的日常世界观在知觉能力生动的表象下往往发生变化，其中，空间事物被视为真实或实体，而时间被视为吞噬空间事物、将它们带往虚无之中。当人们在现实中经验到上帝的活动以及人的回应行动，这种经验打开通往一种洞见的大门，现实不是死寂的封闭的系统而是不息的创造过程，上帝在现实中的不断创新的临在、人对在事件中传达的上帝的话语和命令做出的创造性反应，它们敞开了终极实现的新道路，作为上帝的伙伴的人已被赋予参与到新价值的创造活动中的权利。

七、总结

海舍尔哲学的基本框架在前面做了简要概括。我们看到，海舍尔哲学以信仰产生的现实根基为哲学主题，立足于椭圆思维的两个等距离的或者说"通约"的支点，它力图以哲学的思维方式或"提问艺术"将宗教的活力之源——人的整体生存处境中的紧迫力量——重新揭示出来,发现两希文明(希伯来文明、希腊文明)之间互通的桥梁。从"通约"的角度重新挖掘宗教何以产生的问题,对于遗忘了自身起源和人的整体处境的宗教来说,将重新认识到人在现实处境中面对的挑战,应对这种挑战的宗教才能重获生机和活力;同时,对于哲学传统来说,通过这个"通约"的桥梁,使哲学能够理解异质文化传统及其思维向度,使哲学看到理性逻格斯思维之外更宽广的意识领域,能够在整体意识范围内自我认识,重新发现自身在精神领域中所处的位置和作用。海舍尔哲学兼具裨益两大传统的挑战,而不是以一种传统文化自身诠释另一方,那样结果仍没有超出自身的思维,也无法从外部认识自身。从这个出发点,海舍尔哲学为我们提供一些重要启发或洞见。

根据海舍尔哲学,我们可以看到,不可言说者的意识因素与概念思维、独一性与共性、事件与过程、他者关切的自由与提问的艺术等两极向度的范畴编织起海舍尔哲学的结构。通过我们前概念意识中的不可言说者意识,引导我们重新发现在概念之外的现实处境的深度,这是被我们的象征符号遗忘的思维向度,它指向海舍尔所说深度神学的上帝关切的领域。从不同的极性来看,现实世界表现为两重性:从独一性这一极看,所有发生的都是事件,每一存在物都是独特无二的和无可取代的,每一个独一无二的存在者都出自上帝的关切,与上帝的他者关切相通则表现为人的自由,由诸如自发性、怜悯、激情和创造性等因素支配等等。从共同性的一极看,为了认知和行动,人类却需要对共同的周期发生的印记进行抽象，由重复性的规则和自然的秩序支配。

对哲学而言，当哲学认识到自身理性概念思维方式的特点之后，进而可以探索把握与自身概念之外的意识因素的兼容互补性。当以概念表征世界，我们的思想更多地陷入简约化的符号"世界"，终极实在却逃逸在外，符号与实在、思想与存在恰似始终处在两条难以相交的平行线上，正如康德哲学所阐述的。海舍尔哲学揭示的不可言说的意识维度表明，人本身不是仅限于概念化的封闭状态，而是超越的，通过不可言说的意识的引导，我们可以与终极实在相联系。与终极实在相通是一切价值和创造能力的源泉，他强调对神圣怜悯的回应是洞见的前提，认识到他者关切的情感因素在人类思想维度能力上发挥的作用，同时，理性的符号思维也是具有超越性的人的一个思维向度。由此，海舍尔还原了思维能力的整体性和多样性而不仅限于概念思维，他重新挖掘前概念思维的意义，对于迷失于概念符号的形而上学思维无疑具有警醒作用。因此，海舍尔还原意识的整体性、还原终极关系和终极价值的思想基础是一个需要进行思考的新的哲学向度。

海舍尔哲学也丰富了宗教对于自身的理解。海舍尔深度神学的极性观使我们更全面认识宗教戒律，宗教戒律表达人与同伴和上帝的关系，以独一性和共性两极来看，宗教戒律表现为律法与灵性、模式与自发性之间的紧张关系，如果两极中的任何一极被忽视，宗教戒律都将无法理解。当共性或常规的一极占主导地位时，就存在宗教退化为习俗和机械操作的危险。然而一旦抛弃固定的模式或规范，宗教生活仅限于在某个瞬间一个人被灵性精神感动，瞬间提升的精神不在实践中维持，结果常常是精神的虚无化。律法的召唤和提醒，将会打破灵魂的沉默，引发自觉的道德行为。律法和爱相融合的最具有教导意义的一个例子就是安息日的律法。安息日同时呼唤服从和爱，犹太人在安息日服从于种种规则和戒律，却感受到其他任何时日都没有的自由，它是发生于现实平凡日子里的一份永恒。

　　海舍尔哲学以极性观容纳了人类现实生活的更加全面的图景。峥嵘的人类生活游移于辩证的两极之间，生活在秩序和规范中，同时向独一无二的事件和超越者敞开灵魂，以独特的洞见注入常规的生活模式中。常规的生活不断达致更高的精神层面，新的灵性经验永远被敞开。海舍尔哲学指向一条敞开的道路，一条常规的道路朝向事物的独一无二的终极意义和价值，这条道路在人类整体生存处境中为我们服务。

第十八章

摩迪凯·开普兰

一、生平与著作

摩迪凯·开普兰（Mordecai M. Kaplan）于1881年生于立陶宛的一个犹太教正统派家庭。父亲以色列·开普兰是当地颇有名望的拉比。8岁那年，开普兰随全家一道移居美国。1895年后，他先后在纽约的市立学院、哥伦比亚大学和犹太教神学院接受教育。1902年从神学院毕业后，他开始在纽约市的一个正统派犹太圣堂担任拉比，期间曾积极组织犹太教促进会。自1909年起，开普兰开始担任纽约犹太神学院的教授，主讲布道学课程，并兼任该院师范部的主任。他在这所学院工作了半个多世纪，直到1963年退休。开普兰是最长寿的思想家之一，他于1983年去世，享年102岁。开普兰一生撰写了大量著作，如《作为一种文明的犹太教》（1934）、《上帝在现代犹太教中的意义》、《无须超自然主义的犹太教》等，其中《作为一种文明的犹太教》是他的代表作和成名作，也是犹太教重建派的主要经典。

在卷帙浩繁的论著和纷纭复杂的观念系统里，开普兰始终关注的是为犹太人提供一种符合时代要求的文明，借以取代纷乱的犹太教诸派，挽救犹太人的精神危机和民族危机。在他的犹太文明体系中包含文明论、宗教观、价值论等许多方面，其中最具特色的是他的没有超自然主义的宗教，而这种宗教中最有新意因而也最有争议的是他的上帝概念。他的思想直接导致了犹太教的一个新宗派——重建派的产生，他的著作也被奉为重建派的经典。从开普兰的犹太教学说，我们可以看出这位20世纪犹太教一代宗师的基本宗教立场和哲学倾向。

二、20世纪的犹太人需要一种新的文明

开普兰创立的重建派是适应20世纪初美国犹太人的需要建立起来的，具有鲜明的时代特征。

按照开普兰在《作为一种文明的犹太教》中的分析，在启蒙运动以前，人们生活的重心在来世，而不在今生。第二圣殿后的犹太圣哲教导人们，"人被创造出来只是为了在主的身上找到快乐和享受'他的存在'的辉光的意趣。但是，这种幸福的真正所在还是在来世，因为它本身就是专为这一目的而创造的。眼下的世界只不过是通向这一目标的道路罢了"①。认为今生今世只是过眼云烟，是通往来世永恒福祉的

---

① 18世纪意大利犹太神秘主义思想家卢扎托语。参见开普兰：《作为一种文明的犹太教》(*Judaism as a Civilization*)，重印本，美国犹太出版学会，1981，第9页。

暂时过渡的宗教，除犹太教外还有基督教和伊斯兰教。不同之处在于，基督教和伊斯兰教都认为，只有加入到它们的队伍中来，即变成教徒以后才可以得救而享受永福，异教徒是没有这种福分的。而在犹太人看来，任何遵守上帝为人类确立的"挪亚七戒"①的有德之人都可以被拯救而进入来世。但是，犹太人比世界上任何其他的民族在这方面更具有优越性，因为如犹太圣哲所说："所有的犹太人都在来世有份儿。"不仅如此，犹太人还相信，他们是唯一一个找到了通往来世之路的民族，因为他们具有上帝赐予的《托拉》和"上帝的选民"的特殊地位。正是因为怀有这样的信念，犹太人曾长期视犹太教为其他民族所不具备的一种特权。在这些犹太人心目中，为了眼前的世俗利益而放弃犹太教，为了一时的安逸而牺牲未来的永恒幸福，是得不偿失的。即便是在遭受迫害和凌辱，生活极度困苦的时候，犹太人对这一信念仍然矢志不移。一部犹太民族史告诉人们，在启蒙运动以前的十几个世纪里，犹太教确实起到了精神支柱的作用，发挥了特有的向心力和凝聚力，使犹太民族历经磨难而不倒，得以存在和维系下来。然而，随着法国大革命而来的政治解放和犹太启蒙运动的发生和发展，以及社会的日益世俗化，犹太教在人们心目中的这种特权地位逐渐丧失，并且变成了一种负担。19世纪以后，人的来世拯救的希冀逐渐被现世的自我实现所取代，宗教的作用也随之相对淡化了。"对于大多数犹太人来

---

① 挪亚七戒是早期犹太教拉比以《圣经·创世记》中关于大洪水的段落为线索而提出的上帝为全人类所立的戒律。在拉比看来，犹太人必须遵守613条律令，而非犹太人只需遵守这七条律法就可以成为义人。这七条律法是："做事公道，不得亵渎神明，禁止偶像崇拜，禁止不道德行为，不得杀人，不得抢劫，不得从活的动物身上撕下肢翼。"（《密释纳·法庭》56a）

说，所谓拯救，已经意味着在工业、商业、艺术和社会领域中人生奋斗的自我表现。因此，他们对于一个群体而不是对他们作为公民的国家的依恋受到他们用以自我表现和创造性发展的机会的限制。拯救的传统框架已经变得毫无意义可言，尤其对于工薪阶级这个庞大的群体来说就更是如此。如果他们心系社会的话，他们就会在某种社会变革或政治变革的计划中去寻求获得拯救的机遇。"① 一方面，政治上的平等权给犹太人造成了融入西方社会的部分条件；另一方面，由于民族、宗教和生活方式诸方面的原因，多数犹太人仍然和中世纪时期一样游离于主流社会之外，无法摆脱孤立无助、贫穷困窘的状态。在这样的情况下，为数不少的犹太人产生了一种自恨心理，以为犹太出身和犹太教是自己凡事不如人的总根源。于是，大批犹太人开始靠放弃犹太信仰皈依基督教来改变自己的命运。早在19世纪，犹太人改宗基督教就远不是个别现象了。杰出的犹太启蒙思想家门德尔松的子孙以及著名诗人海涅就是千万个改宗者中的代表人物。到了20世纪初，尤其是在美国，仍然有许多犹太人把犹太血统看作是自己生活中的真正悲剧。他们鄙视自己的宗教和民族，羡慕非犹太人，并竭尽全力地在观念上和生活方式上加速自己的同化进程。许多犹太人都认识到，犹太人正面临着双重的危机——精神的危机和民族解体的危机。

为了解决这一危机，犹太教内部从19世纪初开始发生了改革运动。这一运动的结果是统一的犹太教分裂为改革派、新正统派和保守派。改革派断然否认西奈山神启为历史事实，

---

① 开普兰：《作为一种文明的犹太教》，第13页。

认为犹太教是不同历史时期的犹太人按照时代的要求逐渐确立和发展起来的。犹太教实质上是一种伦理—神教哲学，其核心是举世公认的合乎理性的上帝概念，其中的道德律法而不是别的（如礼仪）才是对今天的犹太人有约束力的东西。现代犹太人已经不再是一个民族，而是一个宗教共同体，他们散居世界各地乃是上帝的旨意，目的是执行传播上帝的《托拉》的使命。然而，照开普兰的意见，改革派虽然正确地认识到犹太教的进化和可变性，突出了其中的伦理因素，因而在理论上发展了犹太教，然而改革派以上帝概念为核心尤其是它取消犹太人的民族性的做法却是完全错误的。其实，犹太教不是一种普世主义的宗教哲学，它从来都是和犹太民族密切地交织在一起的。犹太教是犹太民族的宗教，犹太民族是犹太教造就的民族。如果抛弃了犹太教的民族性内容，犹太教也就一无所用了。同时，就实际结果而言，改革派只是缓解了而也没有从根本上解决犹太人的改宗和同化问题，"它并没能成功地遏止犹太人在犹太生活中日渐自我毁灭的过程。背教行为并没有得到抑制，只不过发展速度出现了变化"①。

与改革派针锋相对的是新正统派。新正统派之"新"在于，和启蒙运动以前的传统犹太教相比，它"不是通过尽可能地保留过去的社会和文化分离主义以达到避免和欧洲文明冲突的目的，而是急不可待地去和西方的世界观和生活方式进行搏击"②。新正统派坚决主张，犹太教的《托拉》起源于

---

① 开普兰：《作为一种文明的犹太教》，第110页。
② 同上书，第134页。

超自然的神启，是永恒的上帝为所有的时代制定的一部永恒不变的法典。《托拉》中的真理绝不随时代的变化而变化，反之，时代是由它来塑造的。因此，解决犹太教和犹太民族危机的办法不是让犹太教去适应时代，而是反过来让时代去适合犹太传统。世界是神性的，包括人在内的世界上的一切事物都是神创造和规定好了的，其命运就是执行神的意志，为上帝服务。认识到人的一切行为归根到底不过是在为上帝服务，乃是人生沉浮中的最高境界。以色列民族是《托拉》的载体，是服从上帝律法的模范和榜样。她通过自己的历史和生活体验，宣布上帝是唯一存在的力量，而履行他的意志是生命的唯一目标。和改革派相似，新正统派认为犹太人的散居并不是一件坏事，它有利于犹太人为各地的异族树立一个蔑视物质利益、追求精神价值的榜样，以完成自己的使命。在开普兰看来，新正统派面对现代精神的挑战而做的回答体现了勇敢无畏的精神和必胜的信心。然而，遗憾的是，这种勇敢和信心是虚妄不实、外强中干的，因为新正统派的一切都是以超自然的启示和永恒的《托拉》为前提的，而这个前提恰好是违反科学的，因而不能让人接受的。现代科学方法是从经验出发的，它否认任何超自然的神的意义。在人们的目标从来世转为现世的时候，在超自然的神启受到普遍怀疑的时候，新正统派依然固执于原始的传统，这与其说是勇敢，不如说是一种逃避——避开了传统犹太教已经不能成为犹太人的精神支柱这个实质性问题，因此，它不可能解决犹太教和犹太人的危机。

除了改革派和新正统派以外，还有作为改革派右翼的保守派和作为正统派左翼的保守派。前者被称为改革的保守派，后者则被叫作正统的保守派。改革的保守派在反对犹太教的神圣起源、否认犹太人是一个民族、反对犹太复国主义、主张犹太教是理性的伦理一神教方面与改革派几乎没有任何差别，只是在对待犹太教礼仪的态度上较改革派更为保守一些，即希望更多地遵守犹太教的饮食律法、安息日、法定节日和斋戒，放弃和非犹太人通婚，保持仪式中的希伯来语，等等。实际上，开普兰认为，改革的保守派对礼仪的情有独钟只不过是一种对昔日传统在情感上的盲目伤感而已，"是在一种根本无法说清楚什么是极端形式的情况下"制定的一种中庸原则。这样的中庸原则无法挽救犹太人面临的危机，因为集体的犹太生活已经面临解体的危险，仅靠加强礼仪和习俗是无济于事的。[①] 后一种保守派和正统派一样强调《托拉》起源于超自然的启示，但它同时也表现出对理性的尊重，认为启示和理性有着同样的权威。另外，它在对待犹太教律法和信仰本身的态度等问题上往往模棱两可，摇摆不定。例如，一方面说摩西律法包含着永恒的生活准则，将在整个历史进程中指引着犹太民族，另一方面又说犹太民族的生活发生了变化，《圣经》中的许多律法已经过时了，诸如此类。正统的保守派在强调礼仪方面是和改革的保守派不谋而合的，都认为礼仪和习俗与教义相比是更为根本的东西。总而言之，不冷不热的保守派和改革派、新正统派一样，都没有认清犹太教和犹太民族危机的症结所在，无法指明克服危机的正确途径。

在对犹太教的看法上，开普兰赞成改革派的两点，一是进化论，认为犹太教是发展变化的，它在历史过程中不断变换自

[①] 参见开普兰：《作为一种文明的犹太教》，第131~132页。

己的形态；二是宗教应以时代的要求为依归，即犹太教的发展变化应符合时代精神，让自己跟上时代发展的步伐，而不是反过来让时代适应犹太教。从这样的立场出发，开普兰把历史上的犹太教划分为三个阶段：单一神教阶段，神权政治阶段，转世思想阶段。这三个阶段的产生都是时代使然，是依次发展而来的犹太文明的不同形态。到了20世纪，犹太教开始进入第四个阶段。在这第四个阶段，人们的精神兴趣的重心从来世转回到现世，同时，人与上帝的交会不再是像在第一阶段时那样是一种外在的经验，而是内在的心灵深处的认同。还有，现代犹太教将不再是一种纯粹的宗教，而是一种具有鲜明人文主义色彩的文明。犹太文明包括犹太宗教，同时又广于犹太宗教。因此，它是一个比宗教更大的文明之伞，在它的下面聚集着所有的犹太人，或者说，所有的犹太人都因为它的缘故而结合成一个民族。这样，作为一种文明的犹太教就起到了改革派、新正统派以及保守派想起而没有起到的作用，即一方面挽救了犹太教，另一方面又避免了犹太民族自我毁灭的危机。

　　开普兰本无意创建一种新的教派。他曾反复申明，他的理论和学说可以算作一个学派，但绝不是一个新的宗派。然而，事实和他的愿望恰好相反。正是开普兰有关犹太文明的思想孕育并诞生了犹太教的一个新宗派——重建派。在《作为一种文明的犹太教》出版后的第二年，即1935年，开普兰的追随者们创办了《重建主义者》杂志，明确表述了重建派的宗旨，这就是"致力于发展一种宗教文明的犹太教，建设'以色列家园'和促进全世界的自由、公正与和平"[①]。从此，

---

① 转引自开普兰：《作为一种文明的犹太教》，序言，第 xxvii 页。

一个与正统派、改革派、保守派并驾齐驱的重建派正式诞生了。

三、犹太文明的主要因素

开普兰指出：通常所说的犹太教不仅包括犹太宗教（jewish religion），而且还"包括了历史、文学、语言、社会组织、民间规矩、行为准则、社会和精神理想、审美价值，等等；所有这些的总和构成了一种文明"①。在这样的犹太文明中，各部分相互交织在一起，共同对人们的生活起作用。在这里，开普兰强调的是，宗教是一种文明中固有的性质，它和文明犹如雪与白、血与红一样密不可分。同时，宗教又不是某种文明的全部，而只是其中的组成部分。

文明的构成因素是多种多样的，主要有以下几个方面：

第一，土地。"一种文明是通常称之为民族的某个群体发生相互社会作用的产物，而这个民族的生活则扎根于地球上的一块特定的土地上。"因此，阳光照耀下的一片土地就构成了一种文明的"绝对必要条件"②。犹太文明赖以产生的是巴勒斯坦这块"应许之地"。"如果没有巴勒斯坦，以色列人也许永远也不可能被塑造成一个拥有共同文化的民族的。"③ 在犹太人远离这片土地而散居异国他乡的岁月里，犹太人仍然苦苦眷恋着它，犹太文明的延续仍然得益于它。当然，散居

---

① 开普兰：《作为一种文明的犹太教》，第178页。
② 同上书，第186页。
③ 同上书，第187页。

时代的犹太文明之所以得以维系，主要在于所在国内的犹太社区。在很长的一个时期内，犹太人聚居的社区就像国中之国，享有高度的自治权，与世隔绝，是一个相对独立的世界。正是这样的社区为犹太民族和犹太文明的维系及延续提供了必要的条件。然而，即便在散居时代，以色列本土仍然起着不可替代的作用。犹太人不但保持了在巴勒斯坦产生并发展的各种习惯和传统，而且还充分地利用了这些习惯和传统作为他们保持对巴勒斯坦的鲜明记忆的一种手段。同时，"犹太人的活动无论在文化上还是在精神上都是在'巴勒斯坦氛围'中进行的"①。正因如此，开普兰才赞同金斯伯格的精神犹太复国主义，主张犹太文明的核心是以色列本土，她可以起到培育犹太文明的精神中心的作用。

第二，语言。如果说土地是某种文明的必要条件，那么，"一种共同的语言则不仅是一种文明的不可缺少的媒介，而且是其中最显著的因素"②。对于犹太文明来说，希伯来语就是这样的不可或缺的媒介和显著因素。在犹太民族的早期，希伯来语是以色列人的通用语言，它不仅是《圣经》的神圣语言，而且也作为一种媒介，赋予了文明的其他因素，如法典和道德、民间习俗和民间价值观等以永恒的形式。后来，犹太人国破家亡，散居世界各地。散居犹太人在希伯来语的基础上逐步发展起了与所在国语言相近的犹太方言，例如，阿拉米语、拉地诺语、意第绪语等。实际上，犹太人使用的是双语言，即希伯来语和犹太方言。希伯来语在犹太人散居后

---

① 开普兰：《作为一种文明的犹太教》，第 188 页。
② 同上书，第 190 页。

作为礼拜用语仍然扮演了保护和传承犹太文明的角色。

第三，社会习俗。土地和语言仍然是文明的形式，文明的真正内容是社会习俗，即生活方式、社会礼仪、道德准则、民事和刑事法律以及宗教习俗等。开普兰指出："只要犹太教涵盖了犹太人的整个生活，那么它就起到了应有的作用。为了达到这一要求，它必须包含所有的社会习俗，从最朴实的生活习惯，到最正规的律法条文和最自觉的伦理准则。"① 犹太人的社会习惯在成文的和口传的《托拉》中有详尽的阐述。《托拉》无疑是宗教文献，其中包含了大量的宗教戒律。但是，除了宗教的内容以外，还包含许许多多有关伦理、婚姻、财产、教育等方面的社会准则或民间习俗。值得特别指出的是，犹太人尤其重视教育，包括家庭教育和学校教育。在这个问题上，任何别的文明都是相形见绌的。

第四，民间约束。任何习俗和道德只有体现在人的实际生活中才是实在有效的，而它们之付诸实践并非完全是自发的，这里需要来自民众的"集体性的"约束或评判力量。照开普兰的意思，民间约束是通过神话、英雄故事等形式反映出来的"民间意识形态"，其中包含清规戒律、宗教信仰、道德准则和民族理想，它们的作用是赋予一种文明以凝聚力和连续性。在这个意义上说，民间约束乃是习俗、义务或礼仪得以履行的动力和保障。"正是通过这些约束，一个人群才进入了自我了解的状态。所以，民间约束构成了文明中自我意识的内容。"②

---

① 开普兰：《作为一种文明的犹太教》，第196页。
② 同上书，第198页。

第五，民间艺术。艺术是文明中固有的因素，它"标志着一种特定的审美情绪，表征了一种享受美感和想象美感的独特内涵"①。艺术展示文明的形式是多种多样的，正是不同的艺术形式才使得一种文明丰富多彩。同时，艺术还能够通过它那独具特色的表达方式维持着一种文明，使之保持在一个高层次上长盛不衰。犹太人素来具有重视艺术的传统。当然，由于犹太教极力反对偶像崇拜，而雕塑被看作和偶像崇拜有关联，故而犹太人没有在雕塑艺术领域发展，但却在音乐、文学和舞蹈诸方面发展到了惊人的程度。开普兰认为，犹太艺术表现了犹太民族特有的精神，所以，犹太民族的维系是离不开犹太人自己的艺术的。

第六，社会结构。文明乃是社会集体的创造，文明的诸因素只有在社会集体或结构之中才能够发挥实际作用。在开普兰的心目中，古代犹太教的祭司阶层和基督教教会以及国家都是这样的社会结构。离开一定的社会结构，任何别的文明要素如语言、艺术之类，其存在和功用，都无从谈起。例如，在艺术中，艺术家们如果不置身于一定的社会结构中，就不可能有什么创造，如果没有犹太祭司阶层，就不可能有圣殿和圣坛，也就不可能有与它们相联系的艺术。同样，如果没有教会作为后盾，基督教就无法影响其信徒的生活。在圣殿时期，犹太人发展了一种神权国家。但是，随着圣殿的毁灭和犹太人的大规模散居，犹太人又发展出了一种新的社会结构形式，这就是犹太社区。犹太教文明的存在、维系和发展都是通过这样的社会结构来完成的。当今，犹太人"需

---

① 开普兰：《作为一种文明的犹太教》，第 205 页。

要寻求一种恰当的社会结构,以赋予犹太文明的形式和内容以生命力,使这种结构在犹太人已经与之密不可分的各个不同民族的生活中统一起来"①。

开普兰进一步把世界上的犹太人划分为三个区域:犹太人占多数的巴勒斯坦(以色列),在文化上赋予少数民族以自治权的国家,以及只承认世俗公民权的国家,即英国和美国。在犹太人占绝大多数的以色列,犹太文明是当然的主导性文明。而在其他国度里,犹太人是作为附属性的少数民族而存在的,因而必须置身于两种文明之中。一方面,她分享所在国各民族共有的占主导地位的文明;另一方面,她又拥有能够满足自己独特需要的独特的宗教和生活习惯。犹太人要在异国他乡生存发展,这两种文明都是不可或缺的。在美国,犹太人和大多数美国人一道拥有并分享美国的主流文化,如理性主义精神、科学成就、民主制度,遵行一些共同的习俗,怀有对这个国家的忠诚。与此同时,美国犹太人又具有自己的宗教、习俗和与之相关联的民族特性,从而使自己和其他美国人区别开来。假如美国的犹太人和美国的主流文化格格不入,他们就不能真正成为美国人的组成部分;如果只有共同的大众文化,没有或丧失了犹太人独有的文化传统,那么,这里的犹太人就丧失了个性,无法作为一个民族而存在了。总之,美国的犹太人在文化上不应该是单方面的,而应该同时具有双重的文化和性格。所幸的是,这双重的文化和性格在美国是可以相容共存、和谐一致的。

---

① 开普兰:《作为一种文明的犹太教》,第208页。

四、没有超自然主义的宗教

犹太宗教作为犹太文明的重要组成部分，受到开普兰的高度重视。他这样写道："如果一种文明的辉煌仅仅在于它对人类文化所做的独一无二的贡献，那么，犹太宗教在过去是，并且在将来仍然是犹太文明的辉煌所在。"在将来，犹太人要作为一个民族屹立于世界民族之林，也必须保持一个宗教民族的特点，"因为只有通过宗教，犹太人才能重新找到那种世界一体和人类精神一体的感觉"[①]。

1. 宗教不必赞成超自然主义

然而，在开普兰的心目中，犹太宗教的含义却与传统上对犹太教的理解有着本质的区别。《圣经》和《塔木德》中的犹太教以及现代犹太教中的新正统派，无不建立在超自然主义的基础上。这种超自然主义把实在的世界划分为自然和超自然（supernature）两部分，进而断言上帝存在于超自然领域，上帝赐予以色列人的律法书《托拉》乃是超自然的启示。从这个意义上看，宗教的根源是超自然的，宗教在本质上是超自然的神的启示。除犹太教外，基督教、伊斯兰教也自诩属于这种超自然主义的宗教。深受现代自然科学以及斯宾诺莎理性主义和杜威实用主义哲学影响的开普兰，从根本上反对上述自然与超自然的二分法。他认为，传统宗教所谓的超越的世界在现实中是不存在的。人们已经认识到，根本无须

[①] 开普兰：《作为一种文明的犹太教》，第 306 页。

区分"人的世界和上帝的世界，或者自然界和超自然界。只有一个世界，不管是人也好，还是神也好，他们都共同存在于这个世界之中"①。这个统一的世界就是我们生活其上的可以经验的自然或宇宙，神的观念也是从这个世界引发出来的。

这里重要的一点是，开普兰认为宗教并非必须建立在超自然的基础上。他明确告诉人们：在宗教调整过程中的现代人应该习惯于这样一种观念："即不必赞成宗教起源的超自然特性，同样可以拥有宗教。"② 至此可以清楚地看到，开普兰在反对超自然主义的道路上比犹太教改革派走得更远。对于改革派来说，所谓西奈山的超自然的神启并不具有历史的真实性，《托拉》是不同时代的犹太领袖们汇集而成的。但是，对改革派而言，超越的上帝的存在却是毋庸置疑的。开普兰比这来得更为激进：根本不存在任何超自然的东西，所谓超然物外的上帝和与之相联系的超自然的启示同样是不可思议的。

既然取消二分法后只有一个世界，那么这个世界就成了宗教产生的必要的外部条件，换言之，宗教观念归根到底是对这个世界的认识。这样一来，宗教与科学知识在对象和客观来源上就没有什么不同了。此外，从心理和主观角度看，人的宗教观念也如科学知识一样起源于经验。用开普兰的话说：宗教植根于人的本性之中，神的存在及其属性的观念归根到底是普通的男男女女从对周围环境和集体生活的经验中得来的。日常的经验诉诸人的理智，进而形成知识，同时，

---

① 开普兰：《作为一种文明的犹太教》，第316页。
② 同上书，第306页。

这样的知识也在随时接受理智考察和检验，在不断清除错误的过程中进化和发展。这是宗教知识产生的过程，同时也是科学知识产生的过程。如此看来，宗教和自然科学从根本上说是完全一致的。二者平素之所以被当作矛盾和对立的，最根本的一点乃是人们先是错误地把世界分为自然和超自然两个领域，进而"假定宗教不是源于人们对宇宙和人生的理解，而是来自完全外在于人的心智的超自然的启示。然而，一旦我们理所当然地承认我们关于上帝的知识必然基于经验，并且是伴随着经验而发展的，那么，所有宗教和科学之间的冲突就都被避免了。于是，使宗教保持活力而不衰所做的一切，无非就是允许宗教和经验同步增长"①。毫无疑问，开普兰拒绝世界的二分，认为宗教起源于经验，因而与科学一致的观念即使在今天也是具有深刻的命意和强烈震撼力的。

2. 上帝是宇宙中内在的生命力

按照通常的理解，没有超自然领域，也就没有上帝概念，没有宗教；或者即便有宗教，这种宗教也是没有神灵的。然而在开普兰看来，在超自然领域被否弃以后，上帝并没有随之而销声匿迹，无须超自然特征的宗教仍然是以上帝观念为基础的宗教。

对于上帝的含义，开普兰从不同角度做了不尽相同的表述。在从本体论意义上看上帝时，开普兰这样写道："上帝不是在宇宙之外赫然而立的可以分辨的存在。上帝是宇宙的生命，就其作为每一部分作用于所有别的部分而言，他是内在

---

① 开普兰：《作为一种文明的犹太教》，第307页。

的；就其作为整体作用于每一部分而言，他又是超验的。"①开普兰不止一次地使用"有生命的宇宙"（the living universe）一词，可见宇宙在他那里不是僵死的物质。然而，宇宙之生命不是源于其中的物质性的东西，而是源于其中固有的生命力，这就是上帝。宇宙之所以进化，事物之所以运动和发展，莫不是作为生命力的上帝的缘故。

上帝作为一种生命力，还具有价值论的意义。也就是说，他不仅对于宇宙的存在，而且对于人生是有价值和意义的。开普兰认为，人是自然界的一部分。因此，人的本性和自然界的本性是同一的，人内在的需要和驱动力与宇宙中的生命力也是同一的。上帝作为宇宙中的生命力对于人生起着双重作用。其一，是作为人生的最高目标和理想，引导人为之不懈努力，从而赋予平凡的人生以价值和意义。正如开普兰自己所说，重建派的上帝表达的是"人为之努力奋斗的一些最高理想，同时又指这样一个客观事实：世界恰好是为了这些理想的实现而造化的"②。如果说重建派的犹太教有什么信仰的话，这就是它的信仰。其二，作为内在于宇宙和人的强大力量，驱策着人不断向着理想的目标前进，从而确保人的自我实现或得到拯救。正是在这个意义上开普兰说：上帝是"导致拯救的力"③，是"所有那些存在于生命中并使得人生有

---

① 开普兰：《作为一种文明的犹太教》，第 316 页。
② 开普兰：《上帝在现代犹太教中的意义》，转引自 Louis Jacobs, *Jewish Thought Today*, NJ: Behrman House, 1970, p. 153.
③ 开普兰：《无须超自然主义的犹太教》，转引自 Eliezer Berkovits, *Major Themes in Modern Philosophies of Judaism*, New York, Ktav Pub & Distributors Inc., 1974, p. 152.

意义的力量的全体"①。

由此可见,开普兰拒绝的是超自然主义的上帝,主张的是内在于宇宙之中的上帝;反对的是传统宗教中的人格神概念,提倡的是作为生命力的上帝。这一内在性和超越性的统一的观点使开普兰的重建派神学卓尔不群,在与其他犹太教派别之间划了一条鲜明清晰的界限。

3. 上帝的存在是人生的必然要求

开普兰之所以在取消了超自然领域以后仍然主张神的存在,乃是因为他认识到,上帝是人的本性和生活所必然要求的。他指出:在考察人性的时候,我们发现人本身具有多方面的需要,例如生理成长、心理成熟、道德改善、精神提高等等。这些需要大致可以分为生理的和精神的两类。人的生命就是这些本性的自我展开和实现,是一个由低到高逐渐升华的过程。按照开普兰的解释,"一旦人的生理需要得到满足,他就会感受到有必要去克服自我放纵、自负、嫉妒、剥夺和仇恨之类的品性,或者说,去控制自身本性中的侵略性力量。这构成人的真实命运。人的拯救也正在于此"②。这就是说,克服本能中固有的不良倾向,超越低级的生活阶段,趋向尊严和高贵的生活,乃是人性本身的需要和追求。人的拯救不是别的,就是超越自身的动物性本能,向更高级的道德和精神生活的跨越,就是最高生活境界的实现。人内在地要求高贵的生活,这表明宇宙中必然存在着某种引导人生的

---

① 开普兰:《无须超自然主义的犹太教》,转引自 Eliezer Berkovits, *Major Themes in Modern Philosophies of Judaism*, New York, Ktav Pub & Distributors Inc., 1974, p. 153.

② 开普兰:《犹太人提的问题》,转引自 Louis Jacobs, *Jewish Thought Today*, p. 23。

力量，正如磁针的南北指向表明磁极必然存在一样。这种宇宙中的引导力量就是上帝。

那么，人是如何形成上帝的观念的？开普兰这样说："远在人类能够形成'上帝'观念之前，他们就已经懂得，在周围的环境中存在着许多因素，某些生物体，某些非生物体，某些特定的地方，某些特定的人，正是借它们之助，人类才能实现自己的需要。人类赋予它们以力量，相信可以通过我们称之为巫术的行为和计划使这种力量为他们的利益服务，因为这些东西与他们想要得到的结果没有丝毫的内在联系。伴随着人类自我意识的增长，他们对于自己所属的氏族和部落的意识也增强了。这使他们认识到，他们实施的巫术活动也为自己群体中的其他成员所享有。于是，他们逐渐产生了这样的意识，即对所属群体的依赖比对周围环境中个别因素的依赖有过之而无不及。结果，对于他们来说，群体生活和环境中的那些必不可少的因素就获得了一种额外的意义，而且他们试图通过将它们视为神圣（holy）而且在行为上奉之为神圣来表达这层意义。正是这样，神性（godhood）的概念才出现了。从心理学上讲，神性的概念只是神圣概念的积淀而已。一个神圣之物就等价于一个神性存在。随着人类的发展，神圣的领域也得到了扩展，不仅包括可见的和有形的客体、事件和人物，而且还包括习俗、律法、社会关系、真理和理想。"[①] 这段话清楚地表明，宗教中的神圣之物和神性之物原非固有，而是人为的，是人在长期的生活中为了满足自己的需要而赋予周围环境因素和人群以神圣性而造成的。人总是

---

① 开普兰：《作为一种文明的犹太教》，第318页。

依赖于自然环境，依赖于人群的，人的这种依赖感是宗教产生的最终根源。

4. 宗教的区别在于人群和圣物的不同

神的观念与人为的因素相关，这是一个普遍现象，适用于所有的宗教。事实上，各宗教在普遍原理、社会关系以及生活理想诸方面有着许多共同点。就是说，各种不同甚至相互敌视的宗教在世界观上并没有大的区别。然而，这并不意味着所有的宗教在本质上是一个宗教。事实上，各个宗教之间存在着很大的差异，而且有时表现为势不两立。照开普兰的解释，宗教之区别"主要是由于他们属于不同的群体，并因此而拥有不同的圣物群（constellations of sancta）。每一种宗教都有自己特有的物品、人物、场所和事件，它们被视为神圣或者说在其信徒的集体意识中占有至高无上的价值的地位"①。在古代宗教中，这一点特别明显。例如，早期犹太教与土著的迦南宗教各以自己的圣物相互对峙，以色列人拥有雅赫维（YHWH）的约柜，迦南人则有公牛雕像；以色列人有耶路撒冷的圣所，迦南人有地方圣所。后来，基督教接受了犹太教的信仰、礼仪和许多圣物，但辅之以耶稣的人格，并规定不同的日期为安息日，从而与犹太教区别开来。可见，各宗教之同，在于基本原理；各宗教之异，在于其圣物。由于不同的群体拥有不同的圣物，所以才出现了众多彼此区别、形式各异的宗教。

5. 宗教不同于哲学

宗教也不同于哲学。哲学的重心是原理，宗教的重心是

---

① 开普兰：《作为一种文明的犹太教》，第 319 页。

实践。因此，尽管各宗教之间在基本原理和世界观上是重合或相同的，但具体到各个宗教的圣化功用而言，则是大异其趣、极其不同的；而且宗教和哲学达到相同部分并不特别重要，根本的倒是其差别。开普兰指出："在进入任何内心反应的三种构成因素中，就集体的上帝观念而言，形成的概念只占其中的一小部分，情感所占的份额较大，而最大的因素还是意动（conation）。具体而言，这就意味着，一种群体宗教绝不是一种生活哲学。它的基本功能是使具体的物品、人物、场所、事件、日期，以及具体的律法条文、风俗习惯和伦理道德神圣化，而不是使一般的生活神圣化。"① 宗教的作用是使具体的人或物神圣化，使原来没有价值和意义的事物有价值、有意义。这是哲学所无能为力的。

开普兰区分了历史的宗教和宗教性的哲学。他明确指出："历史的宗教就是群体的宗教。……群体宗教的功能主要是作为一个过程使得自身所属的那种特定文明中的某些因素神圣化。这种神圣化过程在于把群体生活中的某些具有突出影响的事实、事件、场所、事物、时刻和人物看成是对于该群体的自我实现或获得拯救不可或缺的。"② 各个群体宗教之所以有存在的理由，就在于它有能力维系群体的存在，并且能够发掘其精神潜能。与此不同，"宗教哲学是经过反思而获得的世界观。它从根本上讲是一个个人选择的问题，而且通常局限于选择某些对于人类的拯救极端重要的真理、理想或行为原则，不论种族、民族或历史背景如何，都是如此。一种宗教哲学可以

---

① 开普兰：《作为一种文明的犹太教》，第 320 页。
② 同上书，第 322 页。

适合于任何一种文明，因为它不是从哪一种文明中生长出来的。通常来说，它的起源是世界性的，所以在应用上也是世界性的。像科学一样，它可以作为所有文明的一般性标准而起作用"①。开普兰使用了一个形象的比喻来说明宗教哲学的一般性和历史宗教的具体性："宗教哲学和历史宗教之间的差别就像交响乐结构的普遍原理与贝多芬的《第九交响曲》一样。"②

6. 犹太教的礼仪和习俗是可变的

礼仪和习俗也是犹太教的重要内容。对此，开普兰没有停留在一般论述上，而是把它作为犹太教的重要组成部分进行详尽阐述的。

照开普兰的解释，犹太宗教的礼仪和惯例应被视为民风和习俗，而不是什么神圣的戒律。正是这样的民风和习俗"把一个民族集体存在的实在性具体化了"③。它们是具有情感和思想的"动态的宗教诗"，起着连接个体与其民族的纽带作用。不仅如此，它们还能够帮助个人和上帝进行交流。这些习俗成为犹太人生活中的重要组成部分，并且可以为他们的生活增添情趣、个性和热情。开普兰在这里把犹太教的礼仪、惯例和神圣的律法分开是别有一番苦心的。在犹太人心目中，尤其是对正统派犹太人而言，犹太教的律法是上帝在西奈山的启示，因而是神圣不可侵犯，不可人为地改变的。习俗则可以改变，因为习俗不是神授的，而是人为的，即犹太人在长期的生活实践中确立的。因此，开普兰认为，宗教的习俗如安息日，犹太人的各种节日和礼拜仪式，都是可以根据实

---

① 开普兰：《作为一种文明的犹太教》，第 322 页。
② 同上。
③ 同上书，第 432 页注释 1。

践的需要按照人为的标准取舍或修正的。

基于风俗可变的思想,开普兰提出了一些改革性建议。关于犹太人的姓名,他认为,鉴于散居犹太人生活在两种文明即所在国的主流文化和附属性的犹太文化中,犹太人的姓名应该体现这一事实。具体做法是,使名和姓要有所区别,即名(first name)为传统的犹太名,姓(family name)则可以和大众类似。这样一来,犹太人的身份和他们对共同文明的认同就同时表现出来了。开普兰还建议改变传统的犹太历。传统的犹太历是以"创世"为开端的,即《圣经》中所说的上帝创造世界的那一年为犹太历的第一年。在开普兰看来,根据当代天文学和地理学的知识,这种历法显然是不可取的。因此,他建议将犹太纪元的元年改在公元70年,即犹太人的第二圣殿被罗马人焚毁的那一年。他认为这样做有助于提醒犹太人意识到自己在当前世界中的处境。① 更为大胆的是,他曾试图变更犹太教规定的安息日。在他的《作为一种文明的犹太教》的初稿中,他曾提出将犹太人的安息日从星期六改为星期日,以符合多数美国人的习惯,同时也有利于犹太人的工作和生活。安息日是犹太人每周一度的最神圣的日子。千余年来,犹太人形成了星期六过安息日的传统,即使19世纪发生的大规模犹太教改革运动也没有对此做实质性的改动。开普兰的建议立即引起同事们的异议和反对,他最终放弃了这一十分敏感的改革举措。②

---

① 参见大卫·鲁达夫斯基:《近现代犹太宗教运动》,第388页。
② 参见 Nel Scult, *A Biography of Mordecai M. Kaplan*, Waynes State University Press, 1994, p. 343。

五、价值论：善恶与自由

1. 恶是善的缺乏

开普兰认为，善与神性相统一。他说："生活中的善就是其神性。"这就是说，上帝作为创生的力本身就是善的。与此相联系，凡是起因于神性的创造力和生命力的事物或事件，例如宇宙的生成，生命的出现之类，就都是善的。恶（evil）是与善相比较而存在的，是"善的缺乏"。它没有肯定确实的存在形式，只是某种否定、随机和偶然的东西。如果说生命的产生就是善，那么死亡就是恶，因为它是生命的丧失。就像黑暗是光明的伴随物一样，恶也是和善结伴而存在的。茫茫宇宙中存在着创造性的力量，它是宇宙中善的因素。正是由于这种力量不断地侵入和穿透僵死惰性的混沌，赋予其形式，从而塑造出有形的宇宙事物。那尚未取得形式的混沌之物，因其没有分有神性之力，所以是恶的。和善的生成性相反，恶往往是具有破坏性的，例如地震、风暴、洪水、饥荒、瘟疫，诸如此类。

在开普兰那里，上帝是造就宇宙的创造力和生命力，而不是《圣经》中所描述的那种单凭自己的意志创造世界的造物主。上帝创造世界的意思是指上帝作为主动的生成性力量使原本惰性被动的、混乱无序的东西转化为有形的完成了的存在物。这个过程是从潜能到现实、从混沌到有序的过程。这不是传统犹太教所谓上帝"无中生有"式的创世，而是"以有生有"，即从已有的混沌塑造出自然界中具体的事物。

上帝不是在有限的时间内一劳永逸地完成了他的创世活动，而是一个不断创化生成的过程。上帝不是先于世界而存在，而是和混沌未开的东西并存；上帝不是绝对完美和无限的，只是在无限的生成和发展的意义上它才是无限的，也只有在这样的过程中，才变得完美起来。在这里，开普兰明确否认了上帝之于世界的在先性、完美性和任意性，是对传统犹太教神学的叛逆。从上面的论述中，熟悉西方哲学的人不难发现古代柏拉图、亚里士多德以及新柏拉图哲学的痕迹。

开普兰的善恶观没有停留在科学的立场上，因为从科学的观点看，自然中的事物都是自然而然地发生，没有意志和目的的。因此，不论是混沌，还是分化了的东西，无论是有利于人的，还是不利于人的，都是无善无恶的。开普兰这里实际上已经超出了科学的范围而进入了形而上学的范畴。实际上，善恶是价值论的范畴，是与人的生存和目标相联系的。开普兰把善说成是生成的力量，恶是善的缺乏，并把混沌的状态的东西归结为恶，是在存在论的意义上谈论善与恶。除了开普兰外，西方还有不少人从本体论谈善恶，例如斯宾诺莎也认为恶是善的缺乏。这样做实际上是否认了恶的存在。与此不同，中国哲学家是在价值论意义上讨论善恶问题的。孟子主性善，荀子说性恶，告子认为性无善无恶，皆指人性的性质；另外，忠君、爱国、孝顺父母、修桥补路、谋福乡邻之类，在儒家看来都是善举，而这些都是人为之事。而地震、饥荒之类则不属于恶，因为它们是自然界本身发生的事。可见，中国哲学家在善恶问题上遵循着和西方不同的传统。

2. 自由是内驱力的表现

开普兰一再声称他的重建派哲学和自然科学的一致性。

现代自然科学承认自然规律的齐一性和必然性。这里的问题是，如果开普兰坚持自然科学关于规律的认识，那么，他还能够主张自由的存在吗？

依照开普兰的基本原理，宇宙中存在着创造性的生命力，其主要功能在于侵入和穿透惰性的混沌，使之转化为现实的存在。这种创造性的力本身是独立不依的，它不受制于混沌和自然界中规律的齐一性，在这个意义上说，宇宙创生力本身是自由的。由于这种创生力就是神，所以说神具有自由的属性。神所塑造的自然界中的事物是受制的，但其源泉却是自由的；自然领域是整齐划一的，内在于自然但又不是自然的部分的神性创造力却是自由的。换言之，在自然界领域中，决定论一统天下；在神性的范围内，自由是不言而喻的。决定论和自由在不同的领域内可以各行其道。

在开普兰看来，人的伦理生活是自然中内在生命力的表现。从本质上讲，人的生命力就是那统一的宇宙创造力在人身上的具体化，二者在性质上是相同的。如果说宇宙中的创造力是自由的，那么，它在人身上体现出的生命力也应该是自由的。正是这种内在于人的力量使得人有能力在诸多的选择面前做出决断，表现出自由的行为。开普兰是这样说的：与宇宙力量相对应的人自身内的创造性冲动就是自由，"它是人达到精神生活之根，是人自我实现或拯救的首要条件"①。与自由相联系的是责任。自由指的是自主性，责任则是指合作性。开普兰认为责任和自由都属于宇宙创造力在"自我意

---

① 开普兰：《上帝在现代犹太教中的意义》，转引自 Eliezer Berkovits, *Major Themes in Modern Philosophies of Judaism*，p. 165。

识"层面上的表现。自我意识是从进化论的角度看最高级的生命形式，它高于植物和动物，为人所特有。也就是说，在自然界中，自由和责任乃是人所特有的东西。

人的内在冲动或内驱力是自由的。开普兰的这一立场存在着如下问题：第一，人的内驱力属于人的本能方面，它们本身由于缺乏自我意识和理智的指导和控制，往往是盲目的、任性的。这样的自由实际上只是任性。如果说人的自由在于人的内驱力的发挥和展开，那么动物也可以说是有自由的，因为动物也拥有来自神性源泉的内驱力。其实，真正的自由是和人的认识相联系的，即率性而为又不离规矩和方圆，不违反事物的规律性。开普兰的自由是很难与动物的行为区别开来的，其自由观带有生物学色彩。第二，所谓人的自由是宇宙创造力在人的自我意识层面上的展现，如果指的是人的自我意识的指导作用，那么自由就是不受宇宙创生力决定的，即是宇宙创造力作用的中断。开普兰没有达到这一步。他仍然坚持人的内驱力和神性的创造力的统一性。这样一来，人的自由归根到底是神的决定。它不是真正的人的自由，而是神的自由。真正的人的自由是人的"自主"或"自律"，是不受任何外力制约和决定的，它拒绝"他律"的存在。开普兰执着于人的内驱力和神性的创造力之间的统一性和联系，因而不可能真正讲清楚自由的含义。

六、综合评述与反思

1. 关于犹太文明

开普兰犹太文明论的提出是 20 世纪犹太教发展中的大

事，其突出贡献至少有二：首先，它直接导致了犹太教重建派的产生，从而大大丰富了犹太教的内涵。重建派作为犹太教中最年轻的宗派，成为一部分犹太人的生活方式，开普兰的思想为他们提供了精神食粮。其次，比之正统派、改革派和保守派的神学体系，开普兰的犹太文明论更为世俗，因为它把多数犹太人所谓的犹太教变成了一种内涵更加广泛的文明，其中取消了超自然神的存在，消除了来世和天国的生活，倡导人们追求现世的自我实现和自我完善。这是一种崭新的拯救观，也是开普兰体系中最富有开拓性、最有特色、最引人注目的地方。它无疑有助于推动犹太教朝世俗方向的发展。

但是，应该指出，开普兰的文明论和他的重建派犹太教并不具有他自诩的划时代意义，就是说，它们尽管是20世纪产生的独特宗教观和教派，但并没有真正开辟一个犹太教的新阶段，进而取代犹太教的其他派别，为所有犹太人提供一种适应时代要求的生活方式。可以说，开普兰的思想和宗派仍然属于19世纪开始的宗教改革范畴，它和改革派享有大致相同的历史背景和共同的愿望，这就是在调整犹太教以适应现代西方文明社会的同时，保持犹太人的同一性。此外，尽管他的神学思想比改革派来得更加激进，但在总体思路和体系的框架上并没有超出改革派甚至保守派，因为他们一样认为宗教是进化发展的，一样否认超自然神启的存在，等等。在宗教仪式问题上，他甚至落后于改革派而接近于保守派，和后者一样强调礼仪的圣化作用。总之，我们倾向于把开普兰的文明论和他的重建派犹太教看作是19世纪犹太教改革在20世纪美国的余波。

在开普兰的犹太文明论中贯穿着这样一个思想，这就是：

犹太人必须具有自己的文明，否则就不能独立于世界民族之林；在20世纪，犹太人必须具有符合时代要求的新的犹太文明，这就是他的重建论思想体系。在这里，开普兰强调了民族与文明的不可分性，犹太民族与犹太文明的不可分性。如果说犹太人群和社区是犹太民族的躯体和外壳，那么，犹太文明，尤其是其中的宗教就是她的精神和灵魂。诚哉斯言！历史告诉我们，犹太人就是依靠犹太教维护其民族存在的。其实，不仅是犹太人，任何一个民族，如果丧失了自己独特的文明，就无法作为一个民族而存在了。开普兰的可贵之处，在于他在强调民族与文明的不可分的同时，坚持文明的可变性。没有一劳永逸的文明模式。从古代的单一神教、神权政治阶段，到当代的现世拯救阶段，犹太文明就是这样在历史的发展中变换着形式，丰富着自己的内容，而且每一个阶段的犹太文明都为特定时代的犹太民族提供了精神支柱。当然，一个民族的文明绝不是孤立的，它和其他民族的文明并驾齐驱，在冲突和融合中相互借鉴和吸收是不可避免的。古代犹太教就曾融合了古巴比伦、巴勒斯坦以及埃及等文明，近现代犹太教则是在广泛吸收西方的科学技术、民主制度甚至基督教仪式等内容的基础上建立起来的。对此，开普兰是有所涉及的。不过，除此以外，还有一个与世界文明的关系问题。各民族的文明构成了世界文明。世界文明作为一个整体反映了人类共同的人性和需要。因此，它与各个民族的文明在内容上是有差别的。在处理个别文明和世界文明的关系时，正确的态度是在坚持各民族自己文明的同时，努力克服自己文明中与世界文明冲突的地方，使之不断接近于人类共同的理想和文明。应该看到，开普兰对这方面没有足够的重视。反之，他批判改革派倒把犹太教变成了普世主义的哲学，丧失了犹太人的民族性，因而把犹太人变成了一个纯粹的宗教团体。他没有详细阐述犹太文明与世界文明的关系，更没有表现出向世界文明和人类的共同理想靠拢的意识。似乎可以说，开普兰的犹太文明论是民族性有余，而世界性不足。这是值得我们引以为戒的。

2. 关于神的概念

开普兰认为，他的神学不属于超自然主义，也不是自然主义，因为他既否认自然界以外的人格神的存在，也不赞成把包括人生在内的一切统统视为无精神价值可言的客观实在。科学属于自然主义的范畴，它以客观的方法研究实在的事物，但不提供人生价值和意义的解释，因而无法满足人的精神要求。开普兰给他的神学一个特别的名称，即"超越的自然主义"（transnaturalism）。这种神学是"自然主义的引申形式，它很重视机械的或实证的科学所无能为力的东西。超越的自然主义超出了自然而进入到了心智、品性、目的、理想、价值和意义的领域。它论述的是善和真的事物"①。这就是说，开普兰的上帝是真与善的统一，他的超越的自然主义体系也是真与善的统一。

同时，开普兰也不赞成把他的超越的自然主义归结为世俗的人道主义。世俗的或无神的人道主义关心的是人的伦理道德，但是，它是不彻底的，尚未达到宗教的高度。在开普兰看来，人应当意识到，人自我实现的愿望是宇宙

---

① 开普兰：《无须超自然主义的犹太教》，转引自 Louis Jacobs, *Jewish Thought Today*, p. 151。

冲动力量的一部分，同时，宇宙本身又提供了满足这一愿望的东西。就是说，人应该有崇高的目标而且意识到其目标是可以实现的。这对于个人幸福和社会的进步都是必要的。但是，世俗的人道主义对生命的解释是不充分的，因为它没有表达出人的伦理渴望和高尚目标，也不能培养由人的渴望和宇宙进程的一致性而产生的那种情感。所以，世俗的人道主义是一种肤浅的学说，它不足以作为人生的指南。

其实，开普兰的上述宗教学说具有浓厚的泛神论色彩。在历史上，中世纪著名犹太思想家迈蒙尼德曾经用亚里士多德的理性主义解读《圣经》，从而摈弃了犹太教中的人格神概念，否认了神的任何确定性属性，但他并没有明确放弃上帝的精神性和超自然性。17世纪荷兰犹太哲学家斯宾诺莎一方面主张神内在于自然，另一方面又把神和自然等同，提出了"神即自然"的命题，这就既否认了神的超自然性，又消除了它的人格性，因此而成为泛神论的典型代表。开普兰认为上帝不在自然之外，而在自然之内，是宇宙本身固有的创造力和生命力，包括自然界、社会和个人在内的一切事物都是由它塑造出来的。这和斯宾诺莎的泛神论有异曲同工之效。不同之处在于，开普兰没有说"神即自然"，而是称神为宇宙中无处不在的创生力。他这样做似乎比斯宾诺莎的"神即自然"更能在细节上阐述宇宙万物的产生，即神性的力侵入或穿透混沌而使之成为有形的具体事物。相比之下，斯宾诺莎那里"神即自然"产生作为自然界万物的样式的过程委实是过分抽象笼统了。

不仅如此，开普兰以创造力取代传统的人格神，目的是取消来世生活，使人的理想和目标不再遥不可及和神秘莫测，让人的拯救完全植根于现世生活的土壤中。他把宇宙生命力确立为人生追求的目标，同时也是人借以自我实现、获得拯救和幸福的动力，这可以说是20世纪犹太神学的重大进展。这里我们不禁又一次想起斯宾诺莎。在他那里，人通过对具体样式的认识来认识自然或上帝，并产出一种对神的理智的爱。人就是在这样的爱中获得最大幸福的。开普兰在其著作中不时地提到斯宾诺莎，可见他们的思想内容是一脉相承、大同小异的。然而具有讽刺意味的是，两人的命运却有天壤之别。当时，斯宾诺莎是被开除教籍的叛逆者，而20世纪的开普兰则是神学教授、拉比和一派犹太教的宗师。

开普兰的重建论一经出笼，就遭到了不少犹太神学家和教徒的质疑和攻击。他们问：人的本性既然是自然界的一部分，人如何会有自然本身所不具有的精神追求呢？没有人格的非精神的上帝如何能够成为人的精神生活追求的目标和理想，并且确保人的本性的自我实现呢？还有，如果上帝只是非人格的宇宙力量，它如何能够成为人们敬拜祈祷的对象呢？美国保守派的犹太拉比斯坦伯格（Milton Steinberg，1903—1950）直截了当地批评道：开普兰的上帝不过是从杜威实用主义哲学中派生出来的一个功能性概念。这样的上帝无法使人产生对他的依赖感，也缺乏诗意和与之相联系的神秘感，因而不可能成为人顶礼膜拜的对象，不可能叫人产生虔敬和奉献的精神。英国正统派拉比爱泼斯坦（Isidore Epstein，1894—1960）也指责开普兰取消了作为"纯粹精神"的上帝，致使上帝从精神性的有人格的"他"降低为物质性的"它"。这"消除了宗教的超自然性"，使上帝成为"犹太教中的赘疣"①。

把这些问题归结起来，最本质的一点就是认为非精神的没有人格的上帝不能成为人们崇拜的对象和精神生活的目标。应该说这是一个一针见血的问题。如果按照这些人的理解，开普兰的神的概念乃至整个思想体系，都是毫无意义的无稽之谈。

这个问题十分复杂，关系到对宗教本质的认识。对此，不同的宗教学家也有不同的看法。我们认为，宗教是人的本性必然要求的，是为了满足人的生活需要而产生的。正如开普兰所阐述的那样，是人赋予人所依赖的事物以神圣性，从而使之成为神性之物的。因此，不管神性物是纯粹的精神，例如传统犹太教和基督教的上帝，还是有形的东西，如原始宗教中常提到的太阳、月亮、石头、树木、公牛、龙、蛇、凤凰之类，只要有人相信它具有神力，它就可以成为崇拜的对象，激发人的精神追求，起到生活的动力和目标的作用。中国民间宗教中的神祇，如龙和凤，就是这方面的典型例子。这里最重要的一点是信仰。信仰是宗教的核心，有信仰就有宗教。换句话说，神祇的真假不同于现象界事物的真与假。后者的真假是指是否在自然界领域存在，是可以用经验、理智去认识，用人的实践活动去检验的。与此不同，神的真假是精神或信仰领域内的事情，是信则有，不信则无。它由于超越于自然界和经验之外，所以不能用经验和科学的方法进行验证。如果说必须验证的话，那就只能借助于人的内心体

---

① 开普兰：《无须超自然主义的犹太教》，转引自 Louis Jacobs, *Jewish Thought Today*, p. 29。

验。德国著名宗教哲学家施莱尔马赫就曾说，证明神的存在只能依靠人的体验。体验也是经验，只不过不是关于外部对象的经验，而是关于内在的或精神对象的经验，其形态是心理的或内省的。精神的存在只能用精神的手段来证明。对于神的存在问题，理智和科学只能隔岸观火，无法直接染指的。

对于开普兰的神，即宇宙的创造力和生命力也是如此。问题不在于它在经验科学意义上是否具有精神性和人格性，而在于是否有人相信它有神性的力量。毫无疑问，开普兰是信仰它的，重建派的教徒们是信仰它的。对于他们，宇宙中的力就可以作为神来顶礼膜拜，就可以成为他们的精神支柱。对于那些不信甚至反对的人，这种力当然就不是他们的崇拜对象，也不会影响其实际生活。

至于开普兰的神的非精神性，应该有一个全面的认识。开普兰是从人的本性和人的生活需要推出他的神性存在的。开普兰没有怀疑人是有精神和精神生活的。因此，由此而得来的作为创造力和生命力的神应该是有精神性的。其实，生命力本身就包含着精神，尽管它还是潜在的，只是发展到自我意识即人的阶段时，才现实地表现出来。从这个意义上说，开普兰的宇宙力同时就是"导致拯救的力"，是有资格担当人生目标和动力的神性存在的。前面提到的那些质疑和批评，多半是由于认识或宗派上的分歧和偏见造成的。

此外，开普兰还提出了不少发人深思的问题。例如，在宗教和科学的关系问题上，开普兰认为二者同源，即皆来源于人们对于环境和社会的经验，只是目的和功用有所不同。科学给人以知识，但不解决人生的价值和意义。而这恰好是宗教的特长。这样一来，开普兰就一方面使宗教和科学平起平坐，拒绝了宗教的超自然起源；另一方面又赋予宗教以价值优先的地位，凸显了它的人生意义和价值。在宗教和哲学的关系上，开普兰认为哲学，包括宗教哲学，是抽象的、普遍性的原理，而宗教除了普遍的概念外还包含圣物、礼仪和习俗等具体的内容。因此，宗教具有哲学所没有的使人和物圣化的作用。应该说，这种关于宗教的圣化功能的阐释是颇有启发性的。实际上，宗教和哲学都有终极的关怀，都怀有拯救人类的崇高动机和目标。哲学在本质上是对生命意义的终极性探求和追问，但这种追问只能是个人性的。哲学的追问是无休止的，它不承认信仰，不应该在哪一点上停止并宣布发现了终极的真理。一旦哲学停止追问而变成了群体接受的学说，甚至是生活指南，它就不再是哲学，而转化为宗教了。宗教的最大特征是它的信仰。它探求生命的终极意义，而且相信已经发现了真理。宗教的真理一旦被发现就变成了教徒们的集体信念，成为教会群体的意识形态和生活方式，因而能够起到圣化生活、提高精神境界的作用。这是哲学永远做不到的事情。

3. 开普兰及其重建派犹太教的效果和命运

半个多世纪过去了，开普兰的犹太文明论和宗教哲学在犹太宗教和社会生活范围内产生了重大的影响，这是一个不容抹杀的事实。但是，他的作为文明的犹太教并没有像他预料的那样成为犹太人的主导精神，并且能够代替其他宗派而起到挽救犹太民族的作用。事实上，重建派犹太教的势力范围仅局限于北美，即便在那里也只占犹太人总数的2％。倒是改革派和保守派的阵营得到了不断壮大和稳固，两派的总人数达到了北美犹太人的80％以上，其理论当然也成为占主导地位的意识形态。

  开普兰的重建派之所以没有取得预想的效果，原因是复杂的，多方面的。但是，下面几点是不容忽视的。首先，他的作为文明的犹太教虽然从理论上讲是颇有道理的，但是，它与其说是一种宗教，不如说主要是一种哲学，即犹太教哲学。正如他自己所说，哲学只能向人们提供一般性的原理，而不能圣化于人。尽管他的重建论不是纯粹的哲学，但毕竟因其哲学性大于宗教性而使人望而却步，不肯把它作为一种宗教来接受。这恐怕是多数犹太人不愿意加入重建派阵营的根本原因。其次，开普兰的没有超自然主义的犹太教似乎过于世俗化了。尽管从学理上讲对于宇宙生命力的信仰照样可以成为人们崇拜的对象，起到圣化人的作用，但毕竟不如超自然的精神性上帝更容易引起人们的认同。对于多数缺乏宗教哲学训练的人而言，传统的神学观念更易激起人的宗教感情，更易指导人们趋向于高尚的精神生活。最后，犹太教是具有悠久历史的文明，传统信仰的改变绝不是短时间内可以做到的。开普兰不仅和《圣经》《塔木德》中的犹太教观念，尤其是超自然神启的信仰反其道而行之，而且力敌同时代的其他各个教派。然而，传统的惯性力量是不容低估的，人们接受开普兰的学说需要更长的时间。或许随着时间的推移，开普兰会有更多的同道和知音的。

第十九章

埃米尔·法肯海姆

一、生平与著作

埃米尔·法肯海姆（Emil Fackenheim，1916—2003）是当代著名的犹太哲学家、思想家，是致力于大屠杀（the holocaust，或译纳粹屠犹）反思的宗教哲学家，也是一位犹太教的拉比和神学家。学者格林（Kenneth Hart Green）曾对法肯海姆做出这样的评价："法肯海姆本人堪称第二次世界大战以后最重要的犹太思想家之一。"[①]

法肯海姆出生于1916年6月22日，出生地是德国的哈勒（Halle）市。他于2003年9月19日逝世于以色列的耶路撒冷，终年87岁。他的一生是与20世纪同行的一生，是20世纪许多重大事件如纳粹屠犹的亲历者和见证人。他的颠沛流离的人生经历可以看作20世纪犹太人生活的一个缩影。

[①] 格林：《现代犹太思想流变中的施特劳斯》，见刘小枫主编：《施特劳斯与古典政治哲学》，上海三联书店，2002，第35页。

法肯海姆生于一个家境良好的犹太家庭。在他的家族内有一种说法，说他的家族是迈蒙尼德的后裔。法肯海姆自己对此说法表示怀疑。他在三个兄弟中排行第二。他的父亲是当地一位有名的律师，口才好，有学识，也富有正义感。法肯海姆曾回忆说："他（父亲——引者注）是一位出色的演说家，在某种程度上，我也从我父亲那里继承了这方面的才华。"① 当然，他从父亲那里继承的不只是口才，还有缜密的思维、坚强不屈的性格等。他父亲曾在哈勒市创办了一家犹太人体育俱乐部，担任该俱乐部的负责人。有一次，俱乐部正在举行周年庆祝活动，两位纳粹分子前来寻衅滋事。他父亲对着其中一人朝他的鼻子猛打一拳。这个举动给当时只有8岁的法肯海姆留下了极深的印象。②

法肯海姆的家庭成员大多属于自由派犹太教徒。德国的自由主义犹太教与美国的改革派犹太教又有所不同，在一些基本观点上似乎更倾向于保守派的犹太教。当然，法肯海姆的家族成员之间在遵守犹太教习俗方面也有差异。比如说，法肯海姆的祖父母还遵守着犹太饮食律法，但是年轻的法肯海姆已经不严格遵守了，尽管他仍然保持着不吃猪肉的习惯。在德国的时候，受家庭习俗的影响，他经常在星期五的晚上去当地的犹太教圣堂参加宗教活动，吃祖母准备的安息日晚餐。③ 从法肯海姆所受的家庭教育来看，应该说，他从小受到了较好的自由主义犹太教的教育，有一种开放的、愿意吸纳

---

① Michael L. Morgan ed., *The Jewish Thought of Emil Fackenheim*, Detroit, Wayne State University Press, 1987, p. 349.
② Ibid., p. 13.
③ Ibid., p. 350.

新知的心态。

在法肯海姆年轻的时候,当时德国的犹太人在对待犹太复国主义上主要有两股势力,一股势力不赞成犹太复国主义,大概受当时德国浓厚的民族主义情绪的影响,这部分人主张犹太人本地化,尽力融入德国社会,成为地道的德国人;另一股势力支持犹太复国主义运动,一些年轻人还成立了犹太复国主义的青年团体。法肯海姆基本上倾向于第一种立场,成为一名非犹太复国主义者,他还在非犹太复国主义的青年团体中担任领导职务。这个团体在当时团结了一批不赞成犹太复国主义运动的德国犹太青年人。后来,法肯海姆对待犹太复国主义的立场有所变化,倾向于赞成犹太复国主义,他晚年移居耶路撒冷就是一个明证。

可能与他的家庭教育有关,年轻的法肯海姆对学习犹太教知识抱有极大的兴趣。但是当时他并没有想要成为一名拉比。他曾回忆说:"我只是想成为一名有学识的犹太人,因为当时我作为一个年轻的犹太人,对犹太社区有一个意见,那就是:尽管人们很热心,但是大多数人对犹太教的了解并不多。"[①] 他想改变这种局面。在此思想的驱动下,他很认真地学习犹太教知识与经典。

1935 年,法肯海姆高中毕业后,他进了柏林一家改革派的犹太教学高等学院,该学院是由著名的改革派犹太教理论家亚伯拉罕·盖革在 19 世纪创办的。大概是由于该学院强调对犹太教进行科学的研究,法肯海姆对此并不十分喜欢,他更喜欢思考哲学问题,而不喜欢对犹太教做细枝末节的琐碎

---

① Michael L. Morgan ed., *The Jewish Thought of Emil Fackenheim*, p. 350.

研究。所以他说,拉比神学院对他来说在某种程度上是一个"令人沮丧的地方"①。

当代犹太思想家、德国犹太社区的领导人利奥·拜克曾经是法肯海姆的《密德拉什》课的老师。法肯海姆从该课程的学习中受益匪浅,当然也有一些遗憾。他对利奥·拜克的总体评价是:"他是一位令人畏惧的老师,但他无法解答我的哲学困惑。他的回答总是很美感的。……他教给我很多《密德拉什》的知识,令我印象深刻。只是谈谈《密德拉什》是容易的;拜克迫使我独立思考,正如布伯一样。"② 尽管法肯海姆在学习上遇到了一些不如意的事情,但是,他还是学到了比较系统的犹太教知识。

自1938年11月9日大部分犹太商店被砸毁的"水晶之夜"之后,德国犹太人遭到了纳粹分子的严厉镇压。法肯海姆也未能例外,他不久即被纳粹逮捕,被关进了位于萨克豪森(Sachsenhausen)的集中营,自然也被迫离开了他的学院,中断了正常的学习。他在集中营期间饱受苦难,不仅干苦力活,还挨饿受冻。幸运的是,他在关押了3个月后被释放。

这段惨痛的经历无疑给法肯海姆今后的人生道路和哲学道路产生了深刻的影响。他后来专心从事于反思大屠杀或纳粹屠犹的工作,不是偶然的,而是建立在他切身的体验与观察之上的。他曾深有体会地说,在集中营里,纳粹实际上是把人当作行尸走肉。法肯海姆讲了一个关于他朋友的悲惨故事。他的这位朋友一直被关押在纳粹的集中营,直到苏联军

---

① Michael L. Morgan ed., *The Jewish Thought of Emil Fackenheim*, p. 351.
② Ibid., p. 351.

队把集中营解放，这位朋友才获得自由，幸运的是他活下来了。可是他不再信任在德国的任何人，他在解放后偷了一辆自行车，下定决心从德国一直骑车到法国，他不愿再在德国生活。法肯海姆于是感叹道："你可以想象他处在一个什么样的条件下生活。如果没有希望，他能熬过这么多年的集中营生活并设法活下来吗？现在研究大屠杀的人很少会问这样的问题。"① 当我们今天去理解法肯海姆的哲学思想的时候，不能离开他的这个集中营生活的经历。他的集中营生活经验已经深深地嵌进了他的人生经验及其哲学。

　　法肯海姆从集中营被释放后不久，他参加了当时的犹太教拉比考试，顺利通过考试，成为一名犹太教拉比。由于德国形势的逼迫，1940年春天他去了英国，在阿伯丁（Aberdeen）大学上学，攻读博士学位。不幸的是，没过多久，德国和英国交战，由于他的德国人身份，他被英国方面收容，后又被送到加拿大，被作为战俘对待，关在战俘营里长达20个月。从战俘营被释放后，法肯海姆进了多伦多大学学习哲学，攻读博士学位，于1945年在该大学获得博士学位。1943—1948年，他担任加拿大安大略省汉密尔顿一个犹太社区的拉比。拉比的工作使他实际接触当地犹太人社区，了解犹太人的生活境况，也促使他思考后大屠杀时代犹太人的生存问题。

　　从1948年开始，法肯海姆在加拿大多伦多大学任教，讲授哲学，一直到1984年退休。退休后，他和他的家人一起移居到以色列。他在希伯来大学的当代犹太人研究所（the In-

---

① Michael L. Morgan ed., *The Jewish Thought of Emil Fackenheim*, p. 353.

stitute for Contemporary Jewry）开始新的执教生活。法肯海姆的整个晚年在耶路撒冷安详度过。

大约到 1967 年以色列"六日战争"之前，法肯海姆主要研究后康德时代的德国哲学，教授德国唯心论的哲学传统。1967 年之后，受中东战争的刺激，他的哲学思考与兴趣有了新的变化，他开始把教学与研究的重点转向对大屠杀的反思和对战后犹太人的生存问题的思考。法肯海姆对大屠杀的思考主要不是出于理论的思辨，而是出于对犹太人生活经历的审视。

在犹太哲学和大屠杀研究方面，法肯海姆的成果颇为丰富，大约有 8 本著作和大量的文章，主要的著作有：《形而上学与历史性》（*Metaphysics and Historicity*，1961）、《黑格尔思想的宗教维度》（*The Religious Dimension in Hegel's Thought*，1967）、《探索过去与未来》（*Quest for Past and Future*，1968）、《上帝莅临历史》（*God's Presence in History*，1970）、《犹太教与现代哲学的相遇》（*Encounters between Judaism and Modern Philosophy*，1973）、《改善世界》（*To Mend the World*，1982）、《什么是犹太教》（*What is Judaism*，1987）等。在这些著作中，影响最大的大概要数《上帝莅临历史》这本小册子。在该书中，法肯海姆分析了犹太人的生存经验结构，提出大屠杀昭示犹太人去聆听新的上帝命令，这就是后来所说的第 614 条诫命。这个思想构成了法肯海姆犹太哲学的核心。

从哲学思想渊源上说，法肯海姆继承了德国唯心主义哲学和后来的存在主义哲学的传统。从总体上看，法肯海姆可以说是存在主义的犹太哲学家和神学家。存在主义关注人的生存状况。作为犹太的存在主义哲学家，法肯海姆自然关注当代犹太人的生存处境与意义。由于历史的原因，当代犹太人的生存状况与纳粹屠犹事件不可分割地联系在一起。20世纪50年代以后的犹太人的生活是大屠杀幸存者的生活。大屠杀已经在当代犹太人的生存境况中打上了深深的烙印。离开了大屠杀的反思，就无法深刻理解当代犹太人的生存状况。因此，大屠杀的反思和犹太人生存意义的思考构成了法肯海姆犹太哲学的两个主要话题，而这两个问题，对于战后的犹太人来说，本质上是同一个问题，即当代犹太人如何面对过去、现在和未来，或者简单地说，如何理解纳粹屠犹的当代意义。

二、大屠杀的独特性与逻辑

有人认为，法肯海姆是20世纪伟大的犹太思想家之一，是当代犹太思想界的大家。也许有人会质疑上述说法，但是，当我们讨论后大屠杀时代的犹太思想时，法肯海姆肯定是一个无法回避的思想家。对纳粹屠犹即大屠杀的研究与反思是法肯海姆哲学思考的一个中心。他对犹太人未来命运的关注、对当代犹太人危机的思考都与大屠杀反思有着密切的联系。

纳粹大屠杀不仅是像法肯海姆这样的犹太哲学家感兴趣的话题，而且也是西方的哲学家、神学家、文学家、历史学家感兴趣的话题。1960年以来，西方思想界和宗教界一直关心对纳粹屠犹的研究和反思，并把这种反思与对人类的命运、西方文明前途的思考联系起来。正如英国思想家鲍曼

(Zygmunt Bauman)所说:"我们知道现在我们生活在一个使纳粹屠犹成为可能的社会中,生活在一个无法阻止纳粹屠犹发生的社会中。"① 这里所指的社会当然指当代西方社会及其文明成就。正是现代西方文明使得大屠杀成为可能,大屠杀与西方文明的巨大成就是一对孪生兄弟。因此,对大屠杀的反思也是对西方文明的反思。直到现在,我们还生活在这样的文明社会之中,如果我们不对这种文明进行批判性的思考,我们怎么能防止另一场大屠杀呢?法肯海姆对此也忧心忡忡。

对于法肯海姆来说,反思大屠杀涉及的第一个问题是:从人类历史上看,纳粹屠犹是一个普通的种族屠杀事件还是一次独特的大屠杀?

法肯海姆的回答是:纳粹屠犹事件在人类历史上是史无前例的。这是一次具有特殊意义的大屠杀。人类历史上曾发生过程度不一的屠杀事件,但是,纳粹屠犹与此前的所有大屠杀的一个不同之处在于:无论就其目的还是手段来说,这都是一次全面的种族灭绝行为,这是对一个民族的屠杀,而不仅仅是对一群人的屠杀。纳粹用"最终解决"(final solution)的方法来处理犹太人问题。所谓的"最终"其实就是指灭绝,从身体到心灵的灭绝,灭绝范围之大是令人惊骇的。纳粹要把欧洲甚至整个世界变成一个无犹太人区。

当然,除了上述因素外,还有很多因素导致纳粹屠犹事件的独特性,如对受害者犹太人身份的精确界定、通过司法

---

① Zygmunt Bauman, *Modernity and the Holocaust*, New York, Cornell University Press, 1989, p. 88.

程序剥夺犹太人的正当权利、通过技术化的设备如毒气室等实施屠杀、有一支实施屠杀活动的军队及其各类帮凶等等。① 在这些因素中,最后一个因素即人的因素起着主要的作用。如果没有形形色色的杀手与帮凶,纳粹可能无法为所欲为;如果没有纳粹,犹太人可能不会遭受如此深重的灾难。

那么,究竟如何认识纳粹及其行为逻辑呢?在法肯海姆看来,纳粹不是一般的种族主义者,不能从纯粹种族主义的视角来理解纳粹屠犹的行为。他说:"对于种族主义来说,'劣等种族'仍然是人……对于纳粹反犹主义来说,犹太人根本不是人,没有资格活着。"② 种族主义区分优等与劣等种族,并鄙视劣等种族。但无论如何,劣等种族毕竟还是人的种族。而纳粹分子把种族主义推向极端,甚至比种族主义更厉害,不把犹太人当人看,而当害虫与魔鬼看。在纳粹的眼里,既然犹太人是魔鬼,就理应诛之,因为魔鬼是恶的代表。法肯海姆说:"奥斯威辛的做法奠基于一个新的原则:对于一部分人来说,他们的存在本身就是一种罪过,就该受羞辱、折磨与死亡等惩罚。据此原则造就的新世界就只有两类人了:受罚者与施罚者。"③ 犹太人属于那类受罚者。在这种视野下,犹太人的受辱命运是可想而知的了。

法肯海姆说:"历史学家和哲学家必须正视这一点:奥斯威辛不属于这个世界。"④ 这句话意味深长。"这个世界"指我们天天生活于其中的世界,这是一个属人的、日常的世界。

---

① 参见 Michael L. Morgan ed., *The Jewish Thought of Emil Fackenheim*, pp. 135-136。
② Michael L. Morgan ed., *The Jewish Thought of Emil Fackenheim*, p. 137.
③ Ibid.
④ Ibid., p. 138.

既然这是人的世界，每个人就应该享有人道的待遇，人与人应该互相尊重而不是杀戮。"奥斯威辛世界"恰好与"这个世界"背道而驰，它是一个非人道的世界，似乎在另一个星球上。在那里，犹太人被定义为魔鬼，生来就该受罚。在日常生活世界里，人之所以被罚是因为他的行为违反了现行的法律或约定俗成的规范，而在"奥斯威辛世界"里，犹太人之所以被罚仅仅是因为他们的出身、他们的犹太人的身份。在纳粹眼里，犹太人的存在就是一种罪，这种独特的逻辑只有在"奥斯威辛世界"里才会有。

在"奥斯威辛世界"里，德国人与犹太人的关系不是人与人的关系，而是人与有害动物（如害虫、寄生虫等）的关系。这样，灭绝犹太人的残暴行为就有了"合法性"。这种"合法性"在"这个世界"里是无法想象的。法肯海姆竭力论证奥斯威辛集中营的生活代表着另一个世界的生活。他说："奥斯威辛和特雷布林卡是一个世界，它有着自己的结构与逻辑，有着自己的视域与语言；但不是海德格尔哲学或其他哲学期盼的世界。"[1]

这是一种什么样的逻辑呢？在本质上，"奥斯威辛世界"遵循着毁灭犹太人的逻辑。当然，在法肯海姆眼里，抽象地谈论纳粹的毁灭逻辑是毫无意义的，更有意义的是要揭示纳粹毁灭行动的实际进程及其目的。"最终解决"这个进程告诉我们："最终地看，纳粹的毁灭逻辑的目的在于受害者的自我毁灭。"[2] 他们试图通过恶劣的工作环境、简陋的生活条件等方式来迫使

---

[1] Emil Fackenheim, *To Mend the World*, New York, Schocken Books Inc., 1982, pp. 181-182.

[2] Ibid., p. 209.

犹太人的自我毁灭。也就是说，他们不仅屠杀犹太人，而且要以某种极端的方式来迫使犹太人自己毁灭自己。这才是最大的毁灭。这种毁灭逻辑鲜明地体现了纳粹屠犹事件的独特性。

法肯海姆指出，在现代社会，选择死还是不死是一个人的自由，个人有权自由地做出各种人生的选择。在存在主义哲学家那里，这种自由刻画出人类生存的基本特征。可是在"奥斯威辛世界"里，谈论人的选择与自由是一件奢侈的事情。犹太人的命运是被别人控制的，毫无选择与自由可言。主宰"奥斯威辛世界"的原则是："犹太人的死是必然的，活着是偶然的。"① 由此可见，奥斯威辛事件似乎发生在别的星球上，纳粹控制着这个事件。

法肯海姆承认，纳粹屠犹对于犹太人来说是一个惨剧，对于大多数普通德国人来说也是一个"惨剧"。他们对身边发生的事情无可奈何。法肯海姆用了一个形象的比喻来说明第二次世界大战时期的德国。他说，当时的德国社会就像一张铺开的网，普通的德国人被编织进这张网，无所逃遁，纳粹屠犹事件成为了这张网的核心。

从法肯海姆关于纳粹毁灭逻辑的论说中，可以做进一步的推论：毁灭犹太人也意味着毁灭文明，毁灭行动渗透着虚无主义的哲学。根据犹太哲学家利奥·施特劳斯的说法，纳粹的毁灭逻辑体现出虚无主义的立场。广义地说，虚无主义在本质上是一种试图毁灭、拒斥当代西方文明的欲望。"德国虚无主义是德国军国主义的激进形态。"② 纳粹既是军国主义

---

① Michael L. Morgan ed., *The Jewish Thought of Emil Fackenheim*, p. 138.
② 施特劳斯：《德国虚无主义》，见刘小枫主编：《施特劳斯与古典政治哲学》，第 761 页。

的代表，也是虚无主义的代表。施特劳斯把第二次世界大战期间德国与英国的战争视为具有象征意义的文明争夺之战。"英国人在德国虚无主义面前捍卫现代文明，这就是在捍卫文明的永恒原则。"① 从这个意义上说，犹太人的毁灭与否不仅仅是犹太人的事情，更重要的是，这是全人类的事情，是关系到人类文明存亡的事情。

强调纳粹屠犹事件的独特性不是法肯海姆独有的观点，现在有不少研究者逐渐认可这一观点，并从不同的视角挖掘这一事件的独特历史意义。例如鲍曼在《现代性与大屠杀》一书中也表述了同样的观点。他说："现代纳粹屠犹在双重意义上是独特的。相对于历史上其他的屠杀事件而言，它是独特的，因为这是现代的大屠杀。相对于现代社会的普通性而言，它也是独特的，因为它把一些在通常情况下分离的现代性因素集聚起来了。"② 具体地说，其一，与别的大屠杀相比，纳粹屠犹的独特性在于它的现代特征，如贯彻了工具理性原则；其二，与现代社会中别的现象相比，纳粹屠犹的独特性在于它使许多现代性的普通元素结合并发挥破坏性的规模效应。鲍曼的观点在一定程度上呼应了法肯海姆关于纳粹屠犹事件独特性的认识。

三、"划时代"事件与"根本经验"

既然纳粹屠犹是一次独特的毁灭性的历史事件，那么，

---

① 施特劳斯：《德国虚无主义》，第 766 页。
② Zygmunt Bauman, *Modernity and the Holocaust*, p. 94.

它是否也摧毁了犹太人的上帝信仰呢？于是，法肯海姆反思纳粹屠犹事件涉及的第二个问题是：在大屠杀中，信仰上帝是否必要？上帝还存在吗？上帝还值得去信仰吗？

当大屠杀发生时，上帝是否存在？这的确是一个棘手的问题。思想界大致有两种观点。一种观点赞成神义论，不仅承认上帝的存在，而且承认上帝始终是正义的。上帝之所以允许大屠杀的发生，总有他的道理。上帝作为正义化身的说法是不可动摇的。另一种观点与前者针锋相对，承认上帝死了，主要代表是当代犹太思想家鲁宾斯坦（Richard Rubenstein）。他认为，如果仁慈的、有爱心的上帝还存在的话，那么他就不会允许纳粹屠犹事件的发生，就不会听不到犹太人的祈求与哭声。现在既然600万犹太人在第二次世界大战中被屠杀，既然发生了这么悲惨的事件，可以推知大屠杀期间上帝根本不存在。仁慈的上帝与残忍的大屠杀是矛盾的。承认纳粹屠犹的事实，就得否认上帝的存在。鲁宾斯坦进一步肯定了尼采的预言：上帝死了。

从上帝是否存在的问题引出的神学问题是信仰上帝是否必要、犹太教还是否有意义。尽管鲁宾斯坦否认上帝的存在，否认上帝与以色列之间的契约关系，但他还是为犹太教的合理性做了辩护，他指出，从心理学的角度看，很多犹太教的活动、场所与仪式是有意义的，像犹太教的圣堂，作为一个精神的诊所来理解，可以继续在犹太人的生活世界中扮演重要的角色。

鲁宾斯坦这种"去神学化"的犹太教立场是法肯海姆所不满意的。法肯海姆认为，尽管发生了像奥斯威辛集中营大规模屠杀犹太人这样的惨剧，但是信仰上帝的信念不可抛弃。

他甚至指出，上帝仍然在奥斯威辛的历史中显现。当然，法肯海姆需要寻求新的解释，它不仅要说明在纳粹屠犹期间上帝的在场，而且要说明纳粹屠犹事件并没有颠覆犹太教的基本信仰，犹太教不仅仅具有心理学的意义。这样的解释是否可能？法肯海姆对此信心十足。

法肯海姆开始从理论上分析犹太人的生存经验结构，试图以此来揭示纳粹屠犹事件的性质及其对犹太人生存经验的影响。能够对犹太人生存经验发生影响的肯定是一些重大的历史事件。法肯海姆对这些历史事件进行分类鉴别，从理论上区分了两类典型事件：一是"划时代"事件（epoch-making events），二是比"划时代"事件更为基础性的事件，即"根本经验"（root experiences）。在长达几千年的犹太人的历史中，曾经发生过很多著名的历史事件，如两次圣殿被毁、马加比起义、西班牙犹太人被逐等等，这些都属于"划时代"的事件。这类事件的特点在于它并不产生新的信仰，而是对正统的信仰的挑战和考验，当然，这种挑战都没有推翻正统的信仰，而是一种对正统信仰的测试，最终使正统的信仰在当下的经验范围内得以适当的解释与维系。

既然"划时代"事件只是测验正统的信仰，那么，这种正统的信仰来自何处呢？它是由什么样的历史事件造成的呢？它显然比"划时代"事件更原始，法肯海姆称它为"根本经验"。因为这类事件对犹太教信仰的形成起着奠基性的作用。

"根本经验"有什么样的特征呢？或者说，成为"根本经验"的历史事件必须具备哪些条件呢？经过对犹太历史的考察，法肯海姆提出了三个条件。

第一，从时间上看，"根本经验"自然属于过去，但是这种过去的经验与别的经验不同，它和现在之间具有连续性，依然影响着现在犹太人的生存，在现在的生活世界中发生着作用。它是现在的合法性根据。拉比以利沙（Eliezer）说，在渡红海事件中，当时普通的以色列人看到了先知以西结没有看到的事情，即看到了上帝的显现，所以当时的以色列人会唱道："耶和华是我的力量、我的诗歌，也成了我的拯救。这是我的神，我要赞美他；是我父亲的神，我要尊崇他。"（《圣经·出埃及记》15：2）根据以利沙的话来推论，尽管他没有看到上帝，但是，他知道普通的以色列人看到了上帝的显现。[1] 他的这个"知道"表明渡红海事件仍然在影响着他那一代人。像渡红海这样的经验构成了犹太教的"根本经验"，它仍然在塑造着现在。它是活的，与当下发生的事情是相通的。这样的连续性经验才是法肯海姆所说的"根本经验"。

第二，"根本经验"既是历史的，又是开放的。例如渡红海事件，通过犹太教的祈祷和节日仪式，它已经成为所有以色列人（包括未来的犹太人）的集体记忆，为大家所共享，向所有人开放。它深深地融入了犹太人的血液之中，不仅影响现在，而且影响未来，乃至弥赛亚时代的犹太人。

第三，"根本经验"提供了人们接近上帝的可能性。在渡红海的事件中，以色列人面临危难，但是此危难最终被上帝化解了。以色列人经验到了上帝的在场，用先知以西结的话说，以色列人"得见神的异象"。对于后代人来说，是否可以以及如何进入这个"异象"呢？法肯海姆的回答是肯定的。

---

[1] 参见 Emil Fackenheim, *God's Presence in History*, New York, New York University Press, 1970, p. 9.

虔诚的犹太人会牢记出埃及和渡红海的历史事件,并把它们构想成当下的事实,进入到神的显现的异象之中。这样,虽然上帝显现于过去的历史事件中,当下的我们无法亲眼看见,但是当我们把这些事件作为当下的现实来领受的时候,我们也就接近了上帝。

符合上述条件的历史事件铸就了犹太人的"根本经验"。法肯海姆认为,在犹太教中,渡红海事件、西奈山事件都是犹太人的"根本经验",它们构成了犹太人的信仰,成为现在和将来犹太人生存的依据。在犹太人对这些事件的不断回忆中,犹太人把这些似乎与自己无关的事件变成是他自己的事情,从中领悟生存的意义与上帝显现的意义。

那么,接下来人们要问:纳粹屠犹是一个什么样的事件?是"划时代"事件还是"根本经验"?法肯海姆明确回答说,这是一个"划时代"事件。也就是说,从根本上看,纳粹屠犹事件没有动摇犹太人的正统信仰,它只是以某种极端的方式质疑犹太教的信仰及其上帝的存在性,对上帝在人类中显现的可能性提出挑战。法肯海姆对纳粹屠犹事件做这样的定性无疑是要表明对上帝的信仰在现时代仍然有效。哪怕是在奥斯威辛的集中营,犹太人也不能拒绝上帝,因为上帝总是显现于人类的历史。犹太人不能因为一次血腥的考验就放弃了对犹太教上帝的信仰。

许多学者指出,历史进入近现代以来,犹太人的解放(emancipation)、以色列国的建立和纳粹屠犹是关系到犹太人生存的三件大事,都对犹太人的信仰构成了某种程度的挑战。法肯海姆认为,犹太人的解放从外部、以色列国的建立和纳粹屠犹分别从内部考验犹太人的信仰。如果说以色列国的建立对犹太人来说是一个积极的考验，那么纳粹屠犹显然是一个消极的考验，给犹太人和全世界带来了十分消极的影响，撼动了大多数既定的价值原则。尽管如此，纳粹屠犹事件的"划时代性"不在于否定上帝信仰，而在于质疑上帝信仰，并从中获得新的信仰力量。

人们还是要问，既然肯定大屠杀期间上帝的在场性，我们该如何理解上帝的在场呢？该如何理解上帝怎么就任凭600万犹太人遭到杀戮呢？难道上帝对此惨剧就无动于衷吗？显然不是。法肯海姆认为，上帝是以一种特殊的形式显现于人。这是一种怎样的显现呢？

根据法肯海姆对"根本经验"的解释，我们知道，犹太教承认上帝是一个莅临人类历史的上帝，进而反对三个上帝观念：第一，反对把上帝视为一个与人类历史无关的唯一力量；第二，反对把上帝视为覆盖历史的唯一力量；第三，反对把上帝视为如偶像般有限的神。[①] 上帝在人类历史中的显现有不同的形式。例如，在西奈山上，上帝以神谕或诫命的形式呈现。以色列人对上帝在场的惊讶最后变成了恐惧，以至于害怕上帝的声音及其显现。在那个时候，上帝的显现是诫命式的显现（the commanding presence），而不是救赎式的显现。与此不同，在渡红海时，上帝是以救赎的方式显现的，把逃离埃及的犹太人从前有红海阻拦后有追兵围堵的困境中拯救出来。

就救赎性的显现和诫命性的显现而言，纳粹屠犹事件中上帝的显现属于后者。换言之，上帝是以某种新诫命的方式

[①] 参见 Emil Fackenheim, *God's Presence in History*, p. 19。

晓谕犹太人。诫命式的显现体现的正是对犹太人信仰的考验。与此相应，上帝对人的言说也可分为救赎之音与诫命之音（the commanding voice）。法肯海姆认为，也许奥斯威辛集中营里的人们无法听到上帝的救赎之音，但是，诫命之音是可以听到的。上帝正是以诫命式显现的方式莅临奥斯威辛集中营。法肯海姆所说的诫命就是指下文所要阐释的第 614 条诫命。

四、第 614 条诫命

法肯海姆反思纳粹屠犹事件涉及的第三个问题是：如何从正面来理解纳粹屠犹的意义？这个事件对于当代犹太人的生存有什么样的启示性意义？

前面已经指出，法肯海姆对纳粹屠犹的反思是和对当代犹太人的生存处境的思考联系在一起的。后期法肯海姆喜欢用"后大屠杀"（post-holocaust）一词。他在 1982 年出版一本专著《改善世界》，该书的副标题是"后大屠杀时代犹太思想的基础"（Foundations of Post-Holocaust Jewish Thought）。法肯海姆把当代犹太人理解为后大屠杀时代的犹太人。换句话说，当代犹太人的生存或多或少与大屠杀事件有关。因此，后大屠杀时代犹太人的生存困境促使法肯海姆去思考大屠杀的意义所在，去思考当代的犹太人如何领会大屠杀的独特意义，进而走出大屠杀的阴影，面对未来。

法肯海姆认为，后大屠杀时代犹太人的生存遭遇深刻的历史性危机。犹太人的生存危机以矛盾的、悖论的形式表现出来，当前主要有三个矛盾。

第一，普遍主义与特殊主义的矛盾。一方面，美国犹太人作为美国公民享有普遍的社会政治权利，把自己当作世界性的公民，有普遍主义的视野，似乎有淡化犹太民族特性的倾向；另一方面，以色列国建立的一个基本目标是重建犹太人的认同，以色列被认为是一个犹太国家，保持犹太民族特性与精神传统是以色列人的必然选择，这种选择强化了特殊主义的视野。后大屠杀时代很多犹太人徘徊于普遍主义与特殊主义之间。

第二，世俗与宗教之间的矛盾。后大屠杀时代的很多犹太人日趋世俗化。随着犹太人在近代欧洲的解放，越来越多的犹太人成为世俗者，但是，他们的犹太人身份始终无法回避宗教的因素，古代犹太人的历史与文化一直渗透着宗教的影响。未来犹太人的前途不可能脱离过去的历史而发展。与此同时，很多正统派犹太教徒在坚守自己的宗教信仰时，也卷入了各种各样的世俗活动，例如参与政治选举、支持犹太复国主义等活动。宗教与世俗之间的对立界限被打破，呈现出互相影响互相渗透的现象，但是，两者之间的冲突仍然存在。走宗教化的道路还是走世俗化的道路仍然是犹太人争论的焦点之一。

第三，对现代性的满足（遗忘大屠杀）与大屠杀的现代性之间的矛盾。生活在美国和以色列的犹太人很快适应现代世界的生活方式，他们拥有自由与自治权利，而这些权利在前现代是不可想象的。可是，当今的犹太人是从大屠杀的灾难中幸存下来的，离大屠杀发生的时间还不长，似乎他们早已将大屠杀遗忘。大屠杀这个历史性的大灾难就是在现代文明社会里发生的,这是现代的大屠杀,可是,几十年后,幸存的犹太人已经十分满足于现代的生活方式,似乎已经将孕育大屠杀的现代文明的种种危害一概抛诸脑后。犹太人生存处境中的这个矛盾是最尖锐的。①

面临生存危机,后大屠杀时代的犹太人该如何行动?法肯海姆认为,犹太人应该做出这样两个回应:第一,承诺犹太人的幸存;第二,承诺犹太人的团结。而这样的回应都是与对大屠杀的反思联系着的。离开了对大屠杀的反思和对大屠杀意义的领悟,这样的回应是无意义的。

第二次世界大战结束后,幸存的犹太人有很长一段时间无法直面大屠杀,因为对于很多幸存者来说,大屠杀简直就是一场不堪回首的噩梦。但是,法肯海姆说,犹太人必须面对大屠杀,倾听新的诫命,领悟纳粹屠犹的意义,只有这样,才能走出后大屠杀时代犹太人的生存困境。

按照犹太教的规定,一个虔诚的教徒应该遵守613条律法。在这613条律法中,248条属于肯定性(训令式)的,如"人必须相信上帝是存在的""要敬畏上帝"等,其中365条属于否定性(禁令式)的,如"人除相信独一无二的上帝外,不可信别的神""不可妄称上帝的名"等。613条犹太教律法涉及日常生活的方方面面,是一套有关宗教、社会、伦理生活的规范体系,其核心是摩西十诫。遵守这些律法是犹太教徒的责任。违反其中的律法,就被视为对上帝的冒犯,其行为是一种恶,必将受到上帝的惩罚。正统的犹太人是虔诚践

---

① 关于三个矛盾的论述参见 Michael L. Morgan ed., *The Jewish Thought of Emil Fackenheim*, p. 158。

行这些律法的犹太人。诫命或律法相当于犹太人宗教信仰的"骨骼"。在犹太教中,613条律法具有神圣性。

法肯海姆在传统犹太教律法的基础上,为后大屠杀时代的犹太人提出了一条新的律法,他称之为"第614条诫命"(the 614th commandment),其基本内容为:"犹太人不要让希特勒在死后还赢得新的胜利。"① 或者说:"对那些在大屠杀中幸存下来的犹太人,他们应该牢记一点:永远不要对上帝绝望,至少我们在希特勒死后获得了胜利。"② 虽然希特勒在第二次世界大战中战败,但是在下面这一点上他是胜利者,那就是对600万犹太人的杀戮。当代犹太人履行第614条诫命,关键是要关注犹太人的生存处境。

法肯海姆认为,倾听第614条诫命,有助于犹太人走出大屠杀的阴影,重整危机四伏的犹太人生活方式。具体地说,第614条诫命包括几个要求:第一,犹太人必须生存下去,以免犹太民族遭到毁灭。第二,犹太人要牢记大屠杀的死难者,以免他们的苦难经历被遗忘。第三,犹太人不该否认上帝或者对上帝绝望,以免犹太教的覆灭。第四,犹太人不该对这个世界绝望,这个世界将成为上帝的王国,以免它变成无意义之所。③

在上述四个要求中,后大屠杀时代犹太人的继续生存(活着)是最主要的要求,是当代犹太人的首要目标。这个说

---

① Michael L. Morgan ed., *The Jewish Thought of Emil Fackenheim*, p. 159, 165.
② 诺曼·所罗门:《当代学术入门:犹太教》,赵晓燕译,辽宁教育出版社,1998,第132页。
③ 参见 Michael L. Morgan ed., *The Jewish Thought of Emil Fackenheim*, p. 160。

法从表面上看起来是如此平淡,似乎毫无深意。其实不然。如果我们联系纳粹的"最终解决"计划就会明白法肯海姆此说的用意。在第二次世界大战中,纳粹实施"最终解决"计划,要从肉体上消灭犹太人,这是希特勒的梦想。毒气室、焚尸炉、万人坑都是实现灭绝犹太人这个目标的手段。只要犹太人活着,纳粹的梦想就无法实现。犹太人活着,就是对纳粹及其类似人群的最有力的反抗和回击。犹太学者凯茨(Steven Katz)在复述法肯海姆的哲学观点时指出,希特勒使得犹太教在奥斯威辛之后成为一种必需。对希特勒说不,就是对西奈山上发布命令的上帝说是。按法肯海姆的观点,1945 年以后,每个保持自己的犹太人身份的犹太人就是对奥斯威辛发出的命令的声音做出了肯定的回应。[①] 法肯海姆认为,去追问大屠杀的目的和对大屠杀做出一种反应是两件不同的事情。后者是无可逃避的。犹太人的命运、生存都取决于他最终是否有能力做出回应。[②] 保持犹太人的信念,努力生存下去就是对大屠杀的最好回应。"在后奥斯威辛时代,成为一个犹太人就是要从绝望中寻找(犹太人和全世界的)希望。"[③] 保持生的希望应该成为后大屠杀时代犹太人的基本信念。因此,在任何情况下,生存首先意味着生命,意味着不畏艰难地活下去。这是法肯海姆的坚定信念,也是他对当代犹太人提出的第一个要求。

第 614 条诫命告诉人们,希特勒虽然死了,但是类似的

[①] 参见 Steven T. Katz, *Jewish Philosophers*, New York, Bloch Publishing Company, 1975, p. 232.

[②] 参见 Michael L. Morgan ed., *The Jewish Thought of Emil Fackenheim*, p. 164.

[③] Ibid., p. 164.

希特勒还很多，更重要的是，现代社会导致大屠杀的很多因素并没有消失，依然在发挥着作用，例如官僚制度，"官僚制度文化是大屠杀主张得以构思、缓慢而持续地发展，并最终得以实现的特定环境；它促使我们将社会视为管理的一个对象，视为许多亟待解决的'问题'的一个集合，视为需要被'控制'、'掌握'并加以'改进'或者'重塑'的一种'性质'，视为'社会工程'的一个合法目标，总的来说就是视为一个需要设计和用武力保持其设计形状的花园"[1]。大屠杀就是在这样一个官僚制度下孕育出来的恶果。在当代社会，这样的制度文化不仅没有消失，反而得到了进一步的加强。因此，犹太人的生存依然是一个问题，大屠杀文化依然是一个潜在的威胁。

对普通人来说，活着也许不是一件难事，吃饱穿暖就能生存下去。可是，如果要活得有意义，就没有那么简单了。如何使当代犹太人的生存更有意义？其中一个因素是不要遗忘大屠杀的历史。生存的意义不是凭空而来的，是与生存处境相关的。大屠杀构成了当代犹太人的生存处境条件之一。遗忘大屠杀及其死难者就是遗忘犹太人的历史。

大屠杀之后，有些人尽力避免谈论纳粹屠犹事件，另有些人则把它普遍化，把它作为一个普遍性的历史灾难来看待。法肯海姆显然不同意这些看法。他认为对纳粹屠犹事件的淡忘是不应该的，对它做普遍化的理解也是不应该的，那会忽略纳粹屠犹的独特性。他提出的第614条诫命从一个侧面论证了大屠杀的独特性。法肯海姆曾指出："在集中营，受害者

---

[1] 鲍曼：《现代性与大屠杀》，杨渝东等译，译林出版社，2002，第24~25页。

怀着一丝希望造反，那就是希望他们当中有人可以逃出集中营告诉世人真相。现在，对于犹太人来说，不谈集中营的真相简直是不可思议的。直到现在，犹太人的信仰还在回顾出埃及的故事、西奈山的故事和两次圣殿被毁的故事。以遗忘大屠杀为代价而生存下来的犹太教是不值得信仰的。"① 无论如何，都不能忘记独特的大屠杀。在法肯海姆看来，当代犹太人如果忘却了大屠杀，等于是丢了灵魂。

当然，记住一个空泛的大屠杀符号是毫无意义的，关键是要记住那些死难者及其遭受的痛苦。大屠杀不是抽象的符号，而是一个一个死难者的心酸故事的展开。牢记死难者的故事、牢记大屠杀的历史，才有可能使当下的生存更有意义，更有历史感。这是法肯海姆对当代犹太人提出的第二个要求。

对大屠杀的记忆，对犹太人苦难历史的记忆，也意味着对犹太教基本立场的维护，继续保持对上帝的信仰，坚持对上帝王国的期盼。这些立场同样是犹太人获得生存意义的主要资源。这是法肯海姆对当代犹太人提出的第三、第四个要求。

法肯海姆把第 614 条诫命看作是上帝的命令，是通过奥斯威辛传达给犹太人的命令。有些人听到了这神圣之音，有些人没有听到。真正的犹太人无论是在奥斯威辛期间还是在后大屠杀时代都可以倾听到这绝对的诫命之音。倾听上帝的诫命，付诸行动，背负希望，这才是犹太人真正应该做的事情。

---

① Michael L. Morgan ed., *The Jewish Thought of Emil Fackenheim*, p. 162.

第 614 条诫命是法肯海姆犹太哲学中影响最大的一个观点，在犹太人世界里广为流传。当然，这个观点也遭到了一些批评，尤其是为很多极端正统的犹太教教徒所叱骂。犹太教的诫命如何能随意改动？摩西十诫是上帝所赐，对极端正统派犹太教教徒来说，这是何等荣耀的事情。如果诫命可增可减，那么，其神圣性与权威性何在呢？法肯海姆的做法显然遭到极端正统派教徒的驳斥。

但是，法肯海姆继续坚持他的观点。可贵的是，法肯海姆几乎是一个言行合一的犹太哲学家。他根据他的亲身经历，思考纳粹屠犹的宗教意义，提出新的诫命，在生命的晚年他回到以色列的耶路撒冷，从这个举动中，我们可以看出他践行自己哲学的努力，他力图做到理论与实践的合拍。法肯海姆深知：他作为一个大屠杀的幸存者，作为当代的犹太人，有责任为犹太人的生存和未来、为维系犹太人的信仰贡献自己的一份力量。

五、对启示的辩护

前面提到第 614 条诫命，在法肯海姆眼里，这个新诫命其实就是一种启示（revelation）。尽管他的新诫命说遇到一些批评，但他还是承认诫命或启示在犹太哲学中的地位。在他对大屠杀进行反思的背后有一个犹太哲学的基础，那就是对启示的辩护。那么，他究竟是怎么理解犹太哲学的含义的？犹太哲学与启示是一种什么样的关系？

法肯海姆指出，犹太哲学发展到现在，大致形成了两个传统：一是指犹太思想与希腊哲学相结合的传统，始于斐洛，持续到中世纪结束；二是指犹太思想与现代大陆哲学尤其是德国哲学相结合的传统，始于斯宾诺莎，这个传统还在发展之中，并未结束。法肯海姆认为，现代犹太哲学在赫尔曼·柯恩、马丁·布伯、弗朗茨·罗森茨维格的著述中达到了顶点。① 法肯海姆试图继承的是后一个传统，并加上对纳粹屠犹事件的反思，发展出自己的犹太哲学。

他指出，从字面上说，"犹太哲学"这个提法本身就是矛盾的。因为哲学思维来自希腊，是普遍的和客观的，犹太的传统来自希伯来《圣经》。人的思维如何既是哲学的又是犹太的？这两者如何结合呢？在中世纪，两者结合起来了，"犹太哲学"是可能的。"在那时犹太哲学就是哲学与犹太教之间的对峙。"② 因为那个时代具备一些特殊的思想条件，如哲学与犹太教的共存、人们相信真理有两个来源即理性与启示等。进入现代，"犹太哲学"明显成为问题。例如，现代哲学家不可能把启示看作真理的源头，他们认为一切思维诉诸理性，理性是一切判断的基础。启示是理性无法掌握的，自然受到理性的排斥。对于中世纪的犹太哲学家来说，西奈山的启示是一个历史事实，这是毋庸置疑的。在现代，犹太思想家并不一定接受这样的观念，而且还怀疑启示是否为真。因此，在现代哲学语境中启示就不再是一个哲学问题了，于是"犹太哲学"的可能性也就成了一个问题。

---

① 参见 Michael L. Morgan ed., *The Jewish Thought of Emil Fackenheim*, p. 7.

② Emil Fackenheim, *Quest for Past and Future*, Bloomington & London, Indiana University Press, 1968, p. 205.

法肯海姆当然不认为"犹太哲学"是不可能的。他希望"犹太哲学"在当代的复兴。这里，关键的症结就在于"犹太哲学"如何处理启示与理性的关系。

法肯海姆认为，在犹太哲学中，最有代表性的著作是迈蒙尼德的《迷途指津》。迈蒙尼德的著作所展示的是对神圣律法的辩护，而神圣律法常常是以启示的形式出现的。这种启示并不排斥理性。神圣律法（启示）需要解释，"是允许（或者命令）哲学信徒进行自由反思的基础，其目的是为了能理性地知道这一启示出来的教诲的真实意义"①。在中世纪，迈蒙尼德的思想把理性与启示包容在内。在现代，这几乎是不可想象的。启蒙运动之后，宗教信仰与启示观念受到较大的攻击。与启示观念最相冲突的是理性。理性有能力发现现象背后的准则，如果我们发现一些"无准则"的事件，那只是说明我们的理性目前还没有发现这些事件背后的准则，而不是说这些事件本身就是"无准则"的。启蒙运动以来的许多现代哲学家相信，只要假以时日，理性肯定有能力把握所有事件的准则。从这种理性观推论，可知启示在现代哲学中无立足之点。因为承认启示，就意味着承认有些东西是无法用准则和理性来解释的。从理性的观点看，启示是无法理解的。

现代哲学排斥启示的做法也体现在宗教改革运动中。现代人对宗教信仰进行改革，改革的结果常常是剔除启示，这样，现代的信仰是一个让启示缺席的信仰。法肯海姆指出：

---

① 参见格林：《现代犹太思想流变中的施特劳斯》，见刘小枫主编：《施特劳斯与古典政治哲学》，第124、125页。

"所有试图把古代信仰现代化的努力都有一个共同点：上帝不再显现自身，即他不再向人（be present to man）显现。在宗教唯心论者眼里，上帝最多显现在人自身之中（be present in man），但从不向人显现；在自然神论者眼里，上帝根本就不显现。"① 上帝向人显现，就像西奈山的故事所讲述的那样，是一种启示。而在现代宗教唯心论者和自然神论者那里，启示可有可无，已不再重要。

当然，也有一些哲学家试图肯定启示的作用。法肯海姆认为，现代思想家们已经做了很多努力试图对理性与启示相排斥的观点加以澄清。人们从康德的知识论中受到启发。康德的知识论告诉我们，人们通过理性（康德所说的知性）获得的客观知识只限于现象界，知识的对象不是实在本身。在自然界，知识具有普遍有效性。知识的界限也是理性（知性）的界限。这个划界的想法提示人们，有可能有另外的思路来理解启示。法肯海姆指出，在人的许诺（personal commitment）中，人们有可能"进入"超现象之域，这种"进入"不是指对自然律的发现，而是指与超越之神的相遇。这种相遇即是神的显现与启示。②

法肯海姆指出，上述思路在谢林和克尔凯郭尔那里都有一定的表现。在当代，对启示问题做出精彩论述的哲学家要数马丁·布伯。③ 布伯既是犹太哲学家，也是《圣经》的解释者。布伯主张，不能用现代概念、范畴去曲解《圣经》，而应该用对话的方式解释《圣经》。对话正是希伯来《圣经》自身

---

① Michael L. Morgan ed. , *The Jewish Thought of Emil Fackenheim*, p. 87.
② Ibid.
③ Ibid.

的叙述方式。《圣经》所说的对话指的是上帝与人的对话，启示正是这样一种对话。这说明，布伯理解并赞成《圣经》对启示的信念。① 法肯海姆对布伯的这一思路非常赞赏，专门写了一篇文章《布伯的启示概念》，对犹太教的启示概念加以探讨，表明自己对启示的态度。

法肯海姆指出，布伯的关系哲学为犹太教的启示观念做了很好的辩护。布伯提出"我—它"关系和"我—你"关系。"我—它"关系是使用和被使用的关系，是主体与对象的关系。"我—你"关系是对话关系，在对话中，"我"与"你"互相向对方敞开自己，赤诚相对。如果说"我—它"关系是抽象的，那么"我—你"关系则是具体的和独特的。每一次对话关系的发生都是在特定场合下进行的，不可复制。法肯海姆说，布伯的关于"我"与"你"的论述不是纯粹的宗教布道，而是一种学说②，一种哲学。

布伯运用他的"我—你"关系哲学对理性与启示的关系做了新的理解。现代许多思想家以理性原则批判启示，布伯则为启示观念做辩护。他一方面表示完全接受现代理性原则，另一方面又指出理性原则运用的范围需要限制（"我—它"关系之域），进而指出别的一些领域，即启示在其中恰好可以发挥作用的领域（"我—你"关系之域）。③ 布伯为什么在承认启示的同时也承认理性原则呢？因为布伯认为理性原则虽然是不可或缺的，但是它也不是万能的，它主要是在

---

① 参见 Michael L. Morgan ed., *The Jewish Thought of Emil Fackenheim*, p. 88。
② Ibid., p. 90.
③ Ibid., p. 91.

一定的范围内起作用，这个范围就是指"我—它"关系构筑起来的世界。"它"的世界是科学研究的对象世界，是理性探究的对象世界。而"你"的世界正好超越了"它"的世界，这是在"我"与"你"的对话关系中建构起来的世界。"我"抛弃了"我—它"关系而进入了"我—你"的关系，在此关系中，"我"与真正的实在相遇。这种相遇就是对话，也就是启示。

这样，布伯的"我"与"你"的理论驳斥了现代人对启示的批判。当然，布伯的"我"与"你"的理论本身还不是启示观，只是为当代犹太教的启示观的建构提供了理论基础。

布伯认为，真正的宗教体现出人与上帝之间的关系是对话关系。上帝是神圣的"你"。如果宗教发展出"我—你"的对话关系，启示就是可能的了。法肯海姆根据布伯的观点，指出那种排斥了启示的现代宗教根本就不是真正的宗教。他认为，启示不是宗教教条，教条是静态的，大多属于"我—它"关系层次，而启示属于"我—你"关系层次，是活的。当然，活生生的启示需要转变成人的语言，变成人可以理解的诫命。诫命不是枯燥的律令，而是包含着神的显现的意义，包含着启示的意义。法肯海姆的这个观点正是第 614 条诫命提出的理论基础。

既然宗教是一种"我—你"关系，那么怎么把宗教与别的"我—你"关系区别开来呢？在一般的意义上，人们不会永驻于"我—你"关系，"你"会经常转化成"它"，对人的生存来说，"我—你"世界和"我—它"世界都是必需的。但是，对于犹太教而言，上帝是"永恒的你"，不可能变成

"它"。"每一个启示所揭示的'你'不会成为'它'。"① 所以，上帝与人的关系是绝对的关系。

在严格的意义上，我们无法用一个普遍的概念去描述上帝，因为概念总是静止的和有限的，而启示中的上帝是活的。但是，人们仍然会有疑问：既然启示中的上帝是活的，是时间性的，又怎么被理解成是无限的和永恒的呢？在什么意义上，上帝是情境化的？又在什么意义上，上帝是永恒的？法肯海姆回答说："上帝是无限的，因为在上帝与人相遇的时刻，不存在限制上帝的'它'；上帝是永恒的，因为此时此地人们才知道上帝在任何时间任何地点都不会变成'它'。"② 所以，在启示中，上帝是"永恒的你"。

法肯海姆指出，布伯的启示观强调启示是上帝与人之间进行的"我—你"的对话，这种对话不是时时发生的，而是一种对话的承诺与信念，这种承诺与信念是无法通过理性来辩护的。布伯确信这样一个信念：上帝会对"你"叙说，尽管他有时会保持沉默；上帝会对那些全身心倾听上帝之音的人叙说。从布伯固守古老的希伯来信念这个立场上说，法肯海姆得出这样的结论，即布伯不是一个哲学家，而是一个以现代面貌出现的希伯来圣哲。③ 其实，法肯海姆自己多少也有一点现代希伯来圣哲的神韵。

法肯海姆继承了布伯的启示观，把布伯的对话即启示的理论发展成启示即显现（在场）的观点。对法肯海姆来说，启示是上帝与人的历史性相遇，它关注的是上帝的在场以及

---

① Michael L. Morgan ed., *The Jewish Thought of Emil Fackenheim*, p. 94.
② Ibid.
③ 参见上书，第99～100页。

这种在场对后人的影响，而不是上帝的存在。① 因此，法肯海姆说："启示的核心不在于内容的交流，而在于上帝显现的事件。"② 在他眼里，在纳粹屠犹事件上，同样可以"见"到上帝的显现，"听"到上帝的诫命。

从这样一种启示观出发，法肯海姆对犹太教及其宗教本身做出了他自己的理解。他坚决反对那种主张否认上帝、否认启示而只讲自我实现的犹太教。

法肯海姆认为，人类历史发展的困境在于：一方面，人们必须生活在历史之中；另一方面，人们又试图超越历史，从一个更高的层面来把握历史、理解历史，希望把握永恒的真理，而实际上人们对历史的理解常常是相对的，具有时代性。现代西方人对于这种历史困境有了更深的体会。现代社会的节奏太快，一切都时过境迁，烟消云散。现代人们发展出一种历史自我意识。这种意识认为，真理是相对的，随历史的变化而变化，对这个时代来说是真的，对于另一个时代来说则未必。历史自我意识的进一步发展就变成历史怀疑主义。现代人生活在这样的怀疑主义氛围之中，不免生出许多困惑与迷茫来。在科学技术高度发展的同时，人们的精神困惑、焦虑也在发展之中。这正是现代人的生存状况。

尽管如此，现代人仍然追求终极整合（ultimate integration），试图摆脱精神困惑与怀疑主义。他们认为自我生命是一个统一体，追求生命的整合是合乎理性的。他们把这种整

---

① 参见 Michael L. Morgan ed., *The Jewish Thought of Emil Fackenheim*, p. 36.

② Ibid., p. 95.

合的努力称为"自我实现"(self-realization)。这在当代西方社会里几乎是一个最深入人心的观念。无论是唯心主义者还是自然主义者、物质主义者，都从各自的视角界定"自我实现"的含义，纷纷以"自我实现"为立论的根据。

在当代西方社会，连宗教界也接受了"自我实现"的观念，有些宗教人士认为不存在上帝，只存在上帝的观念。上帝的观念显然是人造的，是人决定着上帝的图像。在这些看法的背后有一个基本的预设，那就是人是一个自足的、自主的主体，人有能力实现自我，把人设想成为一个"唯一的、清晰的、完美的自我"，这样的自我是实现终极整合的资源与目的。法肯海姆不同意这样的看法，认为根本不存在潜在的终极自我。他指出："终极整合无法通过自我实现来完成。同样，也无法通过被定义为自我实现的宗教来完成。"[1] 法肯海姆所说的"终极整合"类似于蒂利希的"终极关怀"观念。

法肯海姆批判那种把犹太教或宗教理解为"自我实现"的观点。把宗教理解为"自我实现"，等于是否认上帝的存在，等于说上帝是观念，而不是实存，这就否定了上帝的神圣性与超越性。很显然，作为观念的上帝是绝对的，是没有爱的，也没有救赎能力。虽然它可以有某种说教或激励的作用，但是，这种作用是有限的，它不可能整合人的生命。因为它只是一个观念而已。"上帝既不能被证实，也不能被证伪。"[2] 成为研究客体的上帝观念已经不是犹太教的上帝了。法肯海姆认可一个主体性的、人格化的上帝，他指出："《圣

---

[1] Emil Fackenheim, *Quest for Past and Future: Essays in Jewish Theology*, p. 32.

[2] Ibid., p. 43.

经》的上帝不是一个终极的对象,而是这样的主体:属于每个人的、活的、人格化的上帝……否定上帝等于自我毁灭或背叛……在人与实在的终极关系中,人必须成为参与者,而不是旁观者。"① 在《圣经》传统内,上帝是不容否认的。上帝与每个人发生直接的联系,而且这种联系是双向的,有言说与回应的关系。

把上帝设想成观念的做法,是受到科学的对象化思维(即"我—它"关系思维)的影响。法肯海姆指出,不仅上帝不是对象,人的生存也不是对象。因此,在对待人的终极整合或终极关怀时,不能采取科学的、自主的态度。因为人的生存状态不是科学所能研究的。人的生存状态不仅与人的信念、价值追求、社会活动联系在一起,也与上帝、启示相关。单纯把人建构为一个自主的自我,并不能解决生存意义的危机问题。

对于人来说,他时刻都在做各种各样的决断,其中有一个决断关系到他的根本的生存状态。那就是信仰的决断,转向上帝信仰的决断。一旦人做出这样的决断,就意味着他接受上帝的权威,承担对上帝的责任。"接受直接的和绝对的责任,对面向上帝的(已经做出信仰决断的)人来说,不仅是可能的,而且是必需的。"② 履行对上帝的责任将成为人的一种基本生存方式。这种生存方式是矛盾的。一方面,它强调人必须臣服于上帝,这似乎是说人应该失去自我;另一方面,它强调人对上帝的信仰及其责任的践履最终是为了人的完满

---

① Emil Fackenheim, *Quest for Past and Future*, p. 38.
② Ibid., p. 48.

实现。法肯海姆认为，这种矛盾性内在于人的现实生存状态。我们不是去逃避这种矛盾，而是要正视它、接受它。只有通过这种矛盾性的生存方式，只有不断践履对上帝的信仰，聆听上帝的诫命（启示），人才有可能实现生命的终极整合或终极关怀。在当前这个信仰危机四伏的后大屠杀时代，恪守犹太教信仰的生存方式对犹太人来说显得尤为必要。

第二十章

伊曼努尔·莱维纳斯

一、生平与著作

伊曼努尔·莱维纳斯（Emmanuel Levinas）1905年12月30日（按犹太历应该是1906年1月12日）生于立陶宛的科弗诺（Kovno）。立陶宛是欧洲主要的犹太人散居地之一。莱维纳斯说："这是一个理智地评价和鼓励犹太文化的国家，在此，培养出《圣经》经文解释和注经的一种高水平。"[1] 莱维纳斯一家是未被同化的犹太人，属于一个重要的犹太社团。莱维纳斯的生活世界，面对的是犹太文化与欧洲现代文明的相遇和冲击，这可以说是困扰他一生的主题。

莱维纳斯家族所在的社团特别重视《塔木德》的研究，这对莱维纳斯未来的学术研究无疑有着深远的影响[2]，莱维纳

---

[1] Richard A. Cohen ed., *Face to Face with Levinas*, Albany, State University of New York Press, 1986, p. 17.

[2] 莱维纳斯日后正是主张通过律法来认识上帝的，他甚至写过一篇《爱律法甚于爱上帝》的文章。

斯早期生活中所感受到的犹太教，对他而言不啻为一种宗教或意识形态，更是一种生活方式，一种生活和思考的范式。

1915 年 5 月，科弗诺的犹太人遭沙俄政府驱逐。次年，莱维纳斯全家移居乌克兰的哈里科夫（Kharkov）。在哈里科夫，莱维纳斯进入了公立高中，当时只有少数犹太人才可以进入公立学校，莱维纳斯算是其中的佼佼者。此时莱维纳斯通过大量阅读，熟悉了许多俄罗斯伟大作家，如普希金、莱蒙托夫、果戈理、屠格涅夫、陀思妥耶夫斯基、托尔斯泰等。这些作家具有"一种丰沛的形而上的躁动"[1]，它深深地触动了莱维纳斯的哲学潜质，其思想因而具有深厚的俄罗斯文化血统。他常常引用俄罗斯文学家的名言便是一个例证。

莱维纳斯的高中阶段正好目睹了沙皇统治的没落与俄罗斯革命的兴起。在俄国内战的过程中，乌克兰爆发了反犹运动，数万犹太人被杀。1920 年，莱维纳斯一家被迫再次迁移，离开乌克兰，回到立陶宛。三年后，莱维纳斯来到法国斯特拉斯堡，开始了他生命中另一个历程。法国在莱维纳斯看来始终是一个自由、平等、友好的国度，莱维纳斯最终选择了法国国籍，并以法国哲学家的声名著称于世。

大学期间，莱维纳斯专攻语言与哲学。讲起那段日子，莱维纳斯常常会提及四位在斯特拉斯堡的老师，心理学教授布隆代尔（Charles Blondel），其极端的反弗洛伊德主义立场给莱维纳斯以影响；哲学教授波拉狄纳（Maurice Pradines），他使莱维纳斯认识到伦理与政治的对立，以及伦

---

[1] Judith Friedlander, *Vilna on the Seine*: *Jewish intellectuals in France Since 1968*, New Haven, Yale University Press, 1990, p. 82.

理自身巨大的力量；还有古典哲学教授加尔特隆（Henri Carteron）以及社会学教授阿勒勃瓦斯（Maurice Halbwachs）。[1] 莱维纳斯对他们印象尤为深刻，不仅是因为他们的深厚学问，更因为他们的杰出人格。在他们身上，莱维纳斯深切感受到西方文明的学养和人文主义精神。在斯特拉斯堡期间，莱维纳斯还与布朗肖（Blanchot）建立起了终身的友谊，人们常常把这位法国现代杰出的文学批评家与莱维纳斯联系在一起研究。[2]

除了大学里的哲学课程之外，莱维纳斯特别关注他同时代的哲学，尤其是柏格森和胡塞尔的哲学。这两位哲学家当时仍从事着哲学教学，在各自的领域，独辟蹊径，努力反抗着笼罩欧洲哲坛的实证主义和心理主义。他们同是犹太人，同是归化的犹太人。他们对现代欧洲文化的贡献不言而喻，对莱维纳斯思想的影响更是无可置疑。莱维纳斯从胡塞尔那里学到了现象学方法，特别是对意向性的分析；从柏格森那里，学到了各种哲学洞见，尤其是关于时间和实存的看法。在以后的岁月中，莱维纳斯虽然一再强调柏格森对其影响，但最终还是决定写一篇关于胡塞尔的博士学位论文。

1928年到1929年，是莱维纳斯学术生命的重要时刻。他来到德国弗雷堡直接接受胡塞尔的指导。那时，胡塞尔虽还在指导学生，但其教学活动已近晚期。莱维纳斯很快便进入了现象学精英学生的圈子，从此开始了他作为现象学家的生

---

[1] E. Levinas, *Difficult Freedom: Essays on Judaism*, translated by Sean Hand, Baltimore, The John Hopkins University Press, 1990, p. 291.

[2] 参见 Joseph Libertson, *Proximity: Levinas, Blanchot, Batalle and Communication*, The Hague, Martinus Nijhoff Publishers, 1982。

涯。1929年莱维纳斯翻译了法国第一本胡塞尔的哲学著作《笛卡儿沉思》①，该书1931年正式出版。同时他还写了许多文章评论胡塞尔及其伟大学生的思想。

那时，海德格尔的影响在德国已渐渐超出胡塞尔。1927年海德格尔出版了他的巨著《存在与时间》。这本著作不仅改变了现象学，而且改变了20世纪思想潮流的进程，它对莱维纳斯影响至深。莱维纳斯向海德格尔学习了那种渗透一切的现象学研究。他是少数几个于1929年在达沃斯（Davos）康德研讨会上目睹卡西尔与海德格尔交锋的人物之一。回到巴黎之后，莱维纳斯在让·华尔（Jean Wahl）的指导下迅速完成博士学位论文，1930年出版了他的博士学位论文《胡塞尔现象学中的直观理论》，这是法国第一本专门论述现象学的著作。第二次世界大战爆发前，莱维纳斯一边在犹太师范学校教书，另一边致力于现象学研究，继续评论胡塞尔和海德格尔，把现象学引进法国。

1939年，莱维纳斯作为法国公民，参加了法国军队，从事俄语和德语的翻译。不久，他在热内（Rennes）被俘，先是在法国监禁数月，以后转至德国汉诺威（Hanover）附近的一个森林中，整个第二次世界大战期间莱维纳斯都是在集中营度过的。莱维纳斯的哲学思想主要是在这段时间成熟起来的。现实使反思西方文化的本质成为莱维纳斯思索的焦点。尽管法国的犹太军人被集中在一起，但他们并没有被送往死亡营。这是犹太人与欧洲在莱维纳斯身上一种奇妙但颇具悲

---

① 1931年，莱维纳斯与伽布列鲁·派费鲁尔（Gabrielle Pfeiffer）合译胡塞尔的《笛卡儿沉思》。

剧性的结合，正因为莱维纳斯的法国身份使他免于作为犹太人被杀害。莱维纳斯的妻子和孩子在布朗肖的帮助下，逃离巴黎，战争期间躲藏在奥利安（Orleans）附近的一间修道院中，幸免于难；而莱维纳斯留在立陶宛的亲属们都被纳粹杀害了。这一段经历对莱维纳斯来说可谓刻骨铭心。我们可以不断地在他的哲学著作中体会到集中营的恐怖。用莱维纳斯自己的话来说，"它被纳粹恐怖的预感和回忆所支配着"[①]。大屠杀的预感、现实以及回忆一直伴随着莱维纳斯的思考。《圣经》的圣谕"不可杀人"不断在其哲学中回响。面对大屠杀，哲学并非只能袖手旁观，莱维纳斯在屠杀中看到的是对"他者"压制的极致。对造成这种后果的欧洲文明进行批判和反思成了莱维纳斯义不容辞的使命。他认为在象牙塔中极为精致的西方哲学必须为野蛮血腥的屠杀负起应有的责任。被俘期间他阅读了许多著作，如黑格尔、狄德罗、卢梭和普鲁斯特以及"许多我先前没有时间读的书"。想象一下在集中营中阅读这些书籍是怎样一种经历，这不单是一种阅读，而是带着全部的生命体验来验证这些哲学的真理性。

　　1947 年，莱维纳斯出版了《从存在到存在者》，这部篇幅不大的著作大部分是他在集中营期间写的。这是莱维纳斯自己原创性哲学思想的第一个纲领。回到巴黎后，他在让·华尔创办的巴黎哲学学院中讲授一个系列讲座，后以"时间与他者"（1947）为题出版。这是两本相对而言较短小的著作，是独立于法国当时的主流哲学界的哲学著作，具有很大的独特性。可惜当时并不为人所注意。在书中莱维纳斯以现象学

[①] E. Levinas, *Difficult Freedom: Essays on Judaism*, p. 291.

的方法描述了存在的恐怖、人的处境，以及逃离存在的可能性。面对欧洲在政治、生活和伦理上的沦落和剧变，在莱维纳斯的著作中，他一直试图在伦理和正义的向度上重建哲学，他最主要的著作《总体与无限：论外在性》（以下简称《总体与无限》）（1961）和《别样于存在，或超越本质》（以下简称《别样于存在》）（1974）未改初衷，都是在这个方向上的力作。与其思想目的相应和，莱维纳斯在写作哲学著作的同时撰写了大量研究犹太古典文献《塔木德》的著作。在他的哲学中，我们不难听到来自希伯来的声音。

必须承认，在莱维纳斯早年的哲学中，如《胡塞尔现象学中的直观理论》（1930）、《论逃避》（1935）、《从存在到存在者》（1947）、《时间与他者》（1947）中还鲜见犹太思想的踪影，这时莱维纳斯更多地是作为胡塞尔和海德格尔的学生，从批评胡塞尔走向批评海德格尔。自1946年确立其早期思想到1961年发表《总体与无限》真正找到了哲学上的突破口，时间长达15年。这15年发生了些什么，何以莱维纳斯的哲学在沉寂了这许久之后突然爆发？这中间犹太思想传统是否起过什么作用？在经历了第二次世界大战之后，莱维纳斯在哲学上已经深切地意识到必须走出海德格尔存在哲学的阴影，因为在他看来"存在"意涵着吞噬一切的暴力。必须另寻出路。此时的莱维纳斯开始逐渐认识到与他者的关系的重要性，可这一关系的意义依旧晦暗不明。

莱维纳斯获得博士学位后，他的职业是在以色列联合会（Alliance Israelite Universelle）从事管理工作并在其隶属的师范学校任教。这个协会遍布地中海沿岸，诸如摩洛哥、突尼斯、阿尔及利亚、土耳其、叙利亚等地，是为犹太社团服务的"现代"学校网络。它所隶属的师范学校是为那些孤立于现代文明,较为传统的犹太社团提供教授现代文明的师资,同时该协会也为争取提高当地犹太人的政治权利而努力。1946年,莱维纳斯成为该师范学校的校长,直到1979年卸职。在莱维纳斯生命的很长一段时间中,他具有双重身份,既是现象学派的哲学家,又是犹太社团的教育家。但是,单纯外在的原因很难解释这个问题:为什么以现象学家闻名于世的莱维纳斯会花费如此巨大的精力去解读犹太经典呢?

值得注意的是第二次世界大战之后,莱维纳斯开始转向犹太传统经典《塔木德》的研究,这一切发生于他遇到一位奇人。20世纪40年代后期,莱维纳斯经由他的朋友尼森医生(Doctor Nerson)认识了舒萨尼(R. Mordechai Chouchani),一位云游四方的传奇智者。在法国诺贝尔和平奖获得者维厄瑟尔(Elie Wiesel)的《我们时代的传奇》中曾有专门一节《一位漫游的犹太人》来描绘这位奇人。据他的描写,此人被公认为真正在本质上认识《托拉》、《塔木德》和《佐哈》的人,是犹太解经大师,他精通犹太典籍,甚至印度典籍,擅长现代数学和物理学,具有惊人的分析技巧和深邃的智慧,掌握三十多种古今语言。但没有人知道他的年龄和真实姓名,也没有人知道他的来历。[①] 他有一种神奇的力量,才华卓绝,魅力超凡,经典文本张口即诵,解经出神入化。他教学生"语言和理性的危险,圣人和疯子的迷狂,以及思想传承的秘密进程"。这个舒萨尼的解经教学很有些"密传"的意思。第

---

① 参见 Elie Wiesel, *Legends of Our Time*, Holt, Rinehart and Winston, 1968, pp. 87–109。

二次世界大战后，维厄瑟尔在巴黎生活学习，巧遇舒萨尼，跟随其学习《塔木德》。同一时期，莱维纳斯也跟舒萨尼学习希伯来经典的阐释方法。他们同为舒萨尼的学生，却互不认识，互不知晓对方的存在。维厄瑟尔在舒萨尼的指导下投入了大量精力来研究犹太经典，其《塔木德颂》便是一本著名的《塔木德》研究论文集。有学者指出，其解经原则与莱维纳斯如出一辙，有理由相信，这些原则背后站着的正是神秘的舒萨尼。

莱维纳斯《塔木德四讲》中有一篇《欲望的诱惑》，其中曾说到，有时犹太教是"只供一个人来实行或研究的"，此话绝非信口说来，而是大有深意，舒萨尼无疑承担着这样一个角色。正是这个神秘人物使现象学家莱维纳斯对阐释《塔木德》产生了浓厚的兴趣。"战后的这次巧遇使我对犹太文化的潜在的——也许应该说是潜藏的——兴趣复活了。"① 从此莱维纳斯开始了一段集中学习《塔木德》的时期，时间主要是在1947年至1949年。之后，莱维纳斯的哲学思想便与其犹太解经思想齐头并进。

舒萨尼的意义在于，他使这些古老文献浓厚的对话风格在现代哲学的背景下得以再现。这一点很重要，在莱维纳斯的著作中我们可以深刻地体会这一点。他的哲学中始终能听出其"希伯来"的口音，而其解释《塔木德》的著作亦不乏哲学（或称希腊）的背景。舒萨尼让莱维纳斯认识到一种通向拉比智慧的新途径，一种理解古典经典对于现代人意义的新途径。犹太教不单单是《圣经》，而且是通过《塔木德》，

---

① Richard A. Cohen ed., *Face to Face with Levinas*, p. 18.

通过宗教生活的问题和智慧来看待的《圣经》。这让莱维纳斯激动不已，通过这一视野，《圣经》充满了生活的活力和洞见，经典的教义与生活世界密切相关。同时，他使一种单纯凭信仰、单纯凭神学教义研究《塔木德》的方式不再成为可能。舒萨尼的思想对莱维纳斯的思想发展有着决定性的影响。莱维纳斯对舒萨尼更是推崇备至，"将他定位在如胡塞尔及海德格尔这种等级的哲学家之列"。莱维纳斯在舒萨尼的影响下，开始了其解经的生涯，并且他也从中找到了某种走出海德格尔哲学的道路。

通过这种解经实践，莱维纳斯的哲学确实发生了某种变化，舒萨尼的影响不仅发生在莱维纳斯的思想当中，也促使他对师范学校的课程做了重大改革，在他成为犹太师范学校的校长之后，他一改以往学校只注重现代科学教育的特点，增加了关于传统犹太文献的课程，尤其是关于《塔木德》和中世纪的《圣经》解释，他亲自担任了《塔木德》解经课程的教学任务。于是出现了一个非常有趣的现象，该协会本身是犹太人现代化的先驱，在莱维纳斯手里却增加了古典思想的课程。这是一个"相反"的举措，在他看来却具有"相成"的效果。事实上这并不矛盾，莱维纳斯借此倡导一种对古老文献的现代解读。他说："我总认为《圣经》的伟大奇迹不在于共同的文字源头，相反，是不同的文字合流而形成同一的本质内容。这一合流的奇迹远大于只有一个作者的奇迹。这一合流的作用是伦理性的，它无可争辩地决定着整本书。"[1]

---

[1] E. Levinas, *Ethics and Infinity*, *Conversations with Philippe Nemo*, translated by R. Cohen, Pittsburgh, Duquesne University Press, 1985, p. 115.

莱维纳斯正是从伦理性来解读《圣经》和这些古老文献的，并从这一点出发来解读社会。

在哲学上，莱维纳斯也找到了走出海德格尔的影子的道路，1950年他写了《基础存在论基础吗?》，宣告了与海德格尔的彻底决裂，并且最终指出"与他者的关系因此不是存在论的"而是"伦理的"，以后又顺理成章地提出了"伦理是第一哲学"的思想，标示了其哲学独有的特点。我们看到莱维纳斯开始公开发表解读《塔木德》的文章是与其代表作《总体与无限》同时开始的，在此之后，他一系列犹太著作则与其哲学著作互有发明。莱维纳斯的著作大致可分为两类，第一类是发展和深化他自己的哲学思想，可以称之为"哲学"著作，主要有早期的《胡塞尔现象学中的直观理论》(1930)、《论逃避》(1935)、《从存在到存在者》(1947)、《时间与他者》(1947)、《总体与无限》(1961)和《别样于存在》(1974)。另外还有一些文集，如《与胡塞尔和海德格尔一起发现存在》(1949)、《他者的人本主义》(1972)、《专名》(1975)、《论布朗肖》(1975)、《来到思想中的上帝》(1982)、《主体之外》(1987)、《在我们之间》(1991)、《上帝、死亡与时间》(1993)、《自由和戒律》(1994)、《未能预见的历史》(1994)、《相异性与超越》(1995)。第二类是关于犹太文化和《塔木德》研究，可以称之为"希伯来"著作，如《艰难的自由》(1963)、《塔木德四讲》(1968)、《从圣洁到神圣》(1977)、《超越章句：〈塔木德〉的阅读与演讲》(以下简称《超越章句》)(1982)、《在众族国的时代》(1988)，甚至在他去世之后还出版了《新的〈塔木德〉解读》(1996)。莱维纳斯解读犹太思想的工作一直延续到他生命的终点。可以毫不夸张地说，莱维纳斯日后哲学中的重要思想和命题都可以在他关于《塔木德》的解经著作中找到根源，比如《赎罪》篇里提出的"为他者"的思想是他所有思想的共同基础，而1966年宣讲的《犹太法庭》篇中提到"我是所有人的人质"的思想，以后成了他后期最重要的哲学著作《别样于存在》(1974)的主题之一，是构筑后期莱维纳斯式主体概念的重要来源。莱维纳斯对于这些"希伯来"著作甚为重视，为表示与其哲学著作的区分，他甚至选择不同的出版社来出版这不同系列的著作。

就莱维纳斯哲学的主题而言，"同一"的暴力倾向，是最终激起莱维纳斯批判西方哲学传统的根本动力。莱维纳斯哲学前后不断变化和发展，如果要说有什么主导思想，那么便是他认为西方哲学一直受存在论的主导，不断地实践着对"他者"的压制。莱维纳斯自身的核心思想就是伦理先于存在论，伦理学是第一哲学。我们不应奇怪，为什么在《总体与无限》一书的前言中，莱维纳斯讨论起战争与和平的问题。战争是暴力的极端表现，第二次世界大战的出现是西方政治传统的真正结局。他认为西方传统的哲学居住的正是政治的世界，政治的形而上基础就是西方的存在论思想。莱维纳斯不是基于传统的政治与伦理之间的张力来制约政治，限制内在于政治的暴力，而是捍卫一种基于人与人关系的前政治的伦理学，以此重建政治的基础，真正的和平只有伦理才能带来。莱维纳斯所谓的伦理（ethical），与通常意义的伦理学（ethics），有着很大的区别。莱维纳斯并不关心建立一套道德行为的规范和标准，也不是要检验道德语言的本质，更不是关心如何过一种更为幸福的生活。伦理绝不是某种特殊的哲学视野，伦理是第一哲学的视野，是超自然、超历史、超世界的视野。人类最原初的生活就是伦理的，伦理是所有真理、自由、平等的根本。莱维纳斯的伦理是一种真正的元伦理（非英语哲学世界中所谓的元伦理学）。

对于这种伦理，莱维纳斯只提供一种信念，那就是倾听他者的声音，肩负对他者的责任。在莱维纳斯那里并没有一条通向知对错、明善恶的道路，也没有规则、绝对律令、人生指引来约束人，只有与他者的相遇。"面对他者"或者其后期所说的"为他者"，意味着对我固有的同一性和与世界的联系提出疑问，意味着我必须对他者做出回应，从而负起"责任"，由此他者奠定了我作为主体的伦理本质。这一伦理向度是超越存在的，他者使我得以一窥存在之外的意义。莱维纳斯的哲学探讨这种超越的可能性及其现实的途径，以及何以这种存在的超越是人类社会、知识、自由、真理的源泉和真正前提。

哲学被称为寻找家园，如同尤利西斯之返家，然"他者"天然在边缘，如亚伯拉罕之远离家园。这种对立，尤利西斯与亚伯拉罕的差异在莱维纳斯的哲学中一再重复。联想到黑格尔对笛卡儿哲学的评价，自我之确立就像尤利西斯回到自己的家园。哲学追求中心势所必然；而"他者"始终逃避着中心的统摄，保持着与中心的距离，要在此之外另辟一片天地。在莱维纳斯的"他者"身上，我们隐然看见犹太人的身影。第二圣殿被毁之后，犹太人被逐，大规模移居他地，史称"散居"时代开始。"散居"成了犹太人的命运，而"远离家乡和经历漫长时间后，犹太人仍能永久保持自己的特性，就这点而言，犹太人的散居尽管不是独一无二的，也是非常突出的。"① 这使犹太人先天地具备"他者"意识：游离于社会主流，自身特性鲜明。在欧洲历史上，犹太人不断地被隔离、驱逐、杀戮，至纳粹时期达到迫害的极点。这是深深烙在犹太人身上的命运，以至于罗森茨维格认为犹太人生活在历史之外，并赋予犹太人这种历史特征以深刻的伦理内涵。黑格尔有历史审判一切的思想，因为历史的终结便是审判的开始。犹太人自视在历史之外，伦理因离开历史而行使审判历史的职责。同时，作为上帝的选民，犹太人肩负对人类无限的责任。莱维纳斯的思想无疑在哲学上巩固了这种"他者"身份，一种边缘、在外而又倔强、挥之不去的性格。所以莱维纳斯的"他者"不是黑格尔的"他者"，不是胡塞尔的"他者"，不是海德格尔的"他者"，而是有着某种犹太身影的"他者"。② 这种形象最终在西方主流哲学界激起了巨大的反响。

1995 年 12 月 25 日，20 世纪哲学的一颗巨星陨落了。莱维纳斯在巴黎死于心脏衰竭，再过几天便是他 90 岁的生日。

二、从逃避存在到超越存在

莱维纳斯的哲学，大致可以分为三个阶段，其一，是从《论逃避》到《从存在到存在者》和《时间与他者》的阶段，

---

① 罗伯特·M. 塞尔茨：《犹太的思想》，第 179 页。
② 这里并不是以哲学家的出身来判定其哲学的性质，而是从其哲学所采取的倾向来理解其哲学的性质，莱维纳斯一再强调前哲学的生活经验对于哲学的重要影响，而且并不讳言在他那里，哲学家的亚伯拉罕的形象取代了奥德赛形象。

谓之早期，提出了"逃避存在"的命题；其二，是《总体与无限》，谓之其代表作，提出了"他人之脸"的问题和"伦理学是第一哲学"的命题；其三，《别样于存在》则是其后期著作，提出了"言说"与"所说"等问题。究其实质，莱维纳斯的哲学便是借由他者，寻找超越存在的道路，而在这条哲学的道路上，他又得到了犹太传统资源，尤其是《塔木德》传统的滋养。

1. 逃避存在

海德格尔哲学是以"存在哲学"著称，莱维纳斯哲学的起点则是要"逃避存在"。1935 年，莱维纳斯写作《论逃避》一文，该文题目意味深长，颇具隐喻意味地指出了莱维纳斯哲学的处境，他要"逃避"，逃避海德格尔，逃避存在；该文也开始显示出莱维纳斯思想的某种独立性，这篇作品同时预示了他以后重要著作的诸多论题。为什么要"逃避存在"，因为在海德格尔号称被哲学遗忘的"存在问题"上，莱维纳斯发现了存在对于人的压迫。

一方面，莱维纳斯认为，表明存在与存在者之间的区别是海德格尔对于现代哲学的首要功绩；另一方面，莱维纳斯发现海德格尔在描述此在领会存在的经验中，遗漏了一些基本的现象，如怠惰（indolence）、疲乏（fatigue）等。而在这些现象中莱维纳斯揭示了被海德格尔所忽视的生存者所承受的"存在之重"，"生存在它后面拖着一份重量"[1]。莱维纳斯认为在这些现象背后暗含了生存者之外的"存在本身"或

---

[1] E. Levinas, *Existence and Existents*, translated by A. Lingis, The Hague, Martinus Nijhoff, 1978, p. 28.

"存在一般"对于生存者的重压。这种"存在一般",莱维纳斯称之为 *il y a*(英语"There is",中文"有"),这是其早期哲学的核心概念①,也是其以后思想发展的一个基础。

在《从存在到存在者》和《时间与他者》中,莱维纳斯对 *il y a* 做了现象学的描述和分析,当我们设想从这个世界完全退出的时候,具体的存在物消失了,表象的对象没有了,但是还"有"剩下,剩下的就是没有任何规定的存在本身,就是莱维纳斯所说的"有"本身(*il y a*),一种"没有存在者的存在"。这一事实说明,"有"东西存在,但不知是什么。由于其未知性,他认为存在是以一种无名的方式体现的。没人知道它是什么,只知道它"有"。所以,*il y a* 是不明确的、无形的、混乱的,甚至是危险的,"像沉重的气氛却不属于任何人"②,如夜一般地胁迫存在物,使之沉浸在无规律的"混乱"中,被纯粹无人的领域所吞噬。所以,这样的"有"并不"给"自身于人,而是以外在的力量侵入人,莱维纳斯喜欢用"黑夜"这一意象来刻画 *il y a*,在无眠之夜,在夜的"沙沙"声中,万物消散于其间,黑夜把一切还原为不确定的存在。通过夜的刻画的 *il y a* 的经验显示了莱维纳斯对于存在的一种基本态度:无人称的 *il y a*,体现的不是存在的启示和给予,而是一种吞噬一切的恐怖。基于这种对于存在的理解,莱维纳斯在此揭示的根本命题是:"逃避"这种无名的存在。真理的来源只能在异于这种存在的东西中发生。

如何从这种无名的 *il y a* 中挣脱出来?在《论逃避》一文

---

① E. Levinas, *Ethics and Infinity*, *Conversations with Philippe Nemo*, p. 47.
② E. Levinas, *Existence and Existents*, p. 58.

中，莱维纳斯还没有给出明确的答案。但在《从存在到存在者》的书名中，我们就已经看到了方向，即必须从存在中回到存在者。这个存在者正是作为"主体"的人，"一个思考着的主体的意识……正是无名存在失眠的断裂……是在自身中寻找避难所以便从存在中退出"①。这里，主体意识的来临就是这种 $il\ y\ a$ 的消退，意识将自身与"存在一般"区别开来，于是存在乃是"我"的存在而不再是存在一般，意识在自身中寻找到逃避 $il\ y\ a$ 的避难所。

莱维纳斯把存在者浮现出存在，通过与 $il\ y\ a$ 的距离而建立自身存在的这一事实，称之为"hypostasis"（即"实体"的意思）。"这个术语在哲学史上指的是这样一个事件，由一个动词来表达的行为通过这个事件变成了由一个名词来指称的存在者。"② 也就是说通过 hypostasis，存在（to be）变成了某存在物，动词状态变成了事物状态，存在者在存在中找到位置。hypostasis 的作用是"通过在无名的 $il\ y\ a$ 中获得一个位置，肯定一个主体"③，由此可以固定住这个存在者，同时这个 hypostasis 也是"一个单子和一个孤独者"④，因为它要在无边的 $il\ y\ a$ 中保持自己，就必须从自己出发，回到自己。生存者就其本性而言是孤独的。莱维纳斯认为这种"孤独"是进入与他者关系的前提，进入社会前自我的特质。所谓"孤独"并不是指一孤立之个体，而是指生存之封闭性，我被封

---

① E. Levinas, *Existence and Existents*, p. 65.
② Ibid., p. 82.
③ Ibid.
④ E. Levinas, *Time and the Other*, Pittsburgh, Duquesne University Press, 1987, p. 52.

闭在有限度的生存中①，一切都围绕"我"，以我为中心。莱维纳斯认为这种孤独性在日常生活中得到了表达和完成。对于这种孤独性，莱维纳斯的态度则由逃避存在而延伸至逃避孤独。如果说《从存在到存在者》代表了逃避存在，那么莱维纳斯自认为《时间与他者》"代表了一种从生存的孤独中逃避出来的企图"②。因为就其根本而言，hypostasis 依然代表的是存在的逻辑，它具有两重性：一方面，它通过把世界变成我的世界而保持自己的生存；另一方面，也为与他者的相遇制造了条件。所以，hypostasis 不是莱维纳斯哲学的终点，他必须寻找出路，逃避自我的"孤独"。当然，逃避孤独本身不是目的，"人们必须确实地认识到孤独本身不是这些反思的首要主题。它只是存在的标志之一。问题不是逃避孤独性，而毋宁是逃避存在"③。也就是说，孤独乃是存在打在生存者身上的标记，逃避"孤独"，只是为了进一步超越存在的世界。

2. "脸"与伦理

如果说，莱维纳斯早期的著作虽然反对海德格尔，但还时时笼罩在海德格尔的阴影下，那么到了1961年，莱维纳斯出版其主要代表作《总体与无限》时，就自觉地与海德格尔的话语系统拉开了距离，尽管其精神实质依旧针对海德格尔，但他的视野更多地是面对整个西方哲学。在这本著作中，莱维纳斯最为突出的主题是关于"他者之脸"。也就是说，他找到了"逃避存在"的突破口，通过与他者"相遇"的现象学，揭示出与他者关系的伦理性，从而超越存在的世界。

---

① E. Levinas, *Existence and Existents*, p. 85.
② E. Levinas, *Ethics and Infinity*, *Conversations with Philippe Nemo*, p. 57.
③ Ibid., p. 59.

在西方哲学中，存在论作为研究存在之为存在的学问，一直占据着第一哲学的位置。但莱维纳斯认为存在论不能用来表述"超越"。而"他者之脸"透出的意义则超出了存在的范围。莱维纳斯之所以将焦点瞩目于他者之"脸"之上，就在于"脸"具有这种超越的向度。我们看到，在"我"的世界中，一切都是围绕着"我"来行事，从笛卡儿和霍布斯等近代哲学家的著作中，我们不难看到这种自我哲学的逻辑发展和延伸。面对"自我"的霸权，莱维纳斯认为，在万物中唯有他人能以超越所有存在尺度的姿态来与我对立，也就是以其无遮掩裸露的双眼、直接而绝对坦率的凝视来反对我①，这就是"他人之脸"的"显现"（epiphany）。莱维纳斯特地用了"epiphany"这一专门表示神的显现的概念②来表示他人之显现，以此与其他事物之显现做出根本区别，暗示他人之"脸"显示的某种神圣性。莱维纳斯讲他人之"脸"虽在世界中相遇，但是正是这张"脸"的出现，打乱了"我"的世界的秩序，突破了自我主义的世界和"自我中心"的原则。

如何来理解这张"脸"呢？区分"脸"的"可见性"和"不可见性"是问题的关键。关于"可见性"，人们很自然把他人之"脸"作为注视的对象，我们可以对"脸"做现象学的描述。但是，这里有一个危险的陷阱，恰恰是在人们把"脸"当作知觉对象的意义上，"脸"遮蔽了他者。把"脸"当作某种可见的东西，"脸"成了意识的意向对象，成了先验

---

① E. Levinas, *Collected Philosophical Papers*, translated by A. Lingis, The Hague, Martinus Nijhoff, 1987, p. 55.
② "epiphany"主要表示耶稣向世人的显现。莱维纳斯在此用这个词表示"脸"的显现，其间的联系很值得玩味。

自我建构的对象。对"脸"的感性理解使它又回复到传统的哲学思维上去了。但莱维纳斯认为，千万不要把"脸"只是当作一种"可塑的外形"，"脸"的意义全然不在它的形状上。他强调的是"脸"的"不可性"。他说："胜过他者在我头脑中的观念，他者呈现自己的方式，我们称之为脸。这种样式不在于把它认作我注视下的一个主题，也不在于伸展一系列特性形成一个形象。他人的脸在每一个环节都破坏并超过它留给我的造型形象。"① "脸"自己正在"破坏"和"超过"脸的"可见性"，使"脸"超出了"可见"的形象而指向某种"不可见"的东西。当"脸"作为对象时，很自然让人联系起鼻子、眼、额头、颏等，你尽可以细致地描述它，这就是常识意义上可见的"脸"。但莱维纳斯强调"与他人相遇的最好办法就是甚至不要注意他眼睛的颜色"②。他注重的是"脸"的"纯正性"（rectitude），它与"脸"的五官无关，与人的身份无关，无论你是教授、法官、农民，穿什么，戴什么，而"脸"依然保持它的本色。"脸"是最柔弱的，最裸露、最贫乏的，故人们常常摆出各种姿态，戴上各种面具，来掩盖"脸"的纯正性和裸露性。正因为"脸"的这种"纯正性"，"它引导你超越。在其中，脸的意义使之逃离存在，逃离作为认知的对应物"③，也就是在这个意义上，莱维纳斯说："脸是不能被'看'的"④。因为"脸"包含着"不可见"的东西，莱维纳斯称之为"意义"。意义是通过"表达"来展示的。这

---

① E. Levinas, *Totality and Infinity*, translated by A. Lingis, Pittsburgh, Duquesne University Press, 1969, pp. 50-51.
② E. Levinas, *Ethics and Infinity, Conversations with Philippe Nemo*, p. 85.
③ E. Levinas, *Totality and Infinity*, p. 87.
④ Ibid., p. 86.

里触及莱维纳斯非常关键的一个思想，就是"脸"和"语言"的关系。他注意到"脸"是他者身上最具表达功能的部分，并称"脸"是一种表达。在这个意义上，"脸"可以用"言谈"（discourse）来代替，在他看来，"脸"所显现的"他者"不是经验的对象，本质上"脸"是一个对话者，"脸"作为"表达"，它提供了"我"与他者交流的可能性。"言谈"意味着必须"回应"（response）。在他人之"脸"的表达中，他人注视我，而我"回应"他，莱维纳斯把"回应"与同词根的"责任"（responsibility）看作一回事。[①] 莱维纳斯甚至说："语言诞生于责任"[②]。于是，面对"脸"我不知不觉中已经肩负起了责任。这就是为什么莱维纳斯认为"言谈，确切地说，回应或责任是这种（脸）的本真关系"[③]。

不仅对他者之"脸"的表达的"回应"是一种伦理关系，而且"脸"本身就直接颁布道德命令。"脸"作为绝对不同于我的他者，"无限超过我的权力，不是对立于我的权力，而是使权力的权力瘫痪"[④]，从而阻碍了"我"对世界的占有。莱维纳斯认为基于"我"的占有性，而他人作为不可被占有的他性，"他人是我唯一希望杀的存在"[⑤]。但同时，"强于杀人的是他的脸，在他的脸上已经抵制了我们。这种无限是原始的表达，是第一句话：'不要杀人'"[⑥]。他者之"脸"所表达

[①] Robert Bernasconi & David Wood ed., *The Provocation of Levinas: Rethinking the Other*, London, Routledge, 1988, p. 169.
[②] *The Levinas Reader*, edited by Sean Hand, Oxford, Basil Blackwell, 1989, p. 82.
[③] E. Levinas, *Ethics and Infinity*, *Conversations with Philippe Nemo*, p. 88.
[④] E. Levinas, *Totality and Infinity*, p. 198.
[⑤] Ibid.
[⑥] Ibid., p. 199.

的第一句话就是义务，这义务就是"不可杀人"。"不可杀人"是《圣经》中十诫中的一条，现在成了莱维纳斯伦理责任的第一原则，是所有其他道德规范的来源。它是根本的，却不是被建立起来的，既不是来自神圣权威，也不是建立在功利基础上的，更不是来自康德式自主的道德律令，而是来自他者之"脸"，他人的绝对他性。"不可杀人"不是对威胁的回应，而是我对自己的发现，在他人的"脸"中，我发现了自己暴力的倾向，这种自觉开始于面对他人的"脸"。当你一旦转变本性，不是杀他人，而是"对他人的欢迎"，这同时意味着"对我的自由的质疑"。道德是一种存在之外的意义，它扭转了我的自然本性，或者说我的存在本性。这是一个转折点，如果说与他人的相遇还是一种可以加以描述的经验的话，那么通过"脸"所说出的第一句话，则纯然是一个"道德"事件了。这个临界点既可从现象界看，又可从伦理视界甚至《圣经》的视界来看。① 莱维纳斯的哲学就是要寻找这个点，由此可觇存在之外，存在之上。莱维纳斯表明，在"自我"的哲学中，"杀戮"他人是我的自由的一种极致的表达，但是在他人之"脸"面前，代表"暴力"的杀戮总是失败的。他不同意霍布斯的看法，认为冲突是人类历史的第一要务。莱维纳斯问道："社会在其通常的意义上，人是相互的掠夺者这一原则的限制的结果？还是相反，人是相互为他这个原则的限制的结果？知道这一点极端重要。社会的，连同它的制度、普遍的形式和法律，是来自人人之间的战争结果的限制？还

---

① 参见 Richard A. Cohen ed., *Face to Face with Levinas*, p. 20。

是来自敞开了人与人的伦理关系的无限的限制?"① 对这个问题，莱维纳斯的选择是明确的。前一种回答，是西方文化的传统，但它导致的是不断的战争和暴力，而莱维纳斯显然选择的是后者。

通过"脸"，莱维纳斯还引出了与他人关系的一个根本的特点，即不对称性（asymmetry）。在与他人的关系中，他人比我"高"，因为"脸的出现来自于世界之外"，"来自于一个高的维度，一个超越的维度"②。莱维纳斯在此把问题隐隐地指向了上帝。由此表达了我与他人的关系的不平衡性，他人高于我，先于我。莱维纳斯的一个著名观点是"他人的存在权比我自己的更重要"③。而且尽管人类有仇恨，有仇视，有暴力，莱维纳斯依然认为他者的优先地位"是预设在所有人类的关系中的"④，就像我们开门时，会自然而然地说："您请先。"

如果一定要说他人比我优先的原因的话，那只因为他人的衰弱与他人的贫乏。莱维纳斯总是借用《圣经》中所说的陌生人、寡妇和孤儿来指称他人。"在他的超越中支配我的他人是陌生者、寡妇、孤儿，我对他们负有义务。"⑤ 他人的弱，正是我负有义务的原因，表明我对其亏欠一切，要对之负有责任。他人的"强"与"弱"皆在此。一方面，他人是弱者，是最贫乏的；另一方面，他人是强者，是主人，我在他人的"脸"中读出了主人的命令。所以，莱维纳斯总结道："我强

---

① E. Levinas, *Ethics and Infinity*, *Conversations with Philippe Nemo*, p. 80.
② E. Levinas, *Totality and Infinity*, p. 215.
③ Richard A. Cohen ed., *Face to Face with Levinas*, p. 24.
④ E. Levinas, *Ethics and Infinity*, *Conversations with Philippe Nemo*, p. 89.
⑤ E. Levinas, *Totality and Infinity*, p. 215.

壮你弱小，我是你的仆人，你是我的主人。"① 在此"强"与"弱"的关系非比一般意义。就世俗原则而言，我强，我就是主人，你弱，则是仆人。这是自然的原则，存在的原则，也是西方弱肉强食的传统；而莱维纳斯认为，伦理是反自然的，是在存在之外的，所以恰恰是在弱者身上看到了主人的命令。有人认为，这是从《圣经》中来的思想，莱维纳斯并不否认，"那是《圣经》的精神，对于弱小的关怀，对于弱小的义务"②。

"脸"与伦理的关系，是莱维纳斯思想的重中之重，是其全部论证最为关键的一个转折点。"脸"的出现真正超出了存在的世界，就像康德把道德置于现象世界之上，莱维纳斯把"我"与他人之"脸"的相遇置于"我"的世界之外，是他者之他性不可还原的范式。他人之脸使"我"的世界、"我"的权力产生疑问。他者之脸的外在性证明了存在不是终极的和第一位的，在存在之外还有伦理甚至上帝。但是，与康德不同的是，莱维纳斯的"脸"有很强的犹太背景。从希伯来文化的角度看，在莱维纳斯的分析中，有几点值得注意：其一是"脸"这个概念，对《圣经》有所了解的人都知道，在《圣经》中，经常出现"脸"这个概念，"面对面"，"上帝的脸"，"摩西的脸"，尤其是在《出埃及记》第 34 章 29 节中讲到：摩西因拿了上帝颁布的十诫而脸面发光。而莱维纳斯也说，"在他人之脸中闪烁着外在性或超越的微光"③。事实上，如果我们不考虑莱维纳斯的犹太背景以及"脸"在《圣经》中所显示的作用，那么尽管莱维纳斯十分艰难地做出了表述，

---

① Robert Bernasconi & David Wood ed., *The Provocation of Levinas*, p. 171.
② Ibid., p. 173.
③ E. Levinas, *Totality and Infinity*, p. 24.

其论述在现象学的语境中的理解依旧十分困难。其二是"不可杀人"这一戒律在莱维纳斯哲学著作中反复出现。莱维纳斯通过"脸"来显示与他者关系的伦理性,这其中,脸的伦理性表现在脸的第一句话就是"不可杀人"。这是一个命令,是显现在脸上的命令,就像是主人对我说的。莱维纳斯认为,当你面对他人之脸时,你就会感受到这种命令。"不可杀人"是希伯来律法中的基本律令,是《圣经》中十诫之一,现在却在莱维纳斯对于"脸"的现象学描绘中被提了出来。"脸"的描述本是一种事实性的描述,而"不可杀人"是道德律令。在这背后,我们依然记得的是在《圣经》中摩西曾因手拿刻着十诫的两块法版而脸面发光。这是偶然巧合,还是有着内在的联系,莱维纳斯自己的回答是明确的,尽管他并不认为在《圣经》中直接就有其现象学中"脸"的概念,但他不否认这中间表达的精神是《圣经》的。其三通过"脸",莱维纳斯把"伦理"界定在与存在完全对立的位置上。透过"脸"的分析,莱维纳斯指出伦理是存在世界之外的,他人之"脸"使我们走出了自然状态。此外,使莱维纳斯深受影响的罗森茨维格在其《救赎之星》中也运用过"脸"这个概念。对于"脸"作为"真理"的所在,作为道德力量的所在,并指向超越,在罗森茨维格《救赎之星》中已经有了简短却十分明确的表达。柯恩(Richard A. Cohen)更是将罗森茨维格、莱维纳斯关于"脸"的思想同犹太神秘主义联系在一起考察,突出其犹太的品格。[1]

---

[1] 参见 Richard A. Cohen, *Elevations: The Height of the Good in Rosenzweig and Levinas*, Chicago, University of Chicago Press, 1994, pp. 241-273。

3. "言说"与"所说"

莱维纳斯《总体与无限》的出版为他赢得了巨大的声誉。德里达在《暴力与形而上学：论莱维纳斯思想》（1964）中，一方面欢呼莱维纳斯思想给现象学界带来的震撼[1]，另一方面对莱维纳斯的哲学提出了令人深思的许多质疑，其中最重要的批判在于，德里达指出莱维纳斯虽然以超越存在为己任，但是其哲学依然陷于存在论之中，因为其哲学的语言是以存在论为前提的，于是伦理学作为第一哲学受到挑战。德里达的这篇文章对理解莱维纳斯后期的"转向"具有重要意义。[2] 尽管莱维纳斯自己的哲学在德里达批判之前已经有所改变[3]，而且后期的论题在《总体与无限》中也已经有所涉猎。[4] 但是全面促使莱维纳斯哲学发生"转向"的，依然与德里达的批判密切相关。当然，"伦理学作为第一哲学"的地位并没有因为德里达的批判而在莱维纳斯那里有丝毫的动摇，反之，我们可以说，莱维纳斯后期哲学努力从更为基本的层面来重塑"伦理作为第一哲学"的地位。

我们知道，《别样于存在》顾名思义，研究的是"别样于

---

[1] 参见 Jacques Derrida, *Writing and Difference*, Routledge & Kegan Paul, 1981, p. 82.

[2] 尽管有学者认为，在莱维纳斯受到德里达批判之前，他自己已经意识到一些问题，从而开始了某种程度的转向。其实莱维纳斯本人在其早期著作《从存在到存在者》中，已经认识到："现象学的描述不可能离开光的领域，离不开封闭在他的孤独性中的人，不能离开作为终结的死亡和焦虑，因而它对他人的关系所做出的任何分析都是不充分的。现象学停留在光的世界中，这个自我独居的世界中没有作为他人的他者，对于自我来说，他人只是另一个自我，一个他我，认识它的唯一途径是同情，也就是向自身的回归。"（p. 85）

[3] 参见 The Trace of the Other in *Deconstruction in Context*, ed. Taylor, Mark, Chicago, University of Chicago Press, 1986.

[4] 比如对于"言说"和"所说"的论述，参见 E. Levinas, *Totality and Infinity*.

存在"（otherwise than being），而不是"别样的存在"（being otherwise）。莱维纳斯的哲学尤其要防止"别样于存在"变成"另一种存在"。但是这种危险始终存在，特别是经过德里达的批判之后，莱维纳斯深刻地认识到我们很难超越存在论语言，是语言把我们紧紧拴在存在的层面上，使我们超不出存在的层面。任何描述"超越"的努力都会回复到存在论语言，只有存在才能被述说。于是对"超越"的任何言说都成了一种存在论语言的变形。传统的说明、论证、描述、解说都已经暗含了存在论前提，语言的意义以一种稳定的、可知的存在为依据，这样一来，在哲学中，真正的"超越"和"他者"就会缺席。因此，相应于"别样于存在"，必须寻找到另一种语言形式，使之避开传统存在论的种种预设。如果说先前"脸"与伦理的关系是莱维纳斯超越存在的关键，那么现在如何在语言中体现出"伦理"才是问题的关键。

莱维纳斯在《别样于存在》中所做的最为关键的区分，就是"所说"（the said）和"言说"（the saying）的区分。[1] 传统哲学只重视"所说"的内容，世界、存在、真理、在场的秩序都是属于"所说"的秩序，只要我们通过主谓的方式来表述这个世界，只要我们在语言中有"being"的因素，我们就都属于"所说"的世界，因此"存在论的诞生地在所说之中"[2]。在莱维纳斯看来，"进入存在和真理就是进入所说"[3]。

---

[1] 莱维纳斯此处关于"所说"和"言说"的区分，非常类似于马丁·布伯所做的"对……说"（speak to）和"说什么"（speak about）之间的区分。参见马丁·布伯《我与你》。

[2] E. Levinas, *Otherwise than Being or Beyond Essence*, translated by A. Lingis, The Hague, Martinus Nijhoff, 1981, p. 42.

[3] Ibid., p. 45.

在这个意义上,"所说"就是哲学的居所。但是他又提醒我们,我们必须注意到"所说"的优先地位使传统哲学不能认识到语言另外的重要向度,也就是指向"别样于存在"的向度。"'所说'的把持力涵盖了'言说'。"① 因此,通过这种"所说",传统的"超越"在逻各斯中已经将自己主题化了,也就是重新置于存在中去了,或者说是将事物在"所说"中安置起来了。

莱维纳斯认为,传统的哲学只注意了"所说"的内容,只注意到了"所说"所指的场域,而遗忘了"言说"首先是一种交流,首先是一种面对他者的交流。"言说是一种交流,确切说,作为'袒露',是所有交流的条件。"② "言说"使我们在"言说"中与他者相遇。"言说"作为交流还表明意不仅仅是指称客体,不仅仅是揭示主体的自我,更重要的是发生在与他者的"接近"中,这种"接近"表达了一种差异。在此,对一个命题的存在论描述和分析不足以把"言说"时所发生的传递出来。人们可以根据言说的各种特性来研究语言的系统,这完全是存在论传统的研究,但是在这些存在论研究的内容之前,似乎还有些什么?莱维纳斯恰恰要揭示那些在完全的语言存在论方面发现不了的东西,对他来说,"言说"的内容没有什么好注意的,但"言说"之谦卑的态度却包含了太多可以挖掘的秘密。"言说"先于语言中所有的动词变位、语言的系统、语义的显现,先于所有制约"所说"的语法现象,一言以蔽之,它先于我们所说的语言,它是人之

---

① E. Levinas, *Otherwise than Being or Beyond Essence*, p. 5.
② Ibid., p. 48.

与他人的"接近"。莱维纳斯认为,这种"向他者"的"接近"的"言说"是在先的,因为交流不仅仅在于"所说"的内容,它首先是以"向他者"的敞开为前提的。在一切的"所说"中已经假定了"言说","言说"构筑了"所说"可能的条件;但是哲学家们只注意"所说"的内容,而忽略了"言说"中对他者的袒露。于是,莱维纳斯是要把"言说"的向度带回到"所说"的东西中去,从而使"所说"重新意识到"为他者"的状态,"言说"较之"所说"更为原始,"甚至是前本源(pre-original)"。

"言说"作为一种"袒露",其伦理本质就在"袒露"中得到显现,这就是"对他者的回应","对邻人的责任"[1]。"回应"和"责任"之间在词源上的联系,我们在前面已经讲过。这里再次得到了莱维纳斯的强调。在我"言说"之际,我就绝对地对他者负有责任。就像在"脸"中,莱维纳斯看到了伦理的意义一样,同样,在"言说"中他也看到伦理的意义。如果说"所说"代表了存在,那么在"言说"中,则"责任超越于存在"[2]。在"言说"中拒绝"责任"是不可能的,负有责任的"言说"为"存在"保留了一个参照系,作为"别样于存在"的"责任",它显示了其与伦理的密切关系。"言说"是一种不可回避的回应,"言说"编织了一种责任,所有的语言都预设了这种基本的事实:每一个人都无限地对他人负有责任。

但是,在莱维纳斯这里极为困难的是,"言说"是"前本

---

[1] E. Levinas, *Otherwise than Being or Beyond Essence*, p. 47.
[2] Ibid., p. 15.

源的",而"所说"是存在论的结构。这种前本源的"言说"时时会转换成一种现实的、存在论的语言,并在这种语言中获得意义。这其中就涉及"言说"和"所说"之间相互的关系。一方面,"言说"服从于"所说",服从于语言系统和存在论,"言说"离不开"所说"的内容,但是它并不是"所说"的一个环节,并不是"所说"传递信息的一个构成部分;另一方面,在"所说"的语言中,一切事物虽然都可以在我们面前得到翻译,但这是以背叛"言说"为代价的,"每一种翻译都是一种背叛"①。"言说"中"前本源"的要素是否会因显示自身于一个主题中而背叛自身呢?是否这种"背叛"还可以被还原呢?万物显示自身都是以这种"背叛"为代价的,这意味着在"言说"中的某些东西在"所说"中被遗忘了、被遗漏了。语言借助其自身的方式,把"别样于存在"显现出来,但已经不太可信了。语言允许我们谈论这种"别样于存在",但却是通过一种"背叛"来实现的,这是任何东西想要得到"显现"必须付出的代价。

在此"背叛"中,人们努力"言说""不可言说之物",似乎是某种"轻率"之举,莱维纳斯认为恰恰这种"轻率"也许正是哲学的任务。也就是说,哲学不能不背叛"言说"和"责任",哲学为了显示某种不可言说之物而不得不如此。我们这里要注意的是,"言说"在这里显示的形式仅仅是一种中介,对论述的主题化来说,这是必需的,否则我们就不可能有所谓的理解。但是另一方面,中介、主题化不能就此局限了"言说"的意义,"言说"的生命在于它们自身是被"言

---

① E. Levinas, *Otherwise than Being or Beyond Essence*, p. 6.

说"的前本源的使命所推动的,是被"责任"所推动的。

当陈述命题时,那"不可言说的"必须采取某种逻辑的形式,超越存在的东西于是就被置于逻辑的论题之中。但是"超越"所打破的逻辑并不能给哲学带来一种新的辩证结构,这种超越存在的东西正是要在逻辑中显现自身。这里,莱维纳斯把反思性的语言界定为"辅助性的",有时,他又称之为"天使的"。因为相对于神本身而言,人所能接触的只能是"天使"。这里反思性的哲学语言就扮演着某种"天使"的角色,在"言辞"中显示"超越"的同时,也不可避免地会遮蔽它。语言显示了自己的相对性。哲学只是一种更高智慧的使者,最高智慧本身是不能显现的,一如上帝自身从来不现身,而是通过天使和先知来给人传达信息。

《别样于存在》既拒绝存在论的语言又不得不恢复存在论的语言。莱维纳斯也意识到"言说"这种不可避免的变质。他表明在《别样于存在》中所缺乏的清晰性正是源于"言说"与"所说"之间一种张力,这种张力类似于怀疑主义。事实上,只要哲学追问彻底,那么怀疑主义必是哲学苦恼不已的"私生子"[1]。所以,莱维纳斯说:"哲学自诞生便陷入怀疑主义。"[2] "言说"本质上是在先的,但是文本却肯定"所说"在先。莱维纳斯的文本在"言说"和"所说"相互解构的张力中生存下来,一如怀疑主义自身面临的矛盾。在任何一种对怀疑主义的驳斥之后,怀疑主义都会返回来,声称真理的不可能性。莱维纳斯在此看到了"超越"思想中怀疑主义的因

---

[1] E. Levinas, *Otherwise than Being or Beyond Essence*, p. 7.
[2] Ibid., p. 155.

素。当我们比较"所说"与"言说"时，实际上是将它们置于同一个水平。而"所说"与"言说"并不是一种"同时"的关系。当比较它们时，它们成了两个同时的"所说"，这种错位促使怀疑主义产生了。"怀疑主义就在哲学的开端处，表达并背叛了这种传达和背叛的历时性。"① 去设想"别样于存在"者就要求像怀疑主义那样大胆，就像怀疑主义毫不犹豫地去肯定这种陈述的不可能性，同时敢于通过陈述这种不可能性来实现这种不可能性。怀疑主义正说明了"所说"和"言说"之间有不可还原的差异。

莱维纳斯在此必须区分"共时性"（synchrony）和"历时性"（diachrony）来说明这个问题。前者包含所有的环节和所有的叙述于同一时间，理性的断言声称其有普遍有效性，于是"言说"和"所说"的两种有效性于"共时性"中发生矛盾。事实上，"超越"在哲学中言说的方式是相继的，存在的超越要求和揭示自己在一种"非共时性"的时间中，这就是一种"历时性"。如果从"历时性"的立场来看，"言说"和"所说"分属不同时间，"言说"和"所说"虽同时发生，这两者不可能相互分离，但并不相互冲突。如果，在逻辑思维对怀疑主义设置了无数的"不可反驳"的反驳之后，怀疑主义依然重新回来，这是因为造成矛盾的"共时性"被遗忘了，而一种秘密的"历时性"则指挥着人们"模棱两可"的说话方式。

"言说"和"所说"尽管有张力但必须共存。这对于理解莱维纳斯的哲学很关键。他既承认哲学属于"所说"的领域，

---

① E. Levinas, *Otherwise than Being or Beyond Essence*, p. 7.

又坚持"言说"的优先性。那么，哲学究竟如何可能存在下去？"哲学的言说在其所说中背叛了它在我们面前传达的接近，但作为一种言说，它依旧是接近和责任。"① 显然，哲学在"言说"与"所说"中回荡，勉力传递着"言说"，哲学既分裂逻各斯，又恢复逻各斯；既在总体性中，又超出别样于存在。"在把所说还原为言说中，哲学语言把所说还原向他者开放的气息，向他者表示意义。"②

莱维纳斯超越存在论之路是艰难的。"脸"的提出颇为独具匠心，但却容易被对象化地理解。从存在自身之内超越存在，是真正的超越之道，但却容易被误解为依旧停留在存在论中。直接诉诸语言，是精到之举，但却使语言濒于瓦解。莱维纳斯的道路分明表示了他的执着，他在哲学中看到了其他方式无可企及的普遍性，他坚信哲学的生命，而这生命来源于"伦理学是第一哲学"。

4. 伦理学是第一哲学

"道德不是哲学的分支，而是第一哲学。"③ 尽管伦理在莱维纳斯的哲学中占据着中心地位。但是若从传统的伦理学观点来看，莱维纳斯却无从归位。莱维纳斯既不讨论义务论也不讨论后果论，既不探讨"什么是最大幸福"也不探讨"什么是应该的"。他的著作并不追求系统的道德规范和律令。那么究竟在什么意义上，莱维纳斯讲的是伦理学。对此，他清楚地说道："我的目的并不在于建构伦理学。我只是试图发现它的意义。……无疑，人们可以以我所说的建构一种功用上

---

① E. Levinas, *Otherwise than Being or Beyond Essence*, p. 168.
② Ibid., p. 181.
③ E. Levinas, *Totality and Infinity*, p. 304.

的伦理学，但这不是我的主题。"① 显然，莱维纳斯强调伦理，但是并不是要建立一种伦理学，而是追求伦理的意义；而且从上面的章节中，我们看到伦理的意义在于它在存在之外，超出了存在世界，"伦理是对我们在世之在的一种破坏"②。在莱维纳斯看来，这种伦理意义是一切的基础。

西方哲学之所以在莱维纳斯眼中走岔了路，就因为它把哲学奠基于存在论之上，伦理学不过是哲学的分支。莱维纳斯反对的恰恰是这个传统。"伦理学并不是从自然存在论中推导出来，恰恰是与之对立的东西。"③ 莱维纳斯要把一切重新奠基于伦理上。当然，此"伦理"非彼伦理学，它不是一种规范的"学"，而是这种规范的伦理学之可能的基础。伦理的经验和关系的发生先于所谓伦理学的产生。

基于前面的论述，莱维纳斯提出了一系列与以往不同的观点。首先，与传统基于存在论的"真理至上"的观念不同，莱维纳斯认为伦理先于真理。伦理作为第一哲学对传统存在论的中立性提出质疑。他认为黑格尔的无人称的"理性"和海德格尔的无人称的"存在"是这种中立性哲学的最大代表。这种中立的哲学以逻各斯为中心，而逻各斯是无人称的话语，与莱维纳斯强调"面对面"的"言谈"截然不同。前者在莱维纳斯看来，是一个无情的世界，没有起点，没有原则，就像笛卡儿所说的，是"恶魔"诡计制造的世界；而后者，则有一个切实的起点，即对他人的意识，这种意识拒绝无人称的世界，而打开一个朝向无限的向度，莱维纳斯认为这才是

---

① E. Levinas, *Ethics and Infinity*, p. 90.
② Richard A. Cohen ed., *Face to Face with Levinas*, p. 23.
③ Ibid., p. 25.

一切知识和形而上学得以可能的基本条件。当我们认清与他人的关系才是最基本时,哲学确实终结了,但只是作为中立的哲学终结了。① 而莱维纳斯所谓的"形而上学则(继续)在伦理关系中上演"②。

再者,与西方传统将自由奉为最高目标不同,莱维纳斯认为责任先于自由。他确立了与他者的关系的首要性,那传统自由观至高无上的地位受到挑战。如果自由是至上无限的,那么,它在逻辑上可以推论出任意妄为的合法性。在存在主义那里,自由是绝对的出发点。萨特认为"人是被判定自由",自由是人作为"自为存在"的最大特点,人有自由才能塑造自己的本质。莱维纳斯认为自由不是出发点,自由是被赋予的。"生存在其现实性上并不是被判定自由,而是被授予自由。"③ "授予"(investiture)意味自外、自上的授予,是他者对于"我"的授予,"授予自由"这个概念本身说明了"我"的局限性,而自由也不是自足的,"自由不能通过自由证明自己的合法性"④;在莱维纳斯的自由观中,自由是与对他人的责任联系在一起的。"伦理的自由是艰难的自由,是一种对他人负有义务的无自主性的自由。"⑤ 对莱维纳斯来说"主体的自由不是最高或最根本的价值"⑥。这对西方的自由主义传统是一种抵制。与存在主义绝对自由观相比,莱维纳斯

---

① 参见 E. Levinas, *Totality and Infinity*, p. 298。
② Ibid., p. 79.
③ Ibid., p. 84.
④ E. Levinas, *Totality and Infinity*, p. 303.
⑤ Richard A. Cohen ed., *Face to Face with Levinas*, p. 27.
⑥ R. Kearney, *Dialogues with Contemporary Continental Thinkers*, Manchester, Manchester University Press, 1984, p. 63.

的有责任的自由更为深刻。

　　莱维纳斯的哲学始终要为一种真正的"多元性"寻找空间。这不是一种在同一下各个个体建立的众多性，而是建立在绝对差异上的多元性。早年，莱维纳斯甚至在生存和死亡中看到了这种多元性。在西方存在论的历史上，"多"较之"一"总是一种缺陷，而莱维纳斯强调他者，限制同一和总体的观点，是要为真正的多元性提供空间。莱维纳斯在超越中，也就是与他者的关系中找到了这种隐含着的多元性。另一方面，语言也揭示了多元性的向度，它彻底排除了全景式总体观点的终极性。莱维纳斯对总体、同一导致的战争的担忧，也可在多元性中获得解决。莱维纳斯认为，和平绝不只是战斗的结束，只有当"和平一定是我的和平"时，才能有真正的和平。这种关系意味着"我既要保持自己，同时又是一种没有自我主义的生存"[1]，也就是一种肯定了他性的生存。只有在这种"多元性"的关系中才能有真正的和平。

　　我们认识了伦理学在莱维纳斯哲学中的核心地位，或者说，他的哲学就是伦理的。莱维纳斯一反西方哲学传统，不是把形而上学置于存在论之上，而是置于伦理之上。他人的出现让我们意识到我们对于他人的责任，并对"我"的自主性、"我"的自由提出疑问。在解构了西方传统之后，如何还能谈论伦理学，莱维纳斯的尝试给人们以极大的启示。在相对主义盛行的今天，尽管莱维纳斯反对任何普遍原则的"暴力"，这并不意味着莱维纳斯就是一名相对主义者，莱维纳斯在多元性中坚持着绝对。

---

[1] E. Levinas, *Totality and Infinity*, p. 306.

三、希腊的与犹太的

在德里达对莱维纳斯的批评中，他还提出了一个更深层次的问题："我们是犹太人？是希腊人？"在德里达的批评中，犹太人的问题始终贯穿其间。我们知道，莱维纳斯从不讳言犹太因素在其哲学中的重要作用。但是，当莱维纳斯把某种犹太因素带进哲学时，马上会面临一个问题，他的哲学是否依赖于一种先在的宗教信仰？是否依赖于某种形式的犹太教？这一点是无可回避的。针对这种质疑，莱维纳斯首先强调自己是哲学家而不是一个神学家，他的哲学著作和"希伯来"著作是两回事。但毕竟写作哲学著作和写作"希伯来"著作的莱维纳斯是同一个人。摆在我们面前的问题是如何看待莱维纳斯哲学中希腊因素和犹太因素的关系。

德里达在对莱维纳斯哲学进行批判的时候，非常敏锐地注意到莱维纳斯哲学面临的这两种因素，甚至提出了哲学与非哲学因素的问题。在《暴力与形而上学：论莱维纳斯思想》的最后，德里达问道："我们是犹太人？是希腊人？我们生活在犹太人与希腊人的那个差异中，而这个差异也许正是所谓历史的统一体。我们生活在差异中并靠着差异生活，也就是说我们生活在那种莱维纳斯说得那么深刻的'矫饰'中，'它不仅只是人类偶然的卑鄙弱点，而且也是同时束缚着在哲人和先知身上的世界的那种深刻分裂'。我们是希腊人？是犹太人？可是谁是我们？我们首先是犹太人还首先是希腊人（这不是历时性的提问而是前逻辑的提问）？犹太人与希腊人之间的不可思议的对话，即和平本身是否就是黑格尔的绝对思辨逻辑的形式，就是他在《精神现象学》序言中思考了先知般论述之后，是否具有一种调和形式的同义反复和经验的异质性的活生生逻辑？抑或，相反，这种平息具有一种无限分离的形式，以及一种关于他者的无法思考、无法言说的超越形式，提出这个问题的语言从属哪一种平息的视域？从何处它取得问题的活力？它能否说明犹太教与希腊化历史的结合？在最为黑格尔式的现代小说家所说的命题'犹太希腊人是希腊犹太人。两个极限的相遇'中，什么是这种结合的合法性？什么是这种结合的意义？或者，相反的，这种和平是否具有无限分隔的形式？是否具有他者那种不可思议、无法表达的超越形式？提出这个问题的语言究竟属于哪种和平视域？它提问的能源来自何处？它能意识到犹太教和希腊思想的那种历史耦合吗？在'犹太希腊人是希腊犹太人。两个极限的相遇'这个也许最黑格尔式的现代小说家提出的命题中的这个谓词的合法性是什么，其意义又是什么呢？"①

事实上，尽管德里达对莱维纳斯的哲学努力进行了批判，但对于这个问题的回答始终是敞开的。这一发问其实指出了领略莱维纳斯哲学的一种意义框架。德里达认为自己既不是希腊的，也不是犹太的。② 但莱维纳斯的哲学可以说，正是这两极的相遇，既是"希腊的"也是"犹太的"；但却不是在黑格尔式综合的逻辑中，而是在他者的视域中完成这两种因素的结合。

---

① Jacques Derrida, *Writing and Difference*, p. 153.
② 参见 R. Kearney, *Dialogues with Contemporary Continental Thinkers*, p. 107。

那么，这两种因素的相遇意味着什么？为什么谈论哲学会涉及希腊问题，根本在于德里达对于哲学的一个基本的界定："哲学的基础性概念首先是希腊的，离开它的元素去进行哲学表述和谈论哲学大概是不可能的。"① 哲学的希腊性问题是一个哲学的根本问题，这个问题在海德格尔那里就曾得到了极大的重视，海德格尔在1955年发表的《什么是哲学》中讲道："哲学这个词告诉我们，哲学是某种最初决定着希腊人生存的东西。不止于此——哲学也决定着我们西方—欧洲历史的最内在的基本特征。常听到的'西方—欧洲哲学'的说法事实上是同义反复。为何？因为'哲学'本质上是希腊的；'希腊的'在此意味：哲学在其本质的起源中就首先占用了希腊人，而且仅仅占用了希腊人，从而才得以展开自己。"② 海德格尔的这一论述直接决定了德里达对莱维纳斯哲学批判的立场，而且以这样的立场来对照莱维纳斯的哲学，"希腊的，还是犹太的"问题会变得尤其尖锐，如果对这个问题的回答是"犹太的"，是否就意味着，莱维纳斯所论述的根本就不是哲学呢？

哲学是从希腊传统中发展出来的概念体系，德里达认为它在经历了从希腊到欧洲的激动人心的发展之后，在向全人类发展。但最终它的根还是在希腊的，也可以说是在欧洲的。对此，胡塞尔也曾经疑惑过："是否欧洲人真正在自身中承负着绝对理念，是否欧洲文明也不过是像'中国'或'印度'一样的经验的人类学的文明类型……是否一切其他文明的欧

---

① Jacques Derrida, *Writing and Difference*, p. 81.
② 海德格尔：《什么是哲学》，见《海德格尔选集》（上），上海三联书店，1996，第591页。

洲化不是一种历史的荒唐胡闹，而具有绝对的世界意义。"①结合胡塞尔和海德格尔的论述，我们会看到，在胡塞尔和海德格尔那里，哲学的普遍意义根源于希腊。而莱维纳斯思想的意义在于他在哲学中带来了犹太向度。也就是说，如果莱维纳斯的哲学不仅仅是希腊的，也是犹太的，那么这就意味着哲学可以表达一种非希腊的思想，而且作为纯粹经验意义上的人类学的文明类型"希伯来"，它的命运不仅仅是接受欧洲化的洗礼，而且本身也作为一种绝对的理念呈现在世界历史中，并由此获得绝对的意义。那么莱维纳斯的示范是否意味着在胡塞尔看来的只是经验意义上的"中国"或"印度"的思想和文明也可以承担其对于人类的普遍意义呢？而不仅仅局限于"中国"这一人类学的文明类型。事实上，莱维纳斯要破除的恰恰是胡塞尔的这种迷思。

哲学表述一种别样于"希腊的"精神是否可能，具体而言，一种"希腊的"语言是否可能表述一种"非希腊"的精神。莱维纳斯接受了海德格尔和德里达对哲学的一个基本看法，"哲学的基本概念首先是希腊的，没有这种中介，从事哲学或哲学地谈论是不可能的"②。在这个意义上，讲哲学就是讲"希腊语"。由于哲学只讲"希腊语"，那么哲学是否只能接受希腊传统的思想？对此莱维纳斯并不以为然，"希腊语言不是一种强加于人的语言"③。就像可以用"希腊的"哲学语言来阐述佛教一样，这样一种哲学语言照样可以把某种非西

---

① 胡塞尔：《欧洲科学危机和超验现象学》，张庆熊译，上海译文出版社，1988，第 17 页。
② Jacques Derrida, *Writing and Difference*, p. 81.
③ Robert Bernasconi & David Wood ed., *The Provocation of Levinas*, p. 179.

方的向度引进西方的哲学传统。"你可以用希腊语表达任何事物，例如，你可以用希腊语谈论佛教。欧洲将继续讲希腊语——那是我们普遍的语言。"① 同时，莱维纳斯也承认以希腊的语言论述非希腊的因素将是非常困难的。事实上，从早期哲学著作一直到《别样于存在》，莱维纳斯一直在用"希腊的"语言艰难地表达。他要抛弃存在论的语言，但他仍然坚信一种理性的哲学语言的可能性，尽管伴随着不可克服的怀疑主义。

哲学语言之为"希腊的"特征在于，它只诉诸论证而不引用权威。莱维纳斯在著作中也曾引用《圣经》或《塔木德》，但并非用于论证，涉及《圣经》"不是用做证据，而是作为一种说明"②。在他看来，他的哲学的特殊性不是依赖于宗教的信仰，而是依赖于被我们遗忘了的一种经验③，一种伦理上对他人负责的经验。若哲学是建立在信仰之上的，那么哲学不复为哲学，如果哲学是建立在人的经验现象之上的，那么思想依旧是哲学而不是宗教的，依旧是希腊理性，而不是犹太信仰。在这一点上，莱维纳斯哲学在其哲学品质上不存在任何疑问。

莱维纳斯本人并不认为自己的哲学是非希腊的，他呼出希腊的气息，也许并不是要抛弃希腊的传统，只不过是趋近比柏拉图或前苏格拉底更古老的源头，这个源头尽管有着某种别样于希腊的气息，但也许就是希腊本身的源头。莱维纳

---

① F. Rotzer, *Conversation with French Philosophers*, translated by G. Ayelsworth, New Jersey, Humanities Press, 1995, p. 63.
② Richard A. Cohen ed., *Face to Face with Levinas*, p. 18.
③ E. Levinas, *Totality and Infinity*, p. 28.

斯认为我们对他人伦理上的责任是一种生存论的事实。在这个意义上，他并不认为自己的思想更为"犹太化"而非"希腊化"，他甚至认为自己就是希腊人，他的思想就是希腊思想。① 莱维纳斯在此不想诉诸古典的语文学，一如海德格尔所做的那样来冲破古典希腊所带来的禁锢，他认为他诉诸的是直接裸露的经验。从这种经验中找出从"同"与"一"的希腊统治中解放出来的源泉。尽管莱维纳斯深受犹太弥赛亚主义末世论的影响，但这并不是哲学，莱维纳斯也没有将自己作为神学、宗教和道德来展开。最关键的是莱维纳斯"最终，从不以希伯来的论题和文本为权威依据，而是诉诸经验本身来寻求理解"②。这个"经验"，就是我们看到，就是"朝向他者"的经验，而最无法还原的他性就是他人。从柏拉图主义到黑格尔以来的哲学，经验主义向来被规定为某种"非哲学"的东西。而莱维纳斯恰恰是要在这种非哲学的源头，用哲学来表达自己。德里达甚至看到，"没有任何东西可以比这种彻底的他者的侵入更能唤起希腊的逻各斯，即哲学，也没有任何东西比它更能唤醒逻各斯对于其源头、对其必死性及其他者的意识"③。也就是说，哲学与非哲学的"经验主义"并不是对立的，甚至可能激发哲学某种新的意识。

但是莱维纳斯的思想显然也并非与犹太教无关。他确实以哲学的方式，或者说"希腊的"方式表达了某种非希腊的东西。正是在这个意义上，德里达看到了莱维纳斯思想带来的伟大意

---

① 参见 Robert Bernasconi & David Wood ed., *The Provocation of Levinas*, p. 174。
② Jacques Derrida, *Writing and Difference*, p. 83.
③ Ibid., p. 152.

义，德里达看到，莱维纳斯的哲学是在呼吁脱离希腊的逻各斯，"趋向呼出希腊的气息，趋向一种先知的言语"①；其次，莱维纳斯将自己的哲学定位为"形而上学"，以对抗整个亚里士多德的哲学传统，从而在形而上学中呼喊出伦理关系，打开超验的空间，解放传统的以存在论为基础的形而上学。

德里达清楚地表明了自己的批判的一个支点："希伯来和希腊这个两种源头、两种历史的言说之间的阐明和相互之间的超越，这究竟意味着什么？如果不是亚历山大式的混杂的某种螺旋式的回归，是不是一种新的跃进，一个奇怪的共同体在形成？考虑到海德格尔也想开辟一条通往既依赖哲学又超越哲学的古代言辞的通道，那么莱维纳斯的这一种言辞和另一种通道意味着什么呢？"②尽管德里达对于莱维纳斯有着某种很高的期许，而且也看到了莱维纳斯这种努力的意义所在，但是就像我们看到的那样，德里达在具体对于莱维纳斯的批判中，他并不认为莱维纳斯有效地达到了他的目标。

"希腊人在将家园和语言借出去之后，当犹太人和基督徒在他的家中相遇时就更不可能自己缺席了。希腊并非一个中性的、临时的场域，超越边界之外。希腊逻各斯在其中产生的那个历史不可能只是正巧为那些理解和不理解末世预言的人提供了理解的基础。对于任何思想它都不是外部和偶然的。希腊的奇迹并非就是这或那，或者诸如此类的令人惊奇的成就；它是任何要想将其智者处理成圣约翰·克里索斯托所说的'外面的圣者'的那种不可能性。"③德里达认为希腊已经

---

① Jacques Derrida, *Writing and Difference*, p. 82.
② Ibid., p. 84.
③ Ibid., p. 153.

在面对这种绝对令人惊奇的召唤而保护自己。由此可见,希腊自身时刻警醒着,防止着外力的介入。正是在这种情况下,德里达认为莱维纳斯的犹太要素很难成功,德里达无不戏谑地说:"当一个希腊人在这种情况下做不到的事会在一个非希腊人手里成功吗?除非他通过说希腊语去装扮成希腊人,为接近那个国王而假装说希腊语。"①

在希腊的传统中,并非没有面对犹太因素的历史。但是这种面对和对待犹太意识的做法,却不是莱维纳斯所满意的。"没有一种分离的意识像犹太意识,像苦恼意识那样,在黑格尔式的奥德赛中,亚伯拉罕的苦恼是一种权宜之计,是一种暂时的必然性,在回归自我和绝对知识的和解的境域中的地位和变迁。"② 在犹太那里一种绝对的分离,在黑格尔那里变成了暂时的权宜之计。这正是传统哲学在处理犹太意识时的弊端。所以,从本质上讲,莱维纳斯的哲学依然是非希腊的,"是一种在沉默的深处用非希腊对希腊的质询,是一种超逻辑情感的言说,是一种只有在希腊的语言中被遗忘才能提出的问题;但又是一种只有在希腊的语言中作为遗忘才可以被言说的问题。这是言语和沉默之间一种奇怪的对话"③。但其结果究竟如何却尚待评估。

莱维纳斯认为,来源于生存经验的哲学,与《圣经》中传达的信息可能并不矛盾,它们共同来源于生活世界。"人际关系,像可理解性和在场一样,出现在我们的历史、我们的在世之在中。因此,在揭示世界即在场时,可以把人际领域

---

① Jacques Derrida, *Writing and Difference*, p. 89.
② Ibid., p. 93.
③ Ibid., p. 133.

看做是这种揭示的一部分。但是，也可以从另一个视角，从超越希腊可理解性语言的伦理或《圣经》的视角，把它看做是一个有关正义和关心作为他者的他人的问题，看做是一个有关爱和欲望的问题，这就使我们超出了作为在场世界的有限存在。因而人际就是一个界面，一对这样的坐标轴：在这里，就现象学的可理解性而言，他'源于世界'的东西，与就道德责任而言'非世界的'东西并列在一起。"[1] 莱维纳斯的这一段话，非常重要，它表明"与他者的关系"是一种特殊的关系，是一个真正的交汇点，在"脸"中，莱维纳斯读出了"不可杀人"。它既属于现象学世界的东西，又是超出世界的东西；既是现象的，又是伦理的；既是可以通过希腊方式（现象学）分析得出，又可以表达《圣经》视角的意义。"不可杀人"是来源于《圣经》的话语。在这个意义上，哲学与犹太教之间"有某种相互的渗透"[2]，甚至"从根本上讲它们可能有共同的启示来源"[3]。也正是在这个关节点上，莱维纳斯对近代西方以来事实与价值泾渭分明的观点提出了不同看法。在莱维纳斯看来，事实与价值并非无关的两个方面，而是密切相关的，甚至就是一回事。

莱维纳斯一向肯定多元性，他认为哲学之外有别样于希腊探讨真理的方式，"尽管哲学本质上是源于希腊的，但又并不是完全源于希腊，它也有非希腊的来源。例如，我们所谓的犹太—基督教传统就是对意义和真理的另一种探讨"。问题

---

[1] Richard A. Cohen ed., *Face to Face with Levinas*, p. 23.
[2] *French Philosophers in Conversation*, edited by Raoul Mortley, London and New York, Routledge, 1991, pp. 11-23.
[3] Richard A. Cohen ed., *Face to Face with Levinas*, p. 18.

是,"对今天的哲学家来说,使用一种纯粹宗教的语言实际上是行不通的"①。所以,有一项工作是必需的,把"另一种探讨"真理的方式"翻译"成"希腊的"。在上述背景下,我们看到莱维纳斯对犹太教的解读与其哲学的重心相当一致。在莱维纳斯的"希伯来"著作中,有时更能体会他的哲学用心。在"今日犹太思想"中,莱维纳斯挑明,犹太思想的"基本信息就是把每一种经验都带回到人与人之间的伦理关系中去,诉诸人的个体责任,在其中他会感到被拣选和不可替代,这一切都是为了使人类社会把人当做人"②。这也是莱维纳斯要以"希腊的方式"带回到哲学中去的基本信息。希腊的还是希伯来的?并没有一定的答案,我们既不可以说,哲学以希腊的方式同化犹太教,以现象学的方法将犹太思想还原为哲学,也不能说犹太教与"希腊的"水火不容。吉布斯(Robert Gibbs)的说法相当中肯,"犹太教给罗森茨维格和莱维纳斯的哲学以新的向度,伦理学和与他者关系的重要性现在正作为哲学的关键因素而获得流传"③。通观莱维纳斯的著作,这也许就是他要带给哲学的。

四、莱维纳斯与《塔木德》解经传统

我们在莱维纳斯的哲学中的确能听到来自犹太的声音,

---

① Richard A. Cohen ed., *Face to Face with Levinas*, p. 19.
② E. Levinas, *Difficult Freedom: Essays on Judaism*, p. 159.
③ Robert Gibbs, *Correlations in Rosenzweig and Levinas*, Princeton, N. J., Princeton University Press, 1992, pp. 4-5.

但他坚持自身的哲学家身份，这使他坚决杜绝在其哲学著作中直接引用犹太经典。而在其"希伯来"著作中，把莱维纳斯与犹太传统联系最密切的就是他对于犹太经典《塔木德》的解读。

莱维纳斯的解经实践并非别出心裁。可以这么说，解经就是犹太人的生存方式，犹太人被称为"书的民族"，其民族的延续便是一代接续一代的解经。尤其是圣殿第二次被毁之后，犹太人成了没有祖国的民族。解经成了犹太人保持民族认同的一种重要传统，《塔木德》就是在这个过程中形成的，它成了维护民族生存的重要保障。莱维纳斯深知这一点，他的解经便是要"同时承担以色列的永久性、延续性以及经过许多时代的自我意识的统一性"。

1.《塔木德》解经的意义

正如我们看到的，莱维纳斯重视《塔木德》并不只是因为它是古老的经典，也并不是为了表达对于犹太教的虔诚，更不是一种顶礼膜拜的宗教行为。莱维纳斯对《塔木德》的重视，表示的是对一种古老经验的重视，"是一种寻找问题和真理的解读"[1]，其意义可以说不亚于恢复以色列独立的政治活动，因为这是犹太人在现代社会中自我认同的依据所在。当然，对莱维纳斯来说其意义还不止于此，因为这其中传达的是颠覆西方哲学传统的智慧所在。

我们知道《塔木德》经过层层的解读，是对《圣经》的评注，在《塔木德》与《圣经》之间有着强烈的互动，但是

---

[1] E. Levinas, *Nine Talmudic Readings*, translated by Annette Aronowicz, Bloomington, Indiana University Press, 1990, p. 9.

《塔木德》有着更强的犹太自主性。莱维纳斯反复强调,《塔木德》并不简单地是《圣经》的延伸。他着重的不是《塔木德》在宗教上的意义,以及在犹太教中《塔木德》之于《圣经》的地位;莱维纳斯阐释《塔木德》看重的是,"《塔木德》运用《圣经》的资源来阐述其智慧"①。为什么《塔木德》能够激活智慧,是因为《塔木德》的文字只是一种"能指",其"所指"必须在现实的生活中去寻找,这是《塔木德》尽管古老却始终保持活力的原因。他说:"这门学问的所有大师都认为,只有从生活开始,才能理解《塔木德》。"② 与在哲学层面上,强调哲学的前哲学经验一样,莱维纳斯在解读《塔木德》时注意的也是生活经验。

我们看到,借助于"活生生"的生活经验,莱维纳斯强调《塔木德》尽管古老却是属于现代的,这正是犹太教的独特性。于是莱维纳斯解读《塔木德》的使命就是要把《塔木德》的问题及其意识翻译成现代语言,他试图想让那些不在犹太传统之内的人,那些沉浸于其他文化和文明资源的人们,也能从他自己的解读中汲取思想资源。

莱维纳斯有一本书,书名叫《超越章句》,这里"章句"是借用中国人的说法,其实就是《圣经》中的节。在前言中,莱维纳斯第一句话就问,为什么要超越章句,因为《圣经》中的话语都非常显白,人人能看懂,莱维纳斯称之为"朴素、明白、平常",但同时他却强调在其背后有着"奥秘"的意义。也就是说《圣经》有两种意义,表面的平常意义和背后

---

① E. Levinas, *Nine Talmudic Readings*, translated by Annette Aronowicz, Bloomington, Indiana University Press, 1990, p. 7.
② Ibid., p. 8.

的"奥秘"意义,其间需要一种"解释学",其任务就是要将《圣经》中隐含的意义释放出来。莱维纳斯说,"真理是隐秘的,包含多重向度,并可无限延伸",这可以看作莱维纳斯解经的一个总前提。

上帝的启示是透过不断的解经者一代代传递下来的,莱维纳斯显然也加入了这个行列。对他来说,《圣经》那种隐而未现的"奥秘"完全在于神的启示。鉴于《圣经》的神圣性,莱维纳斯认为不论《圣经》还是《塔木德》的启示都不是随意的,故他信奉"思想比它所想更多"[①]。为此的神学解释就不能把上帝的话语简单地调换成人的语言。但一位著名的拉比曾经说过,"《托拉》说的是人的语言"。这里显示了一种巨大的张力,《托拉》是神的启示和显示,但运用的语言却是人的语言,因此人的言辞对于神意永远起着一种限制的作用,而且这种限制将随着人的生活世界的变动而不断地变动。所以,《圣经》中一词多义的现象本质上乃是上帝启示的无限性与人的语言有限性之间巨大差异的体现。

为了探寻《圣经》中"奥秘"的意义,莱维纳斯所说的那种"解释学"就要不断地回到《圣经》的章节之中,去读出其中的"字里行间"的意义。但是莱维纳斯否认犹太经典背后有着单一的绝对真理或客观真理,他认为解释是没有止境的。这意味着,对于《圣经》的阅读和解释永远不会结束,永远要重新开始,"启示"承继着历史,在人的生活世界中持续下去。对解经者来说,"奥秘"的意义远远超过了人们对于

[①] E. Levinas, *Beyond the Verse*, translated by Gary D. Mole, London, Athlone Press, and Bloomington, Indiana University Press, 1994, p. 109.

文本的理解，这是一种有限中所承受的无限性。当人们倾听时，当人们阅读时，当人们解释时，当人们写下时，意义总是要从有限的文本中流溢出来。

正是解经者的有限决定了"启示"必须通过多重个人来体现出来，也就是说，对于犹太的解经来说，每一个个体都是不可替代的和唯一的。每一个人的唯一性意味着每一个人都是必需的，不仅是为了上帝拯救的实现，也是为了理解上帝的拯救。这就是为什么《塔木德》保存了所有拉比导师的声音，尽管他们之间有着相互矛盾的解释。从本质上来说，犹太的解释学一定是多元的。没有最终的综合和教义可以中止上帝的这种"具体化"。

莱维纳斯认为，《圣经》的启示具有特殊性，它召唤读者以他的自身的存在向《圣经》的"信息"敞开，正是每一个人独特的"人格"和天赋保证了启示的独特性。个人通向《圣经》的路径及其所处的历史环节都具有不可替代的特殊性，从世俗的角度来看，如此说来通过个人解出来的"经"不可避免地具有"主观性"，缺乏一种普遍的客观性的保证，我们如何能信任这所谓的"奥秘"呢？莱维纳斯的解释学认为我们不能因其有"歪曲"和"限制"真理的"主观"观点而抛弃人们的解经。他认为阅读《圣经》本身绝不仅仅关注所谓"客观"的知识，解出的所谓的"奥秘"，也不是一个现代意义上存在的"客观"真理。启示的精神属于另一种精神过程，他指向解经者的自我关涉，解经者本人对于理解"启示"真理具有决定性的意义。也就是说，在《圣经》整个无限的意义中，不可能没有阅读者或解经者而获得"启示"。解经者对于"启示"具有一种无可或缺的地位，莱维纳斯认为每一种解经加之于文本的意义如果没有这个解经者自己独特的个性，那么其意义就还没有揭示出来。也就是说，每一个人、每一个时刻都对《圣经》的信息，或对律法自身的启示做出了贡献，这种《圣经》信息必须通过也只有通过多元的人和多元的时间、时刻和时代才被接受。莱维纳斯甚至这么认为，只要人类没有完结，启示便没有结束，解释便没有结束。对启示来说，人类"一个都不能少"，是一个无限的过程。有多少个读者就有多少种意义。在莱维纳斯看来，多重阅读是绝对真理的条件。"真理的总体在于多重人参与构造。"[①] 现代解释学为解释的"主观性"提供了合法性依据，但这样一来，解读意义的普遍性便大打了折扣，而莱维纳斯的解经学同样不回避"主观性"，同时却为每一个自我、每一个时代建构了接受启示的不可替代的绝对价值，启示的普遍意义只有通过每一个特殊的事例才显现出来，莱维纳斯称之为一种"特殊的普遍主义"或"具体的普遍主义"。

2. 《塔木德》解经的原则与方法

基于以上对于《塔木德》性质的理解，莱维纳斯认为，解读《塔木德》有两个方面的特点：一方面，《塔木德》解读属于历史，只有经过历史学家的检视和批判才能为人理解。《塔木德》经文的记述和思想的解析属于这个层面。不求助于历史的方法，就不能从神话中得出《圣经》的事实状况和象征的特点。另一方面，更为重要，解读经典必须贴近更近的时代，也就是说，必须与目前的事实直接相关，也必须与目前的理解直接相关。这是莱维纳斯所强调的，他称之为一种

[①] E. Levinas, *Beyond the Verse*, p. 133.

"活的传统"①。只有对这种经典保全信心的人，才能直接进入经典。失去了这一进口，则经典的记述和思想就成了神话，就成了僵死的东西。

所以，在经典研究中流行的单纯的历史方法并不能正确解读《塔木德》。因为文献学家和历史学家常常会根据历史材料和文献材料来解读古老的文本，但却遗忘了古典文本中的现代意涵，及其当下教诲。莱维纳斯要我们把《塔木德》当作教诲而不是当作残存的神话来理解，尤其是不要把《塔木德》提出的本原性的思想与文献研究的技术性问题相混淆。当然，《塔木德》文本的意义是通过文字符号指示的，而这些文字符号是有历史性的，比如借助《圣经》的故事、世俗和礼仪的立法等，这些符号经历了意义的变迁，它们的形成也有历史的偶然性，但是这并不能就此消解其中的普遍意义，也不是进入一种纯历史的研究就能澄清这些符号的意义。

尽管莱维纳斯承认历史方法对于解经有其自身的作用②，但是他认为对于犹太经典来说，任何一种只追求单一的、原始的意义的做法都是错误的。这是西方式理性主义在作祟。他认为《塔木德》本身是一种十分理性的文本，但又非常不同于西方哲学意义上的理性，不同于启蒙批判的理性。莱维纳斯在这里特别反对斯宾诺莎的解释观点，他认为这种观点忽视了解经者的重要性，即读者对于启示意义具有的不可剥夺的参与性。"斯宾诺莎没有涉及读者对于文本意义产生的作用。"③ 莱维纳斯恰恰把斯宾诺莎想抛弃的那种模糊、晦涩、

---

① E. Levinas, *Nine Talmudic Reading*, p. 6.
② E. Levinas, *Difficult Freedom: Essays on Judaism*, p. 68.
③ E. Levinas, *Beyond the Verse*, p. 173.

矛盾作为他阅读的重点，正是在其中有可能发展出新的意义。意义不是单一的，而是开放的。莱维纳斯批判斯宾诺莎的要点正在此处。

所以，当莱维纳斯以当代议题来解读这些《塔木德》文本时，他就是在实践一种"时间错位"的解经方式。莱维纳斯认为，如果没有这种"时间错位"的阅读方法，那么犹太教、《塔木德》就只会沦为"关于犹太历史的传说和逸事，不能评判其自身的历史，不能承受这种继续的痛苦"[1]。这种方法不同于我们讲的历史方法，一种科学的历史主义的、文献学的、形式评判的方法。莱维纳斯坦率承认他不能满足于历史方法，因为如果有人满足于这种方法，那么犹太教赖以生存的真理"就变成了一种偶然的、小地方的历史"，但拉比的言辞建立的思想和语言的结构则基于绝对的思想。[2] 有些人批评莱维纳斯用的是一种"护教"的方法。但对莱维纳斯来说，在深层次上，所有的思想都是护教的，必须为自己和自己的历史辩护，必须置于判断之中。

在《塔木德》中，莱维纳斯发现了一种真理的具体性，这种具体性具有一种方法论上的推论；只有当"一个人从具体的问题和存在的处境中出发，而不担心是否会犯时代错位的错误"时他才能理解《塔木德》中的简明表达、暗示和意象。"奥秘"的意义恰恰是一种面向时代的、更加具体的意义。《圣经》的经文本身无非是引发读者去解释和探索其意义，去发现当前讨论的问题与文本之间的关系。因此在文本解释中"时间错位"是

---

[1] E. Levinas, *Difficult Freedom: Essays on Judaism*, p. 78.
[2] Ibid., p. 78.

必然的，他始终具有向新的意义开放的可能性。这种"时间错位"的方法彻底动摇所有的历史方法。

对莱维纳斯来说，在对文本权威的绝对尊敬和个人独特的解释之间没有任何矛盾。《塔木德》的意义不可穷尽，所以每一次阅读都是崭新的，都是对其意义的丰富。启示不仅仅在西奈山上，而是需要不断重复、延续在每一次的阅读之中。"这多重的不可还原的人民，对意义的向度来说是必需的。"① 可以说，启示与解经是并肩合作的，而《塔木德》正是这种合作的典范。上帝并不直接对人们说话，但神圣的话语在《塔木德》中却是可行的，它期待着一种解释，并提供每个读者以不同的声音。在莱维纳斯看来，解经本身就是一种虔诚和崇拜的行为，与祷告一样重要。在解经中自由与约束结合起来，既充分尊重文本，又敞开意义的大门。因此解经是一项永无止境的工作，任何一种结论都是暂时的。

这样一来，莱维纳斯对于《塔木德》解经中的歧义性和含糊性就有了另一种解释。在《塔木德》中非常普遍的是，拉比们不仅在同一问题上有着相反的意见，甚至对引用同一段经文也都有不同甚至相反的解释，而他们的意见都可以在《圣经》中找出依据。这种文本总是让人对于《塔木德》的可信度产生严重怀疑。有学者认为这种模糊性是"因为希伯来语是一种辅音语言，同一字可以有不同的理解，也由于文本本身可以有不同的读法"②。在莱维纳斯看来，这不单是一个语言或文本理解的问题，他认为《塔木德》中对意义的争论

---

① E. Levinas, *Beyond the Verse*, pp. 133–134.
② Davis, Colin, *Levinas: An Introduction*, Cambridge, Polity Press, 1996, p. 108.

恰恰显示了《塔木德》的本质力量。不同拉比对于同一经文的不同理解的对话正是"人类意识中的永恒对话"的体现。正是在《塔木德》的讨论中，它显示了问题的各个方面。所以，《塔木德》的权威性不是来自教义的一致无误，而是来自一种探索问题的精神。于是我们看到，在所谓"超越章句"的解经中，并不是要在《塔木德》的文本背后找出什么唯一真正隐含的含义。相反，歧义性和含糊性正是《塔木德》的生命力所在。解读《塔木德》的奥秘，就是要揭示和维护《塔木德》这种意义的多重性。有鉴于此，莱维纳斯认为超越章句，在朴素的意义背后所解出的"奥秘"，并不是得出什么深奥的、只有少数人所知的知识，而是一种较之《圣经》更面向生活世界的意义。莱维纳斯认为，在《塔木德》中，所有的解释都值得尊重，相反的意见同样有效，它们往往只是真理的另一面，不可忽略任何解释。[①] 这是《塔木德》的真正精神。

3. 《塔木德》解经的主要目的

尽管犹太学者，特别是《塔木德》专家对莱维纳斯的经典解释常常表示出疑虑，但莱维纳斯的目的远不在于单纯的解经，而是基于对古老犹太文献的理解来突出关于全体人类所面临的永恒的问题，"我们试图把特殊者所提示的意义翻译成现代语言，也即翻译成那些已经学习了其他不同于犹太精神资源的人们的问题，其合流正构成了我们的文明，我们解经的主要目的是要把一种普遍的意图从表面的特殊主义中解脱出来，而这种在特殊主义中，事实是与以色列的民族历史

---

① 参见 E. Levinas, *Beyond the Verse*, p. 114。

联系在一起"①。莱维纳斯处理《塔木德》的方法就是要让这些文献被"他者"（读者）激活。

《塔木德》在律法与生活世界之间的桥梁作用给莱维纳斯以很大的启发，"奥秘"的意义恰恰是一种面向时代的、更加具体的意义。在《解〈赎罪〉篇》中，莱维纳斯借由传统经典看到的是"人们可以宽恕许多德国人，但是，有一些德国人很难得到别人的宽恕，海德格尔就是其中之一"。在他的解经中经常会这样毫不犹豫地将古代经文拉回到现代问题之中。《圣经》的经文本身无非是引发读者去解释和探索当代的意义，去发现当前讨论的问题与经典文本之间的关系。

莱维纳斯对《塔木德》及记录下它们的拉比充满敬意。在他看来，看似烦琐和卷帙浩繁的《塔木德》，体现的正是思想的潜力的发挥和实现。"我们开始于一种观念，被启示的思想是一种思考过每一件事的思想，甚至是工业社会和现代的专家治国"②。也就是说，通过学习《塔木德》，可以发现普世的智慧。莱维纳斯的工作就是要把《圣经》的解释与当代世界的生活联系起来，与整个人类的生活联系起来。于是，莱维纳斯《塔木德》解经的主要目标就是把《塔木德》中的普遍意图从其表面的特殊主义中解脱出来，而这种特殊主义就是囿于以色列民族的历史，从而将人们封闭起来。《塔木德》应对的不单单是犹太人的问题，更是关于整个人类的问题。这里莱维纳斯强调的普世主义的前提是：不同的历史时代围绕着一些可思想的意义是可以沟通的，而不管这些能指的材

---

① E. Levinas, *Nine Talmudic Readings*, p. 5.
② E. Levinas, *Difficult Freedom: Essays on Judaism*, p. 68.

料所指的多样性，莱维纳斯强调"一切都被想过了"。最终是假设某种人类意识的统一性。以色列的历史提出了这些观念，尽管其具体形态是特殊的，但它可为人类普遍地理解和接受，这意味着它是一种"具体的普遍主义"。莱维纳斯在解读《塔木德》中提出这种具体的普世主义，就是要破除"民族—普世"这二而择一的僵化思路，强调具体的犹太历史实践同时具有普世的意义，它也是为人类的整体做贡献。

莱维纳斯把他这种解经工作也称为"翻译"，即把这种文本的思想翻译成现代语言。现代语言意味着一种普遍化的模式，意味着把犹太智慧翻译成希腊语。这让人想起罗森茨维格关于翻译的一般看法，"思想的真正目标是翻译：只有当一件事被翻译了，它才可能成为真正的声音"。莱维纳斯就是要使犹太思想具有一种普世的意义，成为世界上真正的声音。莱维纳斯的《塔木德》讲演的大部分内容就是关于这种翻译了之后世俗化的犹太智慧。他要以此来面对当代的西方问题。莱维纳斯要使犹太智慧说一种真正的希腊语，或者说重新发现一种积极的"希腊语"，使之既在希腊语中合法，又展示了一种希腊忽略了的智慧和伦理。

莱维纳斯的解经隐然指向的是其哲学的工作，"对今天的哲学家来说，使用一种纯粹宗教的语言实际上是行不通的"[1]。所以，有一项工作是必需的，即把"另一种探讨"真理的方式"翻译"成"希腊的"。莱维纳斯在《塔木德四讲》导论中呼吁："把塔木德的智慧翻译成现代笔调，以我们时代的问题来面对它，是耶路撒冷希伯来大学担负的最高任务之一，这

---

[1] Richard A. Cohen ed., *Face to Face with Levinas*, p.19.

难道不就是犹太复国主义最高尚的本质吗？这难道不是分裂为整合进自由国度中的犹太人和深感游离的犹太人之间矛盾的解决？……因此，把塔木德的智慧翻译成'希腊的'就成为犹太国家大学的基本任务。这比一种语义的文献学更有价值，而后者与欧洲和美国的大学的目标没什么两样。散居各国的犹太教以及被以色列政治复兴震惊的整个人类正在等待来自耶路撒冷的《托拉》。"① 这一段话可以看作莱维纳斯工作性质的一个鲜明注脚。正统的犹太教徒通常选择把自己与周围的世界相分离，他们毫无兴趣把犹太智慧翻译成"希腊语"；西方学术界，只是注重犹太教的历史价值、文献价值，没有认识到在这些古老的文献中闪耀的光芒，它依旧是人们今天生活智慧不尽的源泉。莱维纳斯希望用这些智慧贡献于普遍的人类，不仅仅是局限在犹太人；希望人们注重其间活的东西，不只是文献价值。这是一项神圣的工作，莱维纳斯把他呼吁的这项"翻译"与古代把《圣经》从希伯来文翻译成希腊语相提并论。在这个意义上，"希腊文版的《旧约》仍是不完善的，《圣经》智慧翻译成希腊文的工作并未完成"②。莱维纳斯自认，他进行的就是这项伟大的工作，无论其"希伯来"著作，还是其哲学著作都可以从这个范畴来理解，那就是要把希伯来的智慧融进西方的主流精神。在这个意义上，汉德曼（Susan Handelman）非常精确地将莱维纳斯的哲学定位为"给异邦人的信"③。

---

① E. Levinas, *Nine Talmudic Readings*, p. 10.
② Richard A. Cohen ed., *Face to Face with Levinas*, p. 19.
③ Susan A. Handelman, *Fragments of Redemption*, Indiana University Press, 1991, p. 264.

主要参考文献

绪 论

一、外文文献

1. Robert M. Seltzer, *Jewish People, Jewish Thought: The Jewish Experience in History*, London, New York, Macmillan, 1980

2. Julius Guttmann, *Philosophies of Judaism: The History of Jewish Philosophy from Biblical Times to Franz Rosenzweig*, New York, Schocken Books, 1964

3. Mordecai M. Kaplan, *Judaism as a Civilization*, American Jewish Publishing Society, Reprinted in 1981

4. Arthur Hyam, "What is Jewish Philosophy? Teaching Implications", in *Jewish Studies: Forum of the World Union of Jewish Studies*, No. 34, 1994

二、中文文献

1. 摩西·迈蒙尼德. 迷途指津. 傅有德，郭鹏，张志平译. 济南：山东大学出版社，1998

2. 冯友兰. 中国现代哲学史. 广州：广东人民出版社，1999

3. 冯友兰. 三松堂全集. 郑州：河南人民出版社，2000

4. 郑家栋. 断裂中的传统：信念与理性之间. 北京：中国社会科学出版社，2001

5. 傅有德等. 现代犹太哲学. 北京：人民出版社，1999

6. 傅有德. 开普兰的犹太文明论述评. 文史哲，1999（2）

7. 傅有德. 东方与西方之间：犹太哲学及其对中国哲学的启示. 文史哲，2004（3）

第一编　古代犹太哲学

一、外文文献

1. Julius Guttmann, *Philosophies of Judaism: The History of Jewish Philosophy from Biblical Times to Franz Rosenzweig*, New York, Schocken Books, 1964

2. Lawrence Broadt, *Reading the Old Testament: An Introduction*, Paulist Press, New York, 1984

3. Rudolf Bultman, *Primitive Christianity*, New York, 1956

4. David S. Shapiro, *Studies in Jewish Thought*, Yeshiva University Press, New York, 1975

5. Menachem Kellner, *Dogma in Medieval Jewish Thought from Maimonides to Abrabanel*, Oxford University Press, 1986

6. *The Jewish Study Bible*, Jewish Publication Society, Tanakh Translation, Oxford University Press, 1999

7. Abraham Cohen, *Everyman's Talmud: The Major Teachings of the Rabbinic Sages*, Schocken Books, New York, 1995

8. David Rudavsky, *Modern Jewish Religious Movements: A History of Emancipation and Adjustment*, Behrman House Inc., New York, 1967

9. *The Works of Philo*, New Updated Edition, Complete and Unabridged in One Volume, Translated by C. D. Yonge, Forword by David M. Scholers, Hendrickson Publishers Inc., 1993

10. Ronald Williamson, *Jews in the Hellenistic World: Philo*, Cam-

bridge University Press，1989

11. Me'or Enayim，*Imre Binah*，4th，Edited by Wilna，1866

12. Harry Austryn Wolfson，*Foundations of Religious Philosophy in Judaism，Christianity and Islam*，Harvard University Press，1948

13. *The Essential Philo*，Edited by Nahum N. Glatzer，Schocken Books，New York，1971

14. Jacob Neusner，*Introduction to The Mishna：A New Translation*，Yale University Press，1988

15. H. L. Stack & G. Stemberger，*Introduction to Talmud and Midrash*，Fortress Press，1992

16. Preface of *The Talmud：Selected Writings*，Paulist Press，New York，1989

17. Jacob Neusner，*Introduction to Rabbinic Literature*，Doubleday，New York，1994

18. *The Talmud：Selected Writings*，Paulist Press，New York，1989

19. Solomon，Schechter，*Aspects of Rabbinic Theology：Major Concepts of The Talmud*，Hendrickson Publishers Inc.，1998

20. *The Talmudic Anthology*，Edited by Louis I. Newman in Collaboration with Samuel Spitz，Beherman House Inc.，New York，1945

21. J. H. A. Hart，"Philo and Catholic Judaism in the First Century"，*The Journal of Theological Studies* Ⅱ，1909

22. *Philo of Alexandria：The Contemplative Life*，the Giants，and Selections，Translation and Introduction by David Winston，Paulist Press，1956

二、中文文献

1. 摩西·迈蒙尼德. 迷途指津. 傅有德，郭鹏，张志平译. 济南：山东大学出版社，1998

2. 罗伯特·M. 塞尔茨. 犹太的思想. 赵立行，冯玮译. 上海：上海三联书店，1994

3. 阿丁·施坦泽兹诠释. 阿伯特——犹太智慧书. 张平译. 北京：中国社会科学出版社，1996

4. 张志刚主编. 宗教研究指要. 北京：北京大学出版社，2005

5. 莱维纳斯. 塔木德四讲. 关宝艳译. 栾栋校. 北京：商务印书馆，2002

6. 亚伯拉罕·柯恩. 大众塔木德. 盖逊译. 傅有德校. 济南：山东大学出版社，1998

7. 傅有德. 灵与肉：一个宗教哲学问题的比较研究. 哲学研究，2000 (6)

第二编 中世纪犹太哲学

一、外文文献

1. *The Cambridge Companion to Medieval Jewish Philosophy*, Edited by Daniel Frank and Oliver Leaman, Cambridge University Press, 2003

2. Simon Rawidowicz, *Studies in Jewish Thought*, The Jewish Publication Society of America, 1974

3. Julius Guttmann, *Philosophies of Judaism: The History of Jewish Philosophy from Biblical Times to Franz Rosenzweig*, New York, 1964

4. *An Anthology of Medieval Hebrew Literature*, Edited by Abraham E. Millgram, London and New York, 1961

5. Isaac Husik, *A History of Medieval Jewish Philosophy*, The Jewish Publication Society, 1946

6. Saadia Gaon, *The Book of Beliefs and Opinions*, Trans. Samuel Rosenblatt, New Haven, Yale University Press, 1948

7. Colette Sirat, *A History of Jewish Philosophy in the Middle Ages*, Cambridge University Press, 1985

8. *Routledge History of World Philosophy*, Vol. 2, *History of Jewish Philosophy*, Edited by Daniel H. Frank and Oliver Leaman, London and New York, 1997

9. *Encyclopedia of Judaica*, Solomon Ben Judah ibn Gabirol, CD-ROM，2003

10. *Paradigms in Jewish Philosophy*, Edited by Raphael Jospe, London, Associated University Press，1997

11. *The Kuzari* (Kalman Steinberg Press，2000，译自拉比 Mordechai Genizi 根据阿拉伯文原著翻译的现代希伯来文版 *Hakuzari Hameforash*)

12. Herbert A. Davidson, *Moses Maimonides：The Man and His Works*, Oxford University Press，2005

13. *A Maimonides Reader*, Edited by Isadore Twersky, Behrman House, New York，1972

14. David Hartman, *Maimonides：Torah and Philosophic Quest*, The Jewish Publication Society, Philadelphia，1976

15. Isaac Husik，"The Philosophy of Maimonides", *Maimonides Octocentennial Series* 4，New York，Maimonides Octocentennial Committee，1935

16. Leo Strauss, *Persecution and the Art of Writing*, Glencoe, Illinois：The Free Press，1952

17. Isadore Twersky，"Some Non-Halakic Aspects of the *Mishneh Torah*", in A. Altman, Edited *Jewish Medieval and Renaissance Studies*, Cambridge, Mass.，Harvard University Press，1967

18. Arther Hyman，"Maimonides' Thirteen Principles", in A. Altman, Edited *Jewish Medieval and Renaissance Studies*, Cambridge, Mass.，Harvard University Press，1967

19. Aviezer Ravitzky，"The Secrets of *The Guide to the Perplexed*：Between the Thirteenth and Twentith Centuries", *Studies in Maimonides*, Edited Isadore Twersky, Cambridge, Mass.，1990

20. Maimonides, *Mishneh Torah*, Edited According to the Bodleian (Oxford) Codex with Introduction, Biblical and Talmudical References, Notes and English Translation by Moses Hyamson, Boys Town Jerusalem

Publishers, 1965

21. Wolfson, "Maimonides on Negative Attributes", in *Essays In Medieval Jewish and Islamic Philosophy*, KTAV Publishing House Inc., New York, 1977

22. Alexander Altmann, "Essence and Existence in Maimonides", in *Maimonides: A Collection of Critical Essays*, University of Notre Dame Press, 1988

23. D. H. Frank and O. Leaman, *History of Jewish Philosophy*, London and New York, 1997

24. Shlomo Pines, "The Limitation of Human Knowledge According to Al-Farabi, ibn Bajja and Maimonides", in *Studies in Medieval Jewish History and Literature*, Edited Isadore Twersky, Cambridge, Mass., 1979

25. Alexander Altmann, "Maimonides on the Intellect and the Scope of Metaphysics", in *Von der mittelalterlichen zur modernen Aufklarung*, Tubingen, J. C. Mohr, 1987

26. Macy, Jeffrey, "Prophecy in al-Farabi and Maimonides: The Imaginative and Rational Faculties", in *Maimonides and Philosophy*, Edited S. Pines and Y. Yovel, 1986

27. J. Reines, *Maimonides and Abrabanel on Prophecy*, Cincinatti, Hebrew Union College Press, 1970

28. Youde Fu, "Maimonides on Prophecy: Synthesis and Reconciliation", in *The Journal of Progressive Judaism*, Vol. 2, 1994

29. *Jewish Quarterly Review*, Edited by A. Marx, Tibbon

30. Seymour Feldman, "Maimonides—A Guide for Posterity", *The Cambridge Companion to Maimonides*, Edited by Kenneth Seeskin, Cambridge University Press, 2005

31. Levi Ben Gershom (Gersonides), *The Wars of the Lord*, Translated with an Introduction and Notes by Seymour Feldman, The Jewish Publication Society of America, Philadelphia, 1984

32. *Encyclopedia Judaica*, CD-ROM Edition, Judaica Multimedia (Israel) Ltd., 1997

33. *The Jewish Philosophy: Reader*, Edited by Daniel H. Frank, Oliver Leaman, and Charles H. Manekin, Routledge, London and New York, 2000

34. Robert Eisen, *Gersonides on Providence, Covenant, and the Chosen People: A Study in Medieval Jewish Philosophy and Biblical Commentary*, State University of New York Press, 1995

35. Howard Kreisel, *Prophecy: The History of an Idea in Medieval Jewish Philosophy*, Kluwer Academic Publishers, 2001

36. Oliver Leaman, *Evil and Suffering in Jewish Philosophy*, Cambridge University Press, 1995

37. Menachem Kellner, *Dogma in Medieval Jewish Thought from Maimonides to Abrabanel*, Oxford University Press, 1986

38. Meyer Waxman, *The Philosophy of Don Hasdai Crescas*, New York, AMS Press, 1966

39. Mark Lewis Solomon, *The Virtue of Necessity: Necessary Existence in the Thought of Hasdai Crescas*, Leo Baeck College, London, 1998

40. Harry Austryn Wolfson, Crescas' *Critique of Aristotle: Problems of Aristotle's Physics in Jewish and Arabic Philosophy*, Harvard University Press, 1929

二、中文文献

1. 罗伯特·M. 塞尔茨. 犹太的思想. 赵立行, 冯玮译. 上海: 上海三联书店, 1994

2. 王家瑛. 伊斯兰宗教哲学史. 北京: 民族出版社, 2003

3. 塞西尔·罗斯. 简明犹太民族史. 黄福武, 王丽丽译. 济南: 山东大学出版社, 1998

4. 摩西·迈蒙尼德. 迷途指津. 傅有德, 郭鹏, 张志平译. 济南: 山东大学出版社, 1998

第三编 现代犹太哲学

一、外文文献

1. Julius Guttmann, *Philosophies of Judaism: The History of Jewish Philosophy from Biblical Times to Franz Rosenzweig*, New York, 1964

2. *Encyclopedia Judaica*, Jerusalem: Encyclopedia Judaica, 1972

3. Leo Strauss, *Introductory Essay: Religion of Reason*, New York, Fredrick Ungar Publishing Co., 1972

4. Eliezer Berkovits, *Major Themes in Modern Philosophies of Judaism*, New York, 1974

5. Hermann Cohen: *Religion of Reason*, New York, Fredrick Ungar Publishing Co., 1972

6. Nahum N. Glatzer, *Franz Rosenzweig, His Life and Thought*, Schocken Books, New York, 1953

7. F. Rosenzweig, *The Star of Redemption*, University of Notre Dame Press, 1985

8. Leo Baeck, *The Essence of Judalism*, Schocken Books Inc., New York, 1974

9. Leo Baeck, *Judaism and Christianity*, The World Publishing Company, Cleveland and New York, The Jewish Publication Society of America, Philadephia, 1961

10. Leo Baeck, *This People Israel: The Meaning of Jewish Existence*, Translated and with an Introductory Essay by Albert H. Friedlander, Philadelphia, The Jewish Publication Society of America, 1964

11. Fritz Bamberger, *Leo Baeck: The Man and The Idea (The Leo Baeck Memorial Lecture 1)*, New York, Leo Baeck Institute Inc., 1958

12. Walter Homolka, *Jewish Identity in Modern Times: Leo Baeck and German Protestantism*, Providence/Oxford, Bergbabn Books, 1995

13. Louis Jacobs, *Jewish Thought Today*, New York, Bergbabn

Books，1970

14. Raphael Patai and Emanuel S. Goldsmith Edited，*Thinkers and Teachers of Modern of Judaism*，New York，Paragon House，1994

15. Nel Scult，*A Biography of Mordecai M. Kaplan*，Waynes State University Press，1994

16. Michael L. Morgan Edited，*The Jewish Thought of Emil Fackenheim*，Detroit，Wayne State University Press，1987

17. Zygmunt Bauman，*Modernity and the Holocaust*，New York，Cornell University Press，1989

18. Emil Fackenheim，*To Mend the World*，New York，Schocken Books Inc.，1982

19. Emil Fackenheim，*God's Presence in History*，New York，New York University Press，1970

20. Steven T. Katz，*Jewish Philosophers*，New York，Bloch Publishing Company，1975

21. Emil Fackenheim，*Quest for Past and Future*，Bloomington & London，Indiana University Press，1968

22. Colette Sirat，*A History of Jewish Philosophy in the Middle Ages*，Cambridge University Press，1985

23. Elliot N. Dorff and Louis E. Newman Edited，*Contemporary Jewish Theology: A Reader*，New York，Oxford，1998

24. Martin Buber，*Two Types of Faith*，London，Routledge & Kegan Paul Ltd.，1951

25. Martin Buber，*Pointing the Way*，London，Routledge & Kegan Paul Ltd.，1957

26. Martin Buber，*The Origin and Meaning of Hasidism*，New York，Horizon Press，1960

27. Martin Buber，*I and Thou*，Second Edition，New York，Charles Scribner's Sons，1960

28. Martin Buber, *Between Man and Man*, New York, The Macmillan Company, 1965

29. Martin Buber, *On Judaism*, New York, Schocken Books, 1967

30. P. A. Schilpp, and M. Friedman Edited, *The Philosophy of Martin Buber*, Illinois, Open Court Publishing Company, 1991

31. Abraham Yoshua Heschel, *Who is Man?*, Oxford University Press, 1966

32. Abraham Yoshua Heschel, *God in Search of Man*, The Noonday Press, Farrar, Straus and Giroux, New York, 1997

33. Susannah Heschel Edited, *Moral Grandeur and Spiritual Audacity*, Farrar, Straus and Giroux, New York, 1996

34. Mordecai M. Kaplan, *Judaism as a Civilization*, American Jewish Publishing Society, Reprinted in 1981

35. Mordecai M. Kaplan, *The Meaning of God in Modern Jewish Religion*, Detroit Wayne State University Press, 1994

36. Mel Scult, *A Biography of Mordecai M. Kaplan*, Detroit, Wayne State University Press, 1994

37. Abraham Yoshua Heschel, *I Asked for Wonder*, Edited by Samuel H. Dresner, New York, 2000

38. Abraham Yoshua Heschel, *Man's Quest for God*, Aurora Press, 1988

39. Abraham Yoshua Heschel, *The Prophets*, New York, 1962

40. Eugene B. Borowitz, *Choices in Modern Jewish Thought: A Partisan Guide*, Behrman House Inc., 1983

41. Abraham Yoshua Heschel, *Man is Not Alone*, Philadelphia, 1951

42. Richard A. Cohen Edited, *Face to Face with Levinas*, Albany, State University of New York Press, 1986

43. Judith Friedlander, *Vilna on the Seine: Jewish Intellectuals in France Since 1968*, New Haven, Yale University Press, 1990

44. E. Levinas, *Difficult Freedom: Essays on Judaism*, Translated by Sean Hand, Baltimore, The John Hopkins University Press, 1990

45. Joseph Libertson, *Proximity: Levinas, Blanchot, Batalle and Communication*, The Hague, Martinus Nijhoff Publishers, 1982

46. Elie Wiesel, *Legends of Our Time*, Holt, Rinehart and Winston, 1968

47. E. Levinas, *Ethics and Infinity, Conversations with Philippe Nemo*, Translated by R. Cohen, Pittsburgh, Duquesne University Press, 1985

48. E. Levinas, *Existence and Existents*, Translated by A. Lingis, The Hague, Martinus Nijhoff, 1978

49. E. Levinas, *Time and the Other*, Pittsburgh, Duquesne University Press, 1987

50. E. Levinas, *Collected Philosophical Papers*, Translated by A. Lingis, The Hague, Martinus Nijhoff, 1987

51. E. Levinas, *Totality and Infinity*, Translated by A. Lingis, Pittsburgh, Duquesne University Press, 1969

52. E. Levinas, *Otherwise than Being or Beyond Essence*, Translated by A. Lingis, The Hague, Martinus Nijhoff, 1981

53. Bernasconi, Robert & Wood, David Edited, *The Provocation of Levinas: Rethinking the Other*, London, Routledge, 1988

54. *The Levinas Reader*, Edited by Sean Hand, Oxford, Basil Blackwell, 1989

55. Richard A. Cohen, *Elevations: The Height of the Good in Rosenzweig and Levinas*, Chicago, University of Chicago Press, 1994

56. Jacques Derrida, *Writing and Difference*, Routledge & Kegan Paul, 1981

57. The Trace of the Other in *Deconstruction in Context*, Edited by Taylor, Mark, Chicago, University of Chicago Press, 1986

58. R. Kearney, *Dialogues with Contemporary Continental Thinkers*, Manchester, Manchester University Press, 1984

二、中文文献

1. 罗伯特·M. 塞尔茨. 犹太的思想. 赵立行, 冯玮译. 上海: 上海三联书店, 1994

2. 大卫·鲁达夫斯基. 近现代犹太宗教运动: 解放与调整的历史. 傅有德, 李伟, 刘平译. 济南: 山东大学出版社, 1996

3. 刘小枫主编. 施特劳斯与古典政治哲学. 上海: 上海三联书店, 2002

4. 门德尔松. 耶路撒冷. 刘新利译. 济南: 山东大学出版社, 2007

5. 康德. 历史理性批判文集. 何兆武译. 北京: 商务印书馆, 1990

6. 亚伯拉罕·柯恩. 大众塔木德. 盖逊译. 傅有德校. 济南: 山东大学出版社, 1998

7. 爱因斯坦文集. 许良英等译. 北京: 商务印书馆, 1977—1979

8. 诺曼·所罗门. 当代学术入门: 犹太教. 赵晓燕译. 沈阳: 辽宁教育出版社, 1998

9. 鲍曼. 现代性与大屠杀. 杨渝东等译. 南京: 译林出版社, 2002

10. 马丁·布伯. 论犹太教. 刘杰等译. 济南: 山东大学出版社, 2002

11. 利奥·拜克. 犹太教的本质. 傅永军, 于健译. 济南: 山东大学出版社, 2002

跋

文学创作有所谓"倒叙"的手法，大意是说，先叙述现在的事情，然后再回顾以前发生的故事。本书的写作颇似文学上的"倒叙"。

1999年，我和同事们完成了《现代犹太哲学》的写作。该书于当年由人民出版社出版。与此同时，我开始着手研究现代以前的犹太哲学，希望有朝一日和《现代犹太哲学》衔接起来，完成一部纵观古今的完整的《犹太哲学史》。后来，我申请到了教育部社科项目"犹太哲学研究（古代、中世纪部分）"和国家社科基金项目"犹太哲学研究"。于是，我和同事们正式启动了犹太哲学通史的研究和写作。在过去的数年里，由于非学术因素的干扰，我个人的写作时辍时续，与项目组其他成员的联系也不够及时，所以未能如期完成计划。近一年多来，各位同人发奋努力，今天终于完稿。算不上"大功告成"，但确有如释重负之感！

本书各章的撰写情况如下：

傅有德：绪论，第一、二、三编导言，第一章，第三章，第四章，第五章，第七章，第八章1～2节，第九章，第十章，第十一章，第十三章1～2节，第十七章；

戴远方：第二章（章雪富修改）；

孙增霖：第六章，第十二章，第十三章（与王元军合著，1～2节除外）；

赵同生：第八章（1～2节除外）；

刘杰：第十四章；

傅永军：第十五章；

陈玉梅、郭鹏：第十六章；

顾红亮：第十八章；

孙向晨：第十九章。

本人负责组织全书的编写、统稿，提供了大部分英文资料并整理、翻译了中英文目录。

第三编仍以原有的《现代犹太哲学》为框架，但增加了法肯海姆和莱维纳斯两位哲学家。第十三章、第十六章的作者有变动。此外，许多章节在内容上也做了不同程度的修改和完善。

本书的研究和出版还得到了教育部人文社会科学重点研究基地暨国家"985"二期人文社会科学创新基地山东大学犹太教与跨宗教研究中心、山东省"泰山学者"岗位资助计划的大力支持。博士研究生陈艳艳帮助整理了参考文献，中国人民大学出版社学术出版中心主任李艳辉女士和编辑吴冰华女士为本书的出版付出了辛勤的劳动，在此一并表示诚挚的谢意。

由于时间和水平所限，本书在哲学家的选择、章节的编排等方面尚有缺憾；文中疏漏、错误之处也一定不少。恳请读者批评指正。

傅有德
2007 年 11 月 30 日
于山东大学洪家楼校园

修订版后记

《犹太哲学史》出版14年了。第一版已于前几年售罄，无论在书店还是网上，都无法买到了。犹太哲学在中国还属于"新生事物"，有不少学人有了解的愿望；同时，作为犹太教传统与西方哲学会通的产物，犹太哲学的确称得上"他山之石"，可以为当代中国哲学的建设和发展提供参考与镜鉴。鉴于上述，《犹太哲学史》的修订再版就是有必要的了。感谢中国人民大学出版社学术出版中心主任杨宗元和编辑吴冰华，在他们的大力支持和努力下，《犹太哲学史》的新版得以面世。

需要说明的是，新版的《犹太哲学史》对旧版做了部分增加和修改。新增加的是中世纪部分的"犹太凯拉姆"一章（第四章），由董修元撰写。浙江大学的章雪富教授就斐洛一章做了一些改动，赵同生对迈蒙尼德一章、孙增霖对柯恩和罗森茨维格两章、傅永军就利奥·拜克一章、陈玉梅对海舍尔一章，也在文字上做了稍许修改。其余各章仍然照旧。特此说明。

傅有德

2023年5月3日

于济南领秀城

图书在版编目（CIP）数据

犹太哲学史. 下卷/傅有德等著. -- 2 版（修订版）. -- 北京：中国人民大学出版社，2023.7
（当代中国人文大系）
ISBN 978-7-300-31798-4

Ⅰ.①犹… Ⅱ.①傅… Ⅲ.①犹太哲学-哲学史 Ⅳ.①B382

中国国家版本馆 CIP 数据核字（2023）第 115350 号

当代中国人文大系
犹太哲学史（修订版）（下卷）
傅有德 等 著
Youtai Zhexueshi

出版发行	中国人民大学出版社		
社　　址	北京中关村大街 31 号	邮政编码	100080
电　　话	010 - 62511242（总编室）	010 - 62511770（质管部）	
	010 - 82501766（邮购部）	010 - 62514148（门市部）	
	010 - 62515195（发行公司）	010 - 62515275（盗版举报）	
网　　址	http://www.crup.com.cn		
经　　销	新华书店		
印　　刷	北京联兴盛业印刷股份有限公司	版　次	2008 年 3 月第 1 版
开　　本	720 mm×1000 mm　1/16		2023 年 7 月第 2 版
印　　张	30.25 插页 3	印　次	2023 年 7 月第 1 次印刷
字　　数	322 000	定　价	258.00 元（上、下卷）

版权所有　侵权必究　　印装差错　负责调换